《中华人民共和国职业分类大典》职业编码 4-01-03-03

国家中医药行业特有工种职业技能鉴定培训教材

中药购销员

国家中医药管理局职业技能鉴定指导中心
国家中医药行业特有工种职业技能鉴定工作中药购销员职业专家委员会 组织编写

中国中医药出版社
·北京·

图书在版编目（CIP）数据

中药购销员/国家中医药管理局职业技能鉴定指导中心，国家中医药行业特有工种职业技能鉴定工作中药购销员职业专家委员会组织编写. —北京：中国中医药出版社，2013. 9
国家中医药行业特有工种职业技能鉴定培训教材
ISBN 978-7-5132-1596-1

Ⅰ. ①中…　Ⅱ. ①国…　②国…　Ⅲ. ①中药材-购销-职业技能-鉴定-教材
Ⅳ. ①F763

中国版本图书馆 CIP 数据核字（2013）第 196500 号

中 国 中 医 药 出 版 社 出 版
北京市朝阳区北三环东路 28 号易亨大厦 16 层
邮政编码　100013
传真　010 64405750
北京市燕鑫印刷有限公司印刷
各地新华书店经销
*
开本 787×1092　1/16　印张 38.5　字数 928 千字
2013 年 9 月第 1 版　2013 年 9 月第 1 次印刷
书　号　ISBN 978-7-5132-1596-1
*
定价　98.00 元
网址　www.cptcm.com

社长热线　010 64405720
购书热线　010 64065415　010 64065413
书店网址　csln.net/qksd/
官方微博　http://e.weibo.com/cptcm

国家中医药行业特有工种职业技能鉴定培训教材

《中药购销员》

编写委员会

主　　编　高学敏（北京中医药大学）

副 主 编　陈　丹（北京卫生职业学院）

赵　琪（天津达仁堂京万红药业有限公司）

桑　伟（北京市实验职业学校）

编　　委　（按姓氏笔画排序）

卜训生（北京卫生职业学院）

王丽霞（中国中医科学院广安门医院）

叶　真（北京金象大药房医药连锁有限责任公司）

孙路路（首都医科大学附属北京世纪坛医院）

李京生（北京卫生职业学院）

宋友华（华润医药商业集团有限公司）

张习中（曲阜中医药学校）

张秋红（北京王府井医药商店有限责任公司）

崔庆利（北京同仁堂中医医院有限责任公司）

曾蔚欣（首都医科大学附属北京世纪坛医院）

主　　审　（按姓氏笔画排序）

王树兰（北京北药职业技能培训学校）

李广庆（北京五洲全新医药有限公司）

夏黎明（北京医药行业协会）

前　言

《国务院关于扶持和促进中医药事业发展的若干意见》要求："建立国家中医药专业人员职业资格证书制度，开展中医药行业特有工种技能鉴定工作。"

职业资格证书制度是我国劳动就业制度的一项重要内容。职业资格证书是劳动者职业技能水平的凭证，是求职、任职的主要依据，也是劳动者全国就业、劳务输出时对其技能进行公平公正审核的有效证件。通过正规的学习和培训，并进行鉴定考核，是劳动者取得职业资格证书的有效途径。职业技能鉴定工作是职业资格证书制度的核心内容。

为了对中医药从业职业技能人员水平资格进行统一评定，保障中医药事业发展，经中央编制办公室批准，国家中医药管理局于2007年成立了职业技能鉴定指导中心，以此作为开展中医药行业特有工种职业技能鉴定工作的专门机构。

2008年，劳动和社会保障部下发《中医药行业特有工种职业技能鉴定实施办法（试行）》，并公布了中医药行业特有工种目录：中药购销员（4－01－03－03）、中药调剂员（4－01－99－02）、中药材种植员（5－01－05－01）、中药材养殖员（5－01－05－02）、中药材生产管理员（5－01－05－03）、中药炮制与配制工（6－14－04－01）、中药液体制剂工（6－14－04－02）、中药固体制剂工（6－14－04－03）、中药检验工（6－26－01－22）和中医刮痧师（X4－04－03－05）。

为推行职业资格证书制度，积极落实和开展中医药行业特有工种职业技能鉴定工作，国家中医药管理局职业技能鉴定指导中心与人力资源和社会保障部职业技能鉴定中心共同完成了中药购销员国家职业技能标准的编写工作。

2013年1月，人力资源和社会保障部与国家中医药管理局联合颁布了中药购销员国家职业技能标准。

为进一步推进中医药行业职业技能鉴定工作的开展，指导中医药从业人员的培训学习，国家中医药管理局职业技能鉴定指导中心与中医药行业职业技能鉴定工作专家委员会共同组织专家，以国家职业技能标准为依据，编写了"国家中医药行业特有工种职业技能鉴定培训教材"《中药购销员》。本教材从中药采购、中药储存与养护、中药销售岗位技能的实际需要出发，内容上侧重职业技能的培养，可以作为职业技能培训与鉴定考核的教材，也可供职业院校师生参加职业培训、岗位培训和就业培训使用。

在此，衷心感谢给予本套教材编写工作支持的各位领导和专家。由于时间仓促和水平有限，编写过程中难免会有不妥或疏漏之处，恳请广大读者提出批评意见，亦敬请中医药及相关行业专家提出宝贵意见。

国家中医药管理局职业技能鉴定指导中心

2013年7月

前言

编写说明

“国家中医药行业特有工种职业技能鉴定培训教材”《中药购销员》是为了贯彻落实《国务院关于扶持和促进中医药事业发展的若干意见》（国发〔2009〕22号）精神，配合中医药行业特有工种技能鉴定工作的开展，由国家中医药管理局职业技能鉴定指导中心与国家中医药行业特有工种职业技能鉴定工作中药购销员职业专家委员会共同组织专家编写，是中医药行业特有工种职业技能培训鉴定辅导教材之一。

本书依据人力资源和社会保障部与国家中医药管理局联合发布的《中药购销员国家职业技能标准》（人社厅发〔2013〕5号）中的工种、等级、培训时限、申报条件和鉴定方式等内容（以下简称《标准》），以国家有关药品监督管理法律法规、相关专业课程通用教材、《中国药典（一部）》（2010版）和《药品经营质量管理规范》（卫生部第90号令）、《国家基本药物目录》（2012版）等资料为基础，结合中药购销行业的特点与实际，突出操作性和实用性，以职业技能内容为核心，采取模块式方法编写。

此教材分为基本要求、初级工知识与技能要求、中级工知识与技能要求、高级工知识与技能要求、技师知识与技能要求及高级技师知识与技能要求等六篇。基本要求按照《标准》分为职业道德与中药购销员职业守则，中医药基础知识，中药商品购销工作基本知识，安全知识，药事管理相关的法律、法规知识。各级别的工作要求按照《标准》对初级工、中级工、高级工、技师和高级技师的技能要求，采取由低到高、从易到难，内容相对独立又相互衔接、依次递进的方式编写，涉及中药商品采购、中药鉴别、中药储存与养护、中药商品销售、培训与指导等方面的内容。高级别应掌握所有较低级别内容。

本教材的编写得到了北京中医药大学、北京卫生职业学院、北京市实验职业学校、曲阜中医药学校、中国中医科学院广安门医院、首都医科大学附属北京世纪坛医院、北京同仁堂中医医院有限责任公司、天津达仁堂京万红药业有限公司、北京金象大药房医药连锁有限责任公司、华润医药商业集团有限公司等单位的大力支持，以及北京医药行业协会、北京五洲全新医药有限公司、北京北药职业技能培训学校等单位的诸多中医药专家的悉心指导，在此表示衷心的感谢。

本教材编委会由高等中医药院校和职业院校教师及医疗单位、药品经营与生产企业的技术与管理人员组成，熟悉中药商品的采购、储存与养护、销售等岗位的工作职能与要求，培训及教学经验丰富，在篇、章分工合作的基础上，认真严谨地编写，共同努力完成。由于时间仓促和水平有限，编写过程中难免会有些不妥或疏漏之处，恳请广大读者批评指正，亦敬请中医药及相关行业专家提出宝贵意见。

《中药购销员》编委会

2013年7月

编写说明

目　录

第一篇　中药购销员基本要求

第一章　职业道德与中药购销员职业守则 …………………… (3)
第一节　职业道德基本知识 …………………… (3)
一、道德的含义和特点 …………………… (3)
二、道德与法律的关系 …………………… (4)
三、职业道德 …………………… (4)
四、医药职业道德 …………………… (6)
第二节　中药购销员职业守则 …………………… (7)
一、医药行业的特点 …………………… (7)
二、医药行业职业守则 …………………… (8)
第二章　中医药基础知识 …………………… (10)
第一节　中医基础知识 …………………… (10)
一、阴阳五行 …………………… (10)
二、脏腑 …………………… (13)
三、经络 …………………… (15)
四、气血津液 …………………… (15)
五、病因病机 …………………… (17)
六、中医治则 …………………… (17)
第二节　中药基础知识 …………………… (17)
一、中药的起源与发展简介 …………………… (17)
二、中药的命名 …………………… (18)
三、中药材的采收与加工 …………………… (19)
四、中药饮片炮制目的与方法 …………………… (21)
五、中药饮片的性能 …………………… (23)
六、中药材与饮片的应用 …………………… (25)
七、中成药的命名与分类 …………………… (27)
八、中成药的处方来源与组方原则 …………………… (29)
九、中成药的常用剂型 …………………… (29)
十、中成药合理应用简介 …………………… (32)
第三节　中药鉴别基础知识 …………………… (34)
一、中药材与饮片的常规鉴别方法 …………………… (34)

二、中成药的常规鉴别方法 …………………………………………………… (39)
三、中药饮片的一般质量标准 …………………………………………………… (39)
第四节 中药储存与养护基础知识 …………………………………………… (42)
一、中药质量变异现象 …………………………………………………… (42)
二、影响中药质量变异的因素 …………………………………………………… (42)
三、中药养护技术简介 …………………………………………………… (43)
第三章 中药商品购销工作基本要求 …………………………………………… (45)
第一节 中药商品的流通概述 …………………………………………………… (45)
一、中药商品的批发 …………………………………………………… (45)
二、中药商品的零售 …………………………………………………… (47)
第二节 中药商品采购的基本要求 …………………………………………… (48)
一、中药商品采购的原则 …………………………………………………… (48)
二、采购人员的素质要求 …………………………………………………… (49)
三、中药商品采购业务的基本程序 …………………………………………… (50)
第三节 中药商品验收的基本要求 …………………………………………… (51)
一、中药商品质量验收基本内容 …………………………………………… (51)
二、中药材、中药饮片的验收 …………………………………………… (52)
三、中成药的验收 …………………………………………………… (52)
第四节 中药商品销售的基本要求 …………………………………………… (53)
一、中药商品销售的基本原则 …………………………………………… (53)
二、销售人员的素质要求 …………………………………………………… (54)
三、中药商品销售 …………………………………………………… (55)
第五节 公关与服务的基本要求 …………………………………………… (56)
一、公关 …………………………………………………… (56)
二、服务 …………………………………………………… (58)
三、基本礼仪 …………………………………………………… (59)
第六节 计算机在中药购销活动中的应用要求 …………………………… (61)
一、计算机在业务经营活动中的应用 …………………………………… (61)
二、计算机在药品质量管理中的应用 …………………………………… (62)
第四章 安全知识 …………………………………………………… (64)
第一节 防火防爆知识 …………………………………………………… (64)
一、防火知识 …………………………………………………… (64)
二、防爆知识 …………………………………………………… (67)
三、防火防爆工作的基本措施 …………………………………………… (68)
第二节 安全用电知识 …………………………………………………… (68)
一、安全用电注意事项 …………………………………………………… (68)
二、触电现场急救 …………………………………………………… (69)
三、电气防火常识 …………………………………………………… (69)

第五章　药事管理相关的法律、法规知识 ……（71）
一、有关法的基本知识简介 ……（71）
二、《中华人民共和国药品管理法》的相关知识 ……（72）
三、《中华人民共和国药品管理法实施条例》的相关知识 ……（81）
四、《药品经营质量管理规范》的相关知识 ……（87）
五、《药品流通监督管理办法》的相关知识 ……（100）
六、与就职（执业）有关的法律、法规 ……（101）
七、《中华人民共和国合同法》的相关知识 ……（107）

第二篇　初级工知识与技能要求

第一章　中药鉴别 ……（121）
第一节　中药识别 ……（121）
一、根及根茎类中药 ……（121）
九节菖蒲 ……（121）
川芎 ……（121）
川木香 ……（122）
川贝母 ……（122）
川牛膝 ……（122）
川乌【毒】 ……（123）
大黄 ……（123）
土大黄 ……（124）
土贝母 ……（124）
土茯苓 ……（124）
土木香 ……（125）
牛膝 ……（125）
木香 ……（125）
天冬 ……（126）
天麻 ……（126）
升麻 ……（126）
山豆根 ……（127）
山麦冬 ……（127）
石菖蒲 ……（128）
北豆根 ……（128）
北沙参 ……（128）
片姜黄 ……（129）
半夏【毒】 ……（129）
平贝母 ……（129）
白芍 ……（130）

白术 ……………………………………………………………… (130)
白附子【毒】 ……………………………………………………… (131)
玄参 ……………………………………………………………… (131)
红芪 ……………………………………………………………… (131)
苍术 ……………………………………………………………… (132)
赤芍 ……………………………………………………………… (132)
麦冬 ……………………………………………………………… (133)
附子【毒】 ………………………………………………………… (133)
羌活 ……………………………………………………………… (134)
细辛 ……………………………………………………………… (134)
姜黄 ……………………………………………………………… (135)
明党参 …………………………………………………………… (135)
板蓝根 …………………………………………………………… (135)
南板蓝根 ………………………………………………………… (136)
南沙参 …………………………………………………………… (136)
独活 ……………………………………………………………… (136)
胡黄连 …………………………………………………………… (137)
草乌【毒】 ………………………………………………………… (137)
党参 ……………………………………………………………… (138)
浙贝母 …………………………………………………………… (138)
柴胡 ……………………………………………………………… (139)
银柴胡 …………………………………………………………… (139)
黄连 ……………………………………………………………… (140)
黄芪 ……………………………………………………………… (140)
二、茎木类、皮类中药 ……………………………………………… (141)
大血藤 …………………………………………………………… (141)
小通草 …………………………………………………………… (141)
川木通 …………………………………………………………… (142)
木通 ……………………………………………………………… (142)
鸡血藤 …………………………………………………………… (143)
通草 ……………………………………………………………… (143)
五加皮 …………………………………………………………… (143)
关黄柏 …………………………………………………………… (144)
杜仲 ……………………………………………………………… (144)
香加皮 …………………………………………………………… (144)
黄柏 ……………………………………………………………… (145)
三、叶及花类中药 …………………………………………………… (145)
大青叶 …………………………………………………………… (145)
番泻叶 …………………………………………………………… (146)

紫苏叶 …………………………………………………………………………………（146）
蓼大青叶 ………………………………………………………………………………（146）
丁香 ……………………………………………………………………………………（147）
月季花 …………………………………………………………………………………（147）
山银花 …………………………………………………………………………………（147）
红花 ……………………………………………………………………………………（148）
母丁香 …………………………………………………………………………………（148）
辛夷 ……………………………………………………………………………………（148）
金银花 …………………………………………………………………………………（149）
玫瑰花 …………………………………………………………………………………（149）
菊花 ……………………………………………………………………………………（149）
野菊花 …………………………………………………………………………………（150）
四、果实种子类中药 ……………………………………………………………………（150）
八角茴香 ………………………………………………………………………………（150）
小茴香 …………………………………………………………………………………（150）
川楝子 …………………………………………………………………………………（151）
五味子 …………………………………………………………………………………（151）
山茱萸 …………………………………………………………………………………（152）
吴茱萸 …………………………………………………………………………………（152）
肉豆蔻 …………………………………………………………………………………（152）
红豆蔻 …………………………………………………………………………………（153）
陈皮 ……………………………………………………………………………………（153）
豆蔻 ……………………………………………………………………………………（154）
苦杏仁 …………………………………………………………………………………（154）
青皮 ……………………………………………………………………………………（154）
枳实 ……………………………………………………………………………………（155）
枳壳 ……………………………………………………………………………………（155）
南五味子 ………………………………………………………………………………（156）
草豆蔻 …………………………………………………………………………………（156）
桃仁 ……………………………………………………………………………………（157）
五、全草类中药 …………………………………………………………………………（157）
小蓟 ……………………………………………………………………………………（157）
大蓟 ……………………………………………………………………………………（158）
广藿香 …………………………………………………………………………………（158）
广金钱草 ………………………………………………………………………………（159）
马齿苋 …………………………………………………………………………………（159）
石斛 ……………………………………………………………………………………（159）
仙鹤草 …………………………………………………………………………………（160）
半枝莲 …………………………………………………………………………………（160）

半边莲 …… (161)
铁皮石斛 …… (161)
金钱草 …… (162)
茵陈 …… (162)
薄荷 …… (163)
六、树脂藻菌类、其他类、动物类及矿物类中药 …… (163)
昆布 …… (163)
茯苓 …… (163)
猪苓 …… (164)
海藻 …… (164)
雷丸 …… (165)
土鳖虫 …… (165)
水蛭 …… (166)
水牛角 …… (166)
地龙 …… (166)
蜈蚣 …… (167)
石膏 …… (167)
滑石 …… (168)
磁石 …… (168)
第二节 中药检测 …… (169)
一、材料与器具 …… (169)
二、操作步骤 …… (169)
三、中药材及饮片常见杂质的来源 …… (170)
四、注意事项 …… (170)
第二章 中药商品储存 …… (171)
第一节 中药商品入库 …… (171)
一、中药商品入库前的检查验收 …… (171)
二、中药商品入库操作流程 …… (171)
三、特殊情况的处理方法 …… (172)
第二节 中药商品堆码 …… (173)
一、GSP 中对中药商品堆码的要求 …… (173)
二、中药商品堆码常规方法 …… (173)
第三节 中药商品出库 …… (175)
一、中药商品出库基本要求 …… (175)
二、中药商品出库业务流程 …… (175)
第三章 中药商品养护 …… (177)
第一节 温湿度调控 …… (177)
一、温湿度含义及测量方法 …… (177)
二、正常情况下的温湿度变化规律 …… (178)

三、中药商品贮存的温、湿度要求……（179）
四、温、湿度的调控方法……（179）
第二节　中药商品日常养护……（181）
一、霉变的防治……（181）
二、仓虫的防治……（182）
三、鼠害的防治……（185）

第三篇　中级工知识与技能要求

第一章　中药商品采购……（189）
第一节　中药商品采购需求分析……（189）
一、中药商品市场考察方法的基本知识……（189）
二、生产计划和销售计划的有关知识……（191）
三、定额管理知识……（195）
第二节　中药商品采购监控……（197）
一、中药商品供应商档案管理……（197）
二、中药商品订单管理基本知识……（198）
三、中药商品的入库、退货流程……（201）
四、中药商品验收知识……（205）
第二章　中药鉴别……（209）
第一节　中药识别……（209）
一、根及根茎类中药……（209）
山药……（209）
巴戟天……（209）
太子参……（210）
天花粉……（210）
乌药……（211）
丹参……（211）
甘草……（211）
白芷……（212）
百合……（212）
百部……（213）
防己……（213）
防风……（214）
当归……（214）
远志……（215）
延胡索……（215）
何首乌……（216）
泽泻……（216）

知母 ……………………………………………………………………………… (217)
香附 ……………………………………………………………………………… (217)
桔梗 ……………………………………………………………………………… (218)
黄芩 ……………………………………………………………………………… (218)
续断 ……………………………………………………………………………… (218)
粉葛 ……………………………………………………………………………… (219)
葛根 ……………………………………………………………………………… (219)
二、茎木类、皮类中药 …………………………………………………………… (220)
青风藤 …………………………………………………………………………… (220)
钩藤 ……………………………………………………………………………… (220)
海风藤 …………………………………………………………………………… (220)
桑寄生 …………………………………………………………………………… (221)
槲寄生 …………………………………………………………………………… (221)
三、花叶类中药 …………………………………………………………………… (222)
艾叶 ……………………………………………………………………………… (222)
巫山淫羊藿 ……………………………………………………………………… (222)
枇杷叶 …………………………………………………………………………… (222)
侧柏叶 …………………………………………………………………………… (223)
淫羊藿 …………………………………………………………………………… (223)
夏枯草 …………………………………………………………………………… (224)
旋覆花 …………………………………………………………………………… (224)
款冬花 …………………………………………………………………………… (224)
四、果实种子类中药 ……………………………………………………………… (225)
山楂 ……………………………………………………………………………… (225)
木瓜 ……………………………………………………………………………… (225)
乌梅 ……………………………………………………………………………… (226)
车前子 …………………………………………………………………………… (226)
连翘 ……………………………………………………………………………… (226)
枸杞子 …………………………………………………………………………… (227)
砂仁 ……………………………………………………………………………… (227)
五、全草类中药 …………………………………………………………………… (228)
浮萍 ……………………………………………………………………………… (228)
益母草 …………………………………………………………………………… (228)
麻黄 ……………………………………………………………………………… (228)
六、树脂藻菌类、其他类、动物类及矿物类中药 ………………………………… (229)
石决明 …………………………………………………………………………… (229)
牡蛎 ……………………………………………………………………………… (230)
鸡内金 …………………………………………………………………………… (231)
龟甲 ……………………………………………………………………………… (231)

鳖甲 …… (231)
玄明粉 …… (232)
芒硝 …… (232)
朱砂 …… (232)
紫石英 …… (233)
第二节 中药检测 …… (233)
一、中药的真伪鉴别 …… (233)
二、中药的品质规格 …… (235)
山药 …… (236)
川贝母 …… (236)
川芎 …… (236)
川牛膝 …… (236)
牛膝 …… (237)
木香 …… (237)
丹参 …… (237)
天冬 …… (237)
天花粉 …… (237)
北沙参 …… (237)
白芍 …… (237)
白芷 …… (238)
白术 …… (238)
玄参 …… (238)
当归 …… (238)
赤芍 …… (239)
防风 …… (239)
羌活 …… (239)
麦冬 …… (239)
板蓝根 …… (239)
知母 …… (239)
泽泻 …… (239)
浙贝母 …… (240)
黄芪 …… (240)
黄芩 …… (240)
黄柏 …… (240)
木瓜 …… (240)
吴茱萸 …… (241)
枸杞子 …… (241)
茯苓 …… (241)

第三章　中药商品储存……（242）
第一节　中药饮片及中成药的储存……（242）
一、中药商品的储存原则……（242）
二、建立中药商品档案……（243）
第二节　毒、麻、贵细中药的储存……（244）
一、毒性中药的储存……（244）
二、麻醉性中药的储存……（244）
三、贵细中药的储存……（244）
第四章　中药商品养护……（245）
第一节　中药饮片的养护……（245）
一、中药饮片常见的质量变化及检查方法……（245）
二、中药饮片发生质量变化时的常规处理方法……（247）
第二节　中成药的养护……（249）
一、中成药常见的质量变化情况……（249）
二、中成药的一般养护方法……（250）
第五章　中药商品经销……（253）
第一节　中成药介绍……（253）
一、国家基本药物相关知识……（253）
二、病因病机知识……（253）
三、常用中成药介绍……（257）
第二节　中药商品销售……（271）
一、中药商品销售管理知识……（271）
二、市场信息收集知识……（282）
第三节　售后服务……（286）
一、用户来信来电的处理……（286）
二、来访者的接待及接待技巧……（287）
三、拜访客户，建立客户拜访记录……（288）

第四篇　高级工知识与技能要求

第一章　中药商品采购……（293）
第一节　中药商品采购需求分析……（293）
一、中药商品市场信息调查知识……（293）
二、编制中药商品采购计划的基本知识……（295）
第二节　中药商品采购监控……（299）
一、中药商品采购合同的内容与管理……（299）
二、采购合同执行中的中药商品质量监控……（303）
三、中药商品采购合同执行中药品质量争议的处理……（304）

第二章 中药鉴别 …… (308)
第一节 中药识别 …… (308)
一、根及根茎类中药 …… (308)
山慈菇 …… (308)
玉竹 …… (308)
天南星【毒】 …… (309)
白茅根 …… (309)
白前 …… (310)
白薇 …… (310)
龙胆 …… (310)
地榆 …… (311)
芦根 …… (312)
狗脊 …… (312)
郁金 …… (312)
苦参 …… (313)
茜草 …… (313)
骨碎补 …… (314)
重楼 …… (314)
秦艽 …… (315)
拳参 …… (315)
莪术 …… (315)
二、茎木类、皮类中药 …… (316)
白鲜皮 …… (316)
地骨皮 …… (316)
牡丹皮 …… (317)
肉桂 …… (317)
厚朴 …… (318)
桑白皮 …… (318)
三、花叶类中药 …… (319)
合欢花 …… (319)
松花粉 …… (319)
芫花 …… (319)
闹羊花【毒】 …… (320)
厚朴花 …… (320)
洋金花【毒】 …… (320)
凌霄花 …… (321)
蒲黄 …… (321)
四、果实种子类中药 …… (321)
龙眼肉 …… (321)

地肤子 ……………………………………………… (322)
补骨脂 ……………………………………………… (322)
沙苑子 ……………………………………………… (322)
佛手 ……………………………………………… (323)
金樱子 ……………………………………………… (323)
草果 ……………………………………………… (324)
益智 ……………………………………………… (324)
葶苈子 ……………………………………………… (324)
五、全草类中药 ……………………………………………… (325)
鱼腥草 ……………………………………………… (325)
佩兰 ……………………………………………… (325)
泽兰 ……………………………………………… (326)
蒲公英 ……………………………………………… (326)
豨莶草 ……………………………………………… (327)
六、树脂藻菌类、其他类、动物及矿物中药 ……………………………………………… (327)
五倍子 ……………………………………………… (327)
灵芝 ……………………………………………… (328)
乳香 ……………………………………………… (328)
没药 ……………………………………………… (328)
阿胶 ……………………………………………… (329)
穿山甲 ……………………………………………… (329)
蛤蚧 ……………………………………………… (330)
蝉蜕 ……………………………………………… (330)
紫河车 ……………………………………………… (330)
僵蚕 ……………………………………………… (331)
蟾酥【毒】 ……………………………………………… (331)
第二节 中药检测 ……………………………………………… (331)
一、中药的真伪鉴别 ……………………………………………… (331)
二、中药的品质规格 ……………………………………………… (332)
大黄 ……………………………………………… (332)
郁金 ……………………………………………… (333)
龙胆 ……………………………………………… (333)
黄连 ……………………………………………… (333)
牡丹皮 ……………………………………………… (334)
厚朴 ……………………………………………… (334)
红花 ……………………………………………… (335)
金银花 ……………………………………………… (335)
连翘 ……………………………………………… (335)
益智仁 ……………………………………………… (335)

第三章　中药商品养护……(336)
第一节　特殊性质中药商品的养护……(336)
一、易燃中药商品的养护……(336)
二、鲜活中药商品的养护……(336)
第二节　易发生质量变化的中药饮片的养护……(337)
一、导致中药饮片发生质量变化的主要因素……(337)
二、中药饮片的传统养护方法……(340)
第四章　中药商品经销……(345)
第一节　中成药介绍……(345)
一、中成药的合理应用……(345)
二、中成药的安全用药知识……(349)
三、常用中成药介绍……(353)
第二节　中药商品销售……(358)
一、医疗用毒性中药销售管理……(358)
二、中药麻醉药品的管理和保管……(360)
三、《野生药材资源保护管理条例》相关内容……(363)
第三节　售后服务……(366)
一、客户投诉处理……(366)
二、药品不良反应报告……(368)

第五篇　技师知识与技能要求

第一章　中药商品采购……(375)
第一节　中药商品采购需求分析……(375)
一、中药商品采购需求预测知识……(375)
二、中药商品采购需求预测示例……(376)
三、中药商品采购成本与采购预算的相关知识……(377)
四、中药商品采购计划与预算制订……(380)
第二节　中药商品采购监控……(381)
一、物流系统规划与物流管理基础知识……(381)
二、中药商品采购合同（或协议）的签订……(385)
三、中药商品采购合同（或协议）执行中的纠纷与处理……(386)
四、长期采购协议知识……(387)
第二章　中药鉴定……(388)
第一节　中药识别……(388)
一、根及根茎类中药……(388)
人参……(388)
三七……(391)
三棱……(391)

白及 …………………………………………………………………… (392)
白头翁 …………………………………………………………………… (392)
西洋参 …………………………………………………………………… (392)
威灵仙 …………………………………………………………………… (393)
黄精 …………………………………………………………………… (393)
紫菀 …………………………………………………………………… (394)
紫草 …………………………………………………………………… (394)
二、茎木类、皮类中药 ……………………………………………… (395)
苏木 …………………………………………………………………… (395)
忍冬藤 …………………………………………………………………… (395)
沉香 …………………………………………………………………… (396)
降香 …………………………………………………………………… (396)
首乌藤 …………………………………………………………………… (396)
桂枝 …………………………………………………………………… (397)
三、花叶类中药 ……………………………………………………… (397)
罗布麻叶 ……………………………………………………………… (397)
枸骨叶 …………………………………………………………………… (397)
荷叶 …………………………………………………………………… (398)
银杏叶 …………………………………………………………………… (398)
棕榈 …………………………………………………………………… (398)
代代花 …………………………………………………………………… (399)
西红花 …………………………………………………………………… (399)
鸡冠花 …………………………………………………………………… (399)
佛手花 …………………………………………………………………… (400)
谷精草 …………………………………………………………………… (400)
扁豆花 …………………………………………………………………… (400)
莲须 …………………………………………………………………… (400)
密蒙花 …………………………………………………………………… (401)
梅花 …………………………………………………………………… (401)
葛花 …………………………………………………………………… (401)
槐花 …………………………………………………………………… (401)
四、果实种子类中药 ………………………………………………… (402)
女贞子 …………………………………………………………………… (402)
牛蒡子 …………………………………………………………………… (402)
王不留行 ……………………………………………………………… (403)
火麻仁 …………………………………………………………………… (403)
石莲子 …………………………………………………………………… (403)
瓜蒌 …………………………………………………………………… (404)
瓜蒌皮 …………………………………………………………………… (404)

瓜蒌子 …………………………………………………………………… (404)
决明子 …………………………………………………………………… (405)
西青果 …………………………………………………………………… (405)
柏子仁 …………………………………………………………………… (405)
使君子 …………………………………………………………………… (406)
胖大海 …………………………………………………………………… (406)
青果 ……………………………………………………………………… (407)
莲子 ……………………………………………………………………… (407)
莱菔子 …………………………………………………………………… (407)
栀子 ……………………………………………………………………… (408)
菟丝子 …………………………………………………………………… (408)
酸枣仁 …………………………………………………………………… (408)
槟榔 ……………………………………………………………………… (409)
薏苡仁 …………………………………………………………………… (409)
五、全草类中药 ………………………………………………………… (410)
车前草 …………………………………………………………………… (410)
老鹳草 …………………………………………………………………… (410)
荆芥 ……………………………………………………………………… (411)
青蒿 ……………………………………………………………………… (411)
肉苁蓉 …………………………………………………………………… (412)
香薷 ……………………………………………………………………… (412)
六、树脂藻菌类、其他类、动物类及矿物类中药 ……………………… (413)
天竺黄 …………………………………………………………………… (413)
冬虫夏草 ………………………………………………………………… (413)
血竭 ……………………………………………………………………… (413)
青黛 ……………………………………………………………………… (414)
海金沙 …………………………………………………………………… (414)
乌梢蛇 …………………………………………………………………… (414)
金钱白花蛇 ……………………………………………………………… (415)
蕲蛇 ……………………………………………………………………… (415)
第二节 中药检测 ……………………………………………………… (416)
一、中药材及饮片的真伪鉴别 ………………………………………… (416)
二、中药材的品质规格 ………………………………………………… (417)
人参 ……………………………………………………………………… (417)
三七 ……………………………………………………………………… (419)
半夏 ……………………………………………………………………… (420)
地黄 ……………………………………………………………………… (420)
附子 ……………………………………………………………………… (420)
香附 ……………………………………………………………………… (421)

杜仲 …………………………………………………………………………………… (421)
菊花 …………………………………………………………………………………… (421)
五味子 ………………………………………………………………………………… (421)
使君子 ………………………………………………………………………………… (421)
第三章 中药商品养护 ……………………………………………………………… (422)
第一节 贵细中药商品的养护 ………………………………………………………… (422)
一、人参的养护 ………………………………………………………………………… (422)
二、鹿茸的养护 ………………………………………………………………………… (423)
三、麝香的养护 ………………………………………………………………………… (423)
四、哈蟆油的养护 ……………………………………………………………………… (424)
五、牛黄的养护 ………………………………………………………………………… (424)
六、熊胆的养护 ………………………………………………………………………… (424)
七、海马、海龙的养护 ………………………………………………………………… (424)
八、冬虫夏草的养护 …………………………………………………………………… (424)
九、西红花的养护 ……………………………………………………………………… (425)
十、三七的养护 ………………………………………………………………………… (425)
第二节 中药商品养护计划与实施 …………………………………………………… (425)
一、中药商品养护计划的制订 ………………………………………………………… (425)
二、中药现代养护技术 ………………………………………………………………… (426)
第四章 中药商品经销 ……………………………………………………………… (429)
第一节 中成药介绍 …………………………………………………………………… (429)
一、常见病辨证用药规律 ……………………………………………………………… (429)
二、中药不良反应知识 ………………………………………………………………… (436)
三、常见病的中成药介绍 ……………………………………………………………… (438)
第二节 中药商品销售 ………………………………………………………………… (450)
一、销售计划的编制与实施 …………………………………………………………… (450)
二、财务管理基础知识 ………………………………………………………………… (453)
三、营销业务问题处理技巧 …………………………………………………………… (458)
四、中药商品市场营销调查与报告撰写 ……………………………………………… (460)
第三节 公关与服务 …………………………………………………………………… (462)
一、市场公关知识 ……………………………………………………………………… (462)
二、客户服务技巧 ……………………………………………………………………… (466)
第五章 培训与指导 ………………………………………………………………… (473)
第一节 中药发展史 …………………………………………………………………… (473)
一、原始社会药物的起源 ……………………………………………………………… (473)
二、夏商周时代 ………………………………………………………………………… (474)
三、秦汉时期 …………………………………………………………………………… (475)
四、两晋南北朝时期 …………………………………………………………………… (476)
五、隋唐时期 …………………………………………………………………………… (477)

六、宋金元时期……(478)
七、明代……(479)
八、清代……(480)
九、民国时期……(482)
十、中华人民共和国成立后……(483)
第二节　培训计划书的编制方法……(484)
一、培训计划书的编制流程……(484)
二、编制培训计划书……(485)
第三节　教育教学方法的相关知识……(486)
一、教学方法的概念……(486)
二、常用教学方法……(486)
三、培训方法的选择……(488)
第四节　业务指导……(488)
一、理论指导……(488)
二、实践指导……(489)

第六篇　高级技师知识与技能要求

第一章　中药商品采购……(493)
第一节　中药商品采购需求分析……(493)
一、中药商品采购计划的审核与修订知识……(493)
二、中药商品市场预测知识……(494)
第二节　中药商品采购监控……(497)
一、中药商品采购流程规划知识……(497)
二、中药商品供应商的甄选标准……(500)
三、采购费用的控制方法……(504)
第二章　中药鉴别……(505)
第一节　中药识别……(505)
一、根及根茎类中药……(505)
白蔹……(505)
川射干……(505)
千年健……(506)
甘遂【毒】……(506)
仙茅……(506)
红大戟……(507)
京大戟……(507)
虎杖……(507)
穿山龙……(508)
前胡……(508)

高良姜 …… (508)
徐长卿 …… (509)
绵萆薢 …… (509)
绵马贯众 …… (509)
射干 …… (510)
粉萆薢 …… (510)
薤白 …… (511)
二、果实种子类中药 …… (511)
马兜铃 …… (511)
马钱子【毒】 …… (511)
千金子【毒】 …… (512)
天仙子【毒】 …… (512)
化橘红 …… (513)
巴豆【毒】 …… (513)
白果 …… (513)
芡实 …… (514)
诃子 …… (514)
苍耳子 …… (515)
香橼 …… (515)
紫苏子 …… (515)
槐角 …… (516)
罂粟壳【麻】 …… (516)
蔓荆子 …… (517)
橘红 …… (517)
三、全草类中药 …… (517)
马鞭草 …… (517)
北刘寄奴 …… (518)
伸筋草 …… (518)
苦地丁 …… (518)
淡竹叶 …… (519)
萹蓄 …… (519)
锁阳 …… (520)
紫花地丁 …… (520)
墨旱莲 …… (520)
瞿麦 …… (521)
四、树脂藻菌类、其他类、动物及矿物类中药 …… (521)
人工牛黄 …… (521)
牛黄 …… (521)
体外培育牛黄 …… (522)

珍珠 …………………………………………………………………… (522)
珍珠母 ………………………………………………………………… (523)
羚羊角 ………………………………………………………………… (523)
鹿茸 …………………………………………………………………… (524)
鹿角 …………………………………………………………………… (525)
麝香 …………………………………………………………………… (526)
赤石脂 ………………………………………………………………… (527)
花蕊石 ………………………………………………………………… (527)
雄黄【毒】 …………………………………………………………… (527)
赭石 …………………………………………………………………… (528)
第二节 中药检测 ……………………………………………………… (528)
一、中药材及饮片的真伪鉴别 ……………………………………… (528)
二、中药材的品质规格 ……………………………………………… (531)
甘草 …………………………………………………………………… (531)
远志 …………………………………………………………………… (532)
苍术 …………………………………………………………………… (532)
延胡索 ………………………………………………………………… (532)
柴胡 …………………………………………………………………… (533)
桔梗 …………………………………………………………………… (533)
党参 …………………………………………………………………… (533)
秦艽 …………………………………………………………………… (534)
紫菀 …………………………………………………………………… (534)
粉葛 …………………………………………………………………… (534)
葛根 …………………………………………………………………… (534)
枳壳 …………………………………………………………………… (534)
枳实 …………………………………………………………………… (534)
栀子 …………………………………………………………………… (534)
酸枣仁 ………………………………………………………………… (534)
槟榔 …………………………………………………………………… (535)
肉苁蓉 ………………………………………………………………… (535)
牛黄 …………………………………………………………………… (535)
鹿茸 …………………………………………………………………… (535)
第三章 中药商品经销 ……………………………………………… (537)
第一节 中成药介绍 …………………………………………………… (537)
一、中成药急症必备用药介绍 ……………………………………… (537)
二、中药注射剂的临床应用知识 …………………………………… (542)
三、常见病的中成药介绍 …………………………………………… (544)
第二节 中药商品销售 ………………………………………………… (555)
一、目标市场营销 …………………………………………………… (555)

二、市场调研的程序、方法及调研资料分析 …………………………………………（559）
三、商务谈判原则及程序 ……………………………………………………………（563）
第三节 公关与服务 ……………………………………………………………………（565）
一、促销组合设计 ……………………………………………………………………（565）
二、客户服务 …………………………………………………………………………（571）
第四章 培训与指导 ………………………………………………………………（578）
一、培训的基本知识 …………………………………………………………………（578）
二、远期培训计划的编制 ……………………………………………………………（581）
三、综合培训计划 ……………………………………………………………………（582）
四、科技论文撰写知识 ………………………………………………………………（583）

第一篇

中药购销员基本要求

第一章　职业道德与中药购销员职业守则

第一节　职业道德基本知识

《公民道德建设实施纲要》指出："职业道德是从业人员在职业活动中应遵循的行为准则，涵盖了从业人员与服务对象、职业与职工、职业与职业之间的关系。随着现代社会分工的发展和专业化程度的增强，市场竞争日趋激烈，整个社会对从业人员职业观念、职业态度、职业技能、职业纪律和职业作风的要求越来越高。"因此，学习了解职业道德的基本知识，对中药购销员的成长与发展具有重要意义。

一、道德的含义和特点

道德是人们共同生活及其行为的准则与规范，往往代表着社会的正面价值取向，用于判断人们行为正当与否。道德是由一定的社会经济关系所决定，并为一定的社会经济基础服务，以善与恶、好与坏、偏私与公正等作为评价标准，依靠社会舆论、传统习惯和人们内心信念的力量，调整人与人、个人与社会之间关系的行为规范的总和。它规定了人们应该怎样做和不应该怎样做，应该做什么和不应该做什么。通俗地说，道德就是做人的道理和规矩。人类的道德观念是受到后天一定的生产关系和社会舆论的影响而逐渐形成的，是随着人类社会的发展而发展的，在社会的各个阶段都有不同的含义。而具体在某一社会中，社会生活大体可以划分为家庭生活、公共生活、职业生活三大领域，各个领域都有相应的道德，即家庭美德、社会公德和职业道德。

道德作为意识形态的特殊形式有自身的特点。

首先，道德具有普遍适用性。道德在社会生活中无处不在，是调节人与人、个人与社会关系的重要依据，是进行善恶、是非等评价的基础。道德适用的范围要比法律广泛得多，法律只对触犯法律条文的行为实行制裁，而有许多法律条文无法规定和"干预"的行为，则主要是依靠道德规范进行调节。如职业生活中的服务态度、公共场所的礼貌行为等。

其次，道德不具备强制性。道德与法律不同，不需要专门机构来制定和强制执行，而是靠社会舆论、传统习惯和个人内心信念等力量来倡导和维持的。

最后，道德具有特殊的稳定性。因为道德是调节人们行为的，这种调节主要靠人们的道德情感、道德信念来起作用，这些一旦形成，就会深入到人们的内心深处，具有较大的稳定性。道德的稳定性决定了要建立适应社会主义市场经济体制的新道德体系，任重而道远。

二、道德与法律的关系

人类社会在长期发展过程中，逐渐形成了两大规范：道德规范和法律规范。道德与法律相辅相成，相互促进，共同发展，法律制裁的威力有助于社会主义道德观念的形成和发展，道德又能有效促进法治建设的发展。两者在内容上也存在重叠现象，法律规范中的一些条文，也是道德规范所要求的内容。比如《宪法》规定的“爱祖国、爱人民、爱劳动、爱科学、爱社会主义”的内容，既是对公民的道德要求，也是法律要求，既是道德规范，也是法律规范。

在现实生活中，有些人对道德与法律的关系缺乏正确的认识，认为与法律的强制性相比，道德约束是“柔性”的，作用不大，可有可无，即使违背道德，至多被议论一番，不会造成其他损失，因此可以不必遵守。这些想法显然是错误的。与法律规范相比，道德在调节范围、调节方式方面，以自己独有的特点，弥补了法律的不足，有些地方甚至宽于法律，比法律更基本。道德作为调节社会关系的重要手段，要求人人能够自觉遵守。

三、职业道德

职业道德是指从事一定职业的人在履行职业职责的过程中应遵循的特定职业思想与行为准则，是职业理想、职业义务、职业纪律、职业良心、职业荣誉和职业作风的总称。它既是一般社会道德在特定的职业活动中的体现，又突出了在特定职业领域内特殊的道德要求。它既是对本行业人员在职业生活中行为准则的要求，又是本行业人员对社会所负的道德责任和义务。职业道德主要作用是调节从业人员与服务对象、从业人员之间以及职业与职业之间的关系。职业的特殊性要求从业人员遵守道德规范，承担职业责任，履行职业义务，遵守职业纪律，体现职业风范。

随着现代社会分工的发展和专业化程度的增强，市场竞争日趋激烈，整个社会对从业人员职业道德的要求越来越高。因此，要大力倡导以爱岗敬业、诚实守信、办事公道、服务群众、奉献社会为主要内容的职业道德，鼓励人们在工作中做一个合格的职业人员。

（一）职业道德的特点

职业道德作为职业行为的准则之一，与其他职业行为准则相比，体现出以下特点：

1. 鲜明的行业特征

行业之间存在差异，各行各业都有特殊的道德要求。比如，商业领域对从业者的道德要求是“买卖公平，童叟无欺”，中药购销员的职业道德要求是“严禁出售假劣药品”，驾驶员的职业道德要求是“遵守交规，文明行车”，这些都是职业道德行业特征的具体表现。

2. 有限的适用范围

职业道德一般只适用于从业人员的岗位活动。尽管不同的职业道德之间也有共同的特征和要求，存在共同职业道德的内容，比如敬业、诚信、互助等，但在某一特定的行业和具体的岗位上，必须有与该行业、该岗位相适应的具体的职业道德规范。这些特定的规范只在特定的职业范围内起作用，只能对从事该行业和岗位的从业人员具有指导和规范作用，而不能对其他行业和岗位的从业人员起作用。因此，职业道德的适用范围不是普遍的，而是特定的、有限的。

3. 多样的表现形式

职业的多样性决定了职业道德表现形式的多样性。随着生产力的发展，社会分工越来越细，越来越专，职业也就越来越多，职业道德的要求也更加规范化、具体化。各行各业为适应本行业职业道德要求，大多以制度、条例、章程、守则、公约、承诺、誓言以及标语口号的形式呈现。

4. 强烈的纪律性

职业道德与职业责任和职业纪律紧密相关，职业纪律是介于法律和道德之间的一种特殊的规范。它既要求人们能自觉遵守，又带有一定的强制性。就是说，一方面遵守纪律是一种美德，另一方面遵守纪律又带有强制性，具有法令的要求。因此，职业道德有时又以制度、章程、条例、守则等形式表达，让从业人员认识到职业道德具有强烈的纪律性。

5. 稳定的历史继承性

职业一般处于相对稳定的状态，具有不断发展和世代延续的特征，因此反映职业要求的职业道德必然具有稳定性和连续性。如医药行业“救死扶伤”、“治病救人”的职业道德，千百年来一直被医药行业人员传承和遵守。

（二）职业道德的社会作用

职业道德具有重要的社会作用，它通过职业理想、职业价值观、职业良心、职业态度等来引导和规范从业人员的职业意识和职业行为，具体表现在：

1. 有助于调整职业利益关系

职业道德的基本职能是调节利益关系，保持行业的顺利发展。一方面职业道德可以调节从业人员之间的利益关系，即运用职业道德规范约束职业内部人员的行为，促进内部人员的团结与合作。如职业道德规范要求各行各业的从业人员，都要团结、互助、爱岗、敬业、齐心协力地为发展本行业、本职业服务。另一方面职业道德又可以调节从业人员和服务对象之间的利益关系。如职业道德规定了制造产品的工人要怎样对用户负责，营销人员怎样对顾客负责，医生怎样对患者负责等等。

2. 有助于维护和提高本行业的信誉

行业或企业的信誉，是指行业或企业及其产品和服务在社会公众中所获得的信任程度。产品质量和服务质量是提高信誉的前提，而从业人员具有较高职业道德水平是产品质量和服务质量的有效保证。产品质量和服务质量的提高又可以促进本行业或企业的发展，产生较高的经济效益和社会效益。

3. 有助于提高全社会的道德水平

任何职业都有自己的社会责任。如果每个行业、每个从业人员都具备优良的职业道德，则既能保证产品质量和服务质量，又能有效地促进良好社会风气的形成，对整个社会道德水平的提高会发挥重要作用；反之，如果违背职业道德，没有职业良心，为追名逐利不择手段，必然会对社会风气产生严重的负面影响。

4. 有助于形成完善的人格

事实证明，职业生活中的傲慢、浮躁、狭隘、虚伪、恶毒、推诿、懒惰、固执、自私、贪婪等品质，会让人一事无成，甚至堕入违法犯罪的深渊；而谦虚、认真、宽容、真诚、仁厚、担当、勤奋、无私、坚定等品质，能够推动个人的成长、成才和事业发展。因此，培养和锻炼优秀的职业品质，形成良好的职业道德，具有重要的现实意义。

（三）社会主义职业道德

社会主义职业道德是社会主义道德原则在职业活动中的体现，是社会主义各行各业的从业者在职业活动中必须共同遵守的基本行为准则。社会主义职业道德除具有职业道德的共性之外，还具有自己的特殊性。它继承了历史上职业道德的优秀遗产，是人类历史上的一种崭新的职业道德。社会主义职业道德以为人民服务为核心，以集体主义为原则，以爱祖国、爱人民、爱劳动、爱科学、爱社会主义为基本要求，以爱岗敬业、诚实守信、办事公道、服务群众、奉献社会为主要规范和内容，以社会主义荣辱观为基本行为准则。它努力消除职业关系中的尊卑贵贱观念，不断克服个人主义、利己主义的消极影响，纠正职业活动中的虚伪、浮夸等欺诈行为，以形成并建立起诚实守信、言行一致的职业作风和“人人为我，我为人人”的新型职业关系。

四、医药职业道德

药品质量和用药安全与广大人民群众的生命健康息息相关，因此医药行业的从业人员应具备良好的从业素质和职业道德。医药职业道德是调节医药人员与患者、医药人员之间以及医药人员与国家、集体之间关系的行为规范的总和。它直接关系到人们的生命健康，关系到千家万户的悲欢离合。所以，医药职业道德为全社会所关注，具有特殊地位。高尚的医药职业道德要求医药工作人员具有扎实的医药学知识与技能，在医药学工作中容不得半点马虎。加强医药职业道德教育对提高医疗质量，保障人民身体健康，发展医药事业都有积极的影响。

（一）医药职业道德的特点

医药职业道德作为一种特殊的职业道德，除了具有一般职业道德的特点之外，还具有自身的特点。

1. 医药职业道德的全人类性

医药学是为全人类生命与健康服务的，是研究人类同疾病斗争的科学，从业人员的首要职责是提供安全有效的药品与医疗服务，因此在长期实践中形成了适用于一切阶级的公共医药职业道德准则，这就是人道主义思想的体现。

2. 医药职业道德的严肃性

医药产品的研制、生产、经营和使用关系到人们的生命与健康，因此必须严肃认真地按照国家制定的药事法律法规生产、经营和使用药品及进行医疗服务，这也是医药职业道德所要求的。

3. 医药职业道德的平等性

古今内外，医药职业道德都要求不论男女老幼、职务高低、生人熟人都应一视同仁平等相待。

4. 医药职业道德的连续性

在世代相传的医药职业实践中，人们形成了高尚的道德观念、道德意识和道德习惯，作为医药人员我们要继承和弘扬先贤的高尚医德医风。

（二）社会主义医药职业道德的原则

社会主义医药职业道德原则是所有从业人员在医药领域活动和实践中应遵循的根本原则，是评价与衡量每个从业人员的行为和思想品质的最高道德标准。医药领域的实践都与人们的生命健康紧密相关，这决定了医药职业道德的基本原则应包括：

1. 人道主义原则

人道主义是古今中外医药行业传统道德的精华所在，它的核心是尊重人的生命，一视同仁。医药学人道主义是指在医药行业活动中，特别是在医患关系中表现出来的同情关心患者、尊重患者的人格与权力、维护患者利益、珍视人的生命价值的伦理思想。1941 年，毛泽东同志为延安中国医大的题词“救死扶伤，实行革命的人道主义”，指出了医药卫生工作职业道德的基本原则。实行人道主义也是社会主义道德建设的基本要求。

2. 社会效益优先原则

在医药生产经营活动中坚持社会效益和经济效益并重、社会效益优先的原则，要求药品生产、流通企业和其他销售单位要从保障人民群众生命健康的需要出发，以患者利益为最高标准，提供安全、有效、经济的药品，而不能把追求利润最大化作为唯一目标。为此从业者必须以患者的利益为重，从治愈疾病和提高患者的生活质量出发，做好各项工作。比如医师为患者开具处方，应该以患者利益为先，对症下药，不能为了追求经济效益而不顾病情需要开“大处方”和价格高的药品。

3. 全心全意为人民服务原则

为人民服务是对社会主义各种职业的共同要求，是所有职业都应该遵守的根本宗旨。医药行业是关系到人民群众生命健康的特殊行业，更应该把为人民服务作为职业活动的出发点，真正把患者的利益放在首位，待患者如亲人，急患者之所急，痛患者之所痛，竭尽全力为患者服务。医药人员要做到全心全意为人民群众防病治病服务，既要有良好的职业道德，又要有精湛的医药技术，二者缺一不可。

第二节　中药购销员职业守则

一、医药行业的特点

医药行业最根本的宗旨是为人民群众的生命健康服务。医药生产经营的目的是为人民群众提供安全有效的医药产品和服务，满足人民群众防病治病的需要。由于医药商品不同于一般商品，决定了医药行业的特殊性。

1. 医药商品的两重性

医药商品具有治疗作用和毒副作用的两重性，用之得当可以治病救人，用之不当则危害健康甚至危及生命。因此，在医药经营过程中，从业人员不仅要遵循买卖公平、讲究信誉等商业道德准则，还要对人民群众的健康和生命负责，保证用药安全有效。

2. 医药商品质量的重要性

医药商品与人民群众的生命健康息息相关，比一般商品具有更严格的质量要求。一般商品可以根据质量的优劣，划分为一等品、二等品，甚至残次品，只要有使用价值就可以买卖。而医药商品只有合格与不合格之分，根据《药品管理法》规定，医药经营企业只能销售合格医药商品，因此医药商品必须坚持质量第一的原则。

3. 医药行业的两重性

医药行业既是我国社会主义的经济事业，又是人民群众保健的公益事业，具有经济事业和公共事业的两重性。医药产品的商品性决定了医药行业的本质是经济事业。但是，医药商品又是人们防病治病、康复保健的特殊商品。《中共中央、国务院关于卫生改革与发展的决定》中指出，我国卫生事业是政府带有一定福利政策的社会公益事业。这就要求医药行业要树立面向社会的整体观念，把社会效益和经济效益有机地结合起来。

二、医药行业职业守则

（一）遵纪守法，爱岗敬业

遵纪守法是医药行业从业人员必须具备的基本品质，是医药行业职业道德的一项重要规范。医药行业直接关系到人民群众的生命健康，为了加强药品监督管理，保证药品质量，国家颁布了《中华人民共和国药品管理法》。为了加强对药品研制、生产、经营和使用等环节的管理，又制定了《药物非临床研究质量管理规范》（简称 GLP）、《药物临床试验质量管理规范》（简称 GCP）、《药品生产质量管理规范》（简称 GMP）、《药品经营质量管理规范》（简称 GSP）等一系列规范，在实际工作中，从业人员应加强学习，真正做到有法可依、有法必依。

爱岗敬业作为基本的职业道德规范，是对从业者工作态度的一种普遍要求。通俗讲就是热爱工作岗位，热爱本职工作，是对自己所从事职业的一种情感和认识，是忠于职守的思想基础。爱岗与敬业总的精神是相通的，是相互联系在一起的。爱岗是敬业的基础，敬业是爱岗的具体表现，不爱岗就很难做到敬业，不敬业也很难说是真正的爱岗。有了这样的基础，才能对医药职业具有责任感、荣誉感和使命感，才能够自觉地以主人翁的态度从事本职工作，并充分发挥积极性、主动性和创造性，在本职岗位上为医药事业贡献力量。

（二）质量为本，真诚守信

质量为本是医药行业职业道德的重要内容，关系到人民群众的生命健康。医药商品是保障生命与健康的特殊产品，具有两重性，它可以防病治病，也可能因产品质量低劣或服用不当而使人中毒甚至死亡。因此，对医药产品质量和医疗服务质量应要求特别严格。对企业或医院来说，产品质量和医疗服务质量综合体现了管理、技术和经营水平。保证和提高医药商品质量和医疗服务质量是对医药行业整体发展的要求，是实现经济效益和社会效益的根本保障。医药行业从业者一定要牢固树立质量就是生命的观念，熟练掌握本职工作的业务知识和技能，为人民群众提供安全有效、质量可靠的医药商品和医疗服务。

医药工作的服务质量和医药商品的内在质量是医药质量的两个方面，而服务质量中最突出的要求是真诚守信。真诚守信不仅是做人的准则，也是做事的准则。真诚守信不仅是一般的社会公德，而且也是任何一个从业人员应遵守的职业道德。

（三）急人所难，救死扶伤

医药行业人员从事的工作是一种维护人民群众生命健康的服务工作，他们的职责、义务、态度和专业技术直接关系到广大人民群众的生命安危。无数事实证明：只有道德高尚，业务熟练，对患者认真负责，把患者的利益放在首位，竭尽全力为患者服务，才能有效地减轻或解除患者的病痛；反之，就可能造成患者和家属的终身痛苦或损失。因此，医药行业人员神圣的职业道德特点就是急人所难，救死扶伤。

（四）文明经商，服务热情

医药经营行业是与各层次、各类型的人打交道的，因此文明礼貌经商和热情服务就显得十分必要。这不仅表示对服务对象的尊重，也表明对自己工作的重视和对自己的自信、自重。文明经商，服务热情，包括营业场所的文明，要保持营业场所的清洁卫生，保持良好的店容店貌，按要求陈列医药商品。销售医药商品时，要做到主动、热情、耐心、周到。要求购销人员做到仪表整洁、举止大方，微笑迎客、主动热情，尊重患者、平等待人，公平销售、讲究信誉。

第二章 中医药基础知识

第一节 中医基础知识

中医基础理论来源于长期的医疗实践。它以脏腑经络、气血津液等为物质基础，结合古代的朴素唯物论和自发的辩证法思想，形成了一套完整的、独特的理论体系。这个理论体系的特点是“整体观念”和“辨证论治”。

“整体观念”是说对人体的生理、病理、诊断和治疗的认识都要从整体出发，它认为人体虽由若干脏腑和组织、器官所组成，并有着各自的功能，但它们之间却是一个彼此联系、相互影响的有机整体。同时还认识到人类生活在自然界中，人体的生理功能和病理变化，无时不受自然界气候变化、地理环境等因素的影响。人类在适应和改造自然的过程中，维持着人体的正常生命活动。以这种从整体出发、全面认识问题的思想方法来指导临床诊断和治疗疾病，既可看到局部病证，又能注意到整个机体的变化，从而避免局限性和片面性。

“辨证论治”是中医运用四诊八纲及脏腑辨证等诊断方法，对患者复杂的症状进行综合分析，判断疾病的性质和病变所在，进而确定治疗疾病的理、法、方、药。所以，辨证是决定治疗的前提和依据；论治是治疗疾病的手段和方法，也是对辨证是否正确的检验。在治疗疾病的过程中，辨证和论治是相互联系而又不可分割的两部分，是理论和实践相结合的体现。

一、阴阳五行

阴阳五行学说，包括阴阳学说和五行学说两部分，是我国古代一种朴素的唯物论和自发的辩证法思想。这种学说认为世界是由木、火、土、金、水五种最基本的物质构成的。物质世界不是永恒不变的，而是在阴阳二气的作用下，不断运动和发展着。中医运用阴阳五行学说说明人体的生理功能、病理变化，并指导诊断和治疗。

（一）阴阳学说

1. 阴阳的定义

阴阳是对自然界相互关联的某些事物和现象对立双方属性的概括。它既可代表两个相互对立的事物，又可代表同一事物内部的相互对立的两个方面，如天与地、昼与夜等。通常来说，凡是活动的、外在的、上升的、温煦的、明亮的、功能的、亢奋的都属阳；而沉静的、内在的、下降的、寒冷的、晦暗的、物质的、衰退的都属阴。

必须注意，阴阳不是指具体的事物，而是抽象的属性概念。事物的阴阳属性，并不是绝对的，而是相对的。

2. 阴阳学说的基本内容

（1）阴阳对立　阴阳学说认为自然界一切事物和现象都存在着相互对立的阴和阳两个方面。这体现了矛盾的斗争性，通过对立斗争，双方相互制约，限制对方，不使其过度发展。如动与静，两者一阳一阴，也是相互制约和相互斗争的。如人体劳动之后，就要休息以缓解疲劳，休息之后又要劳动，才能维持生命健康状态。

（2）阴阳互根　阴阳双方既是对立的，又是相互依存的，所谓“依存”，是指斗争着的双方不能脱离对方而单独存在。例如：上为阳，下为阴。如果没有上，则无所谓下；没有下，就无所谓上。热为阳，寒为阴。如果没有热，则无所谓寒；没有寒，就无所谓热。所有互相对立的双方都是互相依存的，即阳依存于阴，阴依存于阳，每一方都以另一方作为存在的前提和条件。

（3）阴阳消长　事物或现象中相互对立、依存的阴阳双方不是静止不变的，而是处于阴逐渐减弱，阳逐渐增强，或阳逐渐减弱，阴逐渐增长的运动变化中，并在一定限度、一定时间内维持着相对的平衡。如一年四季气候的变化，从冬到春至夏，气候由寒逐渐变热，这就是“阴消阳长”；而由夏经秋及冬，气候由热逐渐变冷，这就是“阳消阴长”。四季气候变迁，寒暑更替，实际上是反映了阴阳消长的过程，其中虽有“阳消阴长”、“阴消阳长”的不同，但从一年的总体来看，还是处于相对的动态平衡中。

（4）阴阳转化　事物或现象的阴阳属性，当发展到一定的阶段时，可以向相反的方向转化。即阴可以转化为阳，阳也可以转化为阴。如自然界的气候在寒来暑往不断变更过程中，冬寒至极，则经春至夏，转为酷暑，这是由阴转化为阳；夏热至极，经秋至冬，转为严寒，这是阳转化为阴。由此可见，如果说阴阳消长是一个量变的过程，而阴阳转化则属于质变的阶段。同时，阴阳的这种转化是有条件的。如前所述寒冬转化为酷暑，必须经过温和的春天这个量变过程，发展到终极阶段严寒即转化为酷暑。《素问·阴阳应象大论》所谓“重阴必阳，重阳必阴”，“寒极生热，热极生寒”。就是说阴发展到“重”的阶段就会转化为阳，阳发展到“重”的阶段就会转化为阴；寒发展到“极”的阶段可以转化为热，热发展到“极”的阶段也要向寒的方面转化。

3. 阴阳学说在中医学中的应用

阴阳学说贯穿在中医理论体系的各个方面，用以归纳说明人体的组织结构、生理功能、病理变化，并指导临床诊断和治疗。

（1）说明人体的组织结构　阴阳学说阐述人体的组织结构时，认为人体是一个有机的整体，它的结构既是有机联系的，又可以划分为阴阳相互对立的两部分。就人体部位而言，上部为阳，下部为阴；体表属阳，体内属阴；背部属阳，腹部属阴；四肢外侧属阳，内侧属阴。就人体脏腑而言，六腑中空，传化物而不藏故属阳，五脏内实，贮藏精、血、津液而不泻故属阴。在五脏中，心、肺居于上属阳，肝、脾、肾居于下属阴。所谓“人生有形，不离阴阳”。

（2）说明人体的生理功能　中医学认为人体的正常生命活动，是阴阳两个方面保持着对立统一的协调关系的结果。如生理活动中物质与功能的演变过程，就是对立统一关系的体现。物质属阴，功能属阳，物质是功能的基础，功能则是生命物质的动力。若脏腑功能活动健全，就会产生人体所需要的物质，而营养物质的充足，才能保证脏腑功能的旺盛。只有属阴的物质与属阳的功能协调一致，才能保证正常的生理活动。所谓“阴平阳秘，精神乃治”。

(3) 说明人体的病理变化　中医认为疾病的发生，是致病因素导致阴阳失去相对平衡的结果。疾病的开始，常常是阴阳的偏胜偏衰，而在病证的演变中还会出现阴阳相损，甚至阴阳离决，生命也就因之停息。病邪有阴邪、阳邪之分，正气也包括阴精与阳气两个部分。阳邪致病，可以使阳偏胜而阴伤，因而出现热证；阴邪致病，则使阴偏盛而阳伤，因而出现寒证。阳气虚不能制阴，则出现阳虚阴盛的虚寒证；阴液亏虚，则出现阴虚阳亢的虚热证。

(4) 用于疾病的诊断　因为疾病的发生、发展的原因是阴阳失调，所以任何疾病，尽管其临床表现错综复杂，千变万化，但都可以用阴阳来概括。例如，患者皮肤的色泽鲜明者属阳证，晦暗者属阴证；声音洪亮者属阳证，低微者属阴证。

(5) 用于疾病的治疗　由于阴阳偏盛偏衰是疾病发生、发展的根本原因，因此，调整阴阳，补偏救弊，使阴阳恢复相对的平衡，是治疗疾病的基本原则。

(6) 用于归纳药物的性能　药物的性能，是指药物的四气、五味、升降浮沉的特性而言。这些特性都可以用阴阳进行归纳。如药物的四气，即寒、热、温、凉。其中温、热为阳，寒、凉为阴。药物的五味，即酸、苦、甘、辛、咸。其中辛、甘、淡属阳，酸、苦、咸属阴。升降浮沉是药物作用于人体的趋向，其中升浮属阳，沉降属阴。

(7) 指导养生防病　人体阴阳的变化，常受自然界阴阳变化的影响，因此要保持体内阴阳的平衡，则必须做到与自然界的阴阳变化相适应。故有“和于阴阳，调于四时”的记载，“春夏养阳，秋冬养阴”的具体养生方法。

（二）五行学说

1. 五行学说的基本概念

“五行”是木、火、土、金、水五种物质属性的抽象概念。利用这五种物质属性的抽象概念来归类事物，并说明一切事物之间相互资生、相互制约的运动规律，就是“五行学说”。

2. 五行的相生、相克关系

(1) 相生　是指五行之间按着一定的顺序相互资生和助长。五行相生的次序是：木生火、火生土、土生金、金生水、水生木。

(2) 相克　是指五行之间按着一定的顺序相互制约。五行相克的次序是：木克土、土克水、水克火、火克金、金克木。

如果五行相生相克太过或不及，就会破坏正常的生克关系，而出现相乘或相侮的情况。相乘，即五行中的某一行对被克的一行克制太过。如，木过于亢盛，而金又不能正常地克制木时，木就会过度地克土，使土更虚，这就是木乘土。相侮，即五行中的某一行本身太过，使克它的一行无法制约它，反而被它所克制，所以又被称为反克或反侮。如，在正常情况下水克火，但当水太少或火过盛时，水不但不能克火，反而会被火烧干，即火反克或反侮水。

3. 五行学说在中医学中的应用

（1）*说明脏腑的功能特点*　五行学说把人体五脏，即肝、心、脾、肺、肾分别归属于木、火、土、金、水五行，用五行的特性分别说明五脏的生理特性，以五行相生、相克理论说明五脏之间的相互联系。

（2）*说明五脏病变的相互影响*　中医学运用五行学说的生克乘侮理论，来说明人体在病理情况下，五脏之间的相互影响，疾病之间的相互传变。

（3）*用于疾病的诊断*　五行学说应用“取类比象”的推演方法，把人体的五脏、五官、九窍作了一定的系统归纳，所以应用五行的属性生克乘侮规律，来归纳四诊所收集的病情资料，对于诊断疾病有一定的帮助。

（4）*用于疾病的治疗*　五行学说认为疾病的发生和发展是由脏腑生克关系的异常引起的，因此，在疾病的治疗时，除了处理病变的本脏外，还必须考虑其他有关的脏腑，采取相应的治疗措施。

二、脏腑

脏腑是内脏的总称。包括五脏、六腑和奇恒之腑。心、肝、脾、肺、肾合称“五脏”，其生理功能是生化和储藏精气，功能特点是“藏而不泻”，故“满而不实”。胆、胃、小肠、大肠、膀胱、三焦合称“六腑”，其生理功能是受纳和腐熟水谷、传化和排泄糟粕，功能特点是“传化物而不藏”，故“实而不能满”。奇恒之腑即脑、髓、骨、脉、胆、女子胞，这一类器官的形态与六腑相似，而具有类似脏的贮藏精气的作用。

脏腑学说的主要特点是以五脏为中心的整体观。

1. 心与小肠

心是人体最重要的一脏。心的生理功能是主血脉和主神志，为人体生命活动的中心。心的主要生理功能表现为：

（1）*主血脉*　血脉是血液和脉管的总称。全身的血液都在脉管内运行，主要依赖于心气的推动而循环不息，发挥其濡养作用。所以心是血液循环的原动力。

（2）*主神志*　心所主的神志是指人的精神、意识、思维活动。心主神志是指心有主管精神活动的功能。

心主血脉和主神志两种功能之间是相互关联的。血液是精神活动的物质基础，精神活动能调节和影响血液循环。

（3）*开窍于舌，其华在面*　窍是孔窍的意思，可作为观察事物的窗口。开窍于舌，是指通过对舌体的观察可以了解心的功能是否正常。其华在面，是说心的功能正常与否，常可以从面部的色泽反映出来。

心与小肠相表里。小肠的生理功能是受盛化物和泌别清浊。

2. 肺与大肠

肺居于胸腔的最高位。肺的生理功能是主气，司呼吸，主宣发肃降，通调水道。

肺的主要生理功能表现为：

（1）*主气、司呼吸*　肺是体内外气体交换的场所，通过肺的呼吸，吸入自然界的清气，呼出体内的浊气，以实现内外气体的交换。肺不断地进行体内外气体的交换，吐故纳新，促进了宗气的生成，并调节着气机，从而保证了人体新陈代谢的正常进行。

(2) 主宣发、肃降、通调水道　肺具有促进水液输布和排泄的功能，是肺气宣发和肃降对体内水液代谢所起作用的概括。肺气宣发，能使水液向上、向外。肺将水液输布到体表，经体表组织器官利用后，一方面化为汗液而排出体外；另一方面通过呼气作用也排出部分水分。肺气肃降，能使水液向下、向内。肺将水液输布至内脏，经内脏利用后，在肾的气化作用下而化成尿液，再下输膀胱而排出体外；在大肠的传导作用下从大便中也排出部分水分。

(3) 开窍于鼻，外合皮毛　肺开窍于鼻是指肺的功能表现与体表的五官中的鼻有密切联系；外合皮毛是指肺的功能正常与否可从皮肤上表现出来，外邪袭表后，也常表现为肺的病变。

肺与大肠相表里。大肠的生理功能是传化糟粕。

3. 脾与胃

脾位于中焦。脾的主要生理功能是：主运化、升清和统摄血液。脾的主要生理功能表现为：

(1) 主运化　是指脾对饮食物的消化，营养物质的吸收和输送，其中包括了水液的输布与代谢。由此，脾主运化，包括运化水谷精微和运化水湿两个方面。运化水谷精微，是指对营养物质的消化、吸收与运输的功能。这些营养物质也是化生气血的主要原料，所以称脾为气血生化之源。运化水湿，即是脾参与、促进人体水液的输布与代谢。

(2) 主升清　升是指脾向上至心肺；清是指饮食物中的精微。升清是脾气的运动特点，是水谷精微等营养物质的吸收和上输于心、肺、头目，通过心肺的作用化生气血，以营养全身。

(3) 主统血　是指脾有统摄血液在脉管中运行，防止其逸出脉外的功能。

(4) 主肌肉、四肢　肌肉的生长、四肢的活动都需要水谷精微，水谷精微的化生、输布均赖于脾的运化、升清。

(5) 开窍于口，其华在唇　脾主运化饮食水谷，水谷从口而入，因而对饮食水谷的受纳与运化，口与脾的功能是统一协调的。脾开窍于口，脾气通于口，脾又主肌肉，所以口唇能反映脾气的盛衰，故称其华在唇。

脾与胃相表里。胃的生理功能是主受纳、腐熟水谷，主通降。

4. 肝与胆

肝位于腹部。肝的主要生理功能是：主疏泄和藏血。肝的主要生理功能表现为：

(1) 主疏泄　是指肝具有疏通全身气机，使之调畅的功能。肝的疏泄功能，影响人体气机，主要表现有以下两个方面：

①情志方面：情志活动，是神的表现之一，而神是以精气为物质基础的，精气的生化，与气机密切相关。肝主疏泄，对气机的调畅有重要作用，因此，人的精神情志活动，除了为心所主外，与肝的关系也很密切。从肝脏来说，只有在肝主疏泄的功能正常，气机调畅的情况下，人才能气血和平，心情舒畅。如果肝气疏泄失常，气机不调，就可引起情志方面的异常变化。

②消化方面：因肝的特点是主升、主动，而脾主升清，胃主降浊，故肝的疏泄功能，是脾胃正常升降的一个重要条件。这就是临床上经常出现的精神情绪变化影响消化系统功能的现象。肝的疏泄功能异常还可以通过影响胆汁的分泌和排泄，而导致脾胃运化和受纳

功能失常，从而出现胁下胀痛、口苦、纳呆，甚则黄疸等症。

(2) 主藏血　肝藏血是指肝具有贮藏血液和调节血量的生理功能，在正常情况下，人体的血液是运行不息的，但肝内必须贮存一定量的血液，以应付人体在特殊情况下的需要。肝的藏血功能还体现于女子的月经来潮。

(3) 开窍于目，其华在爪　目指眼睛，具有“别黑白，审长短”的功能。眼睛视力和色觉能力的强弱能反映肝藏血和主疏泄的功能。爪甲，包括指甲和趾甲，肝血的盛衰，从爪甲的荣枯上能得到充分的反映。

肝与胆相表里。胆的生理功能是贮藏和排泄胆汁。

5. 肾与膀胱

肾位于腰部，脊柱两旁，左右各一。由于肾藏有“先天之精”，为脏腑阴阳之本，生命之源，故称之为“先天之本”。它的主要生理功能是：藏精，主生长、发育、生殖，主水及纳气。肾的主要生理功能表现为：

(1) 主藏精　肾主藏精是指肾对精气的闭藏作用。精气是构成人体的基本物质，也是人体生长发育及各种功能活动的物质基础。肾中精气可以概括为肾阴和肾阳两个方面。对机体各个脏腑组织器官起着滋养、濡润作用的称为肾阴；对机体各个脏腑组织器官起着推动、温煦作用的称为肾阳。

(2) 主水　肾主水液是指肾中精气的气化功能，对于体内津液的输布和排泄，维持体内津液代谢的平衡，起着极为重要的调节作用。

(3) 主纳气　肾主纳气是指肾有摄纳肺所吸入的清气，防止呼吸表浅的作用，肾之功能正常才能保证体内外气体的正常交换。

(4) 开窍于耳及二阴，其华在发　肾开窍于耳及二阴是指肾通过经络及功能表现与耳和二阴有密切联系；发为血之余，肾藏精，精能生血，血能养发，故称其华在发。

肾与膀胱在水液代谢方面关系密切，又有经络相连属，故肾与膀胱相表里。膀胱的主要生理功能是：贮尿和排尿。

三、经络

经络是人体运行气血、联络脏腑、沟通内外、贯穿上下的径路。“经”，有路径的含义，为直行的主干，纵行于人体的深部；“络”，有网络的含义，为经脉所分出的小支，遍布于人体的浅部。经脉和络脉纵横错杂，交会衔接，将人体紧密地联结成一个统一的整体。经脉中运行的经气来源于脏腑，经气的盛衰决定于脏腑的盛衰，所以经络变化可以表明人的生理功能、病理变化。

四、气血津液

气、血、津液，是构成人体的基本物质，是脏腑、经络等进行生理活动的物质基础。

1. 气

气是不断运动着的具有很强活力的精微物质，是构成人体的最基本物质，又是维持人体生命活动的最基本物质。

人体的气来源于父母的先天精气、饮食物中的精微物质（水谷精气）和存在于自然界的清气，通过肺、脾胃和肾等脏器的生理功能的综合作用，将三者结合起来而生成。

气的生理功能主要有五个方面：

（1）推动作用　气对于人体的生长发育，各脏腑、经络等组织器官的生理活动，血的生成和运行，津液的生成、输布和排泄等，均起着推动作用和激发其运动的作用。

（2）温煦作用　人体的体温，依靠气的温煦作用来维持恒定；各脏腑、经络等组织器官，也要在气的温煦作用下进行正常的生理活动；血和津液等液态物质，也要靠气的温煦作用，进行正常的循环运行。

（3）防御作用　主要体现在护卫全身的肌表，防御外邪的入侵。

（4）固摄作用　主要是对血、津液等液态物质，具有防止其无故流失的作用。具体表现在：固摄血液，可使血液循脉而行，防止其逸出脉外；固摄汗液、尿液、唾液、胃液、肠液和精液等，控制其分泌排泄量，以防止其无故流失。

（5）气化作用　气化是指通过气的运动而产生的各种变化。具体地说，是指精、气、血、津液各自的新陈代谢及其相互转化。

气的运动和运动形式：气的运动，称作“气机”。气的运动形式可归纳为升、降、出、入四种。

2. 血

血是构成人体和维持人体生命活动的基本物质之一，是运行于脉中的红色的液体，主要由营气和津液所组成。营气和津液，都来自经脾胃消化吸收而生成的水谷精微，所以说脾胃为气血生化之源。

血具有营养和滋润全身的功能。血在脉中循行，内至脏腑，外达皮肉筋骨，运行不息，不断地对全身的组织器官起着充分的营养和滋润作用，以维持正常的生理活动。

血的运行，主要依赖气的推动作用。血在脉管中运行而不至于逸出脉外，也是气的固摄作用的体现。

3. 津液

津液是体内一切正常水液的总称。包括各组织器官的内在体液和正常的分泌液，如胃液、肠液、涕、泪等。津液同气和血一样，是构成人体和维持人体生命活动的基本物质。

津液的生成、输布和排泄，是一个复杂的生理过程，涉及多个脏腑的一系列生理功能。《素问·经脉别论》说：“饮入于胃，游溢精气，上输于脾，脾气散精，上归于肺，通调水道，下输膀胱，水精四布，五经并行。”这是对津液的生成、输布和排泄过程的简明概括。

津液有滋润和濡养的生理功能：布散于肌表的津液，具有滋润皮毛肌肤的作用；流注于孔窍的津液，具有滋润和保护眼、鼻、口等孔窍的作用；渗入于血脉的津液，具有充养和滑利血脉的作用，而且也是正常血液的基本物质；注入于组织器官的津液，具有濡养和滋润各组织器官的作用；渗入于骨的津液，具有充养和濡润骨髓、脊髓和脑髓等作用。

4. 气、血、津液三者的关系

气、血、津液的生成、性状及其功能，各自不同。但是，这三者又都是构成人体和维持人体生命活动的最基本物质，三者的正常，均离不开脾胃运化而生成的水谷精气。三者的生理功能，又存在着相互依存、相互制约和相互为用的关系。因此，无论在生理或病理情况下，气、血、津液之间均存在着密切的关系。

（1）气和血的关系　气属于阳，血属于阴。气和血之间，存在着“气为血之帅”、

“血为气之母”的密切关系。

气为血之帅是指气能生血、气能行血、气能摄血。气能生血是指在血的组成及其生成过程中，均离不开气和气的运动变化；气能行血是指血的运行，有赖于气的推动；气能摄血是指血在脉中循行而不逸出脉外，主要依赖于气对血的固摄作用。

血为气之母是指血是气的载体，并给气以充分的营养。由于气的活力很强，易于逸脱，所以气必须依附于血和津液，而存在于体内。

（2）气和津液的关系　津液的生成、输布和排泄，全赖于气的升降出入运动和气的气化、温煦、推动和固摄作用；而气在体内的存在，不仅依附于血，也依附于津液，故津液也是气的载体。

（3）血和津液的关系　血和津液，都是液态物质，也都有滋润和濡养作用，与气相对而言，二者都属于阴。血和津液的生成都来源于水谷精气，由水谷精气所化生，津液渗注于脉中，即成为血液的组成部分。

五、病因病机

病因，即是引起人体发生疾病的原因。一般将病因分为：外感性致病因素，包括六淫、疠气；内伤性致病因素，包括七情过激、饮食所伤、劳逸过度等；其他致病因素，如外伤和虫兽伤等；另外，在疾病发展过程中形成的某些病理产物，如痰饮、瘀血等，也可成为某些疾病的致病因素。

病机，即疾病发生、发展和变化的机理。中医病机学认为，疾病的发生、发展和变化，与患病机体的体质强弱和致病邪气的性质密切相关。病邪作用于人体，机体的正气必然奋起而抗邪，正邪相争，破坏了人体相对的阴阳平衡，致使脏腑气机升降失常，或使脏腑经络、气血津液功能紊乱，从而影响全身脏腑组织器官的生理活动，产生全身或局部的多种多样的病理变化。除上述邪正、阴阳、气血津液及病变部位之外，天气、地域、环境，以及人体的性别、年龄、体质等，亦都会对疾病的发生和发展产生明显的影响。

六、中医治则

中医治则，是指中医治疗疾病应遵循的基本原则，是在整体观念和辨证论治精神指导下制订的总治疗原则，为临床立法、处方、用药的先导。中医治则的基本内容包括未病先防、既病防变、治病求本、调整阴阳、扶正祛邪、标本缓急、正治反治、同病异治、异病同治、三因制宜等方面的内容。

第二节　中药基础知识

一、中药的起源与发展简介

中药是在中医理论指导下，用于预防、治疗疾病并具有康复与保健作用的物质。中药主要来源于天然药及其加工品，包括植物药、动物药、矿物药及部分化学、生物制品类药物。

1. 中药的起源

中药的起源可追溯到原始时代，人类为了生存觅食充饥，往往会误食一些有毒的动物或植物等，导致呕吐、腹泻等等，甚至引起死亡，但也有时偶尔发现食入一些动物或植物等可以减轻或消除不适，于是引起先人们的注意，并不断记忆、流传、积累，久而久之，便逐渐诞生出了中药，故有“医食同源”、“药食同宗”之说。

2. 中药的发展

我国鸦片战争前的不同的历史时期，中药均有不同程度的发展，特别是历代本草专著是中医中药知识的宝库，在中医中药发展史上占有重要地位。如：我国现存最早的药学专著《神农本草经》中所载药物大多疗效确实，还简要赅备地论述了中药的基本理论，如有毒无毒、四气五味、配伍法度等知识。我国第一部炮制专著《雷公炮炙论》，系统地介绍了300余种中药的炮制方法，提出药物经过炮制可以提高疗效，降低毒性，利于贮存、调剂、制剂等。该书对后世中药炮制的发展产生了很大的影响，其中许多方法在当前仍有指导意义。我国也是世界上第一部药典《新修本草》（又名《唐本草》），是唐代官修的药物文献，书中增加了药物图谱，并附以文字说明，为最早的药物图谱。这种图文并茂的方法，开创了世界药学著作的先例。明代李时珍所著《本草纲目》内容极为丰富，是16世纪以前我国人民药物知识的全面总结，是我国本草史上最伟大的著作，也是我国科学史上的辉煌成就。这部书17世纪初就流传中外，曾译成多种文字，对世界药物学的发展作出了重大贡献。

自1840年鸦片战争到1949年中华人民共和国成立的百年间，中国经历了长期的民主主义革命，社会、经济、文化都发生了很大变化。这一时期中药的发展与以前有明显的不同。一方面，随着帝国主义的入侵，输入了西医和西药，政治上压迫，经济上掠夺，中医药与先进的现代科学技术混合在一起；另一方面广大人民群众赖以防病治病的中医中药遭到破坏，使伪药劣药充斥市场，严重影响了中医中药的整理、挖掘、提高和发展。

新中国成立以后，党和政府十分重视中医、中药事业，制定了方针、政策，采取有效措施，在全国范围内贯彻执行，使中药的科研、生产、流通、应用、教育、管理等方面得到快速发展，取得了伟大的成就。国家对中药的质量加强了管理，第一版《中华人民共和国药典》（以下称《中国药典》）于1953年颁布。1965年1月26日卫生部公布《中国药典》1963年版。1963年版药典分一、二两部，其中一部收载常用的中药材446种和中药成方制剂197种。其后，国家依次颁布了药典1977版、1985版、1990版、1995版、2000版、2005版和2010版。目前执行的是《中国药典》2010版，分为一部、二部和三部，一部收载药材和饮片、植物油脂和提取物、成方制剂和单味制剂等，品种共计2165种。

二、中药的命名

1. 以原植物、原动物、原矿物命名

这类药材的名称与原植物、原动物、原矿物名称一致。如：丁香是桃金娘科植物丁香的花蕾；蛤蚧是壁虎科动物蛤蚧除去内脏的干燥体；硼砂为单斜晶系矿物硼砂经精制而成的结晶等。

2. 以药用部位命名

动物、植物药材的药用部位丰富，以其命名的药材亦很多。

（1）动物药的药用部位有骨、角、甲、肝、胆、胎、皮等。以之命名的药材有羚羊角、水牛角、龟甲、鳖甲、水獭肝、羊肝、熊胆、蛇胆、鹿胎、大象皮等。

（2）植物药的药用部位有根、茎、藤、叶、花、果实、种子、全草等。以其命名的药材有山豆根、葛根、大血藤、大青叶、红花、金银花、青果、草果、车前子、益母草、仙鹤草等。

3. 以药材产地命名

以产地命名的药材多为各地的著名药材（多为道地药材）。如：四川产的川乌、川射、川贝母、川牛膝、川楝子、巴豆；广东产的广枣、广藿香、广金钱草；河南（怀庆府）产的怀地黄、怀牛膝、怀山药、怀菊花；东北产的关黄柏、辽细辛；山西上党的党参；山东东阿的阿胶等。

4. 以药材性状命名

（1）*以药材形状命名*　如形似人体的人参、形如锚钩的钩藤等。

（2）*以颜色命名*　此类药材较多，如红花、丹参、朱砂、大黄、黄连、黄芩、白果、紫草、金银花等。

（3）*以气味命名*　如有特异香气的麝香、檀香、丁香、木香；有鱼腥气的鱼腥草；有败酱气的败酱草；有甜味的甘草，酸味的酸枣仁，咸味的咸秋石，辛味的细辛，多味的五味子等。

5. 以药材生长习性命名

如早春开花的迎春花，冬天绽放的款冬花。

6. 以药材功能命名

如能解表祛风的防风，能泻热通便的番泻叶，能清热明目的决明子、安神益智的远志，能强筋骨、续折伤的续断，能温肾壮阳的阳起石等。

7. 进口药材命名

进口药材常冠以胡、西、洋、番等前缀。如胡椒、胡黄连；洋参（西洋参、东洋参）、洋地黄；番红花、番泻叶、番木鳖（学名：马钱子）等。

8. 其他命名

如以人名命名的徐长卿、使君子、杜仲；以传说命名的当归、车前子、牵牛子；以译音命名的曼陀罗、诃黎勒（诃子）等。

三、中药材的采收与加工

（一）中药材采收

中药的采收时节和方法对确保药物的质量有着重要的影响。中药质量的好坏，取决于有效化学成分的含量，“早则药势未成，晚则盛势已歇”，错过采集时节，则浪费药源、影响质量。因此，只有适时按季节采集中药材，才能确保药物产量与质量、供应与疗效。中药大多是植物类药物，根、茎、叶、花、果实、种子、全草，都有一定的生长成熟期，各个不同生长阶段所含有效成分的量亦有所不同；动物类药物有一定的捕捉与加工时期。除了有些药物在采集上有特殊要求外，一般中药的采收原则如下：

1. 根及根茎类

一般在秋冬季节植物地上部分枯萎时或初春萌发前采收为宜，此时植物生长缓慢，基本处于休眠状态，营养物质最为丰富，有效成分含量较高，如牛膝、党参、天花粉等。有的如太子参、浙贝母、半夏、延胡索等由于植物枯萎时间较早则在夏季采收。

2. 皮类

根皮多在秋末冬初或初春时节采挖，如牡丹皮、地骨皮、香加皮等；茎皮则多在春夏之交采集，此时形成层活动旺盛，易于剥离。

3. 茎藤木类

以秋冬两季采集为多；如与叶同用，则在生长旺盛时采收，如络石藤、忍冬藤等。

4. 叶类

通常在花蕾将放或盛开的时候采收，此时叶片茂盛，颜色青绿，性味完壮，药力雄厚，最宜采收，如荷叶、大青叶、枇杷叶、紫苏叶等。有些特定的药物如桑叶，则需要在深秋经霜后才能采集。

5. 花类

多在含苞待放或初开时采收，以免香气散失、花瓣散落，如金银花、玫瑰花等；花粉类中药则需盛开时采收，如松花粉、蒲黄等。有的宜在花刚盛开时采收，如菊花、凌霄花等。采花时间以晴天或清晨为佳，以利于花朵完整和干燥。

6. 果实种子类

一般多在成熟期采摘，如砂仁、栀子、山楂、车前子、紫苏子等；有的需在未成熟时采摘，如青皮、枳实、乌梅等；有的蒴果类种子则要在果实成熟而未开裂时采收，以免种子散落，如牵牛子、急性子等。

7. 全草类

多在枝叶茂盛，花朵初开时采集，此时植物生长旺盛，有效成分含量高，如益母草、紫苏、广藿香等；有的需要花未开前采收，如薄荷、青蒿、佩兰等；有的则需要在嫩苗时采收，如茵陈；还有的需要在果实即将成熟或成熟后采收，如夏枯草、紫苏梗、荆芥等。

8. 藻、菌类

应掌握合理采收期，如马勃在子实体刚成熟时采收，过迟则孢子飞散、子实体变枯；茯苓宜在立秋后秋分前采挖。

9. 树脂类

一般在干燥季节采集，如芦荟、阿魏、安息香等。

10. 动物类

主要根据其生长习性及活动规律进行捕捉。一般潜伏在地下或泥沙中的小动物，如地龙、土鳖虫等，应在夏、秋季捕捉；有翅昆虫如斑蝥、青娘子、红娘子等，需在夏、秋季清晨露水重时捕捉；大动物一般在秋冬猎取，而驴皮则以冬季剥取为佳；鹿茸以每年 5 月中旬至 7 月上旬锯取，过时茸则角质化。

11. 矿物类

四季皆可采取。

（二）中药材的加工

中药材的加工是指中药采收后的产地加工，亦称“粗加工”。由于中药品种繁多，加工要求也各不相同，一般应达到形态完整、含水量适度、色泽不失原有特征、香气散失少、不变味、有效成分损失少等要求。常用加工方法有：

1. 修整

主要是除去杂质和非药用部位。根据不同品种的质量要求，有的须剥去粗皮，如白芍、三棱等；有的除去木心或芦头、须根，如牛膝、牡丹皮、白鲜皮等；有的要除去茎苗，洗净、撞擦或刮去外皮等，才符合干品规定要求。

2. 切

主要采用刨片、切片、铡段、切段等方法，将采收后鲜品中药如全草类、叶类、果类、根及根茎等中药材进行加工，如紫苏叶、薄荷、佛手、山楂、枳壳、绵马贯众、乌药、葛根、大黄、首乌等。

3. 去壳

有的果实采收后要晒干，去壳，取出种子，晒干，如：车前子、苦杏仁、桃仁等。

4. 蒸、煮、烫

富含浆汁、淀粉、黏液质或糖质的中药，用一般方法不易干燥，经蒸、煮、烫，则易于干燥，如白芍、天麻、天冬、百部等；或破坏酶的活力，确保质地柔润，如黄精、玉竹等；或使之色泽明亮，如石斛、栀子等；或利于杀灭虫卵，如桑螵蛸、五倍子等。

5. 发汗

将药材鲜品堆闷，使其发热，内部水分外溢、变软、润色，利于干燥、增强香气，但堆闷要适度，以防生霉变质，如：厚朴、玄参、杜仲、秦艽等。

6. 撞（刮）

将某些中药干燥至一定程度装入撞笼中进行撞击或用刀具刮制，以除去须根、粗皮、泥沙，如：黄芩、姜黄、浙贝母、苍术、知母、黄柏等。

7. 揉搓

将某些中药在干燥过程中进行揉搓，以达到饱满、柔软、滋润之目的，不致空枯，如：党参、麦冬等。

8. 干燥

其目的在于及时除去鲜品水分，确保药物质量，一般的干燥要求是干得快、干得透，干燥温度适当，并能保持色泽的鲜明。干燥方法可根据气候、设备条件及药物性质不同采用晒干、烘干、阴干等。

有的中药还有一些特殊的加工方法，如去节、去毛、去皮、发酵、发芽等。

四、中药饮片炮制目的与方法

由于中药材大都是生药，其中不少药物必须经过一定的炮制处理，才能符合临床用药的需要。按照不同的药性和治疗要求又有多种炮制方法，同时有毒之品必须经过炮制后才能确保用药安全。

（一）炮制目的

1. 除去杂质，纯净药材

一般中药原药材多附有泥土、夹带沙石及非药用部位和其他异物，必须经过挑选、修制、水洗、干燥等加工，使药物清洁纯净，方可入药。如：鳖甲需要除去残肉，枳壳需要去瓤，黄柏去粗皮等。

2. 切制饮片，便于调剂制剂

将净选后的中药材，经过软化、切削、干燥等加工工序，制成一定规格饮片，便于按处方调剂和制剂，有利于有效成分的煎出。如：代赭石、牡蛎等经过煅、淬使之质地酥脆。

3. 干燥药材，利于储藏

在炮制过程中，大多数药材经过加热处理。加热可破坏酶活性，防止药材中的有效成分被酶分解；加热可以杀灭微生物，减少微生物污染；加热可以防止孵化。如：赤小豆、白扁豆经加热干燥防止其萌芽变质，蒸桑螵蛸利于保存。在炮制过程中，大多数药材经过干燥处理，使药材的含水量在规定范围之内，有利于储藏。

4. 矫味、矫臭，便于服用

一些有特殊嗅味的药物如动物类药物，经过麸炒、酒炒、醋炒等方法处理之后，能起到矫味和矫臭的作用，避免因服药引起的恶心呕吐而利于临床应用。如：酒制乌梢蛇、麸炒僵蚕、水漂海藻等。

5. 降低毒副作用，保证临床疗效

一些毒副作用较强的药物经过加工炮制后，可以明显降低药物毒性及副作用，使之广泛用于临床，并确保安全用药。如：巴豆去霜，醋煮甘遂、大戟，酒炒常山，胆巴水制附子等，均能降低药物的毒副作用。

6. 增强药物功能，提高临床疗效

一些药材经炮制后，有效成分溶出率增加，同时炮制用辅料亦可与药物产生协同作用。如：莱菔子、紫苏子等炒后，种皮或果皮爆裂，有效成分溶出增加；延胡索醋炙后能增强活血止痛功效；何首乌经黑豆拌蒸炮制后，能增强其滋阴补肾、养肝益血、乌须发等功能；淫羊藿羊脂油炙后能增强补肾助阳作用。

7. 改变药物性能，扩大应用范围

有些药材经炮制后，可以改变药性，扩大应用范围，使之更适应病情的需要。如：生地黄性味甘、寒，具有清热凉血、养阴生津的功能，制成熟地黄后，性转微温，功能也改变为滋阴补血、益精填髓；麻黄生用发汗解表作用甚强，蜜炙后发汗作用缓和，止咳平喘作用增强；黄连、黄芩、黄柏性苦寒，经酒炮制后，改变了苦寒伤胃之性，而保持了清热解毒、燥湿的疗效。

8. 引药入经，便于定向用药

有些药物经炮制后，可以改变作用趋向。如：黄柏原系清下焦湿热，经酒炙后作用趋上而兼能清上焦之热；砂仁行气开胃消食，作用于中焦，盐炙后可以下行治小便频数。有些药物炮制后，可以在特定脏腑经络中发挥治疗作用。如柴胡、香附、青皮等经醋炙后，则增强入肝经的作用；小茴香、杜仲、知母等经盐炙后，则增强入肾经的作用。

（二）炮制方法

炮制方法一般可以分为以下五类。

1. 修治

包括纯净、粉碎、切制药材三道工序，为进一步的加工贮藏、调剂、制剂和临床应用做好准备。

2. 水制

用水或其他辅料处理药材的方法称水制法。其目的是清洁药物、除去杂质、软化药物、便于切制、降低毒性及调整药性等。常见的方法有：漂洗、闷、润、浸泡、喷洒、水飞等。

3. 火制

是将药物经火加热处理的方法。根据热的温度、时间和方法的不同，可分为炒、炙、烫、煅、煨、炮、燎、烘等八种。

4. 水火共制

这类炮制方法是既要用水又要用火，有些药物还必须加入其他辅料进行炮制。包括蒸、煮、淬、炖等方法。

5. 其他制法

如制霜、发酵、精制、药拌等。

五、中药饮片的性能

中药饮片系指中药材经过炮制后可直接用于中医临床或制剂生产使用的处方药品。中药饮片的性能包括四气五味、升降浮沉、归经及有毒无毒等。

1. 四气五味

四气，是寒、热、温、凉四种药性，又称四性。药性是从性质上对中药多种医疗作用的高度概括。其中温与热、寒与凉分别具有共性，只是程度上有所差异：温次于热，凉次于寒。中药有大热、大寒、微温、微寒之别。一般来说能够减轻或消除热病症状的中药，属于寒性或凉性药，药力大者谓大寒之品，药力弱者为微寒之药。反之为温性或热性药。寒凉者大多具有清热泻火、凉血解毒、疏散风热、凉血止血等作用，常用来治疗热证、阳证。温热药大多具有温里散寒、回阳救逆、活血行气、芳香开窍等作用，常用来治疗寒证、阴证。此外，还有些平性药，其药性寒热不明显，作用较为平和。

治病有“疗寒以热药，疗热以寒药”的方法。

五味，即辛、甘、酸、苦、咸五种不同味道。此外，一些中药还具有淡味或涩味，但古代医家认为涩为酸味之变味，其作用与酸味相同，而淡为甘之余味，可附于甘中，故概括为五味。五味不同，因而具有不同的治疗作用。概述如下：

辛：有发散、行气活血的作用。治疗表证或气滞血瘀的药物，多具有辛味，如细辛、木香、红花等。

甘：有补益、和中、缓急的作用。治疗虚证或缓急止痛、调和药性的药物，多具甘味，如黄芪、枸杞子、人参、熟地、甘草等。

苦：有泻下、燥湿、坚阴的作用。治疗气逆喘咳、里热壅盛、湿热、寒湿、肾阴亏损、相火亢盛等的药物，多具苦味，如苦杏仁、黄芩、苦参、苍术、黄柏等。

酸：有收敛、固涩的作用。治疗久咳虚喘、盗汗、泄泻、尿频、遗精等的药物，多具酸味，如五味子（北五味子）、南五味子、山茱萸、金樱子等。

咸：有软坚散结、通便的作用。治疗瘰疬、瘿瘤、痰核、大便燥结等药物，多具咸味，如海藻、瓦楞子、芒硝等。

淡：有渗湿、利尿作用。治疗小便不利、水肿等的药物，多具淡味，如茯苓、猪苓、薏苡仁等。

涩：有收敛、固涩作用。治疗虚汗、泄泻、遗精、滑精等的药物，具涩味，如龙骨、牡蛎、莲子等。

2. 升降浮沉

升降浮沉是指中药对人体的作用有不同的趋向性。升，是上升提举，趋向于上；降，是下达降逆，趋向于下；浮，即向外发散，趋向于外；沉，为向内收敛固藏和泄利二便，趋向于内。

升浮药能上行、向外，具有升阳、发表散寒、催吐的作用；沉降药能下行、向里，有清热、泻下、利水、收敛、平喘、止呕等作用。

在阴阳属性上，升浮属阳，沉降属阴。

在临床治疗上，病位在上、在表者，应用升浮药治疗，如风寒表证，可选用紫苏、生姜等发散风寒；病位在下、在里者，应用沉降药治疗，如里实便秘，可选用大黄、芒硝以通里攻下。这样，能协调机体功能，使之恢复正常。

升降浮沉和药的气味有一定的关系。如温热、辛甘的药，大多为升浮药；而寒凉、苦酸咸的药，大多为沉降药。故有“酸咸无升、辛甘无降、寒无浮散、热无沉降”的说法。升降浮沉和药的质地也有一定的关系。如花、叶以及质轻的药，大多为升浮药；种子、果实、矿石以及质重的药，大多为沉降药。但并不是绝对的，如：诸花皆升，旋覆独降；诸子皆降，苍耳子独升；麻黄向外解表发汗，内则降气平喘；川芎上行头目，下行血海等。

此外，升降浮沉通常还受加工炮制和配伍应用的影响，如酒炒则升、姜制则散、醋炒则收敛、盐制则下行。而通过中药的配伍应用，一种药的作用趋向还可以受到其他药的制约。因此，对升降浮沉，除了掌握一般原则外，还必须了解其中的变化，才能做到辨证用药。

3. 有毒无毒

有毒无毒，是指中药用于人体后能否造成不良反应，有无明显毒性反应的性能。毒药古今定义不同。古代文献常以“毒药”为药物的总称，把药的偏性谓之“毒”。而当今的毒性中药概念则为：“药理作用剧烈，治疗量与中毒量相近，使用不当会导致人中毒或死亡的一类中药。”中药根据毒性程度不同分为有毒、无毒、大毒、小毒。

凡是毒性中药，使用中一定要严格把握用法用量，以确保用药安全。引起药物中毒的因素很多，它与药物储存、加工、炮制、配伍、剂型、给药途径、用药剂量以及患者的体质、年龄、证候性质、饮食等方面都有密切的关系，但其中最主要的还是用药剂量过大或服药时间过长。所谓无毒中药，并非绝对不会引起中毒反应，亦有其“偏性”，也要注意对证使用，适可而止。使用药物（尤其是有毒中药），应从上述各个环节加以控制，才能避免中毒反应的发生。

六、中药材与饮片的应用

（一）中药材的应用

1. 用于中药饮片加工

中药材需适当炮制成中药饮片后方可直接用于中医临床或制剂生产，因此中药材是中药饮片加工的原材料。

2. 中药材商品的出口

目前我国药材已出口全世界130余个国家和地区，出口品种达100余种，主要出口品种有：

（1）*植物类*　冬虫夏草、茯苓、猪苓、雷丸、桑叶、枇杷叶、辛夷、菊花、金银花、款冬花、夏枯草、枳壳、枳实、陈皮、莲子、苦杏仁、桃仁、郁李仁、酸枣仁、枸杞子、车前子、覆盆子、川楝子、山楂、木瓜、巴豆、连翘、五味子、大枣、益智仁、山茱萸、吴茱萸、芡实、厚朴、杜仲、黄柏、地骨皮、钩藤、川木通、通草、麻黄、细辛、瞿麦、淫羊藿、金钱草、紫苏叶、紫苏梗、荆芥、香薷、广藿香、肉苁蓉、锁阳、佩兰、茵陈、淡竹叶、牛膝、银柴胡、白芍、远志、人参、黄芪、甘草、北沙参、白芷、防风、当归、前胡、秦艽、紫草、丹参、玄参、茜草、续断、党参、桔梗、木香、龙胆、何首乌、延胡索、附子、葛根、甘遂、三七、地黄、天花粉、白术、百部、天冬、麦冬、大黄、升麻、川芎、藁本、苍术、黄精、干姜、莪术、姜黄、天麻、白及、泽泻、黄连、知母、山药、高良姜、芦根、川贝母、浙贝母、百合。

（2）*动物类*　僵蚕、斑蝥、地龙、蕲蛇、金钱白花蛇、蛤蚧、麝香、鹿茸、蜂蜜。

（3）*矿物类*　朱砂、赭石、龙骨、龙齿。

（二）中药饮片的应用

不论是制剂制备，处方调配，还是临方炮制和临方制剂，用的都是中药饮片。

（三）中药材商品应用的注意事项

1. 严格把好中药材收购的质量关

中药材收购是中药材加工、中药饮片炮制、中成药生产、中药饮片配方、中药材出口的首要环节，把住质量，才能避免或减少假劣中药材在市场上的流通。

2. 讲究使用道地药材

道地药材是中药材的精华，是指那些出自某原产地或主产地的优质名牌药材，一般具备以下条件：有最适宜的气候、土壤等生长环境，历史悠久，品种良好，生产及加工技术成熟。如：主产于河南怀庆府（现在的焦作地区）的“四大怀药”——怀地黄、怀牛膝、怀山药、怀菊花；主产于浙江的“浙八味”——浙贝母、浙玄参、杭菊花、杭白芍、杭麦冬、温郁金、延胡索、白术；四大西北药材——当归、枸杞子、党参、大黄；主产于东北的“三宝”——人参、细辛、北五味子；还有著名的云药、贵药、川药、广药、西药、南药、北药等。

注：云药指主产于云南的道地药材，如：云木香、茯苓、三七；贵药为主产于贵州的道地药材，如：天麻、朱砂、杜仲、半夏、吴茱萸；川药为主产于四川的道地药材，如：

川乌、川芎、川厚朴、川黄柏、川黄连、川附子；广药为主产于广东、广西和海南的道地药材，如：广豆根、阳春砂；西药为主产于陕西、甘肃、青海、新疆及内蒙西部的道地药材，如：西宁大黄、岷当归、藏虫草；北药为主产于河北、山东、山西、内蒙的道地药材，如：潞党参、北柴胡、多伦赤芍；南药为主产于长江以南的湖北、湖南、江苏、安徽、江西、福建、台湾等的道地药材，如：江枳壳、宣木瓜、建泽泻。

3. 适宜选用细贵药材

细贵药材主要指药材资源少，药效显著，价格较昂贵的中药材，如人参、鹿茸、麝香、牛黄、冬虫夏草、西红花、海龙、海马、蛤蚧、羚羊角、金钱白花蛇、三七、天麻等。其商品规格和等级划分均较为复杂。因此，应用细贵药材当注意其复杂的商品规格和等级划分，才能够做到适宜选用。

4. 按规定使用毒麻药材

毒性药材系指药理作用剧烈，治疗量与中毒量相近，使用不当会致人中毒和死亡的一类药材。麻醉药材是指连续使用后易产生生理依赖性，能成瘾癖的一类药材。毒性中药有砒石、水银等28个品种，麻醉中药有罂粟壳等。

在使用毒麻品种时，必须按照国家有关法规规定进行特殊管理。

5. 应用进口药材应了解进口品种的主要国家

使用进口药材早在汉代张骞出使西域时就开始了。时至今日，进口药材的应用仍较为普遍，涉及的品种有40余种，见主要进口药材一览表。

主要进口药材一览表

序号	品名	主产国家（区域）
1	西洋参	美国、加拿大
2	高丽参	朝鲜、韩国
3	番泻叶	印度、埃及
4	西红花	西班牙、希腊、法国、伊朗
5	丁香	坦桑尼亚、马来西亚、印度尼西亚、斯里兰卡
6	胡椒	马来西亚、印度、印度尼西亚
7	胡黄连	印度、尼泊尔
8	荜茇	印度尼西亚、菲律宾
9	豆蔻	泰国、越南、柬埔寨
10	肉豆蔻	马来西亚、印度尼西亚
11	砂仁	泰国、越南、缅甸
12	马钱子	印度、越南、缅甸
13	槟榔	印度尼西亚、斯里兰卡、印度
14	大腹皮	印度尼西亚、斯里兰卡、印度
15	肉桂	越南等国
16	沉香	马来西亚、印度尼西亚、越南

（续表）

序号	品名	主产国家（区域）
17	降香	泰国、马来西亚、伊朗
18	檀香	印度、印度尼西亚、澳大利亚
19	苏合香	土耳其、叙利亚
20	安息香	印度尼西亚、苏门答腊、泰国
21	乳香	索马里、埃塞俄比亚
22	没药	索马里、埃塞俄比亚
23	血竭	印度尼西亚
24	芦荟	南非、印度
25	天竺黄	马来西亚、印度、印度尼西亚
26	儿茶	印度尼西亚、缅甸
27	琥珀	缅甸
28	没食子	印度、印度尼西亚
29	藤黄	印度、印度尼西亚
30	草果	越南
31	胖大海	越南、泰国、马来西亚
32	阿魏	泰国、印度
33	大风子	泰国、越南、马来西亚
34	西青果	缅甸、马来西亚
35	牛黄	南美洲
36	羚羊角	蒙古、俄罗斯
37	石决明	澳大利亚、印度尼西亚
38	海马	泰国、印度尼西亚、菲律宾
39	海龙	泰国、印度尼西亚、菲律宾
40	燕窝	泰国、印度尼西亚、缅甸、马来西亚等国
41	蛤蚧	泰国、越南
42	穿山甲	越南、缅甸
43	诃子	缅甸、马来西亚

在上述进口药材中，有些品种国内有一些资源，有些品种国内已引种成功。

七、中成药的命名与分类

（一）中成药的命名

中成药品种繁多，掌握其命名规律将有助于更好地理解和使用中成药。通过药物名称可了解该药的处方来源、主要药物、主要功效、主治病证、使用方法等某一方面的特点，对于正确理解和使用中成药有一定的帮助。中成药的命名规律介绍如下：

1. 以处方来源命名

如金匮肾气丸、局方至宝丹、济生肾气丸。

2. 以药物组成命名

如板蓝根颗粒、益母草膏、香连丸（木香、黄连）、良附丸（高良姜、香附）等。

3. 以主药和功用命名

如银翘解毒片、龙胆泻肝丸。

4. 以药味数目命名

如四君子丸由党参、茯苓、白术、甘草四味药物组成；六味地黄丸由熟地黄、山茱萸、山药、丹皮、茯苓、泽泻六味药物组成等。

5. 以功能主治命名

如速效救心丸、乳癖消、鼻炎康、更年安等。

6. 以其他方法命名

除以上常用命名方法外，还有一些使用较少的命名方法。①以成药性状命名的，如紫雪散；②以组成药物采集时间命名的，如二至丸；③以服用剂量命名的，如七厘散；④以主要药物结合服用方法命名的，如川芎茶调散；⑤以人名命名的，如冯了性药酒、季德胜蛇药；⑥以传说中地名命名的，如都梁丸；⑦以药物配比命名的，如六一散（滑石与甘草）。

（二）中成药的分类方法

中成药分类，各有不同目的，均是为了更好地服务于临床，满足临床用药的需要。其归纳起来，大致有以下几个方面：

1. 按功效分类

此种分类方法便于中医辨证的临床应用。如解表剂、祛暑剂、泻下剂、温里剂、止咳平喘剂、开窍剂、固涩剂、扶正剂等。

2. 按病证分类

此种分类方法便于临床对证应用。如感冒类、咳嗽类、头痛类、胃痛类、食滞类、便秘类、腹泻类、眩晕类、失眠类等。

3. 按临床各科分类

便于临床分科选用。如内科类（又可分为心血管、呼吸、消化、泌尿等门类）、外科类、妇科类、儿科类、骨伤科类、皮肤科类、五官科类等。

4. 按临床分科加功效分类

如内科类药物又按功效分为解表剂、祛暑剂、泻下剂、清热剂、安神剂等。

5. 按剂型分类

此种分类方法便于经营保管。如蜜丸、水丸、糊丸、散剂、膏滋、膏药、药酒、片剂等。

6. 按笔画、拼音分类

此种分类方法便于查阅。如《中华人民共和国药典》。

7. 按管理分类

此种分类方法便于加强临床医师用药的规范性。如处方药、非处方药、国家基本药物、国家基本医疗保险药物。

八、中成药的处方来源与组方原则

（一）中成药的处方来源

1. 古典名方

是指古典医籍中方证明确，组方严谨，疗效可靠的著名方剂。如《伤寒论》、《金匮要略》、《千金要方》、《太平惠民和剂局方》、《温病条辨》等著名方书所载之方。

2. 名医验方

是指由中医临床各科中长期从事临床实践、经验丰富的著名医生所开具的处方。

3. 医院处方

亦称“协定处方”。是指医院以名医的经验方或针对临床常见病、多发病、疑难病，由中医名家集体拟定处方，做成的医院内部制剂。

4. 民间验方

是指流传在民间的大量秘方、验方。这类处方具有药味精专、药效奇特的特点，是中医药处方的特色之一。

5. 科研处方

是指某些单位承担的科研课题中所研究的处方。

（二）中成药的组方原则

君臣佐使是《内经》提出来的中医组方的基本规律，是中医的制方之道。中成药的配方组成也是在辨证论治、理法方药理论的指导下，按照君臣佐使的规律而确立的。此外，也有用主、辅、佐、使表示的。

1. 君药（主药）

是针对主证起主要治疗作用的药物，是方剂中必不可少的主要药物。

2. 臣药（辅药）

是辅助主药加强治疗作用的药物。

3. 佐药

有三种含意。①佐助药，即协助主、辅药，以治疗兼证或次要症状的药物；②佐制药，即用以消除或减弱主、辅药的毒性或峻烈之性的药物；③反佐药，即在病重邪甚，产生拒药时，配用与主药性味相反，而又能起到相成作用的从治药物。

4. 使药

有两种含意。①引经药，即能引方中诸药直达病所的药物；②调和药，即具有调和方中诸药作用的药物。

综上所述，中成药处方的构成包括君药（主药）、臣药（辅药）、佐药、使药四个部分，典型处方君臣佐使悉俱，但由于病情繁简不一，药物功效多寡不等，亦不必概全。然而，每一处方中主药是必不可少的，它是整个处方的核心。

九、中成药的常用剂型

剂型，是为适应治疗或预防的需要而制备的药物应用形式，称为药物剂型，简称剂型。中成药的常用剂型主要包括两类：①中药传统剂型，如丸剂、散剂、内服膏剂（膏滋）、酒剂、露剂、胶剂、膏药等；②中药现代剂型，如颗粒剂、片剂、注射剂、胶囊剂、合剂、气雾剂等。目前主要常用剂型如下：

1. 丸剂

丸剂系指饮片细粉或提取物加适宜的黏合剂或其他辅料制成的球形或类球形制剂，是中成药中最古老、最常用的剂型之一。丸剂在服用之后，需一定时间才能在胃肠道崩解，逐渐被人体吸收，故产生疗效较慢，持续时间也较长。丸剂因加入黏合剂的种类不同又分为蜜丸、水蜜丸、水丸、糊丸、蜡丸和浓缩丸等类型。

2. 颗粒剂

颗粒剂系指提取物与适宜的辅料或饮片细粉制成的具有一定粒度的颗粒状制剂，分为可溶颗粒、混悬颗粒和泡腾颗粒。

3. 片剂

片剂系指提取物、提取物加饮片细粉或饮片细粉与适宜辅料混匀压制或用其他适宜方法制成的圆片状或异形片状的制剂，有浸膏片、半浸膏片和全粉片等。片剂以口服普通片为主，另有含片、咀嚼片、泡腾片、阴道片、阴道泡腾片和肠溶片等。

4. 散剂

散剂系指饮片或提取物经粉碎、均匀混合制成的粉末状制剂。分为内服散剂和外用散剂。

5. 胶囊剂

胶囊剂系指将饮片用适宜方法加工后，加入适宜辅料填充于空心胶囊或密封于软质囊材中的制剂。可分为硬胶囊、软胶囊（胶丸）和肠溶胶囊等。主要供口服用。

6. 煎膏剂（膏滋）

煎膏剂系指饮片用水煎煮，取煎煮液浓缩，加炼蜜或糖（或转化糖）制成的半流体制剂。

7. 栓剂

栓剂系指提取物或饮片细粉与适宜基质制成供腔道给药的固体剂型。栓剂因施用腔道的不同，分为直肠栓、阴道栓和尿道栓。直肠栓为鱼雷形、圆锥形、圆柱形等；阴道栓为鸭嘴形、球形或卵形等；尿道栓一般为棒状。

8. 茶剂

茶剂系指饮片或提取物（液）与茶叶或其他辅料混合制成的内服制剂，可分为块状茶剂、袋装茶剂和煎煮茶剂。

9. 贴膏剂

贴膏剂系指提取物、饮片或/和化学药物与适宜的基质和基材制成的供皮肤贴敷，可产生局部或全身性作用的一类片状外用制剂。包括橡胶膏剂、凝胶膏剂（原巴布膏剂）和贴剂等。

10. 滴丸剂

滴丸剂系指饮片经适宜的方法提取、纯化后与适宜的基质加热熔融混匀，滴入不相混溶的冷凝介质中制成的球形或类球形制剂。

11. 酊剂

酊剂系指饮片用规定浓度的乙醇提取或溶解而制成的澄清液体制剂，也可用流浸膏稀释制成，供口服或外用。

12. 合剂

合剂系指饮片用水或其他溶剂，采用适宜方法提取制成的口服液体制剂（单剂量灌装者也可称为“口服液”）。

13. 糖浆剂

糖浆剂系指含有提取物的浓蔗糖水溶液。

14. 酒剂

酒剂系指饮片用蒸馏酒提取制成的澄清液体制剂。

15. 注射剂

注射剂系指饮片经提取、纯化后制成的供注入体内的溶液、乳状液及供临用前配制成溶液的粉末或浓溶液的无菌制剂。注射剂可分为注射液、注射用无菌粉末和注射用浓溶液。

16. 气雾剂、喷雾剂

气雾剂系指提取物、饮片细粉与适宜的抛射剂共同封装在具有特制阀门装置的耐压容器中，使用时借助抛射剂的压力将内容物喷出呈雾状、泡沫状或其他形态的制剂。其中以泡沫形态喷出的可称泡沫剂。不含抛射剂，借助手动泵的压力或其他方法将内容物以雾状等形态喷出的制剂称为喷雾剂。气雾剂和喷雾剂按内容物组成分为溶液型、乳状液型或混悬型。可用于呼吸道吸入，皮肤、黏膜或腔道给药等。

17. 锭剂

锭剂系指饮片细粉与适宜黏合剂（或利用药材本身的黏性）制成不同形状的固体制剂。

18. 胶剂

胶剂系指动物皮、骨、甲或角用水煎取胶质，浓缩成稠胶状，经干燥后制成的固体块状内服制剂。

19. 流浸膏剂与浸膏剂

流浸膏剂、浸膏剂系指饮片用适宜的溶剂提取，蒸去部分或全部溶剂，调整至规定浓度而成的制剂。

20. 膏药

膏药系指饮片、食用植物油与红丹（铅丹）或官粉（铅粉）炼制成膏料，摊涂于裱褙材料上制成的供皮肤贴敷的外用制剂。前者称为黑膏药，后者称为白膏药。

21. 凝胶剂

凝胶剂系指提取物与适宜基质制成具凝胶特性的半固体或稠厚液体制剂。按基质不同，凝胶剂可分为水性凝胶与油性凝胶。

22. 软膏剂

软膏剂系指提取物、饮片细粉与适宜基质均匀混合制成的半固体外用制剂。常用基质分为油脂性、水溶性和乳剂型基质，其中用乳剂型基质制成的软膏又称为乳膏剂，按基质的不同，可分为水包油型乳膏剂与油包水型乳膏剂。

23. 露剂

露剂系指含挥发性成分的饮片用水蒸气蒸馏法制成的芳香水剂。

十、中成药合理应用简介

中成药是我国中医药宝库的重要组成部分，几千年来为中华民族的繁衍昌盛作出了巨大的贡献。近些年来，中成药的品种日益丰富，剂型不断创新，质量明显提高，因其疗效确切、服用方便、不良反应较少等特点，使中成药的应用日趋广泛，越来越受到人们的青睐。但值得注意的是，如果患者长期、盲目、大量滥用中成药，不仅不能发挥中成药防病治病、保健康复等应有的作用，反而会造成资源浪费，甚至引起严重的不良反应事件发生，造成不应有的损失。因此，掌握合理使用中成药的规律是十分重要的。中成药的合理使用，主要包括依法合理用药、辨证合理用药、配伍合理用药、安全合理用药四部分内容。

（一）依法合理用药

这里所说的依法合理用药主要是介绍国家基本药物，国家医疗保险、工伤保险、生育保险药物，处方药与非处方药，医疗机构中药制剂的概念、产生和合理使用的方法，对规范临床医师合理用药有着十分重要的意义。

1. 认真贯彻国家基本药物制度搞好合理用药

WHO 最早在 1977 年提出基本药物的概念，2002 年，WHO 将基本药物的定义进一步完善，提出基本药物的定义是满足人民群众重点卫生保健需要的药物。1979 年 4 月，我国政府积极响应并参与 WHO 基本药物行动计划，在卫生部、原国家医药管理总局的组织下成立了“国家基本药物遴选小组”，开始着手国家基本药物的制定工作。先后颁布了 1981 版（西药）、1994 版、1998 版、2000 版、2002 版、2004 版《国家基本药物制剂品种目录》，但由于缺乏相应的配套措施，基本药物制度未能真正实施。为了保证我国居民，尤其是边远地区居民药品可及性与安全性，2009 年 8 月 18 日公布了《国家基本药物目录（基层部分）》，标志着国家基本药物制度实施工作正式启动。

基本药物制度是国家药物政策的核心内容，主要目标就是促进质量可靠、价格合理的药品安全、有效、合理地使用，完善医疗机构基本药物配备和使用制度，加强对医药人员的培训和指导，并通过《标准治疗指南》与《处方集》规范临床用药行为，提高合理用药水平。

2. 深入推进医疗保障体系建设搞好合理用药

制定《国家基本医疗保险、工伤保险和生育保险药品目录》是建立和完善社会保险制度的要求，是保障参保人员基本用药需求和适应医药科技进步的客观需要，是加强基本医疗保险用药管理，确保合理用药的重要举措。

3. 按照处方药与非处方药分类合理用药

药品分类管理是国际通行的管理办法，我国药监局于 1999 年通过了《处方药与非处方药分类管理办法》，根据药品品种、规格、适应证、剂量及给药途径不同，对药品分别按处方药与非处方药进行管理。处方药与非处方药分类管理的核心是加强处方药的管理，规范非处方药的管理，减少不合理用药的发生，切实保证人们用药安全有效。

4. 规范医疗机构中药制剂搞好合理用药

医疗机构中药制剂是指在中医药理论指导下，为补充市场公共产品的阙如、满足本地区用药需求以及为促进中医院特色专科建设与发展的需要，以名老中医的经验方、医院协定处方、科研处方为基础，采用传统剂型为主，制成仅供医院内部流通调剂使用的中药成品制剂。

中药院内制剂有利于弥补中药公共产品的不足、满足地域性治疗的需要，有利于提高临床疗效，有利于发挥中医院的特色优势。因其针对性较强、临床疗效显著、价格比较低廉而深受广大患者的欢迎。

合理使用医疗机构中药制剂应严格按照《药品管理法》和《医疗机构制剂注册管理办法》的相关规定，只能在被批准的医疗机构中使用，一般不允许在市场调剂流通。

（二）辨证合理用药

1. 辨证论治

辨证论治是中医诊断和治疗疾病的基本原则，是中医学的精髓。中成药是治疗疾病的重要武器之一，它必须在辨证论治思想的指导下才能有的放矢，正确使用。

2. 辨证辨病相结合

目前上市的不少中成药在主治病证的西医病名基础上增加了中医证候属性，对此类药物可采用辨证辨病相结合的方法，合理使用。

3. 辨病论治

对于常见的一些西医疾病，其中医发病机理比较单一，证候属性区分度不强，因此可以采用辨病论治的方法，按照西医的疾病名称、病理状态或理化检查结果来使用中成药，即属于辨病用药的范畴。

（三）配伍合理用药

临床所见疾病的病情往往十分复杂，而每种中成药的组成成分是固定的，其主治病证、适用范围也有一定局限，因此必须采用配伍联合用药的形式，以适应复杂病情，增强疗效，满足某些疾病在治法上的特殊需要，同时抑制偏性，降低毒性。因此，安全、有效、合理地使用中成药，必须掌握中成药的配伍规律。

比较常用的中成药配伍形式有中成药之间的配伍应用、中成药与汤剂的配伍应用、中成药与药引的配伍应用。此外，尚有中成药与西药的配伍应用，由于中成药的成分复杂，中成药与西药配伍应用的方法、规律等方面的科学研究目前尚不充分，因此，一般应尽量避免二者的配伍使用。如果没有明确禁忌的，中成药与西药可以联合应用，给药途径相同的，建议应间隔使用；副作用相同和有不良相互作用的中西药应避免联用，以免发生不良反应。

（四）安全合理用药

1. 正确使用药品说明书

药品说明书包含了药品安全性、有效性的重要科学信息，要仔细阅读药品说明书给出的各项信息，学会使用药品说明书，以保证安全、有效、合理地用药，尽可能避免和减少药物不良反应。

2. 恰当选用含毒性药材品种

尽管有毒药物使用不当会产生毒副作用，但一些传统品种在我国具有悠久的使用历史，临床应用广泛，并取得满意疗效；新上市品种都已经过严格的安全性实验检验，按常规应用，一般不会引起不良反应。因此，正确对待中药的毒性，以科学审慎的态度，权衡利弊，恰当地选择应用，合理地确定剂量，对确保安全有效用药有着重要的意义。

3. 安全使用中药注射剂

中药注射剂是现代药物制剂技术与传统中医药相结合的产物，是基于长期临床验证的传统中药的一个创新剂型。由于其在继承传统中药疗效的基础上，拓展了中药的使用范围，成为临床治疗危重急症的独特武器。但由于历史原因，一些早期的注射剂品种审批不严格，安全试验和临床试验不够完善，以及由于中药材品种混乱，成分复杂，受制剂工艺提纯难度大、质量标准不完善、联合用药不合理、给药途径不正当、患者体质等因素影响，造成中药注射剂不良反应频频出现。中药注射剂的安全性日益受到国家药监部门和各级医务工作者的关注。

合理用药既是一种行业规范，也是一个医疗行为准则。能否安全、有效、合理地使用中成药，不仅关系到患者的生命安危，而且关系到中医药事业的成败兴衰；合理使用中成药不仅是中医药工作者的历史使命，也是广大患者需要思考的问题，亟待政府、医务人员、患者的共同努力，以提高中成药的临床疗效。

第三节 中药鉴别基础知识

一、中药材与饮片的常规鉴别方法

（一）中药鉴定的法定依据

1. 《中华人民共和国药典 · 2010 版 · 一部》

《中华人民共和国药典》简称《中国药典》，是国家药品的法典。全国的药品生产、供应、使用、检验和管理部门等单位都必须遵照执行。《中国药典》2010 年版分为三部，其中一部是中药标准，也是编写本书的最主要依据。

2. 《中华人民共和国卫生部药品标准 · 中药材 · 第一册》

简称《中药材部颁标准》，收载了 101 种药材，于 1991 年 12 月 10 日颁布执行。

3. 进口药材质量标准

国家食品药品监督管理局于 2004 年 5 月 8 日，以“国食药监注［2004］144 号”文件颁布了儿茶等 43 种进口药材质量标准。遇进口药材时可以据此鉴定。

4. 其他国家卫生部、国家食品药品监督管理局药材标准

卫生部药品标准藏药分册（1995 年版）、蒙药分册（1998 年版）、维吾尔药分册（1999 年版）及颁布的一些单品种标准（专为单个品种颁布的标准，如甜菊苣、山羊角、黄羊角、鹅喉羚羊角等），国家食品药品监督管理局也颁布过一些散标准（如赛龙骨、龙血竭等），都属于国家药品标准。

5. 地方药材标准

目前已有21个省、自治区、直辖市颁布了本地的药材标准，收载国家药品标准未载的品种，在当地有法定约束力。其中有些品种后来已被国家药品标准收载，应以国家药品标准为准。尚无地方药材标准的省、自治区、直辖市，其当地药监部门颁布的《中药材炮制规范》中涉及的鉴别内容，也可视为地方标准。

（二）中药鉴定的一般程序

中药鉴定一般程序是：

1. 取样

取样，是指从一批中药商品中抽取供检验用的样品。抽取的样品应具有代表性，即必须保证抽取的样品能准确反映被验收药品的总体质量状况。《中国药典》对药材和饮片的取样法做了详细规定，现结合实践经验介绍如下。

（1）取样准备　①洁净的采样工具：不锈钢勺、不锈钢铲、不锈钢镊子、夹子、探子等。②样品盛装容器：具封口装置的无毒塑料袋等。③其他用品：手套、样品盒、剪刀、放大镜、纸、笔、请验文件（请验报告或入库质量验收通知单、到货药品随货同行凭证、取样记录表、取样证等）。④罂粟壳等特殊管理的药品应双人取样。

（2）货物外观检查　①核对请验文件内容与实物是否相符，注意同一品种各包件的品名、产地、规格及包件式样是否一致。异常者应逐件抽出，单独检验。②检查货物包装的完整性、清洁程度以及有无水迹、霉变或其他物质污染等情况，详细记录。凡有外观异常情况的包件，应逐件抽出，加倍抽样，单独检验。

（3）抽取样品包件　从货物堆码层次中按“前上、中侧、后下”的相应位置随机抽取整件样品。抽取样品前，应核对品名、产地、规格等级及包装式样，检查包装的完整性、清洁程度以及有无水迹、霉变或其他物质污染等情况，详细记录。凡有异常情况的包件，应单独检验并拍照。

取样时均应符合下列有关规定：①从同批药材和饮片包件中抽取供检验用样品的原则：总包件数不足5件的，逐件取样；5～99件，随机抽5件取样；100～1000件，按5%比例取样；超过1000件的，超过部分按1%比例取样；贵重药材和饮片，不论包件多少均逐件取样。②每一包件至少在2～3个不同部位各取样品1份；包件大的应从10cm以下的深处在不同部位分别抽取；对破碎的、粉末状的或大小在1cm以下的药材和饮片，可用采样器（探子）抽取样品。对包件较大或个体较大的药材，可根据实际情况抽取有代表性的样品。

（4）每一包件的取样量　①一般药材和饮片抽取100～500g；粉末状药材和饮片抽取25～50g；贵重药材和饮片抽取5～10g；样品放在塑料袋内，封口，做好标记（品名、批号、取样日期、取样人等）。②将抽取的样品混匀，即为抽取样品总量。若抽取样品总量超过检验用量数倍时，可按四分法再取样，即将所有样品摊成正方形，依对角线划“×”，使分为四等分，取用对角两分；再如上操作，反复数次，直至最后剩余量能满足供检验用样品量。③最终抽取的供检验用样品量，一般不得少于检验所需用量的3倍，即1/3供实验室分析用，另1/3复核用，其余1/3留样保存。

(5) 取样后的工作　①封好开启的样品包件，加贴封口标记（封口人签章），在取样包件上粘贴取样证。②填写取样记录。③清洁取样器具，妥善保存。

2. 观察检验

对抽取的样品，首先观察性状，必要时再用显微、理化方法鉴定。

3. 核对文献或请教专家

将样品性状与药品标准记载逐一对照，完全一致者可判断为正品。若标准不载或所述不详，可参阅权威性较强的文献如《新编中药志》、《常用中药材品种整理和质量研究》、《中药大辞典》、《中药鉴别手册》等，以及各种由药检单位、科研单位编写的中药真伪鉴别专著。必要时请教有关专家（主要是药检所专职从事药材检验的人员）。如条件允许，最好能到样品产地调查，取得完整的原植物，进行来源鉴定。

4. 做出结论

结论一般应包括样品的正名（即药品标准记载的名称）、鉴定依据、处理意见（可收或退货等）、鉴定人签名。

5. 记录、留样

鉴定后记录本次鉴定药品的来源、产地、鉴定过程、鉴定依据、鉴定日期及鉴定人，并留下足够的样品。妥善保管这些资料，以备日后复核或再次鉴定同一品种时参考。

6. 通知相关部门

将鉴定结论和处理意见用书面文件送达采购、质管、供货单位等相关部门。

（三）中药鉴定的方法

中药鉴定的对象十分复杂，有完整的中药，有碎块、饮片和粉末。中药的真伪优劣，又受产地生长环境、栽培技术、采收加工、贮藏保管的影响，其外部形态、内部构造、内含成分的变异很大，由此决定了中药鉴定的重要性和复杂性。

中药鉴定一般分为来源鉴定、性状鉴定、显微鉴定、理化鉴定等。

1. 来源鉴定

就是应用植（动）物的分类学知识，对中药的来源进行鉴定，确定其正确的学名；应用矿物学的基本知识，确定矿物中药的来源，以保证在应用中品种准确无误。如三七，其植物来源应为五加科植物三七 Panax notoginseng（Burk.）F. H. Chen 的干燥根和根茎。

进行中药的原植物（或原动物）鉴定，必须深入实地，观察记述形态特征，尤其对花或孢子囊、子实体等，应仔细观察，了解地理分布和生长环境。查阅文献，如《中国植物志》、《中国高等植物图鉴》、《中药志》等，核对标本，然后确定学名，作为鉴定结果。

2. 性状鉴定

性状系指药材和饮片的形状、大小、色泽、表面特征、质地、断面（包括折断面或切断面）及气味等特征。性状鉴定，又叫"性状鉴别"或"感官鉴定"，俗称"认药"，是用眼、手、鼻、口等感官直接体验了解药材性状，确定其真伪优劣的鉴定方法。

观察中药性状的总原则是：先整体后局部。局部则先上后下，先外后内。具体说明如下。

(1) 看形状　形状是指药材和饮片的外形。观察时一般不需要预处理，如观察很皱缩的全草、叶或花类时，可先浸湿使软化后，展平，观察。观察某些果实种子类时，如有必要可浸软后，取下果皮或种皮，以观察内部特征。经验鉴别如三七的外形为“铜皮铁骨狮子头”，野生人参则为“芦长碗密枣核艼，紧皮细纹珍珠须”。

（2）*量大小*　大小是药材和饮片的长短、粗细（直径）和厚薄。一般应测量较多的供试品，可允许有少量高于或低于规定的数值。测量时应用毫米刻度尺，对细小的种子或果实类，可将每10粒种子紧密排成一行，以毫米刻度尺测量后求其平均值。测量通常以厘米或毫米表示。

（3）*看表面*　表面是指药材的最外层，在饮片是指未经刀切的部分。按颜色、光泽、纹理、表面附属物（如毛、刺、须、钉、鳞片、地衣、瘢痕等）的顺序察看。如细微特征可借助放大镜或解剖镜观察。某些药材如叶类、皮类有两个表面，按先上后下或先外后内的顺序察看。看表面有时要刷（洗）去灰尘、泥土，并在光线较强处察看。

观察表面颜色时，如为两色调复合的色泽，描述时以后一种色调为主；若两种复合色描述的，则以前一种复合色为主。

（4）*验质地*　质地是指药材的软硬、虚实。一般用手折（或捏、压）的方法使其断裂、弯曲，体会断裂的难易程度，观察断裂时的变化如声音及粉尘飞出等。特别坚硬者可用锤、钳等工具加压至碎断，体会其机械强度及干燥程度。经验鉴别如质轻而松、断面多裂隙，称之“松泡”（南沙参）；富含淀粉，折断时有粉尘散落，称之“粉性”（山药、甘草）；含淀粉多的中药，经蒸煮加工，淀粉糊化，干后质地坚实、半透明、有光泽，称之“角质”（郁金、延胡索）。

（5）*看断面*　断面包括折断面、切断面（横切面和纵切面）、破碎面，饮片经刀切过的部分称“切面”。看断面时由外向内逐层观察各部分的颜色、纹理等特征有无不同；折断面、碎断面还要注意断处是否整齐。如折断面不易看清纹理，可削平后进行观察。断面（岔口）的特征，是重要的性状鉴别特征，特别要观察断面纹理结构，如皮部与木部的比例，维管束的排列形状，射线的分布等。经验鉴别如皮类中药的断面特征有：裂片状分层（如黄柏、秦皮），油层（如厚朴、肉桂），裂隙（如地骨皮）等。根及根茎类中药的断面特征有：菊花纹（如羌活、黄连），环纹（如当归、苦参），朱砂点（如苍术），裂隙（如南沙参），锦纹（如大黄），罗盘纹（如商陆）等。

（6）*嗅气尝味*　嗅气时可直接嗅闻或在折断、揉搓后立即进行。有时可用热水湿润后嗅气。检查味感时，可取少量直接口尝，或加热水浸泡后尝浸出液。有毒的药材如需尝味时，应注意防止中毒。无毒的样品最好咽下，因为有些滋味需用舌后部才能体验到。尝完一种药材后要用清水漱口，再尝试另一种药材，避免串味。尝味不要在饮酒、吸烟或刚进食刺激性食物后进行，否则味觉不灵敏。

（7）*水试、火试、显色反应与荧光反应*　只有少数药材须用此法鉴定。水试是将样品用凉水或热水浸泡（有时还要加入醋、食用碱等），观察溶液的颜色、荧光等有何变化。火试是用火直接或间接灼烤样品，观察有无特殊的响声及形、色、气、质的改变。显色反应是将化学试剂直接滴加到药材和饮片上，发生颜色改变。荧光反应是将药材放在荧光灯下，观察各种颜色的荧光。这些都属于简单的理化鉴定方法，因其常与各种性状鉴定方法结合应用，故在此处介绍。

综上所述，中药性状鉴定就是观其形、视其色、尝其味、触其质、听其声，其简便、快速，不需要复杂的仪器设备，可以在短时间内鉴定大批量药材，尤其是有掺混的药材，且观测结果与现代分析技术实验结果基本是统一的，从而为进一步理化分析提供明确的目标。

性状鉴定也存在多数药材不易鉴定到种，很难确定原物质学名，不易准确区别粉末状药材和某些性状极其相似的品种等不足之处。此外，由于鉴定者在感官灵敏程度和鉴定经验方面的差异，某些鉴定结果带有主观性。

3. 显微鉴定

显微鉴定是运用显微镜对中药的组织结构、细胞或内含物等特征进行观察鉴定的方法。尤其对于外形特征不明显、已破碎的、粉末状的中药和中成药更为适用。

进行显微鉴定时，需要制备显微标本片，大多数中药可制横切片，有的还要制纵切片，如木类中药。切片的方法有徒手切片法、滑走切片法、石蜡切片法等，并须用适当的溶液进行处理和封藏，常用试剂有水、稀甘油、水合氯醛液、5%氢氧化钾液等，以便能清楚地观察组织构造和细胞及其内含物的形状。

为了确定细胞壁及细胞内含物的性质，还可进行显微化学反应鉴定，如石细胞、木纤维和导管等具木质细胞壁，加间苯三酚及浓盐酸试液显红色，草酸钙结晶加50%硫酸可形成硫酸钙针状结晶等。显微鉴定能解决性状鉴定的难题，如粉末状药材、性状不全的药材、饮片中有掺假物从性状不易察觉等，有时甚至能大体判断有效成分或杂质的含量。与理化鉴别相比，显微鉴定具有设备、操作较简单，鉴定过程短等优点。其不足之处是：不能准确定量，不适于单独检验大批量药材。另外，目前许多药材尤其是伪品尚未经显微观察，文献资料有限，也制约着显微鉴定的使用范围。

4. 理化鉴定

理化鉴定就是利用中药所含化学成分的物理或化学性质，通过化学或物理试验仪器分析来鉴定中药的方法。现将常用的中药理化鉴定方法简述如下。

（1）物理常数的测定　包括相对密度、旋光度、折光率、硬度、黏度、沸点、凝固点、熔点等的测定。这对挥发油、油脂类、树脂类、液体类中药的鉴定，如薄荷油、苦杏仁苷、苏合香、蜂蜜、阿胶等具有重要的意义。

（2）膨胀度的测定　含有黏液、果胶、树脂等成分的中药，有吸水膨胀的性质，测定其膨胀度，是评价质量优劣度的指标之一，如葶苈子、胖大海、天竺黄等。

（3）微量升华物的检查　有的中药含有能升华的成分，如大黄、牡丹皮等，可将中药粉末进行微量升华，收集升华物于显微镜下观察结晶形状，利于鉴别其有效成分。

（4）荧光检查　是利用有的中药所含化学成分，在紫外光灯下能产生一定颜色荧光的性质，作为鉴别的一种简易方法。如黄连断面显金黄色荧光，大黄粉末显深棕色荧光。

（5）化学定性检查　利用中药的某些化学成分与一定的化学试剂产生特殊的显色、结晶、沉淀或放出气体等化学反应来鉴识。一般在试管中进行，亦有直接在中药切片上观察。

（6）化学定量分析　《药典》对有些中药规定要做含量测定，如马钱子士的宁含量应为1.2%~2.20%等。其操作方法应按《药典》附录记载的方法进行。《药典》常规测定项目，适用于一般中药的品质检查。

①灰分测定：将中药粉碎加热高温炽灼至灰化，测得“生理灰分”，以鉴别中药含泥沙和杂质量。《药典》规定了中药总灰分的最高限量，如阿魏不得超过5%。

②水分测定：《药典》规定有烘干法、甲苯法、减压干燥法和气相色谱法。烘干法适用于不含或少含挥发性成分的药品；甲苯法和减压干燥法适用于含有挥发性成分的药品。控制中药材及饮片水分的含量与保证其质量有密切关系。《药典》规定，除另有规定外，饮片水分通常不得超过13%。

③浸出物含量测定：适用于有效成分尚无精确定量的中药。中药成分在水、醚或不同浓度的乙醇中，在一定条件下，其浸出物的含量大致有一定的范围。如《药典》规定，当归的70%乙醇浸出物不得少于45.0%等。

④挥发油含量测定：利用有的中药所含挥发油成分能与水蒸气同时蒸馏出来的性质，在挥发油测定器中进行测定。

（7）仪器分析　近年来由于色谱和电子技术的发展，在中药鉴定、质量分析上有很大的进展。

比较其他鉴定方法，理化鉴定的结论能更直接、更准确地说明药材质量，既能定性，也能定量。目前提倡的“中药指纹图谱”，多数是用理化鉴定做的。不足之处是：理化鉴定需要各种仪器，鉴定过程长，对环境要求较严，价格较昂贵。再有，理化鉴定毕竟开展时间较短，多数药材尚无成熟的理化鉴定资料，有待进一步提高、完善。

二、中成药的常规鉴别方法

中成药的鉴别包括性状鉴别、显微鉴别和理化鉴别。

1. 性状鉴别

系指对中成药外观形状、颜色、气味等进行鉴别。如复方丹参片除去糖衣后，片芯呈褐色，气香，味微苦。

对于中成药商品，经营单位和使用单位在对中成药进行性状鉴别前，首先要对包装及其图文标志如包装的牢固度、完好度及生产厂家、注册商标、批准文号、生产批号、标签、说明书、检验合格证及其他特殊标志等进行鉴别，以确保商品的合法性和准确性。熟悉各种中成药特有的外观性状、包装及其图文标志，对于鉴别中成药质量有较大帮助。

2. 显微鉴别

用药材粉末或与药材提取物混匀加工制成的中成药，由于药材制粉后，其细胞、组织、内含物等特征仍可能存在，故凡以原药材粉末制成的中成药如散剂、丸剂、片剂、锭剂、胶囊剂等，大多可用显微鉴别法进行定性分析。

中成药粉末镜检，首先要弄清处方中的药味组成，对其中的植物药，应明确来源于药用植物的部位，然后按中成药所含各类药材的显微鉴别要点观察。显微鉴别用的显微镜有普通生物显微镜和扫描电子显微镜之分。

3. 理化鉴别

利用药材所含某些化学成分的性质，通过化学方法和仪器分析方法来鉴定药材的真伪和纯度，检测该成分在中成药中是否含有，这是在中成药含量测定前必须进行的工作。

三、中药饮片的一般质量标准

中药饮片必须按照国家药品标准炮制。国家药品标准没有规定的，必须按照省、自治区、直辖市人民政府药品监督管理部门制定的炮制规范炮制。此外，中药饮片的质量还需达到以下标准。

（一）饮片的净度标准

净度系指饮片的纯净度，即饮片中所含杂质及药屑的限度。饮片不应夹带泥沙、灰屑、霉烂品、虫蛀品，规定除去的壳、核、芦、毛、头、足等不得带入。饮片中所含的杂质、药屑必须符合有关规定。

饮片含药屑杂质标准

饮片类别	含药屑杂质量
蜜炙、油炙	<0.5%
炒黄、米炒、酒炙、醋炙、盐炙、姜汁炙、米泔水炙、发芽、发酵	<1%
根、根茎、藤木、叶、花、皮、矿物、菌藻、动物、炒焦、麸炒、煮制、煅制	<2%
果实种子、全草、树脂、炒炭、土炒、烫炙、煨制	<3%

（二）片型及粉碎粒度标准

1. 片型

经净选和水软化后的药材，根据药材特征和炮制要求，制成一定规格的片型，使之便于制剂、调配、鉴别、干燥和储藏。切制后的饮片应均匀整齐，色泽鲜明，表面光洁，片面无机油污染，无整体，无长梗，无连刀片、掉边片、边缘卷曲等不合规格的饮片，异型片不得超过10%。饮片应符合以下要求：

极薄片：　　0.5mm 以下

薄片：　　1～2mm

厚片：　　2～4mm

段：　　10～15mm

块：　　8～12mm 的立方块

细丝：　　2～3mm

宽丝：　　5～10mm

2. 粉碎粒度

一些不宜切制的药材，根据医疗的特殊需要可粉碎成颗粒或粉末，粉碎后的颗粒度均匀，无杂质、粉末，分等应符合《中国药典》要求。药筛分等标准见下表。

最粗粉：指能全部通过1号筛，但混有能通过3号筛不超过20%的粉末。

粗粉：指能全部通过2号筛，但混有能通过4号筛不超过40%的粉末。

中粉：指能全部通过4号筛，但混有能通过5号筛不超过60%的粉末。

细粉：指能全部通过5号筛，并含能通过6号筛不少于95%的粉末。

最细粉：指能全部通过6号筛，并含能通过7号筛不少于95%的粉末。

极细粉：指能全部通过8导筛，并含能通过9号筛不少于95%的粉末。

《中国药典》筛号、工业筛目对照表

筛号	筛孔内径（mm，平均值）	工业筛目数（孔/英寸）
1号筛	2.0 ±0.070	10
2号筛	0.850 ±0.029	20
3号筛	0.355 ±0.013	50
4号筛	0.250 ±0.0099	65
5号筛	0.180 ±0.0076	80
6号筛	0.150 ±0.0066	100
7号筛	0.125 ±0.0058	120
8号筛	0.090 ±0.0046	150
9号筛	0.075 ±0.0041	200

（三）饮片的含水量标准

饮片中水分的含量多少，直接影响饮片的质量和疗效。饮片中含水量过多，不仅在储存保管过程中易生虫、霉变，使有效成分分解、水解变质，且在配方称量时相对减少了实际用量，影响治疗效果。饮片含水量太少又会影响其质量，如胶类饮片易出现龟裂、硬度增大，花类饮片易破碎等。因此，必须控制饮片的水分含量。其标准为：一般饮片的含水量控制在7%～13%，菌藻类饮片含水量控制在5%～10%，醋淬类饮片含水量控制在10%以下，蜜炙类饮片含水量控制在15%以下。

（四）其他标准

1. 饮片的灰分标准

饮片的灰分是指饮片经高温（500℃～600℃）炽灼产生的灰分，其包括两部分：

（1）*总灰分*　由杂质灰分和生理灰分组成，杂质灰分由混入到饮片中的无机杂质形成，生理灰分由饮片组织内的无机成分组成。

（2）*酸不溶性灰分*　是将总灰分用盐酸处理，将生理灰分溶解，所留下的残渣，即无机杂质灰分，可以直接反映饮片的纯度。

2. 饮片的浸出物标准

饮片的浸出物包括水溶性和醇溶性浸出物。测定浸出物含量，对于有效成分不明或尚无定量方法的饮片质量控制有重要意义。

3. 饮片中有害成分的限量标准

饮片中的有害成分主要包括重金属、砷盐、农药残留物等，对这类有害成分建立限量标限，严格检测，才能确保用药安全。

4. 饮片的卫生学标准

由于饮片所含成分复杂，经过采收、加工、炮制、保管、储存及运输诸多环节，很容易遭受微生物及螨虫的污染。尤其是饮片中所含糖、蛋白质、淀粉等都是微生物滋生繁殖的营养物质，更容易受到污染。因此，应该对饮片中可能含有的致病菌、大肠杆菌、细菌总数、霉菌总数及活螨等做必要的检测。

第四节　中药储存与养护基础知识

一、中药质量变异现象

中药在运输、储藏过程中，由于管理不当，在外界条件和自身性质的相互作用下，会逐渐发生物理和化学变化，出现发霉、虫蛀、变色、变味、泛油等现象，直接影响中药的质量和疗效。

1. 霉变

霉变又称发霉，是霉菌在中药表面或内部的滋生现象。中药表面附着的霉菌在适宜的温度（20℃～35℃）、湿度（相对湿度75%以上或中药含水量超过15%）和足够的营养条件下进行生长繁殖，分泌的酶溶蚀药材组织，以致使中药有效成分发生变化而失效。

2. 虫蛀

虫蛀指昆虫侵入中药内部所引起的破坏作用。虫蛀使药材出现空洞、破碎。被虫的排泄物污染，甚至完全蛀成粉状，会严重影响中药疗效，以致不能使用。常见的药材害虫有：谷象、米象、大谷盗、药谷盗等。

3. 变色

变色系指中药的色泽变化，固有色泽由浅变深、由艳变暗，则体现中药内在质量的变化。

4. 泛油

泛油是指中药表面发软、发黏，呈现油状物质，并伴有变色、变质之现象。含有脂肪油、挥发油、黏液质、糖类等较多的中药，在温度、湿度较高时出现的油润、发软、发黏、颜色变鲜等都被称为“走油”或“泛油”。

5. 散失气味

含有挥发成分的中药，若储存不当可致成分挥散损失、气味改变甚至失去疗效。

二、影响中药质量变异的因素

影响中药质量变异的因素有内因（中药自身因素）和外因（外界环境因素）两个方面，外因通过内因而起作用。

1. 中药变质的自身因素

（1）中药的含水量　中药的含水量直接影响其质量和数量，是养护工作的关键，必须重视水分的研究和管理。

（2）中药的化学成分及对中药贮存的影响　在中药的加工干燥、炮制以及贮藏过程中，其化学成分不断发生变化，由此会引起质的改变，以致影响药效。中药的贮藏和加工的目的，就在于控制其中的化学成分，使它符合医疗的要求。因此只有了解中药的特性及其变化规律，并且创造良好的贮藏条件，才可达到防止中药变质的目的。

2. 中药变质的环境因素

引起中药变化的外界因素主要有空气、温度、湿度、光线等等。

（1）温度　温度对于中药的贮存影响最大。中药对气温有一定的适应范围，在常温（15℃～20℃）下，中药成分基本稳定利于贮藏；温度在30℃左右时，有利于害虫、霉菌的生长繁殖；温度若升高到34℃以上时，含脂肪油较多的中药会“走油”；而温度在0℃以下时，某些鲜活中药所含水分就会结冰。

（2）湿度　湿度能直接引起中药潮解、溶化、糖质分解、霉变等各种变化。中药的含水量和空气的湿度有密切关系。若空气相对湿度在70%时，中药的绝对含水量不会有较大的改变，但当相对湿度在70%以上时，中药的含水量会随之增加。

（3）空气　贮藏过程中，空气中的氧气和臭氧对中药的变化起着关键的作用。臭氧作为一个强氧化剂，可以加速中药中有机物质，特别是脂肪油的变质。根据微生物对氧气需求不同，可以把微生物分为好氧性微生物、厌氧性微生物和兼性厌氧微生物三种类型，多数霉菌属好氧性微生物。

（4）日光　长时间日光照射会促使中药成分发生氧化、分解、聚合等光化学反应，如脂肪的酸败、苷类及维生素的分解、色素破坏等，而引起中药变质。

（5）霉菌和害虫　霉菌和害虫对中药的破坏最常发生，亦最严重。但其他影响因素控制得当，霉菌和害虫的危害便可得到克服。

三、中药养护技术简介

中药养护是运用现代科学的方法研究中药保管和影响中药贮藏质量及其养护防患的一门综合性技术。现代中药养护以预防中药变化为主，近年还进一步研究防止中药在贮藏过程中的毒物污染，以符合21世纪无残毒、无公害绿色中药的要求。

1. 干燥养护技术

干燥可以除去中药中过多的水分，同时可杀死霉菌、害虫及虫卵，起到防治虫、霉，久贮不变质的效果。常用的干燥方法有摊晾法、高温烘燥法、石灰干燥法、木炭干燥法、翻垛通风法和密封吸湿法。

2. 冷藏养护技术

采用低温（0℃以上，10℃以下）贮藏中药，可以有效防止不宜烘、晾中药的生虫、发霉、变色等变质现象发生。有些贵重中药采用冷藏法。

3. 埋藏养护技术

有石灰埋藏法、沙子埋藏法、糠壳埋藏法、地下室贮藏法。

4. 化学药剂养护技术

药物防虫霉就是利用无机或有机化学药物来抑制霉菌、害虫的生长和繁殖，通常分为防霉剂和杀虫剂。常用的方法有硫黄熏蒸法、磷化铝熏蒸法、氯化苦熏蒸法、氨水熏蒸法和醋酸钠喷洒法。

5. 对抗同贮养护技术

对抗同贮也称异性对抗驱虫养护，是利用不同品种的中药所散发的特殊气味、吸潮性能或特有驱虫去霉化学成分的性质来防止另一种中药发生虫、霉变质等现象的一种贮藏养护方法。如泽泻、山药与丹皮同贮防虫保色、藏红花防冬虫夏草生虫等。

6. 无公害气调养护技术

气调养护法即在密闭条件下，人为调整空气的组成，造成低氧的环境，抑制害虫和微生物的生长繁殖及中药自身的氧化反应，以保持中药品质的一种方法。该方法可杀虫、防霉。还可在高温季节里，有效地防止走油、变色等现象的发生，费用少，无残毒，无公害，是一项科学而经济的技术。

第三章 中药商品购销工作基本要求

第一节 中药商品的流通概述

商品流通也叫物流，随着经济的发展，物流已经不仅仅是商品流通本身，它所指的范围非常广泛，包括商品运输、储存、配送、装卸、保管、物流信息管理等一系列活动。中药商品流通是商品流通的一类，无论是中药材、中药饮片，还是中成药，其最终服务对象是患者，即消费者。中药商品由生产企业到消费者手中的过程，称为中药商品的流通过程。这个过程通常包括批发、零售、储运等环节。中药商品从生产领域进入消费领域所经历的各种途径，就是中药商品的流通渠道。一般来说，中药商品流通渠道主要包括以下五种类型：

1. 药品生产企业——药品消费者；
2. 药品生产企业——医院药房或社会零售药店——药品消费者；
3. 药品生产企业——批发商——医院药房或社会零售药店——药品消费者；
4. 药品生产企业——代理商——医院药房或社会零售药店——药品消费者；
5. 药品生产企业——代理商——批发商——医院药房或社会零售药店——药品消费者。

一、中药商品的批发

（一）中药商品批发的概念

批发是指专门从事大宗商品交易的商业活动，是零售的对称，是商品流通中不可缺少的一个环节。通常有两种情况：一是商业企业将商品批量销售给其他商业企业用作转卖；二是商业企业将用作再加工的生产资料供应给生产企业。中药批发是指医药企业为了进一步转售或生产而进行大宗中药买卖的一种经济活动。中药批发的主体一般是中药生产单位（包括药材生产基地、饮片厂、药厂）和中药批发企业。

（二）中药商品批发的特点

1. 中药商品批发的销售对象，一般是代理商、批发商、零售企业或医疗单位。即中药批发交易一般是在企业之间进行的。

2. 中药商品批发的数量较大，是大宗的中药商品交易活动。

3. 批发售出的中药商品一般仍在流通渠道当中。当商品处于批发阶段，就意味着商品仍要经过其他流通渠道，最终到达消费者手中。

4. 中药商品的批发实行专营。中药材可在国家指定的药材市场进行批发贸易。

（三）中药商品批发企业应具备的条件

开办中药商品批发企业，须经企业所在地省、自治区、直辖市人民政府药品监督管理部门批准并颁发《药品经营许可证》，并取得《营业执照》；药品经营企业还要按照国务院药品监督管理部门制定的《药品经营质量管理规范》经营药品；必须有依法经过资格认证的药学技术人员；必须具备相应的经营场所、设备、仓储设施和卫生条件等。

（四）中药商品批发企业的作用

1. 促进生产，保证流通

中药商品批发是中药商品生产和销售的重要环节，中药商品批发企业从生产单位或其他部门购进、调拨药品，批量供给零售企业、医疗单位、下一级批发企业或供应生产企业作为生产的原料，从而促进中药生产，保证流通。中药商品生产企业只有依靠批发企业及时组织收购或具有批发企业性质的生产企业营销部门积极营销，生产的药品才能转化为货币资金，为再生产创造条件。如果没有中药批发企业及时组织收购和营销，生产企业可能产生资金短缺，甚至可能因过期失效丧失使用价值，造成严重损失，影响生产企业的再生产。从流通渠道来看，各企业生产出的不同中药商品，被批发企业收购集中起来，才能为中药商品的储备、分配、销售提供物质基础，从而保证中药商品的有效流通。

2. 合理储备，保证供应

中药商品从生产到消费要经历各种销售渠道，存在时间和空间上的差异。中药商品在到达消费者手中之前，必须有一定数量的储备，才能保证市场供应。而中药商品批发企业比起生产企业和零售企业，在储备方面具有一定的优越性。首先，可以减少生产企业存货的资金和管理压力，可以集中人力、物力和财力从事中药商品生产和技术革新，提高产品质量。其次，零售企业资金少库容小，决定了它不能够大量储存，批发企业承担储存任务，可以减少零售企业的资金和存储压力，可以把主要精力用于零售业务和提高服务质量，提高零售企业管理水平。

3. 简化交易，提高效益

医药批发企业作为医药流通环节的一个重要组成部分，在生产与消费之间起着桥梁和纽带的作用。它的存在可以简化交易关系，用较少的人力和资金实现较大的商品流通量，取得较好的经济效益和社会效益。批发企业熟悉产品供应和市场规律，熟悉社会需求和经营技巧，可以缩短商品流通时间，加速商品转化为资金的过程，相应减少了资金在流通领域的占用量，增加生产过程中的资金量。因此，批发商的存在可以带来较好的经济效益和社会效益。

4. 调节产销，提升服务

中药商品的生产企业、零售企业及医疗单位在规格、品种的供求上也存在着矛盾。由于生产企业的产品种类少产量大，而零售企业及医疗单位进货批量小，规格品种比较齐全。因此，中药批发企业一方面要大批量购进中药商品，满足生产企业的推销需要；另一方面还要做好分类、编配工作，适应零售企业及医疗单位的经营特点，主动为零售企业解决困难，帮助零售企业扩大经营品种，不断改善零售企业的经营管理，从而提高零售企业的服务质量和经济效益。

二、中药商品的零售

（一）中药商品零售的概念

零售是指将商品或服务直接出售给最终消费者的商业活动，是批发的对称。特点是：每笔商品交易的数量比较少，交易次数频繁，购买后用于直接消费；交易结束后商品即离开流通领域，进入消费领域。中药商品零售是指将中药商品按零售价格直接售给消费者个人或消费团体的商业活动。中药商品零售的主体是中药商品零售企业和医院药房。

（二）中药商品零售的特点

1. 中药商品零售的销售对象一般是直接消费者，而不是转售或加工。
2. 销售数量一般较少，不是大批的。
3. 交易结束，便离开流通领域进入消费领域。

（三）中药商品零售企业应具备的条件

开办中药商品零售企业，须经企业所在地县级以上地方药品监督管理部门批准并颁发《药品经营许可证》；凭《药品经营许可证》到所在地工商行政管理部门办理登记注册，取得《营业执照》，达到《药品经营质量管理规范》要求并取得认证证书方可经营。

（四）中药商品零售方式

中药商品的零售主要有药店销售、医院药房销售、网络销售等方式。

1. 药店销售

药店包括普通药店和连锁店两种。

普通药店是最基本的销售方式之一，主要采用柜台陈列销售和展示陈列销售两种形式。柜台陈列销售是用柜台把顾客和营业员隔开，商品摆在柜台里和货架上，顾客挑选商品必须由营业员传递。优点是营业员可以直接向顾客介绍商品，随时听取顾客反映，有利于掌握顾客需求变化。展示陈列销售是把出售的商品用特别的设施以展览形式陈列出来，开放给顾客参观选购。优点是方便顾客自由选购，体现中药商品的丰富多彩。

连锁药店是指在企业总部或总公司统一管辖领导下，将拥有共同经营理念、经济利益、管理规范和企业文化的众多药店由分散的经营，通过统一管理，标准化规范经营，实现共同规模效益的经营联合体。通常连锁药店具有统一规范的管理，管理简便且灵活，能够很好地适应市场变化，应变能力较强。

2. 医院药房销售

我国绝大多数的医院和门诊都设立了药房，依处方按零售价向患者销售药品。随着改革与发展的要求，医院药房已开始施行医药分开核算管理。国家也在部分医院药房进行企业化管理试点，也有的医院药房被大型企业托管，实行连锁经营。

3. 网络销售

网络销售是随着互联网的发展而迅速普及的新的销售形式。是指商品供应商、经销商取得相关资质后通过电子商务的形式开设网站，以此形式进行在线交易或咨询的业务。通常有两类模式：B2B（Business to Business）和B2C（Business to Customer）。另外，以淘宝网为典型形式出现的C2C（Customer to Customer）形式也大量存在。目前药品销售领域主要是第二种形式，即通过互联网向上网用户提供药品（含医疗器械）信息的服务活动。

互联网药品信息及交易服务具有的优势：省去中间环节、场所经营费用等，使得药品价格降低；消费者可以足不出户获得自己所需要的药品；选购药品范围广泛，资源更加丰富，不受地域和空间限制。互联网药品经营必将成为未来药品经营的发展方向之一。

第二节 中药商品采购的基本要求

中药商品采购，是指中药商品采购人员在充分了解市场要求的情况下，在购进中药商品的过程中所进行的业务活动。狭义的中药商品采购，包括进货合同的签订和履行过程。广义的中药商品采购，还包括中药市场调查、分析、预测、购进计划编制等有关内容。

采购是中药商品流通的起点，也是组织中药商品货源的手段。中药商品采购必须遵照国家的有关规定，在充分了解市场的前提下，坚持品种、规格、质量、数量、价格同时并重的原则，做到以需定进，择优选购。

一、中药商品采购的原则

（一）注重质量原则

中药商品关系到人民群众的生命健康，因此医药企业必须高度重视质量，原则如下：

1. 采购中药商品应按照《药品管理法》和《药品经营质量管理规范》等有关法律法规的要求进行。

2. 采购中药商品必须符合国家药品标准或购进地药品标准，对不符合质量标准的产品不得采购。对质量有疑问的中药材和饮片，应采取先寄小样检验，合格后再发货的原则，以免往返运输。

3. 采购地区性药材，必须符合所在省、市、自治区习用药材标准或当地药品监督部门注册登记的品种规格。

4. 中成药必须从有药品生产、经营资格的正规企业购进。药品包装必须按照规定印有或者贴有标签，并附有说明书。标签或说明书上必须注明药品的通用名称、成分、规格、生产企业、批准文号、产品批号、生产日期、有效期、功能主治、用法、用量、禁忌、不良反应和注意事项等。

5. 药品内外包装必须符合药品质量的要求，方便储存、运输和医疗使用。

6. 采购中药商品应坚持货到验收付款的原则，财务部门应对商品质量实行财务监督，商品入库凭证付款联上无验收人员签章的应拒绝付款。

（二）按需订购，适销对路的原则

按需订购、适销对路是中药商品采购的最基本原则，它是指采购要以市场需求为前提，或者说采购要以销售为前提。企业采购的目的是为了满足医疗卫生或者个人消费需要，因此采购一定要从市场需求出发，采购数量充足、规格齐全、品种对路、价格便宜的中药商品，才能满足需求，扩大销售，提高效益。

（三）勤进快销，合理库存的原则

合理库存可以保证企业中药商品周转的连续性。中药商品有一定的时效性。存放时间过长容易导致有效成分的转化分解而降低疗效，中成药超出有效期则必须报损，这就要求中药商品的采购必须遵循合理库存的原则，做到既不超出正常的库存，又不造成脱销，既可以保证用药的需求，又可以减少库存所占用的资金，还可以避免库存积压所造成的报损损失，从而提高经济效益。勤进快销是保证合理库存的方法之一，是指对所经营的中药商品随时购进、随时销售，做到进销结合，保证正常和合理库存。

（四）协调利益，合作共赢的原则

中药商品的采购过程本身涉及供货方和采购方两个方面的关系。如果购销双方只考虑自己本身的利益，其买卖就很难做成，即使侥幸做成了，其业务关系也不会长久。因此，购销双方在考虑自己一方利益的同时，必须主动考虑到另一方的切身利益，只有协调双方的利益，走合作共赢的道路，企业经营才能立于不败之地。

对于中药零售企业还要注意遵循“以药等病”和“就近进货”的原则。对一些不常用、价低利薄又是治疗不可缺少的品种和需要定点特殊加工的品种，都必须按必备商品目录备齐备足，保证供应，反对片面追求利润，以保证社会效益。

二、采购人员的素质要求

（一）思想素质

中药商品采购人员必须具备过硬的思想素质，有较高的思想觉悟、崇高的职业道德和先进的营销理念。采购人员要坚持正确的营销方向，讲究精神文明，注重职业道德，全心全意地为人民服务，能急消费者所急，帮消费者所需，廉洁奉公、不谋私利，有高度的责任感，对工作认真负责，兢兢业业。

（二）业务素质

中药商品采购人员必须具备过硬的业务素质，必须掌握中药商品采购的业务知识，既要有理论知识，又要有实践经验，这就要求采购人员必须刻苦学习，努力实践，不断提高自己的业务素质。

1. 要熟悉《药品管理法》、《合同法》等法律知识，能熟练地编制采购计划，签订购销合同，处理有关经济方面的事宜，掌握上级业务部门制定的经济法规和有关医药采购供应方面的规章制度。

2. 要精通中药商品的基础知识，包括各种饮片商品的产地、加工方法、规格、质量标准、产季用季、功能主治等方面的知识和技能。

3. 要懂得饮片的生产技术知识，了解家种和野生药材的产量及收购情况。了解各大药厂的拳头产品和一般药厂主要产品的生产情况。

4. 要善于进行市场调研，掌握各种药材、饮片市场情况，掌握中成药的生产投料动态，掌握中药商品市场供需矛盾和价格变化情况。

（三）身体素质

中药商品采购人员必须具备较好的身体素质，即必须具有健康的身体和充沛的精力。中药商品采购人员在外工作的时间较多，作息时间不规律，工作条件艰苦，这就要求采购人员必须要注意旅途中饮食卫生和住宿卫生，加强体育锻炼，具有良好的身体素质，以适应艰辛的工作。这是采购人员不可忽视的素质之一。

三、中药商品采购业务的基本程序

（一）库存盘点

中药商品的库存情况是采购工作的基础资料，通过认真盘点掌握实际库存后，才能确定哪些品种的库存不足，需要购进，哪些品种的库存饱和，不需购进，哪些品种的库存积压，需要外调。具体清查一般以企业台账为依据，以实际库存为标准，落实账务核对制度，保证账物相符，避免由于台账与库存不符造成采购上的失误。

（二）市场分析

通过市场分析，掌握中药商品的质量信息、产量信息、消费者反馈的信息、社会需求增减信息和市场行情变化的信息等内容，为企业做出正确的采购决策提供依据，进而指导中药商品采购，才能做到合理采购、加快商品和资金的周转、降低库存积压、保障和促进销售的畅通。

（三）编制采购计划

编制采购计划是中药商品采购程序中的重要环节，是根据库存盘点和市场分析的结论，编制所需药品采购计划的过程。采购计划的编制一定要做到合理性和准确性，这就要求库存盘点和市场分析一定要准确，同时制订采购计划应留有余地，留足库存，以防疫情、灾情等突发事件的发生，做到社会效益与经济效益兼顾。

（四）货源选择

中药商品采购的原则之一就是注重质量，因此货源的选择一定要慎重。首先要做到供货方单位一定要合法。所谓合法，系指中药商品生产企业应具有《药品生产许可证》和《营业执照》，并取得 GMP 认证证书的企业。中药商品经营企业则应具有《药品经营许可证》和《营业执照》，并取得 GSP 认证证书的企业。所有中药饮片和中成药必须在确保质量合格的前提下，从证照齐全的中药饮片厂、中药厂或药品经营企业购进。其次，货源的选择要保障供应稳定、质量可靠。

（五）签订履行采购合同

采购中药商品是一种购销双方之间的经营行为，因此必须依法签订合同。签订采购合同的原则：一是签订合同的当事人必须具备法人资格；二是必须符合国家的法律法规、方针政策、手续和程序，必须符合有关合同管理的规定、要求；三是供求双方都应仔细地调查和进行市场预测，认真考察对方是否具备履行合同的各种条件和能力；四是签订合同必须贯彻平等互利的原则；五是签订合同是双方的法律行为，双方当事人的意见必须一致，合同才能成立。

采购合同的签订，意味着合同双方要履行合同，履行合同是合同双方的义务，只有严格按照合同上的各种规定与条款执行，才能树立企业良好的形象和信誉，为今后的合作打下坚实的基础。

第三节　中药商品验收的基本要求

中药商品的验收是保证中药商品质量合格、数量准确，防止假劣中药商品进入流通领域的重要环节。

一、中药商品质量验收基本内容

药品质量验收包括药品外观的性状检查和药品内外包装及标识的检查。主要检查以下内容：

1. 每件包装中，应有产品合格证。

2. 药品包装的标签和所附说明书上要有生产企业的名称、地址，有药品的品名、规格、批准文号、产品批号、生产日期、有效期等；标签或说明书上还应有药品的成分、适应证或功能主治、用法、用量、禁忌、不良反应、注意事项以及贮藏条件等。

依据国家药品监督管理局规定：凡 2001 年 12 月 1 日后生产和上市销售的药品必须标明有效期，未标明有效期的药品不得生产、销售。过去未规定有效期的中药，生产企业应根据中药既往储存时间和质量的实际情况，在保证药品质量、承担相应质量责任的前提下确定有效期，但有效期最长时间期限一般不得超过 5 年。标注有效期的方式，可以在包装、标签和说明书上加盖或加印“有效期至 x 年 x 月”。

3. 特殊管理药品、外用药品包装的标签或说明书上要有规定的标识和警示说明。

处方药和非处方药按分类管理要求，标签、说明书上有相应的警示语或忠告语；非处方药的包装有国家规定的专有标识。

对特殊管理的药品，应实行双人验收制度。首营品种生产企业应提供本批次产品检验报告书。验收记录应保存至超过药品有效期 1 年，但不得少于 3 年。

4. 进口药品，其包装的标签应以中文注明药品的名称、主要成分以及注册证号，并有中文说明书。还应有符合规定的《进口药品注册证》等有关证明文件。

5. 中药材和中药饮片应有包装，并附有质量合格的标志。

每件包装上，中药材标明品名、产地、供货单位；中药饮片应标明品名、生产企业、生产日期等。实施文号管理的中药材和中药饮片，在包装上还应标明批准文号。

药品验收应做好记录。验收记录记载供货单位、数量、到货日期、品名、剂型、规格、批准文号、批号、生产厂商、有效期、质量状况、验收结论和验收人员等项内容。

二、中药材、中药饮片的验收

依据相关的标准，对企业所购的中药材、中药饮片的包装，品种的真伪、质量的优劣进行全面检验，对符合要求的予以接收入库，对不符合的予以拒收，并建立相应的记录，这个过程称为中药材、中药饮片的验收。

目前，中药材的品种比较复杂，中药材的质量也因栽种、产地、采收加工、药用部位、采收时间、运输和贮存等原因而受到影响。在经营中常有以假充真、以次充好、掺假等现象的发生。在使用上各地的用药习惯不同，有的异物同名，有的同物异名。由于以上种种现象的存在，中药材、中药饮片的验收对保证药品的质量，确保人民用药的安全有效，确保企业的经济效益和社会效益，就显得尤为重要。

（一）验收方法

一般采用传统方式验收，主要通过手摸、眼观、口尝、鼻闻等感官方式进行。有条件的也可做显微、理化等方面的检查，对中药材、中药饮片的内部结构、成分、含量等进行检定。

（二）验收的内容

1. 外包装的验收

（1）中药材、中药饮片应有外包装，并附有质量合格标志。中药饮片应标明品名、生产企业、生产日期等。实施批准文号管理的中药饮片，在包装上还应标明批准文号。

（2）仔细检查外包装是否符合药用或食用标准，是否符合合同规定的材质，是否有破损、污染等。

2. 质量验收

中药材、中药饮片的质量验收主要包括有效成分、含水量、杂质、饮片片型等内容。

3. 中药饮片真伪的鉴别

除了上述的验收外，还要对中药材、中药饮片的真伪进行鉴定，这是整个验收工作最重要的环节。在其他验收项目无误的情况下，应对中药饮片性状进行鉴定，以确定是否与药品标准一致，防止伪劣药材进入流通、使用环节。

三、中成药的验收

（一）包装及其图文标志检验

购进中成药首先要对包装及其图文标志进行验收，如对包装的牢固度、完好度及货号、品名、规格、生产企业、批准文号、生产批号、注册商标、合格证及其他特殊标识等进行鉴别，以确保商品的合法性和准确性。做好药品质量验收记录，存档备用，并保存5年备查。

（二）外观质量检验

包括对中成药外观形状、颜色、气味、硬度、均匀度等进行检验。如丸剂要求大小均匀，外形圆整，色泽一致，软硬适中；片剂要求硬度适宜，色泽均匀，表面完整光洁，储运期间没有碎裂；胶囊剂要求胶囊壳不发生变形破裂，无异味，内容物应干燥疏松，混合均匀。

（三）内在质量检验

中成药一般不做内在质量检验，而是以生产经营企业提供的药品检验报告书为准。如果需要做内在质量检验，则应采用适当的仪器设备和方法进行定性、定量检测，以确认中成药的真伪优劣。定性检测可采用显微鉴别、理化鉴别等手段，定量检测可采用比色法、紫外分光光度法、薄层－分光光度法、薄层扫描法、气相色谱法、高效液相色谱法、生物测定法等以检测中成药中某种化学成分或浸出物含量、含醇量、含糖量等。此外还应按照《中国药典》规定，进行杂质限量检查，尤其是对重金属、砷盐、氯化物、铁盐等的检测。常见的中成药还要根据《中国药典》规定的不同剂型的验收项目与要求进行验收，比如片剂、注射剂、丸剂、散剂、颗粒剂（冲剂）、糖浆剂、酒剂、合剂等都有各自不同的验收要求。

第四节　中药商品销售的基本要求

一、中药商品销售的基本原则

（一）中药商品销售的社会性原则

中药商品销售的社会性原则是指中药商品必须满足社会多方面的需求，特别是医疗部门和人民群众对中药商品的需求。中药商品主要用于临床医疗，在药品、食品生产企业，学校，科研等部门也有广泛的应用。保证中药商品的供应，对于满足人民群众日益增长的医疗、预防、保健需求，保持社会安定具有重要的意义。对毒麻药品要加强管理，避免对社会造成危害。因此中药商品的营销，应当注重社会效益，要注意分析了解社会各行各业的中药商品消费状况，做好计划，搞好收购进货，加强管理，以保障社会需要，维护社会和谐。

（二）中药商品销售的经济性原则

经济行为讲求经济效益，贯彻经济性原则，而中药商品营销是一种经济行为，因此需要坚持经济性原则。中药产业是我国国民经济发展的重要组成部分，有的已经成为地区性支柱产业。这就要求在保证质量的前提下，要保障较好的经济效益，因此无论是中药商品的生产企业还是经营企业，都要按经济规律办事，加强内部经济核算，降低成本，增加利润，提高经济效益。

（三）中药商品销售的适应性原则

中药商品的营销必须要针对客户的需求、疾病的流行和中药商品特点开展。中药商品的营销应当与销售区域内的气候、自然灾害、疾病发生、地方用药习惯或医生用药习惯等特点相适应。

（四）中药商品销售的有效性原则

中药商品关系到人民群众的生命健康，是用于医疗保健的特殊商品，必须有效，即中药商品必须具有法律法规所规定的性能、功效等质量指标。中药商品只有保证其有效性，才能保障人民群众生命健康，才能建立和维持企业信誉，才能保证企业的快速健康发展。因此，中药商品生产和经营企业必须采取切实可行的方法来保证中药商品的有效性。

（五）中药商品销售的安全性原则

由于中药来源的复杂性，导致中药饮片的伪品很容易进入到流通领域中来，特别是一些有毒的伪品，对人民群众的用药安全造成一定的威胁。只有加强管理，严格质检，提高责任心，对消费者负责，对医疗单位负责，才能保障人民用药的安全。因此，中药商品生产和经营企业必须采取切实可行的方法来保证中药商品的安全性。

（六）中药商品销售的稳定性原则

中药商品在特定的区域，消费群体往往特点不同，消费品种和幅度也不同，但是消费习惯和规模基本固定，市场通常比较稳定。同时企业也不能因为利润的高低而厚此薄彼，一定要保持中药商品种类的稳定性，以保障市场需求，保障人民群众的医疗需要。

二、销售人员的素质要求

（一）思想素质

中药商品销售人员要善于学习和追求进步，有强烈的事业心和责任感，具有崇高的职业道德。中药商品的特殊性还要求我们一定要将人民群众的生命安全放在第一位，遵循“质量第一，顾客至上”的原则，自觉抵制伪劣药品，维护市场秩序的稳定与健康。

（二）业务素质

中药商品销售人员必须具备过硬的业务素质，必须掌握中药商品销售业务知识，理论与实践兼备。

1. 熟知中药商品的工艺、质量、功能主治等基本知识，能够与消费者或企业进行良好的沟通。

2. 能够深入观察市场变化、及时了解市场政策和法令的变化、充分了解消费群体需求变化，并具备一定的分析能力，能够通过对市场规律和顾客需求的分析，发现现实需求和潜在需求，促进企业适应市场变化。

3. 熟悉企业发展历程、经营理念、战略方针、远景规划和人文理念等企业文化，熟知企业经营中药商品的种类，企业的服务项目、交货方式、付款条件及交通运输条件等情况。

4. 具备基本的推销业务常识，能够熟练运用各种营销技术处理销售过程中出现的各种问题。

5. 应具备一定的人文心理、风土人情等方面的社会知识。

（三）其他素质

1. 良好的沟通能力

良好的沟通能力是进行销售和推销洽谈的基础，沟通能力的高低往往决定着销售和推销洽谈能否成功，因此，销售人员必须注意讲究语言艺术，不断提高自己的语言表达能力。

2. 良好的学习能力

销售是综合素质的竞争，作为销售人员一定要储备广泛的知识与能力；而且销售是随着社会的发展而发展的，营销的技巧也在不断地升级换代，如果不具备良好的学习能力就会被社会所淘汰。

3. 良好的心理素质

销售面临的环境往往比较复杂，常常需要面对各种困难，企业或消费者的要求也各有不同，甚至是千奇百怪，销售中也可能遇到各种突发情况，因此具备良好的心理素质，及时准确地处理各种情况，才能做好销售工作。

4. 良好的气质形象

销售人员的气质直接代表了企业的形象，往往能够决定销售的成功与否，同时销售人员应具备端庄的仪表、诚恳的态度、热情的服务、健康的身体，做到礼貌周到、举止文雅、主动热情，才能维护企业的形象，取得消费者的信赖。

三、中药商品销售

中药商品的销售是中药企业取得经营效益和社会效益的基础。销售药品应当做到正确宣传、合法销售、保证质量、准确迅速。

（一）合法销售药品

1. 合法的销售单位

中药经营企业，必须是取得《药品经营许可证》及《营业执照》的合法企业，否则不得从事药品销售活动。

2. 合法客户的选择

销售中药商品应选择合法的客户，即合法的医疗单位或合法的经营企业。所谓合法是指医疗单位要具有《医疗机构执业许可证》，经营企业要具有《药品经营许可证》和《营业执照》。不得将药品销售给“无证”、“无照”企业和所谓的药品集贸市场。

3. 经营范围要在许可范围内

中药商品经营企业销售的中药商品规格种类要在《药品经营许可证》许可范围内。药品批发企业不能从事零售业务，药品零售企业不得从事药品批发业务。持有《药品经营许可证》但发生超过经营范围或从事异地经营的按无证经营处理。中药商品批发和零售企业依法取得许可后，方可销售特殊管理药品，且应严格执行国家有关销售规定。

（二）销售合格的药品

市场上许多商品可以按其质量的优劣来划分等级，并按其等级论价进行销售。但药品只有合格与不合格之分，因药品的使用价值集中表现于质量，关系到人民群众的生命健康，所以凡销售的药品必须是合格的药品，不合格的药品一律不能流通。为了杜绝不合格药品流入市场，在账目管理上、仓储管理上，合格药品和不合格药品必须分开，凡伪劣药品一律不能销售，不得将已过期失效的药品再更换生产批号、生产日期，或将质量不合格的药品重新包装再销售。

（三）正确宣传药品

中药商品经营企业，为了开拓市场扩大销售，开展药品宣传是一项经常性的工作。但药品宣传要做到内容真实，实事求是，恰如其分地介绍药品的治疗作用、禁忌证和注意事项等。严禁夸大疗效，缩小药物不良反应的虚假宣传，正确宣传药品也是中药商品经营企业工作人员应具备的职业道德。中药商品如需通过新闻媒介宣传，应遵守《药品广告管理办法》的规定。2000 年开始实行《处方药和非处方药分类管理办法》后，处方药只能在专业性医药报刊进行广告宣传，非处方药经批准可以在大众传播媒介进行广告宣传。

（四）销售药品要准确迅速

药品是特殊商品，一般情况下是药等人，而不是人等药。一些季节性药品的需求往往带有突发性，“不用不买，买则急需”。因此，中药经营企业要做好市场预测，并留有适当的库存，特别遇到重大火情、疫情、中毒抢救事件，要分秒必争，及时发送急救药品，必要时昼夜兼程火速送到。销售药品填制发票时，要准确填写购货单位、药品名称、规格、数量、价格等项目，字迹要准确、清晰，避免错开错发，发票要经复核，并做到票货同行。

第五节　公关与服务的基本要求

一、公关

公关，即公共关系的简称。公共关系是一种内求团结完善、外求和谐发展的经营管理艺术。即一个社会组织在自身完善的基础上，运用各种信息沟通传播的手段，协调和改善自身的人事环境和舆论气氛，使本组织机构的各项政策、活动和产品符合公众的需求，争取公众对自己的理解、信任、好感与合作，在双方互利中共同发展。由于现代社会的复杂性和商品经济的必然要求，公关已经成为一个专门的学科——公共关系学。

公关与企业生存发展休戚相关，是企业成功必不可少的条件。企业要与社会各界如政府机构、金融机构、新闻机构、经销商、代理商、消费者等产生各种各样的关系，企业要在如此复杂纷繁的社会环境中生存和发展，就必须通过公关建立起最佳的社会关系环境，树立良好的企业形象，以赢得社会各界的认可。可见公关作用不可忽视，其作用主要表现在：

（一）搜集信息，监测环境

信息是企业生存与发展必不可少的资源。运用各种公关手段可以采集各种信息，监测企业所处的环境。企业公关需要采集的信息包括以下几方面：

1. 产品形象信息

是指消费者对本企业产品的各种反应与评价，如对产品质量、性能、用途、价格、包装、售后服务的反应评价等。

2. 企业形象信息

企业要了解自己的形象，除产品形象的信息外，还必须采集公众对企业组织机构、经营管理水平、企业人员素质、企业服务质量等关系到企业形象的评价。

3. 企业职工信息

企业的职工是企业的重要组成，必然对企业产生不同的反应与评价。通过对企业内部职工意见的了解，能掌握职工对企业的期望，企业应树立什么样的形象，才能对职工产生向心力和凝聚力。企业职工信息，可以通过意见书、各职能部门的计划、总结、工作报告以及企业内部的舆论工具等来获得。

4. 其他信息

投资者的投资意向、竞争者的动态、消费者的需求变化以及国内外政治、经济、文化、科技等方面的重大变化，都直接或间接地影响到企业的经营决策。公共关系作为社会经济趋势的监测者，应广泛地收集这些有关社会经济的信息。

（二）咨询建议，决策参考

公共关系的这一职能是通过综合分析搜集到的各种信息，考查企业的决策和行为在公众中产生的效应及影响程度，预测企业决策和行为与公众可能意向之间的吻合程度，并及时、准确地向企业的决策者进行咨询，提出合理而可行的建议。

1. 公共关系参与决策目标的确立

确立决策目标是决策过程的最重要一环。公共关系能够从全局和社会的角度来综合评价各职能部门的决策目标可能导致的社会效果，从而发现和揭示问题，提醒决策者按公众需求和社会效益制定决策目标。

2. 公共关系是获取决策信息的重要渠道

合理、正确的决策依赖于及时、准确、全面的信息，公关部门可以利用它与企业内部、外部的广泛交流，为决策开辟广泛的信息渠道，为决策者提供内部信息和外部信息，提供决策依据。

3. 公共关系是拟定决策方案不可缺少的参谋

公共关系作为决策参谋，能帮助决策者评价各方案的社会效果，提高决策方案的社会适应能力和应变能力。

4. 公共关系为决策方案实施效果提供反馈信息

信息的反馈，有助于修改、完善决策方案，而这正是公关职能之一。公关部门可以利用它与公众建立的关系网络和信息沟通渠道，对正在实施的决策方案进行追踪监测，并及时获得反馈信息。

（三）舆论宣传，创造气氛

公共关系有助于树立良好的企业形象。公共关系在帮助企业树立良好的组织形象上发挥着重要的作用，真正以塑造企业形象为目的的公关活动从促销公关中开始初露端倪。这一职能是指公共关系作为企业的“喉舌”，将企业的有关信息及时、准确、有效地传送给特定的公众对象，为企业树立良好形象创造良好的舆论气氛。如公关活动，能提高企业的知名度、美誉度，给公众留下良好形象；能持续不断、潜移默化地完善舆论气氛，因势利导，引导公众舆论朝着有利于企业的方向发展；还能适当地控制和纠正对企业不利的公众舆论，及时将改进措施公之于众，避免扩大不良影响，从而收到化消极为积极、尽快恢复声誉的效果。

（四）交往沟通，协调关系

企业是一个开放系统，不仅内部各要素需要相互联系、相互作用，而且需要与系统外部环境进行各种交往、沟通。交往沟通是公关的基础，任何公共关系的建立、维护与发展都依赖于主客体的交往沟通。只有交往，才能实现信息沟通，使企业的内部信息有效地输向外部，使外部有关信息及时地输入企业内部，从而使企业与外部各界达到相互协调。协调关系，不仅要协调企业与外界的关系，还要协调企业内部关系，包括企业与其成员之间的关系、企业内部不同部门成员之间的关系等，要使全体成员与企业之间达到理解和共鸣，增强凝聚力。

（五）教育引导，社会服务

公共关系具有教育和服务的职能，是指通过广泛、细致、耐心的劝服性教育和优惠性、赞助性社会服务，来诱导公众和企业内部成员对企业产生好感。

二、服务

（一）服务的含义及特点

1. 服务的含义

服务是指为他人做事，并使他人从中受益的一种有偿或无偿的活动。广义上讲，服务包括所有产出为非有形产品的全部经济活动，通常在生产时即被消费，并以便捷、愉悦、省时、舒适或健康的形式提供附加价值。服务不仅产生于商业，同时也是许多生产制造商提供完整产品的一部分。从狭义上讲，服务就是为他人做事的行动过程和表现。中药购销员进行中药商品销售服务实际上就是为促进销售的达成而向客户或者消费者进行展示的行为和活动。

2. 服务的特点

相对于制造产业的有形性、标准化、生产和消费的分离性以及可储存性而言，服务则具有无形性、异质性、生产和消费的同时性及易逝性的特点。

（二）医药商业服务规范

医药商业企业是一类服务性企业，其主要功能是为保障人民群众的生命健康提供医药商品和医疗服务。虽然医药商品属于特殊商品，但依然是商品，具有商品的通性，因此，凡是商业工作必须遵循的制度和规范，大多适用于医药商业。结合商业服务规范和医药商品的特殊性，提出以下基本要求：

顾客至上，信誉第一，顾客来临，犹遇故亲；

热情接待，礼貌待客，文明用语，谦恭热情；

诚信经商，和蔼可亲，介绍商品，服务咨询；

熟悉业务，忠于职守，电函预约，昼夜供应；

认真负责，确保质量，若有问题，随换随退；

品种齐全，价格合理，及时开票，批零兼营；

听取意见，改进工作，接受检查，欢迎监督。

三、基本礼仪

礼仪是人们在交往中互相尊重的体现，是一个人内在修养和素质的外在表现，也是人际交往的重要行为规范，主要包括仪容、仪表、语言等方面的内容。良好的礼仪在购销活动的公关和服务中具有重要的地位，良好的礼仪可以给人留下深刻的第一印象，为开展下一步的工作打好基础。这里主要介绍个人礼仪和日常商务礼仪。

（一）个人礼仪

1. 仪容

通常是指人的外观、外貌，主要包括头发、面容、手掌、化妆等方面。要做到头发勤于梳洗，女士不宜披头散发，男士不能留长发，男女都不能剃光头；面容要干净清爽，口腔无异味，上岗前忌食葱蒜、臭豆腐等有刺激性味道的食品，还要忌烟酒；不留长指甲，不染指甲；化妆要自然大方，香水要清新淡雅，切忌浓妆艳抹、香水过浓。

2. 仪表

通常是指人的外表，主要包括服装、饰品等。企业尽量配置统一着装，要保持整洁，熨烫平整，胸卡要在左胸前佩戴，不能穿拖鞋上岗；饰品佩戴要简洁大方，不要显得珠光宝气。

3. 仪态

通常是指人的姿态，主要包括站姿、蹲姿、走姿三个方面。

站姿要求双目正视，下颌微收，挺胸收腹，两肩平齐，双臂自然下垂，脚跟并拢，脚尖张开成60°，身体重心落于两腿正中。避免出现松松垮垮、双肩倾斜等不雅站姿。

蹲姿要求自然、得体、大方，不遮遮掩掩，可以采用双腿交叉式、双腿高低式等姿势，避免面对他人、背对他人、双腿叉开等姿势，以免给人留下不尊重、大大咧咧等印象。中药购销人员不宜穿低腰裤，否则在蹲下时容易暴露内裤，不雅观。

走姿要求从容、平稳、直线，应当身体直立，收腹直腰，目视前方，双臂放松在身体两侧自然摆动，脚尖微向外或向正前方伸出，跨步均匀，两脚之间相距约一只脚到一只半脚，步伐稳健，步履自然，要有节奏感，避免出现走路前俯后仰、左右晃动、内外八字、反手背后等不雅走姿。

4. 语言

中药购销人员要做到语言亲切，语气诚恳，用语准确，要多使用礼貌用语，即“您”、“请”、“欢迎”、“对不起”、“谢谢”、“没关系”、“再见”十四字文明用语。避免不耐烦、口气生硬等情况的出现。

5. 其他注意事项

中药商品购销人员应表现出训练有素，作风沉稳。不要在顾客面前做出咳嗽、哈欠、吐痰、打嗝等不雅行为。

（二）日常商务礼仪

1. 服饰礼仪

服饰礼仪主要包括西装礼仪和套裙礼仪。西装是男士在正式场合着装的第一选择，穿着西装要求先拆除左边袖口处的商标，熨烫平整，单排两粒扣的西装讲究“扣上不扣下”，单排三粒扣的西装则通常只系中间的纽扣或上面两粒纽扣，双排扣的则全部系上纽扣。不能挽起袖口，不能卷起裤脚，腰间不宜挂任何物件，西装口袋尽量不要装东西。套裙是职业女性在正式场合着装的第一选择，套裙的穿着要求端正大方，衣扣尽量全扣上，上衣领子要翻好，口袋尽量不要装东西。还要注意化妆要合适，能够与套裙的稳重、典雅、清新搭配。

2. 介绍礼仪

在商务活动中，当你进行介绍时，应当先向年长者介绍年少者，再把年长者介绍给年少者；应当先向女士介绍男士；先向职位高的介绍职位低的。

3. 握手礼仪

握手顺序通常是长辈先伸手，晚辈后伸手；上级先伸手，下级再接握；主人要先于客人伸手；女方伸手后，男方才能伸手相握；如果对方忽略了握手的先后次序，我们都要毫不迟疑地伸手回握。握手方法要求用右手紧握对方的手，时间不宜过长；握手时要态度真诚，上身稍向前倾，掌心向里；如果戴手套，握手前一定要先脱下手套。握手时拒绝对方的举动是极其无礼的，但手上不干净时，应谢绝握手，解释并致歉；切忌在握手时漫不经心，与女士握手时不要过紧过久。

4. 名片交换礼仪

递名片时，应该态度庄重，最好起身站立，将名片倒过来，正面面对对方，用双手或右手送给对方，可以说“请多指教”、“今后多联系”等语言。接名片时，应立即停止自己的活动，起身站立，面带微笑，目视对方，用双手或右手接名片，口头道谢，认真看一遍或念出，并仔细收好，以表示自己的诚意。切忌随便捏折或放一边，更不能放裤兜里或交给随从人员。

5. 电话礼仪

接电话时要停止一切不必要的动作，要注意自己的态度、表情、语言以及语气；通常电话铃响两声就应立即接电话，如果超过三声应向对方说“对不起，让您久等了”。切忌在接电话时直接以“喂”，“你找谁”，“你是谁”或“有什么事”开始，应该使用“您好！×××药房×××门店，请讲”，“您好！×××医药公司市场部，请讲”等方式。还要注意在接听电话时不要对着话筒打哈欠、吃东西或与其他人闲聊。

第六节　计算机在中药购销活动中的应用要求

一、计算机在业务经营活动中的应用

随着时代的进步，电子计算机在重要购销活动中的应用越来越普及。电子计算机能存储大量的信息和具有快速运算的功能，可以将重要购销活动中产生的各种数据、记录、资料、文件等都借助计算机进行处理，并提供所需的报表、资料等信息。计算机在中药购销中的应用十分广泛，在行政管理、业务、人事以及信息管理上均可应用。

（一）在行政管理上

应用于企业各级行政机关、各个职能部门的职责、任务、岗位责任的规范化管理体制的制订及存档，各类岗位责任制度的制定及存档备查等。并进行文档管理和计划管理。

（二）在业务管理上

根据企业的业务范围，对企业有关的行业和部门进行市场分析和信息查询，对业务上有往来的企业和单位建立业务档案；企业内部远期规划的制订和近期工作的安排以及在库检查制度和消防演习制度的制定与执行情况；对企业内部日常管理更是应用计算机来管理和操作，如电脑开票、商品销售情况自动点数计数归档、记录商品定位情况、查询商品库存情况等。并进行物资管理、设备管理和销售管理。

（三）在人事管理上

主要包括对企业人员的人事档案，各级行政机关、各个职能部门的岗位情况以及人员进修学习等情况的记录。

（四）在信息管理上

主要包括对信息的收集、存储、传输、加工、查询等功能。它能全面系统地保存大量信息，并能进行快速查询和综合分析，为组织的决策提供信息支持。

二、计算机在药品质量管理中的应用

（一）建立计算机质量管理信息系统

企业应建立能够符合经营全过程管理及质量控制要求的计算机系统，实现药品质量可追溯，并满足药品电子监管的实施条件。

计算机系统应当符合以下要求：

1. 有支持系统正常运行的服务器和终端机；
2. 有安全、稳定的网络环境，有固定接入互联网的方式和安全可靠的信息平台；
3. 有实现部门之间、岗位之间信息传输和数据共享的局域网；
4. 有药品经营业务票据生成、打印和管理功能；
5. 有符合本规范要求及企业管理实际需要的应用软件和相关数据库。

（二）制订计算机管理制度

制订符合药品质量管理及质量控制的计算机管理制度，制度内容要求：

1. 计算机系统操作权限的审核、控制要求；
2. 质量管理基础数据建立、更新、维护的要求；
3. 计算机系统运行中涉及企业经营和管理的数据储存采用的安全可靠的方式；
4. 电子记录数据定期备份要求及备份数据存放的要求；
5. 记录类数据的保存时限。

（三）制订计算机系统的操作规程

通过计算机系统记录数据，有关人员应按照操作规程完成计算机操作程序。制订操作规程内容包括：

1. 通过计算机系统记录数据时，有关人员对数据的录入或复核应通过授权及密码登录后方可进行；
2. 数据的更改应当经质量管理部门审核并在其监督下进行，更改过程应当留有记录；
3. 各类数据的录入、修改、保存等操作应当符合授权范围、操作规程和管理制度的要求。

（四）执行药品电子监管的规定

药品电子监管是通过电子监管码实现的。电子监管码是对每件产品赋予的唯一标识。

生产企业通过电子监管码将产品的生产、质量等源头信息传输到监管网数据库中，流通企业通过电子监管码进行进货检查验收并将进货信息传输到监管网数据库中，在销售时将销售信息传输到监管网数据库中，这些数据信息可供消费者进行真假与质量查询，供政府进行执法打假、质量追溯和产品召回管理，供企业了解市场供求情况、渠道销售情况和涉假信息。

严格执行药品电子监管相关规定，具体要求有：

1. 对实施电子监管的药品出库前进行药品电子监管码扫码；

2. 及时将数据上传至中国药品电子监管网系统平台；

3. 对未按规定加印或者加贴中国药品电子监管码，或者监管码的印刷不符合规定要求的，应当拒收；

4. 监管码信息与药品包装信息不符的，应当及时向供货单位查询，未得到确认之前不得入库，必要时向当地药品监督管理部门报告。

第四章　安全知识

安全无小事，购销活动中的安全管理，对保障国家财产和职工人身安全，保证企业活动的顺利进行，提高经济效益和社会效益等，都具有重要意义。安全管理的具体内容很广泛，包括防火、防爆和安全用电等。安全管理工作必须贯彻“以防为主，防消结合”的方针。以防为主就是要把安全防范放在首位，严格控制安全隐患，避免发生安全事故。防消结合就是充分做好各种防范准备，在万一发生安全事故时，能迅速处理，将损失减少到最低限度。

第一节　防火防爆知识

防火防爆工作是消防工作的重要组成部分。火灾和爆炸造成的后果往往是非常严重的，极易造成重大伤亡事故和重要财产损失。火灾和爆炸事故的原因往往比较复杂，只要人们充分了解火灾和爆炸的起因和特点，掌握防火防爆基本知识，有高度的防火防爆安全意识，火灾爆炸是可以预防的。

一、防火知识

（一）引起火灾的原因

火灾是火失去控制蔓延而形成的，通常是指非正常的燃烧现象。火灾发生的原因很多，概括起来说，可以分为两种类型：自然原因和人为原因。其中人为原因又有故意和过失之分。

库房是火灾重点防范区域，因为库房是储藏重地，物资集中，经济价值高，作业频繁，因此，做好库房防火工作意义重大。仓储要认真贯彻“以防为主、防消结合”方针，确保人身、财产安全。库房火灾原因较为复杂，大致有以下几种：

1. 违章用火

在库区内违章使用明火取暖、做饭、照明、吸烟等行为较易引发火灾。

2. 违章用电

在库区内违章安装使用临时线路、照明、电热器具等设备，或者线路老化，未能及时维修，更换不符合消防要求等。

3. 违章作业

商品堆放不合理，库区作业不符合消防要求等。

4. 化学危险物品混存

由于缺乏化学危险物品保管常识，将容易促进燃烧或爆炸的化学物品混存；将一些燃烧后需用不同灭火剂、灭火方法的物品混存等。

5. 自燃

由于所存物品堆垛过大、没有间距、堆放时间过长或遇潮湿、高温、通风不良等原因使可燃物蓄热引起自燃。一些化学危险物品由于包装破损、遇水、受潮也会发生自燃。

6. 雷击和静电

化学危险物品仓库、储罐和规模较大的物资库未按要求采取防雷措施，有的虽有防雷设施，但年久失修。易燃物品的储罐、管线、输送设备等没有应用导除静电的措施。

7. 纵火

由于仓库物资集中，常常成为一些犯罪分子的攻击目标，故意纵火。

（二）燃烧的条件和类型

1. 燃烧条件

燃烧是物体快速氧化、放热、发光的过程。燃烧必须同时具备可燃物、助燃物和着火源，三者缺一不可。同时还要求可燃物与氧或其他氧化剂必须有一定的数量比例，着火源温度要达到燃点，才会燃烧。因此，我们可以运用燃烧的必备条件，有针对性地采取措施，以防止火灾的发生。

2. 燃烧的类型

燃烧类型可分为三种，即闪燃、自燃、着火。

（1）闪燃与闪点　当火焰或炽热物体接近易燃或可燃液体时，液面上的蒸气与空气混合物会发生瞬间火苗或闪光，此种现象称为闪燃。由于闪燃是在瞬间发生的，新的易燃或可燃液体的蒸气来不及补充，其与空气的混合浓度还不足以构成持续燃烧的条件，故闪燃瞬间即熄灭。闪点是发生闪燃的最低温度，是衡量可燃液体危险性的一个重要参数。可燃液体的闪点越低，其火灾危险性越大。一般说来，液体密度越小，闪点越低；液体密度越大，闪点越高。

（2）自燃与自燃点　自燃是可燃物质在没有外界火源的直接作用下，靠自热和外热而发生的自发着火的现象。使可燃物质发生自燃的最低温度称为该物质的自燃点。自燃点是衡量可燃性物质火灾危险性的又一个重要参数，可燃物的自燃点越低，越易引起自燃，火灾危险性越大。

（3）着火与着火点　着火亦称点燃或强制着火。即可燃物质与明火直接接触引起燃烧，在火源移去后仍能保持继续燃烧的现象。可燃物开始持续燃烧所需要的最低温度称为燃点或着火点。着火点也是衡量可燃物质火灾危险性的重要参数，着火点越低，越容易着火，火灾危险性越大。

（三）灭火的方法

燃烧需要同时具备可燃物、助燃物和着火源三个条件，因此破坏燃烧条件就可以达到灭火的目的。灭火主要有冷却灭火法、窒息灭火法、隔离灭火法、抑制灭火法四种方法。

1. 冷却灭火法

是将灭火剂直接喷洒在燃烧物上，把燃烧物的温度降低到燃点以下，使燃烧停止的方法。本法用到的灭火剂主要有水和二氧化碳。

2. 窒息灭火法

是阻止空气进入燃烧区域，或用惰性气体冲淡空气中的含氧量，使燃烧物缺乏或断绝氧气而熄灭的方法。本法用到的灭火剂主要有石棉毯、湿麻袋、湿棉被、沙土等。

3. 隔离灭火法

是将正在燃烧的物质与附近的可燃物质隔离或移开，使燃烧停止的方法。这种方法适用于扑救各种固体、液体和气体火灾。具体措施有：将火源附近的可燃物品搬走；关闭阀门，减少和阻止可燃气体、液体进入燃烧区；拆除与起火部位相连的易燃建筑结构，阻止火势蔓延。

4. 抑制灭火法

是将化学灭火剂喷入燃烧区，使之参与化学反应，使燃烧过程中产生的游离基消失，而形成稳定分子或低活性的游离基，从而使燃烧反应停止的方法。本法主要采用的灭火剂有干粉灭火剂、卤代烷。

（四）固定消防设施

1. 消火栓

是消防灭火中主要的水源供应设施，分室内和室外两种。室内消火栓一般设在楼层或房间内的墙壁上，用玻璃门或铁门封挡，内配有水枪、水龙带。室外消火栓与城镇自来水管网相连，供消防队灭火用。平时，要经常检查消火栓是否完好，有无渗漏、锈蚀现象，接口、垫圈是否完整无损。阀杆上应经常加油润滑，以保持开启灵活。室外消火栓冬季要注意防冻保温。室内外的消火栓要设有明显标志，并不准埋压、圈占、遮挡。

2. 消防水泵结合器

消防水泵结合器是为高层建筑室内灭火管网送水的专用消防设施，用以连接消防车机动泵向建筑物管网加压输送消防用水，解决室内消防供水管道供水不足问题。平时消防水泵结合器要由专人管理，定期保养，检查密封件是否老化，并做到开启正常。附近不准圈占和堆放物品，以免影响消防车靠近。

3. 自动报警和自动灭火设施

自动报警和自动灭火系统是现代防、灭火设施的重要组成部分。火灾自动报警系统由火灾探测器、区域报警器和集中报警器组成。火灾所产生的烟雾、高温和光辐射被探测器接收，转换成电信号。区域报警信号传给集中报警器，将火灾信号显示在屏幕上，记录时间和位置，发出指令以驱动和操纵有关灭火设备，喷出灭火剂将火扑灭。自动报警与灭火设施要由专门人员经常检查维护，排除故障。其值班人员要经过专门培训，精通业务，持证上岗，并做到24小时不离岗。

（五）常见灭火器及使用

1. 干粉灭火器

是目前最常用、适用范围广泛、经济实用的灭火器。使用时应注意：喷射前最好将灭火器颠倒几次，使筒内干粉松动，但喷射时不能倒置，应站在上风一侧使用；使用时要先去掉保险装置；灭液体火时不能直接喷射液面，要由近向远，在液面上方10cm左右快速摆动，覆盖燃烧面切割火焰；灭火器存放时不能靠近热源或日晒，防止作为喷射干粉剂动力的二氧化碳受热自喷，并注意防潮，防止干粉剂结块。

2. 二氧化碳灭火器

适用于扑灭精密仪器、带电物体及液体、气体类火灾。使用时应注意：露天灭火在有风时灭火效果不佳；喷射前应先拔掉保险装置；灭火时离火2m左右，不能过远；喷射时手不要接触喷管的金属部分，以防冻伤；在较小的密闭空间喷射后，人员要立即撤出以防止窒息；灭火器存放时严禁靠近热源或日晒。

3. 1211灭火器

特别适用于扑灭精密仪器、电器设备、计算机房等火灾。使用注意事项与二氧化碳灭火器相同。

二、防爆知识

（一）爆炸的定义

爆炸是一种极为迅速的物理或化学的能量释放过程，在此过程中，系统的内在势能转变为机械功及光和热的辐射等。爆炸做功的根本原因在于系统爆炸瞬间形成的高温、高压气体或蒸气的骤然膨胀。爆炸的一个最重要的特征是爆炸点周围介质中发生急剧的压力突变，而这种压力突跃变化是产生爆炸破坏作用的直接原因。

（二）爆炸的分类

1. 按爆炸形成的原因分类

（1）物理爆炸　由物理变化、物理过程引起的爆炸称为物理爆炸。物理爆炸的能量主要来自于压缩能、相变能、运动能、流体能、热能和电能等。气体的非化学过程的过压爆炸，液相的气化爆炸，液化气体和过热液体的爆炸，溶解热、稀释热、吸附热、外来热引起的超压爆炸，流体运动引起的爆炸，过流爆炸以及放电区引起的空气爆炸等都属于物理爆炸。

（2）化学爆炸　物质发生高速放热化学反应，产生大量气体，并急剧膨胀做功而形成的爆炸现象称为化学爆炸。化学爆炸的能量主要来自于化学反应能。化学爆炸变化的过程和能力取决于反应的放热性、反应的快速性和生成的气体产物。

2. 按照爆炸的速度分类

（1）轻爆　爆炸传播速度为每秒数十厘米至数米的过程。

（2）爆炸　爆炸传播速度为每秒10m至数百米的过程。

（3）爆轰　指传播速度为每秒1000m至数千米以上的爆炸过程。

（三）防爆的方法

防爆与防火一样，一定要“以防为主，防消结合”。爆炸往往引起火灾，因此防爆的一个重要方面就是加强爆炸后的防火，具体防火方法参见防火知识。同时加强对可燃物与爆炸物的管理，是防爆的根本措施。

三、防火防爆工作的基本措施

1. 认真贯彻执行上级消防安全工作的有关规定。建议成立安全工作领导小组，确定一名主要领导人为防火安全负责人，全面负责消防安全工作。

2. 建立健全安全管理制度和责任制。使防火工作落实到各个部门、各个工种、各个岗位，并把防火工作纳入生产、经营活动之中，做到同计划、同布置、同落实、同检查、同总结、同评比。经常检查执行情况，切实做到有章可循、有章必循、违章必究。

3. 开展防火宣传教育和消防法制教育。要普及防火知识，提高全民防火安全意识和法制观念，做到时时防火，处处防火，人人防火。

4. 认真开展消防安全检查，及时消除隐患。要根据不同季节、不同时期、不同工作内容订立不同的安全检查制度，使防火安全检查经常化、制度化。对发现的火险隐患要下大力进行整改。一时解决不了的隐患，要定解决计划、解决方案和负责人，并采取周密的临时安全措施，保证安全。

5. 做好灭火准备。要有一支训练有素的义务消防队。要根据生产、储存等实际需要配足灭火器材和装备，以保证在发生火灾时能及时扑救。

6. 对易燃、可燃杂物要及时清除。特别是具有易燃、易爆等性质的化学危险物品要按照《化学危险物品安全管理条例》进行生产、储存、经营、运输、装卸和使用，切不可掉以轻心。

7. 加强对火源的管理。要选择具备安全生产条件的环境。对于生产、储存、使用易燃易爆化学危险物品的场所，尤其要加强管理，防止火源、热源进入，同时要防止摩擦、撞击及静电火花产生，禁止吸烟。

8. 加强对电源的管理。对电源的管理应从安装、使用和维护三方面着手。做到线路、设备、用电器具由正式电工安装，并符合安全规定要求。单位用电做到不超负荷，不乱拉临时线，不带故障运行、使用，用完电器及时断电。

第二节 安全用电知识

一、安全用电注意事项

1. 坚持“安全第一，预防为主”，自觉提高安全用电意识和觉悟，自觉遵守安全用电规章制度。

2. 要熟悉工作环境电源总闸的位置，一旦发生触电、火灾或其他电气事故时，应第一时间切断电源。

3. 电力新装、迁移或增容应符合电力部门的管理规定。

4. 要严格根据电气设备的容量选择相应的电线、电器、开关、保险盒、电器仪表等进行配装，防止超负荷用电造成火灾。电线、电器、开关、保险盒、电器仪表等应使用经国家检验（许可生产）合格的产品。

5. 临时用电要装插头，火线（相线）应接入开关控制，确保关闭时无电。电线不准爬地敷设。电力线与网线、广播线、电话线应严格分开敷设，防止串电。电视天线要远离电力线。严禁在电线上晾晒（挂）衣物。

6. 电线、电器、开关各接头接触要牢固，防止接头松动、接触不良引起过热着火。

7. 电线落地走线时，应加装绝缘套管，并要采取防鼠咬、虫蛀等措施。

8. 不要湿手湿脚触摸或搬动电气设备，安装、移动或修理电气设备时，一定要先拉闸停电后操作，拒绝带电操作。

二、触电现场急救

触电事故要以预防为主，一旦发生触电事故，要及时进行正确的抢救。抢救要坚持迅速、就地、准确、坚持的原则。

1. 脱离电源

发生触电事故时，切不可惊慌失措，首先要立即切断电源或者设法将触电者与带电设备分离。注意在脱离电源中，既要救人，也要保护自己，触电者未脱离电源前，不要直接用手触及伤员，一定要使用绝缘物品或工具。当患者脱离电源时，患者会自行摔倒，因此要有相应的预防措施。

2. 进行检查

触电者脱离电源后应迅速检查、判断以下三种情况：观察触电者是否清醒，观察触电者呼吸、心跳是否存在，观察有无严重的外伤和可能存在的外伤。

3. 对症抢救

根据检查情况进行对症抢救。

（1）对神志清醒、伤势较轻，但感觉心慌、四肢麻木、全身无力、出冷汗，或者曾一度昏迷，但已经清醒的触电者，应使其安静休息，不要走动。情况严重时，送医院或请医护人员前来治疗。

（2）对神志不清、伤势较重，但呼吸、心跳尚在的，应使其安静、平躺仰卧，保持空气流通，注意保暖，并立即通知医疗部门或用担架将患者送往医院。如果触电者呼吸困难、呼吸次数明显减少或者身体出现痉挛，在其心跳或呼吸停止后立即做进一步抢救。

（3）触电者呼吸停止或心脏跳动停止，或二者均停止，表明触电者已处于“假死”状态。要针对具体情况进行抢救：呼吸停止者，要立即恢复其呼吸，进行人工呼吸；心跳停止者，要立即恢复其心跳，进行胸外按压；两者都停止者，要同时恢复，进行心肺复苏。在进行抢救的同时还要及时拨打120，向医院告急求救。

三、电气防火常识

电已经成为日常生活中不可或缺的资源，如果用电不当，管理不善，电气火灾也会不断增多。电气设备发生火灾的原因是多方面的，比如电气线路和电气设备选用不当、安装不合理、操作失误、违章操作等情况都可能引发，因此要做到“预防为主”，避免造成生命财产的巨大损失。

（一）电气火灾的原因

1. 短路

电气线路因年久失修、接错线等原因，造成线路相接或相碰，电流突然增大的现象叫短路。短路时电流突然增大，会在瞬间释放极大的热量并产生火花，使绝缘材料烧毁，金属熔化，引起周围易燃、可燃物质燃烧，造成火灾。

2. 超负荷

电器线路中允许连续通过而不会导致导线过热的电流量，称为安全电流。如果导线或设备通过的电流超过安全电流，就称为过载或超负荷。超负荷运行会使导线、电气设备温度超过正常工作温度，使绝缘材料迅速老化，设备损坏，引起短路，起火事故。

3. 接触电阻过大

电气设备和导线接触不良，形成局部电阻过大并产生极大的热量，导致温度过高，会烧坏绝缘材料，引起火灾。

4. 电火花和电弧

电火花是电极间放电的结果，配电线路发生短路或漏电，用开关接通或切断电路，导线连接松动等都可能产生电火花。电弧是由大量密集的电火花构成的，其温度可以达到3000℃以上，能够引起绝大多数可燃物质燃烧，引发火灾。

5. 电气设备发热部件引燃可燃物

电器设备本身或某些部件在运行中会产生热量，比如照明灯具、电动机、变压器、电烙铁、电炉、电烘箱等。如果管理不严，疏忽大意，使发热设备和器具长时间运行或者接触可燃物，就会引起火灾。

（二）电气火灾的预防

首先，合理选用电气设备和导线，并通过电工严格遵照安全要求施工，未经配电和安全部门许可，不准随意增加大功率电器设备。其次，要加强设备管理，保持设备正常运转，要经常清扫电气设备，保持设备清洁，定期检修，防止漏电、短路的发生。电热器具和发热部件必须安装在不燃基座上，并远离可燃物，做到专人负责看管。第三，电气设备用毕或中途停电时，务必拉闸断电。电气设备如有故障，不准强行运行，以防电气设备事故引发火灾。此外，在有酸碱腐蚀的场所，要注意采取防腐措施，易燃物质与电气设备要保持必要的防火间距。

第五章　药事管理相关的法律、法规知识

一、有关法的基本知识简介

法的概念：广义的法指由国家制定、认可并由国家保障实施的规范体系。具有强制性、程序性、普遍约束性的特征。狭义的法指具体的法律规范，包括宪法、法律、法令、法规、规章、判例、习惯法等成文法和不成文法。

法的体系概念：是指由一国现行的全部法律规范按照不同的法律部门分类组合而形成的一个呈体系化的有机联系的统一整体。

（一）我国的现行法律、法规体系架构

1. 法律

是由全国人民代表大会及其常务委员会制定（或修订）的规范性文件，由国家主席签署主席令公布，并从规定之日起开始施行。如：《中华人民共和国药品管理法》、《中华人民共和国劳动合同法》、《中华人民共和国反不正当竞争法》、《中华人民共和国价格法》、《中华人民共和国合同法》、《中华人民共和国消费者权益保护法》、《中华人民共和国劳动法》等等。

2. 行政法规

是由国家最高行政机关的国务院依照宪法和相关法律所制定的规范性文件，由国务院总理签署国务院令公布，并从规定之日起开始施行。如：《中华人民共和国药品管理法实施条例》、《医疗用毒性药品管理办法》、《野生药材资源保护管理条例》、《麻醉药品和精神药品管理条例》等等。

3. 部门规章

是由国务院各部、委员会及其相关具有行政管理职能的直属机构，依据国家法律、国务院的行政法规、命令、决定等规范性文件，所制定的本职责与管理权限范围内的规范性文件。如：《药品生产质量管理规范》、《药品经营质量管理规范》、《药品流通监督管理办法》等等。

4. 其他法律文件

除以上法律、行政法规和部门规章以外，我国还有由省、自治区、直辖市人民政府制定（或修订）的地方性法规、条例、规章等。

（二）法律的效力

1. 空间（地域）效力

指法律生效的地域（适用于该国主权范围所及的全部领域，包括领海、领空、使领

馆)，通常全国性法律适用于全国，地方性法规仅在本地区有效。

2. 时间（时限）效力

指法律开始生效的时间和终止生效的时间。通常会涉及法律的溯及力问题。实际中有不溯及既往、后法废止前法、法律条文到达时间原则。

3. 对人的效力

指法律对什么人生效，如有的法律适用于全国公民，有的法律只适用于一部分公民。具体体现为：

(1) 属地主义　即不论人的国籍如何，在哪个国家的领域（领土、领空、领海等）范围内，就适用哪个国家的法律。

(2) 属人主义　即不论人在国内还是国外，是哪个国家的公民就适用哪个国家的法律。

(3) 保护主义　即任何人只要损害了本国（或其他国）的利益，无论损害者的国籍与所在地如何，都要受到本国、受损国等国家法律的制裁。

我国法律是以属地主义为主，与属人主义、保护主义相结合。

（三）法律责任

法律责任是指违法者对自己所犯的违法行为应该承担的带有强制性特征的否定法律后果。违法责任主要有四种：即民事责任、行政责任、刑事责任与违宪责任。

二、《中华人民共和国药品管理法》的相关知识

（一）（以下简称《药品管理法》）简介

我国第一部《药品管理法》于1984年9月20日五届全国人民代表大会常务委员会第七次会议通过，1985年7月1日实施，其首次将我国药品生产、经营活动纳入了法制化的轨道。在当时，对于保证药品质量，保障人民用药安全、有效，打击制售假劣药品，促进医药事业健康发展，发挥了重要的作用。但随着我国市场经济的发展，改革的深化，对外开放逐步扩大，新情况、新问题不断涌现，现行法规已不能适应现实需要。1999年国家本着“全面充实、完善”的原则，对原《药品管理法》进行了首次修订。修订后的《药品管理法》于2001年2月28日第九届全国人民代表大会第二十次常务委员会三审通过，自2001年12月1日开始实施。原法90%以上的条文都作了修改，原文不动地吸收到新法中的只有4条，同时又增加了许多新内容，共有十章106条，包括总则、药品生产企业管理、药品经营企业管理、医疗机构的药剂管理、药品管理、药品包装的管理、药品价格和广告的管理、药品监督、法律责任和附则。

（二）《药品管理法》（含涉及的某些法律、法规）的相关内容条款

1. 总则

(1) 立法目的　为加强药品监督管理，保证药品质量，保障人体用药安全，维护人民身体健康和用药的合法权益，特制定本法。(《药品管理法》第一条)

(2) 适用范围　在中华人民共和国境内从事药品的研制、生产、经营、使用和监督管

理的单位或者个人，必须遵守本法。(《药品管理法》第二条)

(3) 药品监督管理机构的职责与管辖范围

1）国务院药品监督管理部门主管全国药品监督管理工作。国务院有关部门在各自的职责范围内负责与药品有关的监督管理工作。省、自治区、直辖市人民政府药品监督管理部门负责本行政区域内的药品监督管理工作。省、自治区、直辖市人民政府有关部门在各自的职责范围内负责与药品有关的监督管理工作。国务院药品监督管理部门应当配合国务院经济综合主管部门，执行国家制定的药品行业发展规划和产业政策。(《药品管理法》第五条)

2）药品监督管理部门设置或者确定的药品检验机构，承担依法实施药品审批和药品质量监督检查所需的药品检验工作。(《药品管理法》第六条)

2. 药品生产企业管理

(1) 药品生产许可制度　开办药品生产企业，须经企业所在地省、自治区、直辖市人民政府药品监督管理部门批准并发给《药品生产许可证》，凭《药品生产许可证》到工商行政管理部门办理登记注册。无《药品生产许可证》的，不得生产药品。《药品生产许可证》应当标明有效期和生产范围，到期重新审查发证。药品监督管理部门批准开办药品生产企业，除依据本法第八条规定的条件外，还应当符合国家制定的药品行业发展规划和产业政策，防止重复建设。(《药品管理法》第七条)

(2) 药品生产企业的GMP认证制度　药品生产企业必须按照国务院药品监督管理部门依据本法制定的《药品生产质量管理规范》组织生产。药品监督管理部门按照规定对药品生产企业是否符合《药品生产质量管理规范》的要求进行认证；对认证合格的，发给认证证书。《药品生产质量管理规范》的具体实施办法、实施步骤由国务院药品监督管理部门规定。(《药品管理法》第九条)

3. 药品经营企业管理

(1) 药品经营许可制度　开办药品批发企业，须经企业所在地省、自治区、直辖市人民政府药品监督管理部门批准并发给《药品经营许可证》。开办药品零售企业，须经企业所在地县级以上地方药品监督管理部门批准并发给《药品经营许可证》，凭《药品经营许可证》到工商行政管理部门办理登记注册。无《药品经营许可证》的，不得经营药品。《药品经营许可证》应当标明有效期和经营范围，到期重新审查发证。药品监督管理部门批准开办药品经营企业，除依据本法第十五条规定的条件外，还应当遵循合理布局和方便群众购药的原则。(《药品管理法》第十四条)

开办药品经营企业必须具备以下条件：①具有依法经过资格认定的药学技术人员；②具有与所经营药品相适应的营业场所、设备、仓储设施、卫生环境；③具有与所经营药品相适应的质量管理机构或者人员；④具有保证所经营药品质量的规章制度。(《药品管理法》第十五条)

(2) 药品经营企业的GSP认证制度　药品经营企业必须按照国务院药品监督管理部门依据本法制定的《药品经营质量管理规范》经营药品。药品监督管理部门按照规定对药品经营企业是否符合《药品经营质量管理规范》的要求进行认证；对认证合格的，发给认证证书。《药品经营质量管理规范》的具体实施办法、实施步骤由国务院药品监督管理部门规定。(《药品管理法》第十六条)

4. 医疗机构的药剂管理

（1）制剂许可制度　医疗机构配制制剂，须经所在地省、自治区、直辖市人民政府卫生行政部门审核同意，由省、自治区、直辖市人民政府药品监督管理部门批准，发给《医疗机构制剂许可证》。无《医疗机构制剂许可证》的，不得配制制剂。《医疗机构制剂许可证》应当标明有效期，到期重新审查发证。（《药品管理法》第二十三条）

（2）配制制剂的规定　医疗机构配制的制剂，不得在市场销售。（《药品管理法》第二十五条）

（3）药品采购与处方调配的规定　医疗机构购进药品，必须建立并执行进货检查验收制度，验明药品合格证明和其他标识；不符合规定要求的，不得购进和使用。（《药品管理法》第二十六条）

5. 药品管理

（1）药品批准文号与药品标准的规定

1）生产新药或者已有国家标准的药品的，须经国务院药品监督管理部门批准，并发给药品批准文号；但是，生产没有实施批准文号管理的中药材和中药饮片除外。实施批准文号管理的中药材、中药饮片品种目录由国务院药品监督管理部门会同国务院中医药管理部门制定。药品生产企业在取得药品批准文号后，方可生产该药品。（《药品管理法》第三十一条）

2）药品批准文号、进口药品注册证号、新药证书号的格式：

药品批准文号的格式为：国药准字 H（Z、S、J）+4 位年号 +4 位顺序号。其中 H 代表化学药品，Z 代表中药，S 代表生物制品，J 代表进口药品分包装。（《药品注册管理办法》第一百七十一条）

《进口药品注册证》证号的格式为：H（Z、S）+4 位年号 +4 位顺序号；《医药产品注册证》证号的格式为：H（Z、S）C +4 位年号 +4 位顺序号。其中 H 代表化学药品，Z 代表中药，S 代表生物制品。对于境内分包装用大包装规格的注册证，其证号在原注册证号前加字母 B。（《药品注册管理办法》第一百七十一条）

新药证书号的格式为：国药证字 H（Z、S）+4 位年号 +4 位顺序号，其中 H 代表化学药品，Z 代表中药，S 代表生物制品。（《药品注册管理办法》第一百七十一条）

3）药品必须符合国家药品标准。中药饮片依照本法第十条第二款的规定执行。国务院药品监督管理部门颁布的《中华人民共和国药典》和药品标准为国家药品标准。（《药品管理法》第三十二条）

4）国务院药品监督管理部门组织药典委员会，负责国家药品标准的制定和修订。国务院药品监督管理部门的药品检验机构负责标定国家药品标准品、对照品。（《药品管理法》第三十二条）

（2）供货企业资格　药品生产企业、药品经营企业、医疗机构必须从具有药品生产、经营资格的企业购进药品；但是，购进没有实施批准文号管理的中药材除外。（《药品管理法》第三十四条）

（3）特殊管理的药品

1）国家对麻醉药品、精神药品、医疗用毒性药品、放射性药品，实行特殊管理。管理办法由国务院制定。（《药品管理法》第三十五条）

2）对麻醉药品、精神药品的界定与分类：麻醉药品和精神药品，是指列入麻醉药品目录、精神药品目录的药品和其他物质。精神药品分为第一类精神药品和第二类精神药品。(《麻醉药品和精神药品管理条例》第三条)

(4) 进、出口药品的规定

1）禁止进口疗效不确、不良反应大或者其他原因危害人体健康的药品。(《药品管理法》第三十八条)

2）药品进口，须经国务院药品监督管理部门组织审查，经审查确认符合质量标准、安全有效的，方可批准进口，并发给进口药品注册证书。医疗单位临床急需或者个人自用进口的少量药品，按照国家有关规定办理进口手续。(《药品管理法》第三十九条)

3）药品必须从允许药品进口的口岸进口，并由进口药品的企业向口岸所在地药品监督管理部门登记备案。海关凭药品监督管理部门出具的《进口药品通关单》放行。无《进口药品通关单》的，海关不得放行。口岸所在地药品监督管理部门应当通知药品检验机构按照国务院药品监督管理部门的规定对进口药品进行抽查检验，并依照本法第四十一条第二款的规定收取检验费。允许药品进口的口岸由国务院药品监督管理部门会同海关总署提出，报国务院批准。(《药品管理法》第四十条)

4）对国内供应不足的药品，国务院有权限制或者禁止出口。(《药品管理法》第四十四条)

5）进口、出口麻醉药品和国家规定范围内的精神药品，必须持有国务院药品监督管理部门发给的《进口准许证》、《出口准许证》。(《药品管理法》第四十五条)

(5) 需要到指定药品检验机构进行检验的药品　国务院药品监督管理部门对下列药品在销售前或者进口时，指定药品检验机构进行检验；检验不合格的，不得销售或者进口：①国务院药品监督管理部门规定的生物制品；②首次在中国销售的药品；③国务院规定的其他药品。前款所列药品的检验费项目和收费标准由国务院财政部门会同国务院价格主管部门核定并公告。检验费收缴办法由国务院财政部门会同国务院药品监督管理部门制定。(《药品管理法》第四十一条)

(6) 药品的评价与再评价

1）国务院药品监督管理部门组织药学、医学和其他技术人员，对新药进行审评，对已经批准生产的药品进行再评价。(《药品管理法》第三十三条)

2）已被撤销批准文号或者进口药品注册证书的药品，不得生产或者进口、销售和使用；已经生产或者进口的，由当地药品监督管理部门监督销毁或者处理。(《药品管理法》第四十二条)

(7) 中药品种保护制度

1）国家实行中药品种保护制度。具体办法由国务院制定。(《药品管理法》第三十六条)

2）受保护的中药品种，必须是列入国家药品标准的品种。经国务院卫生行政部门认定，列为省、自治区、直辖市药品标准的品种，也可以申请保护。受保护的中药品种分为一、二级。(《中药品种保护条例》第五条)

3）中药保护品种的保护期限：中药一级保护品种分别为三十年、二十年、十年。中药二级保护品种为七年。(《中药品种保护条例》第十二条)

(8) 药品分类管理制度

1) 国家对药品实行处方药与非处方药分类管理制度。具体办法由国务院制定。(《药品管理法》第三十七条)

2) 处方药与非处方药的分类管理原则

①根据药品品种、规格、适应症、剂量及给药途径不同,对药品分别按处方药与非处方药进行管理。[《处方药与非处方药分类管理办法》(试行) 第二条]

②根据药品的安全性,非处方药分为甲、乙两类。[《处方药与非处方药分类管理办法》(试行) 第八条]

③处方药只准在专业性医药报刊进行广告宣传,非处方药经审批可以在大众传播媒介进行广告宣传。[《处方药与非处方药分类管理办法》(试行) 第十二条]

3) 对处方药、非处方药在调配、购买、使用、经营等环节的要求:经营处方药、非处方药的批发企业和经营处方药、甲类非处方药的零售企业必须具有《药品经营企业许可证》。经省级药品监督管理部门或其授权的药品监督管理部门批准的其他商业企业可以零售乙类非处方药。[《处方药与非处方药分类管理办法》(试行) 第八条]

(9) 药品储备制度　国家实行药品储备制度。国内发生重大灾情、疫情及其他突发事件时,国务院规定的部门可以紧急调用企业药品。(《药品管理法》第四十三条)

(10) 对假、劣药的认定及按假、劣药论处的情形

1) 禁止生产、销售假药。

有下列情形之一的,为假药:①药品所含成分与国家药品标准规定的成分不符的;②以非药品冒充药品或者以他种药品冒充此种药品的。

有下列情形之一的药品,按假药论处:①国务院药品监督管理部门规定禁止使用的;②依照本法必须批准而未经批准生产、进口,或者依照本法必须检验而未经检验即销售的;③变质的;④被污染的;⑤使用依照本法必须取得批准文号而未取得批准文号的原料药生产的;⑥所标明的适应症或者功能主治超出规定范围的。(《药品管理法》第四十八条)

2) 禁止生产、销售劣药。

药品成分的含量不符合国家药品标准的,为劣药。

有下列情形之一的药品,按劣药论处:①未标明有效期或者更改有效期的;②不注明或者更改生产批号的;③超过有效期的;④直接接触药品的包装材料和容器未经批准的;⑤擅自添加着色剂、防腐剂、香料、矫味剂及辅料的;⑥其他不符合药品标准规定的。(《药品管理法》第四十九条)

(11) 对药品名称的规定　列入国家药品标准的药品名称为药品通用名称。已经作为药品通用名称的,该名称不得作为药品商标使用。(《药品管理法》第五十条)

(12) 对新药材和民间用药的规定

1) 新发现和从国外引种的药材,经国务院药品监督管理部门审核批准后,方可销售。(《药品管理法》第四十六条)

2) 地区性民间习用药材的管理办法,由国务院药品监督管理部门会同国务院中医药管理部门制定。(《药品管理法》第四十七条)

(13) 对人员健康检查的规定　药品生产企业、药品经营企业和医疗机构直接接触药

品的工作人员，必须每年进行健康检查。患有传染病或者其他可能污染药品的疾病的，不得从事直接接触药品的工作。(《药品管理法》第五十一条)

6. 药品包装的管理

(1) 对直接接触药品的包材和容器的规定

1) 直接接触药品的包装材料和容器，必须符合药用要求，符合保障人体健康、安全的标准，并由药品监督管理部门在审批药品时一并审批。药品生产企业不得使用未经批准的直接接触药品的包装材料和容器。对不合格的直接接触药品的包装材料和容器，由药品监督管理部门责令停止使用。(《药品管理法》第五十二条)

2) 药品包装必须适合药品质量的要求，方便储存、运输和医疗使用。发运中药材必须有包装。在每件包装上，必须注明品名、产地、日期、调出单位，并附有质量合格的标志。(《药品管理法》第五十三条)

(2) 对药品说明书和标签的规定　药品包装必须按照规定印有或者贴有标签并附有说明书。标签或者说明书上必须注明药品的通用名称、成分、规格、生产企业、批准文号、产品批号、生产日期、有效期、适应症或者功能主治、用法、用量、禁忌、不良反应和注意事项。麻醉药品、精神药品、医疗用毒性药品、放射性药品、外用药品和非处方药的标签，必须印有规定的标志。(《药品管理法》第五十四条)

(3) 在中华人民共和国境内上市销售的药品，其说明书和标签应当符合本规定的要求。[《药品说明书和标签管理规定（局令第24号)》第二条]

(4) 药品说明书核准日期和修改日期应当在说明书中醒目标示。[《药品说明书和标签管理规定（局令第24号)》第十五条]

(5) 药品的内标签应当包含药品通用名称、适应症或者功能主治、规格、用法用量、生产日期、产品批号、有效期、生产企业等内容。包装尺寸过小无法全部标明上述内容的，至少应当标注药品通用名称、规格、产品批号、有效期等内容。[《药品说明书和标签管理规定（局令第24号)》第十七条]

(6) 药品标签中的有效期应当按照年、月、日的顺序标注，年份用四位数字表示，月、日用两位数表示。其具体标注格式为“有效期至××××年××月”或者“有效期至××××年××月××日”；也可以用数字和其他符号表示为“有效期至××××.××.”或者“有效期至××××/××/××”等。预防用生物制品有效期的标注按照国家食品药品监督管理局批准的注册标准执行，治疗用生物制品有效期的标注自分装日期计算，其他药品有效期的标注自生产日期计算。有效期若标注到日，应当为起算日期对应年月日的前一天，若标注到月，应当为起算月份对应年月的前一月。[《药品说明书和标签管理规定[局令第24号)》第二十三条]

(7) 电子监管码

1) 全面提高和完善307种国家基本药物的质量标准，对基本药物进行全品种覆盖抽验和全品种电子监管，完善地市级药品不良反应报告评价体系。[《国务院办公厅关于印发医药卫生体制五项重点改革2010年度主要工作安排的通知》(国办函〔2010〕67号)]

2) 凡生产基本药物品种的中标企业，应在2011年3月31日前加入药品电子监管网，基本药物品种出厂前，生产企业须按规定在上市产品最小销售包装上加印（贴）统一标识的药品电子监管码，并通过监管网进行数据采集和报送；凡经营基本药物品种的企业，须

按规定进行监管码信息采集和报送。[《关于基本药物进行全品种电子监管工作的通知》(国食药监办［2010］194 号)]

3）2012 年 1 月 1 日起，对含麻黄碱类复方制剂、含可待因复方口服溶液、含地芬诺酯复方制剂，未入网及未使用药品电子监管码统一标识的，一律不得销售。[《关于对部分含特殊药品复方制剂实施电子监管工作的通知》(国食药监办［2010］484 号)]

4）2008 年，在全国范围内实现对血液制品、疫苗、中药注射剂及第二类精神药品等重点药品的生产、经营情况实施电子监管。[《关于实施药品电子监管工作有关问题的通知》(国食药监办［2008］165 号)]

7. 药品价格和广告的管理

(1) 药品价格管理依据与定价原则　依法实行政府定价、政府指导价的药品，政府价格主管部门应当依照《中华人民共和国价格法》规定的定价原则，依据社会平均成本、市场供求状况和社会承受能力合理制定和调整价格，做到质价相符，消除虚高价格，保护用药者的正当利益。药品的生产企业、经营企业和医疗机构必须执行政府定价、政府指导价，不得以任何形式擅自提高价格。药品生产企业应当依法向政府价格主管部门如实提供药品的生产经营成本，不得拒报、虚报、瞒报。(《药品管理法》第五十五条)

(2) 禁止暴利与价格欺诈的规定　依法实行市场调节价的药品，药品的生产企业、经营企业和医疗机构应当按照公平、合理和诚实信用、质价相符的原则制定价格，为用药者提供价格合理的药品。药品的生产企业、经营企业和医疗机构应当遵守国务院价格主管部门关于药价管理的规定，制定和标明药品零售价格，禁止暴利和损害用药者利益的价格欺诈行为。(《药品管理法》第五十六条)

(3) 医疗机构明示药品价格的规定　医疗机构应当向患者提供所用药品的价格清单；医疗保险定点医疗机构还应当按照规定的办法如实公布其常用药品的价格，加强合理用药的管理。具体办法由国务院卫生行政部门规定。(《药品管理法》第五十八条)

(4) 禁止不正当销售行为的规定　禁止药品的生产企业、经营企业和医疗机构在药品购销中账外暗中给予、收受回扣或者其他利益。禁止药品的生产企业、经营企业或者其代理人以任何名义给予使用其药品的医疗机构的负责人、药品采购人员、医师等有关人员以财物或者其他利益。禁止医疗机构的负责人、药品采购人员、医师等有关人员以任何名义收受药品的生产企业、经营企业或者其代理人给予的财物或者其他利益。(《药品管理法》第五十九条)

(5) 药品广告的规定

1）药品广告须经企业所在地省、自治区、直辖市人民政府药品监督管理部门批准，并发给药品广告批准文号；未取得药品广告批准文号的，不得发布。处方药可以在国务院卫生行政部门和国务院药品监督管理部门共同指定的医学、药学专业刊物上介绍，但不得在大众传播媒介发布广告或者以其他方式进行以公众为对象的广告宣传。(《药品管理法》第六十条)

2）药品广告的内容必须真实、合法，以国务院药品监督管理部门批准的说明书为准，不得含有虚假的内容。药品广告不得含有不科学的表示功效的断言或者保证；不得利用国家机关、医药科研单位、学术机构或者专家、学者、医师、患者的名义和形象作证明。非药品广告不得有涉及药品的宣传。(《药品管理法》第六十一条)

8. 药品监督

(1) 行政强制与紧急控制措施

1）药品监督管理部门对有证据证明可能危害人体健康的药品及其有关材料可以采取查封、扣押的行政强制措施，并在七日内作出行政处理决定；药品需要检验的，必须自检验报告书发出之日起十五日内作出行政处理决定。(《药品管理法》第六十五条)

2）对已确认发生严重不良反应的药品，国务院或者省、自治区、直辖市人民政府的药品监督管理部门可以采取停止生产、销售、使用的紧急控制措施，并应当在五日内组织鉴定，自鉴定结论作出之日起十五日内依法作出行政处理决定。(《药品管理法》第七十一条)

(2) 药品不良反应报告制度　国家实行药品不良反应报告制度。药品生产企业、药品经营企业和医疗机构必须经常考察本单位所生产、经营、使用的药品质量、疗效和反应。发现可能与用药有关的严重不良反应，必须及时向当地省、自治区、直辖市人民政府药品监督管理部门和卫生行政部门报告。具体办法由国务院药品监督管理部门会同国务院卫生行政部门制定。(《药品管理法》第七十一条)

9. 法律责任

(1) 对无证生产、经营药品行为的处罚规定　未取得《药品生产许可证》、《药品经营许可证》或者《医疗机构制剂许可证》生产药品、经营药品的，依法予以取缔，没收违法生产、销售的药品和违法所得，并处违法生产、销售的药品（包括已售出的和未售出的药品，下同）货值金额二倍以上五倍以下的罚款；构成犯罪的，依法追究刑事责任。(《药品管理法》第七十三条)

(2) 对生产、销售假药、劣药行为的处罚规定

1）生产、销售假药的，没收违法生产、销售的药品和违法所得，并处违法生产、销售药品货值金额二倍以上五倍以下的罚款；有药品批准证明文件的予以撤销，并责令停产、停业整顿；情节严重的，吊销《药品生产许可证》、《药品经营许可证》或者《医疗机构制剂许可证》；构成犯罪的，依法追究刑事责任。(《药品管理法》第七十四条)

2）生产、销售劣药的，没收违法生产、销售的药品和违法所得，并处违法生产、销售药品货值金额一倍以上三倍以下的罚款；情节严重的，责令停产、停业整顿或者撤销药品批准证明文件，吊销《药品生产许可证》、《药品经营许可证》或者《医疗机构制剂许可证》；构成犯罪的，依法追究刑事责任。(《药品管理法》第七十五条)

(3) 对制售假劣药情节严重企业负责人资格处罚与相关物资处置的规定　从事生产、销售假药及生产、销售劣药情节严重的企业或者其他单位，其直接负责的主管人员和其他直接责任人员十年内不得从事药品生产、经营活动。对生产者专门用于生产假药、劣药的原辅材料、包装材料、生产设备，予以没收。(《药品管理法》第七十六条)

(4) 为制售假劣药品提供便利的法律责任　知道或者应当知道属于假劣药品而为其提供运输、保管、仓储等便利条件的，没收全部运输、保管、仓储的收入，并处违法收入50%以上三倍以下的罚款；构成犯罪的，依法追究刑事责任。(《药品管理法》第七十七条)

(5) 未按规定实施有关规范的法律责任

1）药品的生产企业、经营企业、药物非临床安全性评价研究机构、药物临床试验机

构未按照规定实施《药品生产质量管理规范》、《药品经营质量管理规范》、药物非临床研究质量管理规范、药物临床试验质量管理规范的，给予警告，责令限期改正；逾期不改正的，责令停产、停业整顿，并处五千元以上二万元以下的罚款；情节严重的，吊销《药品生产许可证》、《药品经营许可证》和药物临床试验机构的资格。(《药品管理法》第七十九条)

2）药品的生产企业、经营企业或者医疗机构违反本法第三十四条的规定，从无《药品生产许可证》、《药品经营许可证》的企业购进药品的，责令改正，没收违法购进的药品，并处违法购进药品货值金额二倍以上五倍以下的罚款；有违法所得的，没收违法所得；情节严重的，吊销《药品生产许可证》、《药品经营许可证》或者医疗机构执业许可证书。(《药品管理法》第八十条)

(6) 不正当经营行为的法律责任

1）药品的生产企业、经营企业、医疗机构在药品购销中暗中给予、收受回扣或者其他利益的，药品的生产企业、经营企业或者其代理人给予使用其药品的医疗机构的负责人、药品采购人员、医师等有关人员以财物或者其他利益的，由工商行政管理部门处一万元以上二十万元以下的罚款，有违法所得的，予以没收；情节严重的，由工商行政管理部门吊销药品生产企业、药品经营企业的营业执照，并通知药品监督管理部门，由药品监督管理部门吊销其《药品生产许可证》、《药品经营许可证》；构成犯罪的，依法追究刑事责任。(《药品管理法》第九十条)

2）药品的生产企业、经营企业的负责人、采购人员等有关人员在药品购销中收受其他生产企业、经营企业或者其代理人给予的财物或者其他利益的，依法给予处分，没收违法所得；构成犯罪的，依法追究刑事责任。医疗机构的负责人、药品采购人员、医师等有关人员收受药品生产企业、药品经营企业或者其代理人给予的财物或者其他利益的，由卫生行政部门或者本单位给予处分，没收违法所得；对违法行为情节严重的执业医师，由卫生行政部门吊销其执业证书；构成犯罪的，依法追究刑事责任。(《药品管理法》第九十一条)

(7) 医疗机构制剂在市场销售的法律责任　医疗机构将其配制的制剂在市场销售的，责令改正，没收违法销售的制剂，并处违法销售制剂货值金额一倍以上三倍以下的罚款；有违法所得的，没收违法所得。(《药品管理法》第八十四条)

(8) 违反购销记录与销售制度的法律责任　药品经营企业违反本法第十八条、第十九条规定的，责令改正，给予警告；情节严重的，吊销《药品经营许可证》。(《药品管理法》第八十五条)

(9) 药品标识不符合法定要求的法律责任　药品标识不符合本法第五十四条规定的，除依法应当按照假药、劣药论处的外，责令改正，给予警告；情节严重的，撤销该药品的批准证明文件。(《药品管理法》第八十六条)

(10) 违反价格管理规定的法律责任　违反本法第五十五条、第五十六条、第五十七条关于药品价格管理的规定的，依照《中华人民共和国价格法》的规定处罚。(《药品管理法》第八十九条)

(11) 违反药品广告管理规定的法律责任　违反本法有关药品广告的管理规定的，依照《中华人民共和国广告法》的规定处罚，并由发给广告批准文号的药品监督管理部门撤销广告批准文号，一年内不受理该品种的广告审批申请；构成犯罪的，依法追究刑事责任。药品监督管理部门对药品广告不依法履行审查职责，批准发布的广告有虚假或者其他违反法律、行政法规的内容的，对直接负责的主管人员和其他直接责任人员依法给予行政处分；构成犯罪的，依法追究刑事责任。(《药品管理法》第九十二条)

三、《中华人民共和国药品管理法实施条例》的相关知识

（一）《中华人民共和国药品管理法实施条例》（以下简称《药品管理法实施条例》）的颁布与施行

1. 首部《药品管理法实施条例》的颁布与施行时间

首部《药品管理法实施条例》是在第一部《药品管理法》正式实施的第四个年头，由中华人民共和国国务院在1989年1月7日批准，并于1989年2月27日，以中华人民共和国卫生部令第一号发布、实施。

2.《药品管理法实施条例》的修订

由于《药品管理法》在2001年2月28日召开的第九届全国人民代表大会常务委员会第二十次会议上重新进行了修订，依据我国的法律、法规形成机制，《药品管理法实施条例》也必须及时进行相应的修订。因此，最新版《药品管理法实施条例》于2002年8月4日，以中华人民共和国国务院第360号令颁布，自2002年9月15日起施行。

（二）《药品管理法实施条例》的相关内容条款

1. 总则

(1) 立法依据　根据《中华人民共和国药品管理法》，制定本条例。(《药品管理法实施条例》第一条)

(2) 药品检验机构的设置与确定　国务院药品监督管理部门设置国家药品检验机构。省、自治区、直辖市人民政府药品监督管理部门可以在本行政区域内设置药品检验机构。地方药品检验机构的设置规划由省、自治区、直辖市人民政府药品监督管理部门提出，报省、自治区、直辖市人民政府批准。国务院和省、自治区、直辖市人民政府的药品监督管理部门可以根据需要，确定符合药品检验条件的检验机构承担药品检验工作。(《药品管理法实施条例》第二条)

2. 药品生产企业管理

(1) 对《药品生产许可证》的管理　《药品生产许可证》有效期为5年。有效期届满，需要继续生产药品的，持证企业应当在许可证有效期届满前6个月，按照国务院药品监督管理部门的规定申请换发《药品生产许可证》。药品生产企业终止生产药品或者关闭的，《药品生产许可证》由原发证部门缴销。(《药品管理法实施条例》第八条)

(2) 对生产使用原料药的规定　药品生产企业生产药品所使用的原料药，必须具有国务院药品监督管理部门核发的药品批准文号或者进口药品注册证书、医药产品注册证书；但是，未实施批准文号管理的中药材、中药饮片除外。(《药品管理法实施条例》第九条)

(3) 对委托生产的规定　依据《药品管理法》第十三条规定，接受委托生产药品的，受托方必须是持有与其受托生产的药品相适应的《药品生产质量管理规范》认证证书的药

品生产企业。疫苗、血液制品和国务院药品监督管理部门规定的其他药品，不得委托生产。(《药品管理法实施条例》第十条)

3. 药品经营企业管理

(1) 对《药品经营许可证》的管理　《药品经营许可证》有效期为5年。有效期届满，需要继续经营药品的，持证企业应当在许可证有效期届满前6个月，按照国务院药品监督管理部门的规定申请换发《药品经营许可证》。药品经营企业终止经营药品或者关闭的，《药品经营许可证》由原发证机关缴销。(《药品管理法实施条例》第十七条)

(2) 边远地区集市贸易市场销售非处方药规定　交通不便的边远地区城乡集市贸易市场没有药品零售企业的，当地药品零售企业经所在地县（市）药品监督管理机构批准并到工商行政管理部门办理登记注册后，可以在该城乡集市贸易市场内设点并在批准经营的药品范围内销售非处方药品。(《药品管理法实施条例》第十八条)

(3) 互联网药品交易的规定

1) 通过互联网进行药品交易的药品生产企业、药品经营企业、医疗机构及其交易的药品，必须符合《药品管理法》和本条例的规定。互联网药品交易服务的管理办法，由国务院药品监督管理部门会同国务院有关部门制定。(《药品管理法实施条例》第十九条)

2) 从事互联网药品交易服务的企业必须经过审查验收并取得互联网药品交易服务机构资格证书。互联网药品交易服务机构的验收标准由国家食品药品监督管理局统一制定。互联网药品交易服务机构资格证书由国家食品药品监督管理局统一印制，有效期五年。(《互联网药品交易服务审批暂行规定》第四条)

3) 通过自身网站与本企业成员之外的其他企业进行互联网药品交易的药品生产企业和药品批发企业只能交易本企业生产或者本企业经营的药品，不得利用自身网站提供其他互联网药品交易服务。(《互联网药品交易服务审批暂行规定》第二十条)

4) 向个人消费者提供互联网药品交易服务的企业只能在网上销售本企业经营的非处方药，不得向其他企业或者医疗机构销售药品。(《互联网药品交易服务审批暂行规定》第二十一条)

5) 在互联网上进行药品交易的药品生产企业、药品经营企业和医疗机构必须通过经（食品）药品监督管理部门和电信业务主管部门审核同意的互联网药品交易服务企业进行交易。参与互联网药品交易的医疗机构只能购买药品，不得上网销售药品。(《互联网药品交易服务审批暂行规定》第二十二条)

4. 医疗机构的药剂管理

(1) 对《医疗机构制剂许可证》的管理　《医疗机构制剂许可证》有效期为5年。有效期届满，需要继续配制制剂的，医疗机构应当在许可证有效期届满前6个月，按照国务院药品监督管理部门的规定申请换发《医疗机构制剂许可证》。医疗机构终止配制制剂或者关闭的，《医疗机构制剂许可证》由原发证机关缴销。(《药品管理法实施条例》第二十二条)

(2) 对医疗机构配制制剂的规定　医疗机构配制的制剂不得在市场上销售或者变相销售，不得发布医疗机构制剂广告。发生灾情、疫情、突发事件或者临床急需而市场没有供应时，经国务院或者省、自治区、直辖市人民政府的药品监督管理部门批准，在规定期限内，医疗机构配制的制剂可以在指定的医疗机构之间调剂使用。国务院药品监督管理部门规定的特殊制剂的调剂使用以及省、自治区、直辖市之间医疗机构制剂的调剂使用，必须经国务院药品监督管理部门批准。(《药品管理法实施条例》第二十四条)

(3) 对医疗机构药品采购的规定 医疗机构购进药品，必须有真实、完整的药品购进记录。药品购进记录必须注明药品的通用名称、剂型、规格、批号、有效期、生产厂商、供货单位、购货数量、购进价格、购货日期以及国务院药品监督管理部门规定的其他内容。(《药品管理法实施条例》第二十六条)

5. 药品管理

(1) 对进口药品的管理

1) 申请进口的药品，应当是在生产国家或者地区获得上市许可的药品；未在生产国家或者地区获得上市许可的，经国务院药品监督管理部门确认该药品品种安全、有效而且临床需要的，可以依照《药品管理法》及本条例的规定批准进口。进口药品，应当按照国务院药品监督管理部门的规定申请注册。国外企业生产的药品取得《进口药品注册证》，中国香港、澳门和台湾地区企业生产的药品取得《医药产品注册证》后，方可进口。(《药品管理法实施条例》第三十六条)

2) 医疗机构因临床急需进口少量药品的，应当持《医疗机构执业许可证》向国务院药品监督管理部门提出申请；经批准后，方可进口。进口的药品应当在指定医疗机构内用于特定医疗目的。(《药品管理法实施条例》第三十七条)

3) 进口药品到岸后，进口单位应当持《进口药品注册证》或者《医药产品注册证》以及产地证明原件、购货合同副本、装箱单、运单、货运发票、出厂检验报告书、说明书等材料，向口岸所在地药品监督管理部门备案。口岸所在地药品监督管理部门经审查，提交的材料符合要求的，发给《进口药品通关单》。进口单位凭《进口药品通关单》向海关办理报关验放手续。口岸所在地药品监督管理部门应当通知药品检验机构对进口药品逐批进行抽查检验；但是，有《药品管理法》第四十一条规定情形的除外。(《药品管理法实施条例》第三十八条)

4) 疫苗类制品、血液制品、用于血源筛查的体外诊断试剂以及国务院药品监督管理部门规定的其他生物制品在销售前或者进口时，应当按照国务院药品监督管理部门的规定进行检验或者审核批准；检验不合格或者未获批准的，不得销售或者进口。(《药品管理法实施条例》第三十九条)

(2) 对中药材的管理 国家鼓励培育中药材。对集中规模化栽培养殖、质量可以控制并符合国务院药品监督管理部门规定条件的中药材品种，实行批准文号管理。(《药品管理法实施条例》第四十条)

6. 药品包装的管理

(1) 对直接接触药品的包材或容器的规定 药品生产企业使用的直接接触药品的包装材料和容器，必须符合药用要求和保障人体健康、安全的标准，并经国务院药品监督管理部门批准注册。直接接触药品的包装材料和容器的管理办法、产品目录和药用要求与标准，由国务院药品监督管理部门组织制定并公布。(《药品管理法实施条例》第四十四条)

(2) 对药品包装、标签、说明书的规定

1) 生产中药饮片，应当选用与药品性质相适应的包装材料和容器；包装不符合规定的中药饮片，不得销售。中药饮片包装必须印有或者贴有标签。中药饮片的标签必须注明品名、规格、产地、生产企业、产品批号、生产日期，实施批准文号管理的中药饮片还必须注明药品批准文号。(《药品管理法实施条例》第四十五条)

2）药品包装、标签、说明书必须依照《药品管理法》第五十四条和国务院药品监督管理部门的规定印制。药品商品名称应当符合国务院药品监督管理部门的规定。(《药品管理法实施条例》第四十六条)

3）医疗机构配制制剂所使用的直接接触药品的包装材料和容器、制剂的标签和说明书应当符合《药品管理法》第六章和本条例的有关规定，并经省、自治区、直辖市人民政府药品监督管理部门批准。(《药品管理法实施条例》第四十七条)

7. 药品价格和广告的管理

(1) 国家药品价格政策与定价原则

1）国家对药品价格实行政府定价、政府指导价或者市场调节价。列入国家基本医疗保险药品目录的药品以及国家基本医疗保险药品目录以外具有垄断性生产、经营的药品，实行政府定价或者政府指导价；对其他药品，实行市场调节价。(《药品管理法实施条例》第四十八条)

2）依法实行政府定价、政府指导价的药品，由政府价格主管部门依照《药品管理法》第五十五条规定的原则，制定和调整价格；其中，制定和调整药品销售价格时，应当体现对药品社会平均销售费用率、销售利润率和流通差率的控制。具体定价办法由国务院价格主管部门依照《中华人民共和国价格法》（以下简称《价格法》）的有关规定制定。(《药品管理法实施条例》第四十九条)

3）实行政府定价和政府指导价的药品价格，政府价格主管部门制定和调整药品价格时，应当组织药学、医学、经济学等方面专家进行评审和论证；必要时，应当听取药品生产企业、药品经营企业、医疗机构、公民以及其他有关单位及人员的意见。(《药品管理法实施条例》第五十一条)

(2) 药品价格的公布与监测

1）依法实行政府定价和政府指导价的药品价格制定后，由政府价格主管部门依照《价格法》第二十四条的规定，在指定的刊物上公布并明确该价格施行的日期。(《药品管理法实施条例》第五十条)

2）政府价格主管部门依照《价格法》第二十八条的规定实行药品价格监测时，为掌握、分析药品价格变动和趋势，可以指定部分药品生产企业、药品经营企业和医疗机构作为价格监测定点单位；定点单位应当给予配合、支持，如实提供有关信息资料。(《药品管理法实施条例》第五十二条)

(3) 对药品广告的监管　发布药品广告，应当向药品生产企业所在地省、自治区、直辖市人民政府药品监督管理部门报送有关材料。省、自治区、直辖市人民政府药品监督管理部门应当自收到有关材料之日起 10 个工作日内作出是否核发药品广告批准文号的决定；核发药品广告批准文号的，应当同时报国务院药品监督管理部门备案。具体办法由国务院药品监督管理部门制定。发布进口药品广告，应当依照前款规定向进口药品代理机构所在地省、自治区、直辖市人民政府药品监督管理部门申请药品广告批准文号。在药品生产企业所在地和进口药品代理机构所在地以外的省、自治区、直辖市发布药品广告的，发布广告的企业应当在发布前向发布地省、自治区、直辖市人民政府药品监督管理部门备案。接受备案的省、自治区、直辖市人民政府药品监督管理部门发现药品广告批准内容不符合药品广告管理规定的，应当交由原核发部门处理。(《药品管理法实施条例》第五十三条)

(4) 不得发布与立即停止发布的药品广告

1) 经国务院或者省、自治区、直辖市人民政府的药品监督管理部门决定，责令暂停生产、销售和使用的药品，在暂停期间不得发布该品种药品广告；已经发布广告的，必须立即停止。(《药品管理法实施条例》第五十四条)

2) 未经省、自治区、直辖市人民政府药品监督管理部门批准的药品广告，使用伪造、冒用、失效的药品广告批准文号的广告，或者因其他广告违法活动被撤销药品广告批准文号的广告，发布广告的企业、广告经营者、广告发布者必须立即停止该药品广告的发布。对违法发布药品广告，情节严重的，省、自治区、直辖市人民政府药品监督管理部门可以予以公告。(《药品管理法实施条例》第五十五条)

8. 法律责任

(1) 药品生产企业、药品经营企业有下列情形之一的，由药品监督管理部门依照《药品管理法》第七十九条的规定给予处罚：①开办药品生产企业、药品生产企业新建药品生产车间、新增生产剂型，在国务院药品监督管理部门规定的时间内未通过《药品生产质量管理规范》认证，仍进行药品生产的；②开办药品经营企业，在国务院药品监督管理部门规定的时间内未通过《药品经营质量管理规范》认证，仍进行药品经营的。(《药品管理法实施条例》第六十三条)

(2) 未经批准，擅自在城乡集市贸易市场设点销售药品或者在城乡集市贸易市场设点销售的药品超出批准经营的药品范围的，依照《药品管理法》第七十三条的规定给予处罚。(《药品管理法实施条例》第六十五条)

(3) 未经批准，医疗机构擅自使用其他医疗机构配制的制剂的，依照《药品管理法》第八十条的规定给予处罚。(《药品管理法实施条例》第六十六条)

(4) 个人设置的门诊部、诊所等医疗机构向患者提供的药品超出规定的范围和品种的，依照《药品管理法》第七十三条的规定给予处罚。(《药品管理法实施条例》第六十七条)

(5) 生产没有国家药品标准的中药饮片，不符合省、自治区、直辖市人民政府药品监督管理部门制定的炮制规范的；医疗机构不按照省、自治区、直辖市人民政府药品监督管理部门批准的标准配制制剂的，依照《药品管理法》第七十五条的规定给予处罚。(《药品管理法实施条例》第七十一条)

(6) 药品生产企业、药品经营企业生产、经营的药品及医疗机构配制的制剂，其包装、标签、说明书违反《药品管理法》及本条例规定的，依照《药品管理法》第八十六条的规定给予处罚。(《药品管理法实施条例》第七十三条)

(7) 药品生产企业、药品经营企业和医疗机构变更药品生产经营许可事项，应当办理变更登记手续而未办理的，由原发证部门给予警告，责令限期补办变更登记手续；逾期不补办的，宣布其《药品生产许可证》、《药品经营许可证》和《医疗机构制剂许可证》无效；仍从事药品生产经营活动的，依照《药品管理法》第七十三条的规定给予处罚。(《药品管理法实施条例》第七十四条)

(8) 违反本条例第四十八条、第四十九条、第五十条、第五十一条、第五十二条关于

药品价格管理的规定的，依照《价格法》的有关规定给予处罚。（《药品管理法实施条例》第七十五条）

（9）篡改经批准的药品广告内容的，由药品监督管理部门责令广告主立即停止该药品广告的发布，并由原审批的药品监督管理部门依照《药品管理法》第九十二条的规定给予处罚。药品监督管理部门撤销药品广告批准文号后，应当自作出行政处理决定之日起5个工作日内通知广告监督管理机关。广告监督管理机关应当自收到药品监督管理部门通知之日起15个工作日内，依照《中华人民共和国广告法》的有关规定作出行政处理决定。（《药品管理法实施条例》第七十六条）

（10）违反《药品管理法》和本条例的规定，有下列行为之一的，由药品监督管理部门在《药品管理法》和本条例规定的处罚幅度内从重处罚：①以麻醉药品、精神药品、医疗用毒性药品、放射性药品冒充其他药品，或者以其他药品冒充上述药品的；②生产、销售以孕产妇、婴幼儿及儿童为主要使用对象的假药、劣药的；③生产、销售的生物制品、血液制品属于假药、劣药的；④生产、销售、使用假药、劣药，造成人员伤害后果的；⑤生产、销售、使用假药、劣药，经处理后重犯的；⑥拒绝、逃避监督检查，或者伪造、销毁、隐匿有关证据材料的，或者擅自动用查封、扣押物品的。（《药品管理法实施条例》第七十九条）

（11）药品经营企业、医疗机构未违反《药品管理法》和本条例的有关规定，并有充分证据证明其不知道所销售或者使用的药品是假药、劣药的，应当没收其销售或者使用的假药、劣药和违法所得；但是，可以免除其他行政处罚。（《药品管理法实施条例》第八十一条）

9. 附则

（1）相关用语释义（《药品管理法实施条例》第八十三条）

1）药品合格证明和其他标识，是指药品生产批准证明文件、药品检验报告书、药品的包装、标签和说明书。

2）新药，是指未曾在中国境内上市销售的药品。

3）处方药，是指凭执业医师和执业助理医师处方方可购买、调配和使用的药品。

4）非处方药，是指由国务院药品监督管理部门公布的，不需要凭执业医师和执业助理医师处方，消费者可以自行判断、购买和使用的药品。

5）医疗机构制剂，是指医疗机构根据本单位临床需要经批准而配制、自用的固定处方制剂。

6）药品认证，是指药品监督管理部门对药品研制、生产、经营、使用单位实施相应质量管理规范进行检查、评价并决定是否发给相应认证证书的过程。

7）药品经营方式，是指药品批发和药品零售。

8）药品经营范围，是指经药品监督管理部门核准经营药品的品种类别。

9）药品批发企业，是指将购进的药品销售给药品生产企业、药品经营企业、医疗机构的药品经营企业。

10）药品零售企业，是指将购进的药品直接销售给消费者的药品经营企业。

（2）《药品管理法》第四十一条中“首次在中国销售的药品”，是指国内或者国外药品生产企业第一次在中国销售的药品，包括不同药品生产企业生产的相同品种。（《药品管

理法实施条例》第八十四条）

（3）《药品管理法》第五十九条第二款“禁止药品的生产企业、经营企业或者其代理人以任何名义给予使用其药品的医疗机构的负责人、药品采购人员、医师等有关人员以财物或者其他利益”中的“财物或者其他利益”，是指药品的生产企业、经营企业或者其代理人向医疗机构的负责人、药品采购人员、医师等有关人员提供的目的在于影响其药品采购或者药品处方行为的不正当利益。（《药品管理法实施条例》第八十五条）

四、《药品经营质量管理规范》的相关知识

（一）《药品经营质量管理规范》GSP 的制定（修订）依据、发布与施行时间

1.《药品经营质量管理规范》的制定（修订）依据

《药品经营质量管理规范》的制定依据是《中华人民共和国药品管理法》第三章第十六条和《中华人民共和国药品管理法实施条例》第三章第十三条、第十四条之规定。

2.《药品经营质量管理规范》的发布与施行时间

最新版《药品经营质量管理规范》（修订）已经于2012年11月6日卫生部部务会审议通过，并于2013年2月19日公布，自2013年6月1日起施行。

（二）《药品经营质量管理规范》（修订）（以下简称《规范》）的相关内容

1. 总则

本章对《规范》的制定目的、依据、宗旨、适用范围及资质要求均作了详尽说明。

（1）为加强药品经营质量管理，规范药品经营行为，保障人体用药安全、有效，根据《中华人民共和国药品管理法》、《中华人民共和国药品管理法实施条例》，制定本规范。（《规范》第一条）

（2）本规范是药品经营管理和质量控制的基本准则，企业应当在药品采购、储存、销售、运输等环节采取有效的质量控制措施，确保药品质量。（《规范》第二条）

（3）药品经营企业应当严格执行本规范。

药品生产企业销售药品、药品流通过程中其他涉及储存与运输药品的，也应当符合本规范相关要求。（《规范》第三条）

（4）药品经营企业应当坚持诚实守信，依法经营。禁止任何虚假、欺骗行为。（《规范》第四条）

2. 药品批发的质量管理

（1）质量管理体系

1）企业应当依据有关法律法规及本规范的要求建立质量管理体系，确定质量方针，制定质量管理体系文件，开展质量策划、质量控制、质量保证、质量改进和质量风险管理等活动。（《规范》第五条）

2）企业制定的质量方针文件应当明确企业总的质量目标和要求，并贯彻到药品经营活动的全过程。（《规范》第六条）

3）企业质量管理体系应当与其经营范围和规模相适应，包括组织机构、人员、设施

设备、质量管理体系文件及相应的计算机系统等。(《规范》第七条)

4）企业应当定期以及在质量管理体系关键要素发生重大变化时，组织开展内审。(《规范》第八条)

5）企业应当对内审的情况进行分析，依据分析结论制定相应的质量管理体系改进措施，不断提高质量控制水平，保证质量管理体系持续有效运行。(《规范》第九条)

6）企业应当采用前瞻或者回顾的方式，对药品流通过程中的质量风险进行评估、控制、沟通和审核。(《规范》第十条)

7）企业应当对药品供货单位、购货单位的质量管理体系进行评价，确认其质量保证能力和质量信誉，必要时进行实地考察。(《规范》第十一条)

(2) 组织机构与质量管理职责

1）企业应当设立与其经营活动和质量管理相适应的组织机构或者岗位，明确规定其职责、权限及相互关系。(《规范》第十三条)

2）企业负责人是药品质量的主要责任人，全面负责企业日常管理，负责提供必要的条件，保证质量管理部门和质量管理人员有效履行职责，确保企业实现质量目标并按照本规范要求经营药品。(《规范》第十四条)

3）质量管理部门应当履行以下职责：①督促相关部门和岗位人员执行药品管理的法律法规及本规范；②组织制订质量管理体系文件，并指导、监督文件的执行；③负责对供货单位和购货单位的合法性、购进药品的合法性以及供货单位销售人员、购货单位采购人员的合法资格进行审核，并根据审核内容的变化进行动态管理；④负责质量信息的收集和管理，并建立药品质量档案；⑤负责药品的验收，指导并监督药品采购、储存、养护、销售、退货、运输等环节的质量管理工作；⑥负责不合格药品的确认，对不合格药品的处理过程实施监督；⑦负责药品质量投诉和质量事故的调查、处理及报告；⑧负责假劣药品的报告；⑨负责药品质量查询；⑩负责指导设定计算机系统质量控制功能；⑪负责计算机系统操作权限的审核和质量管理基础数据的建立及更新；⑫组织验证、校准相关设施设备；⑬负责药品召回的管理；⑭负责药品不良反应的报告；⑮组织质量管理体系的内审和风险评估；⑯组织对药品供货单位及购货单位质量管理体系和服务质量的考察和评价；⑰组织对被委托运输的承运方运输条件和质量保障能力的审查；⑱协助开展质量管理教育和培训；⑲其他应当由质量管理部门履行的职责。(《规范》第十七条)

(3) 人员与培训

1）企业从事药品经营和质量管理工作的人员，应当符合有关法律法规及本规范规定的资格要求，不得有相关法律法规禁止从业的情形。(《规范》第十八条)

2）企业负责人应当具有大学专科以上学历或者中级以上专业技术职称，经过基本的药学专业知识培训，熟悉有关药品管理的法律法规及本规范。(《规范》第十九条)

3）企业质量负责人应当具有大学本科以上学历、执业药师资格和3年以上药品经营质量管理工作经历，在质量管理工作中具备正确判断和保障实施的能力。(《规范》第二十条)

4）企业质量管理部门负责人应当具有执业药师资格和3年以上药品经营质量管理工作经历，能独立解决经营过程中的质量问题。(《规范》第二十一条)

5）企业应当配备符合以下资格要求的质量管理、验收及养护等岗位人员：①从事质量管理工作的，应当具有药学中专或者医学、生物、化学等相关专业大学专科以上学历或者具有药学初级以上专业技术职称。②从事验收、养护工作的，应当具有药学或者医学、生物、化学等相关专业中专以上学历或者具有药学初级以上专业技术职称。③从事中药材、中药饮片验收工作的，应当具有中药学专业中专以上学历或者具有中药学中级以上专业技术职称；从事中药材、中药饮片养护工作的，应当具有中药学专业中专以上学历或者具有中药学初级以上专业技术职称；直接收购地产中药材的，验收人员应当具有中药学中级以上专业技术职称。(《规范》第二十二条)

6）从事采购工作的人员应当具有药学或者医学、生物、化学等相关专业中专以上学历，从事销售、储存等工作的人员应当具有高中以上文化程度。(《规范》第二十四条)

7）从事特殊管理的药品和冷藏冷冻药品的储存、运输等工作的人员，应当接受相关法律法规和专业知识培训并经考核合格后方可上岗。(《规范》第二十八条)

8）企业应当制定员工个人卫生管理制度，储存、运输等岗位人员的着装应当符合劳动保护和产品防护的要求。(《规范》第二十九条)

9）质量管理、验收、养护、储存等直接接触药品岗位的人员应当进行岗前及年度健康检查，并建立健康档案。患有传染病或者其他可能污染药品的疾病的，不得从事直接接触药品的工作。身体条件不符合相应岗位特定要求的，不得从事相关工作。(《规范》第三十条)

(4）质量管理体系文件

1）企业制定质量管理体系文件应当符合企业实际。文件包括质量管理制度、部门及岗位职责、操作规程、档案、报告、记录和凭证等。(《规范》第三十一条)

2）文件的起草、修订、审核、批准、分发、保管，以及修改、撤销、替换、销毁等应当按照文件管理操作规程进行，并保存相关记录。(《规范》第三十二条)

3）文件应当标明题目、种类、目的以及文件编号和版本号。文字应当准确、清晰、易懂。文件应当分类存放，便于查阅。(《规范》第三十三条)

4）企业应当保证各岗位获得与其工作内容相对应的必要文件，并严格按照规定开展工作。(《规范》第三十五条)

5）质量管理制度应当包括以下内容：①质量管理体系内审的规定；②质量否决权的规定；③质量管理文件的管理；④质量信息的管理；⑤供货单位、购货单位、供货单位销售人员及购货单位采购人员等资格审核的规定；⑥药品采购、收货、验收、储存、养护、销售、出库、运输的管理；⑦特殊管理的药品的规定；⑧药品有效期的管理；⑨不合格药品、药品销毁的管理；⑩药品退货的管理；⑪药品召回的管理；⑫质量查询的管理；⑬质量事故、质量投诉的管理；⑭药品不良反应报告的规定；⑮环境卫生、人员健康的规定；⑯质量方面的教育、培训及考核的规定；⑰设施设备保管和维护的管理；⑱设施设备验证和校准的管理；⑲记录和凭证的管理；⑳计算机系统的管理；㉑执行药品电子监管的规定；㉒其他应当规定的内容。(《规范》第三十六条)

6）企业应当制定药品采购、收货、验收、储存、养护、销售、出库复核、运输等环节及计算机系统的操作规程。(《规范》第三十八条)

7）企业应当建立药品采购、验收、养护、销售、出库复核、销后退回和购进退出、运输、储运温湿度监测、不合格药品处理等相关记录，做到真实、完整、准确、有效和可

追溯。(《规范》第三十九条)

8）书面记录及凭证应当及时填写，并做到字迹清晰，不得随意涂改，不得撕毁。更改记录的，应当注明理由、日期并签名，保持原有信息清晰可辨。(《规范》第四十一条)

9）记录及凭证应当至少保存5年。疫苗、特殊管理的药品的记录及凭证按相关规定保存。(《规范》第四十二条)

(5）设施与设备

1）企业应当具有与其药品经营范围、经营规模相适应的经营场所和库房。(《规范》第四十三条)

2）库房的规模及条件应当满足药品的合理、安全储存，并达到以下要求，便于开展储存作业：①库房内外环境整洁，无污染源，库区地面硬化或者绿化；②库房内墙、顶光洁，地面平整，门窗结构严密；③库房有可靠的安全防护措施，能够对无关人员进入实行可控管理，防止药品被盗、替换或者混入假药；④有防止室外装卸、搬运、接收、发运等作业受异常天气影响的措施。(《规范》第四十六条)

3）库房应当配备以下设施设备：①药品与地面之间有效隔离的设备；②避光、通风、防潮、防虫、防鼠等设备；③有效调控温湿度及室内外空气交换的设备；④自动监测、记录库房温湿度的设备；⑤符合储存作业要求的照明设备；⑥用于零货拣选、拼箱发货操作及复核的作业区域和设备；⑦包装物料的存放场所；⑧验收、发货、退货的专用场所；⑨不合格药品专用存放场所；⑩经营特殊管理的药品有符合国家规定的储存设施。(《规范》第四十七条)

4）经营中药材、中药饮片的，应当有专用的库房和养护工作场所，直接收购地产中药材的应当设置中药样品室（柜）。(《规范》第四十八条)

5）储存、运输设施设备的定期检查、清洁和维护应当由专人负责，并建立记录和档案。(《规范》第五十二条)

(6）校准与验证

1）企业应当按照国家有关规定，对计量器具、温湿度监测设备等定期进行校准或者检定。企业应当对冷库、储运温湿度监测系统以及冷藏运输等设施设备进行使用前验证、定期验证及停用时间超过规定时限的验证。(《规范》第五十三条)

2）企业应当根据相关验证管理制度，形成验证控制文件，包括验证方案、报告、评价、偏差处理和预防措施等。(《规范》第五十四条)

3）验证应当按照预先确定和批准的方案实施，验证报告应当经过审核和批准，验证文件应当存档。(《规范》第五十五条)

(7）计算机系统

1）企业应当建立能够符合经营全过程管理及质量控制要求的计算机系统，实现药品质量可追溯，并满足药品电子监管的实施条件。(《规范》第五十七条)

2）企业计算机系统应当符合以下要求：①有支持系统正常运行的服务器和终端机；②有安全、稳定的网络环境，有固定接入互联网的方式和安全可靠的信息平台；③有实现部门之间、岗位之间信息传输和数据共享的局域网；④有药品经营业务票据生成、打印和管理功能；⑤有符合本规范要求及企业管理实际需要的应用软件和相关数据库。(《规范》第五十八条)

3）各类数据的录入、修改、保存等操作应当符合授权范围、操作规程和管理制度的要求，保证数据原始、真实、准确、安全和可追溯。(《规范》第五十九条)

4）计算机系统运行中涉及企业经营和管理的数据应当采用安全、可靠的方式储存并按日备份，备份数据应当存放在安全场所，记录类数据的保存时限应当符合本规范第四十二条的要求。(《规范》第六十条)

(8) 采购

1）企业的采购活动应当符合以下要求：①确定供货单位的合法资格；②确定所购入药品的合法性；③核实供货单位销售人员的合法资格；④与供货单位签订质量保证协议。采购中涉及的首营企业、首营品种，采购部门应当填写相关申请表格，经过质量管理部门和企业质量负责人的审核批准。必要时应当组织实地考察，对供货单位质量管理体系进行评价。(《规范》第六十一条)

2）对首营企业的审核，应当查验加盖其公章原印章的以下资料，确认真实、有效：①《药品生产许可证》或者《药品经营许可证》复印件；②营业执照及其年检证明复印件；③《药品生产质量管理规范》认证证书或者《药品经营质量管理规范》认证证书复印件；④相关印章、随货同行单（票）样式；⑤开户户名、开户银行及账号；⑥《税务登记证》和《组织机构代码证》复印件。(《规范》第六十二条)

3）采购首营品种应当审核药品的合法性，索取加盖供货单位公章原印章的药品生产或者进口批准证明文件复印件并予以审核，审核无误的方可采购。以上资料应当归入药品质量档案。(《规范》第六十三条)

4）企业应当核实、留存供货单位销售人员以下资料：①加盖供货单位公章原印章的销售人员身份证复印件；②加盖供货单位公章原印章和法定代表人印章或者签名的授权书，授权书应当载明被授权人姓名、身份证号码，以及授权销售的品种、地域、期限；③供货单位及供货品种相关资料。(《规范》第六十四条)

5）企业与供货单位签订的质量保证协议至少包括以下内容：①明确双方质量责任；②供货单位应当提供符合规定的资料且对其真实性、有效性负责；③供货单位应当按照国家规定开具发票；④药品质量符合药品标准等有关要求；⑤药品包装、标签、说明书符合有关规定；⑥药品运输的质量保证及责任；⑦质量保证协议的有效期限。(《规范》第六十五条)

6）采购药品时，企业应当向供货单位索取发票。发票应当列明药品的通用名称、规格、单位、数量、单价、金额等；不能全部列明的，应当附《销售货物或者提供应税劳务清单》，并加盖供货单位发票专用章原印章、注明税票号码。(《规范》第六十六条)

7）发票上的购、销单位名称及金额、品名应当与付款流向及金额、品名一致，并与财务账目内容相对应。发票按有关规定保存。(《规范》第六十七条)

8）采购药品应当建立采购记录。采购记录应当有药品的通用名称、剂型、规格、生产厂商、供货单位、数量、价格、购货日期等内容，采购中药材、中药饮片的还应当标明产地。(《规范》第六十八条)

9）发生灾情、疫情、突发事件或者临床紧急救治等特殊情况，以及其他符合国家有关规定的情形，企业可采用直调方式购销药品，将已采购的药品不入本企业仓库，直接从供货单位发送到购货单位，并建立专门的采购记录，保证有效的质量跟踪和追溯。(《规

范》第六十九条）

10）采购特殊管理的药品，应当严格按照国家有关规定进行。（《规范》第七十条）

11）企业应当定期对药品采购的整体情况进行综合质量评审，建立药品质量评审和供货单位质量档案，并进行动态跟踪管理。（《规范》第七十一条）

（9）收货与验收

1）企业应当按照规定的程序和要求对到货药品逐批进行收货、验收，防止不合格药品入库。（《规范》第七十二条）

2）药品到货时，收货人员应当核实运输方式是否符合要求，并对照随货同行单（票）和采购记录核对药品，做到票、账、货相符。随货同行单（票）应当包括供货单位、生产厂商、药品的通用名称、剂型、规格、批号、数量、收货单位、收货地址、发货日期等内容，并加盖供货单位药品出库专用章原印章。（《规范》第七十三条）

3）收货人员对符合收货要求的药品，应当按品种特性要求放于相应待验区域，或者设置状态标志，通知验收。冷藏、冷冻药品应当在冷库内待验。（《规范》第七十五条）

4）验收药品应当按照药品批号查验同批号的检验报告书。供货单位为批发企业的，检验报告书应当加盖其质量管理专用章原印章。检验报告书的传递和保存可以采用电子数据形式，但应当保证其合法性和有效性。（《规范》第七十六条）

5）企业应当按照验收规定，对每次到货药品进行逐批抽样验收，抽取的样品应当具有代表性。①同一批号的药品应当至少检查一个最小包装，但生产企业有特殊质量控制要求或者打开最小包装可能影响药品质量的，可不打开最小包装；②破损、污染、渗液、封条损坏等包装异常以及零货、拼箱的，应当开箱检查至最小包装；③外包装及封签完整的原料药、实施批签发管理的生物制品，可不开箱检查。（《规范》第七十七条）

6）验收人员应当对抽样药品的外观、包装、标签、说明书以及相关的证明文件等逐一进行检查、核对；验收结束后，应当将抽取的完好样品放回原包装箱，加封并标示。（《规范》第七十八条）

7）特殊管理的药品应当按照相关规定在专库或者专区内验收。（《规范》第七十九条）

8）验收药品应当做好验收记录，包括药品的通用名称、剂型、规格、批准文号、批号、生产日期、有效期、生产厂商、供货单位、到货数量、到货日期、验收合格数量、验收结果等内容。验收人员应当在验收记录上签署姓名和验收日期。中药材验收记录应当包括品名、产地、供货单位、到货数量、验收合格数量等内容。中药饮片验收记录应当包括品名、规格、批号、产地、生产日期、生产厂商、供货单位、到货数量、验收合格数量等内容，实施批准文号管理的中药饮片还应当记录批准文号。验收不合格的还应当注明不合格事项及处置措施。（《规范》第八十条）

9）对实施电子监管的药品，企业应当按规定进行药品电子监管码扫码，并及时将数据上传至中国药品电子监管网系统平台。（《规范》第八十一条）

10）企业对未按规定加印或者加贴中国药品电子监管码，或者监管码的印刷不符合规定要求的，应当拒收。监管码信息与药品包装信息不符的，应当及时向供货单位查询，未得到确认之前不得入库，必要时向当地药品监督管理部门报告。（《规范》第八十二条）

11）企业应当建立库存记录，验收合格的药品应当及时入库登记；验收不合格的，不

得入库，并由质量管理部门处理。(《规范》第八十三条)

12）企业按本规范第六十九条规定进行药品直调的，可委托购货单位进行药品验收。购货单位应当严格按照本规范的要求验收药品和进行药品电子监管码的扫码与数据上传，并建立专门的直调药品验收记录。验收当日应当将验收记录相关信息传递给直调企业。(《规范》第八十四条)

(10) 储存与养护

1）企业应当根据药品的质量特性对药品进行合理储存，并符合以下要求：①按包装标示的温度要求储存药品，包装上没有标示具体温度的，按照《中华人民共和国药典》规定的贮藏要求进行储存；②储存药品相对湿度为35% ~75%；③在人工作业的库房储存药品，按质量状态实行色标管理：合格药品为绿色，不合格药品为红色，待确定药品为黄色；④储存药品应当按照要求采取避光、遮光、通风、防潮、防虫、防鼠等措施；⑤搬运和堆码药品应当严格按照外包装标示要求规范操作，堆码高度符合包装图示要求，避免损坏药品包装；⑥药品按批号堆码，不同批号的药品不得混垛，垛间距不小于5厘米，与库房内墙、顶、温度调控设备及管道等设施间距不小于30厘米，与地面间距不小于10厘米；⑦药品与非药品、外用药与其他药品分开存放，中药材和中药饮片分库存放；⑧特殊管理的药品应当按照国家有关规定储存；⑨拆除外包装的零货药品应当集中存放；⑩储存药品的货架、托盘等设施设备应当保持清洁，无破损和杂物堆放；⑪未经批准的人员不得进入储存作业区，储存作业区内的人员不得有影响药品质量和安全的行为；⑫药品储存作业区内不得存放与储存管理无关的物品。(《规范》第八十五条)

2）养护人员应当根据库房条件、外部环境、药品质量特性等对药品进行养护，主要内容是：①指导和督促储存人员对药品进行合理储存与作业。②检查并改善储存条件、防护措施、卫生环境。③对库房温湿度进行有效监测、调控。④按照养护计划对库存药品的外观、包装等质量状况进行检查，并建立养护记录；对储存条件有特殊要求的或者有效期较短的品种应当进行重点养护。⑤发现有问题的药品应当及时在计算机系统中锁定和记录，并通知质量管理部门处理。⑥对中药材和中药饮片应当按其特性采取有效方法进行养护并记录，所采取的养护方法不得对药品造成污染。⑦定期汇总、分析养护信息。(《规范》第八十六条)

3）企业应当采用计算机系统对库存药品的有效期进行自动跟踪和控制，采取近效期预警及超过有效期自动锁定等措施，防止过期药品销售。(《规范》第八十七条)

4）药品因破损而导致液体、气体、粉末泄漏时，应当迅速采取安全处理措施，防止对储存环境和其他药品造成污染。(《规范》第八十八条)

5）对质量可疑的药品应当立即采取停售措施，并在计算机系统中锁定，同时报告质量管理部门确认。对存在质量问题的药品应当采取以下措施：①存放于标志明显的专用场所，并有效隔离，不得销售；②怀疑为假药的，及时报告药品监督管理部门；③属于特殊管理的药品，按照国家有关规定处理；④不合格药品的处理过程应当有完整的手续和记录；⑤对不合格药品应当查明并分析原因，及时采取预防措施。(《规范》第八十九条)

6）企业应当对库存药品定期盘点，做到账、货相符。(《规范》第九十条)

(11) 销售

1) 企业应当将药品销售给合法的购货单位，并对购货单位的证明文件、采购人员及提货人员的身份证明进行核实，保证药品销售流向真实、合法。(《规范》第九十一条)

2) 企业应当严格审核购货单位的生产范围、经营范围或者诊疗范围，并按照相应的范围销售药品。(《规范》第九十二条)

3) 企业销售药品，应当如实开具发票，做到票、账、货、款一致。(《规范》第九十三条)

4) 企业应当做好药品销售记录。销售记录应当包括药品的通用名称、规格、剂型、批号、有效期、生产厂商、购货单位、销售数量、单价、金额、销售日期等内容。按照本规范第六十九条规定进行药品直调的，应当建立专门的销售记录。中药材销售记录应当包括品名、规格、产地、购货单位、销售数量、单价、金额、销售日期等内容；中药饮片销售记录应当包括品名、规格、批号、产地、生产厂商、购货单位、销售数量、单价、金额、销售日期等内容。(《规范》第九十四条)

5) 销售特殊管理的药品以及国家有专门管理要求的药品，应当严格按照国家有关规定执行。(《规范》第九十五条)

(12) 出库

1) 出库时应当对照销售记录进行复核。发现以下情况不得出库，并报告质量管理部门处理：①药品包装出现破损、污染、封口不牢、衬垫不实、封条损坏等问题；②包装内有异常响动或者液体渗漏；③标签脱落、字迹模糊不清或者标识内容与实物不符；④药品已超过有效期；⑤其他异常情况的药品。(《规范》第九十六条)

2) 药品出库复核应当建立记录，包括购货单位、药品的通用名称、剂型、规格、数量、批号、有效期、生产厂商、出库日期、质量状况和复核人员等内容。(《规范》第九十七条)

3) 特殊管理的药品出库应当按照有关规定进行复核。(《规范》第九十八条)

4) 药品拼箱发货的代用包装箱应当有醒目的拼箱标志。(《规范》第九十九条)

5) 药品出库时，应当附加盖企业药品出库专用章原印章的随货同行单（票）。

企业按照本规范第六十九条规定直调药品的，直调药品出库时，由供货单位开具两份随货同行单（票），分别发往直调企业和购货单位。随货同行单（票）的内容应当符合本规范第七十三条第二款的要求，还应当标明直调企业名称。(《规范》第一百条)

6) 对实施电子监管的药品，应当在出库时进行扫码和数据上传。(《规范》第一百零二条)

(13) 运输与配送

1) 企业应当按照质量管理制度的要求，严格执行运输操作规程，并采取有效措施保证运输过程中的药品质量与安全。(《规范》一百零三条)

2) 企业委托其他单位运输药品的，应当对承运方运输药品的质量保障能力进行审计，索取运输车辆的相关资料，符合本规范运输设施设备条件和要求的方可委托。(《规范》一百一十条)

3) 企业委托运输药品应当与承运方签订运输协议，明确药品质量责任、遵守运输操作规程和在途时限等内容。(《规范》一百一十一条)

4）企业委托运输药品应当有记录，实现运输过程的质量追溯。记录至少包括发货时间、发货地址、收货单位、收货地址、货单号、药品件数、运输方式、委托经办人、承运单位，采用车辆运输的还应当载明车牌号，并留存驾驶人员的驾驶证复印件。记录应当至少保存5年。（《规范》一百一十二条）

5）特殊管理的药品的运输应当符合国家有关规定。（《规范》一百一十五条）

（14）售后管理

1）企业应当加强对退货的管理，保证退货环节药品的质量和安全，防止混入假冒药品。（《规范》一百一十六条）

2）企业应当按照质量管理制度的要求，制定投诉管理操作规程，内容包括投诉渠道及方式、档案记录、调查与评估、处理措施、反馈和事后跟踪等。（《规范》一百一十七条）

3）企业应当配备专职或者兼职人员负责售后投诉管理，对投诉的质量问题查明原因，采取有效措施及时处理和反馈，并做好记录，必要时应当通知供货单位及药品生产企业。（《规范》一百一十八条）

4）企业应当及时将投诉及处理结果等信息记入档案，以便查询和跟踪。（《规范》一百一十九条）

5）企业发现已售出药品有严重质量问题，应当立即通知购货单位停售、追回并做好记录，同时向药品监督管理部门报告。（《规范》一百二十条）

6）企业应当协助药品生产企业履行召回义务，按照召回计划的要求及时传达、反馈药品召回信息，控制和收回存在安全隐患的药品，并建立药品召回记录。（《规范》一百二十一条）

7）企业质量管理部门应当配备专职或者兼职人员，按照国家有关规定承担药品不良反应监测和报告工作。（《规范》一百二十二条）

3. 药品零售的质量管理

（1）质量管理与职责

1）企业应当按照有关法律法规及本规范的要求制定质量管理文件，开展质量管理活动，确保药品质量。（《规范》一百二十三条）

2）企业应当具有与其经营范围和规模相适应的经营条件，包括组织机构、人员、设施设备、质量管理文件，并按照规定设置计算机系统。（《规范》一百二十四条）

3）企业负责人是药品质量的主要责任人，负责企业日常管理，负责提供必要的条件，保证质量管理部门和质量管理人员有效履行职责，确保企业按照本规范要求经营药品。（《规范》一百二十五条）

4）企业应当设置质量管理部门或者配备质量管理人员，履行以下职责：①督促相关部门和岗位人员执行药品管理的法律法规及本规范；②组织制订质量管理文件，并指导、监督文件的执行；③负责对供货单位及其销售人员资格证明的审核；④负责对所采购药品合法性的审核；⑤负责药品的验收，指导并监督药品采购、储存、陈列、销售等环节的质量管理工作；⑥负责药品质量查询及质量信息管理；⑦负责药品质量投诉和质量事故的调查、处理及报告；⑧负责对不合格药品的确认及处理；⑨负责假劣药品的报告；⑩负责药品不良反应的报告；⑪开展药品质量管理教育和培训；⑫负责计算机系统操作权限的审核、控制及质量管理基础数据的维护；⑬负责组织计量器具的校准及检定工作；⑭指导并监督药学服务工作；⑮其他应当由质量管理部门或者质量管理人员履行的职责。(《规范》一百二十六条)

(2) 人员管理

1) 企业从事药品经营和质量管理工作的人员，应当符合有关法律法规及本规范规定的资格要求，不得有相关法律法规禁止从业的情形。(《规范》一百二十七条)

2) 企业法定代表人或者企业负责人应当具备执业药师资格。企业应当按照国家有关规定配备执业药师，负责处方审核，指导合理用药。(《规范》一百二十八条)

3) 质量管理、验收、采购人员应当具有药学或者医学、生物、化学等相关专业学历或者具有药学专业技术职称。从事中药饮片质量管理、验收、采购人员应当具有中药学中专以上学历或者具有中药学专业初级以上专业技术职称。营业员应当具有高中以上文化程度或者符合省级药品监督管理部门规定的条件。中药饮片调剂人员应当具有中药学中专以上学历或者具备中药调剂员资格。(《规范》一百二十九条)

4) 企业各岗位人员应当接受相关法律法规及药品专业知识与技能的岗前培训和继续培训，以符合本规范要求。(《规范》一百三十条)

5) 企业应当按照培训管理制度制定年度培训计划并开展培训，使相关人员能正确理解并履行职责。培训工作应当做好记录并建立档案。(《规范》一百三十一条)

6) 企业应当为销售特殊管理的药品、国家有专门管理要求的药品、冷藏药品的人员接受相应培训提供条件，使其掌握相关法律法规和专业知识。(《规范》一百三十二条)

7) 在营业场所内，企业工作人员应当穿着整洁、卫生的工作服。(《规范》一百三十三条)

8) 企业应当对直接接触药品岗位的人员进行岗前及年度健康检查，并建立健康档案。患有传染病或者其他可能污染药品的疾病的，不得从事直接接触药品的工作。(《规范》一百三十四条)

9) 在药品储存、陈列等区域不得存放与经营活动无关的物品及私人用品，在工作区域内不得有影响药品质量和安全的行为。(《规范》一百三十五条)

(3) 文件

1) 企业应当按照有关法律法规及本规范规定，制定符合企业实际的质量管理文件。文件包括质量管理制度、岗位职责、操作规程、档案、记录和凭证等，并对质量管理文件定期审核、及时修订。(《规范》一百三十六条)

2) 药品零售质量管理制度应当包括以下内容：①药品采购、验收、陈列、销售等环节的管理，设置库房的还应当包括储存、养护的管理；②供货单位和采购品种的审核；③处方药销售的管理；④药品拆零的管理；⑤特殊管理的药品和国家有专门管理要求的药品的管理；⑥记录和凭证的管理；⑦收集和查询质量信息的管理；⑧质量事故、质量投诉的管理；⑨中药饮片处方审核、调配、核对的管理；⑩药品有效期的管理；⑪不合格药品、药品销毁的管理；⑫环境卫生、人员健康的规定；⑬提供用药咨询、指导合理用药等药学服务的管理；⑭人员培训及考核的规定；⑮药品不良反应报告的规定；⑯计算机系统的管理；⑰执行药品电子监管的规定；⑱其他应当规定的内容。(《规范》一百三十八条)

3) 企业应当明确企业负责人、质量管理、采购、验收、营业员以及处方审核、调配

等岗位的职责，设置库房的还应当包括储存、养护等岗位职责。(《规范》一百三十九条)

4）质量管理岗位、处方审核岗位的职责不得由其他岗位人员代为履行。(《规范》一百四十条)

5）药品零售操作规程应当包括：①药品采购、验收、销售；②处方审核、调配、核对；③中药饮片处方审核、调配、核对；④药品拆零销售；⑤特殊管理的药品和国家有专门管理要求的药品的销售；⑥营业场所药品陈列及检查；⑦营业场所冷藏药品的存放；⑧计算机系统的操作和管理；⑨设置库房的还应当包括储存和养护的操作规程。(《规范》一百四十一条)

6）企业应当建立药品采购、验收、销售、陈列检查、温湿度监测、不合格药品处理等相关记录，做到真实、完整、准确、有效和可追溯。(《规范》一百四十二条)

7）记录及相关凭证应当至少保存5年。特殊管理的药品的记录及凭证按相关规定保存。(《规范》一百四十三条)

8）通过计算机系统记录数据时，相关岗位人员应当按照操作规程，通过授权及密码登录计算机系统，进行数据的录入，保证数据原始、真实、准确、安全和可追溯。(《规范》一百四十四条)

9）电子记录数据应当以安全、可靠方式定期备份。(《规范》一百四十五条)

（4）设施与设备

1）企业的营业场所应当与其药品经营范围、经营规模相适应，并与药品储存、办公、生活辅助及其他区域分开。(《规范》一百四十六条)

2）营业场所应当有以下营业设备：①货架和柜台；②监测、调控温度的设备；③经营中药饮片的，有存放饮片和处方调配的设备；④经营冷藏药品的，有专用冷藏设备；⑤经营第二类精神药品、毒性中药品种和罂粟壳的，有符合安全规定的专用存放设备；⑥药品拆零销售所需的调配工具、包装用品。(《规范》一百四十八条)

3）企业应当建立能够符合经营和质量管理要求的计算机系统，并满足药品电子监管的实施条件。(《规范》一百四十九条)

4）企业设置库房的，应当做到库房内墙、顶光洁，地面平整，门窗结构严密；有可靠的安全防护、防盗等措施。(《规范》一百五十条)

5）仓库应当有以下设施设备：①药品与地面之间有效隔离的设备；②避光、通风、防潮、防虫、防鼠等设备；③有效监测和调控温湿度的设备；④符合储存作业要求的照明设备；⑤验收专用场所；⑥不合格药品专用存放场所；⑦经营冷藏药品的，有与其经营品种及经营规模相适应的专用设备。(《规范》一百五十一条)

6）储存中药饮片应当设立专用库房。(《规范》一百五十三条)

7）企业应当按照国家有关规定，对计量器具、温湿度监测设备等定期进行校准或者检定。(《规范》一百五十四条)

（5）采购与验收

1）企业采购药品，应当符合本规范第二章第八节的相关规定。(《规范》一百五十五条)

2）药品到货时，收货人员应当按采购记录，对照供货单位的随货同行单（票）核实药品实物，做到票、账、货相符。(《规范》一百五十六条)

3）企业应当按规定的程序和要求对到货药品逐批进行验收，并按照本规范第八十条规定做好验收记录。验收抽取的样品应当具有代表性。(《规范》一百五十七条)

4）冷藏药品到货时，应当按照本规范第七十四条规定进行检查。(《规范》一百五十八条)

5）验收药品应当按照本规范第七十六条规定查验药品检验报告书。(《规范》一百五十九条)

6）特殊管理的药品应当按照相关规定进行验收。(《规范》一百六十条)

7）验收合格的药品应当及时入库或者上架，实施电子监管的药品，还应当按照本规范第八十一条、第八十二条的规定进行扫码和数据上传，验收不合格的，不得入库或者上架，并报告质量管理人员处理。(《规范》一百六十一条)

(6) 陈列与储存

1）企业应当对营业场所温度进行监测和调控，以使营业场所的温度符合常温要求。(《规范》一百六十二条)

2）企业应当定期进行卫生检查，保持环境整洁。存放、陈列药品的设备应当保持清洁卫生，不得放置与销售活动无关的物品，并采取防虫、防鼠等措施，防止污染药品。(《规范》一百六十三条)

3）药品的陈列应当符合以下要求：①按剂型、用途以及储存要求分类陈列，并设置醒目标志，类别标签字迹清晰、放置准确。②药品放置于货架（柜），摆放整齐有序，避免阳光直射。③处方药、非处方药分区陈列，并有处方药、非处方药专用标识。④处方药不得采用开架自选的方式陈列和销售。⑤外用药与其他药品分开摆放。⑥拆零销售的药品集中存放于拆零专柜或者专区。⑦第二类精神药品、毒性中药品种和罂粟壳不得陈列。⑧冷藏药品放置在冷藏设备中，按规定对温度进行监测和记录，并保证存放温度符合要求。⑨中药饮片柜斗谱的书写应当正名正字；装斗前应当复核，防止错斗、串斗；应当定期清斗，防止饮片生虫、发霉、变质；不同批号的饮片装斗前应当清斗并记录。⑩经营非药品应当设置专区，与药品区域明显隔离，并有醒目标志。(《规范》一百六十四条)

4）企业应当定期对陈列、存放的药品进行检查，重点检查拆零药品和易变质、近效期、摆放时间较长的药品以及中药饮片。发现有质量疑问的药品应当及时撤柜，停止销售，由质量管理人员确认和处理，并保留相关记录。(《规范》一百六十五条)

5）企业应当对药品的有效期进行跟踪管理，防止近效期药品售出后可能发生的过期使用。(《规范》一百六十六条)

6）企业设置库房的，库房的药品储存与养护管理应当符合本规范第二章第十节的相关规定。(《规范》一百六十七条)

(7) 销售管理

1）企业应当在营业场所的显著位置悬挂《药品经营许可证》、营业执照、执业药师注册证等。(《规范》一百六十八条)

2）营业人员应当佩戴有照片、姓名、岗位等内容的工作牌，是执业药师和药学技术人员的，工作牌还应当标明执业资格或者药学专业技术职称。在岗执业的执业药师应当挂牌明示。(《规范》一百六十九条)

3）销售药品应当符合以下要求：①处方经执业药师审核后方可调配；对处方所列药

品不得擅自更改或者代用，对有配伍禁忌或者超剂量的处方，应当拒绝调配，但经处方医师更正或者重新签字确认的，可以调配；调配处方后，经过核对方可销售。②处方审核、调配、核对人员应当在处方上签字或者盖章，并按照有关规定保存处方或者其复印件。③销售近效期药品应当向顾客告知有效期。④销售中药饮片做到计量准确，并告知煎服方法及注意事项；提供中药饮片代煎服务，应当符合国家有关规定。（《规范》一百七十条）

4）企业销售药品应当开具销售凭证，内容包括药品名称、生产厂商、数量、价格、批号、规格等，并做好销售记录。（《规范》一百七十一条）

5）药品拆零销售应当符合以下要求：①负责拆零销售的人员经过专门培训；②拆零的工作台及工具保持清洁、卫生，防止交叉污染；③做好拆零销售记录，内容包括拆零起始日期、药品的通用名称、规格、批号、生产厂商、有效期、销售数量、销售日期、分拆及复核人员等；④拆零销售应当使用洁净、卫生的包装，包装上注明药品名称、规格、数量、用法、用量、批号、有效期以及药店名称等内容；⑤提供药品说明书原件或者复印件；⑥拆零销售期间，保留原包装和说明书。（《规范》一百七十二条）

6）销售特殊管理的药品和国家有专门管理要求的药品，应当严格执行国家有关规定。（《规范》一百七十三条）

7）药品广告宣传应当严格执行国家有关广告管理的规定。（《规范》一百七十四条）

8）非本企业在职人员不得在营业场所内从事药品销售相关活动。（《规范》一百七十五条）

9）对实施电子监管的药品，在售出时，应当进行扫码和数据上传。（《规范》一百七十六条）

（8）售后管理

1）除药品质量原因外，药品一经售出，不得退换。（《规范》一百七十七条）

2）企业应当在营业场所公布药品监督管理部门的监督电话，设置顾客意见簿，及时处理顾客对药品质量的投诉。（《规范》一百七十八条）

3）企业应当按照国家有关药品不良反应报告制度的规定，收集、报告药品不良反应信息（《规范》一百七十九条）

4）企业发现已售出药品有严重质量问题，应当及时采取措施追回药品并做好记录，同时向药品监督管理部门报告。（《规范》一百八十条）

5）企业应当协助药品生产企业履行召回义务，控制和收回存在安全隐患的药品，并建立药品召回记录。（《规范》一百八十一条）

4. 附则

（1）药品零售连锁企业总部的管理应当符合本规范药品批发企业相关规定，门店的管理应当符合本规范药品零售企业相关规定。（《规范》一百八十二条）

（2）本规范为药品经营质量管理的基本要求。对企业信息化管理、药品储运温湿度自动监测、药品验收管理、药品冷链物流管理、零售连锁管理等具体要求，由国家食品药品监督管理局以附录方式另行制定。（《规范》一百八十三条）

（3）本规范下列术语的含义是：

1）在职：与企业确定劳动关系的在册人员。

2）在岗：相关岗位人员在工作时间内在规定的岗位履行职责。

3）首营企业：采购药品时，与本企业首次发生供需关系的药品生产或者经营企业。

4）首营品种：本企业首次采购的药品。

5）原印章：企业在购销活动中，为证明企业身份在相关文件或者凭证上加盖的企业公章、发票专用章、质量管理专用章、药品出库专用章的原始印记，不能是印刷、影印、复印等复制后的印记。

6）待验：对到货、销后退回的药品采用有效的方式进行隔离或者区分，在入库前等待质量验收的状态。

7）零货：指拆除了用于运输、储藏包装的药品。

8）拼箱发货：将零货药品集中拼装至同一包装箱内发货的方式。

9）拆零销售：将最小包装拆分销售的方式。

10）国家有专门管理要求的药品：国家对蛋白同化制剂、肽类激素、含特殊药品复方制剂等品种实施特殊监管措施的药品。(《规范》一百八十四条)

（4）医疗机构药房和计划生育技术服务机构的药品采购、储存、养护等质量管理规范由国家食品药品监督管理局商相关主管部门另行制定。互联网销售药品的质量管理规定由国家食品药品监督管理局另行制定。(《规范》一百八十五条)

（5）药品经营企业违反本规范的，由药品监督管理部门按照《中华人民共和国药品管理法》第七十九条的规定给予处罚。(《规范》一百八十六条)

五、《药品流通监督管理办法》的相关知识

《药品流通监督管理办法》于2006年12月8日经国家食品药品监督管理局局务会审议通过，2007年1月30日公布，自2007年5月1日起施行。该管理办法与《药品管理法》、《药品管理法实施条例》相关的条款有：

1. 对正常药品经营活动的管理规定

（1）药品生产、经营企业不得在经药品监督管理部门核准的地址以外的场所储存或者现货销售药品。(《药品流通监督管理办法》第八条)

（2）药品生产企业、药品批发企业销售药品时，应当提供下列资料：

1）加盖本企业原印章的《药品生产许可证》或《药品经营许可证》和营业执照的复印件。

2）加盖本企业原印章的所销售药品的批准证明文件复印件。

3）销售进口药品的，按照国家有关规定提供相关证明文件。

药品生产企业、药品批发企业派出销售人员销售药品的，除本条前款规定的资料外，还应当提供加盖本企业原印章的授权书复印件。授权书原件应当载明授权销售的品种、地域、期限，注明销售人员的身份证号码，并加盖本企业原印章和企业法定代表人印章（或者签名）。销售人员应当出示授权书原件及本人身份证原件，供药品采购方核实。(《药品流通监督管理办法》第十条)

（3）药品生产企业、药品批发企业销售药品时，应当开具标明供货单位名称、药品名称、生产厂商、批号、数量、价格等内容的销售凭证。药品零售企业销售药品时，应当开具标明药品名称、生产厂商、数量、价格、批号等内容的销售凭证。(《药品流通监督管理办法》第十一条)

（4）药品生产、经营企业采购药品时，应按本办法第十条规定索取、查验、留存供货企业有关证件、资料，按本办法第十一条规定索取、留存销售凭证。药品生产、经营企业按照本条前款规定留存的资料和销售凭证，应当保存至超过药品有效期1年，但不得少于3年。（《药品流通监督管理办法》第十二条）

（5）医疗机构购进药品，必须建立并执行进货检查验收制度，并建有真实完整的药品购进记录。药品购进记录必须注明药品的通用名称、生产厂商（中药材标明产地）、剂型、规格、批号、生产日期、有效期、批准文号、供货单位、数量、价格、购进日期。药品购进记录必须保存至超过药品有效期1年，但不得少于3年。（《药品流通监督管理办法》第二十五条）

2. 对非正常药品经营活动的管理规定

（1）药品生产、经营企业不得以展示会、博览会、交易会、订货会、产品宣传会等方式现货销售药品。（《药品流通监督管理办法》第十五条）

（2）药品经营企业不得购进和销售医疗机构配制的制剂。（《药品流通监督管理办法》第十六条）

（3）未经药品监督管理部门审核同意，药品经营企业不得改变经营方式。药品经营企业应当按照《药品经营许可证》许可的经营范围经营药品。（《药品流通监督管理办法》第十七条）

（4）禁止非法收购药品。（《药品流通监督管理办法》第二十二条）

六、与就职（执业）有关的法律、法规

（一）《中华人民共和国劳动合同法》的相关知识

《中华人民共和国劳动合同法》（以下简称《劳动合同法》）由中华人民共和国第十届全国人民代表大会常务委员会第二十八次会议于2007年6月29日审议通过并予公布，自2008年1月1日起施行。

1. 立法目的

为了完善劳动合同制度，明确劳动合同双方当事人的权利和义务，保护劳动者的合法权益，构建和发展和谐稳定的劳动关系，制定本法。（《劳动合同法》第一条）

2. 适用范围

中华人民共和国境内的企业、个体经济组织、民办非企业单位等组织（以下称用人单位）与劳动者建立劳动关系，订立、履行、变更、解除或者终止劳动合同，适用本法。国家机关、事业单位、社会团体和与其建立劳动关系的劳动者，订立、履行、变更、解除或者终止劳动合同，依照本法执行。（《劳动合同法》第二条）

3. 劳动合同的原则与约束

订立劳动合同，应当遵循合法、公平、平等自愿、协商一致、诚实信用的原则。依法订立的劳动合同具有约束力，用人单位与劳动者应当履行劳动合同约定的义务。（《劳动合同法》第三条）

4. 劳动合同的订立

（1）劳动合同的种类　劳动合同分为固定期限劳动合同、无固定期限劳动合同和以完

成一定工作任务为期限的劳动合同。(《劳动合同法》第十二条)

(2) 劳动合同效力的时限性

1) 用人单位自用工之日起即与劳动者建立劳动关系。用人单位应当建立职工名册备查。(《劳动合同法》第七条)

2) 建立劳动关系，应当订立书面劳动合同。已建立劳动关系，未同时订立书面劳动合同的，应当自用工之日起一个月内订立书面劳动合同。用人单位与劳动者在用工前订立劳动合同的，劳动关系自用工之日起建立。(《劳动合同法》第十条)

(3) 对劳动报酬的约定　用人单位未在用工的同时订立书面劳动合同，与劳动者约定的劳动报酬不明确的，新招用的劳动者的劳动报酬按照集体合同规定的标准执行；没有集体合同或者集体合同未规定的，实行同工同酬。(《劳动合同法》第十一条)

(4) 对用人单位订立劳动合同行为的限定条款

1) 用人单位招用劳动者时，应当如实告知劳动者工作内容、工作条件、工作地点、职业危害、安全生产状况、劳动报酬，以及劳动者要求了解的其他情况；用人单位有权了解劳动者与劳动合同直接相关的基本情况，劳动者应当如实说明。(《劳动合同法》第八条)

2) 用人单位招用劳动者，不得扣押劳动者的居民身份证和其他证件，不得要求劳动者提供担保或者以其他名义向劳动者收取财物。(《劳动合同法》第九条)

5. 劳动合同的履行和变更

(1) 用人单位与劳动者应当按照劳动合同的约定，全面履行各自的义务。(《劳动合同法》第二十九条)

(2) 用人单位应当按照劳动合同约定和国家规定，向劳动者及时足额支付劳动报酬。用人单位拖欠或者未足额支付劳动报酬的，劳动者可以依法向当地人民法院申请支付令，人民法院应当依法发出支付令。(《劳动合同法》第三十条)

(3) 用人单位应当严格执行劳动定额标准，不得强迫或者变相强迫劳动者加班。用人单位安排加班的，应当按照国家有关规定向劳动者支付加班费。(《劳动合同法》第三十一条)

(4) 劳动者拒绝用人单位管理人员违章指挥、强令冒险作业的，不视为违反劳动合同。劳动者对危害生命安全和身体健康的劳动条件，有权对用人单位提出批评、检举和控告。(《劳动合同法》第三十二条)

(5) 用人单位变更名称、法定代表人、主要负责人或者投资人等事项，不影响劳动合同的履行。(《劳动合同法》第三十三条)

(6) 用人单位发生合并或者分立等情况，原劳动合同继续有效，劳动合同由承继其权利和义务的用人单位继续履行。(《劳动合同法》第三十四条)

(7) 用人单位与劳动者协商一致，可以变更劳动合同约定的内容。变更劳动合同，应当采用书面形式。变更后的劳动合同文本由用人单位和劳动者各执一份。(《劳动合同法》第三十五条)

6. 劳动合同的解除和终止

(1) 解除劳动合同的必要条件

1) 用人单位与劳动者协商一致，可以解除劳动合同。(《劳动合同法》第三十六条)

2）劳动者提前三十日以书面形式通知用人单位，可以解除劳动合同。劳动者在试用期内提前三日通知用人单位，可以解除劳动合同。(《劳动合同法》第三十七条)

3）用人单位有下列情形之一的，劳动者可以解除劳动合同：①未按照劳动合同约定提供劳动保护或者劳动条件的；②未及时足额支付劳动报酬的；③未依法为劳动者缴纳社会保险费的；④用人单位的规章制度违反法律、法规的规定，损害劳动者权益的；⑤因本法第二十六条第一款规定的情形致使劳动合同无效的；⑥法律、行政法规规定劳动者可以解除劳动合同的其他情形。用人单位以暴力、威胁或者非法限制人身自由的手段强迫劳动者劳动的，或者用人单位违章指挥、强令冒险作业危及劳动者人身安全的，劳动者可以立即解除劳动合同，不需事先告知用人单位。(《劳动合同法》第三十八条)

4）劳动者有下列情形之一的，用人单位可以解除劳动合同：①在试用期间被证明不符合录用条件的；②严重违反用人单位的规章制度的；③严重失职，营私舞弊，给用人单位造成重大损害的；④劳动者同时与其他用人单位建立劳动关系，对完成本单位的工作任务造成严重影响，或者经用人单位提出，拒不改正的；⑤因本法第二十六条第一款第一项规定的情形致使劳动合同无效的；⑥被依法追究刑事责任的。(《劳动合同法》第三十九条)

5）有下列情形之一的，用人单位提前三十日以书面形式通知劳动者本人或者额外支付劳动者一个月工资后，可以解除劳动合同：①劳动者患病或者非因工负伤，在规定的医疗期满后不能从事原工作，也不能从事由用人单位另行安排的工作的；②劳动者不能胜任工作，经过培训或者调整工作岗位，仍不能胜任工作的；③劳动合同订立时所依据的客观情况发生重大变化，致使劳动合同无法履行，经用人单位与劳动者协商，未能就变更劳动合同内容达成协议的。(《劳动合同法》第四十条)

(2) 不能解除劳动合同的条款　劳动者有下列情形之一的，用人单位不得依照本法第四十条、第四十一条的规定解除劳动合同：①从事接触职业病危害作业的劳动者未进行离岗前职业健康检查，或者疑似职业病患者在诊断或者医学观察期间的；②在本单位患职业病或者因工负伤并被确认丧失或者部分丧失劳动能力的；③患病或者非因工负伤，在规定的医疗期内的；④女职工在孕期、产期、哺乳期的；⑤在本单位连续工作满十五年，且距法定退休年龄不足五年的；⑥法律、行政法规规定的其他情形。(《劳动合同法》第四十二条)

(3) 终止劳动合同的条款　有下列情形之一的，劳动合同终止：①劳动合同期满的；②劳动者开始依法享受基本养老保险待遇的；③劳动者死亡，或者被人民法院宣告死亡或者宣告失踪的；④用人单位被依法宣告破产的；⑤用人单位被吊销营业执照、责令关闭、撤销或者用人单位决定提前解散的；⑥法律、行政法规规定的其他情形。(《劳动合同法》第四十四条)

(4) 解除劳动合同的经济补偿条款　经济补偿按劳动者在本单位工作的年限，每满一年支付一个月工资的标准向劳动者支付。六个月以上不满一年的，按一年计算；不满六个月的，向劳动者支付半个月工资的经济补偿。劳动者月工资高于用人单位所在直辖市、设区的市级人民政府公布的本地区上年度职工月平均工资三倍的，向其支付经济补偿的标准按职工月平均工资三倍的数额支付，向其支付经济补偿的年限最高不超过十二年。本条所称月工资是指劳动者在劳动合同解除或者终止前十二个月的平均工资。(《劳动合同法》

第四十七条）

（二）《中华人民共和国劳动法》的相关知识

《中华人民共和国劳动法》（以下简称《劳动法》）是由中华人民共和国第八届全国人民代表大会常务委员会第八次会议于1994 年 7 月 5 日通过并公布，自 1994 年 1 月 1 日起施行。

1. 立法目的

为了保护劳动者的合法权益，调整劳动关系，建立和维护适应社会主义市场经济的劳动制度，促进经济发展和社会进步，根据宪法，制定本法。(《劳动法》第一条）

2. 适用范围

在中华人民共和国境内的企业、个体经济组织（以下统称用人单位）和与之形成劳动关系的劳动者，适用本法。国家机关、事业组织、社会团体和与之建立劳动合同关系的劳动者，依照本法执行。(《劳动法》第二条）

3. 劳动者的权力与义务

（1）劳动者享有平等就业和选择职业的权利、取得劳动报酬的权利、休息休假的权利、获得劳动安全卫生保护的权利、接受职业技能培训的权利、享受社会保险和福利的权利、提请劳动争议处理的权利以及法律规定的其他劳动权利。劳动者应当完成劳动任务，提高职业技能，执行劳动安全卫生规程，遵守劳动纪律和职业道德。(《劳动法》第三条）

（2）劳动者有权依法参加和组织工会。工会代表和维护劳动者的合法权益，依法独立自主地开展活动。(《劳动法》第七条）

（3）劳动者依照法律规定，通过职工大会、职工代表大会或者其他形式，参与民主管理或者就保护劳动者合法权益与用人单位进行平等协商。(《劳动法》第八条）

4. 用人单位的义务

用人单位应当依法建立和完善规章制度，保障劳动者享有劳动权利和履行劳动义务。(《劳动法》第四条）

5. 国家的责任

1）国家采取各种措施，促进劳动就业，发展职业教育，制定劳动标准，调节社会收入，完善社会保险，协调劳动关系，逐步提高劳动者的生活水平。(《劳动法》第五条）

2）国家提倡劳动者参加社会义务劳动，开展劳动竞赛和合理化建议活动，鼓励和保护劳动者进行科学研究、技术革新和发明创造，表彰和奖励劳动模范和先进工作者。(《劳动法》第六条）

6. 国家促进就业的措施

（1）国家通过促进经济和社会发展，创造就业条件，扩大就业机会。国家鼓励企业、事业组织、社会团体在法律、行政法规规定的范围内兴办产业或者拓展经营，增加就业。国家支持劳动者自愿组织起来就业和从事个体经营实现就业。(《劳动法》第十条）

（2）地方各级人民政府应当采取措施，发展多种类型的职业介绍机构，提供就业服务。(《劳动法》第十一条）

（3）劳动者就业，不因民族、种族、性别、宗教信仰不同而受歧视。(《劳动法》第十二条）

(4) 妇女享有与男子平等的就业权利。在录用职工时，除国家规定的不适合妇女的工种或者岗位外，不得以性别为由拒绝录用妇女或者提高对妇女的录用标准。(《劳动法》第十三条)

(5) 残疾人、少数民族人员、退出现役的军人的就业，法律、法规有特别规定的，从其规定。(《劳动法》第十四条)

7. 无效劳动合同条款

下列劳动合同无效：①违反法律、行政法规的劳动合同；②采取欺诈、威胁等手段订立的劳动合同。无效的劳动合同，从订立的时候起，就没有法律约束力。确认劳动合同部分无效的，如果不影响其余部分的效力，其余部分仍然有效。劳动合同的无效，由劳动争议仲裁委员会或者人民法院确认。(《劳动法》第十八条)

8. 劳动工时定额与公休制度

(1) 国家实行劳动者每日工作时间不超过八小时、平均每周工作时间不超过四十四小时的工时制度。(《劳动法》第三十六条)

(2) 对实行计件工作的劳动者，用人单位应当根据本法第三十六条规定的工时制度合理确定其劳动定额和计件报酬标准。(《劳动法》第三十七条)

(3) 用人单位应当保证劳动者每周至少休息一日。(《劳动法》第三十八条)

(4) 用人单位在下列节日期间应当依法安排劳动者休假：①元旦；②春节；③国际劳动节；④国庆节；⑤法律、法规规定的其他休假节日。(《劳动法》第四十条)

(5) 用人单位由于生产经营需要，经与工会和劳动者协商后可以延长工作时间，一般每日不得超过一小时；因特殊原因需要延长工作时间的，在保障劳动者身体健康的条件下延长工作时间每日不得超过三小时，但是每月不得超过三十六小时。(《劳动法》第四十一条)

(6) 国家实行带薪年休假制度。劳动者连续工作一年以上的，享受带薪年休假。具体办法由国务院规定。(《劳动法》第四十五条)

9. 薪资（劳动报酬）的确定与发放原则

(1) 工资分配应当遵循按劳分配原则，实行同工同酬。工资水平在经济发展的基础上逐步提高。国家对工资总量实行宏观调控。(《劳动法》第四十六条)

(2) 用人单位根据本单位的生产经营特点和经济效益，依法自主确定本单位的工资分配方式和工资水平。(《劳动法》第四十七条)

(3) 国家实行最低工资保障制度。最低工资的具体标准由省、自治区、直辖市人民政府规定，报国务院备案。用人单位支付劳动者的工资不得低于当地最低工资标准。(《劳动法》第四十八条)

(4) 工资应当以货币形式按月支付给劳动者本人。不得克扣或者无故拖欠劳动者的工资。(《劳动法》第五十条)

(5) 劳动者在法定休假日和婚丧假期间以及依法参加社会活动期间，用人单位应当依法支付工资。(《劳动法》第五十一条)

10. 劳动安全卫生

(1) 用人单位必须建立、健全劳动安全卫生制度，严格执行国家劳动安全卫生规程和标准，对劳动者进行劳动安全卫生教育，防止劳动过程中的事故，减少职业危害。(《劳动

法》第五十二条）

（2）用人单位必须为劳动者提供符合国家规定的劳动安全卫生条件和必要的劳动防护用品，对从事有职业危害作业的劳动者应当定期进行健康检查。（《劳动法》第五十四条）

（3）从事特种作业的劳动者必须经过专门培训并取得特种作业资格。（《劳动法》第五十五条）

（4）劳动者在劳动过程中必须严格遵守安全操作规程。劳动者对用人单位管理人员违章指挥、强令冒险作业，有权拒绝执行；对危害生命安全和身体健康的行为，有权提出批评、检举和控告。（《劳动法》第五十六条）

11. 对女职工和未成年工的特殊保护条款

（1）国家对女职工和未成年工实行特殊劳动保护。未成年工是指年满十六周岁未满十八周岁的劳动者。（《劳动法》第五十八条）

（2）不得安排女职工在怀孕期间从事国家规定的第三级体力劳动强度的劳动和孕期禁忌从事的活动。对怀孕七个月以上的女职工，不得安排其延长工作时间和夜班劳动。（《劳动法》第六十一条）

（3）女职工生育享受不少于九十天的产假。（《劳动法》第六十二条）

（4）不得安排未成年工从事矿山井下、有毒有害、国家规定的第四级体力劳动强度的劳动和其他禁忌从事的劳动。（《劳动法》第六十四条）

（5）不得安排女职工在哺乳未满一周岁的婴儿期间从事国家规定的第三级体力劳动强度的劳动和哺乳期禁忌从事的其他劳动，不得安排其延长工作时间和夜班劳动。（《劳动法》第六十三条）

12. 职业培训条款

（1）国家通过各种途径，采取各种措施，发展职业培训事业，开发劳动者的职业技能，提高劳动者素质，增强劳动者的就业能力和工作能力。（《劳动法》第六十六条）

（2）各级人民政府应当把发展职业培训纳入社会经济发展的规划，鼓励和支持有条件的企业、事业组织、社会团体和个人进行各种形式的职业培训。（《劳动法》第六十七条）

（3）用人单位应当建立职业培训制度，按照国家规定提取和使用职业培训经费，根据本单位实际，有计划地对劳动者进行职业培训。从事技术工种的劳动者，上岗前必须经过培训。（《劳动法》第六十八条）

（4）国家确定职业分类，对规定的职业制定职业技能标准，实行职业资格证书制度，由经过政府批准的考核鉴定机构负责对劳动者实施职业技能考核鉴定。（《劳动法》第六十九条）

13. 社会保险和福利条款

（1）国家发展社会保险事业，建立社会保险制度，设立社会保险基金，使劳动者在年老、患病、工伤、失业、生育等情况下获得帮助和补偿。（《劳动法》第七十条）

（2）劳动者在下列情形下，依法享受社会保险待遇：①退休；②患病、负伤；③因工伤残或者患职业病；④失业；⑤生育。劳动者死亡后，其遗属依法享受遗属津贴。劳动者享受社会保险待遇的条件和标准由法律、法规规定。劳动者享受的社会保险金必须按时足额支付。（《劳动法》第七十三条）

（3）国家鼓励用人单位根据本单位实际情况为劳动者建立补充保险。国家提倡劳动者

个人进行储蓄性保险。(《劳动法》第七十五条)

14. 劳动争议的解决原则

(1) 解决劳动争议，应当根据合法、公正、及时处理的原则，依法维护劳动争议当事人的合法权益。(《劳动法》第七十八条)

(2) 劳动争议发生后，当事人可以向本单位劳动争议调解委员会申请调解；调解不成，当事人一方要求仲裁的，可以向劳动争议仲裁委员会申请仲裁。当事人一方也可以直接向劳动争议仲裁委员会申请仲裁。对仲裁裁决不服的，可以向人民法院提起诉讼。(《劳动法》第七十九条)

(2) 提出仲裁要求的一方应当自劳动争议发生之日起六十日内向劳动争议仲裁委员会提出书面申请。仲裁裁决一般应在收到仲裁申请的六十日内作出。对仲裁裁决无异议的，当事人必须履行。(《劳动法》第八十二条)

(3) 劳动争议当事人对仲裁裁决不服的，可以自收到仲裁裁决书之日起十五日内向人民法院提起诉讼。一方当事人在法定期限内不起诉又不履行仲裁裁决的，另一方当事人可以申请人民法院强制执行。(《劳动法》第八十三条)

七、《中华人民共和国合同法》的相关知识

《中华人民共和国合同法》(以下简称《合同法》) 由中华人民共和国第九届全国人民代表大会第二次会议于 1999 年 3 月 15 日通过并颁布，自 1999 年 10 月 1 日起施行。

1. 立法目的

为了保护合同当事人的合法权益，维护社会经济秩序，促进社会主义现代化建设，制定本法。(《合同法》第一条)

2. 适用范围

本法所称合同是平等主体的自然人、法人、其他组织之间设立、变更、终止民事权利义务关系的协议。婚姻、收养、监护等有关身份关系的协议，适用其他法律的规定。(《合同法》第二条)

3. 订立合同的原则与约束

(1) 平等的原则　合同当事人的法律地位平等，一方不得将自己的意志强加给另一方。(《合同法》第三条)

(2) 自愿的原则　当事人依法享有自愿订立合同的权利，任何单位和个人不得非法干预。(《合同法》第四条)

(3) 公平的原则　当事人应当遵循公平原则确定各方的权利和义务。(《合同法》第五条)

(4) 守信的原则　当事人行使权利、履行义务应当遵循诚实信用原则。(《合同法》第六条)

(5) 维护公共利益的原则　当事人订立、履行合同，应当遵守法律、行政法规，尊重社会公德，不得扰乱社会经济秩序，损害社会公共利益。(《合同法》第七条)

(6) 合法性与约束性　依法成立的合同，对当事人具有法律约束力。当事人应当按照约定履行自己的义务，不得擅自变更或者解除合同。依法成立的合同，受法律保护。(《合同法》第八条)

4. 合同的订立、撤销及其时效性

（1）当事人的合法性　当事人订立合同，应当具有相应的民事权利能力和民事行为能力。当事人依法可以委托代理人订立合同。（《合同法》第九条）

（2）合同的表现形式与内容

1）当事人订立合同，有书面形式、口头形式和其他形式。法律、行政法规规定采用书面形式的，应当采用书面形式。当事人约定采用书面形式的，应当采用书面形式。（《合同法》第十条）

2）书面形式是指合同书、信件和数据电文（包括电报、电传、传真、电子数据交换和电子邮件）等可以有形地表现所载内容的形式。（《合同法》第十一条）

3）合同的内容由当事人约定，一般包括以下条款：①当事人的名称或者姓名和住所；②标的；③数量；④质量；⑤价款或者报酬；⑥履行期限、地点和方式；⑦违约责任；⑧解决争议的方法。当事人可以参照各类合同的示范文本订立合同。（《合同法》第十二条）

4）当事人订立合同，采取要约、承诺方式。（《合同法》第十三条）

5）要约是希望和他人订立合同的意思表示，该意思表示应当符合下列规定：①内容具体确定；②表明经受要约人承诺，要约人即受该意思表示约束。（《合同法》第十四条）

（3）不同形式的合同具有不同的时效性

1）要约到达受要约人时生效。采用数据电文形式订立合同，收件人指定特定系统接收数据电文的，该数据电文进入该特定系统的时间，视为到达时间；未指定特定系统的，该数据电文进入收件人的任何系统的首次时间，视为到达时间。（《合同法》第十六条）

2）要约可以撤回。撤回要约的通知应当在要约到达受要约人之前或者与要约同时到达受要约人。（《合同法》第十七条）

3）要约可以撤销。撤销要约的通知应当在受要约人发出承诺通知之前到达受要约人。（《合同法》第十八条）

4）有下列情形之一的，要约不得撤销：①要约人确定了承诺期限或者以其他形式明示要约不可撤销；②受要约人有理由认为要约是不可撤销的，并已经为履行合同作了准备工作。（《合同法》第十九条）

5）有下列情形之一的，要约失效：①拒绝要约的通知到达要约人；②要约人依法撤销要约；③承诺期限届满，受要约人未作出承诺；④受要约人对要约的内容作出实质性变更。（《合同法》第二十条）

6）承诺是受要约人同意要约的意思表示。（《合同法》第二十一条）

7）承诺应当以通知的方式作出，但根据交易习惯或者要约表明可以通过行为作出承诺的除外。（《合同法》第二十二条）

8）承诺应当在要约确定的期限内到达要约人。要约没有确定承诺期限的，承诺应当依照下列规定到达：①要约以对话方式作出的，应当即时作出承诺，但当事人另有约定的除外；②要约以非对话方式作出的，承诺应当在合理期限内到达。（《合同法》第二十三条）

9）要约以信件或者电报作出的，承诺期限自信件载明的日期或者电报交发之日开始计算。信件未载明日期的，自投寄该信件的邮戳日期开始计算。要约以电话、传真等快速

通讯方式作出的，承诺期限自要约到达受要约人时开始计算。(《合同法》第二十四条)

10）承诺生效时合同成立。(《合同法》第二十五条)

11）承诺通知到达要约人时生效。承诺不需要通知的，根据交易习惯或者要约的要求作出承诺的行为时生效。采用数据电文形式订立合同的，承诺到达的时间适用本法第十六条第二款的规定。(《合同法》第二十六条)

12）承诺可以撤回。撤回承诺的通知应当在承诺通知到达要约人之前或者与承诺通知同时到达要约人。(《合同法》第二十七条)

13）受要约人超过承诺期限发出承诺的，除要约人及时通知受要约人该承诺有效的以外，为新要约。(《合同法》第二十八条)

14）受要约人在承诺期限内发出承诺，按照通常情形能够及时到达要约人，但因其他原因承诺到达要约人时超过承诺期限的，除要约人及时通知受要约人因承诺超过期限不接受该承诺的以外，该承诺有效。(《合同法》第二十九条)

15）承诺的内容应当与要约的内容一致。受要约人对要约的内容作出实质性变更的，为新要约。有关合同标的、数量、质量、价款或者报酬、履行期限、履行地点和方式、违约责任和解决争议方法等的变更，是对要约内容的实质性变更。(《合同法》第三十条)

16）承诺对要约的内容作出非实质性变更的，除要约人及时表示反对或者要约表明承诺不得对要约的内容作出任何变更的以外，该承诺有效，合同的内容以承诺的内容为准。(《合同法》第三十一条)

17）当事人采用合同书形式订立合同的，自双方当事人签字或者盖章时合同成立。(《合同法》第三十二条)

18）当事人采用信件、数据电文等形式订立合同的，可以在合同成立之前要求签订确认书。签订确认书时合同成立。(《合同法》第三十三条)

19）承诺生效的地点为合同成立的地点。采用数据电文形式订立合同的，收件人的主营业地为合同成立的地点；没有主营业地的，其经常居住地为合同成立的地点。当事人另有约定的，按照其约定。(《合同法》第三十四条)

20）当事人采用合同书形式订立合同的，双方当事人签字或者盖章的地点为合同成立的地点。(《合同法》第三十五条)

21）法律、行政法规规定或者当事人约定采用书面形式订立合同，当事人未采用书面形式但一方已经履行主要义务，对方接受的，该合同成立。(《合同法》第三十六条)

22）采用合同书形式订立合同，在签字或者盖章之前，当事人一方已经履行主要义务，对方接受的，该合同成立。(《合同法》第三十七条)

(4）合同争议与无效合同

1）格式条款具有本法第五十二条和第五十三条规定情形的，或者提供格式条款一方免除其责任、加重对方责任、排除对方主要权利的，该条款无效。(《合同法》第四十条)

2）对格式条款的理解发生争议的，应当按照通常理解予以解释。对格式条款有两种以上解释的，应当作出不利于提供格式条款一方的解释。格式条款和非格式条款不一致的，应当采用非格式条款。(《合同法》第四十一条)

3）当事人在订立合同过程中有下列情形之一，给对方造成损失的，应当承担损害赔偿责任：①假借订立合同，恶意进行磋商；②故意隐瞒与订立合同有关的重要事实或者提供虚假情况；③有其他违背诚实信用原则的行为。(《合同法》第四十二条)

4）当事人在订立合同过程中知悉的商业秘密，无论合同是否成立，不得泄露或者不正当地使用。泄露或者不正当地使用该商业秘密给对方造成损失的，应当承担损害赔偿责任。(《合同法》第四十三条)

5. 合同的效力

(1) 依法成立的合同，自成立时生效。法律、行政法规规定应当办理批准、登记等手续生效的，依照其规定。(《合同法》第四十四条)

(2) 当事人对合同的效力可以约定附条件。附生效条件的合同，自条件成就时生效。附解除条件的合同，自条件成就时失效。

当事人为自己的利益不正当地阻止条件成就的，视为条件已成就；不正当地促成条件成就的，视为条件不成就。(《合同法》第四十五条)

(3) 当事人对合同的效力可以约定附期限。附生效期限的合同，自期限届至时生效。附终止期限的合同，自期限届满时失效。(《合同法》第四十六条)

(4) 限制民事行为能力人订立的合同，经法定代理人追认后，该合同有效，但纯获利益的合同或者与其年龄、智力、精神健康状况相适应而订立的合同，不必经法定代理人追认。

相对人可以催告法定代理人在一个月内予以追认。法定代理人未作表示的，视为拒绝追认。合同被追认之前，善意相对人有撤销的权利。撤销应当以通知的方式作出。(《合同法》第四十七条)

(5) 行为人没有代理权、超越代理权或者代理权终止后以被代理人名义订立的合同，未经被代理人追认，对被代理人不发生效力，由行为人承担责任。

相对人可以催告被代理人在一个月内予以追认。被代理人未作表示的，视为拒绝追认。合同被追认之前，善意相对人有撤销的权利。撤销应当以通知的方式作出。(《合同法》第四十八条)

(6) 行为人没有代理权、超越代理权或者代理权终止后以被代理人名义订立合同，相对人有理由相信行为人有代理权的，该代理行为有效。(《合同法》第四十九条)

(7) 法人或者其他组织的法定代表人、负责人超越权限订立的合同，除相对人知道或者应当知道其超越权限的以外，该代表行为有效。(《合同法》第五十条)

(8) 无处分权的人处分他人财产，经权利人追认或者无处分权的人订立合同后取得处分权的，该合同有效。(《合同法》第五十一条)

(9) 有下列情形之一的，合同无效：①一方以欺诈、胁迫的手段订立合同，损害国家利益；②恶意串通，损害国家、集体或者第三人利益；③以合法形式掩盖非法目的；④损害社会公共利益；⑤违反法律、行政法规的强制性规定。(《合同法》第五十二条)

(10) 合同中的下列免责条款无效：①造成对方人身伤害的；②因故意或者重大过失造成对方财产损失的。(《合同法》第五十三条)

(11) 下列合同，当事人一方有权请求人民法院或者仲裁机构变更或者撤销：①因重大误解订立的；②在订立合同时显失公平的。一方以欺诈、胁迫的手段或者乘人之危，使对方在违背真实意思的情况下订立的合同，受损害方有权请求人民法院或者仲裁机构变更

或者撤销。当事人请求变更的，人民法院或者仲裁机构不得撤销。(《合同法》第五十四条)

(12) 有下列情形之一的，撤销权消灭：①具有撤销权的当事人自知道或者应当知道撤销事由之日起一年内没有行使撤销权；②具有撤销权的当事人知道撤销事由后明确表示或者以自己的行为放弃撤销权。(《合同法》第五十五条)

(13) 无效的合同或者被撤销的合同自始没有法律约束力。合同部分无效，不影响其他部分效力的，其他部分仍然有效。(《合同法》第五十六条)

(14) 合同无效、被撤销或者终止的，不影响合同中独立存在的有关解决争议方法的条款的效力。(《合同法》第五十七条)

(15) 合同无效或者被撤销后，因该合同取得的财产，应当予以返还；不能返还或者没有必要返还的，应当折价补偿。有过错的一方应当赔偿对方因此所受到的损失，双方都有过错的，应当各自承担相应的责任。(《合同法》第五十八条)

(16) 当事人恶意串通，损害国家、集体或者第三人利益的，因此取得的财产收归国家所有或者返还集体、第三人。(《合同法》第五十九条)

6. 合同的履行

(1) 当事人应当按照约定全面履行自己的义务。当事人应当遵循诚实信用原则，根据合同的性质、目的和交易习惯履行通知、协助、保密等义务。(《合同法》第六十条)

(2) 合同生效后，当事人就质量、价款或者报酬、履行地点等内容没有约定或者约定不明确的，可以协议补充；不能达成补充协议的，按照合同有关条款或者交易习惯确定。(《合同法》第六十一条)

(3) 当事人就有关合同内容约定不明确，依照本法第六十一条的规定仍不能确定的，适用下列规定：①质量要求不明确的，按照国家标准、行业标准履行；没有国家标准、行业标准的，按照通常标准或者符合合同目的的特定标准履行。②价款或者报酬不明确的，按照订立合同时履行地的市场价格履行；依法应当执行政府定价或者政府指导价的，按照规定履行。③履行地点不明确，给付货币的，在接受货币一方所在地履行；交付不动产的，在不动产所在地履行；其他标的，在履行义务一方所在地履行。④履行期限不明确的，债务人可以随时履行，债权人也可以随时要求履行，但应当给对方必要的准备时间。⑤履行方式不明确的，按照有利于实现合同目的的方式履行。⑥履行费用的负担不明确的，由履行义务一方负担。(《合同法》第六十二条)

(4) 执行政府定价或者政府指导价的，在合同约定的交付期限内政府价格调整时，按照交付时的价格计价。逾期交付标的物的，遇价格上涨时，按照原价格执行；价格下降时，按照新价格执行。逾期提取标的物或者逾期付款的，遇价格上涨时，按照新价格执行；价格下降时，按照原价格执行。(《合同法》第六十三条)

(5) 当事人约定由债务人向第三人履行债务的，债务人未向第三人履行债务或者履行债务不符合约定，应当向债权人承担违约责任。(《合同法》第六十四条)

(6) 当事人约定由第三人向债权人履行债务的，第三人不履行债务或者履行债务不符合约定，债务人应当向债权人承担违约责任。(《合同法》第六十五条)

(7) 当事人互负债务，没有先后履行顺序的，应当同时履行。一方在对方履行之前有权拒绝其履行要求。一方在对方履行债务不符合约定时，有权拒绝其相应的履行要求。

(《合同法》第六十六条)

(8) 当事人互负债务，有先后履行顺序，先履行一方未履行的，后履行一方有权拒绝其履行要求。先履行一方履行债务不符合约定的，后履行一方有权拒绝其相应的履行要求。(《合同法》第六十七条)

(9) 应当先履行债务的当事人，有确切证据证明对方有下列情形之一的，可以中止履行：①经营状况严重恶化；②转移财产、抽逃资金，以逃避债务；③丧失商业信誉；④有丧失或者可能丧失履行债务能力的其他情形。当事人没有确切证据中止履行的，应当承担违约责任。(《合同法》第六十八条)

(10) 当事人依照本法第六十八条的规定中止履行的，应当及时通知对方。对方提供适当担保时，应当恢复履行。中止履行后，对方在合理期限内未恢复履行能力并且未提供适当担保的，中止履行的一方可以解除合同。(《合同法》第六十九条)

(11) 债权人分立、合并或者变更住所没有通知债务人，致使履行债务发生困难的，债务人可以中止履行或者将标的物提存。(《合同法》第七十条)

(12) 债权人可以拒绝债务人提前履行债务，但提前履行不损害债权人利益的除外。债务人提前履行债务给债权人增加的费用，由债务人负担。(《合同法》第七十一条)

(13) 债权人可以拒绝债务人部分履行债务，但部分履行不损害债权人利益的除外。债务人部分履行债务给债权人增加的费用，由债务人负担。(《合同法》第七十二条)

(14) 因债务人怠于行使其到期债权，对债权人造成损害的，债权人可以向人民法院请求以自己的名义代位行使债务人的债权，但该债权专属于债务人自身的除外。代位权的行使范围以债权人的债权为限。债权人行使代位权的必要费用，由债务人负担。(《合同法》第七十三条)

(15) 因债务人放弃其到期债权或者无偿转让财产，对债权人造成损害的，债权人可以请求人民法院撤销债务人的行为。债务人以明显不合理的低价转让财产，对债权人造成损害，并且受让人知道该情形的，债权人也可以请求人民法院撤销债务人的行为。撤销权的行使范围以债权人的债权为限。债权人行使撤销权的必要费用，由债务人负担。(《合同法》第七十四条)

(16) 撤销权自债权人知道或者应当知道撤销事由之日起一年内行使。自债务人的行为发生之日起五年内没有行使撤销权的，该撤销权消灭。(《合同法》第七十五条)

(17) 合同生效后，当事人不得因姓名、名称的变更或者法定代表人、负责人、承办人的变动而不履行合同义务。(《合同法》第七十六条)

7. 合同的变更与转让

(1) 当事人协商一致，可以变更合同。法律、行政法规规定变更合同应当办理批准、登记等手续的，依照其规定。(《合同法》第七十七条)

(2) 当事人对合同变更的内容约定不明确的，推定为未变更。(《合同法》第七十八条)

(3) 债权人可以将合同的权利全部或者部分转让给第三人，但有下列情形之一的除外：①根据合同性质不得转让；②按照当事人约定不得转让；③依照法律规定不得转让。(《合同法》第七十九条)

(4) 债权人转让权利的，应当通知债务人。未经通知，该转让对债务人不发生效力。

债权人转让权利的通知不得撤销，但经受让人同意的除外。(《合同法》第八十条)

(5) 债权人转让权利的，受让人取得与债权有关的从权利，但该从权利专属于债权人自身的除外。(《合同法》第八十一条)

(6) 债务人接到债权转让通知后，债务人对让与人的抗辩，可以向受让人主张。(《合同法》第八十二条)

(7) 债务人接到债权转让通知时，债务人对让与人享有债权，并且债务人的债权先于转让的债权到期或者同时到期的，债务人可以向受让人主张抵销。(《合同法》第八十三条)

(8) 债务人将合同的义务全部或者部分转移给第三人的，应当经债权人同意。(《合同法》第八十四条)

(9) 债务人转移义务的，新债务人可以主张原债务人对债权人的抗辩。(《合同法》第八十五条)

(10) 债务人转移义务的，新债务人应当承担与主债务有关的从债务，但该从债务专属于原债务人自身的除外。(《合同法》第八十六条)

(11) 当事人一方经对方同意，可以将自己在合同中的权利和义务一并转让给第三人。(《合同法》第八十八条)

(12) 权利和义务一并转让的，适用本法第七十九条、第八十一条至第八十三条、第八十五条至第八十七条的规定。(《合同法》第八十九条)

(13) 当事人订立合同后合并的，由合并后的法人或者其他组织行使合同权利，履行合同义务。当事人订立合同后分立的，除债权人和债务人另有约定的以外，由分立的法人或者其他组织对合同的权利和义务享有连带债权，承担连带债务。(《合同法》第九十条)

8. 合同的撤销与终止

(1) 有下列情形之一的，合同的权利义务终止：①债务已经按照约定履行；②合同解除；③债务相互抵销；④债务人依法将标的物提存；⑤债权人免除债务；⑥债权债务同归于一人；⑦法律规定或者当事人约定终止的其他情形。(《合同法》第九十一条)

(2) 当事人协商一致，可以解除合同。当事人可以约定一方解除合同的条件。解除合同的条件成就时，解除权人可以解除合同。(《合同法》第九十三条)

(3) 有下列情形之一的，当事人可以解除合同：①因不可抗力致使不能实现合同目的；②在履行期限届满之前，当事人一方明确表示或者以自己的行为表明不履行主要债务；③当事人一方迟延履行主要债务，经催告后在合理期限内仍未履行；④当事人一方迟延履行债务或者有其他违约行为致使不能实现合同目的；⑤法律规定的其他情形。(《合同法》第九十四条)

(4) 法律规定或者当事人约定解除权行使期限，期限届满当事人不行使的，该权利消灭。法律没有规定或者当事人没有约定解除权行使期限，经对方催告后在合理期限内不行使的，该权利消灭。(《合同法》第九十五条)

(5) 当事人一方依照本法第九十三条第二款、第九十四条的规定主张解除合同的，应当通知对方。合同自通知到达对方时解除。对方有异议的，可以请求人民法院或者仲裁机构确认解除合同的效力。法律、行政法规规定解除合同应当办理批准、登记等手续的，依照其规定。(《合同法》第九十六条)

(6) 合同解除后，尚未履行的，终止履行；已经履行的，根据履行情况和合同性质，当事人可以要求恢复原状、采取其他补救措施，并有权要求赔偿损失。(《合同法》第九十七条)

(7) 当事人互负到期债务，该债务的标的物种类、品质相同的，任何一方可以将自己的债务与对方的债务抵销，但依照法律规定或者按照合同性质不得抵销的除外。当事人主张抵销的，应当通知对方。通知自到达对方时生效。抵销不得附条件或者附期限。(《合同法》第九十九条)

(8) 当事人互负债务，标的物种类、品质不相同的，经双方协商一致，也可以抵销。(《合同法》第一百条)

(9) 有下列情形之一，难以履行债务的，债务人可以将标的物提存：①债权人无正当理由拒绝受领；②债权人下落不明；③债权人死亡未确定继承人或者丧失民事行为能力未确定监护人；④法律规定的其他情形。标的物不适于提存或者提存费用过高的，债务人依法可以拍卖或者变卖标的物，提存所得的价款。(《合同法》第一百零一条)

(10) 标的物提存后，除债权人下落不明的以外，债务人应当及时通知债权人或者债权人的继承人、监护人。(《合同法》第一百零二条)

(11) 标的物提存后，毁损、灭失的风险由债权人承担。提存期间，标的物的孳息归债权人所有。提存费用由债权人负担。(《合同法》第一百零三条)

(12) 债权人可以随时领取提存物，但债权人对债务人负有到期债务的，在债权人未履行债务或者提供担保之前，提存部门根据债务人的要求应当拒绝其领取提存物。债权人领取提存物的权利，自提存之日起五年内不行使而消灭，提存物扣除提存费用后归国家所有。(《合同法》第一百零四条)

(13) 债权人免除债务人部分或者全部债务的，合同的权利义务部分或者全部终止。(《合同法》第一百零五条)

(14) 债权和债务同归于一人的，合同的权利义务终止，但涉及第三人利益的除外。(《合同法》第一百零六条)

9. 违约责任

(1) 当事人一方不履行合同义务或者履行合同义务不符合约定的，应当承担继续履行、采取补救措施或者赔偿损失等违约责任。(《合同法》第一百零七条)

(2) 当事人一方明确表示或者以自己的行为表明不履行合同义务的，对方可以在履行期限届满之前要求其承担违约责任。(《合同法》第一百零八条)

(3) 当事人一方未支付价款或者报酬的，对方可以要求其支付价款或者报酬。(《合同法》第一百零九条)

(4) 当事人一方不履行非金钱债务或者履行非金钱债务不符合约定的，对方可以要求履行，但有下列情形之一的除外：①法律上或者事实上不能履行；②债务的标的不适于强制履行或者履行费用过高；③债权人在合理期限内未要求履行。(《合同法》第一百一十条)

(5) 质量不符合约定的，应当按照当事人的约定承担违约责任。对违约责任没有约定或者约定不明确，依照本法第六十一条的规定仍不能确定的，受损害方根据标的的性质以及损失的大小，可以合理选择要求对方承担修理、更换、重作、退货、减少价款或者报酬

等违约责任。(《合同法》第一百一十一条)

(6) 当事人一方不履行合同义务或者履行合同义务不符合约定的，在履行义务或者采取补救措施后，对方还有其他损失的，应当赔偿损失。(《合同法》第一百一十二条)

(7) 当事人一方不履行合同义务或者履行合同义务不符合约定，给对方造成损失的，损失赔偿额应当相当于因违约所造成的损失，包括合同履行后可以获得的利益，但不得超过违反合同一方订立合同时预见到或者应当预见到的因违反合同可能造成的损失。经营者对消费者提供商品或者服务有欺诈行为的，依照《中华人民共和国消费者权益保护法》的规定承担损害赔偿责任。(《合同法》第一百一十三条)

(8) 当事人可以约定一方违约时应当根据违约情况向对方支付一定数额的违约金，也可以约定因违约产生的损失赔偿额的计算方法。约定的违约金低于造成的损失的，当事人可以请求人民法院或者仲裁机构予以增加；约定的违约金过分高于造成的损失的，当事人可以请求人民法院或者仲裁机构予以适当减少。当事人就迟延履行约定违约金的，违约方支付违约金后，还应当履行债务。(《合同法》第一百一十四条)

(9) 当事人可以依照《中华人民共和国担保法》约定一方向对方给付定金作为债权的担保。债务人履行债务后，定金应当抵作价款或者收回。给付定金的一方不履行约定的债务的，无权要求返还定金；收受定金的一方不履行约定的债务的，应当双倍返还定金。(《合同法》第一百一十五条)

(10) 当事人既约定违约金，又约定定金的，一方违约时，对方可以选择适用违约金或者定金条款。(《合同法》第一百一十六条)

(11) 因不可抗力不能履行合同的，根据不可抗力的影响，部分或者全部免除责任，但法律另有规定的除外。当事人迟延履行后发生不可抗力的，不能免除责任。本法所称不可抗力，是指不能预见、不能避免并不能克服的客观情况。(《合同法》第一百一十七条)

(12) 当事人一方因不可抗力不能履行合同的，应当及时通知对方，以减轻可能给对方造成的损失，并应当在合理期限内提供证明。(《合同法》第一百一十八条)

(13) 当事人一方违约后，对方应当采取适当措施防止损失的扩大；没有采取适当措施致使损失扩大的，不得就扩大的损失要求赔偿。当事人因防止损失扩大而支出的合理费用，由违约方承担。(《合同法》第一百一十九条)

(14) 当事人双方都违反合同的，应当各自承担相应的责任。(《合同法》第一百二十条)

(15) 当事人一方因第三人的原因造成违约的，应当向对方承担违约责任。当事人一方和第三人之间的纠纷，依照法律规定或者按照约定解决。(《合同法》第一百二十一条)

(16) 因当事人一方的违约行为，侵害对方人身、财产权益的，受损害方有权选择依照本法要求其承担违约责任或者依照其他法律要求其承担侵权责任。(《合同法》第一百二十二条)

10. 购销（买卖）合同的相关条款

(1) 买卖合同是出卖人转移标的物的所有权于买受人，买受人支付价款的合同。(《合同法》第一百三十条)

(2) 买卖合同的内容除依照本法第十二条的规定以外，还可以包括包装方式、检验标准和方法、结算方式、合同使用的文字及其效力等条款。(《合同法》第一百三十一条)

（3）出卖的标的物，应当属于出卖人所有或者出卖人有权处分。法律、行政法规禁止或者限制转让的标的物，依照其规定。（《合同法》第一百三十二条）

（4）标的物的所有权自标的物交付时起转移，但法律另有规定或者当事人另有约定的除外。（《合同法》第一百三十三条）

（5）当事人可以在买卖合同中约定买受人未履行支付价款或者其他义务的，标的物的所有权属于出卖人。（《合同法》第一百三十四条）

（6）出卖人应当履行向买受人交付标的物或者交付提取标的物的单证，并转移标的物所有权的义务。（《合同法》第一百三十五条）

（7）出卖人应当按照约定或者交易习惯向买受人交付提取标的物单证以外的有关单证和资料。（《合同法》第一百三十六条）

（8）出卖具有知识产权的计算机软件等标的物的，除法律另有规定或者当事人另有约定的以外，该标的物的知识产权不属于买受人。（《合同法》第一百三十七条）

（9）出卖人应当按照约定的期限交付标的物。约定交付期间的，出卖人可以在该交付期间内的任何时间交付。（《合同法》第一百三十八条）

（10）当事人没有约定标的物的交付期限或者约定不明确的，适用本法第六十一条、第六十二条第四项的规定。（《合同法》第一百三十九条）

（11）标的物在订立合同之前已为买受人占有的，合同生效的时间为交付时间。（《合同法》第一百四十条）

（12）出卖人应当按照约定的地点交付标的物。当事人没有约定交付地点或者约定不明确，依照本法第六十一条的规定仍不能确定的，适用下列规定：①标的物需要运输的，出卖人应当将标的物交付给第一承运人以运交给买受人；②标的物不需要运输，出卖人和买受人订立合同时知道标的物在某一地点的，出卖人应当在该地点交付标的物；不知道标的物在某一地点的，应当在出卖人订立合同时的营业地交付标的物。（《合同法》第一百四十一条）

（13）标的物毁损、灭失的风险，在标的物交付之前由出卖人承担，交付之后由买受人承担，但法律另有规定或者当事人另有约定的除外。（《合同法》第一百四十二条）

（14）因买受人的原因致使标的物不能按照约定的期限交付的，买受人应当自违反约定之日起承担标的物毁损、灭失的风险。（《合同法》第一百四十三条）

（15）出卖人出卖交由承运人运输的在途标的物，除当事人另有约定的以外，毁损、灭失的风险自合同成立时起由买受人承担。（《合同法》第一百四十四条）

（16）当事人没有约定交付地点或者约定不明确，依照本法第一百四十一条第二款第一项的规定标的物需要运输的，出卖人将标的物交付给第一承运人后，标的物毁损、灭失的风险由买受人承担。（《合同法》第一百四十五条）

（17）出卖人按照约定或者依照本法第一百四十一条第二款第二项的规定将标的物置于交付地点，买受人违反约定没有收取的，标的物毁损、灭失的风险自违反约定之日起由买受人承担。（《合同法》第一百四十六条）

（18）出卖人按照约定未交付有关标的物的单证和资料的，不影响标的物毁损、灭失风险的转移。（《合同法》第一百四十七条）

（19）因标的物质量不符合质量要求，致使不能实现合同目的的，买受人可以拒绝接受标的物或者解除合同。买受人拒绝接受标的物或者解除合同的，标的物毁损、灭失的风险由出卖人承担。(《合同法》第一百四十八条)

(20) 标的物毁损、灭失的风险由买受人承担的，不影响因出卖人履行债务不符合约定，买受人要求其承担违约责任的权利。(《合同法》第一百四十九条)

(21) 出卖人就交付的标的物，负有保证第三人不得向买受人主张任何权利的义务，但法律另有规定的除外。(《合同法》第一百五十条)

(22) 买受人订立合同时知道或者应当知道第三人对买卖的标的物享有权利的，出卖人不承担本法第一百五十条规定的义务。(《合同法》第一百五十一条)

(23) 买受人有确切证据证明第三人可能就标的物主张权利的，可以中止支付相应的价款，但出卖人提供适当担保的除外。(《合同法》第一百五十二条)

(24) 出卖人应当按照约定的质量要求交付标的物。出卖人提供有关标的物质量说明的，交付的标的物应当符合该说明的质量要求。(《合同法》第一百五十三条)

(25) 当事人对标的物的质量要求没有约定或者约定不明确，依照本法第六十一条的规定仍不能确定的，适用本法第六十二条第一项的规定。(《合同法》第一百五十四条)

(26) 出卖人交付的标的物不符合质量要求的，买受人可以依照本法第一百一十一条的规定要求承担违约责任。(《合同法》第一百五十五条)

(27) 出卖人应当按照约定的包装方式交付标的物。对包装方式没有约定或者约定不明确，依照本法第六十一条的规定仍不能确定的，应当按照通用的方式包装，没有通用方式的，应当采取足以保护标的物的包装方式。(《合同法》第一百五十六条)

(28) 买受人收到标的物时应当在约定的检验期间内检验。没有约定检验期间的，应当及时检验。(《合同法》第一百五十七条)

(29) 当事人约定检验期间的，买受人应当在检验期间内将标的物的数量或者质量不符合约定的情形通知出卖人。买受人怠于通知的，视为标的物的数量或者质量符合约定。

当事人没有约定检验期间的，买受人应当在发现或者应当发现标的物的数量或者质量不符合约定的合理期间内通知出卖人。买受人在合理期间内未通知或者自标的物收到之日起两年内未通知出卖人的，视为标的物的数量或者质量符合约定，但对标的物有质量保证期的，适用质量保证期，不适用该两年的规定。

出卖人知道或者应当知道提供的标的物不符合约定的，买受人不受前两款规定的通知时间的限制。(《合同法》第一百五十八条)

(30) 买受人应当按照约定的数额支付价款。对价款没有约定或者约定不明确的，适用本法第六十一条、第六十二条第二项的规定。(《合同法》第一百五十九条)

(31) 买受人应当按照约定的地点支付价款。对支付地点没有约定或者约定不明确，依照本法第六十一条的规定仍不能确定的，买受人应当在出卖人的营业地支付，但约定支付价款以交付标的物或者交付提取标的物单证为条件的，在交付标的物或者交付提取标的物单证的所在地支付。(《合同法》第一百六十条)

(32) 买受人应当按照约定的时间支付价款。对支付时间没有约定或者约定不明确，依照本法第六十一条的规定仍不能确定的，买受人应当在收到标的物或者提取标的物单证的同时支付（《合同法》第一百六十一条)

(33) 出卖人多交标的物的，买受人可以接收或者拒绝接收多交的部分。买受人接收

多交部分的，按照合同的价格支付价款；买受人拒绝接收多交部分的，应当及时通知出卖人。(《合同法》第一百六十二条)

(34) 标的物在交付之前产生的孳息，归出卖人所有，交付之后产生的孳息，归买受人所有。(《合同法》第一百六十三条)

(35) 因标的物的主物不符合约定而解除合同的，解除合同的效力及于从物。因标的物的从物不符合约定被解除的，解除的效力不及于主物。(《合同法》第一百六十四条)

(36) 标的物为数物，其中一物不符合约定的，买受人可以就该物解除，但该物与他物分离使标的物的价值显受损害的，当事人可以就数物解除合同。(《合同法》第一百六十五条)

(37) 出卖人分批交付标的物的，出卖人对其中一批标的物不交付或者交付不符合约定，致使该批标的物不能实现合同目的的，买受人可以就该批标的物解除。出卖人不交付其中一批标的物或者交付不符合约定，致使今后其他各批标的物的交付不能实现合同目的的，买受人可以就该批以及今后其他各批标的物解除。买受人如果就其中一批标的物解除，该批标的物与其他各批标的物相互依存的，可以就已经交付和未交付的各批标的物解除。(《合同法》第一百六十六条)

(38) 分期付款的买受人未支付到期价款的金额达到全部价款的五分之一的，出卖人可以要求买受人支付全部价款或者解除合同。出卖人解除合同的，可以向买受人要求支付该标的物的使用费。(《合同法》第一百六十七条)

(39) 招标投标买卖的当事人的权利和义务以及招标投标程序等，依照有关法律、行政法规的规定。(《合同法》第一百七十二条)

(40) 当事人约定易货交易，转移标的物的所有权的，参照买卖合同的有关规定。(《合同法》第一百七十五条)

第二篇

初级工知识与技能要求

第一章　中药鉴别

第一节　中药识别

一、根及根茎类中药

九节菖蒲

【来源】本品为毛茛科植物阿尔泰银莲花的干燥根茎。夏、秋季采挖，洗净泥土，干燥，搓去须根。

【产地】主产于陕西、河南、山西等地。

【性状】根茎呈纺锤形，稍弯曲，长1～4cm，直径3～5mm。表面棕黄色至暗棕色。具多数半环状突起的节，斜向交互排列，节上有鳞叶痕，并有圆形突起的细根痕。质硬而脆，易折断，断面白色或灰白色，有粉性。气微，味微酸。

以肥壮饱满、表面色棕黄者为佳。

【功效与主治】开窍化痰，醒脾安神。用于热病神昏，耳鸣耳聋。胸闷腹胀，食欲不振等症。

川　芎

【来源】本品为伞形科植物川芎的干燥根茎。夏季当茎上的节盘显著突出，并略带紫色时采挖，除去泥沙，晒后烘干，再去须根。

【产地】主产于四川等地。以产于都江堰地区者质佳。

【性状】本品为不规则结节状拳形团块，直径2～7cm。表面黄褐色，粗糙皱缩，有多数平行隆起的轮节，顶端有凹陷的类圆形茎痕，下侧及轮节上有多数小瘤状根痕。质坚实，不易折断，断面黄白色或灰黄色，散有黄棕色的油室，形成层环呈波状。气浓香，味苦、辛，稍有麻舌感而后微回甜。

以个大、质坚实、断面色黄白、油性大、香气浓者为佳。

【饮片】本品为不规则厚片，习称“蝴蝶片”。外表皮黄褐色，有皱缩纹。切面黄白色或灰黄色，具有明显波状环纹或多角形纹理，散生黄棕色油点。质坚实。气浓香，味苦、辛、微甜。

【功效与主治】活血行气，祛风止痛。用于胸痹心痛，胸胁刺痛，跌仆肿痛，月经不调，经闭痛经，癥瘕腹痛，头痛，风湿痹痛。

川木香

【来源】本品为菊科植物川木香或灰毛川木香的干燥根。秋季采挖，除去须根、泥沙及根头上的胶状物，干燥。

【产地】主产于四川及西藏东部等地。

【性状】本品呈圆柱形或有纵槽的半圆柱形，稍弯曲，长10～30cm，直径1～3cm。表面黄褐色或棕褐色，具纵皱纹，外皮脱落处可见丝瓜络状细筋脉；根头偶有黑色发黏的胶状物，习称“油头”。体较轻，质硬脆，易折断，断面黄白色或黄色，有深黄色稀疏油点及裂隙，木部宽广，有放射状纹理；有的中心呈枯朽状。气微香，味苦，嚼之黏牙。

以根条粗大、香气浓、油性足、裂沟少者为佳。

【饮片】本品呈圆形或半圆形厚片，常有缺裂。外表面黄褐色或棕褐色，具纵皱纹。体较轻，质硬脆，切面黄白色或黄色，有深黄色稀疏油点及裂隙，木部宽广，有放射状纹理；有的中心呈枯朽状。气微香，味苦，嚼之黏牙。

【功效与主治】行气止痛。用于胸胁、脘腹胀痛，肠鸣腹泻，里急后重。

川贝母

【来源】本品为百合科植物川贝母、暗紫贝母、甘肃贝母、梭砂贝母、太白贝母或瓦布贝母的干燥鳞茎。按性状不同分别习称“松贝”、“青贝”、“炉贝”和“栽培品”。夏、秋二季或积雪融化时采挖，除去须根、粗皮及泥沙，晒干或低温干燥。

【产地】主产于四川、青海、甘肃、云南、西藏等地。以四川产“松贝”质优。

【性状】

1. 松贝 呈类圆锥形或近球形，高0.3～0.8cm，直径0.3～0.9cm。表面类白色。外层鳞叶2瓣，大小悬殊，大瓣紧抱小瓣，未抱部分呈新月形，习称“怀中抱月”；顶部闭合，内有类圆柱形、顶端稍尖的心芽和小鳞叶1～2枚；先端钝圆或稍尖，底部平，微凹入，中心有一灰褐色的鳞茎盘，偶有残存须根。质硬而脆，断面白色，富粉性。气微，味微苦。

2. 青贝 呈类扁球形，高0.4～1.4cm，直径0.4～1.6cm。外层鳞叶2瓣，大小相近，相对抱合，顶部开裂，内有心芽和小鳞叶2～3枚及细圆柱形的残茎。

3. 炉贝 呈长圆锥形，高0.7～2.5cm，直径0.5～2.5cm。表面类白色或浅棕黄色，有的具棕色斑点（习称“虎皮斑”）。外层鳞叶2瓣，大小相近，顶部开裂而略尖，基部稍尖或较钝。

4. 栽培品 呈类扁球形或短圆柱形，高0.5～2cm，直径1～2.5cm。表面类白色或浅棕黄色，稍粗糙，有的具浅黄色斑点。外层鳞叶2瓣，大小相近，顶部多开裂而较平。

均以质坚实、粉性足、色白者为佳。

【功效与主治】清热润肺，化痰止咳，散结消痈。用于肺热燥咳，干咳少痰，阴虚劳嗽，痰中带血，瘰疬，乳痈，肺痈。

川牛膝

【来源】本品为苋科植物川牛膝的干燥根。秋、冬二季采挖，除去芦头、须根及泥沙，烘或晒至半干，堆放回润，再烘干或晒干。

【产地】主产于四川、云南；贵州等地也产。以四川产者质优。

【性状】本品呈近圆柱形，微扭曲，向下略细或有少数分支，长 30 ~ 60cm，直径 0.5 ~ 3cm。表面黄棕色或灰褐色，具纵皱纹、支根痕和多数横长的皮孔样突起。质韧，不易折断，断面浅黄色或棕黄色，维管束点状，排列成数轮同心环。气微，味甜。

以根粗壮、质柔韧、分支少、断面色浅黄者为佳。

【饮片】

1. 川牛膝片　本品呈圆形或椭圆形薄片。外表皮黄棕色或灰褐色，切面淡黄色或棕黄色。可见多数排列成数轮同心环的黄色点状维管束。气微，味甜。

2. 酒川牛膝片　本品形如川牛膝片，表面棕褐色，微有酒香气，味甜。

【功效与主治】逐瘀通经，通利关节，利尿通淋。用于经闭癥瘕，胞衣不下，跌仆损伤，风湿痹痛，足痿筋挛，尿血血淋。

川乌【毒】

【来源】本品为毛茛科植物乌头的干燥母根。6 月下旬至 8 月上旬采挖，除去子根、须根及泥沙，晒干。

【产地】主产于四川、陕西等地。

【性状】本品呈不规则的圆锥形，稍弯曲，顶端常有残茎，中部多向一侧膨大，长 2 ~ 7.5cm，直径 1.2 ~ 2.5cm。表面棕褐色或灰棕色，皱缩，有小瘤状侧根及子根脱离后的痕迹。质坚实，断面类白色或浅灰黄色，形成层环纹呈多角形。气微，味辛辣、麻舌。

以个匀、肥满坚实、无空心者为佳。

【饮片】制川乌片：本品为不规则圆形或长三角形片。表面黑褐色或黄褐色，有灰棕色形成层环纹。体轻，质脆，断面有光泽。气微，微有麻舌感。

【功效与主治】祛风除湿，温经止痛。用于风寒湿痹，关节疼痛，心腹冷痛，寒疝作痛及麻醉止痛。

大　黄

【来源】本品为蓼科植物掌叶大黄、唐古特大黄或药用大黄的干燥根及根茎。秋末茎叶枯萎或次春发芽前采挖，除去细根，刮去外皮或不去外皮，切瓣或段，绳穿成串干燥或直接干燥。

【产地】掌叶大黄主产于甘肃、青海、西藏等地。唐古特大黄主产于青海、甘肃、西藏东北部及四川西北部。药用大黄主产于四川、贵州、云南等地。以产于青海的“西宁大黄”质优。

【性状】本品呈类圆柱形、圆锥形、卵圆形或不规则块状，长 3 ~ 17cm，直径 3 ~ 10cm（或 10cm 以上）。除尽外皮者表面黄棕色至红棕色，有的可见类白色网状纹理（“锦纹”），残留的外皮棕褐色，多具绳孔及粗皱纹。质坚实，有的中心稍松软，断面淡红棕色或黄棕色，显颗粒性；根茎髓部宽广，有“星点”（异型维管束）环列或散在；根木部发达，具放射状纹理，形成层环明显，无星点。气清香，味苦而微涩，嚼之黏牙，有沙粒感。

以个大、质坚实、断面色红棕、锦纹明显、气清香、味苦而微涩、嚼之黏牙者为佳。

【饮片】

1. 大黄片 本品为厚片，除尽外皮者表面黄棕色至红棕色，有的可见类白色网状纹理，残留的外皮棕褐色，质坚实，切面淡红棕色或黄棕色，显颗粒性；根茎髓部宽广，有星点环列或散在；根木部发达，具放射状纹理，形成层环明显，无星点。气清香，味苦而微涩，嚼之黏牙，有沙粒感。

2. 酒大黄片 本品呈厚片状，表面深褐色，内部棕褐色，偶带焦斑，略有酒气。

3. 熟大黄 本品呈片状或小块状，内外均呈黑褐色。味微苦。

4. 大黄炭 本品呈片状，表面焦黑色，内部焦褐色，质轻而脆。

【功效与主治】泻热攻积，清热泻火，凉血解毒，逐瘀通经，利湿退黄。用于实热积滞便秘，血热吐衄，目赤咽肿，痈肿疔疮，肠痈腹痛，瘀血经闭，产后瘀阻，跌打损伤，湿热痢疾，黄疸尿赤，淋证，水肿；外治烧烫伤。酒大黄善清上焦血分热毒。用于目赤咽肿，齿龈肿痛。熟大黄泻下力缓，泻火解毒。用于火毒疮疡。大黄炭凉血化瘀止血。用于血热有瘀出血症。

土大黄

【来源】本品为蓼科植物巴天酸模或皱叶酸模的干燥根。春、秋季采挖，趁鲜切片，干燥。

【产地】产于河北等地。

【性状】本品呈类圆形或不规则厚片，直径1～3cm。外表面有纵皱纹。切面淡黄色或灰黄色，有放射状纹理，质硬。气微酸，味苦、微涩。

以片大、色棕黄、味苦者为佳。

【功效与主治】凉血止血，杀虫治癣。用于衄血，咯血，便血，子宫出血，疥癣。

土贝母

【来源】本品为葫芦科植物土贝母的干燥块茎。秋季采挖，洗净，掰开，煮至无白心，取出，晒干。

【产地】主产于河南、陕西、山西、河北、山东等地。

【性状】本品为不规则的块，大小不等。表面淡红棕色或暗棕色，凹凸不平。质坚硬，不易折断，断面角质样，光亮而平滑。气微，味微苦。

以个大、质坚实、半透明、色棕红者为佳。

【功效与主治】解毒，散结，消肿。用于乳痈，瘰疬，痰核。

土茯苓

【来源】本品为百合科植物光叶菝葜的干燥根茎。夏、秋二季采挖，除去须根，洗净趁鲜切成薄片，干燥。

【产地】主产于广东、湖南、湖北、浙江、安徽、四川等地。

【性状】本品为长圆形或不规则薄片，厚1～2mm，边缘不整齐。切面类白色至淡红棕色，粉性，可见点状维管束及多数小亮点。质略韧，折断时有粉尘飞扬，以水湿润后有黏滑感。气微，味微甘、涩。

以片大、粉性足、筋脉少、切面淡红棕色者为佳。

【功效与主治】解毒，除湿，通利关节。用于梅毒及汞中毒所致的肢体拘挛；湿热淋浊，带下，痈肿，瘰疬，疥癣。

土木香

【来源】本品为菊科植物土木香的干燥根。秋季采挖，除去泥沙，晒干。

【产地】主产于河北等地。

【性状】本品呈圆锥形，略弯曲，长5～20cm。表面黄棕色或暗棕色，有纵皱纹及须根痕；根头粗大，顶端有凹陷的茎痕及叶鞘残基，周围有圆柱形支根。质坚硬，不易折断，断面略平坦，黄白色至浅灰褐色，有放射状纹理及棕色环纹，可见凹点状油室。气微香，味苦、辛。

以根粗壮、质坚实、香气浓者为佳。

【饮片】本品呈圆形或不规则形片。外表皮黄棕色或暗棕色，可见纵皱纹。

【功效与主治】健脾和胃，行气止痛，安胎。用于胸胁、脘腹胀痛，呕吐泻痢，胸胁挫伤，岔气作痛，胎动不安。

牛　膝

【来源】本品为苋科植物牛膝的干燥根。冬季茎叶枯萎时采挖，除去须根及泥沙，捆成小把，晒至干皱后，将顶端切齐，晒干。

【产地】主产于河南等地，以焦作地区产者质佳，为“四大怀药”之一。

【性状】本品呈细长圆柱形，挺直或稍弯曲，长15～70cm，直径0.4～1cm。表面灰黄色或淡棕色，有微扭曲的细纵皱纹、排列稀疏的侧根痕和横长皮孔样的突起。质硬脆，易折断，受潮后变软；断面平坦，淡棕色，略呈角质样而油润，中心维管束木质部明显，黄白色，其外周散有多数黄白色点状维管束，断续排列成2～4轮。气微，味微甜而稍苦涩。

以条长、皮细、色黄白、味甜者为佳。

【饮片】

1. 牛膝段　本品呈圆柱形的段。外表皮灰黄色或淡棕色，余同药材。

2. 酒牛膝　本品形如牛膝段，表面色略深，偶见焦斑。微有酒香气。

【功效与主治】逐瘀通经，补肝肾，强筋骨，利尿通淋，引血下行。用于经闭，痛经，腰膝酸痛，筋骨无力，淋证，水肿，头痛，眩晕，牙痛，口疮，吐血，衄血。

木　香

【来源】本品为菊科植物木香的干燥根。秋、冬二季采挖，除去泥沙及须根，切段，大的再纵剖成瓣，干燥后撞去粗皮。

【产地】主产于云南、四川、湖北；湖南、广东、广西等地也产。以产于云南者质优。

【性状】本品呈圆柱形或半圆柱形，长5～10cm，直径0.5～5cm。表面黄棕色至灰褐色，有明显的皱纹、纵沟及侧根痕。质坚，不易折断；断面灰褐色至暗褐色，周边灰黄色或浅棕黄色，形成层环棕色，有放射状纹理及散在的褐色点状油室。气香特异，味微苦。

以条匀、质坚实、油性足、香气浓郁者为佳。

【饮片】

1. 木香片　本品为类圆形或不规则的厚片。外表皮黄棕色或灰褐色。切面黄棕色至灰褐色，中部有明显菊花心状的放射纹理，形成层棕色，褐色油点（油室）散在。气香特异，味微苦。

2. 煨木香　本品形如木香片。气微香，味微苦。

【功效与主治】行气止痛，健脾消食。用于胸胁、脘腹胀痛，泻利后重，食积不消，不思饮食。煨木香实肠止泻，用于泄泻腹痛。

天　冬

【来源】本品为百合科植物天冬的干燥块根。秋、冬二季采挖，洗净，除去茎基和须根，置沸水中煮或蒸至透心，趁热除去外皮，洗净，干燥。

【产地】主产于贵州、四川、广西、浙江、云南、湖南等地。以贵州产量大，质量好。

【性状】本品呈长纺锤形，略弯曲，长5～18cm，直径0.5～2cm。表面黄白色至淡黄棕色，半透明，光滑或具深浅不等的纵皱纹，偶有残存的灰棕色外皮。质硬或柔润，有黏性，断面角质样，中柱黄白色。气微，味甜、微苦。

以肥大粗壮、黄白色半透明者为佳。

【饮片】本品为圆形薄片，表面黄白色至淡黄棕色，半透明。

【功效与主治】养阴润燥，清肺生津。用于肺燥干咳，顿咳痰黏，腰膝酸痛，骨蒸潮热，内热消渴，热病津伤，咽干口渴，肠燥便秘。

天　麻

【来源】本品为兰科植物天麻的干燥块茎。立冬后至次年清明前采挖，立即洗净，蒸透，低温干燥。根据采收季节分为“冬麻”和“春麻”，以“冬麻”质优。

【产地】主产于贵州、四川、云南、湖北、陕西等地。

【性状】本品呈椭圆形或长条形，略扁，皱缩而稍弯曲，长3～15cm，宽1.5～6cm，厚0.5～2cm。表面黄白色至淡黄棕色，有纵皱纹及由潜伏芽排列而成的横环纹多轮，有时可见棕褐色菌索；顶端有红棕色至深棕色鹦嘴状的芽或残留茎基，另端有圆脐形疤痕。质坚硬，不易折断，断面较平坦，黄白色至淡棕色，角质样。气微，味甘。

以个大、质坚实、色黄白、断面半透明、无空心者为佳。

【饮片】本品呈不规则的薄片。外表皮黄色至淡黄棕色，有时可见点状排列的横环纹残痕。切面黄白色至淡棕色，角质样。半透明。气微，味甘。

【功效与主治】息风止痉，平抑肝阳，祛风通络。用于小儿惊风，癫痫抽搐，破伤风，头痛眩晕，手足不遂，肢体麻木，风湿痹痛。

升　麻

【来源】本品为毛茛科植物大三叶升麻、兴安升麻或升麻的干燥根茎。秋季采挖，除去泥沙，晒至须根干时，燎去或除去须根，晒干。

【产地】关升麻产于东北地区；北升麻以河北、山西产量大；川升麻产于四川、青海等地。

【性状】本品为不规则的长形块状，多分支，呈结节状，长10～20cm，直径2～4cm。表面黑褐色或棕褐色，粗糙不平，有坚硬的细须根残留，上面有数个圆形空洞的茎基痕，洞内壁显网状沟纹；下面凹凸不平，具须根痕。体轻，质坚硬，不易折断，断面不平坦，有裂隙，纤维性，黄绿色或淡黄白色。气微，味微苦而涩。

以个大、质坚、外皮黑褐色无须根及泥土者为佳。

【饮片】本品为不规则片状，外表面黑褐色或棕褐色，粗糙不平，有的有硬的细须根残留或具须根痕。体轻，质坚硬，切面裂隙多，纤维性，黄绿色或淡黄白色。气微，味微苦而涩。

【功效与主治】发表透疹，清热解毒，升举阳气。用于风热头痛，齿痛，口疮，咽喉肿痛，麻疹不透，阳毒发斑，脱肛，子宫脱垂。

山豆根

【来源】本品为豆科植物越南槐的干燥根及根茎。秋季采挖，除去杂质，洗净，干燥。

【产地】主产于广西、广东等地；贵州、云南也产。

【性状】本品根茎呈不规则的结节状，顶端常残存茎基，其下着生根数条。根呈长圆柱形，常有分支，长短不等，直径0.7～1.5cm。表面棕色至棕褐色，有不规则的纵皱纹及横长皮孔样突起。质坚硬，难折断，断面皮部浅棕色，木部淡黄色。有豆腥气，味极苦。

以根条粗壮、质坚、味苦者为佳。

【饮片】本品为圆形片（根部）或不规则类圆形片（根茎）。外表皮棕色至棕褐色。切面皮部浅棕色，木部淡黄色。有豆腥气，味极苦。

【功效与主治】清热解毒，消肿利咽。用于火毒蕴结，乳蛾喉痹，咽喉肿痛，齿龈肿痛，口舌生疮。

山麦冬

【来源】本品为百合科植物湖北麦冬或短葶山麦冬的干燥块根。夏初采挖，洗净，反复暴晒、堆置，至近干，除去须根，干燥。

【产地】主产于湖北等地。

【性状】

1. 湖北麦冬　呈纺锤形，两端略尖，长1.2～3cm，直径0.4～0.7cm。表面淡黄色至棕黄色，具不规则纵皱纹。质柔韧，干后质硬脆，易折断，断面淡黄色至棕黄色，角质样，中柱细小。气微，味甜，嚼之发黏。

2. 短葶山麦冬　稍扁，长2～5cm，直径0.3～0.8cm，具粗纵纹。味甘、微苦。

以饱满、气味浓者为佳。

【功效与主治】养阴生津，润肺清心。用于肺燥干咳，阴虚劳咳，喉痹咽痛，津伤口渴，内热消渴，心烦失眠，肠燥便秘。

石菖蒲

【来源】本品为天南星科植物石菖蒲的干燥根茎。秋、冬二季采挖，除去须根及泥沙，晒干。

【产地】主产于浙江、江苏、四川等地。

【性状】本品呈扁圆柱形，多弯曲，常有分支，长3～20cm，直径0.3～1cm。表面棕褐色或灰棕色，粗糙，有疏密不匀的环节，节间长0.2～0.8cm，具细纵纹，一面残留须根或圆点状根痕；叶痕呈三角形，左右交互排列，有的其上有毛鳞状的叶基残余。质硬，断面纤维性，类白色或微红色，内皮层环明显，可见多数维管束小点及棕色油细胞。气芳香，味苦、微辛。

以条长、粗壮、坚实、无须根者为佳。

【饮片】本品为扁圆形厚片。外表皮棕褐色或灰棕色，有的可见环节及根痕。切面纤维性，类白色或微红色，有明显环纹及油点。气芳香，味苦、微辛。

【功效与主治】开窍豁痰，醒神益智，化湿开胃。用于神昏癫痫，健忘失眠，耳鸣耳聋，脘痞不饥，噤口下痢。

北豆根

【来源】本品为防己科植物蝙蝠葛的干燥根茎。春、秋二季采挖，除去须根及泥沙，干燥。

【产地】主产于东北、华北及陕西、山东等地。

【性状】本品呈细长圆柱形，弯曲，有分支，长可达50cm，直径0.3～0.8cm。表面黄棕色至暗棕色，多有弯曲的细根，并可见突起的根痕及纵皱纹，外皮易剥落。质韧，不易折断，断面不整齐，纤维细，木部淡黄色，呈放射状排列，中心有髓。气微，味苦。

以条粗长、外皮色黄棕、断面淡黄色者为佳。

【饮片】本品为圆形厚片。外表面黄棕色至暗棕色，外皮易剥落。质韧，切面木部淡黄色呈放射状排列，中心有髓。气微，味苦。

【功效与主治】清热解毒，祛风止痛。用于咽喉肿痛，肠炎痢疾，风湿痹痛。

北沙参

【来源】本品为伞形科植物珊瑚菜的干燥根。夏、秋二季采挖，除去须根，洗净，稍晾，置沸水中烫后，除去外皮，干燥。

【产地】主产于山东、江苏、河北、辽宁等地。以山东莱阳产者质优。

【性状】本品呈细长圆柱形，偶有分支，长15～45cm，直径0.4～1.2cm。表面淡黄白色，略粗糙，偶有残存外皮，未去净外皮的表面黄棕色。全体有细纵皱纹及纵沟，并有棕黄色点状细根痕；顶端常留有黄棕色根茎残基；上端稍细，中部略粗，下部渐细。质脆，易折断，断面皮部浅黄白色，木部黄色。气特异，味微甘。

以根条细长、质坚、味甘者为佳。

【饮片】本品呈细长圆柱段或圆形厚片。外表面淡黄白色，略粗糙，偶有残存外皮。质脆，切面皮部浅黄白色，木部黄色。气特异，味微甘。

【功效与主治】养阴清肺，益胃生津。用于肺热燥咳，劳嗽痰血，胃阴不足，热病伤津，咽干口渴。

片姜黄

【来源】本品为姜科植物温郁金的干燥根茎。冬季茎叶枯萎后采挖，洗净，除去须根，趁鲜纵切厚片，晒干。

【产地】主产于浙江等地。

【性状】本品呈长圆形或不规则的片状，大小不一，长3～6cm，宽1～3cm，厚0.1～0.4cm。外皮灰黄色，粗糙皱缩，有时可见环节及须根痕。切面黄白色至棕黄色，有一圈环纹及多数筋脉小点。质脆而坚实。断面灰白色至棕黄色，略粉质。气香特异，味微苦而辛凉。

以片大均匀、色黄、质坚实、有粉性者为佳。

【功效与主治】破血行气，通经止痛。用于血滞经闭，经行腹痛，胸胁刺痛，风湿肩臂疼痛，跌仆肿痛。

半夏【毒】

【来源】本品为天南星科植物半夏的干燥块茎。夏、秋二季采挖，洗净，除去外皮及须根，晒干。

【产地】主产于四川、湖北、河南、安徽、贵州等地。

【性状】本品呈类球形，有的稍偏斜，直径1～1.5cm。表面白色或浅黄色，顶端有凹陷的茎痕，周围密布麻点状根痕；下面钝圆，较光滑。质坚实，断面洁白，富粉性。气微，味辛辣、麻舌而刺喉。

以个大粒圆、皮净色白、质坚实、粉性足者为佳。

【饮片】

1. 半夏　本品性状同药材。

2. 法半夏　本品形状同半夏，表面黄色或棕黄色，质较松脆，破碎面黄色或淡黄色。气微，味淡微甘，微有麻舌感。

3. 清半夏　本品为类圆形薄片，角质样。切面淡灰色或至灰白色，可见灰白色点状或短线状维管束痕，质脆。气微，味微涩、微有麻舌感。

4. 姜半夏　本品形状同半夏（也有加工成薄片者），表面棕色至棕褐色，质硬脆，破碎面淡黄棕色，常具角质样光泽。味淡、微有麻舌感，嚼之略黏牙。

【功效与主治】燥湿化痰，降逆止呕，消痞散结。用于湿痰寒痰，咳喘痰多，痰饮眩悸，风痰眩晕，痰厥头痛，呕吐反胃，胸脘痞闷，梅核气；外治痈肿痰核。

平贝母

【来源】本品为百合科植物平贝母的干燥鳞茎。春季采挖，除去外皮、须根及泥沙，晒干或低温干燥。

【产地】主产于东北地区。

【性状】

1. 平贝母 本品呈扁球形，高0.5～1cm，直径0.6～2cm。表面乳白色或淡黄白色，外层鳞叶2瓣，肥厚，大小相近或一片稍大抱合，顶端略平或微凹入，常稍开裂，中央鳞片小。质坚实而脆，断面粉性。气微。

2. 小平贝 类圆锥形，形似松贝，鳞叶两片大小悬殊，相互抱合但整体观察不如松贝整齐，质地不如松贝坚实。

以粒小、质坚实者为佳。

【功效与主治】清热润肺，化痰止咳。用于肺热燥咳，干咳少痰，阴虚劳嗽，咳痰带血。

白 芍

【来源】本品为毛茛科植物芍药的干燥根。夏、秋二季采挖，洗净，除去头尾及细根，置沸水中煮后除去外皮或去皮后再煮，晒干。

【产地】杭白芍产于浙江；川白芍产于四川；亳白芍产于安徽。以杭白芍质佳。

【性状】本品呈圆柱形，平直或稍弯曲，两端平截，长5～18cm，直径1～2.5cm。表面类白色或淡红棕色，光洁或有纵皱纹及细根痕，偶有残存的棕褐色外皮。质坚实，不易折断，断面较平坦，类白色或微带棕红色，形成层环明显，射线放射状。气微，味微苦、酸。

以根粗长、质坚实、粉性足、无白心及裂隙者为佳。

【饮片】

1. 白芍片 本品呈类圆形的薄片。外表面淡红棕色或类白色，平滑。切面类白色或微带棕红色，形成层环明显，可见稍隆起的筋脉纹呈放射状排列。气微，味微苦、酸。

2. 炒白芍 本品形如白芍片，表面微黄色或淡黄棕色，有的可见焦斑。气微香。

3. 酒白芍 本品形如白芍片，表面微黄色或淡黄棕色，有的可见焦斑。微有酒香气。

【功效与主治】养血调经，敛阴止汗，柔肝止痛，平抑肝阳。用于血虚萎黄，月经不调，白汗，盗汗，胁痛，腹痛，四肢挛痛，头痛眩晕。

白 术

【来源】本品为菊科植物白术的干燥根茎。冬季下部叶枯黄、上部叶变脆时采挖，除去泥沙，烘干或晒干，再除去须根。

【产地】主产于浙江（习称“杭白术”）。安徽、湖南、湖北、四川等地也有种植。以浙江产者质优。

【性状】本品为不规则的肥厚团块，长3～13cm，直径1.5～7cm。表面灰黄色或灰棕色，有瘤状突起及断续的纵皱和沟纹，并有须根痕，顶端有残留茎基和芽痕。质坚硬不易折断，断面不平坦，黄白色至淡棕色，有棕黄色的点状油室散在；烘干者断面角质样，色较深或有裂隙。气清香，味甘、微辛，嚼之略带黏性。

以个大、坚实、断面黄白色、无地上茎者为佳。

【饮片】

1. 白术片 本品为不规则的厚片，外表皮灰黄色或灰棕色，切面黄白色至淡棕色，散生棕黄色的点状油室，木部具放射状纹理，烘干者断面角质样，色较深或有裂隙。气清香，味甘、微辛，嚼之略带黏性。

2. 麸炒白术 本品形如白术片，表面黄棕色，偶见焦斑，略有焦香气。

【功效与主治】健脾益气，燥湿利水，止汗，安胎。用于脾虚食少，腹胀泄泻，痰饮眩悸，水肿，自汗，胎动不安。

白附子【毒】

【来源】本品为天南星科植物独角莲的干燥块茎。秋季采挖，除去须根及外皮，晒干。

【产地】主产于河南、甘肃、湖北等地；山西、河北、四川、陕西也产。以河南禹县产者质优。

【性状】本品呈椭圆形或卵圆形，长2～5cm，直径1～3cm。表面白色至黄白色，略粗糙，有环纹及须根痕，顶端有茎痕或芽痕。质坚硬，断面白色，粉性。气微，味淡、麻辣刺舌。

以个大均匀、肥壮饱满、色白、质坚体重、粉性足者为佳。

【饮片】制白附子片：本品为类圆形或椭圆形厚片，外表皮淡棕色，切面黄色，角质。味淡，微有麻舌感。

【功效与主治】祛风痰，定惊搐，解毒散结，止痛。用于中风痰壅，口眼㖞斜，语言謇涩，惊风癫痫，破伤风，痰厥头痛，偏正头痛，瘰疬痰核，毒蛇咬伤。

玄 参

【来源】本品为玄参科植物玄参的干燥根。冬季茎叶枯萎时采挖，除去根茎、幼芽、须根及泥沙，晒或烘至半干，堆放3～6天，反复数次至干燥。

【产地】主产于浙江、四川等地；贵州、湖南、湖北、江西、陕西等地也产。

【性状】本品呈类圆柱形，中间略粗或上粗下细，有的微弯曲；长6～20cm，直径1～3cm。表面灰黄色或灰褐色，有不规则的纵沟、横长皮孔样突起及稀疏的横裂纹和须根痕。质坚实，不易折断，断面黑色，微有光泽。气特异似焦糖，味甘、微苦。

以根粗壮、皮细、质坚实、断面色黑者为佳。

【饮片】本品呈类圆形或椭圆形的薄片。外表皮灰黄色或灰褐色。切面黑色，微有光泽，有的具裂纹。气特异似焦糖，味甘、微苦。

【功效与主治】清热凉血，滋阴降火，解毒散结。用于热入营血，温毒发斑，热病伤阴，舌绛烦渴，津伤便秘，骨蒸劳嗽，目赤，咽痛，白喉，瘰疬，痈肿疮毒。

红 芪

【来源】本品为豆科植物多序岩黄芪的干燥根。春、秋二季采挖，除去须根及根头，晒干。

【产地】主产于甘肃等地。

【性状】本品呈圆柱形，少有分支，上端略粗，长10～50cm，直径0.6～2cm。表面灰红棕色，有纵皱纹、横长皮孔及少数支根痕，外皮易脱落，剥落处淡黄色。质硬而韧，不易折断，断面纤维性，并显粉性，皮部黄白色，木部淡黄棕色，射线放射状，形成层环浅棕色。气微，味微甜，嚼之有豆腥气。

以条粗长、饱满、粉性足、质坚实、味甜、豆腥气浓者为佳。

【饮片】本品呈类圆形或椭圆形的厚片。外表皮灰红棕色。切面皮部黄白色，形成层环浅棕色，木质部淡黄棕色，呈放射状纹理。气微，味微甜，嚼之有豆腥气。

【功效与主治】补气升阳，固表止汗，生津养血，行滞通痹，托毒排脓，敛疮生肌。用于气虚乏力，食少便溏，中气下陷，久泻脱肛，便血崩漏，表虚自汗，内热消渴，血虚萎黄，半身不遂，痹痛麻木，痈疽难溃，久溃不敛。

苍 术

【来源】本品为菊科植物茅苍术或北苍术的干燥根茎。春、秋二季采挖，除去泥沙，晒干，撞去须根。

【产地】茅苍术主产于江苏、河南、安徽、浙江、江西、湖北、四川等地。北苍术主产于河北、山西、陕西等地。以江苏产茅苍术质优。

【性状】

1. 茅苍术　呈不规则连珠状或结节状圆柱形，略弯曲，偶有分支，长3～10cm，直径1～2cm。表面灰棕色，有皱纹、横曲纹及残留须根，顶端具茎痕或残留茎基。质坚实，断面黄白色或灰白色，散有多数橙黄色或棕红色油室，暴露稍久，可析出白色细针状结晶（“起霜”）。气香特异，味微甘、辛、苦。

2. 北苍术　呈疙瘩块状或结节状圆柱形，长4～9cm，直径1～4cm。表面黑棕色，除去外皮者黄棕色。质较疏松，断面散有黄棕色油室。香气稍淡，味辛、苦。

以质坚实、断面朱砂点多、香气浓者为佳。

【饮片】

1. 苍术片　本品呈不规则类圆形或条形厚片。外表皮灰棕色至黄棕色，有皱纹，有时可见根痕。切面黄白色或灰白色，散有多数橙黄色或棕红色油室，有的可析出白色细针状结晶。气香特异，味微甘、辛、苦。

2. 麸炒苍术　本品形如苍术片，表面深黄色，散有多数棕褐色油室。有焦香气。

【功效与主治】燥湿健脾，祛风散寒，明目。用于湿阻中焦，脘腹胀满，泄泻，水肿，脚气痿躄，风湿痹痛，风寒感冒，夜盲，眼目昏涩。

赤 芍

【来源】本品为毛茛科植物芍药或川赤芍的干燥根。春、秋二季采挖，除去根茎、须根及泥沙，晒干。

【产地】主产于内蒙古、河北、辽宁、吉林、黑龙江等地。川赤芍主产于四川。以产于内蒙古的“多伦赤芍”质优。

【性状】本品呈圆柱形，稍弯曲，长5～40cm，直径0.5～3cm。表面棕褐色，粗糙，有纵沟及皱纹，并有须根痕及横长的皮孔样突起，有的外皮易脱落。质硬而脆，易折断，断面粉白色或粉红色，皮部窄，木部放射状纹理明显，有的有裂隙。气微香，味微苦、酸涩。

川赤芍外皮红褐色或暗棕色，刮去外皮者类白色。

以根条粗长、糟皮粉渣者为佳。

【饮片】本品为类圆形切片，外表皮棕褐色。切面粉白色或粉红色，皮部窄，木部放射状纹理明显。气微香，味微苦、酸涩。

【功效与主治】清热凉血，散瘀止痛。用于热入营血，温毒发斑，吐血衄血，目赤肿痛，肝郁胁痛，经闭痛经，癥瘕腹痛，跌仆损伤，痈肿疮疡。

麦　冬

【来源】本品为百合科植物麦冬的干燥块根。夏季采挖，洗净，反复暴晒、堆置，至七八成干，除去须根，干燥。

【产地】杭麦冬主产于浙江。川麦冬主产于四川等地。以杭麦冬为优。

【性状】本品呈纺锤形，两端略尖，长 1.5～3cm，直径 0.3～0.6cm。表面黄白色或淡黄色，有细纵纹。质柔韧，断面黄白色，半透明，中柱细小。气微香，味甘、微苦。

以肥大、黄白色、半透明有香气、嚼之发黏者为佳。

【功效与主治】养阴生津，润肺清心。用于肺燥干咳，阴虚痨咳，喉痹咽痛，津伤口渴，内热消渴，心烦失眠，肠燥便秘。

附子【毒】

【来源】本品为毛茛科植物乌头的子根的加工品。6 月下旬至 8 月上旬采挖，除去母根、须根及泥沙，习称“泥附子”，加工成下列规格。

1. 选择个大、均匀的泥附子，洗净，浸入食用胆巴的水溶液中过夜，再加食盐，继续浸泡，每日取出晒晾，并逐渐延长晒晾时间，直至附子表面出现大量结晶盐粒（盐霜）、体质变硬为止，习称“盐附子”。

2. 取泥附子，按大小分别洗净，浸入食用胆巴的水溶液中数日，连同浸液煮至透心，捞出，水漂，纵切成厚片，再用水浸漂，用调色液使附片染成浓茶色，取出，蒸至出现油面、光泽后，烘至半干，再晒干或继续烘干，习称“黑顺片”。

3. 选择大小均匀的泥附子，洗净，浸入食用胆巴的水溶液中数日，连同浸液煮至透心，捞出，剥去外皮，纵切成厚约 0.3cm 的片，用水浸漂，取出，蒸透，晒干，习称“白附片”。

【产地】主产于四川、陕西等地。

【性状】

1. 盐附子　呈圆锥形，长 4～7cm，直径 3～5cm。表面灰黑色，被盐霜，顶端有凹陷的芽痕，周围有瘤状突起的支根或支根痕。体重，横切面灰褐色，可见充满盐霜的小空隙及多角形形成层环纹，环纹内侧导管束排列不整齐。气微，味咸而麻，刺舌。

2. 黑顺片　为纵切片，上宽下窄，长 1.7～5cm，宽 0.9～3cm。外皮黑褐色，切面暗黄色，油润具光泽，半透明状，并有纵向导管束。质硬而脆，断面角质样。气微，味淡。

3. 白附片　无外皮，黄白色，半透明，厚约 0.3cm。

盐附子以个大、体重、色灰黑、表面起盐霜者为佳。

黑顺片、白附片均以片大、均匀、半透明、有油润光泽者为佳。

【饮片】黑顺片、白附片直接入药。

淡附片（盐附子用黑豆、甘草水煮）：本品呈纵切片，上宽下窄，长1.7～5cm，宽0.9～3cm，厚0.2～0.5cm。外皮褐色，半透明，有纵向导管束。质硬，断面角质样。气微，味淡，口尝无麻舌感。

【功效与主治】回阳救逆，补火助阳，散寒止痛。用于亡阳虚脱，肢冷脉微，心阳不足，胸痹心痛，虚寒吐泻，脘腹冷痛，肾阳虚衰，阳痿宫冷，阴寒水肿，阳虚外感，寒湿痹痛。

羌 活

【来源】本品为伞形科植物羌活或宽叶羌活的干燥根茎及根。春、秋二季采挖，除去须根及泥沙，晒干。

【产地】主产于四川、青海、甘肃等地。

【性状】

1. 羌活 为圆柱状略弯曲的根茎，长4～13cm，直径0.6～2.5cm，顶端具茎痕。表面棕褐色至黑褐色，外皮脱落处呈黄色。节间缩短，呈紧密隆起的环状，形似蚕，习称“蚕羌”；节间延长，形如竹节状，习称“竹节羌”。节上有多数点状或瘤状突起的根痕及棕色破碎鳞片。体轻，质脆，易折断，断面不平整，有多数裂隙，皮部黄棕色至暗棕色，油润，有棕色油点，木部黄白色，射线明显，髓部黄色至黄棕色。气香，味微苦而辛。

2. 宽叶羌活 为根茎及根。根茎类圆柱形，顶端具茎及叶鞘残基；根类圆锥形，有纵皱纹及皮孔。表面棕褐色，近根茎处有较密的环纹，长8～15cm，直径1～3cm，习称“条羌”。有的根茎粗大，不规则结节状，顶部具数个茎基，根较细，习称“大头羌”。质松脆，易折断，断面略平坦，皮部浅棕色，木部黄白色。气味较淡。

以条粗长、表面棕褐色、环纹紧密、断面油室多、香气浓者为佳。

【饮片】本品呈类圆形、不规则形横切或斜切片，表皮棕褐色至黑褐色，切面外侧棕褐色，木部黄白色，有的可见放射状纹理。体轻，质脆。气香，味微苦而辛。

【功效与主治】解表散寒，祛风除湿，止痛。用于风寒感冒，头痛项强，风湿痹痛，肩背酸痛。

细 辛

【来源】本品为马兜铃科植物北细辛、汉城细辛或华细辛的根及根茎。前二种习称“辽细辛”。夏季果熟期或初秋采挖，除净地上部分和泥沙，阴干。

【产地】辽细辛主产于东北地区。华细辛产于陕西、甘肃、四川、山东、山西、河南、湖北等地。以“辽细辛”质优。

【性状】

1. 辽细辛 常卷曲成团。根茎横生呈不规则圆柱状，具短分支，长1～10cm，直径0.2～0.4cm；表面灰棕色，粗糙，有环形的节，节间长0.2～0.3cm，分支顶端有碗状的茎痕。根细长，密生节上，长10～20cm，直径0.1cm；表面灰黄色，平滑或具纵皱纹；有须根及须根痕。质脆，易折断，断面平坦，黄白色或白色。气辛香，味辛辣、麻舌。

2. 华细辛 根茎长5～20cm，直径0.1～0.2cm，节间长0.2～1cm。气味较弱。

以根灰黄色、香气浓者为佳。

【饮片】本品为不规则的段。根茎呈不规则圆柱形，外表皮灰棕色，有时可见环形的节。根细，表面灰黄色，平滑或具纵皱纹。切面黄白色或白色。气辛香，味辛辣、麻舌。

【功效与主治】解表散寒，祛风止痛，通窍，温肺化饮。用于风寒感冒，头痛，牙痛，鼻塞流涕，鼻鼽，鼻渊，风湿痹痛，痰饮喘咳。

姜黄

【来源】本品为姜科植物姜黄的干燥根茎。冬季茎叶枯萎时采挖，洗净，煮或蒸至透心，晒干，除去须根。

【产地】主产于四川、广东等地。

【性状】本品呈不规则卵圆形、圆柱形或纺锤形，常弯曲，有的具短杈状分支，长2~5cm，直径1~3cm。表面深黄色，粗糙，有皱缩纹理和明显环节，并有圆形分支痕及须根痕。质坚实，不易折断，断面棕黄色至金黄色，角质样，有蜡样光泽，内皮层环纹明显，维管束呈点状散在。气香特异，味苦、辛。

以长圆形、断面橙黄色、质坚实、气味浓者为佳。

【饮片】本品为不规则或类圆形的厚片。外表皮深黄色，有时可见环节。切面棕黄色至金黄色，角质样，内皮层环纹明显，维管束呈点状散在。气香特异，味苦、辛。

【功效与主治】破血行气，通经止痛。用于胸胁刺痛，胸痹心痛，痛经经闭，癥瘕，风湿肩臂疼痛，跌仆肿痛。

明党参

【来源】本品为伞形科植物明党参的干燥根。4~5月采挖，除去须根，洗净，置沸水中煮至无白心，取出，刮去外皮，漂洗，干燥。

【产地】主产于江苏、安徽、浙江等地。

【性状】本品呈细长圆柱形、长纺锤形或不规则条块，长6~20cm，直径0.5~2cm。表面黄白色或淡棕色，光滑或有纵沟纹及须根痕，有的具红棕色斑点。质硬而脆，断面角质样，皮部较薄，黄白色，有的易与木部剥离，木部类白色。气微，味淡。

以条匀、质坚实而重、色黄白、断面角质明亮者为佳。

【饮片】本品呈圆形或类圆形厚片。外表皮黄白色，光滑或有纵沟纹。切面黄白色或淡棕色，半透明，角质样，木部类白色，有的与皮部分离。气微，味淡。

【功效与主治】润肺化痰，养阴和胃，平肝，解毒。用于肺热咳嗽，呕吐反胃，食少口干，目赤眩晕，疔毒疮疡。

板蓝根

【来源】本品为十字花科植物菘蓝的干燥根。秋季采挖，除去泥沙，晒干。

【产地】主产于河北、山东、江苏、安徽等地。

【性状】本品呈圆柱形，稍扭曲，长10~20cm，直径0.5~1cm。表面淡灰黄色或淡棕黄色，有纵皱纹、横长皮孔样突起及支根痕。根头略膨大，可见暗绿色或暗棕色轮状排列的叶柄残基和密集的疣状突起。体实，质略软，断面皮部黄白色，木部黄色。气微，味微甜后苦涩。

以根条粗长、质坚实者为佳。

【饮片】本品呈圆形的厚片。外表皮灰黄色至淡棕黄色，有纵皱纹。切面皮部黄白色，木部黄色。气微，味微甜后苦涩。

【功效与主治】清热解毒，凉血利咽。用于温疫时毒，发热咽痛，温毒发斑，痄腮，烂喉丹痧，大头瘟疫，丹毒，痈肿。

南板蓝根

【来源】本品为爵床科植物马蓝的干燥根茎及根。夏、秋二季采挖，除去地上茎，洗净，晒干。

【产地】主产于福建、四川。

【性状】本品根茎呈类圆柱形，多弯曲，有分支，长 10 ~ 30cm，直径 0.1 ~ 1cm。表面灰棕色，具细纵纹；节膨大，节上长有细根或茎残基；外皮易剥落，呈蓝灰色。质硬而脆，易折断，断面不平坦，皮部蓝灰色，木部灰蓝色至淡黄褐色，中央有髓。根粗细不一，弯曲有分支，细根细长而柔韧。气微，味淡。

以条长、粗细均匀者为佳。

【饮片】本品呈类圆形的厚片。外表皮灰棕色或暗棕色。切面灰蓝色至淡黄褐色，中央有类白色或灰蓝色海绵状的髓。气微，味淡。

【功效与主治】清热解毒，凉血消斑。用于温疫时毒，发热咽痛，温病发斑，丹毒。

南沙参

【来源】本品为桔梗科植物轮叶沙参或沙参的干燥根。春、秋二季采挖，除去须根，洗后趁鲜刮去粗皮，洗净，干燥。

【产地】主产于安徽、浙江、江苏、贵州等地。

【性状】本品呈圆锥形或圆柱形，略弯曲，长 7 ~ 27cm，直径 0.8 ~ 3cm。表面黄白色或淡棕黄色，凹陷处常有残留粗皮，上部多有深陷横纹，呈断续的环状，下部有纵纹及纵沟。顶端具 1 或 2 个根茎。体轻，质松泡，易折断，断面不平坦，黄白色，多裂隙。气微，味微甘。

以无外皮、色白、粗壮、条长均匀者为佳。

【饮片】本品为圆形厚片。表面黄白色或淡棕黄色；体轻，质松泡，断面黄白色，多裂隙。气微，味微甘。

【功效与主治】养阴清肺，益胃生津，化痰，益气。用于肺热燥咳，阴虚劳嗽，干咳痰黏，胃阴不足，食少呕吐，气阴不足，烦热口干。

独　活

【来源】本品为伞形科植物重齿毛当归的干燥根。春初苗刚发芽或秋末茎叶枯萎时采挖，除去须根及泥沙，烘至半干，堆置 2 ~ 3 天，发软后再烘至全干。

【产地】主产于四川、湖北等地。陕西、甘肃也产。

【性状】本品根略呈圆柱形，下部 2 ~ 3 分支或更多，长 10 ~ 30cm。根头部膨大，圆锥状，多横皱纹，直径 0.5 ~ 3cm，顶端有茎、叶的残基或凹陷。表面灰褐色或棕褐色，具纵皱纹，有横长皮孔样突起及稍突起的细根痕。质较硬，受潮则变软，断面皮部灰白色，有多数散在的棕色油室，木部灰黄色至黄棕色，形成层环棕色。有特异香气，味苦、辛、微麻舌。

以根条粗壮、香气浓者为佳。

【饮片】本品呈类圆形薄片。外表皮灰褐色或棕褐色。切面皮部灰白色，有多数散在的棕色油室，木部灰黄色至黄棕色，形成层环棕色。有特异香气，味苦、辛、微麻舌。

【功效与主治】祛风除湿，通痹止痛。用于风寒湿痹，腰膝疼痛，少阴伏风头痛，风寒夹湿头痛。

胡黄连

【来源】本品为玄参科植物胡黄连的干燥根茎。秋季采挖，除去须根及泥沙，晒干。

【产地】进口品产于印度、尼泊尔等地；国内主产于西藏。

【性状】本品呈圆柱形，略弯曲，偶有分支，长3～12cm，直径0.3～1cm。表面灰棕色至暗棕色，粗糙，有较密的环状节，具稍隆起的芽痕或根痕，上端密被暗棕色鳞片状的叶柄残基。体轻，质硬而脆，易折断，断面略平坦，淡棕色至暗棕色，木部有4～10个类白色点状维管束排列成环。气微，味极苦。

以条粗、折断时有粉尘、断面灰黑色、味苦者为佳。

【饮片】本品为不规则的圆形薄片，外表皮灰棕色至暗棕色。切面灰黑色或棕黑色，木部有4～10个类白色点状维管束排列成环，气微，味极苦。

【功效与主治】退虚热，除疳热，清湿热。用于骨蒸潮热，小儿疳热，湿热泻利，黄疸尿赤，痔疮肿痛。

草乌【毒】

【来源】本品为毛茛科植物北乌头的干燥块根。秋季茎叶枯萎时采挖，除去须根及泥沙，干燥。

【产地】全国大部分地区有野生。

【性状】本品呈不规则长圆锥形，略弯曲，长2～7cm，直径0.6～0.8cm。顶端常有残茎和少数不定根残基，有的顶端一侧有一枯萎的芽，一侧有一圆形或扁圆形不定根残基。表面灰褐色或黑棕褐色，皱缩，有纵皱纹、点状须根痕和数个瘤状侧根。质硬，断面灰白色或暗灰色，有裂隙，形成层环纹多角形或类圆形，髓部较大或中空。气微，味辛辣、麻舌。

以个大、质坚实、粉性大、无残茎及须根者为佳。

【饮片】制草乌片：本品为不规则圆形或近三角形的片。表面黑褐色，有灰白色多角形形成层环及点状维管束，并有空隙，周边皱缩或弯曲。质脆。气微，味微辛辣，稍有麻舌感。

【功效与主治】祛风除湿，温经止痛。用于风寒湿痹，关节疼痛，心腹冷痛，寒疝作痛及麻醉止痛。

党 参

【来源】本品为桔梗科植物党参、素花党参或川党参的干燥根。秋季采挖，洗净，晒干。

【产地】主产于甘肃、山西、四川及东北等地。以甘肃文县产者质量最佳。

【性状】

1. 党参 呈长圆柱形，稍弯曲，长10～35cm，直径0.4～2cm。表面黄棕色至灰棕色，根头部有多数疣状突起的茎痕及芽（“狮子盘头芦”），每个茎痕的顶端呈凹下的圆点状；根头下有致密的环状横纹，向下渐稀疏，有的达全长的一半，栽培品环状横纹少或无；全体有纵皱纹及散在的横长皮孔样突起，支根断落处常有黑褐色胶状物。质稍硬或略带韧性，断面稍平坦，有裂隙或放射状纹理，皮部淡黄白色至淡棕色，木部淡黄色。有特殊香气，味微甜。

2. 素花党参（西党参） 长10～35cm，直径0.5～2.5cm。表面黄白色至灰黄色，根头下致密的环状横纹常达全长的一半以上。断面裂隙较多，皮部灰白色至淡棕色。

3. 川党参 长10～45cm，直径0.5～2cm。表面灰黄色至黄棕色，有明显不规则的纵沟。质较软而结实，断面裂隙较少，皮部黄白色。

以条大、粗壮、皮松肉紧、有狮子盘头芦、横纹多、质油润、味香甜、嚼之少渣者为佳。

【饮片】

1. 党参片 本品呈类圆形的厚片。外表皮灰黄色至黄棕色，有时可见根头部有多数疣状突起的茎痕及芽。切面皮部淡黄色至淡棕色，木部淡黄色，有裂隙或放射状纹理。有特殊香气，味微甜。

2. 米炒党参 本品形如党参片，表面深黄色，偶有焦斑。

【功效与主治】健脾益肺，养血生津。用于脾肺气虚，食少倦怠，咳嗽虚喘，气血不足，面色萎黄，气短心悸，津伤口渴，内热消渴。

浙贝母

【来源】本品为百合科植物浙贝母的干燥鳞茎。初夏植株枯萎时采挖，洗净。大小分开，大者除去芯芽，习称“大贝”；小者不去芯芽，习称“珠贝”。分别撞擦，除去外皮，拌以煅过的贝壳粉，吸去擦出的浆汁，干燥或不去外皮直接干燥。

【产地】主产于浙江。

【性状】

1. 大贝 为鳞茎外层的单瓣鳞叶，略呈新月形，高1～2cm，直径2～3.5cm。外表面类白色至淡黄色，内表面白色或淡棕色，被有白色粉末。质硬而脆，易折断，断面白色至黄白色，富粉性。气微，味微苦。

2. 珠贝 为完整的鳞茎，呈扁圆形，高1～1.5cm，直径1～2.5cm。表面类白色，外层鳞叶2瓣，肥厚，略似肾形，互相抱合，内有小鳞叶2～3枚及干缩的残茎。

以鳞叶肥厚、质坚实、粉性足、断面色白者为佳。

【饮片】本品为椭圆形或类圆形片，直径1～2cm，边缘表面淡黄色，切面平坦，粉白色。质脆，易折断，断面粉白色，富粉性。

【功效与主治】清热化痰止咳，解毒散结消痈。用于风热咳嗽，痰火咳嗽，肺痈，乳痈，瘰疬，疮毒。

柴　胡

【来源】本品为伞形科植物柴胡或狭叶柴胡的干燥根。按性状不同，分别习称“北柴胡”及“南柴胡”。春、秋二季采挖，除去茎叶及泥沙，干燥。

【产地】主产于河北、陕西、湖北、内蒙古、河南等地；山西、山东、四川等地也产。

【性状】

1. 北柴胡　呈圆柱形或长圆锥形，长 6 ~ 15cm，直径 0.3 ~ 0.8cm。根头膨大，顶端残留一至多个茎基或短纤维状叶基，下部分支。表面黑褐色或浅棕色，具纵皱纹、支根痕及皮孔。质硬而韧，不易折断，断面呈纤维性，皮部浅棕色，木部黄白色。气微香，味微苦。

2. 南柴胡　根较细，圆锥形，顶端有多数细毛状枯叶纤维，下部多不分支或稍分支。表面红棕色或黑棕色，靠近根头处多具细密环纹。质稍软，易折断，断面略平坦，不显纤维性。具败油气。

以根条粗长、整齐、无地上茎者为佳。

【饮片】

1. 北柴胡片　本品呈不规则的厚片，外表皮黑褐色或浅棕色，切面淡黄白色，呈纤维性。质硬。气微香，味微苦。

2. 醋北柴胡片　本品形如北柴胡片，切面淡棕黄色，微有醋香气，味微苦。

3. 南柴胡片　本品呈类圆形或不规则片，外表皮红棕色或黑褐色，有时可见根头处具细密环纹或细毛状枯叶纤维。切面黄白色，平坦。具败油气。

4. 醋南柴胡片　本品形如南柴胡片，微有醋香气。

【功效与主治】疏散退热，疏肝解郁，升举阳气。用于感冒发热，寒热往来，胸胁胀痛，月经不调，子宫脱垂，脱肛。

银柴胡

【来源】本品为石竹科植物银柴胡的干燥根。春、夏间植株萌发或秋后茎叶枯萎时采挖；栽培品于种植后第三年 9 月中旬或第四年 4 月中旬采挖，除去残茎、须根及泥沙，晒干。

【产地】主产于宁夏、甘肃、陕西、内蒙古等地。以宁夏产者质佳。

【性状】本品呈类圆柱形，偶有分支，长 15 ~ 40cm，直径 0.5 ~ 2.5cm。表面浅棕黄色至浅棕色，有扭曲的纵皱纹及支根痕，多具孔穴状或盘状凹陷，习称“砂眼”，从砂眼处折断可见棕色裂隙中有细砂散出。根头部略膨大，有密集的呈疣状突起的芽苞、茎或根茎的残基，习称“珍珠盘”。质硬而脆，易折断，断面不平坦，较疏松，有裂隙，皮部甚薄，木部有黄、白色相间的放射状纹理。气微，味甘。

栽培品有分支，下部多扭曲，直径 0.6 ~ 1.2cm。表面浅棕黄色或浅黄棕色，纵皱纹细腻明显，细支根痕多呈点状凹陷。几无砂眼。根头部有多数疣状突起。折断面质地较紧密，几无裂隙，略显粉性，木部放射状纹理不甚明显。味微甜。

以条长均匀、外皮棕黄色、珍珠盘明显、断面黄白色者为佳。

【饮片】本品为圆形厚片。野生品切面较疏松，有裂隙。栽培品切面质地较紧密，几无裂隙，略显粉性，木部放射状纹理不明显。

【功效与主治】清虚热，除疳热。用于阴虚发热，骨蒸劳热，小儿疳热。

黄　连

【来源】本品为毛茛科植物黄连、三角叶黄连或云连的干燥根茎。以上三种分别习称“味连”、“雅连”、“云连”。秋季采挖，除去须根及泥沙，干燥，撞去残留须根。

【产地】主产于四川、重庆、湖北等地。云南也产。

【性状】

1. 味连　多集聚成簇，常弯曲，形如鸡爪，单枝根茎长3～6cm，直径0.3～0.8cm。表面灰黄色或黄褐色，粗糙，有不规则结节状隆起、须根及须根残基，有的节间表面平滑如茎秆，习称“过桥”。上部多残留褐色鳞叶，顶端常留有残余的茎或叶柄。质硬，断面不整齐，皮部橙红色或暗棕色，木部鲜黄色或橙黄色，呈放射状排列，髓部有的中空。气微，味极苦。

2. 雅连　多为单枝，略呈圆柱形，微弯曲，长4～8cm，直径0.5～1cm。“过桥”较长。顶端有少许残茎。

3. 云连　弯曲呈钩状，多为单枝，较细小。

味连、雅连以粗壮、质坚体重、断面红黄色、须根少者为佳。云连以条细节多、须根少、色黄绿者为佳。

【饮片】

1. 黄连片　本品呈不规则的薄片。外表皮灰黄色或黄褐色，粗糙，有细小的根须残痕。切面或碎断面鲜黄色或橙黄色。气微，味极苦。

2. 酒黄连　本品形如黄连片，色泽加深。略有酒香气。

3. 姜黄连　本品形如黄连片，表面棕黄色。有姜的辛辣味。

4. 萸黄连　本品形如黄连片，表面棕黄色。有吴茱萸的辛辣香气。

【功效与主治】清热燥湿，泻火解毒。用于湿热痞满，呕吐吞酸，泻利，黄疸，高热神昏，心火亢盛，心烦不寐，心悸不宁，血热吐衄，目赤，牙痛，消渴，痈肿疔疮；外治湿疹，湿疮，耳道流脓。酒黄连善清上焦火热，用于目赤，口疮。姜黄连清胃和胃止呕，用于寒热互结，湿热中阻，痞满呕吐。萸黄连疏肝和胃止呕，用于肝胃不和，呕吐吞酸。

黄　芪

【来源】本品为豆科植物蒙古黄芪或膜荚黄芪的干燥根。春、秋二季采挖，除去须根及根头，晒干。

【产地】主产于山西、甘肃、内蒙古、黑龙江等地。

【性状】本品呈圆柱形，有的有分支，上端较粗，长30～90cm，直径1～3.5cm。表面淡棕黄色或淡棕褐色，有不整齐的纵皱纹或纵沟。质硬而韧，不易折断，断面纤维性强，显粉性，皮部黄白色，木部淡黄色，有放射状纹理及裂隙，老根中心偶呈枯朽状，黑褐色或呈空洞。气微，味微甜，嚼之微有豆腥味。

以根条粗长、质坚实而绵、粉性足、豆腥气浓、味甜者为佳。

【饮片】

1. 黄芪片　本品呈圆形或椭圆形的厚片。外表皮淡棕黄色或淡棕褐色。切面皮部黄白色，木部淡黄色，有放射状纹理及裂隙。气微，味微甜，嚼之微有豆腥味。

2. 炙黄芪　本品形如黄芪片，外表皮浅棕黄或棕褐色，略有光泽。切面皮部浅黄色，木质部黄色。具蜜香气，味甜，略带黏性。

【功效与主治】补气升阳，固表止汗，利水消肿，生津养血，行滞通痹，托毒排脓，敛疮生肌。用于气虚乏力，食少便溏，中气下陷，久泻脱肛，便血崩漏，表虚自汗，气虚水肿，内热消渴，血虚痿黄，半身不遂，痹痛麻木，痈疽难溃，久溃不敛。

二、茎木类、皮类中药

大血藤

【来源】本品为木通科植物大血藤的干燥藤茎。秋、冬二季采收，除去侧枝，截段，干燥；或趁鲜切片，干燥。商品多为产地片。

【产地】主产于湖北、四川、江西、河南等地；江苏、安徽、浙江、贵州等地也产。

【性状】

1. 药材　本品呈圆柱形，略弯曲，长30～60cm，直径1～3cm。表面灰棕色，粗糙，外皮常呈鳞片状剥落，剥落处显暗红棕色，有的可见膨大的节及略凹陷的枝痕或叶痕。质硬，断面皮部红棕色，有数处向内嵌入木部，木部黄白色，有多数细孔状导管，射线呈放射状排列。气微，味微涩。

2. 产地片　本品呈类圆形的厚片。

药材以条匀、粗如拇指者为佳。产地片以除去栓皮、片大均匀、切面色泽鲜明者为佳。

【饮片】本品呈类圆形的厚片。外表面灰棕色，粗糙。切面皮部红棕色，有数处向内嵌入木部，木部黄白色，有多数导管，射线呈放射状排列。气微，味微涩。

【功效与主治】清热解毒，活血，祛风止痛。用于肠痈腹痛，热毒疮疡，经闭，痛经，跌仆肿痛，风湿痹痛。

小通草

【来源】本品为旌节花科植物喜马山旌节花、中国旌节花或山茱萸科植物青荚叶的干燥茎髓。秋季割取茎，截成段，趁鲜取出髓部，理直，晒干。

【产地】旌节花类主产于西南地区及陕西、湖南、甘肃、广西、福建等地。青荚叶主产于湖南、湖北、云南等地。

【性状】

1. 旌节花类　本品呈圆柱形，长30～50cm，直径0.5～1cm。表面白色或淡黄色，无纹理。体轻，质松软，捏之能变形，有弹性，易折断，断面平坦，无空心，显银白色光泽。水浸后有黏滑感。气微，无味。

2. 青荚叶 本品表面有浅纵条纹。质较硬，捏之不易变形。水浸后无黏滑感。

以体轻、色白、有弹性者为佳。

【饮片】本品为段状。色白至黄白。体轻。

【功效与主治】清热，利尿，下乳。用于小便不利，淋证，乳汁不下。

川木通

【来源】本品为毛茛科植物小木通或绣球藤的干燥藤茎。春、秋二季采收，除去粗皮，晒干，或趁鲜切片，晒干。

【产地】主产于四川；陕西、湖南、贵州等地也产。

【性状】本品呈长圆柱形，略扭曲，长50～100cm，直径2～3.5cm。表面黄棕色或黄褐色，有纵向凹沟及棱线；节处多膨大，有叶痕及侧枝痕；残存皮部易撕裂。质坚硬，不易折断；切片厚0.2～0.4cm，边缘不整齐，残存皮部黄棕色；木部浅黄棕色或浅黄色，有黄白色放射状纹理及裂隙，其间布满导管孔；髓部较小，类白色或黄棕色，偶有空腔。气微，味淡。

药材以条均匀、断面黄白色、无黑心者为佳。产地片以片匀、完整不碎、色黄白、无黑心者为佳。

【饮片】本品呈类圆形厚片，切面边缘不整齐，残存皮部黄棕色，木部浅黄棕色或浅黄色，有黄白色放射状纹理及裂隙，其间密布细孔状导管，髓部较小，类白色或黄棕色，偶有空腔。气微，味淡。

【功效与主治】利尿通淋，清心除烦，通经下乳。用于淋证，水肿，心烦尿赤，口舌生疮，经闭乳少，湿热痹痛。

木　通

【来源】本品为木通科植物木通、三叶木通或白木通的干燥藤茎。秋季采收，截取茎部，除去细枝，阴干。

【产地】木通主产于江苏、浙江、安徽、江西等地。三叶木通主产于浙江。白木通主产于四川。

【性状】本品呈圆柱形，常稍扭曲，长30～70cm，直径0.5～2cm。表面灰棕色至灰褐色，外皮粗糙且有许多不规则的裂纹或纵沟纹，具突起的皮孔。节部膨大或不明显，具侧枝断痕。体轻，质坚实，不易折断，断面不整齐；皮部较厚，黄棕色，可见淡黄色颗粒状小点；木部黄白色，射线呈放射状排列；髓小或有时中空，黄白色或黄棕色。气微，味微苦而涩。

以条匀、无细枝者为佳。

【饮片】本品呈圆形、椭圆形片。外表皮灰棕色至灰褐色。切面皮部较厚，黄棕色，可见淡黄色颗粒状小点，木部射线呈放射状排列，髓小或有时中空。气微，味微苦而涩。

【功效与主治】利尿通淋，清心除烦，通经下乳。用于淋证，水肿，心烦尿赤，口舌生疮，经闭乳少，湿热痹痛。

鸡血藤

【来源】本品为豆科植物密花豆的干燥藤茎。秋、冬二季采收，除去枝叶，切片，晒干。

【产地】主产于广东、广西、云南等地。商品也有进口，主要来自越南等国。

【性状】本品为椭圆形、长矩圆形或不规则的斜切片，厚0.3～1cm；栓皮灰棕色，有的可见灰白色斑，栓皮脱落处显红棕色。切面木部红棕色或棕色，导管孔多数；韧皮部有树脂状分泌物呈红棕色至黑棕色，与木部相间排列呈3～8个偏心性半圆形环；髓部偏向一侧。质坚硬。气微，味涩。

以树脂状分泌物多者为佳。

【功效与主治】活血补血，调经止痛，舒筋活络。用于月经不调，痛经，经闭，风湿痹痛，麻木瘫痪，血虚萎黄。

通　草

【来源】本品为五加科植物通脱木的干燥茎髓。秋季割取茎，截成段，趁鲜取出髓部，理直，晒干。

【产地】主产于云南、贵州、湖南、四川、福建等地。

【性状】本品呈圆柱形，长20～40cm，直径1～2.5cm。表面白色或淡黄色，有浅纵沟纹。体轻，质松软，稍有弹性，易折断；断面平坦，显银白色光泽，中部有直径0.3～1.5cm的空心或半透明的薄膜，纵剖面呈梯状排列，实心者少见。气微，味淡。

以条粗均匀、色白者为佳。

【饮片】本品为圆形片，表面白色或淡黄色，切面平坦，显银白色光泽，中部有直径0.3～1.5cm的空心或半透明的薄膜，体轻，质松软。

【功效与主治】清热利尿，通气下乳。用于湿热淋证，水肿尿少，乳汁不下。

五加皮

【来源】本品为五加科植物细柱五加的干燥根皮。夏、秋二季采挖根部，洗净，剥取根皮，晒干。

【产地】主产于河南、湖南、湖北、浙江、四川等地。

【性状】本品呈不规则卷筒状，长5～15cm，直径0.4～1.4cm，厚约0.2cm。外表面灰褐色，有稍扭曲的纵皱纹及横长皮孔样斑痕；内表面淡黄色或灰黄色，有细纵纹。体轻，质脆，易折断，断面不整齐，灰白色。气微香，味微辣而苦。

以皮厚、整齐、淡黄棕色、气香、无木心者为佳。

【饮片】本品为类圆形片，外表面灰褐色，内表面淡黄色或灰黄色，有细纵纹。切面灰白色。体轻，质脆。气微香，味微辣而苦。

【功效与主治】祛风除湿，补益肝肾，强筋壮骨，利水消肿。用于风湿痹痛，筋骨痿软，小儿行迟，体虚乏力，水肿，脚气。

关黄柏

【来源】本品为芸香科植物黄檗的干燥树皮。剥取树皮，除去粗皮，晒干。

【产地】主产于东北等地；朝鲜也产。

【性状】本品呈板片状或浅槽状，长宽不一，厚2～4mm。外表面黄绿色或淡棕黄色，较平坦，有不规则的纵裂纹，皮孔痕小而少见，偶有灰白色的粗皮残留，按之有弹性；内表面黄色或黄棕色。体轻，质较硬，断面纤维性，有的呈裂片状分层，鲜黄色或黄绿色。气微，味极苦，嚼之有黏性。

以皮厚、色黄、无栓皮者为佳。

【饮片】

1. 关黄柏　本品呈丝状。外表面黄绿色或淡棕黄色，较平坦。切面鲜黄色或黄绿色，有的呈片状分层。气微，味极苦。

2. 盐关黄柏　本品形如关黄柏，深黄色，偶见焦斑。略具咸味。

3. 关黄柏炭　本品形如关黄柏，表面焦黑色，断面焦褐色。质轻而脆。味微苦、涩。

【功效与主治】清热燥湿，泻火除蒸，解毒疗疮。用于湿热泻利，黄疸尿赤，带下阴痒，热淋涩痛，脚气痿躄，骨蒸劳热，盗汗，遗精，疮疡肿毒，湿疹湿疮。盐关黄柏滋阴降火，用于阴虚火旺，盗汗骨蒸。

杜仲

【来源】本品为杜仲科植物杜仲的干燥树皮。4～6月剥取，刮去粗皮，堆置“发汗”至内皮呈紫褐色，晒干。

【产地】主产于四川、贵州、湖北、湖南、陕西等地。

【性状】本品呈板片状或两边稍向内卷、大小不一，厚3～7mm。外表面淡棕色或灰褐色，有明显的皱纹或纵裂槽纹，有的树皮较薄，未去粗皮，可见明显的皮孔；内表面暗紫色，光滑。质脆，易折断，断面有细密、银白色、富弹性的橡胶丝相连。气微，味稍苦。

以树皮张大完整、皮厚、刮净粗皮、折断胶丝多者为佳。

【饮片】

1. 杜仲　本品呈小方块或丝状。外表面淡棕色或灰褐色，有明显的皱纹；内表面暗紫色，光滑。折断有细密、银白色、富弹性的橡胶丝相连。气微，味稍苦。

2. 盐杜仲炭　本品形如杜仲块或丝。表面黑焦色，内表面褐色，折断时橡胶丝弹性较差。味微咸。

3. 盐杜仲　本品形如杜仲块，颜色较深，偶有焦斑，味微咸。

【功效与主治】补肝肾，强筋骨，安胎。用于肝肾不足，腰膝酸痛，筋骨无力，头晕目眩，妊娠漏血，胎动不安。

香加皮

【来源】本品为萝藦科植物杠柳的干燥根皮。春、秋二季采挖，剥取根皮，晒干。

【产地】主产于山西、河南、河北等地。

【性状】本品呈卷筒状或槽状，少数呈不规则的块片状，长3～10cm，直径1～2cm，厚0.2～0.4cm。外表面灰棕色或黄棕色，栓皮松软常呈鳞片状，易剥落；内表面淡黄色或淡黄棕色，较平滑，有细纵纹。体轻，质脆，易折断，断面不整齐，黄白色。有特异香气，味苦。

以皮厚、色灰棕、香气浓、无木心者为佳。

【饮片】本品呈不规则的厚片。外表面灰棕色或黄棕色，栓皮常呈鳞片状。内表面淡黄色或淡黄棕色，有细纵纹。切面内层黄白色。有特异香气，味苦。

【功效与主治】利水消肿，祛风湿，强筋骨。用于下肢浮肿，心悸气短，风寒湿痹，腰膝酸软。

黄　柏

【来源】本品为芸香科植物黄皮树的干燥树皮。习称“川黄柏”。剥取树皮后，除去粗皮，晒干。

【产地】主产于四川、湖北、云南、贵州等地。

【性状】本品呈板片状或浅槽状，长宽不一，厚1～6mm。外表面黄褐色或黄棕色，平坦或具纵沟纹，有的可见皮孔痕及残存的灰褐色粗皮；内表面暗黄色或淡棕色，具细密的纵棱纹。体轻，质硬，断面纤维性，呈裂片状分层，深黄色。气微，味极苦，嚼之有黏性。

以皮厚、色黄、无栓皮者为佳。

【饮片】

1. 黄柏丝　本品呈丝条状。外表面黄褐色或黄棕色。内表面暗黄色或淡棕色，具纵棱纹。切面纤维性，呈裂片状分层，深黄色。味极苦。

2. 盐黄柏丝　本品形如黄柏丝，表面深黄色，偶有焦斑。味极苦，味咸。

3. 黄柏炭　本品形如黄柏丝，表面焦黑色，内部深褐色或棕黑色。体轻，质脆，易折断。味极苦。

【功效与主治】清热燥湿，泻火除蒸，解毒疗疮。用于湿热泻利，黄疸尿赤，带下阴痒，热淋涩痛，脚气痿躄，骨蒸劳热，盗汗，遗精，疮疡肿毒，湿疹瘙痒。盐黄柏滋阴降火，用于阴虚火旺，盗汗骨蒸。

三、叶及花类中药

大青叶

【来源】本品为十字花科植物菘蓝的干燥叶。夏、秋二季分2～3次采收，除去杂质，晒干。

【产地】主产于河北、山东、江苏、安徽等地。

【性状】本品多皱缩卷曲，有的破碎。完整叶片展平后呈长椭圆形至长圆状倒披针形，长5～20cm，宽2～6cm；上表面暗灰绿色，有的可见色较深稍突起的小点；先端钝，全缘或微波状，基部狭窄下延至叶柄呈翼状；叶柄长4～10cm，淡棕黄色。质脆。气微，味微酸、苦、涩。

以身干、叶完整不碎、色灰绿者为佳。

【饮片】本品为不规则的碎段。叶片暗灰绿色，有的可见色较深稍突起的小点；叶柄碎片淡棕黄色。质脆。气微，味微酸、苦、涩。

【功效与主治】清热解毒，凉血消斑。用于温病高热，神昏，发斑发疹，痄腮，喉痹，丹毒，痈肿。

番泻叶

【来源】本品为豆科植物狭叶番泻或尖叶番泻的干燥小叶。

【产地】狭叶番泻叶主产于印度南部、埃及、苏丹等地。尖叶番泻叶产于埃及。

【性状】

1. 狭叶番泻 呈长卵形或卵状披针形，长1.5～5cm，宽0.4～2cm，全缘，叶端急尖，叶基稍不对称。上表面黄绿色，下表面浅黄绿色，无毛或近无毛，叶脉稍隆起。革质。气微弱而特异，味微苦，稍有黏性。

2. 尖叶番泻 呈披针形或长卵形，略卷曲，叶端短尖或微突，叶基不对称，两面均有细短毛茸。

以片大完整、色绿、梗少、无杂质者为佳。

【功效与主治】泻热行滞，通便，利水。用于热结积滞，便秘腹痛，水肿胀满。

紫苏叶

【来源】本品为唇形科植物紫苏的干燥叶（或带嫩枝）。夏季枝叶茂盛时采收，除去杂质，晒干。

【产地】产于江苏、浙江、河北等地。

【性状】本品叶片多皱缩卷曲、破碎，完整者展平后呈卵圆形，长4～11cm，宽2.5～9cm。先端长尖或急尖，基部圆形或宽楔形，边缘具圆锯齿。两面紫色或上表面绿色，下表面紫色，疏生灰白色毛，下表面有多数凹点状的腺鳞。叶柄长2～7cm，紫色或紫绿色。质脆。带嫩枝者，枝的直径2～5mm，紫绿色，断面中部有髓。气清香，味微辛。

以叶完整、色紫、香气浓者为佳。

【饮片】本品为小碎片，两面紫色或上表面绿色，下表面紫色，疏生灰白色毛。叶柄紫色或紫绿色。气清香，味微辛。

【功效与主治】解表散寒，行气和胃。用于风寒感冒，咳嗽呕恶，妊娠呕吐，鱼蟹中毒。

蓼大青叶

【来源】本品为蓼科植物蓼蓝的干燥叶。夏、秋二季枝叶茂盛时采收两次，除去茎枝及杂质，干燥。

【产地】产于河北、山东、山西、辽宁、黑龙江等地。

【性状】本品多皱缩、破碎，完整者展平后呈椭圆形，长3～8cm，宽2～5cm。蓝绿色或黑蓝色，先端钝，基部渐狭，全缘。叶脉浅黄棕色，于下表面略突起。叶柄扁平，偶带膜质托叶鞘。质脆。气微，味微涩而稍苦。

以枝梗少、叶完整、色蓝绿者为佳。

【饮片】本品为小碎片，蓝绿色或黑蓝色。质脆。气微，味微涩而稍苦。

【功效与主治】清热解毒，凉血消斑。用于温病发热，发斑发疹，肺热喘咳，喉痹，痄腮，丹毒，痈肿。

丁　香

【来源】本品为桃金娘科植物丁香的干燥花蕾。当花蕾由绿色转红时采摘，晒干。

【产地】主产于坦桑尼亚、斯里兰卡、印度尼西亚等地。

【性状】本品略呈研棒状，长1~2cm。花冠圆球形，直径0.3~0.5cm，花瓣4，覆瓦状抱合，棕褐色至褐黄色，花瓣内为雄蕊和花柱，搓碎后可见众多黄色细粒状的花药。萼筒圆柱状，略扁，有的稍弯曲，长0.7~1.4cm，直径0.3~0.6cm，红棕色或棕褐色，上部有4枚三角状的萼片，十字状分开。质坚实，富油性。气芳香浓烈，味辛辣、有麻舌感。

以个大、饱满、紫棕色、油性足、香气浓烈者为佳。

【功效与主治】温中降逆，补肾助阳。用于脾胃虚寒，呃逆呕吐，食少吐泻，心腹冷痛，肾虚阳痿。

月季花

【来源】本品为蔷薇科植物月季的干燥花。全年均可采收，花微开时采摘，阴干或低温干燥。

【产地】产于全国大部分地区。

【性状】本品呈类球形，直径1.5~2.5cm。花托长圆形，萼片5，暗绿色，先端尾尖；花瓣呈覆瓦状排列，有的散落，长圆形，紫红色或淡紫红色；雄蕊多数，黄色。体轻，质脆。气清香，味淡、微苦。

以完整、色紫红、气清香者为佳。

【功效与主治】活血调经，疏肝解郁。用于气滞血瘀，月经不调，痛经，经闭，胸胁胀痛。

山银花

【来源】本品为忍冬科植物灰毡毛忍冬、红腺忍冬、华南忍冬或黄褐毛忍冬的干燥花蕾或带初开的花。夏初花开放前采收，干燥。

【产地】产于贵州、四川、广东、广西、云南、浙江、湖南、湖北等地。

【性状】

1. 灰毡毛忍冬　呈棒状而稍弯曲，长3~4.5cm，上部直径约2mm，下部直径约1mm。表面绿棕色至黄白色。总花梗集结成簇，开放者花冠裂片不及全长之半。质稍硬，手捏之稍有弹性。气清香，味微苦、甘。

2. 红腺忍冬　长2.5~4.5cm，直径0.8~2mm。表面黄白至黄棕色，无毛或疏被毛，萼筒无毛，先端5裂，裂片长三角形，被毛，开放者花冠下唇反转，花柱无毛。

3. 华南忍冬　长1.6~3.5cm，直径0.5~2mm。萼筒和花冠密被灰白色毛。

4. 黄褐毛忍冬　长1~3.4cm，直径1.5~2mm。花冠表面淡黄棕色或黄棕色，密被黄色茸毛。

以色黄绿、气清香、无开放花朵者为佳。

【功效与主治】清热解毒，疏散风热。用于痈肿疔疮，喉痹，丹毒，热毒血痢，风热感冒，温病发热。

红　花

【来源】本品为菊科植物红花的干燥花。夏季花由黄变红时采摘，阴干或晒干。

【产地】主产于河南、新疆、浙江、四川等地。习惯认为河南延津、封丘产者质佳。

【性状】本品为不带子房的管状花，长1～2cm。表面红黄色或红色。花冠筒细长，先端5裂，裂片呈狭条形，长5～8mm；雄蕊5，花药聚合成筒状，黄白色；柱头长圆柱形，顶端微分杈。质柔软。气微香，味微苦。

以色红、鲜艳、质柔软、香气浓者为佳。

【功效与主治】活血通经，散瘀止痛。用于经闭，痛经，恶露不行，癥瘕痞块，胸痹心痛，瘀滞腹痛，胸胁刺痛，跌仆损伤，疮疡肿痛。

母丁香

【来源】本品为桃金娘科植物丁香的近成熟果实。果将熟时采摘，晒干。

【产地】主产于坦桑尼亚、斯里兰卡、印度尼西亚等地。

【性状】本品呈卵圆形或长椭圆形，长1.5～3cm，直径0.5～1cm。表面黄棕色或棕褐色，有细皱纹；顶端有四个宿存萼片向内弯曲成钩状；基部有果梗痕；果皮与种仁可剥离，种仁由两片子叶合抱而成，棕色或暗棕色，显油性，中央具一明显的纵沟；内有胚，呈细杆状。质较硬，难折断。气香，味麻辣。

以个大完整、香气浓者为佳。以个大完整、香气浓者为佳。

【功效与主治】温中降逆，补肾助阳。用于脾胃虚寒，呃逆呕吐，食少吐泻，心腹冷痛，肾虚阳痿。

辛　夷

【来源】本品为木兰科植物望春花、玉兰或武当玉兰的干燥花蕾。冬末春初花未开放时采收，除去枝梗，阴干。

【产地】主产于河南、四川、陕西、湖北、安徽、浙江等地。

【性状】

1. 望春花　本品呈长卵形，似毛笔头，长1.2～2.5cm，直径0.8～1.5cm。基部常具短梗，长约5mm，梗上有类白色点状皮孔。苞片2～3层，每层2片，两层苞片间有小鳞芽，苞片外表面密被灰白色或灰绿色茸毛，内表面类棕色，无毛。花被片9，类棕色，外轮花被片3，条形，约为内两轮长的1/4，呈萼片状，内两轮花被片6，每轮3，轮状排列。雄蕊和雌蕊多数，螺旋状排列。体轻，质脆。气芳香，味辛凉而稍苦。

2. 玉兰　长1.5～3cm，直径1～1.5cm。基部枝梗较粗壮，皮孔浅棕色。苞片外表面密被灰白色或灰绿色茸毛。花被片9，内外轮同型。

3. 武当玉兰　长2～4cm，直径1～2cm。基部枝梗粗壮，皮孔红棕色。苞片外表面密被淡黄色或淡黄绿色茸毛，有的最外层苞片茸毛已脱落而呈黑褐色。花被片10~12（15），内外轮无显著差异。

以花蕾大、未开放、色黄绿、气香无枝梗者为佳。

【功效与主治】散风寒，通鼻窍。用于风寒头痛，鼻塞流涕，鼻鼽，鼻渊。

金银花

【来源】本品为忍冬科植物忍冬的干燥花蕾或带初开的花。夏初花开放前采收，干燥。

【产地】主产于河南、山东、河北等地。以产于河南密县的“密银花”质佳。

【性状】本品呈棒状，上粗下细，略弯曲，长2~3cm，上部直径约3mm，下部直径约1.5mm。表面黄白色或绿白色（贮久色渐深），密被短柔毛。偶见叶状苞片。花萼绿色，先端5裂，裂片有毛，长约2mm。开放者花冠呈筒状，先端二唇形；雄蕊5个，附于筒壁，黄色；雌蕊1个，子房无毛。气清香，味淡、微苦。

以色绿、握之有顶手感、气清香、无开放花朵者为佳。

【功效与主治】清热解毒，疏散风热。用于痈肿疔疮，喉痹，丹毒，热毒血痢，风热感冒，温病发热。

玫瑰花

【来源】本品为蔷薇科植物玫瑰的干燥花蕾。春末夏初花将开放时分批采收，低温干燥。

【产地】产于江苏、浙江等地。

【性状】本品略呈半球形或不规则团状，直径0.7~1.5cm。残留花梗上被细柔毛，花托半球形，与花萼基部合生；萼片5，披针形，黄绿色或棕绿色，被有细柔毛；花瓣多皱缩，展平后宽卵形，呈覆瓦状排列，紫红色，有的黄棕色；雄蕊多数，黄褐色；花柱多数，柱头在花托口集成头状，略突出，短于雄蕊。体轻，质脆。气芳香浓郁，味微苦涩。

以朵大、色紫红鲜艳、香气浓郁者为佳。

【功效与主治】行气解郁，和血，止痛。用于肝胃气痛，食少呕恶，月经不调，跌仆伤痛。

菊　花

【来源】本品为菊科植物菊的干燥头状花序。9~11月花盛开时分批采收，阴干或焙干，或熏、蒸后晒干。药材按产地和加工方法不同，分为“亳菊”、“滁菊”、“贡菊”、“杭菊”等规格。

【产地】亳菊主产于安徽亳州；滁菊主产于安徽滁州、全椒；贡菊主产于安徽歙县；杭菊主产于浙江桐乡、海宁。河南焦作地区（习称“怀菊”）、河北、四川等地也产。

【性状】

1. 亳菊　呈倒圆锥形或圆筒形，有时稍压扁呈扇形，直径1.5~3cm，离散。总苞碟状；总苞片3~4层，卵形或椭圆形，草质，黄绿色或褐绿色，外面被柔毛，边缘膜质。花托半球形，无托片或托毛。舌状花数层，雌性，位于外围，类白色，劲直，上举，纵向折缩，散生金黄色腺点；管状花多数，两性，位于中央，为舌状花所隐藏，黄色，顶端5齿裂。瘦果不发育，无冠毛。体轻，质柔润，干时松脆。气清香，味甘、微苦。

2. 滁菊 呈不规则球形或扁球形，直径1.5~2.5cm。舌状花类白色，不规则扭曲，内卷，边缘皱缩，有时可见淡褐色腺点；管状花大多隐藏。

3. 贡菊 呈扁球形或不规则球形，直径1.5~2.5cm。舌状花白色或类白色，斜升，上部反折，边缘稍内卷而皱缩，通常无腺点；管状花少，外露。

4. 杭菊 呈碟形或扁球形，直径2.5~4cm，常数个相连成片。舌状花类白色或黄色，平展或微折叠，彼此粘连，通常无腺点；管状花多数，外露。

均以身干、花完整、不散瓣、香气浓郁、无梗叶者为佳。

【功效与主治】散风清热，平肝明目，清热解毒。用于风热感冒，头痛眩晕，目赤肿痛，眼目昏花，疮痈肿毒。

野菊花

【来源】本品为菊科植物野菊的干燥头状花序。秋、冬二季花初开放时采摘，晒干，或蒸后晒干。

【产地】全国大部分地区有野生。

【性状】本品呈类球形，直径0.3~1cm，棕黄色。总苞由4~5层苞片组成，外层苞片卵形或条形，外表面中部灰绿色或浅棕色，通常被白毛，边缘膜质；内层苞片长椭圆形，膜质，外表面无毛。总苞基部有的残留总花梗。舌状花1轮，黄色至棕黄色，皱缩卷曲；管状花多数，深黄色。体轻。气芳香，味苦。

以完整、色黄、香气浓者为佳。

【功效与主治】清热解毒，泻火平肝。用于疔疮痈肿，目赤肿痛，头痛眩晕。

四、果实种子类中药

八角茴香

【来源】本品为木兰科植物八角茴香的干燥成熟果实。秋、冬二季果实由绿变黄时采摘，置沸水中略烫后干燥或直接干燥。

【产地】主产于广西；海南、云南等地也产。

【性状】本品为聚合果，多由8个蓇葖果组成，放射状排列于中轴上。蓇葖果长1~2cm，宽0.3~0.5cm，高0.6~1cm；外表面红棕色，有不规则皱纹，顶端呈鸟喙状，上侧多开裂；内表面淡棕色，平滑，有光泽；质硬而脆。果梗长3~4cm，连于果实基部中央，弯曲，常脱落。每个蓇葖果含种子1粒，扁卵圆形，长约6mm，红棕色或黄棕色，光亮，尖端有种脐；胚乳白色，富油性。气芳香，味辛、甜。

以瓣大、完整、油性大、香气浓者为佳。

【功效与主治】温阳散寒，理气止痛。用于寒疝腹痛，肾虚腰痛，胃寒呕吐，脘腹冷痛。

小茴香

【来源】本品为伞形科植物茴香的干燥成熟果实。秋季果实初熟时采割植株，晒干，打下果实，除去杂质。

【产地】产于甘肃等地。

【性状】本品为双悬果，呈圆柱形，有的稍弯曲，长4～8mm，直径1.5～2.5mm。表面黄绿色或淡黄色，两端略尖，顶端残留有黄棕色突起的柱基，基部有时有细小的果梗。分果呈长椭圆形，背面有纵棱5条，接合面平坦而较宽，横切面略呈五边形，背面的四边约等长。有特异香气，味微甜、辛。

以粒大饱满、色黄绿、香气浓郁者为佳。

【饮片】

1. 小茴香　本品性状同小茴香。

2. 盐小茴香　本品形如小茴香，微鼓起，色泽加深，偶有焦斑，味微咸。

【功效与主治】散寒止痛，理气和胃。用于寒疝腹痛，睾丸偏坠，痛经，少腹冷痛，脘腹胀痛，食少吐泻。盐小茴香暖肾散寒止痛，用于寒疝腹痛，睾丸偏坠，经寒腹痛。

川楝子

【来源】本品为楝科植物川楝的干燥成熟果实。冬季果实成熟时采收，除去杂质，干燥。

【产地】主产于四川；湖北、云南、贵州等地也产。

【性状】本品呈类球形，直径2～3.2cm。表面金黄色至棕黄色，微有光泽，少数凹陷或皱缩，具深棕色小点。顶端有花柱残痕，基部凹陷，有果梗痕。外果皮革质，与果肉间常成空隙，果肉松软，淡黄色，遇水润湿显黏性。果核球形或卵圆形，质坚硬，两端平截，有6～8条纵棱，内分6～8室，每室含黑棕色长圆形的种子1粒。气特异，味酸、苦。

以个大、饱满、外皮色黄、果肉色黄白者为佳。

【饮片】

1. 川楝子　本品性状同药材。

2. 炒川楝子　本品呈半球状、厚片或不规则的碎块，表面焦黄色，偶见焦斑。气焦香，味酸、苦。

【功效与主治】疏肝泄热，行气止痛，杀虫。用于肝郁化火，胸胁、脘腹胀痛，疝气疼痛，虫积腹痛。

五味子

【来源】本品为木兰科植物五味子的干燥成熟果实。习称“北五味子”。秋季果实成熟时采摘，晒干或蒸后晒干，除去果梗及杂质。

【产地】主产于东北、河北等地（习称“北五味”）。

【性状】本品呈不规则的球形或扁球形，直径5～8mm。表面红色、紫红色或暗红色，皱缩，显油润；有的表面呈黑红色或出现“白霜”。果肉柔软，种子1～2，肾形，表面棕黄色，有光泽，种皮薄而脆。果肉气微，味酸；种子破碎后，有香气，味辛、微苦。

以粒大色红、肉厚、有油性者为佳。

【饮片】

1. 五味子 本品性状同药材。

2. 醋五味子 本品形如五味子，乌黑色，油润，稍有光泽。有醋香气。

【功效与主治】收敛固涩，益气生津，补肾宁心。用于久嗽虚喘，梦遗滑精，遗尿尿频，久泻不止，自汗盗汗，津伤口渴，内热消渴，心悸失眠。

山茱萸

【来源】本品为山茱萸科植物山茱萸的干燥成熟果肉。秋末冬初果皮变红时采收果实，用文火烘或置沸水中略烫后，及时除去果核，干燥。

【产地】主产于浙江、河南等地；安徽、陕北、山西、四川等地也产。以产于浙江的质佳。

【性状】本品呈不规则的片状或囊状，长 1 ~ 1.5cm，宽 0.5 ~ 1cm。表面紫红色至紫黑色，皱缩，有光泽。顶端有的有圆形宿萼痕，基部有果梗痕。质柔软。气微，味酸、涩、微苦。

以身干、果肉肥厚、色红油润、无核者为佳。

【饮片】

1. 山萸肉 本品性状同药材。

2. 酒萸肉 本品形如山茱萸，表面紫褐色或黑色，质滋润柔软。微有酒香气。

【功效与主治】补益肝肾，收涩固脱。用于眩晕耳鸣，腰膝酸痛，阳痿遗精，遗尿尿频，崩漏带下，大汗虚脱，内热消渴。

吴茱萸

【来源】本品为芸香科植物吴茱萸、石虎或疏毛吴茱萸的干燥近成熟果实。8 ~ 11 月果实尚未开裂时，剪下果枝，晒干或低温干燥，除去枝、叶、果梗等杂质。

【产地】主产于贵州、四川、云南、陕西等地；江西、湖北、安徽、福建等地也产。

【性状】本品呈球形或略呈五角状扁球形，直径 2 ~ 5mm。表面暗黄绿色至褐色，粗糙，有多数点状突起或凹下的油点。顶端有五角星状的裂隙，基部残留被有黄色茸毛的果梗。质硬而脆，横切面可见子房 5 室，每室有淡黄色种子 1 粒。气芳香浓郁，味辛辣而苦。

以饱满、色绿、香气浓、无杂质者为佳。

【饮片】

1. 吴茱萸 本品性状同药材。

2. 制吴茱萸 本品形如吴茱萸，表面棕褐色至暗褐色。

【功效与主治】散寒止痛，降逆止呕，助阳止泻。用于厥阴头痛，寒疝腹痛，寒湿脚气，经行腹痛，脘腹胀痛，呕吐吞酸，五更泄泻。

肉豆蔻

【来源】本品为肉豆蔻科植物肉豆蔻的干燥种仁。

【产地】主产于马来西亚及印度尼西亚、斯里兰卡、西印度群岛等地。

【性状】本品呈卵圆形或椭圆形，长2～3cm，直径1.5～2.5cm。表面灰棕色或灰黄色，有时外被白粉（石灰粉末）。全体有浅色纵行沟纹及不规则网状沟纹。种脐位于宽端，呈浅色圆形突起，合点呈暗凹陷。种脊呈纵沟状，连接两端。质坚，断面显棕黄色相杂的大理石花纹，宽端可见干燥皱缩的胚，富油性。气香浓烈，味辛。

以个大、体重、坚实、油性大、香气浓者为佳。

【饮片】

1. 肉豆蔻　本品性状同药材。

2. 麸煨肉豆蔻　本品形如肉豆蔻，表面为棕褐色，有裂隙。气香，微辛。

3. 滑石粉煨肉豆蔻　本品形如肉豆蔻，表面色白，附有滑石粉末。

【功效与主治】温中行气，涩肠止泻。用于脾胃虚寒，久泻不止，脘腹胀痛，食少呕吐。

红豆蔻

【来源】本品为姜科植物大高良姜的干燥成熟果实。秋季果实变红时采收，除去杂质，阴干。

【产地】主产于广东、广西；云南也产。

【性状】本品呈长球形，中部略细，长0.7～1.2cm，直径0.5～0.7cm。表面红棕色或暗红色，略皱缩，顶端有黄白色管状宿萼，基部有果梗痕。果皮薄，易破碎。种子6，扁圆形或三角状多面形，黑棕色或红棕色，外被黄白色膜质假种皮，胚乳灰白色。气香，味辛辣。

以粒大、饱满、不破碎、气香浓者为佳。

【功效与主治】燥湿散寒，醒脾消食。用于脘腹冷痛，食积胀满，呕吐泄泻，饮酒过多。

陈　皮

【来源】本品为芸香科植物橘及其栽培变种的干燥成熟果皮。药材分为“陈皮”（大红袍、温州蜜柑、福橘）和“广陈皮”（茶枝柑）。采摘成熟果实，剥取果皮，晒干或低温干燥。

【产地】主产于广东、广西、福建、四川、江西等地；湖南、湖北、浙江等地也产。以产于广东新会的“广陈皮”质佳。

【性状】

1. 陈皮　常剥成数瓣，基部相连，有的呈不规则的片状，厚1～4mm。外表面橙红色或红棕色，有细皱纹及凹下的点状油室；内表面浅黄白色，粗糙，附黄白色或黄棕色筋络状维管束。质稍硬而脆。气香，味辛、苦。

2. 广陈皮　常3瓣相连，形状整齐，厚度均匀，约1mm。点状油室较大，对光照视，透明清晰。质较柔软。

以片大整齐、油性大、香气浓者为佳。

【饮片】

1. 陈皮丝　本品呈不规则的条状或丝状。外表面橙红色或红棕色，有细皱纹及凹下的点状油室；内表面浅黄白色，粗糙，附黄白色或黄棕色筋络状维管束。气香，味辛、苦。

2. 广陈皮 本品性状同药材。

【功效与主治】理气健脾，燥湿化痰。用于胸脘胀满，食少吐泻，咳嗽痰多。

豆 蔻

【来源】本品为姜科植物白豆蔻或爪哇白豆蔻的干燥成熟果实。按产地不同分为“原豆蔻”和“印尼白蔻”。

【产地】原豆蔻主产于泰国、柬埔寨，我国云南、广东、广西有少量引种。印尼白蔻主产于印度尼西亚。

【性状】

1. 原豆蔻 呈类球形，直径1.2～1.8cm。表面黄白色至淡黄棕色，有3条较深的纵向槽纹，顶端有突起的柱基，基部有凹下的果柄痕，两端均具浅棕色绒毛。果皮体轻，质脆，易纵向裂开；内分3室，每室含种子约10粒；种子呈不规则多面体，背面略隆起，直径3～4mm，表面暗棕色，有皱纹，并被有残留的假种皮。气芳香，味辛凉略似樟脑。

2. 印尼白蔻 个略小。表面黄白色，有的微显紫棕色。果皮较薄，种子瘦瘪。气味较弱。

均以个大、籽粒饱满、果壳完整、气味浓厚者为佳。

【功效与主治】化湿行气，温中止呕，开胃消食。用于湿浊中阻，不思饮食，湿温初起，胸闷不饥，寒湿呕逆，胸腹胀痛，食积不消。

苦杏仁

【来源】本品为蔷薇科植物山杏、西伯利亚杏、东北杏或杏的干燥成熟种子。夏季采收成熟果实，除去果肉及核壳，取出种子，晒干。

【产地】北方地区多有出产，主产于河北、陕西、山西、山东、内蒙古、辽宁、吉林等地。

【性状】本品呈扁心形，长1～1.9cm，宽0.8～1.5cm，厚0.5～0.8cm。表面黄棕色至深棕色，一端尖，另端钝圆，肥厚，左右不对称，尖端一侧有短线形种脐，圆端合点处向上具多数深棕色的脉纹。种皮薄，子叶2，乳白色，富油性。气微，味苦。

以身干、颗粒均匀、饱满、整齐不破碎者为佳。

【饮片】

1. 苦杏仁 本品性状同药材。

2. 焯苦杏仁 本品呈扁心形。表面乳白色或黄白色，一端尖，另一端钝圆，肥厚，左右不对称，富油性。有特异的香气，味苦。

3. 炒苦杏仁 本品形如焯苦杏仁，表面黄色至棕黄色，微带焦斑。有香气，味苦。

【功效与主治】降气止咳平喘，润肠通便。用于咳嗽气喘，胸满痰多，肠燥便秘。

青 皮

【来源】本品为芸香科植物橘及其栽培变种的干燥幼果或未成熟果实的果皮。5～6月收集自落的幼果，晒干，习称“个青皮”；7～8月采收未成熟的果实，在果皮上纵剖成四瓣至基部，除尽瓤瓣，晒干，习称“四花青皮”。

【产地】同陈皮。

【性状】

1. 个青皮　呈类球形，直径0.5～2cm。表面灰绿色或黑绿色，微粗糙，有细密凹下的油室，顶端有稍突起的柱基，基部有圆形果梗痕。质硬，断面果皮黄白色或淡黄棕色，厚0.1～0.2cm，外缘有油室1～2列；瓤囊8～10瓣，淡棕色。气清香，味酸、苦、辛。

2. 四花青皮　果皮剖成4裂片，裂片长椭圆形，长4～6cm，厚0.1～0.2cm。外表面灰绿色或黑绿色，密生多数油室；内表面类白色或黄白色，粗糙，附黄白色或黄棕色小筋络。质稍硬，易折断，断面外缘有油室1～2列。气香，味苦、辛。

个青皮以色黑绿、个匀、质硬、香气浓者为佳。四花青皮以外皮黑绿色、内面白色、香气浓者为佳。

【饮片】

1. 青皮　本品呈类圆形厚片或不规则丝状。表面灰绿色或黑绿色，密生多数油室；切面类白色或淡黄棕色，有时可见瓤囊8～10瓣。气香，味苦、辛。

2. 醋青皮　本品形如青皮片或丝，色泽加深，略有醋香气，微苦、辛。

【功效与主治】疏肝破气，消积化滞。用于胸胁胀痛，疝气疼痛，乳癖，乳痈，食积腹痛，脘腹胀痛。

枳　实

【来源】本品为芸香科植物酸橙及其栽培变种或甜橙的干燥幼果。5～6月收集自落的果实，除去杂质，自中部横切为两半，晒干或低温干燥，较小者直接晒干或低温干燥。

【产地】主产于四川、江西、湖南、湖北、江苏、浙江、福建、广东、广西、贵州等地。

【性状】本品呈半球形，少数为球形，直径0.5～2.5cm。外果皮黑绿色或暗棕绿色，具颗粒状突起和皱纹，有明显的花柱残迹或果梗痕。切面中果皮略隆起，厚0.3～1.2cm，黄白色或黄褐色，边缘有1～2列油室，瓤囊棕褐色。质坚硬。气清香，味苦、微酸。

以外果皮绿褐色、果肉厚、色白、瓤小、质坚实、香气浓者为佳。

【饮片】

1. 枳实片　本品为不规则弧状条形或圆形薄片。切面外果皮黑绿色至暗棕色，中果皮部分黄白色至黄棕色，近外缘有1～2列点状油室，条片内侧或圆片中央具棕褐色瓤囊。气清香，味苦、微酸。

2. 麸炒枳实　本品形如枳实片，色较深，有的有焦斑。气清香，味苦、微酸。

【功效与主治】破气消积，化痰散痞。用于积滞内停，痞满胀痛，泻利后重，大便不通，痰滞气阻，胸痹，结胸，脏器下垂。

枳　壳

【来源】本品为芸香科植物酸橙及其栽培变种（黄皮酸橙、代代花、朱栾、塘橙）的干燥未成熟果实。7月果皮尚绿时采收，自中部横切为两半，晒干或低温干燥。

【产地】同枳实。以产于四川的川枳壳质佳。

【性状】本品呈半球形，直径3～5cm。外果皮棕褐色至褐色，有颗粒状突起，突起的顶端有凹点状油室；有明显的花柱残迹或果梗痕。切面中果皮黄白色，光滑而稍隆起，厚0.4～1.3cm，边缘散有1～2列油室，瓤囊7～12瓣，少数至15瓣，汁囊干缩呈棕色至棕褐色，内藏种子。质坚硬，不易折断。气清香，味苦、微酸。

以外果皮绿褐色、果肉厚、色白、质坚实、香气浓者为佳。

【饮片】

1. 枳壳片 本品为不规则弧状条形薄片。切面外果皮棕褐色至褐色，中果皮黄白色至黄棕色，近外缘有1～2列点状油室，内侧有的有少量紫褐色瓤囊。

2. 麸炒枳壳 本品形如枳壳片，色较深，偶有焦斑。

【功效与主治】理气宽中，行滞消胀。用于胸胁气滞，胀满疼痛，食积不化，痰饮内停，脏器下垂。

南五味子

【来源】本品为木兰科植物华中五味子的干燥成熟果实。秋季果实成熟时采摘，晒干，除去果梗及杂质。

【产地】主产于河南、陕西、甘肃、江西、湖北等地。

【性状】本品呈球形或扁球形，直径4～6mm。表面棕红色至暗棕色，干瘪，皱缩，果肉常紧贴于种子上。种子1～2，肾形，表面棕黄色，有光泽，种皮薄而脆。果肉气微，味微酸。

以粒大肉厚者为佳。

【饮片】

1. 南五味子 本品性状同药材。

2. 醋南五味子 本品形如南五味子，表面棕黑色，油润，稍有光泽。微有醋香气。

【功效与主治】收敛固涩，益气生津，补肾宁心。用于久嗽虚喘，梦遗滑精，遗尿尿频，久泻不止，自汗盗汗，津伤口渴，短气脉虚，内热消渴，心悸失眠。

草豆蔻

【来源】本品为姜科植物草豆蔻的干燥近成熟种子。夏、秋二季采收，晒至九成干，或用水略烫，晒至半干，除去果皮，取出种子团，晒干。

【产地】主产于海南、广西等地。

【性状】本品为类球形的种子团，直径0.5～2.7cm。表面灰褐色，中间有黄白色的隔膜，将种子团分成3瓣，每瓣有种子多数，粘连紧密，种子团略光滑。种子为卵圆状多面体，长3～5mm，直径约3mm，外被淡棕色膜质假种皮，种脊为一条纵沟，一端有种脐；质硬，将种子沿种脊纵剖两瓣，纵断面观呈斜心形，种皮沿种脊向内伸入部分约占整个表面积的1/2；胚乳灰白色。气香，味辛、微苦。

以身干、个大、坚实饱满、气味浓者为佳。

【功效与主治】燥湿行气，温中止呕。用于寒湿内阻，脘腹胀满冷痛，嗳气呕逆，不思饮食。

桃　仁

【来源】本品为蔷薇科植物桃或山桃的干燥成熟种子。果实成熟后采收，除去果肉及核壳，取出种子，晒干。

【产地】主产于山东、陕西、河南、辽宁、四川等地。

【性状】

1. 桃仁　呈扁长卵形，长1.2~1.8cm，宽0.8~1.2cm，厚0.2~0.4cm。表面黄棕色至红棕色，密布颗粒状突起。一端尖，中部膨大，另端钝圆稍偏斜，边缘较薄；尖端一侧有短线形种脐，圆端有颜色略深不甚明显的合点，自合点处散出多数纵向维管束。种皮薄，子叶2，类白色，富油性。气微，味微苦。

2. 山桃仁　呈类卵圆形，较小而肥厚，长约0.9cm，宽约0.7cm，厚约0.5cm。

以身干、颗粒均匀、饱满整齐不碎者为佳。

【饮片】

1. 桃仁　本品性状同药材。

2. 焯桃仁　本品呈扁长卵形，长1.2~1.8cm，宽0.8~1.2cm，厚0.2~0.4cm。表面浅黄白色，一端尖，中部膨大，另端钝圆稍偏斜，边缘较薄。子叶2，富油性。气微香，味微苦。

3. 焯山桃仁　呈类卵圆形，较小而肥厚，表面浅黄白色。

4. 炒桃仁　本品呈扁长卵形，长1.2~1.8cm，宽0.8~1.2cm，厚0.2~0.4cm。表面黄色至棕黄色，可见焦斑。

5. 炒山桃仁　本品形同焯山桃仁，表面黄色至棕黄色，可见焦斑。

【功效与主治】活血祛瘀，润肠通便，止咳平喘。用于经闭痛经，癥瘕痞块，肺痈肠痈，跌仆损伤，肠燥便秘，咳嗽气喘。

五、全草类中药

小　蓟

【来源】本品为菊科植物刺儿菜的干燥地上部分。夏、秋二季花开时采割，除去杂质，晒干。

【产地】全国大部分地区均产。

【性状】本品茎呈圆柱形，有的上部分支，长5~30cm，直径0.2~0.5cm；表面灰绿色或带紫色，具纵棱及白色柔毛；质脆，易折断，断面中空。叶互生，无柄或有短柄；叶片皱缩或破碎，完整者展平后呈长椭圆形或长圆状披针形，长3~12cm，宽0.5~3cm；全缘或微齿裂至羽状深裂，齿尖具针刺；上表面绿褐色，下表面灰绿色，两面均具白色柔毛。头状花序单个或数个顶生；总苞钟状，苞片5~8层，黄绿色；花紫红色。气微，味微苦。

以身干、色灰绿、质嫩、叶多、无杂质者为佳。

【饮片】

1. 小蓟段　本品呈不规则的段。茎呈圆柱形，表面灰绿色或带紫色，具纵棱及白色柔毛。叶片破碎，叶齿尖具针刺，具白色柔毛。头状花序。气微，味微苦。

2. 小蓟炭 本品形如小蓟段。表面黑褐色。

【功效与主治】凉血止血，散瘀解毒消痈。用于衄血，吐血，尿血，血淋，便血，崩漏，外伤出血，痈肿疮毒。

大 蓟

【来源】本品为菊科植物蓟的干燥地上部分。夏、秋二季花开时采割地上部分，除去杂质，晒干。

【产地】全国大部分地区均产。

【性状】本品茎呈圆柱形，基部直径可达1.2cm；表面绿褐色，有数条纵棱，被丝状毛；断面灰白色，髓部疏松或中空。叶皱缩，多破碎，完整叶片展平后呈倒披针形或倒卵状椭圆形，羽状深裂，边缘具不等长的针刺；上表面灰绿色或黄棕色，下表面色较浅，两面均具灰白色丝状毛。头状花序顶生，球形或椭圆形，总苞黄褐色，羽状冠毛灰白色。气微，味淡。

以色绿、无杂质者为佳。

【饮片】

1. 大蓟段 本品呈不规则的段，茎短圆柱形，表面绿褐色，有数条纵棱，被丝状毛；切面灰白色，髓部疏松或中空。叶多破碎，边缘具不等长的针刺；两面均具灰白色丝状毛。头状花序多破碎。气微，味淡。

2. 大蓟炭 本品呈不规则的段。外表黑褐色。质地疏脆，茎断面棕黑色。气焦香。

【功效与主治】凉血止血，散瘀解毒消痈。用于衄血，吐血，尿血，便血，崩漏，外伤出血，痈肿疮毒。

广藿香

【来源】本品为唇形科植物广藿香的干燥地上部分。枝叶茂盛时采割，日晒夜闷，反复至干。

【产地】主产于广东。

【性状】本品茎略呈方柱形，多分支，枝条稍曲折，长30～60cm，直径0.2～0.7cm；表面灰褐色、灰黄色或带红棕色，表面被柔毛；质脆，易折断，断面中部有髓；老茎类圆柱形，直径1～1.2cm，被灰褐色栓皮。叶对生，皱缩成团，展平后叶片呈卵形或椭圆形，长4～9cm，宽3～7cm；两面均被灰白色茸毛；先端短尖或钝圆，基部楔形或钝圆，边缘具大小不规则的钝齿；叶柄细，长2～5cm，被柔毛。气香特异，味微苦。

以身干、整齐、断面发绿、叶厚柔软、香气浓厚者为佳。

【饮片】本品呈不规则的段，茎略呈方柱形，表面灰褐色、灰黄色或带红棕色，被柔毛。切面有白色髓部。叶破碎，两面均被灰白色绒毛，边缘具大小不规则的钝齿。气香特异，味微苦。

【功效与主治】芳香化浊，和中止呕，发表解暑。用于湿浊中阻，脘痞呕吐，暑湿表证，湿温初起，发热倦怠，胸闷不舒，寒湿闭暑，腹痛吐泻，鼻渊头痛。

广金钱草

【来源】本品为豆科植物广金钱草的干燥地上部分。夏、秋二季采割，除去杂质，晒干。

【产地】主产于广东、广西、福建、湖南等地。

【性状】本品茎呈圆柱形，最长可达1m；密被黄色伸展的短柔毛；质稍脆，断面中部有髓。叶互生，小叶1或3，圆形或矩圆形，直径2～4cm；先端微凹，基部心形或钝圆，全缘；上表面黄绿色或灰绿色，无毛，下表面具灰白色紧贴的绒毛，侧脉羽状；叶柄长1～2cm，托叶1对，披针形，长约0.8cm。气微香，味微甘。

以身干、叶多、色绿、无杂质者为佳。

【饮片】本品为短圆柱形段，密被黄色伸展的短柔毛；叶破碎；上表面黄绿色或灰绿色，无毛，下表面具灰白色紧贴的绒毛。气微香，味微甘。

【功效与主治】利湿退黄，利尿通淋。用于黄疸尿赤，热淋，石淋，小便涩痛，水肿尿少。

马齿苋

【来源】本品为马齿苋科植物马齿苋的干燥地上部分。夏、秋二季采收，除去残根及杂质，洗净，略蒸或烫后晒干。

【产地】全国大部分地区均产。

【性状】本品多皱缩卷曲，常缠结成团。茎为圆柱形，最长可达30cm，直径0.1～0.2cm，表面黄褐色，有明显纵沟纹。叶对生或互生，易破碎，完整叶片倒卵形，长1～2.5cm，宽0.5～1.5cm；绿褐色，先端钝平或微缺，全缘。花小，3～5朵生于枝端，花瓣5，黄色。蒴果圆锥形，长约5mm，内含多数细小种子。气微，味微酸。

以质嫩、叶多、青绿色、无杂质者为佳。

【饮片】本品呈不规则段。茎圆柱形，表面黄褐色。叶多破碎。蒴果圆锥形，内含多数细小种子。气微，味微酸。

【功效与主治】清热解毒，凉血止血，止痢。用于热毒血痢，痈肿疔疮，湿疹，丹毒，蛇虫咬伤，便血，痔血，崩漏下血。

石　斛

【来源】本品为兰科植物金钗石斛、鼓槌石斛或流苏石斛的栽培品及其同属植物近似种的新鲜或干燥茎。全年均可采收，鲜用者除去根及泥沙；干用者采收后，除去杂质，用开水略烫或烘软，再边搓边烘晒，至叶鞘搓净，干燥。

【产地】主产于广西、广东、贵州、云南、湖南、湖北、四川等地。

【性状】

1. 鲜石斛　呈圆柱形或扁圆柱形，长约30cm，直径0.4～1.2cm。表面黄绿色，光滑或有纵纹，节明显，色较深，节上有膜质叶鞘。肉质，多汁，易折断。气微，味微苦而回甜，嚼之有黏性。

2. 金钗石斛　呈扁圆柱形，长20～40cm，直径0.4～0.6cm，节间长2.5～3cm。表面

金黄色或黄中带绿色，有深纵沟。质硬而脆，断面较平坦。味苦。

3. 鼓槌石斛 呈粗纺锤形，中部直径1～3cm，具3～7节。表面光滑，金黄色，有明显凸起的棱。质轻而松脆，断面海绵状。气微，味淡，嚼之有黏性。

4. 流苏石斛 呈长圆柱形，长20～150cm，直径0.4～1.2cm，节明显，节间长2～6cm。表面黄色至暗黄色，有深纵槽。质疏松，断面平坦或呈纤维性。味淡或味苦，嚼之有黏性。

鲜石斛以青绿色、肥满多汁、嚼之发黏者为佳。石斛以色金黄、有光泽、质柔韧者为佳。

【饮片】

1. 鲜石斛 呈圆柱形或扁圆柱形的段。直径0.4～1.2cm。表面黄绿色，光滑或有纵纹，肉质多汁。气微，味微苦而回甜，嚼之有黏性。

2. 石斛 本品呈扁圆柱形或圆柱形的段。表面金黄色、绿黄色或棕黄色，有光泽，有深纵沟或纵棱，有的可见棕褐色的节。切面黄白色至黄褐色，有多数散在的筋脉点。气微，味淡或微苦，嚼之有黏性。

【功效与主治】益胃生津，滋阴清热。用于热病津伤，口干烦渴，胃阴不足，食少干呕，病后虚热不退，阴虚火旺，骨蒸劳热，目暗不明，筋骨痿软。

仙鹤草

【来源】本品为蔷薇科植物龙芽草的干燥地上部分。夏、秋二季茎叶茂盛时采割，除去杂质，干燥。

【产地】主产于浙江、江苏、湖北等地。

【性状】本品长50～100cm，全体被白色柔毛。茎下部圆柱形，直径4～6mm，红棕色，上部类圆柱形，绿褐色，有节；体轻，质硬，易折断，断面中空。单数羽状复叶互生，暗绿色，皱缩卷曲；质脆，易碎；叶片有大小两种，相间生于叶轴上，顶端小叶较大，完整小叶片展平后呈卵形或长椭圆形，先端尖，基部楔形，边缘有锯齿；托叶2，抱茎，斜卵形。总状花序细长，花萼下部呈筒状，萼筒上部有钩刺，先端5裂，花瓣黄色。气微，味微苦。

以身干、茎红棕色、质嫩、叶多者为佳。

【饮片】本品为不规则的段，茎类圆柱形，有的有节。切面中空。叶多破碎，暗绿色，边缘有锯齿；托叶抱茎，有时可见黄色花或带钩刺的果实。气微，味微苦。

【功效与主治】收敛止血，截疟，止痢，解毒，补虚。用于咯血，吐血，崩漏下血，疟疾，血痢，痈肿疮毒，阴痒带下，脱力劳伤。

半枝莲

【来源】本品为唇形科植物半枝莲的干燥全草。夏、秋二季茎叶茂盛时采挖，洗净，晒干。

【产地】主产于河北、河南、山西、陕西等地。

【性状】本品长15～35cm，无毛或花轴上疏被毛。根纤细。茎较细，方柱形；表面暗紫色或棕绿色。叶对生，有短柄；叶片多皱缩，展平后呈三角状卵形或披针形，长1.5～

3cm，宽0.5~1cm；先端钝，基部宽楔形，全缘或有少数不明显的钝齿；上表面暗绿色，下表面灰绿色。花单生于茎枝上部叶腋，花萼裂片钝或较圆；花冠2唇形，棕黄色或浅蓝紫色，长约1.2cm，被毛。果实扁球形，浅棕色。气微，味微苦。

以身干、色紫绿、带叶、味苦者为佳。

【饮片】本品呈不规则的段。茎方柱形，表面暗紫色或棕绿色。叶多破碎，暗绿色或灰绿色。花萼下唇裂片钝或较圆；花冠唇形。果实扁球形，浅棕色。气微，味微苦。

【功效与主治】清热解毒，化瘀利尿。用于疔疮肿毒，咽喉肿痛，跌仆伤痛，水肿，黄疸，蛇虫咬伤。

半边莲

【来源】本品为桔梗科植物半边莲的干燥全草。夏季采收，除去泥沙，洗净，晒干。

【产地】主产于安徽、江苏、浙江、江西、湖南、广东等省。

【性状】本品常缠结成团。根茎直径1~2mm；表面淡棕黄色，平滑或有细纵纹。根细小，黄色，侧生纤细须根。茎细长，有分支，灰绿色，节明显，有的可见附生的细根。叶互生，无柄，叶片多皱缩，绿褐色，展平后叶片呈狭披针形，长1~2.5cm，宽0.2~0.5cm，边缘具疏而浅的齿。花梗细长，花小，单生于叶腋，花冠基部筒状，上部5裂，偏向一边，浅紫红色，花冠筒内有白色茸毛。气微特异，味微甘而辛。

以身干、叶绿、根黄、无泥沙杂质者为佳。

【饮片】本品呈不规则的段。根及根茎细小，表面淡棕色或黄色。茎细，有分支，灰绿色，节明显。叶无柄，叶片多皱缩，绿褐色，狭披针形，边缘具疏而浅的齿或全缘。气微特异，味微甘而辛。

【功效与主治】清热解毒，利尿消肿。用于痈肿疔疮，蛇虫咬伤，鼓胀水肿，湿热黄疸，湿疹湿疮。

铁皮石斛

【来源】本品为兰科植物铁皮石斛的干燥茎。11月至翌年3月采收，除去杂质，剪去部分须根，边加热边扭成螺旋形或弹簧状，烘干；或切成段，干燥或低温烘干。前者习称“铁皮枫斗”（耳环石斛）；后者习称“铁皮石斛”。

【产地】主产于浙江等地。

【性状】

1. 铁皮枫斗　本品呈螺旋形或弹簧状，通常为2~6个旋纹，茎拉直后长3.5~8cm，直径0.2~0.4cm。表面黄绿色或略带金黄色，有细纵皱纹，节明显，节上有时可见残留的灰白色叶鞘；一端可见茎基部留下的短须根，习称“龙头”。质坚实，易折断，断面平坦，灰白色至灰绿色，略角质状。气微，味淡，嚼之有黏性。

2. 铁皮石斛　本品呈圆柱形的段，长短不等。

铁皮枫斗以肥满、色新艳、有龙头凤尾、嚼之发黏者为佳。

【饮片】

1. 铁皮枫斗　本品性状同药材。

2. 铁皮石斛段　本品为段状，表面黄绿色或略带金黄色，有细纵皱纹，节明显，气微，味淡，嚼之有黏性。

【功效与主治】益胃生津，滋阴清热。用于热病津伤，口干烦渴，胃阴不足，食少干呕，病后虚热不退，阴虚火旺，骨蒸劳热，目暗不明，筋骨痿软。

金钱草

【来源】本品为报春花科植物过路黄的干燥全草。夏、秋二季采收，除去杂质，晒干。

【产地】主产于四川、重庆等地。

【性状】本品常缠结成团，无毛或被疏柔毛。茎扭曲，表面棕色或暗棕红色，有纵纹，下部茎节上有时具须根，断面实心。叶对生，多皱缩，展平后呈宽卵形或心形，长1~4cm，宽1~5cm，基部微凹，全缘；上表面灰绿色或棕褐色，下表面色较浅，主脉明显突起，用水浸后，对光透视可见黑色或褐色条纹；叶柄长1~4cm。有的带花，花黄色，单生叶腋，具长梗。蒴果球形。气微，味淡。

以身干、叶大、须根少、无杂质者为佳。

【饮片】本品为不规则的段。茎棕色或暗棕红色，实心。叶灰绿色或棕褐色，下表面色较浅，主脉明显突起。偶见黄色花，单生叶腋。气微，味淡。

【功效与主治】利湿退黄，利尿通淋，解毒消肿。用于湿热黄疸，胆胀胁痛，石淋，热淋，小便涩痛，痈肿疔疮，蛇虫咬伤。

茵　陈

【来源】本品为菊科植物滨蒿或茵陈蒿的干燥地上部分。春季幼苗高6~10cm时采收或秋季花蕾长成至花初开时采割，除去杂质及老茎，晒干。春季采收的习称“绵茵陈”，秋季采割的称“花茵陈”。市场商品主要为“绵茵陈”，“花茵陈”商品少见。

【产地】全国大部分地区均有生产。

【性状】

1. 绵茵陈　多卷曲成团状，灰白色或灰绿色，全体密被白色茸毛，绵软如绒。茎细小，长0.5~2.5cm，直径0.1~0.2cm，除去表面白色茸毛后可见明显纵纹；质脆，易折断。叶具柄；展平后叶片呈一至三回羽状分裂，叶片长1~3cm，宽约1cm；小裂片卵形或稍呈倒披针形、条形，先端锐尖。气清香，味微苦。

2. 花茵陈　茎呈圆柱形，多分支，长30~100cm，直径2~8mm；表面淡紫色或紫色，有纵条纹，被短柔毛；体轻，质脆，断面类白色。叶密集，或多脱落；下部叶二至三回羽状深裂，裂片条形或细条形，两面密被白色柔毛；茎生叶一至二回羽状全裂，基部抱茎，裂片细丝状。头状花序卵形，多数集成圆锥状，长0.2~0.5mm，直径1~1.2mm，有短梗；总苞片3~4层，卵形，苞片3裂；外层雌花6~10个，可多达15个，内层两性花2~10个。瘦果长圆形，黄棕色。气芳香，味微苦。

绵茵陈以身干、质嫩、灰白色或灰绿色、质绵软如绒、气清香浓郁者为佳。花茵陈以身干、无杂质者为佳。

【功效与主治】清利湿热，利胆退黄。用于黄疸尿少，湿温暑湿，湿疮瘙痒。

薄　荷

【来源】本品为唇形科植物薄荷的干燥地上部分。夏、秋二季茎叶茂盛或花开至三轮时，选晴天，分次采割，晒干或阴干。

【产地】全国大部分地区均有产。以产于江苏太仓、太合等地产的“苏薄荷”质佳。

【性状】本品茎呈方柱形，有对生分支，长15～40cm，直径0.2～0.4cm；表面紫棕色或淡绿色，棱角处具茸毛，节间长2～5cm；质脆，断面白色，髓部中空。叶对生，有短柄；叶片皱缩卷曲，完整者展平后呈宽披针形、长椭圆形或卵形，长2～7cm，宽1～3cm；上表面深绿色，下表面灰绿色，稀被茸毛，有凹点状腺鳞。轮伞花序腋生，花萼钟状，先端5齿裂，花冠淡紫色。揉搓后有特殊清凉香气，味辛凉。

以身干、无根、叶多、色绿、气味浓者为佳。

【饮片】本品呈不规则的段。茎呈方柱形，表面紫棕色或淡绿色。叶多破碎，深绿色或灰绿色，稀被茸毛。轮伞花序腋生，花萼钟状，先端5齿裂。揉搓后有特殊清凉香气，味辛凉。

【功效与主治】疏散风热，清利头目，利咽，透疹，疏肝行气。用于风热感冒，风温初起，头痛，目赤，喉痹，口疮，风疹，麻疹，胸胁胀闷。

六、树脂藻菌类、其他类、动物类及矿物类中药

昆　布

【来源】本品为海带科植物海带或翅藻科植物昆布的干燥叶状体。夏、秋二季采捞，晒干。

【产地】海带产于辽宁、山东、浙江、福建、广东；昆布产于浙江、福建等地。

【性状】

1. 海带　卷曲折叠成团状，或缠结成把。全体呈黑褐色或绿褐色，表面附有白霜。用水浸软则膨胀成扁平长带状，长50～150cm，宽10～40cm，中部较厚，边缘较薄而呈波状。类革质，残存柄部扁圆柱状。气腥，味咸。

2. 昆布　卷曲皱缩成不规则团状。全体呈黑色，较薄。用水浸软则膨胀呈扁平的叶状，长宽约为16～26cm，厚约1.6mm；两侧呈羽状深裂，裂片呈长舌状，边缘有小齿或全缘。质柔滑。

水试：以水浸泡即膨胀，表面黏滑，附着透明黏液质。手捻不分层者为海带，分层者为昆布。

以色黑棕、身干整齐、无杂质者为佳。

【饮片】本品为丝状，黑褐色或绿褐色，表面附有白霜。气腥，味咸。

【功效与主治】消痰软坚散结，利水消肿。用于瘿瘤，瘰疬，睾丸肿痛，痰饮水肿。

茯　苓

【来源】本品为多孔菌科真菌茯苓的干燥菌核。多于7～9月采挖，挖出后除去泥沙，堆置“发汗”后，摊开晾至表面干燥，再“发汗”，反复数次至现皱纹、内部水分大部散

失后，阴干，称为“茯苓个”；或将鲜茯苓按不同部位切制成小块或片，阴干，分别称为“茯苓块”、“茯苓片”、“茯神块”及“茯苓皮”。

【产地】主产于安徽、云南、湖北等地。河南、贵州、四川、广西、福建、浙江、湖南亦产。以产于云南者质佳。

【性状】

1. 茯苓个　呈类球形、椭圆形、扁圆形或不规则团块，大小不一。外皮薄而粗糙，棕褐色至黑褐色，有明显的皱缩纹理。体重，质坚实，断面颗粒性，有的具裂隙，外层淡棕色，内部白色，少数淡红色，有的中间抱有松根。气微，味淡，嚼之黏牙。

2. 茯苓块　为去皮后切制的茯苓，呈立方块状或方块状厚片，大小不一。白色、淡红色或淡棕色。

3. 茯苓片　为去皮后切制的茯苓，呈不规则的片，厚薄不一。白色、淡红色或淡棕色。

4. 茯神块　为扁平方块状，中间有一圆形木心。

5. 茯苓皮　本品呈不规则块片，大小不一。外表面棕褐色至黑褐色，有疣状突起，内面淡棕色并常带有白色或淡红色的皮下部分。质较松软，略具弹性。气微，味淡，嚼之黏牙。

茯苓个以体重坚实、外皮黑褐色而稍带光泽、皱纹深无裂隙、断面白色细腻、黏牙力强者为佳。

【饮片】茯苓块、茯苓片、茯神块、茯苓皮分别入药。

【功效与主治】利水渗湿，健脾，宁心。用于水肿尿少，痰饮眩悸，脾虚食少，便溏泄泻，心神不安，惊悸失眠。

茯神：宁心安神，用于心神不安，惊悸失眠。

茯苓皮：利水消肿。用于水肿，小便不利。

猪　苓

【来源】本品为多孔菌科真菌猪苓的干燥菌核。春、秋二季采挖，除去泥沙，干燥。

【产地】主产于陕西、山西、河北、云南、河南等地。

【性状】本品呈条形、类圆形或扁块状，有的有分支，长 5～25cm，直径 2～6cm。表面黑色、灰黑色或棕黑色，皱缩或有瘤状突起。体轻，质硬，断面类白色或黄白色，略呈颗粒状。气微，味淡。

以外皮乌黑光润、断面洁白、体较重者为佳。

【饮片】本品呈类圆形或不规则的厚片。外表皮黑色或棕黑色，皱缩。切面类白色或黄白色，略呈颗粒状。气微，味淡。

【功效与主治】利水渗湿。用于小便不利，水肿，泄泻，淋浊，带下。

海　藻

【来源】本品为马尾藻科植物海蒿子或羊栖菜的干燥藻体。前者习称“大叶海藻”，后者习称“小叶海藻”。夏、秋二季采捞，除去杂质，洗净，晒干。

【产地】羊栖菜产于辽宁、山东、浙江、福建、广东。海蒿子产于辽宁、山东。

【性状】

1. 大叶海藻 皱缩卷曲，黑褐色，有的被白霜，长30～60cm。主干呈圆柱状，具圆锥形突起，主枝自主干两侧生出，侧枝自主枝叶腋生出，具短小的刺状突起。初生叶披针形或倒卵形，长5～7cm，宽约1cm，全缘或具粗锯齿；次生叶条形或披针形，叶腋间有着生条状叶的小枝。气囊黑褐色，球形或卵圆形，有的有柄，顶端钝圆，有的具细短尖。质脆，潮润时柔软；水浸后膨胀，肉质，黏滑。气腥，味微咸。

2. 小叶海藻 较小，长15～40cm。分支互生，无刺状突起。叶条形或细匙形，先端稍膨大，中空。气囊腋生，纺锤形或球形，囊柄较长。质较硬。

以身干、色黑褐、盐霜少、枝嫩无砂石者为佳。

【饮片】本品为段状。性状同药材。

【功效与主治】消痰软坚散结，利水消肿。用于瘿瘤，瘰疬，睾丸肿痛，痰饮水肿。

雷 丸

【来源】本品为白蘑科真菌雷丸的干燥菌核。秋季采挖，洗净，晒干。

【产地】主产于四川、云南、贵州等地；此外，湖南、湖北、陕西、广东、广西、安徽、浙江、福建、河南亦有产。

【性状】本品为类球形或不规则团块，直径1～3cm。表面黑褐色或灰褐色，有略隆起的网状细纹。质坚实，不易破裂，断面不平坦，白色或浅灰黄色，似粉状或颗粒状，常有黄棕色大理石样纹理。气微，味微苦，嚼之有颗粒感，微带黏性，久嚼无渣。

以个大饱满、质坚、断面色白、无泥沙者为佳。断面褐色呈角质样者，不可供药用。

【功效与主治】杀虫消积。用于绦虫、钩虫、蛔虫病等虫积腹痛，小儿疳积。

土鳖虫

【来源】本品为鳖蠊科昆虫地鳖或冀地鳖的雌虫干燥体。捕捉后，置沸水中烫死，晒干或烘干。

【产地】主产于江苏、浙江、湖北、湖南、河南、山东等地；山西、安徽、贵州、四川及东北也产。以产于江苏者质优。

【性状】

1. 地鳖 呈扁平卵形，长1.3～3cm，宽1.2～2.4cm。前端较窄，后端较宽，背部紫褐色，具光泽，无翅。前胸背板较发达，盖住头部；腹背板9节，呈覆瓦状排列。腹面红棕色。头部较小，有丝状触角1对，常脱落；胸部有足3对，具细毛和刺；腹部有横环节。质松脆，易碎。气腥臭，味微咸。

2. 冀地鳖 长2.2～3.7cm，宽1.4～2.5cm。背部黑棕色，通常在边缘带有淡黄褐色斑块及黑色小点。

以身干、体肥、色红褐、质轻不破碎者为佳。

【功效与主治】破血逐瘀，续筋接骨。用于跌打损伤，筋伤骨折，血瘀经闭，产后瘀阻腹痛，癥瘕痞块。

水　蛭

【来源】本品为水蛭科动物蚂蟥、水蛭或柳叶蚂蟥的干燥全体。夏、秋二季捕捉，用沸水烫死，晒干或低温干燥。

【产地】全国大部分地区均有生产。

【性状】

1. 蚂蟥　呈扁平纺锤形，有多数环节，长4～10cm，宽0.5～2cm。背部黑褐色或黑棕色，稍隆起，用水浸后，可见黑色斑点排成5条纵纹；腹面平坦，棕黄色；两侧棕黄色，前端略尖，后端钝圆，两端各具1吸盘，前吸盘不显著，后吸盘较大。质脆，易折断，断面胶质状。气微腥。

2. 水蛭　扁长圆柱形，体多弯曲扭转，长2～5cm，宽0.2～0.3cm。

3. 柳叶蚂蟥　狭长而扁，长5～12cm，宽0.1～0.5cm。

以身干、条整齐、无泥土者为佳。

【饮片】

1. 水蛭段　本品为不规则扁平段状，表面黑棕色或黄棕色。切面胶质状。气微腥。

2. 烫水蛭　本品形如水蛭段，略鼓起，附有少量白色滑石粉。断面松泡。

【功效与主治】破血通经，逐瘀消癥。用于血瘀经闭，癥瘕痞块，中风偏瘫，跌仆损伤。

水牛角

【来源】本品为牛科动物水牛的角。取角后，水煮，除去角塞，干燥。

【产地】产于南方地区。

【性状】本品呈稍扁平而弯曲的锥形，长短不一。表面棕黑色或灰褐色，一侧有数条横向的沟槽，另一侧有密集的横向凹陷条纹。上部渐尖，有纵纹，基部略呈三角形，中空。角质，坚硬。气微腥，味淡。

以个大、裂纹少、洁净者为佳。习惯认为角尖部为最佳。

【饮片】

1. 水牛角丝　本品为不规则弯曲丝状，灰褐色，质硬而韧。气微腥，味淡。

2. 水牛角粉　本品粉末灰褐色。

3. 水牛角浓缩粉　为水牛角的半浓缩粉。为淡灰色粉末。气微腥，味微咸。

【功效与主治】清热凉血，解毒，定惊。用于温病高热，神昏谵语，发斑发疹，吐血衄血，惊风，癫狂。

地　龙

【来源】本品为钜蚓科动物参环毛蚓、通俗环毛蚓、威廉环毛蚓或栉盲环毛蚓的干燥体。前一种习称“广地龙”，后三种习称“沪地龙”。广地龙春季至秋季捕捉，沪地龙夏季捕捉，及时剖开腹部，除去内脏及泥沙，洗净，晒干或低温干燥。

【产地】广地龙产于广东、广西等地；河南、山西、江苏、福建、安徽等地也产。广地龙质优。

【性状】

1. 广地龙　呈长条状薄片，弯曲，边缘略卷，长15～20cm，宽1～2cm。全体具环节，背部棕褐色至紫灰色，腹部浅黄棕色；第14～16环节为生殖带，习称“白颈”，较光亮。体前端稍尖，尾端钝圆，刚毛圈粗糙而硬，色稍浅。雄生殖孔在第18环节腹侧刚毛圈一小孔突上，外缘有数环绕的浅皮褶，内侧刚毛圈隆起，前面两边有横排（一排或二排）小乳突，每边10～20个不等。受精囊孔2对，位于7、8至8、9环节间一椭圆形突起上，约占节周5/11。体轻，略呈革质，不易折断。气腥，味微咸。

2. 沪地龙　长8～15cm，宽0.5～1.5cm。全体具环节，背部棕褐色至黄褐色，腹部浅黄棕色；第14～16环节为生殖带，较光亮；第18环节有一对雄生殖孔。通俗环毛蚓的雄交配腔能全部翻出，呈花菜状或阴茎状；威廉环毛蚓的雄交配腔孔呈纵向裂缝状；栉盲环毛蚓的雄生殖孔内侧有1或多个小乳突。受精囊孔3对，在6、7至8、9环节间。

以身干、光亮、肥满、肉厚、无泥者为佳。

【饮片】本品为段状，全体具环节，背部棕褐色至紫灰色，腹部浅黄棕色。体轻，略呈革质，不易折断。气腥，味微咸。

【功效与主治】清热定惊，通络，平喘，利尿。用于高热神昏，惊痫抽搐，关节痹痛，肢体麻木，半身不遂，肺热喘咳，尿少水肿。

蜈　蚣

【来源】本品为蜈蚣科动物少棘巨蜈蚣的干燥体。春、夏二季捕捉，用竹片插入头尾，绷直，干燥。

【产地】主产于浙江、湖北、湖南、江苏、河南、陕西等地。

【性状】本品呈扁平长条形，长9～15cm，宽0.5～1cm。由头部和躯干部组成，全体共22个环节。头部暗红色或红褐色，略有光泽，有头板覆盖，头板近圆形，前端稍突出，两侧贴有颚肢1对，前端两侧有触角1对。躯干部第1背板与头板同色，其余20个背板为棕绿色或墨绿色，具光泽，自第4背板至第20背板上常有两条纵沟线；腹部淡黄色或棕黄色，皱缩；自第2节起，每节两侧有步足一对，步足黄色或红褐色，偶有黄白色，呈弯钩形；最末1对步足尾状，故又称尾足，易脱落。质脆，断面有裂隙。气微腥，有特殊刺鼻的臭气，味辛、微咸。

以条大、完整、腹干瘪者为佳。

【功效与主治】息风镇痉，通络止痛，攻毒散结。用于肝风内动，痉挛抽搐，小儿惊风，中风口㖞，半身不遂，破伤风，风湿顽痹，偏正头痛，疮疡，瘰疬，蛇虫咬伤。

石　膏

【来源】本品为硫酸盐类矿物硬石膏族石膏，主含含水硫酸钙（$CaSO_4 \cdot 2H_2O$），采挖后，除去泥沙及杂石。

【产地】主产于湖北、安徽；山东、河南、山西、甘肃、云南、四川、贵州等省也产。以产于湖北应城者质佳。

【性状】本品为纤维状的集合体，呈长块状、板块状或不规则块状。白色、灰白色或淡黄色，有的半透明。体重，质软，纵断面具绢丝样光泽。气微，味淡。

火试：取本品一小块（约2g），置具有小孔软木塞的试管内，灼烧，管壁有水生成，小块变为不透明体。

以白色、块大、半透明、纵断面如丝者为佳。

【饮片】

1. 石膏 本品为不规则小碎块，有的为小碎块和粉末的混合物。

2. 煅石膏 本品为白色的粉末或酥松块状物，不透明。体较轻，质软，易碎，捏之成粉。气微，味淡。

【功效与主治】清热泻火，除烦止渴。用于外感热病，高热烦渴，肺热喘咳，胃火亢盛，头痛，牙痛。

滑 石

【来源】本品为硅酸盐类矿物滑石族滑石，主含含水硅酸镁〔$Mg_3 \cdot (Si_4O_{10}) \cdot (OH)_2$〕。采挖后，除去泥沙及杂石。

【产地】主产于山东、江西等地；江苏、浙江、山西、陕西、辽宁等省也产。

【性状】本品多为块状集合体。呈不规则的块状。白色、黄白色或淡蓝灰色，有蜡样光泽。质软，细腻，手摸有滑润感，无吸湿性，置水中不崩散。气微，味淡。

以整洁、色白、润滑、无杂石者为佳。

【饮片】

1. 滑石块 本品为小碎块。类白色，手摸有滑腻感。

2. 滑石粉 本品为白色或类白色的粉末，手摸有滑腻感。气微，味淡。

【功效与主治】利尿通淋，清热解暑。外用祛湿敛疮。用于热淋，石淋，尿热涩痛，暑湿烦渴，湿热水泻；外治湿疹，湿疮，痱子。

磁 石

【来源】本品为氧化物类矿物尖晶石族磁铁矿，主含四氧化三铁（Fe_3O_4）。采挖后，除去杂石。

【产地】主产于辽宁、河北、河南、山东、江苏、安徽、广东、广西、福建、四川、云南等地。

【性状】本品为块状集合体，呈不规则块状，多具棱角。灰黑色或棕褐色，条痕黑色，具金属光泽。体重，质坚硬，断面不整齐。具磁性。有土腥气，味淡。

以铁黑色、有光泽、具吸铁能力者为佳。

【饮片】

1. 磁石 本品为不规则的碎块，灰黑色或褐色。质坚硬，具磁性。有土腥气，味淡。

2. 煅磁石 本品为不规则的碎块或颗粒。表面黑色。质硬而酥。无磁性。

【功效与主治】镇惊安神，平肝潜阳，聪耳明目，纳气平喘。用于惊悸失眠，头晕目眩，视物昏花，耳鸣耳聋，肾虚气喘。

第二节　中药检测

一、材料与器具

供试品中药材、饮片，容器，分度值1/100的天平，2号、3号药筛，计算器，放大镜（5～10倍），记录表。

二、操作步骤

（一）中药材杂质检查

1. 取样

取规定量的供试品，摊开，用肉眼或放大镜（5～10倍）观察，将杂质拣出。如其中有可以筛分的杂质，则通过适当的筛，将杂质分出。

2. 称重

将各类杂质分别称重，计算其在供试品中的含量（%）。公式如下：

杂质% = 杂质重量/供试品重量×100%

3. 记录

将取样量（供试品重量）、杂质重量、计算公式、过程、结果填写在记录表内，以备查。

（二）中药饮片中药屑及杂质的检查

1. 取样

取供试品饮片50～100g或取最小单位包装，称定重量。

2. 挑拣、过筛

将供试品饮片摊开，用肉眼或放大镜（5～10倍）观察，拣出杂质。分次置药筛内，一般过2号筛，草类、细小种子类过3号筛，往返筛动2分钟，将杂质及通过药筛的尘土、药屑等合并。

3. 称重

将拣出和筛出的杂质、药屑合并称定重量。

4. 计算

公式：药屑、杂质（%）=（药屑+杂质）重量/供试品饮片重量×100%

5. 记录

将取样量（供试品饮片重量）、杂质和药屑重量，以及计算公式、过程、结果填写在记录表内，以便备查。

6. 判定结果

符合标准（见饮片净度检查项下）者判定为合格，否则判定不合格。

三、中药材及饮片常见杂质的来源

1. 无机杂质，如沙石、泥块、尘土等。

2. 来源与规定相同但其性状或部位与规定不符的物质。

3. 来源与规定不同的物质。

四、注意事项

1. 药材中混存的杂质如与正品相似，难以从外观鉴别时，可称取适量，进行显微、化学或物理鉴别试验，证明其为杂质后，计入杂质重量中。

2. 个体大的药材，必要时可破开，检查有无虫蛀、霉烂或变质情况。

3. 杂质检查所用的供试品量，除另有规定外，按药材取样法称取。

4. 每次检测取 3 份供试别品，分别测定，取其平均值。

5. 注意取样的代表性、计算的准确性、操作的规范性及记录的真实性、完整性等。

第二章　中药商品储存

第一节　中药商品入库

中药商品入库又称收货，它是中药商品在流通过程中经过仓库的第一个环节。为了使入库的中药商品质量、数量有保障，就应对入库中药商品进行检查验收。因此，搞好中药商品的入库业务，不仅能保证商品数量准确，而且还可以监督商品质量。这也是做好中药商品保管和降低损耗的基础。

入库的基本要求是：保证入库商品数量准确，规格、质量、包装符合要求，一切手续清楚，商品入库迅速。

一、中药商品入库前的检查验收

中药商品入库前必须经过验收，中药商品的入库检查验收是保证中药商品质量的重要环节。它是中药商品进入储存保管或销售过程之前，必须经过的一项工作内容，是经营企业质量管理中的重要一关，也是仓库质量管理把“三关”（入库验收、在库保管、出库复检）中的第一关。其目的是保证入库中药商品的数量准确，质量符合标准，防止不合格商品入库或流入市场。

中药商品品种繁多，剂型各异，产地不同，性质复杂，并且易受外界条件的影响。因此，加强中药商品验收工作是保证中药商品质量，做好储存工作的重要基础。

二、中药商品入库操作流程

中药商品入库的操作可分为：中药入库前的准备工作、中药的入库检验和办理入库手续三个阶段。

（一）入库前准备工作

药库管理人员要经常了解业务部门的进货情况，及时掌握中药商品的到达时间、地点、品种和数量，以便安排商品入库的各项准备工作。根据入库商品的特性，按照分类划区保管的保管要求，确定货位面积和堆放地点。根据到货数量和到货时间，做好接收、验收、搬运、堆码人员等劳动力的安排。准备收货器具，包括装卸、搬运器具、机械、劳动保护用品、苫垫、检验工具、计量工具等。

（二）入库检验

对采购药品进行质量检验及核对接收的过程称为验收。验收工作程序包括：将药品放入待检区、核对品种数量、质量检查。

1. 将药品放入待检区

将供应商送来的药品，按规定放入药库待检区，待检。不准将供应商送来的药品不经检验直接送入药库货位，药品不经检验不准入库。

2. 核对品种数量

验收时，药库保管员要向送货人索取随货同行单（或送货单）。药品品种及数量要与合同和随货同行单相符。如发现短缺或原包装破损，要详细填写验收报告，向供货单位索要退换。

3. 质量检查

质量检查的主要内容有以下几方面：

（1）包装检查　外包装应符合要求，完好无损，封签、封条无破损。外包装上必须注明品名、规格、厂名厂址、生产批号、批准文号、注册商标、有效期、数量。有关特定贮运标志及危险药品的包装标志完整。内包装应清洁、干燥、无破损，容器内有填充物的，填充物应充实。

（2）标签、说明书　药品包装上必须有标签，必须附药品说明书。

（3）质量检验报告单　药品必须附同批号药品的《质量检验报告单》，一般一个包装箱内都是同一批号的药品，但有时也可两个批号的药品混装。混装药品要提供所有混装批号药品的《质量检验报告单》。《质量检验报告单》由药品生产企业质量检验部门提供，并盖有质量检验部门的专用章。

（4）产品合格证　药品包装箱内要附有产品合格证。

（5）药品质量　药品质量检查包括药品外观性状检查和药品内在质量的检查。一般以外观性状和颜色检查为主。每种药品都有固定的外观性状和颜色，大多数药品的质量变异可在外观上反映出来，外观性状和颜色异常，可视为不合格药品。

中药材或中药饮片的入库验收与一般药品的入库验收基本相同，其中除中药验收环节的质量检查内容不同外，其他环节同上。

另外，中药材有规格等级之分，验收时应注意药材的规格等级是否与合同要求相符。不得以次充好。

（三）办理入库手续

中药商品经过验收后，对验收无误的商品，负责验收的人员应在入库单上签字，交库房保管人员收货、入账、安排堆码。保管人员应在入库单上批注存放的库房和货位编号，同时交业务和财务各一份，以便安排货款结算和销售活动。

三、特殊情况的处理方法

对在验收中发现有问题的中药商品，应做具体处理。凡质量验收不合格、非药用规格或包装及其标志内容不符合规定要求，以及未经药品监督管理部门批准生产和颁发批准文号、无注册商标、无生产批号的中药，不准验收入库。对质量方面的问题，应做好详细记录，并积极加以维护，防止损失扩大，同时填报《质量问题处理表》，及时交有关业务部门查询处理。对数量、规格等方面不符的中药，应如实详细记录，可按实际数量和规格办理入库，但应及时提交业务部门处理。

几批中药同时入库时应逐批次、逐品种，分别验收。验收时还应注意分箱分套进行，不得相互混淆。验收后要及时分垛存放。验收中发现问题需退货的中药，在未得到业务部门处理意见之前，库房应负责妥善保管，防止损失扩大，但时间不宜过长，应尽早督促处理。

第二节　中药商品堆码

一、GSP 中对中药商品堆码的要求

按照 GSP 要求，中药商品堆码应按安全、方便、节约的原则，整齐牢固堆垛规范，合理利用仓库，色标明显。

1. 中药堆垛应留有一定距离

药品与墙、屋顶（房梁）的间距不小于 30cm，与库房散热器或供暖管道的间距不小于 30cm，与地面的间距不小于 10cm。

2. 中药储存应实行色标管理

其统一标准是：待验库（区）、退货库（区）为黄色；合格品库（区）、零货称取库（区）、待发品库（区）为绿色；不合格品库（区）为红色。

二、中药商品堆码常规方法

中药商品的堆叠即堆垛，也称码垛，是指将入库的商品在指定的货位（区）上向上和交叉堆放，可以增加商品在单位面积上的堆放高度和堆放数量，减少商品堆放所需的面积，提高仓容使用效能。堆垛工作的合理与否对仓储商品的质量有较大影响。

（一）药垛的“六距”安排

药垛的“六距”指墙距、柱距、顶距、灯距、垛距、地距。即药垛不能依墙靠柱，不能与屋顶、照明设备或地面相连。

1. 墙距

指药垛和墙的距离。留出墙距，能起到防止墙壁的潮气影响药品，便于开关窗户、通风散潮、检点商品、进行消防工作和保护仓库建筑安全等作用。垛与墙的间距一般不小于 30cm。

2. 柱距

指药垛和室内柱的距离。留出柱距，能起到防止药品受柱子潮气的影响和保护中药仓库建筑安全的作用。垛与柱的间距一般不小于 30cm。

3. 顶距

指药垛与屋顶（房梁）之间的必要距离。留出顶距，能起到通风散潮、查漏接漏、隔热散热、便于消防等作用。顶距一般规定为：平房仓库 30 ~ 50cm；多层建筑仓库底层与中层 20 ~ 50cm；顶层不得低于 30cm。人字屋架无天花板的仓库，药垛顶层不能顶着房梁下端，应保持 30cm 以上的距离。

4. 灯距

指药垛上方及四周与照明灯之间的安全距离。这是防火的要求，必须严格保持在 50cm 以上。

5. 垛距

指药垛与药垛之间的距离，视药品性能、储存场所条件、养护与消防要求、作业需要而定。在一般情况下，药垛间距为 100cm 左右。

6. 地距

指药垛与地面的距离。留出地距，能起到通风防潮、隔热、防虫的作用。药垛底部应用枕木或其他材料进行给苫垫。药垛与地面距离不小于 10cm。

另外，库内应设置足够宽度的货物通道和管理通道，保证仓储作业和养护管理工作的有效开展。库内储存养护管理通道宽度应不少于 50cm；采用货架存放药品的，在确保库房墙壁干燥、光洁、平整的情况下，货架可靠墙摆放，其靠墙面应装有隔离板面；库房内不得出现管理人员无法到达或不能实施有效控制的管理死角。

（二）堆垛的常规方法

1. 行列式

将单品种或多品种商品用背靠背的方法排成双行以上的行列。这种堆垛形式便于收发和检查，适用于小批量药品，但有时堆垛不够牢固，也不节省仓库面积。

2. 重叠（墩台）式

按照垛底摆脚数，重叠堆高。货垛每层排列一致，不交错，不压缝，数量相同。如包装不够平整，堆垛高低不一且不稳，可在上下层间加垫，如夹放木板条等，使层层持平有牵制，防止倒垛。此法适用于体积较大，包装一致的商品。其优缺点与行列式相反。

3. 交错（压缝）式

按照垛底摆脚数形状，利用包装两边不等（长形）特点，纵横排列，逐层交错压缝堆高（也可二三层交错压缝 1 次）。此法堆垛，具有相互咬紧，保持货垛稳固的优点。

4. 通风（井式）式

摆脚方法与压缝式基本相同，但每个包件的前后左右留出缝隙，利于通风、散潮。常见有“井”字形、“非”字形、“示”字形。

5. 屋脊式

将货垛上部两旁的商品由下而上逐层缩小形成屋脊式。这种堆垛牢固，适用于露天堆放，上面加盖雨布可以防风吹日晒和雨淋。

为把大小不一、形状各异、无规则的物资摆成较有规则的各种定量包装和货垛，使过目成数，美观整齐，提高出库速度，便于盘点和保管，可采用“五五化”的堆垛方法。“五五化”是以五为基本计量单位，码成各种总数为五的倍数的货垛。不同的物资和包装，有不同的五五化方法，如外形较大的可五五成方，较高的可五五成行，较小的物资可以五五成包，带眼的物资可五五成串，定型定尺的可以五五抽头堆垛等。由于五五化堆垛并不解决垛形问题，因此，同样必须符合上述堆垛方法的要求。

第三节　中药商品出库

中药商品出库又称为发货，这是中药商品仓库业务的最终环节。中药商品出库是中药结束储存过程、进入流通领域的重要环节，也是防止不合格中药商品进入市场的重要关卡。因此，加强中药商品的出库管理，对于加速中药商品流转，满足社会用药需要，保证人民用药安全，降低中药商品储存费用等具有重要作用。

一、中药商品出库基本要求

1. 出库必须有正式凭据

发出中药商品，必须有上级业务部门的指示、通知或规定的正式凭证。严禁白条或无凭证发货。

2. 出库必须认真贯彻出库原则

应根据实际情况在要保障发出药材质量的前提下，一般应贯彻“先入先出、近效期先出、先产先出、易变先出、包装零散者先出”及“按批号发货”的原则，将易霉、易坏、不宜久存的中药尽量先出库。

3. 出库的药材必须质量完好和数量准确

即按照出库凭证所列的品种、规格、单位、数量等进行配发，不得随意更改。为保证出库药材的准确，仓库应组织好复核工作，发出前账（卡）、单、物核对品名、规格；配发时开箱（包）必须核对原装数；边发边核对实物的品名、规格是否与凭证相符；配发后第二人核对；离垛后发运前，账（卡）与库存实物核对。做到单货相符，批次不乱，准确点交，避免差错。

4. 出库必须及时

根据规定的发货期限，及时组织出库。

5. 出库必须注意安全

除要保证出库的中药商品质量完好外，同时要做到包装完整、牢固，标志正确、清楚，以利于中药在运输转移过程中的安全。特别对危险品、特殊管理的药品的包装和标志，必须严格按照规定，否则不能出库。

二、中药商品出库业务流程

其基本业务流程为：查对——配货——复核——出库——记账。

（一）查对

中药商品出库，首先要进行“三查六对”。“三查”，即查核发票购货单位、发票印鉴、开票日期是否符合要求；“六对”，即将发票与实物进行对货号、对品名、对规格、对单位、对数量、对包装是否相符，同时检查包装并做好记录。发货必须以正式的出库凭证（包括调拨供应单、提货单和出库单）为依据。管理人员要核对凭证，检查印鉴是否齐全，品名、规格、数量等填写的字迹是否清楚，有无差错、涂改，提货日期有没有超过等。经核对无误后交保管员配货。出货凭证如有问题，必须经原开证单位更正并加盖印章，手续不符的应拒绝发货。

（二）配货

保管人员接到出库凭证后，按其所列项目审查无误，先核销实物卡片上的存量，然后根据“先进先出”等原则，并按出库凭证配货。对计重量的中药商品要逐件过磅称准；对零星药品可并件并箱；贵重品种或毒剧中药，要两人配货封箱（件）。配货要做到数量准确，质量完好，包装完整，堆放有序。

如果发现以下问题应停止配货、发货或配送，并报企业质量管理机构处理：中成药包装内有异常响动和液体渗漏；外包装出现破损、封口不牢、衬垫不实、封条严重损坏等现象；包装标识模糊不清或脱落；中成药已超出有效期等。对中药外观质量和包装进行检查，发现有质量报废、霉变、虫蛀、鼠咬、包装破损等，严禁作为正常药品验发出售。凡已过期、失效中药不得再用，禁止发出，按规定程序处理。

（三）复核

保管人员将货配发齐后，要反复清点核对，确保货单相符，保证数量质量。既要复核货单是否相符，又要复核货位结存量以验证出库量是否正确，发出的零星中成药在核对包装时要有 2 人以上在场。麻醉中药、毒剧中药和贵细中药，应实行双人收发货制度，仓储部门的有关负责人必要时要亲自进行复核。

每复核完一个品种后复核人员应在药品出库单上签字，认真做好复核记录，“药品出库复核记录”的内容，应包括购货单位、品名、剂型、规格、批号、有效期、生产企业、数量、销售日期、质量状况和复核人员等项目。复核记录应保存至超过药品有效期 1 年，不得少于 3 年。

（四）出库

发出的中药商品，经清点集中后，要及时办理手续。自领中药由保管员根据凭证所列的品种，向领物人逐件点交。由仓库下送的中药，要向押运人员交代消楚物资和物资送到后应办的手续。由运输单位负责运送或托运的中药商品，仓库应向承运单位办理托运手续，并将托运商品的数量、质量、承运单位、启运时间和运输方式等通知收物单位，及时收回回执。在办理交接时，双方都应在凭证上签章，以明责任。点交完毕即给接货人员填发出门证。

（五）记账

中药商品出库后，保管员根据出库凭证所列内容在保管账上作发货记录，并及时在发货卡上注销。

第三章 中药商品养护

根据中药的储存特性要求，采取科学、合理、经济、有效的手段和方法，通过控制调节中药的储存条件，对中药商品进行养护，能起到有效防止中药质量变异、确保储存中药质量的目的。

第一节 温湿度调控

一、温湿度含义及测量方法

温度和湿度是影响中药商品变质的重要因素。温、湿度管理不当，常会促使中药发生虫蛀、霉变、泛油、变色、气味散失、风化、潮解、融化、粘连、腐烂等现象。温、湿度是中药商品储存产生变质的主要外在因素，对中药变质起着直接作用。所有中药商品在储存期间发生质量变化，几乎都与温度和湿度有着密切的关系。所以，控制中药仓库的温、湿度，健全管理制度，防止中药商品变质失效，是搞好中药商品养护工作的关键。

（一）温度

温度是表示空气冷热程度的物理量，通常用温度计测得的摄氏度（℃）表示。空气温度、仓库温度是中药商品储存常见的表示冷热程度的物理量。空气温度决定着仓库温度，仓库温度随空气温度的变化而变化。但是仓库内温度的变化比外界慢。

温度对于中药的贮存影响最大。中药对气温有一定的适应范围，在常温（5℃～20℃）下，药材成分基本稳定，利于贮藏。当温度升高时，中药水分蒸发，失去润泽，甚至干裂；氧化、水解反应加快；泛油、气味散失亦加快；动物胶类和部分树脂类，会发生变软、变形、黏结、融化等现象。

（二）湿度

即空气干湿程度。空气中含水蒸气量的大小，称为湿度。空气中水蒸气含量愈大，湿度也愈大；反之湿度就愈小。目前常采用的空气湿度的表示量值有下列两种。

1. 饱和湿度（最大湿度）

指在一定湿度下每立方米空气中所含水蒸气的最大量（单位为 g/m^3）。

2. 相对湿度

指空气中实际含有的水蒸气量（绝对湿度）与同温度、同体积的空气饱和水蒸气量（饱和湿度）之百分比，公式为：相对湿度＝绝对湿度/饱和湿度×100%。

相对湿度是衡量空气水蒸气饱和程度的一种量值。相对湿度小就表示干燥，水分容易蒸发；相对湿度大就表示潮湿，水分难以蒸发；当相对湿度达100%时，空气中的水蒸气已达饱和状态，水分就不再继续蒸发；如果空气中的水蒸气超过饱和状态，就会凝结为水珠附着在物体的表面，这种现象叫“水淞”，俗称“出汗”，它定会使中药受潮，对中药商品的保管十分不利。

（三）温湿度的测量方法

为便于了解空气温、湿度的变化，掌握温、湿度年变化和日变化的规律，更好地调节和控制仓库的温、湿度，创造适宜的储存条件，须在仓库内外设置温、湿度计，逐日进行测记。

通常测量室温可选用不同温度计（感温液体为水银或着色乙醇）。准确性要求较高或测量温度较高时，应选用通风干湿表温度计（WQG-12）、地面温度计（WQG-15）。对仓库内需要记录每天最低和最高温度的，应选用U形玻璃弯管形式的最高温度计（WQG-13）、最低温度计（WQG-18）等。测定相对湿度的仪器通常有干湿球温湿度计（简称干湿温度计）、毛发湿度计、通风湿度计、自计湿度计等。可根据不同需要，选择使用。

温湿度测量方法，可分库外和库内两种。库外温湿度计应放在设置的百叶箱内。在库内，可根据库房面积大小，结合中药商品的性质及各季节气候变化情况设置一定数量的温湿计，库内温湿度计应挂在不靠门窗、墙角而空气又能适当流通，具有代表性而且又能避免日光直接照射的地方，温度表的球部距地高度宜在1.5m左右。

库房保管员应每天定时测定、记录库内温湿度2~3次，一般8~9时和14~15时各测定一次，登载在库内温湿度记录本上。

仓库应设专人或由养护组负责库外观测工作和接收中央气象台要素信息。观测时应与库内观测同步，主要观测风向，风力，最高、最低温度，绝对湿度，相对湿度。观测结果写在通告牌上，以便保管员根据库内外观测结果，决定是否采取通风、去潮或降温等技术措施。

二、正常情况下的温湿度变化规律

（一）正常情况下空气温度的变化

1. 气温日变化

即一昼夜内气温的变化。在正常情况下，最低气温总是出现在日出前后；最高气温总是出现在13~14时（冬季）或14~15时（夏季）；日出前气温最低，午后2~3小时达到最高值；上午9时气温上升最快，下午19时气温下降最快。日温差，热带10℃~12℃，温带8℃~9℃，南北极3℃~4℃。

2. 气温年变化

即一年中气温的变化规律。年最高气温内陆7月，沿海8月；最低气温内陆1月，沿海2月。年温差长江流域20℃~30℃，华南地区10℃~20℃；华北地区30℃~40℃；东北地区40℃以上。

一般仓库内最高温度比仓库外略低，最低温度比仓库外稍高；夜间库内温度比库外高，白天库内温度比库外低；库内愈近房顶的温度愈高，愈近地面的温度愈低；向阳的一面温度偏高，背阳的一面温度偏低。靠近门窗处容易受库外温度影响，而库内深处温度较稳定。

（二）正常情况下相对湿度的变化

1. 相对湿度日变化

大气相对湿度与温度的昼夜变化情况正好相反。一般日出前气温最低，相对湿度最高，日出后湿度逐渐降低，到午后两三点钟达最低，以后又随气温下降而逐渐升高，直至次日日出前增至最高。

2. 相对湿度年变化

一般最高值多在冬季，最低值则在夏季。但在沿海及江河流域，夏季因受季风影响，从海洋夹带大量水汽，相对湿度可达最高值；冬季因受内陆干燥空气季风影响，相对湿度就较低。

库内向阳的一面气温偏高，相对湿度往往偏低；阴的一面相对湿度往往偏高。仓库上部气温较高，相对湿度较低；近地面部分的气温较低，则相对湿度较高。库内墙角、墙距、垛下由于空气不易流通，相对湿度也就比较高；近门窗附近处的湿度易受到库外湿度的影响。冬季气温低，仓库内部温差小，故仓库内上下部的相对湿度相差不大。

三、中药商品贮存的温、湿度要求

在《中国药典》药品标准的贮藏项下，对各种中药的贮存均分别规定了基本要求。它是中药商品贮存保管的重要依据，中药的贮存保管温湿度要求必须符合其贮藏条件。《中国药典》对中药贮藏条件有关温度的规定有：常温系指10℃～30℃；阴凉处系指不超过20℃；凉暗处系指避光且不超过20℃；冷处系指2℃～10℃。

对于大多数药材而言，温度在5℃～25℃时，其贮存质量是稳定的；温度高于25℃或低于5℃时，应采取调控措施。中药库相对湿度控制在65%～75%之间为宜，以保证中药不受潮霉变。

四、温、湿度的调控方法

（一）温度的调控方法

温度控制与调节，包括降温和保温两类。降温一般可视情况采取下列方法：

1. 通风降温

对一些温度过高容易风化、挥发或变质，而湿度对其影响不大的中药，在温度较高的季节，可以进行夜间通风，直到日出以后，气温回升以前再停止通风。通风必须和严格密封结合运用，因怕热的中药往往也怕潮。另外应注意的是，只要库外温度、相对湿度小于库内就可通风降温。

2. 遮光降温

为减少日光辐射，使库内温度下降，可在库房外搭天棚或在离房顶30～40cm处搭一席棚，并在受日光曝晒的外墙也搭上席棚。

3. 采用冷藏设施和设备降温

这种制冷多半是利用压缩式制冷机制冷，同时用隔热材料保温，并可随意调节至所需的温度。若中药数量小且不易潮解，可置普通的冷藏箱保存。也可视情况安装空调机进行降温。

4. 地下室或地窖降温

在夏秋季节对受潮湿影响大、遇热易变质的一些中药可放入地下室或地窖，对一般中药采取特别降潮处理后放入地下室或地窖。保温防冻措施主要分为两种：一是保温防冻，包括普通库房采取保温材料、用具及利用地下室或地窖，密封后自然保温防冻。二是暖气库保温防冻，暖气库具有散热均匀、温度易调、清洁无火灾危险的特点；但应注意防止暖气管、片的漏水。

（二）湿度的调控方法

湿度的调控同样分为降湿防潮和提高湿度两种措施。目前对库房湿度的调控主要是采取通风、密封、吸潮、祛湿机降湿等方法。调控时应注意减少潮湿来源，达到目标湿度后，应尽可能保持。

1. 降湿防潮 降湿防潮常有以下几种方法：

（1）通风降潮法 它是利用空气的自然流动达到降潮目的。一般来说，凡是天气晴朗，风向为东北风、西北风、北风时，可以通风。在大雾天、雨天后、雨后初晴以及沿海地区风向为从海上来时，不宜通风。通风没有把握时，可从理论上计算，决定是否通风。当库外绝对湿度低于库内时，可以通风；当库内外绝对湿度相等，应看相对湿度，当库外相对湿度小于库内时，亦可通风。

（2）密封降潮法 是指通过隔绝外界空气与中药的接触，达到减少或避免空气中水分对中药的影响，而采取的一种防潮方法。密封主要是指库房门窗密封要好，同时要尽量减少进出门次，必要时，可设双帘门，挂厚棉帘。另外还可根据中药的性质和数量，采取密封垛、密封货架和密封箱等形式防潮。

（3）吸湿剂降潮法 用吸湿剂降湿在目前是降低库内湿度的一种切实可行的有效方法。常见吸湿剂有生石灰、无水氯化钙、工业用氯化钙、硅胶、钙镁吸湿剂、木炭、炉灰或草木灰等。使用吸湿剂吸潮降低库内湿度时，库房应尽可能地封闭严密，否则，外界潮湿空气不断侵入库内，就达不到降湿的应有效果。

（4）祛湿机降潮法 这种降潮法方便有效，便于控制掌握。祛湿机操作简便、管理方便、吸水量高、耗电量小，缺点是投资较高，维修麻烦。

2. 增湿防干 库房内湿度过低，可采取以下方法提高湿度：

（1）在库内地面上洒水或用喷雾器喷雾。

（2）在库内设置盛水容器，依靠自然蒸发，提高湿度。

（3）使用电力加湿器控制湿度。

第二节　中药商品日常养护

中药大多含有淀粉、糖类、蛋白质、脂类、纤维素、鞣质等成分，中药材及饮片经加工、炮制后稳定性降低、规格增多、流动量大，如果储存与养护不当，易发生虫蛀、霉变、变色、气味散失、泛油、融化、潮解、风化等变质现象。

一、霉变的防治

中药霉变的起因是由于大气中存在着许多真菌孢子，当其落在中药表面后，在适当的温度和湿度下即萌发为菌丝，从而分泌出酶来溶蚀药材的组织，并促使中药有效成分的破坏，失去药用价值。中药的霉变是由一定的自然因素促成的，了解霉菌生长条件，掌握规律对症下药，霉变是完全可以防止的。预防霉烂最彻底的方法，就是使霉菌在中药上无法生长，消灭寄附在药材上的霉菌，使它们不再传播。

药材的防霉措施，主要是控制库房的温度、湿度以及药材的含水量。保持药材的干燥和低温是防霉的重要条件。当然这两种条件并非必须同时具备，即药材已相当干燥而又能充分防止湿气侵入时，则可无需低温；反之，如果药材已贮存于低温处所，则干燥程度稍差亦无妨。不过，就干燥与低温两个条件而论，以干燥最为有效，而且简便易行。因此，对于贮藏中的药材，干燥是首要条件。

（一）控制中药的含水量

中药含水量高低对霉菌生长有直接影响，因为水是一切微生物体内不可缺少的组成部分，在它们的细胞中含量很大，它参与微生物原生质的胶体组成和物质新陈代谢，没有水就没有微生物的生命活动。控制中药的含水量，就可以抑制霉菌的生长繁殖。保持中药干燥，让水分恒定在一定范围内，是防止中药霉变的重要措施。

为保持中药在贮藏过程中的干燥，可根据实际情况采取以下方法防治霉变：

1. 密封法

密封法是把一定范围的空间与外界隔绝起来，对空气进行温湿度控制与调节，从而达到防止中药霉变的一种传统方法。它利用一些导热性能差、隔潮性能较好的材料，把贮存中药尽可能封闭起来，防止贮存环境的温湿度发生急剧变化，减弱外界的不良影响，以达到安全贮存的目的。

密封，是中药仓储管理的基础措施，很多养护方法（如吸潮法、气调法、冷冻法、熏蒸法等）都要在密封条件下才能进行。根据中药贮存性能，密封方法运用得当，能够收到防潮、防热、防冻的良好效果，从而能有效地防止中药虫蛀、霉变、泛油、变色、气味散失、融化、潮解、酸败等变质现象的发生。

密封有多种形式，可根据中药商品的种类、数量、性能、流转情况以及库房条件等采用不同的密封形式。一般有整库密封、小仓库密封、堆垛密封、橱柜密封、货架密封、桶密封、箱密封、缸密封、窑密封等方式。

2. 吸潮法

当密封仓（密封柜、箱、桶、缸等）内，由于潮湿空气的侵入或商品（包装物料）、墙壁、地面等水分的散发，相对湿度超过中药商品安全贮存的范围，而库外气候又不具备通风或晾晒的条件，如潮霉季节连续阴雨，久雨不晴，为保证中药商品的安全贮存，就必须设法降湿，以保持中药干燥。可采用吸湿剂吸潮、机械吸潮等方法来控制。

3. 通风法

通风法是利用空气自然流动或人为地机械震动产生风，使库内外的空气发生交换，以达到调节库内温湿度，保持中药干燥的目的。通风法降温降湿快，效果较好，简单易行，经济方便。通风应抓住有利时机，掌握库内外空气自然流动的规律和变化趋势，对比库内外的温湿度，有计划地实施。若在不适宜的时候通风，反而增加库内的温湿度，达不到通风的目的，不利于中药的保管。

（二）控制库内相对湿度

霉菌生长发育所需的相对湿度在75%以上，若将库房相对湿度控制在70%左右，就可防止药材发霉。否则，即使药材干燥，也会因相对湿度大而逐渐吸潮，引发霉变。其次保持库内的通风透气，在天气好时利用翻垛通风的方法也可以使库内相对湿度及药材含水量下降。另外在潮湿季节，相对湿度大，可以密闭库房或密封盛药容器，减少药材与外界潮湿空气的接触，使药材吸潮返潮的现象减少而防止发霉。

（三）控制仓库内的温度

霉菌生长最佳温度在20℃～35℃左右，控制贮藏温度，使其在20℃以下，或能达到5℃～10℃者更佳，这样可有效地防止药材霉变。另外，植物药材本身有时会因受潮或热的影响，使其组织细胞呼吸加强，并放出热量，使药材温度升高，或因害虫蛀蚀活动及虫体的脂肪氧化、分解等，也会使药材温度增高，如果热量不能及时散发，就可能会使药材发霉，所以温度与贮存中的商品质量变化之间的关系极为密切。对于一些不耐高温的中药商品，为了在贮存过程中保持中药质量的稳定性，必须对库内温度进行调节，使其适应商品性能要求的温度范围。

控制和调节温度的最基本要求是库房要有一定的隔热装置。库房隔热性能好，才能防止和减少因太阳辐射而引起的库内温度上升。在这个基础上采取一定的方法控制调节温度，才会更有效。

二、仓虫的防治

仓虫是指在贮藏保管过程中危害仓库中药的昆虫，又称“中药害虫”。

蛀食中药的害虫，分布面广，繁殖迅速，适应力强。常见的药材害虫有：谷象、米象、大谷盗、赤拟谷盗、药谷盗、锯谷盗、日本标本虫、烟草甲虫、赤毛皮蠹、地中海粉螟、印度谷螟、粉斑螟、粉螨等十余种。

随着化学农药的大量使用，害虫经过严格的自然筛选，逐渐产生了抗药性。随着这种抗药性的不断增强，已经使许多杀虫剂在原有杀死浓度下不能发挥作用，使药业生产与仓储中的病虫害又猖獗起来。其次是化学农药的使用，特别是为对付抗药性的增强而提高施药浓度和施药次数，造成了农药对环境的严重污染，有些农药在药材体内高度残留，对人畜直接产生危害。因此，在中药害虫的防治问题上，不宜过多地使用化学农药，而应立足“以防为主”，积极推广无污染无公害的现代防虫治虫新科学、新技术。

（一）清洁卫生防治

清洁卫生防治也叫环境卫生防治，是各种防治工作的基础，也是贯彻“以防为主，防治并举”中药养护方针的重要措施之一。它符合经济、安全、有效、不污染的防治原则，是一项积极主动的防治措施，也是配合其他防治方法不可少的一个重要组成部分。其内容主要包括对中药及其炮制品、仓库及其周围环境保持清洁和对库房的消毒。

清洁卫生防治，是根据中药害虫的生活习性与药物安全贮藏的要求来实施的。因为，中药害虫对生活环境的要求是温暖、潮湿、肮脏且喜在洞孔、缝隙、阴暗处栖息活动。而中药贮藏的环境要求却是低温、干燥、清洁。清洁卫生防治，就是创造不利于害虫生长发育的环境，破坏它与环境条件的适应性，使其不适于生存而趋于死亡。

重视仓库的清洁卫生工作，杜绝害虫的感染途径，恶化害虫的生活条件，是防止仓虫侵入最基本有效的方法。清洁卫生防治既可起到防治害虫的作用，也可保证中药卫生，抑制霉腐微生物的发育滋生。它对于保证中药质量，对药物安全贮藏具有非常重要的作用。

清洁卫生防治的范围十分广泛，如对仓库周围环境经常清扫，铲除杂草与垃圾，疏通沟道及排除污水；利用药物腾空的机会，对仓库、货场及盛装包箱，进行清扫消毒和去污工作；对于加工场所、运输工具等也应经常清扫，保持卫生；还有库内外的洞孔、缝隙，要进行嵌刻填平；粉刷墙壁、房顶补漏等工作也应及时进行，使害虫、鼠害无繁殖藏身之处。

（二）密封防治

采用密封或密闭贮藏的目的是使中药商品与外界空气、温度、湿度、光线、微生物、害虫等隔离，尽量减少这些因素对药物的影响，保持中药商品原有质量，以防虫蛀霉变。密封时，必须在气温较低，相对湿度不大时进行，一般以霉季前为宜。同时密封的中药必须含水量正常，且是无虫、无霉的；否则在密封中容易发热或发霉变质，反而起不到应有效果。

根据库房规模和贮存中药商品的品种、数量多少，可采用密封库房形式或容器密封的方法。若库房面积小，炮制品品种单一，而数量多的，可采用仓库密封法或小室密封法。若库房面积大，中药或炮制品品种、数量较多，就可采用薄膜材料包装袋真空密封分开堆垛的方法。药房的库存量小，则可采用缸、坛、罐、玻璃瓶、塑料箱、铁箱（桶）等容器密闭贮存。对于细料、贵重中药或饮片，如人参、鹿茸、冰片、猴枣、熊胆、牛黄等，除可用容器密封贮存外，还可采用复合薄膜材料包装袋真空密封贮存。对含糖量较多的当归、熟地、桂圆肉、党参以及蜜炙品之类，均可采用薄膜材料密封贮存，也可置干燥洁净容器内密闭贮存。

（三）高温防治

中药害虫对高温抵抗能力较差，一般害虫在温度36℃~46℃时，是生命活动的最高温界限。在这个温度范围内，害虫基本停止发育繁殖，生理代谢活动失去正常。如环境温度继续升高到46℃～48℃时，绝大部分害虫即处于热昏迷状态，但在一定时间内，如环境温度降低或恢复正常时，还能继续进行正常的生命活动。如果46℃～48℃的温度持续时间较长，就能使害虫致死。如环境温度在48℃～52℃以上时，害虫在短时间内也能死亡。

实行高温防治害虫通常有以下几种方法。

1. 曝晒法

即日光曝晒，利用太阳热能和紫外线杀灭害虫。它是防治中药害虫的有效方法，在生产实践中应用很广。日光曝晒适用于不易变色、融化、碎裂、挥发的中药材及饮片。其方法是选晴朗天气和干燥晒场，将药材倒出，摊在烈日下曝晒。细小的药材连续晒5～7小时，当温度达到45℃～50℃时，就能将害虫及虫卵晒死。晒时要勤加翻动，使底面受热均匀。晒后应将虫尸及杂质筛除，并待余热散尽，然后才能包装。含糖质多的天冬、枸杞子等，因容易重新吸潮，晒后不用摊晾，应趁热装箱或装包，但要压实。

2. 烘烤法

烘烤法适用于一些不易晒透的药材。其方法是将药材摊放在干燥室内或火炕上加热进行烘烤，使温度保持在50℃～55℃约5～6小时，即可将害虫杀死。如用明火烘烤时，一般以选用无黑烟、无树脂气味的木炭为宜，以免影响药材的色泽和气味，特别是浅色和有特殊气味的药材更应注意。在烘烤过程中还要根据药材的情况适时翻动，使其受热均匀。为了达到杀虫目的，烘烤时要用麻袋将药材盖严，这样既能保温，又能防止害虫逃逸。

烘烤一般药材的温度不宜超过60℃；含芳香挥发油的药材，则不宜超过50℃，以免影响其质量。烘烤温度低时，可适当延长烘烤时间，以便将害虫杀死。有些数量较少的药材，有条件时可采用烘干机或烘箱烘烤杀虫。

3. 热蒸法

热蒸法是将已蛀中药，放入蒸锅内或蒸器内，利用水蒸气热蒸，以此杀灭害虫。此法是一种高效彻底的杀虫方法，适宜于一些采用蒸煮加工炮制的药材，如桑螵蛸、何首乌、地黄、川乌、黄精、白附子等，蒸时应掌握好“火候”（温度）和时间。在热蒸气大量从瓶或蒸锅顶端溢出时，仍须蒸30分钟左右，使药材蒸透心，这样才能彻底杀灭害虫。如蒸的时间过短，杀不死害虫；蒸得过久，又会使药材伤水或使气味散失并产生变色现象。蒸后应及时晾晒干燥，包装。

（四）低温冷藏法

低温冷藏是防治害虫的一种理想方法。易生虫中药一般都适合于冷藏库或冰箱冷藏。它不仅能防蛀、防霉，同时又不影响中药的质量，适宜于贵细和性质脆弱的中药。其优点是不变色、不走油、不走味、不干燥、不干裂等。

中药贮藏于冷库或冰箱（量少时）中，一般只能抑制害虫的发育繁殖，而不能完全致死害虫。6℃～15℃是中药害虫生命活动的最低界限。如温度低到6℃～－4℃时，它们的生理代谢极其缓慢，处于蛰伏休眠的冷麻痹状态，但仍保持生命力，在一定时期内，如环境温度回升，害虫又复苏恢复活动。若上述温度再降低，或延续时间长，就能使害虫致死。温度越低，害虫死亡越快。低温冷藏应保持一定的温度和作用时间，才能获得良好杀虫效果。同时，中药进入冷库或冰箱中贮藏时，水分应控制在安全指标以内，并注意包装使之严密，以免吸潮增加水含量。

易生虫药材在无冷库设备条件下，也可在温度较低、湿度不大的地窖内贮存。若地窖内的湿度较大可采用生石灰吸潮，但要经常检查，如生石灰失去吸潮作用则应及时更新。此外，在一般库房内，如经常保持温度在15℃以下，相对湿度不超过70%，药材也不易生虫。

（五）对抗同贮法

对抗同贮法是中药传统贮藏养护方法之一。对抗同贮也称异性同贮，是利用不同性能的中药具有相互制约虫害的作用来进行中药贮藏的一种养护方法。其作用机理是运用一些有特殊气味、能起驱虫去霉作用的中药或植物及其他物品与易生虫发霉的中药一起存放，从而达到防止中药生虫霉变的目的。它简便易行，且无毒、无污染，对中药及人、畜安全无公害，可就地取材，驱虫效果好。

三、鼠害的防治

老鼠是中药仓储保管的大敌。老鼠是啮齿目动物，种类很多。中药仓库中常见的有黄胸鼠、小家鼠、褐鼠（大家鼠）、黑家鼠等。其共同的特性是：机警而狡猾，听觉、嗅觉和触觉灵敏，多在夜间活动，无人时任何时间都会活动。开展防鼠灭鼠工作，是中药商品日常养护工作的经常性任务之一。

鼠类是典型的植食性动物，果实种子类中药及含淀粉、脂肪、蛋白质类的根茎类中药，都是老鼠的最佳食物来源。老鼠门齿发达，中药商品、包装及其他可供啃磨的物质深受其害。

防治鼠害的方法措施很多，但首先应“以防为主”，然后采取多种捕杀措施。

（一）防鼠

仓库的门窗应保持严密，地坪、墙角无缝洞，容器和包装结构严密，以防老鼠侵入。发现库房有孔道，包装、容器有漏洞应及时填补、堵平，同时可养猫防鼠。

（二）常用的捕杀方法

1. 物理器械灭鼠

即常用老鼠夹、老鼠笼绳套法、陷阱法、水缸淹死法等灭鼠。采用物理器械灭鼠时要掌握鼠情，以便选择适宜的工具、适当的地点，做到有的放矢；同时，选择香甜食品作诱饵，并且要经常调换诱饵，才能使老鼠上钩。另外，捕鼠器的使用要机动灵活，老鼠狡猾警觉，在短时间内见到同类捕鼠器便回避逃跑，所以，捕鼠器在一个地点使用3~5天后应换用另一种捕鼠器，或改变安放的位置，这样效果更好。

2. 电力捕鼠器（俗称电猫）

电力捕鼠器是利用电的威力进行触杀灭鼠的一种先进捕鼠工具。将电猫放在鼠出没的地方，当接触电源线时，就会触电而死。

3. 粘鼠胶粘鼠

将粘鼠胶安放在仓库的各个不同区域，待鼠经过时则被粘住，再捕获处死。

4. 超声波驱鼠器

老鼠受到超声波冲击后，引起大脑和视觉神经紊乱，产生恐惧，食欲不振，疼痛抽筋，乱蹦乱闯，自相践踏。长时间作用，可破坏生殖系统，使其生殖能力减弱，影响后代繁殖，乃至破坏生殖组织直至死亡。

5. 化学药剂灭鼠法

药剂灭鼠也称药剂毒鼠。其特点是：杀鼠效率高，使用简便、成本低，见效快。但在中药仓库中不适用，尤其是中药饮片仓库更不能使用，因为药剂毒性大，一旦与药材接触，易使药材污染，给病患者带来一定的生命危险。

第三篇

中级工知识与技能要求

第一章　中药商品采购

第一节　中药商品采购需求分析

一、中药商品市场考察方法的基本知识

（一）中药商品市场考察的目的与作用

1. 市场考察的目的

中药商品市场考察的目的就是为中药生产、销售企业制订中药生产计划、中药销售计划、资金使用计划等提供必要的可靠依据。

2. 市场考察的作用

（1）为企业管理部门和相关领导以及企业负责人提供经营决策依据。

（2）有助于企业采取必要的“定额管理”措施来减低中药商品的制造成本（或经营成本）。

（3）有利于提高企业的市场竞争意识与生存危机意识。

（4）有利于推动企业改变传统的、不利于发展的经营理念与模式。

（二）中药商品市场考察的基本方法

中药商品市场考察的基本方法大致可分为三大类。一类是直接调查法，一类是间接调查法，再一类就是综合调查法。这三类调查方法各有千秋，各有不足，我们下面分别加以叙述。

1. 直接调查法

直接调查法既可以是调查人员（及调查人员所委派的其他人员）亲临中药商品的批发与零售市场，通过与经销商、销货员的直接询问来获取所要了解的中药商品的价格信息；也可以是通过电话咨询的方式，直接与中药商品市场的经营人员联系来获取相关的价格信息。直接调查法的优点是：所获取的中药商品价格信息相对准确、可靠。缺点是：费工、费力、费财，调查的成本相对较高。

2. 间接调查法

间接调查法，顾名思义就是采取非直接的调查方法来获取相关的中药商品价格信息。间接调查法包括有问卷调查法、网络查询法、委托第三方调查法，等等。其优势是：省工、省力、省财且可获得更广泛的中药商品价格信息。劣势是：该方法所获得的价格信息的可信度往往让人怀疑。

3. 综合调查法

所谓综合调查法就是将直接调查法与间接调查法有机地融合在一起，使中药商品价格信息调查结果更趋与市场一致。该方法的具体做法是：调查人员以调查中药商品的主流市场（或主产区）的价格信息为主，结合间接调查法所获得的价格信息，进行横向与纵向的比对，采取类同者“取”，异同者“弃”的原则，对所有调查数据进行综合分析，从而确定出更贴近市场的中药商品价格信息。

（三）几种常规中药商品市场价格调查表

1. 中药材市场价格调查表（示例）

中药材市场价格调查表

调查负责人：　　　　　　　　　　　　　调查完成时间：

调查日期	中药材品名	调查方式与地点	联系人	联系电话	单位名称与地址

（续表）

计价单位	产地收购价	产地批发价	市场批发价	市场零售价	行情变化趋势
元/公斤					
元/公斤					
元/公斤					
元/公斤					
元/公斤					

2. 中药饮片市场价格调查表（示例）

中药饮片市场价格调查表

调查负责人：　　　　　　　　　　　　　调查完成时间：

调查日期	中药饮片品名与规格	调查方式与地点	联系人	联系电话	生产单位名称与地址	批发价（元/千克）	零售价（元/千克）	行情变化趋势

3. 中成药市场价格调查表（示例）

中成药市场价格调查表

调查负责人：　　　　　　　　　　　　　　调查完成时间：

调查日期	中成药品名与规格	调查方式与地点	联系人	联系电话	生产单位名称与地址	批发价（元/千克）	零售价（元/千克）	投标价或中标价

二、生产计划和销售计划的有关知识

（一）中药生产计划的有关知识

所谓中药生产计划就是中药生产企业为了满足市场上的中药商品消费需求，生产出符合国家药品标准及企业内控标准规定的中药商品，所确定的需要生产哪些品种，在什么时候生产，在哪个车间生产，在哪个车间包装，以及如何落实每一品种的具体生产调度的总体计划。

1. 中药生产计划的制订依据

中药生产计划是根据市场对具体中药商品品种的消费需求，企业具体品种的市场占有率及各品种的销售计划，各品种的常规生产能力、最大生产能力、企业的利润目标，企业的产成品库存定额指标，国家对药品储备的要求以及预防自然灾害应急用药的需求来制订。

由此可见，中药生产计划的制订是一项比较复杂、比较繁琐、比较全面的综合性工作。

2. 中药生产计划的性质与作用

中药生产计划具有“供给和需求”的双重身份，它既是中药商品品种的供给方，又是中药材（中药饮片等）原料、辅料、包装材料以及人力、设备、动力、能源、环保、安全设施等诸多方面的需求方。它是企业制订物资采购（供应）计划、设备管理计划和生产作业计划的主要依据。

3. 中药生产计划的主要内容

中药生产计划一般情况下至少应包括以下内容：

（1）企业具体中药商品品种的销售计划（包括国家药品储备需求）。

（2）核定企业的生产能力（物料供应能力、设备运行的饱和度、人员的工时利用率、能源的保障程度等等）。

（3）采购（供应）计划与采购用款计划。

（4）存货计划（在不影响企业正常执行生产计划与销售计划的前提下，企业的原料、辅料、包装材料、在产品、中间品以及产成品的极限库存量——在管理教科书中被称之为“库存定额”）。

（5）生产进度计划和应急调产调度计划。

（6）企业目标成本控制计划（应包括：降低物料采购成本目标计划、提高工时利用率目标计划、提高一次投入产出合格品率目标计划、提高成品率目标计划、降低物料损耗目标计划等）。

（7）各项计划的实施与控制对策等内容。

4. 中药生产计划的重要指标

中药生产计划的重要指标有以下几项：

（1）产品品种指标　企业在计划期内生产的中药商品产品名称、规格（制剂规格与包装规格）、数量等。

（2）产品质量指标　企业在计划期内生产的中药产品应该达到的质量标准（国家标准或企业内控标准）。

（3）产品产量指标　企业在计划期内应当生产出来的符合规定产品质量指标的中药产品数量。

（4）产品产值指标　产品产值是指企业在计划期内生产出来的可供销售的中药产品（按现行价格计算）的价值。

（5）产品成本指标　企业在计划期内生产出来的符合规定产品质量指标的中药产品的平均制造成本（主要包括：物料成本、人工成本、资产折旧、能源消耗、管理费用、财务费用等等）。

（6）物料、在产品、产成品存货指标　亦即“库存定额”指标。

5. 制订中药生产计划（及生产作业计划排程）的基本原则

（1）销售计划全品种覆盖原则　即中药生产计划的制订首先要以满足中药商品销售计划的全品种、全规格、总数量和均衡进度为原则。

（2）确保重点品种的原则　即当物料、设备、人员、环节或其他因素导致生产计划出现“瓶颈”时，应该以“人品种、高毛利点品种”优先保障为原则。

（3）适当“富余量”原则　即对所制订的中药生产计划要留有适当余地，并考虑某些不可预见“突发”因素对计划执行的影响（如：中药材的价格“突然”数倍飞涨、设备的控制软件“突然”损毁、“突发”的自然灾害等等）。

（4）保持相对均衡与稳定原则　即在中药销售计划没有“重大”改变的情况下，中药生产计划原则上不做大的调整。

（5）控制制造成本原则　即在确保生产出来的中药产品质量达到国家标准或企业内控标准的前提下，将制造成本控制在企业“预算成本”之内，并最大限度地减低。

（6）保障按时供给原则　即中药生产作业计划排程必须依据消费市场对中药商品的供需变化情况做必要的相应调整，确保终端市场既不断货，又不积压。

6. 中药生产计划的种类

就一般规模的药品生产企业而言，中药生产计划依据其性质的不同大致可分为两类：一类是按照生产时间周期的长短来划分，另一类是按照层级或顺序（主生产/配套生产）来划分。但对于大型或特大型的制药企业来说，生产计划的分类可能会复杂一些，我们暂且不做赘述，在此只介绍前两类。

（1）按照生产时间周期分类

生产计划分类表（一）

划分种类		适用范围	周期	执行控制期
长日程	长期生产规划	中药商品群	2～5年	执行年度
	年度生产计划	中药商品群	1年	每季、半年
中日程	中期生产计划	中药商品群	半年	每月、每季
	中期生产计划	具体中药品种	季	每周、每月
	月份生产计划	具体中药品种	月	每日、每周
短日程	周生产计划	具体中药品种	周	每日
	日生产计划	具体中药品种	日	小时

（2）按照层级分类

生产计划分类表（二）

划分种类	适用范围
主生产计划	适用于中药商品品种生产计划与生产计划作业书的制订
配套生产计划	适用于中药材的前加工（挑选、水洗、切制、烘干等）及中药材的炮制的生产计划与生产计划作业书的制订

7. 制订中药生产计划（及生产作业计划排程）的基本流程

（1）收集信息　广泛收集与编制中药生产计划有关的企业中药产品销售计划制订（或规划）信息、中药生产所需物料供应商信息、中药材市场及主产区供求变化趋势信息、中药物料生产企业信息、中药商品销售终端市场的需求信息、疫情预测与发生（发展）变化信息等。

（2）依据销售计划拟定生产计划方案　确定各项生产计划指标，包括产品品种指标的优化与确定、产品质量指标的确定、产品产量与产值指标的确定、产品成本指标的确定、物料与产成品存货数量指标的确定、产品均衡生产进度计划的合理安排等。

（3）编制相对均衡的中药生产计划草案　关键是寻求中药产品生产产量（产值）指标与生产能力的平衡；测算企业主要生产设备和生产空间（及环境）对生产任务的保障程度；生产任务与劳动力、物资供应、能源、生产技术装备能力之间的平衡；各项生产指标与资金、成本、利润等指标之间的平衡。

（4）审核、修订、批准（确定）综合平衡后的中药生产计划　所谓综合平衡主要是指中药产品品种结构的平衡、产量（产值）与销售计划目标值的平衡、物资采购用款与流动资金的平衡、总体销售额与企业预期效益的平衡、生产作业计划与生产能力的平衡等等。

（5）编制并执行生产作业计划　依据企业确定后的中药生产计划逐级编制年、季、月、周、日、时的中药生产作业计划排程并遵照执行，逐级落实、逐级检查、逐级控制、逐级督导，直至所有生产作业计划均已如期完成。

（二）中药销售计划的有关知识

所谓中药销售计划就是中药生产（或中药经营）企业为了让企业的销售人员在一定期限内（通常都以一年为一个销售周期）积极开展中药商品的营销活动并通过营销活动敦促销售人员完成或超额完成预期的销售目标值而制订的总体销售纲要（通常被称之为企业“销售大纲”）。

1. 中药销售计划的编制依据

（1）企业以往中药产品销售计划的实际完成情况（超计划情况、亏计划情况、总平均情况）；

（2）企业中药产品（全品种）在终端市场（本地区、外埠、国内、国际）上所占有的销售份额及未来发展空间情况；

（3）企业当期的中药产品生产能力及扩展空间、“瓶颈”部位情况；

（4）企业对中药产品品种的发展战略定位及市场预期发展空间情况；

（5）企业中药产品的市场竞争对手的以往销售情况及未来趋势；

（6）企业中药产品营销队伍的建设、整固、发展情况；

（7）企业中药产品品种的盈利能力（毛利率的高低）对比分析情况；

（8）企业中药产品品种的市场竞争能力（质量水平、价格水平、服务水平等）与发展空间情况。

2. 中药销售计划应该包括的主要内容

（1）企业年度销售中药商品品种（结构）计划；

（2）企业年度销售中药商品总额（总量）计划；

（3）企业年度销售中药商品的获利能力（净利润预期值）计划；

（4）企业年度中药商品的主要（重点）销售渠道（即中药产品经销商与产品流向）计划；

（5）企业年度中药销售业务机构（内部机构、外部机构）组建计划；

（6）企业年度中药商品的促销（批发商促销、零售商促销）计划方案；

（7）企业年度中药销售市场拓展的广告、宣传及客户维护计划；

（8）企业中药商品新、特品种的宣传、推广计划；

（9）企业年度中药销售费用计划；

（10）企业年度销售中药商品的成品存货（数量、价值）计划等等。

3. 中药销售计划的种类

中药销售计划的种类通常是按照时间周期、权限范围、区域空间、企业经营性质等要素来划分，常见的有以下几种：

（1）按销售时间周期划分　可分为年度中药销售计划、季度中药销售计划、月度中药销售计划等。

（2）按销售权限范围划分　可分为企业总体中药销售计划、分公司（分部）中药销售计划等。

（3）按销售市场区域划分　可分为整体中药销售计划、区域（一般分为：省、直辖市；地市、县市、乡镇、街等）中药销售计划。

（4）按企业经营性质划分 可分为药品生产企业中药销售计划、药品经营企业中药销售计划、药品零售企业中药销售计划。

当然，还有许多其他的不同分类方法，由于篇幅的原因在此我们就不做一一介绍。

4. 中药销售计划的编制流程

（1）分析企业中药商品营销的现实状况，找出薄弱点与突破口。

（2）确定企业中药商品的年度总体销售目标（销售产品的品种规格与数量、总体销售收入、销售费用、广告宣传费用、净利润等等）。

（3）依据企业中药商品的年度总体销售目标，制订企业中药商品的系统销售策略草案。

（4）对企业中药商品的系统销售策略草案进行综合分析、评估、修订（修改、补充、完善）、最终确定。

（5）综合编制企业的中药商品年度销售计划。

（6）对企业所制订的中药商品年度销售计划加以具体说明。

（7）对企业所制订的中药商品年度销售计划进行逐层分解，将各项指标逐一落实到具体责任人。力求做到有计划、有执行、有帮助、有监督、有总结、有评估，使企业的中药销售计划能够如期完成。

三、定额管理知识

1. 定额管理的概念

所谓定额管理是指利用既定的定额方式来合理地安排和使用人力、物力、财力的一种管理方法。

既定定额是企业生产经营活动中，对人力、物力、财力的合理配备、利用和消耗以及获取最大化利润等方面所应遵守的标准或应达到的水平。

2. 定额管理的种类

由于定额管理涉及的管理空间十分广阔，因此，定额管理的分类方法也是多种多样、各有千秋。为了便于大家理解，特举一些企业经常使用的定额管理实例来加以说明。

（1）与劳动效率有关的定额 单位工时产量（如：公斤/小时、万片/小时、盒/小时、件/小时）、工时利用率（有效工时/总工时%）、产成品率（实际产量数/理论产量数%）、资产收益率［（终期资产总值－初期资产总值）/初期资产总值%］等等。

（2）与物料消耗有关的定额 中药材原料挑拣损耗率［（毛料净重－净料净重）/毛料净重%］、中药材粉碎出粉率（收得药粉数量/投入药材数量%）、饮片炮制成品率（收得加制品数量/投入药材数量%）、制剂生产成品率（实际产量/理论产量%）、万元产值燃料消耗［吨（折合标准煤）/万元］、包装材料损耗率［（包材领用数量－用于产品的包材数量－包材退库数量）/（包材领用数量－包材退库数量）%］等等。

（3）与生产装备运行有关的定额 生产设备（压片机、胶囊填充机、泡罩包装机等）使用率（设备实际有效运行时间/设备理论运行时间%）、设备运行完好率［设备实际有效运行时间/（设备实际有效运行时间＋设备无效运行时间）%］、净化系统定期检测合格率（检测合格次数/检测总次数%）等等。

（4）与企业资产（固定资产、流动资产）利用有关的定额　生产设备利用率（使用中的设备数/全部设备总数%）、办公设备利用率（使用中的办公设备数/全部办公设备总数%）、流动资金周转率（它是衡量一个企业经营运行质量状况的重要指标之一）等等。

3. 定额管理在企业经营活动中的主要作用

（1）定额管理是企业实行目标计划管理的基本前提。

（2）定额管理是企业制订销售计划、生产计划、资金计划等的重要依据之一。

（3）定额管理是控制、考核企业生产活动中是否有效降低物料消耗的标准与依据。

（4）定额管理是企业在生产、经营活动中降低人力、物力、财力成本的有效方法之一。

（5）定额管理是企业生产成本核算、生产成本控制和生产成本分析的基础。

（6）定额管理是企业提高流动资产使用效率（流动资金周转率）不可或缺的方法之一。

（7）定额管理是提高企业综合劳动效率、企业市场竞争力、企业获利能力的根本保证。

4. 有关采购、存货的定额管理表

（1）物料采购与物料存货定额管理表（示例）

物料采购与物料存货定额管理表

物料类别：原料、辅料、包装材料　　　　填表日期：

物料名称与规格	主供应商名称	现有库存量	定额管理指标		计划采购量
			最高上限	最低下限	

填表人：

（2）中成药库存定额管理表（示例）

中成药库存定额管理表

产品剂型：　　库房编号：　　填表日期：

药品名称与规格	产品批号与生产日期	现有库存量（件、箱）	定额管理指标（件、箱）		计划排产量（件、箱）
			最高上限	最低下限	

填表人：

第二节　中药商品采购监控

一、中药商品供应商档案管理

（一）中药商品供应商管理的主要内容

中药商品供应商管理主要包括四个方面的内容，即：基础资料的管理（基础资料信息的搜集与登记）、供应商特征（企业规模、经营能力等）的审核、业务状况的跟踪、交易活动的监察。

（二）中药商品供应商档案管理的主要内容

中药商品供应商档案管理的主要内容包括：中药商品供应商档案资料的收集、中药商品供应商档案资料的审核、中药商品供应商档案的维护。

1. 中药商品供应商档案资料的收集

（1）企业基本信息　企业名称、地址、电话、传真、E－mail、网址、负责人、企业性质等。

（2）企业特征（基本状况）　企业规模、产品结构、生产能力、设备水平、组织架构、技术水平、经济实力、资本结构及运营概况等。

（3）企业资质情况　营业执照、药品生产许可证（或药品经营许可证）、GMP 证书（或 GSP 证书）、药品注册批件、条码证书、质量保证协议等。

（4）企业诚信度情况　既往所获得的有关诚信方面的荣誉、证书情况，有无违约、造假、欺诈等不良行为或记录。

2. 中药商品供应商档案资料的审核

（1）对供应商资质的合法性进行审核，内容包括：

①营业执照的企业性质、经营范围、地址、法人代表、有效期等。

②药品生产许可证的企业名称、许可范围、法人代表、有效期限等。

③药品经营许可证的企业名称、许可范围、法人代表、有效期限等。

④ GMP 认证证书的企业名称、认证车间、认证剂型、认证品种、法人代表、有效期限等。

⑤ GSP 认证证书的企业名称、认证类型、认证范围、法人代表、有效期限等。

⑥药品注册批件、条码证书、质量保证协议等。

（2）对供应商（生产企业或中间商）进行厂区环境与工艺布局的现场考查。

（3）对供应商所提供商品的生产工艺与关键工序进行重点检查。

（4）对供应商生产、加工所用原、辅料的质量进行相关审核。

（5）对供应商所提供的第三方质检报告进行必要的审核（辨别真伪）。

（6）对供应商的企业特征与信誉度进行审核。

（7）对供应商所提供的商品质量进行审核。

（8）对供应商档案资料的完整情况进行审核。

3. 中药商品供应商档案的维护

（1）中药商品供应商档案的存放要求：防盗、防潮、易检索。

（2）中药商品供应商档案的保管要求：定期整理与清洁。

（3）中药商品供应商档案的保管期限要按不同商品类别区别对待，中成药的相关档案要保留到有效期后的一年。

（三）如何建立中药商品供应商档案

1. 建立中药商品供应商档案卡：将供应商的基本信息填于档案卡上，以便查询。

2. 搜集供应商企业基本状况信息：进行登记、造册，逐一编号，按序留存，归档，备查。

3. 搜集供应商资质情况的信息：将供应商所有相关资质证件一律复印并加盖供应商企业的公章，逐一编号，按序留存，归档，备查。

4. 搜集对供应商的审核资料，归纳、整理、汇总，按序装订成册。

5. 搜集供应商既往与企业所做的每一笔业务信息，归纳、整理、统计、汇总，最后装订成册。

6. 将以上所有信息一并归入档案袋或档案盒，交由企业档案主管部门统一管理，以防相关信息被泄露。

二、中药商品订单管理基本知识

（一）中药商品采购合同、协议及订单的制作

1. 中药商品采购合同、协议的制作

（1）中药商品采购合同、协议制作流程

①依据生产（或经营）年度计划及企业的存货情况，确定所需采购中药商品品种、规格、数量明细。

②针对所需采购的中药商品品种、规格、数量，进行市场询价（含主选、备选、次选供应商以及其他供应商报价）及市场价格调查，从而确定出企业的采购计划价。

③在主选、备选、次选（三家或更多）供应商中筛选、确定一家或几家具有竞争实力并符合企业供货要求的供应商。

④与选定的供应商议定合同、协议的相关条款，在达成一致意见的前提下起草中药商品采购合同、协议文本。

⑤供、需双方代表签字、盖章，合同、协议生效。

（2）中药商品采购合同、协议实例文本（示例）

示例一：某中药制药企业的一份采购合同文本稿样。

"三七"采购合同

甲方：××××××有限公司

乙方：××××××股份有限公司

经过甲、乙双方代表的深入探讨，相互协商，为建立双方长期的"三七"购销战略合作关系，以"风险共担，利益共享，共谋发展"的双赢理念为前提，达成如下首期采购合同：

一、协议执行期限

本合同自2×××年××月××日起生效，至2×××年××月××日合同执行完毕终止。

二、合同购销数量、规格、单价

经甲、乙双方协商议定，在本合同执行期限内，乙方为甲方提供××××千克，足80头三七中药材（应符合《中国药典》2010版"三七"项下的各有关规定）的供给服务。供货单价（开票含税）为×××元/千克（含洁净包装袋费用，运输费用）。

三、供货方式与时间

（一）乙方最迟于2×××年××月××日之前，为甲方提供××××千克，符合合同规格的三七中药材（以货物到达甲方指定地点时间为准）。

（二）如果乙方逾期交货，每逾期一天，需要向甲方支付逾期交货货值××%的违约金。

四、货款结算方式

在甲方收到货物，并经甲方质控部门抽样、检验、检测合格后，甲方应及时通知乙方开具合规的增值税发票，甲方在收到乙方增值税发票后的××个工作日内，应将货款及时划拨到乙方指定的银行账户。

五、责任与义务

（一）甲方应按双方的约定及时将货款划转至乙方指定的账户。

（二）乙方应按双方约定的时间将货物送达甲方指定的地点，并按合同约定开具合规的增值税发票寄送给甲方。

（三）甲方在没有不可抗力的因素前提下，必须执行本合同。否则，乙方有权解除本合同，甲方应向乙方支付甲方违约金额××%的违约金。

（四）乙方在没有不可抗力的因素前提下，不得中途停止执行此合同。否则，甲方有权解除本合同，乙方应向甲方支付乙方违约金额××%的违约金。

（五）乙方有为甲方提供外包装、发送货物及为发送货物投缴运输保险的义务；货物在送达甲方指定收货地点并交付给甲方之前所发生的损毁、丢失等风险应由乙方承担。

六、违约责任与处理方法

无论甲方还是乙方，均应避免违约情况的发生。除本合同另有约定之外，一旦有偶然违约现象，双方应本着"互谅互让"的原则，协商解决。一般情况下，违约方应支付给对方违约金额××%的违约金。

如果协商不成，须由非违约方所在地的人民法院进行调解或裁决。

七、质量争议的解决

乙方原则上以甲方的质量检验结果为准，因乙方包装、发货所致的货物质量问题，应由乙方负责。当乙方对甲方的质量检验结果产生异议时，甲方有义务与责任对货物进行重新抽样、检验、检测，并出具报告。

如乙方认同甲方的“复检”结果，则可以采取相互协商、共同议定的方式进行解决。

若乙方对甲方的“复检”结果不认同，既可以采取协商、议定的方式进行解决，也可以采取共同委托具有法律效力的第三方检验，检验费用暂由双方共同垫付，最终由不利结果一方承担。如果乙方提供的货物确有质量问题，则乙方应承担退、换货的责任，并按本合同第六条之约定承担相应违约责任。

八、其他未尽事宜，另行协商。

甲方代表签字：　　　　　　　　　乙方代表签字：

甲方盖章：　　　　　　　　　　　乙方盖章：

2×××年××月××日　　　　　　2×××年××月××日

2. 中药商品采购订单的制作

(1) 中药商品采购订单的制作依据与流程

①根据企业季度或月度的生产或销售计划及存货情况对所需采购中药商品的品种、规格、数量、到货时间等进行测算，提出采购计划。

②将测算结果与采购计划汇报给主管或上级领导，征得同意（签字）后，在已签订中药商品购销合同、协议的框架内，进行订单的制作。

(2) 采购订单制作（示例）

示例二：某中药制药企业的一份采购订单文本稿样。

采购订单

××××××××公司（企业名称）：

根据我公司的生产（销售）需求及与贵公司所签订的中药商品购销合同、协议相关条款，现向贵公司订购以下品种：

订单编号：

商品名称	规格	计量单位	数量	到货时间	交货地点	备注

供货方联系人：　　　　　　　　　需货方联系人：

联系到货：　　　　　　　　　　　联系到货：

订单下达日期：2×××年××月××日

（二）中药商品采购订单的执行与跟踪

订单跟踪是采购人员的主要职责之一，它对合同的有效执行及执行质量至关重要。它是满足企业中药商品需求、保持合理的库存水平的根本保障。

订单跟踪主要包括三个时间段，即订单执行前跟踪、订单执行中跟踪和订单执行后跟踪，这三个时间段所跟踪的内容侧重点各不相同。

1. 订单执行前跟踪

所谓订单执行前跟踪就是作为订单的制订与执行者——采购员，必须对已签订“中药商品购销合同、协议”的内容条款熟记在心，在下达采购订单之前必须要事先了解每个中药商品供应商的真实存货情况。经过综合平衡再确定订单最终下达给哪家供应商，对所下订单能否如期完成做到心中有数。

2. 订单执行过程中跟踪

（1）严密跟踪供应商准备中药商品（原料、辅料、包装材料、中药饮片剂、中成药）的详细过程，保证订单正常执行。

（2）做好应急采购响应的准备。一旦因特殊情况，生产（销售）出现紧急需求，希望本批物料尽快到货，应马上与供应商协商，必要时可帮助供应商解决疑难问题。

（3）慎重处理库存控制。既不能让生产（销售）出现断货，又要保持合理的库存水平。一旦因特殊情况，生产（销售）出现停滞时，应马上与供应商协商，必要时可通知供应商暂缓发货或暂停发货。

（4）严格控制好中药商品的验收环节。依照《药品经营质量管理规范》第三十五条及相关条款之规定进行验收。

3. 订单执行后跟踪

（1）应按合同规定的条款向供货商索取合规、合法的含税发货票，及时支付给供应商应收货款，并进行跟踪。

（2）对供应商所提供的中药商品进行生产（销售）过程跟踪。对生产（销售）过程中出现的问题及时向供应商反馈并迅速洽谈解决方案，以减少双方各自的经济损失。

（3）将所有跟踪记录编订成册，留档，备查。

4. 订单跟踪记录内容

订单跟踪记录的内容一般应包括：供应商名称（全称）、采购品种、采购数量、采购单价、交货期、到货日期、验收日期、验收人、验收状况（质量合格不合格、数量）、入库编号、入库时间、入库数量、开具（收到）发票时间、付款时间、付款数额、生产（销售）过程中出现的问题与处理方法（结果）等等。

三、中药商品的入库、退货流程

1. 中药材的入库、退货程序（流程）

（1）库管员首先依据订货单（或送货单）对待入库的中药材商品按品种逐一进行件数清点和外观初查。对没有外包装或外包装不符合规定的一律拒收，并立即通知采购员做退货处理。对外包装合格的中药材暂卸货在待检区。

（2）库管员通知验收员到库房验收（绝大多数与前一项同时进行）。

（3）库管员与验收员一同对待检区的中药材进行相关内容的验收（详见前面“中药材的验收”部分），同时做好验收记录。验收记录一式三份，均需库管员、验收员分别签字，库管员、验收员各执一份，另一份送达财务部门。

（4）库管员将验收合格的中药材按不同类别或特性存放于适宜的库房、库区、库位，对有特殊要求的中药材需要区别对待。如挥发性中药材要求存放于低温库房；易窜味的中药材要求货位要相对独立且与其他货位有适宜的间距；毒性中药材则需要专库或专柜且双人、双锁监管入库。

（5）进口中药材要同时验收口岸药品检验所化验报告单复印件，并盖有供货单位的红色印章。

（6）对濒危保护动植物中药材还要验收其货物来源是否合法的相关证件（许可证明）。

（7）库管员将验收不合格的中药材按不同类别或特性放置于适宜的不合格品区或退货区（或柜），及时通知采购员做退货处理。

（8）采购员通知供货方派员与库管员办理相关退货、出库手续。

（9）库管员填写中药材入库或退货记录，中药材入库、出库台账等相关记录文件。

（10）库管员填写中药材货位卡，并悬挂于相应品种货位前。

2. 中药饮片的入库、退货程序（流程）

（1）库管员首先依据订货单（或送货单）对待入库的中药饮片按品种逐一进行件数清点和外观初查。对外包装不符合规定的一律拒收，并立即通知采购员做退货处理。对外包装合格的中药饮片品种暂卸于待检区。

（2）库管员通知验收员到库房验收（绝大多数与前一项同时进行）。

（3）库管员与验收员一同对待检区的中药饮片商品进行相关内容的验收，同时做好验收记录。验收记录一式三份，均需库管员、验收员分别签字，库管员、验收员各执一份，另一份送达财务部门。

（4）进口中药饮片要同时验收口岸药品检验所化验报告单复印件，并盖有供货单位的红色印章。

（5）对濒危保护动植物中药饮片，还要验收其货物来源是否合法的相关证件（许可证明）。

（6）库管员将验收合格的中药饮片按不同类别或特性存放于适宜的库房、库区、库位，对有特殊要求的中药饮片需要区别对待。如挥发性中药饮片商品要求存放于低温库房；易窜味的中药饮片商品要求货位要相对独立且与其他货位有适宜的间距；毒性中药饮片商品则需要专库或专柜且双人、双锁监管入库。

（7）库管员将验收不合格的中药饮片按不同类别或特性放置于适宜的不合格品区或退货区（或柜），及时通知采购员做退货处理。

（8）采购员通知供货方派员与库管员办理相关退货、出库手续。

（9）库管员填写中药饮片入库或退货记录，中药材入库、出库台账等相关记录文件。

（10）库管员填写中药饮片货位卡，并悬挂于相应品种货位前。

3. 中成药的入库、退货程序（流程）

（1）库管员首先依据订货单（或送货单）对待入库的中成药按品种逐一进行件数清点和外观初查。对外包装不符合规定的一律拒收，并立即通知采购员做退货处理。对外包装合格的中成药品种码放于定置的货位，并悬挂待验标识。

（2）库管员通知验收员到库房验收（绝大多数与前一项同时进行）。

（3）库管员与验收员一同对悬挂待验标识的中成药商品进行相关内容的验收，同时做好验收记录。验收记录一式三份，均需库管员、验收员分别签字，库管员、验收员各执一份，另一份送达财务部门。

（4）进口中成药还要同时验收口岸药品检验所化验报告单复印件，并盖有供货单位的红色印章，进口中成药必须附有中文使用说明书。

（5）库管员将验收合格的中成药货位前悬挂的待验标识，撤换成合格标识。

（6）库管员将验收不合格的中成药置于不合格品区，及时通知采购员做退货处理。

（7）采购员通知供货方派员与库管员办理相关退货、出库手续。

（8）库管员填写中成药入库或退货记录，中成药入库、出库台账等相关记录文件。

（9）库管员填写中成药货位卡，并悬挂于相应品种货位前。

（10）库管员对售后退回（或召回）的中成药，凭销售部门开具的退货（召回）凭证收货，存放于退货药品库（区），并做好退货记录，同时向库房主管申请派员重点监管。

（11）库管员对售后退回（或召回）的中成药应及时通知质检部门进行取样、检验。

（12）库管员对经检验合格的中成药，凭检验合格报告书登记（记录）后，将其移入合格药品库（区）相应的货位。

（13）库管员对经检验不合格的中成药，凭检验不合格报告书登记（记录）后，将其存入不合格药品库（区）。

（14）库管员对存放于不合格药品库（区）内的中成药负有监管责任，任何人不得动用。只有凭质量管理部门的销毁通知，在销毁人员的监控下，才可放行出库，同时做好相关记录。

4. 相关记录文件

（1）中药商品验收、入库记录（示例）

中药商品验收、入库记录

商品类别：中药材、中药饮片剂、中成药　　　　验收时间：　年　月　日

<table>
<tr><td colspan="2">品名与规格</td><td colspan="2"></td><td>数量</td><td></td></tr>
<tr><td colspan="2">验收主管部门</td><td></td><td>验收人员</td><td colspan="2"></td></tr>
<tr><td>验收记录</td><td colspan="3">外观：
理化：
含量：</td><td>结论</td><td>合格

不合格</td></tr>
<tr><td rowspan="2">入库记录</td><td colspan="5">供货单位：　　　　地址：
联系人：　　　　联系电话：</td></tr>
<tr><td colspan="3">库房负责人：</td><td colspan="2">收货员：</td></tr>
</table>

（2）中药商品货位卡（示例）

中药商品货位卡

商品类别：中药材、中药饮片剂、中成药　　　　　　　　存放位置：

入库		出库		结存数量	入库、出库人签字	库管员签字
时间	数量	时间	数量			

库房负责人：　　　　　　　　　　　　　　　　　　　库管员：

（3）中药商品入库单（示例）

中药商品入库单

商品类别：中药材、中药饮片剂、中成药　　　　入库时间：　　年　　月　　日

商品名称	规格	供货单位	计量单位	入库数量	单价	金额

采购员：　　　　　　　　　　库房负责人：　　　　　　　　　　库房收货员：

（4）中药商品退货、召回记录（示例）

中药商品退货、召回记录

商品类别：中药材、中药饮片剂、中成药　　　　退货（召回）时间：　　年　　月　　日

<table>
<tr><td>品名与规格</td><td colspan="3"></td><td>数量</td><td></td></tr>
<tr><td>退货（召回）原因</td><td></td><td>退货（召回）经手人</td><td colspan="3"></td></tr>
<tr><td>退货接收人</td><td></td><td>取样检验人</td><td colspan="3"></td></tr>
<tr><td>取样检验记录</td><td colspan="2">外观：
理化：
含量：</td><td>结论</td><td colspan="2">合格

不合格</td></tr>
<tr><td rowspan="2">退库（召回）记录</td><td colspan="5">退货单位：　　　　　　　　　　地址：
联系人：　　　　　　　　　　　联系电话：</td></tr>
<tr><td>库房负责人：</td><td colspan="4">收货员：</td></tr>
</table>

（5）中药商品台账（示例）

中药商品台账

商品类别：中药材、中药饮片剂、中成药　　　　　　　　　　商品名称：

商品规格	商品批号	商品出库、入库信息			存放位置	结存数量	出、入库经手人	库管员
		时间	入库数	出库数				

四、中药商品验收知识

中药商品的验收依据其固有的特性大致可分为三大类：一类是中药材的验收，一类是中药饮片的验收，再一类就是中成药的验收。尽管三者的验收项目与方法存在着一定的差异，但总的原则都离不开《药品管理法》、《药品管理法实施条例》、《药品生产质量管理规范》和《药品经营质量管理规范》。

（一）中药材的验收

1. 中药材的验收方法

（1）感官检查　主要是通过眼看、手摸、嘴尝、鼻闻等方法进行。

（2）理化检验　主要是通过显微镜鉴别、薄层色谱鉴别、紫外荧光灯、水分测定、灰分测定、杂质检查、农残检查等方法进行。

（3）含量测定　主要是通过分析仪器（气相色谱仪、高压液相色谱仪、原子吸收分光光度计、紫外－可见分光光度计等）对中药材的化学成分进行分析、含量测定。

2. 中药材的验收内容

（1）外包装的验收

①中药材的外包装应符合药用或食用标准。

②中药材应有外包装，并附有质量合格的标志。实施批准文号管理的中药材，在包装上还应标明批准文号。

③每件中药材外包装上应标明品名、产地、供货商（生产商）单位等信息。

（2）中药材干度的验收　普通中药材安全水分含量应在10%～15%之间（特殊中药材除外）。

（3）杂质的验收　根、根茎、藤木类、花、叶及动物、矿物类、菌类的杂质一般要求不超过2%。

果实、种子类、树脂类、全草类的杂质一般要求不超过3%。

（4）中药材真伪的鉴别　主要通过感官检查、显微镜鉴别、理化鉴别等方法来进行。

（5）中药材含量的测定　依照国家标准或企业内控标准的含量测定方法进行测定。

（6）毒性中药材的验收　毒性中药材的验收除应符合一般中药材验收规定外，其包装要符合特殊规定，且验收必须实行双人验收、双人签字的制度。

（7）进口中药材的验收　进口中药材在验收时除应符合一般中药材验收规定外，还应索取供货单位提供的加盖红章的《进口药材批件》复印件。

（8）对验收数量的规定　参照《中华人民共和国药典》（2010 年版）的相关取样规定。

（9）来货数量的验收　以采购合同、协议或订单为依据，对所购进的中药材品种逐一称量并与送货凭证（或磅码单）进行核对，两者之间的差异不得超出合同之规定。

3. 中药材验收记录

中药材验收应做好验收记录。验收记录应记载供货商单位、供货品名、供货数量、到货日期、质量状况、验收结论、验收人员、产品批准文号的批件等项内容。中药材验收记录应妥善保管，保管期限不得少于三年。

（二）中药饮片的验收

1. 中药饮片的验收方法

（1）感官检查　主要是通过眼看、手摸、嘴尝、鼻闻等方法进行。

（2）理化检验　主要是通过显微镜鉴别、薄层色谱鉴别、紫外荧光灯、水分测定、灰分测定、杂质检查、农残检查等方法进行。

（3）含量测定　主要是通过分析仪器（气相色谱仪、高压液相色谱仪、原子吸收分光光度计、紫外－可见分光光度计等）对中药材的化学成分进行分析、含量测定。

2. 中药饮片的验收内容

（1）外包装的验收

①中药饮片的外包装必须符合药用或食用标准。

②中药饮片必须有外包装，并附有质量合格的标志。

③每件中药饮片外包装上必须印有或贴有标签，标签必须注明饮片品名、规格、产地、生产企业、生产日期、生产批号等，实施批准文号管理的中药饮片，在包装上还应标明批准文号。

（2）中药饮片干度的验收

普通中药饮片安全水分含量应在 7%～13%之间。菌藻类中药饮片安全水分含量应在 5%～10%之间。

（3）杂质的验收

中药饮片的药屑、杂质一般情况下应控制在 2%～3%之间。

（4）中药饮片片型的验收

①中药饮片的各种片型应符合规定，厚薄均匀、整齐。表面光洁，无整体，无连刀片剂、斧头片，异型片不得超过 10%。

②饮片的规格标准与范例：请参阅本教材第一篇中“中药饮片的一般质量标准”部分的相关内容。

（5）中药饮片真伪的鉴别　主要是通过感官检查、显微镜鉴别、薄层色谱鉴别等方法来进行。

（6）中药饮片含量的测定　依照国家标准或企业内控标准的含量测定方法进行测定。

(7) 毒性中药饮片的验收　毒性中药饮片的验收除应符合一般中药饮片验收规定外，其包装还要符合特殊规定，且验收必须实行双人验收、双人签字的制度。

(8) 进口中药饮片的验收　进口中药饮片在验收时除应符合一般中药饮片验收规定外，还应索取供货单位提供的加盖红章的《进口药材批件》复印件。

(9) 对验收数量的规定　参照《中华人民共和国药典》(2010 年版) 的相关取样规定。

(10) 来货数量的验收　以采购合同、协议或订单为依据，对所购进的中药饮片品种逐一称量并与送货凭证（或磅码单）进行核对，两者之间的差异不得超出合同之规定。

3. 中药饮片验收记录

中药饮片验收应做好验收记录。验收记录应记载供货商（生产商）单位、供货品名、供货批号、供货数量、到货日期、质量状况、验收结论、验收人员、产品批准文号的批件等项内容。中药饮片验收记录应妥善保管，保管期限不得少于三年。

中药饮片验收记录表（示例）：

中药饮片验收记录表

到货日期	供货单位	品名及规格	产地	生产企业	批号

（续表）

数量	单价	外观质量	理化检验	含量测定	验收结果	检验员	备注

（三）中成药的验收

1. 中成药的验收方法

(1) 外观检查　主要是通过眼看、手摸等方法进行。

(2) 理化检验　主要是通过显微镜鉴别、薄层色谱鉴别、紫外荧光灯、水分测定、灰分测定、重金属检查、崩解试验等方法进行。

(3) 含量测定　由于绝大多数经营企业不具备该项检验能力，通常不作为经营企业的验收内容。必要时往往通过委托具有法定效力的检测机构进行测定或采取抽样送检的方式来完成。

2. 中成药的验收内容

(1) 中成药外包装的验收

①用于运输、储藏中成药的外包装（纸箱等容器）应符合该制剂的储存与运输标准要求。

②用于运输、储藏中成药的包装上至少应当注明药品通用名称、规格、贮藏、生产日期、产品批号、有效期、批准文号、生产企业，也可以根据需要注明包装数量、运输注意事项或者其他标记等必要内容。每件包装必须附有产品合格证。

③中成药外标签（纸盒等外包装）应当注明药品通用名称、成分、性状、适应证或者功能主治、规格、用法用量、不良反应、禁忌、注意事项、贮藏、生产日期、产品批号、有效期、批准文号、生产企业等内容。适应证或者功能主治、用法用量、不良反应、禁忌、注意事项不能全部注明的，应当标出主要内容并注明“详见说明书”字样。

④中成药说明书上必须注明药品的通用名称、成分、规格、生产企业、批准文号、产品批号、生产日期、有效期、适应证或者功能主治、用法、用量、禁忌、不良反应和注意事项。另外，麻醉药品、精神药品、医疗用毒性药品、放射性药品、外用药品和非处方药的标签，必须印有规定的标志。

(2) 中成药内包装的验收　中成药的内标签（直接接触中成药的包材外表面）上应当印有药品通用名称、适应证或者功能主治、规格、用法用量、生产日期、产品批号、有效期、生产企业名称等内容。包装尺寸过小无法全部标明上述内容的，至少应当标注药品通用名称、规格、产品批号、有效期等内容。

(3) 中成药质量验收　主要是通过感官检查法来进行。即用目观察中成药制剂的外观有无变形、开裂、变色、熔（溶）化、结块、沉淀、浑浊、霉变、污染、挥发（升华）等异常情况；用嗅觉检查中成药有无异味、串味现象；用听觉检查中成药包装内有无非正常声音。用手触摸，感觉中成药的干湿、软硬、黏结、涩滑程度；用口品尝中成药的气、味。经过看、嗅、听、触、尝等检查手段，判断最常用的内在质量有无异常。

有条件的企业还应进行显微镜鉴别、薄层色谱鉴别、水分测定、崩解试验、粒度检查、重差检查等理化项目的检验，甚至是含量测定。

(4) 中成药数量的验收　以采购合同、协议或订单为依据，对所购进的中成药品种逐一清点并与送货凭证（或发货凭证）进行核对，两者之间不得有差异。发现问题需立即通知采购人员，查清问题原因，确保准确无误。

3. 中成药的验收记录

中成药验收应做好记录。验收记录记载供货单位名称、供货商品品名、剂型、规格、数量、批准文号、生产批号、到货日期、生产厂商、有效期、质量状况、验收结论和验收人员等项内容。

第二章　中药鉴别

第一节　中药识别

一、根及根茎类中药

山　药

【来源】本品为薯蓣科植物薯蓣的干燥根茎。初冬季茎叶枯萎后采挖，切去根头，洗净，除去外皮及须根，干燥，习称“毛山药”；选择肥大顺直的毛山药，置清水中，浸至无干心，闷透，切齐两端，用木板搓成圆柱状，晒干，打光，习称“光山药”。

【产地】主产于河南、山西、河北等地。以河南焦作地区产者质优，为“四大怀药”之一。

【性状】

1. 毛山药　本品略呈圆柱形，弯曲而稍扁，长15～30cm，直径1.5～6cm。表面黄白色或淡黄色，有纵沟、纵皱纹及须根痕，偶有浅棕色外皮残留。体重，质坚实，不易折断，断面白色，粉性。气微，味淡、微酸，嚼之发黏。

2. 光山药　本品呈圆柱形，两端平齐，长9～18cm，直径1.5～3cm。表面光滑，白色或黄白色。

以粗壮、洁白光滑、质坚实、粉性足者为佳。

【饮片】

1. 山药片　本品呈圆形厚片（光山药片）或类圆形厚片（毛山药片）。表面类白色或淡黄白色，质脆，易折断，断面类白色，富粉性，手摸有滑腻感。

2. 麸炒山药　本品形如山药片，表面黄白色或微黄色，偶见焦斑，略有焦香气。

【功效与主治】

1. 山药　补脾养胃，生津益肺，补肾涩精。用于脾虚食少，久泻不止，肺虚喘咳，肾虚遗精，带下，尿频，虚热消渴。

2. 麸炒山药　补脾健胃。用于脾虚食少，泄泻便溏，白带过多。

巴戟天

【来源】本品为茜草科植物巴戟天的干燥根。全年均可采挖，洗净，除去须根，晒至六七成干，轻轻捶扁，晒干。

【产地】主产于广东、广西、福建等地。

【性状】本品为扁圆柱形，略弯曲，长短不等，直径0.5～2cm。表面灰黄色或暗灰色，具纵纹和横裂纹，有的皮部横向断离露出木部。质韧，断面皮部厚，紫色或淡紫色，易与木部剥离；木部坚硬，黄棕色或黄白色，直径1～5mm。气微，味甘而微涩。

以根条肥壮、呈连珠状、肉厚、紫黑色、细润、木心小者为佳。

【饮片】

1. 巴戟肉 本品呈扁圆柱形短段或不规则块。表面灰黄色或暗灰色，具纵纹和横裂纹。切面皮部厚，紫色或淡紫色，中空。气微，味甘而微涩。

2. 盐巴戟天 本品形如巴戟肉，表面颜色加深。气微，味甘、咸而微涩。

3. 制巴戟天 本品形如巴戟肉，表面颜色加深。气微，味甘而微涩。

【功效与主治】补肾阳，强筋骨，祛风湿。用于阳痿遗精，宫冷不孕，月经不调，少腹冷痛，风湿痹痛，筋骨痿软。

太子参

【来源】本品为石竹科植物孩儿参的干燥块根。夏季茎叶大部分枯萎时采挖，洗净，除去须根，置沸水中略烫后晒干或直接晒干。

【产地】主产区有江苏、山东、安徽等地。

【性状】本品呈细长纺锤形或细长条形，稍弯曲，长3～10cm，直径0.2～0.6cm。表面黄白色，较光滑，微有纵皱纹，凹陷处有须根痕，顶端有茎痕。质硬而脆，断面平坦，淡黄白色，角质样；或类白色，有粉性。气微，味微甘。

以条大均匀、肥润、黄白色无须根者为佳。

【功效与主治】益气健脾，生津润肺。用于脾虚体倦，食欲不振，病后虚弱，气阴不足，自汗口渴，肺燥干咳。

天花粉

【来源】本品为葫芦科植物栝楼或双边栝楼的干燥根。秋、冬二季采挖，洗净，除去外皮，切段或纵剖成瓣，干燥。

【产地】主产于河南、山东、安徽；河北、山西、陕西等地也有种植。以河南安阳地区产者质优。

【性状】本品呈不规则圆柱形、纺锤形或瓣块状，长8～16cm，直径1.5～5.5cm。表面黄白色或淡棕黄色，有纵皱纹、细根痕及略凹陷的横长皮孔，有的有黄棕色外皮残留。质坚实，断面白色或淡黄色，富粉性，横切面可见黄色木质部，略呈放射状排列，纵切面可见黄色条纹状木质部。气微，味微苦。

以根粗壮、色白、粉性足、质坚细腻、筋脉少者为佳。

【饮片】本品呈圆形、半圆形或不规则形的厚片，外表皮黄白色或淡棕黄色，质坚实。切面可见黄色木质部小孔，略呈放射状排列。气微，味微苦。

【功效与主治】清热泻火，生津止渴，消肿排脓。用于热病烦渴，肺热燥咳，内热消渴，疮疡肿毒。

乌　药

【来源】本品为樟科植物乌药的干燥块根。全年均可采挖，除去细根，洗净，趁鲜切薄片，干燥。

【产地】主产于浙江、安徽、湖南、湖北、广东、广西等地。以浙江产量较大、质量为优。

【性状】本品为圆形薄片。切面黄白色或淡黄棕色，射线放射状，可见年轮环纹，中心颜色较深。气香，味微苦、辛，有清凉感。

以片薄质嫩、断面浅棕色、香气浓者为佳。

【功效与主治】行气止痛，温肾散寒。用于寒凝气滞，胸腹胀痛，气逆喘急，膀胱虚冷，遗尿尿频，疝气疼痛，经寒腹痛。

丹　参

【来源】本品为唇形科植物丹参的干燥根及根茎。春、秋二季采挖，除去泥沙，干燥。

【产地】主产于四川、陕西、山西、河北、江苏、安徽、山东等地。以野生丹参质优，栽培品习以四川中江产丹参质优。

【性状】本品根茎短粗，顶端有时残留茎基。根数条，长圆柱形，略弯曲，有的分支并具须状细根，长10～20cm，直径0.3～1cm。表面棕红色或暗棕红色，粗糙，具纵皱纹；老根外皮疏松，多显紫棕色，常呈鳞片状剥落。质硬而脆，断面疏松，有裂隙或略平整而致密，皮部棕红色，木部灰黄色或紫褐色，导管束黄白色，呈放射状排列。气微，味微苦涩。

栽培品较粗壮，直径0.5～1.5cm。表面红棕色，具纵皱，外皮紧贴不易剥落。质坚实，断面较平整，略呈角质样，类白色或黑褐色（栽培时间长的）。

【饮片】

1. 丹参片　本品呈类圆形片。外表皮棕红色或暗棕红色，粗糙，具纵皱纹。切面有裂隙或略平整而致密，皮部棕红色，木部灰黄色或紫褐色，有黄白色放射状纹理。气微，味微苦涩。

栽培丹参片外皮不易剥落，质坚体重，切面略成角质样。

2. 酒丹参　本品形如丹参片，表面红褐色，略具酒香气。

【功效与主治】活血祛瘀，调经止痛，清心除烦，凉血消痈。用于胸痹心痛，脘腹胁痛，癥瘕积聚，热痹疼痛，心烦不眠，月经不调，痛经经闭，疮疡肿痛。

甘　草

【来源】本品为豆科植物甘草、胀果甘草或光果甘草的干燥根及根茎。春、秋二季采挖，除去须根，晒干。

【产地】主产于内蒙古、甘肃、宁夏、陕西、青海、新疆等地。习惯以内蒙古西部产的野生甘草质优。过去甘草以野生品为主，现在以栽培品为主。

【性状】

1. 甘草　根呈圆柱形，长25～100cm，直径0.6～3.5cm。外皮松紧不一；表面红棕色或灰棕色，具显著的纵皱纹、沟纹、皮孔及稀疏的细根痕。质坚实，断面略显纤维性，黄白色，粉性，形成层环明显，射线放射状，有的有裂隙。根茎呈圆柱形，表面有芽痕，断面中部有髓。气微，味甜而特殊。

栽培品皮紧，质坚实，断面色浅，裂隙少。

2. 胀果甘草　根及根茎木质粗壮，有的有分支，外皮粗糙，多灰棕色或灰褐色。质坚硬，木质纤维多，粉性小。根茎不定芽多而粗大。

3. 光果甘草　根及根茎质地较坚实，有的分支，外皮不粗糙，多灰棕色，皮孔细而不明显。

以条长粗壮、皮细而紧、色红棕、质坚实体重、粉性大、味甜者为佳。

【饮片】

1. 甘草片　本品为圆形厚片，其余性状特征同药材。

2. 炙甘草片　本品形如甘草片，微有光泽。切面黄色至深黄色，略有黏性。有焦香气，味甜。

【功效与主治】补脾益气，清热解毒，祛痰止咳，缓急止痛，调和诸药。用于脾胃虚弱，倦怠乏力，心悸气短，咳嗽痰多，脘腹、四肢挛急疼痛，痈肿疮毒，缓解药物毒性、烈性。

白芷

【来源】本品为伞形科植物白芷或杭白芷的干燥根。夏、秋间叶黄时采挖，除去须根及泥沙，晒干或低温干燥。

【产地】主产于四川（习称“川白芷”）、河南（习称“禹白芷”）、河北（习称“祁白芷”）等地。以“川白芷”质优。

【性状】本品呈长圆锥形，长 10 ~ 25cm，直径 1.5 ~ 2.5cm。表面灰棕色或黄棕色，根头部钝四棱形或近圆形，具纵皱纹、支根痕及皮孔样的横向突起（习称“疙瘩丁”），有的排列成四纵行，顶端有凹陷的茎痕。质坚实，断面白色或灰白色，粉性，形成层环棕色，近方形或近圆形，皮部散有多数棕色油点。气芳香，味辛、微苦。

以根条肥大、疙瘩丁明显、质坚实、粉性足、香气浓者为佳。

【饮片】本品呈类圆形的厚片。外表皮灰棕色或黄棕色。切面白色或灰白色，具粉性，形成层环棕色，近方形或近圆形，皮部散有多数棕色油点。气芳香，味辛、微苦。

【功效与主治】解表散寒，祛风止痛，宣通鼻窍，燥湿止痛，消肿排脓。用于感冒头痛，眉棱骨痛，鼻塞流涕，鼻鼽，鼻渊，牙痛，带下，疮疡肿痛。

百合

【来源】本品为百合科植物卷丹、百合或细叶百合的干燥肉质鳞叶。秋季采挖，洗净，剥取鳞叶，置沸水中略烫，干燥。

【产地】主产于湖南、湖北、江苏、安徽、陕西、四川、甘肃等地。

【性状】本品呈长椭圆形，长 2 ~ 5cm，宽 1 ~ 2cm，中部厚 1.3 ~ 4mm。表面类白色、淡棕黄色或微带紫色，有数条纵直平行的白色维管束。顶端稍尖，基部较宽，边缘薄，微波状，略向内弯曲。质硬而脆，断面较平坦，角质样。气微，味微苦。

以肉厚、色白、质坚、味苦者为佳。

【饮片】

1. 百合　本品性状同药材。

2. 蜜百合　本品形状同百合，表面棕黄色，有的有焦斑，稍有黏性。有蜜香气，味甜。

【功效与主治】养阴润肺，清心安神。用于阴虚久咳，劳嗽咯血，虚烦惊悸，失眠多梦，精神恍惚。

百　部

【来源】本品为百部科植物直立百部、蔓生百部或对叶百部的干燥块根。春、秋二季采挖，除去须根，洗净，置沸水中略烫或蒸至无白心，取出，晒干。

【产地】直立百部和蔓生百部药材商品又称“小百部”，产于安徽、山东、江苏、浙江、湖北、河南等地。对叶百部称“大百部”，产于湖南、湖北、广西、福建、四川、贵州等地。

【性状】

1. 直立百部　呈纺锤形，上端较细长，皱缩弯曲，长5～12cm，直径0.5～1cm。表面黄白色或淡棕黄色，有不规则深纵沟，间或有横皱纹。质脆，易折断，断面平坦，角质样，淡黄棕色或黄白色，皮部较宽，中柱扁缩。气微，味甘、苦。

2. 蔓生百部　两端稍狭细，表面多不规则皱褶及横皱纹。

3. 对叶百部　呈长纺锤形或长条形，长8～24cm，直径0.8～2cm。表面浅黄棕色至灰棕色，具浅纵皱纹或不规则纵槽。质坚实，断面黄白色至暗棕色，中柱较大，髓部类白色。

均以根条粗壮、质坚实、无杂质者为佳。

【饮片】

1. 百部片　本品呈不规则厚片，表面灰白色、棕黄色，有深纵皱纹；切面淡黄棕色或黄白色，角质样；皮部较厚，中柱扁缩或中柱较大。质韧软。气微，味甘、苦。

2. 蜜百部　本品形同百部片，表面棕黄色或褐棕色，略带焦斑，稍有黏性。味甜。

【功效与主治】

1. 百部　润肺下气止咳，杀虫灭虱。用于新久咳嗽，肺痨咳嗽，顿咳；外用于头虱，体虱，蛲虫病，阴痒。

2. 蜜百部　润肺止咳。用于阴虚劳嗽。

防　己

【来源】本品为防己科植物粉防己的干燥根。秋季采挖，洗净，除去粗皮，晒至半干，切段，个大者再纵切，干燥。

【产地】主产于浙江、江西、安徽、福建、湖南、湖北等地。

【性状】本品呈不规则圆柱形、半圆柱形或块状，多弯曲，长5～10cm，直径1～5cm。表面淡灰黄色，在弯曲处常有深陷横沟而成结节状的瘤块样。体重，质坚实，断面平坦，灰白色，富粉性，有排列较稀疏的放射状纹理（习称“车轮纹”）。气微，味苦。

以粗壮、质坚实、粉性大、味苦者为佳。

【饮片】本品为类圆形或半圆形的厚片，外表皮淡灰黄色，切面灰白色，粉性，有稀疏的放射状纹理。气微，味苦。

【功效与主治】祛风止痛，利水消肿。用于风湿痹痛，水肿脚气，小便不利，湿疹疮毒。

防　风

【来源】本品为伞形科植物防风的干燥根。春、秋二季采挖未抽花茎植株的根，除去须根及泥沙，晒干。

【产地】野生防风按产地分为：①关防风：主产于东北地区，以黑龙江产量较大，质量较优；②口防风：产于内蒙古、河北等地，质量与关防风相比稍次之。

【性状】野生品呈长圆锥形或长圆柱形，下部渐细，有的略弯曲，长 15 ~ 30cm，直径 0.5 ~ 2cm。表面灰棕色，粗糙，有纵皱纹，多数横长皮孔样突起及点状的细根痕。关防风根头部有明显密集的环纹，习称“旗杆顶”或“蚯蚓头”；口防风根头部残存毛状叶基，习称“扫帚头”。体轻，质松，易折断，断面不平坦，皮部浅棕色，有裂隙，木部浅黄色。气特异，味微甘。

栽培品根条粗壮，外皮细腻，质地较野生品坚实，断面裂隙少。

以根条粗壮、整齐、无毛须、断面黄白色、中心色黄者为佳。以野生品为优。

【饮片】野生品为圆形或椭圆形的厚片。外表皮灰棕色，有纵皱纹，有的可见横长皮孔样突起、密集的环纹或残存的毛状叶基。切面皮部浅棕色，有裂隙，木部浅黄色，具放射状纹理。气特异，味微甘。

栽培品为圆形厚片或薄片，外皮细腻，质地较野生品坚实，断面裂隙少。

【功效与主治】解表祛风，胜湿止痛，止痉。用于感冒头痛，风湿痹痛，风疹瘙痒，破伤风。

当　归

【来源】本品为伞形科植物当归的干燥根。秋末采挖，除去须根及泥沙，待水分稍蒸发后，捆成小把，上棚，用烟火慢慢熏干。

【产地】主产于甘肃；云南、四川、陕西、湖北等地也有生产。以甘肃岷县产者质量最佳。

【性状】本品略呈圆柱形，下部有支根 3 ~ 5 条或更多，长 15 ~ 25cm。表面黄棕色至棕褐色，具纵皱纹及横长皮孔。根头（归头）直径 1.5 ~ 4cm，具环纹，上端圆钝，或具数个明显突出的根茎痕，有紫色或黄绿色的茎和叶鞘的残基；主根（归身）表面凹凸不平；支根（归尾）直径 0.3 ~ 1cm，上粗下细，多扭曲，有少数须根痕。质柔韧，断面黄白色或淡黄棕色，皮部厚，有裂隙和多数棕色点状分泌腔，木部色较淡，形成层环黄棕色。有浓郁的香气，味甘、辛、微苦。

以身干、根条大、身长腿（支根）少、质坚实、断面黄白色、气香浓郁、味甘者为佳。柴性大、干枯无油或断面呈绿褐色者不可供药用。

【饮片】

1. 当归片　本品为类圆形、椭圆形或不规则薄片。外表皮黄棕色至棕褐色。切面黄白色或浅棕黄色，平坦，有裂隙，中间有浅棕色的形成层环，并有多数棕色的油点，香气浓郁。味甘、辛、微苦。

2. 酒当归　本品形如当归片。切面深黄色，略有焦斑。香气浓郁，并略有酒香气。

【功效与主治】

1. 当归　补血活血，调经止痛，润肠通便。用于血虚萎黄，眩晕心悸，月经不调，经闭痛经，虚寒腹痛，风湿痹痛，跌仆损伤，痈疽疮疡，肠燥便秘。

2. 酒当归　活血通经。用于经闭痛经，风湿痹痛，跌仆损伤。

远　志

【来源】本品为远志科植物远志或卵叶远志的干燥根（实为根皮）。春、秋二季采挖，除去须根及泥沙，抽去木心，晒干，习称"远志筒"或"远志肉"。

【产地】主产于山西、陕西、河北、河南等地。

【性状】本品呈细长圆柱形管状，略弯曲，长3～15cm，直径0.3～0.8cm。表面灰黄色至灰棕色，有较密并深陷的横皱纹、纵皱纹及裂纹，老根的横皱纹较密更深陷，略呈结节状。质硬而脆，易折断，断面皮部棕黄色，有的可见黄白色木部。气微，味苦、微辛，嚼之有刺喉感。

以身干、色灰黄、筒粗肉厚、无木心者为佳。

【饮片】

1. 远志　本品呈圆柱形的段。外表皮灰黄色至灰棕色，有横皱纹。切面黄棕色中空。气微，味苦、微辛，嚼之有刺喉感。

2. 制远志　本品形如远志段，表面黄棕色。味微甜。

【功效与主治】安神益智，交通心肾，祛痰，消肿。用于心肾不交引起的失眠多梦、健忘惊悸、神志恍惚，咳痰不爽，疮疡肿毒，乳房肿痛。

延胡索

【来源】本品为罂粟科植物延胡索的干燥块茎。夏初茎叶枯萎时采挖，除去须根，洗净，置沸水中煮至恰无白心时，取出，晒干。

【产地】主产于浙江、陕西等地。以产于浙江者质佳。

【性状】本品呈不规则的扁球形，直径0.5～1.5cm。表面黄色或黄褐色，有不规则网状皱纹；顶端有略凹陷的茎痕，底部常有疙瘩状突起。质硬而脆，断面黄色，角质样，有蜡样光泽。气微，味苦。

以个大、色黄、质坚、饱满、断面色黄发亮者为佳。

【饮片】

1. 延胡索　本品呈不规则的圆形厚片或碎块。外表皮黄色或黄褐色，有不规则细皱纹。切面黄色，角质样，具蜡样光泽。气微，味苦。

2. 醋延胡索　本品形如延胡索，表面和切面黄褐色，质较硬。微具醋香气。

【功效与主治】活血，利气，止痛。用于胸胁、脘腹疼痛，胸痹心痛，经闭痛经，产后瘀阻，跌仆肿痛。

何首乌

【来源】本品为蓼科植物何首乌的干燥块根。秋、冬二季叶枯萎时采挖，削去两端，洗净，个大的切成厚片，干燥。

【产地】主产于河南、湖北、广东、广西、贵州、江苏、四川等地。

【性状】本品呈团块状、不规则纺锤形或厚片，直径4~12cm。表面红棕色或红褐色，皱缩不平，有浅沟，并有横长皮孔样突起及细根痕。体重，质坚实，不易折断，断面浅黄棕色或浅红棕色，显粉性，皮部有4~11个类圆形异型维管束环列，形成云锦状花纹，中央木部较大，有的呈木心。气微，味微苦而甘涩。

以个（或片）大、质坚实、粉性足者为佳。

【饮片】

1. 何首乌片（块）　本品呈不规则的厚片或小块。外表皮红棕色或红褐色，皱缩不平，有浅沟，并有横长皮孔样突起及细根痕。切面浅黄棕色或浅红棕色，显粉性；横切面有的皮部可见云锦状花纹，中央木部较大，有的呈木心。气微，味微苦而甘涩。

2. 制何首乌　本品呈不规则皱缩状的块片，厚约1cm。表面黑褐色或棕褐色，凹凸不平。质坚硬，断面角质样，棕褐色或黑色。气微，味微甘而苦涩。

【功效与主治】

1. 何首乌　解毒，消痈，截疟，润肠通便。用于疮痈，瘰疬，风疹瘙痒，久疟体虚，肠燥便秘。

2. 制何首乌　补肝肾，益精血，乌须发，强筋骨，化浊降脂。用于血虚萎黄，眩晕耳鸣，须发早白，腰膝酸软，肢体麻木，崩漏带下，高脂血症。

泽泻

【来源】本品为泽泻科植物泽泻的干燥块茎。冬季茎叶开始枯萎时采挖，洗净，干燥，除去须根及粗皮。

【产地】主产于福建（习称“建泽泻”）、四川（习称“川泽泻”）等地。以福建产者质佳。

【性状】本品呈类球形、椭圆形或卵圆形，长2~7cm，直径2~6cm。表面黄白色或淡黄棕色，有不规则的横向环状浅沟纹及多数细小突起的须根痕，底部有的有瘤状突起。质坚实，断面黄白色，粉性，有多数细孔。气微，味微苦。

以个大、质坚实、色黄白、粉性足者为佳。

【饮片】

1. 泽泻片　本品呈圆形或椭圆形厚片。外表皮黄白色或淡黄棕色，可见细小突起的须根痕，切面黄白色，粉性，有多数细孔。气微，味微苦。

2. 盐泽泻　本品形如泽泻片，表面淡黄棕色或黄褐色，偶见焦斑。味微咸。

【功效与主治】利水渗湿，泄热，化浊降脂。用于小便不利，水肿胀满，泄泻尿少，痰饮眩晕，热淋涩痛，高脂血症。

知　母

【来源】本品为百合科植物知母的干燥根茎。春、秋二季采挖，除去须根及泥沙，晒干，习称“毛知母”；或除去外皮，晒干，习称“知母肉”。

【产地】主产于河北、陕西、山西、内蒙古等地；河南、甘肃、山东等地也产。现在商品多为栽培。

【性状】

1. 毛知母　本品呈长条状，微弯曲，略扁，偶有分支，直径0.8～1.5cm，一端有浅黄色的茎叶残痕。表面黄棕色至棕色，上面有一凹沟，具紧密排列的环状节，节上密生黄棕色的残存叶基，由两侧向根茎上方生长；下面隆起而略皱缩，并有凹陷或突起的点状根痕。质硬，易折断，断面黄白色。气微，味微甜、略苦，嚼之带黏性。

2. 知母肉　本品呈长条状，外皮已除去，有刮削痕。

毛知母以根茎肥大、质坚实、断面白色、嚼之味苦而有黏性者为佳。

知母肉以除净外皮、肥大、质坚实、断面白色、嚼之味苦而有黏性者为佳。

【饮片】

1. 毛知母片　本品呈不规则类圆形的厚片。外表皮黄棕色至棕色，可见少量残存的黄棕色叶基纤维和凹陷或突起的点状根痕。切面黄白色，气微，味微甜、略苦，嚼之带黏性。

2. 知母肉片　本品为类圆形的厚片。

3. 盐知母片　本品形如毛知母片，色黄或微带焦斑，味微咸。

4. 盐知母肉片　本品形如知母肉片，色黄或微带焦斑，味微咸。

【功效与主治】清热泻火，滋阴润燥。用于外感热病，高热烦渴，肺热燥咳，骨蒸潮热，内热消渴，肠燥便秘。

香　附

【来源】本品为莎草科植物莎草的干燥根茎。秋季采挖，燎去毛须，置沸水中略煮或蒸透后晒干，或燎后直接晒干。

【产地】主产于山东、浙江、福建、湖南等地；湖北、河南、江苏、云南、四川等地也产。

【性状】本品多呈纺锤形，有的略弯曲，长2～3.5cm，直径0.5～1cm。表面棕褐色或黑褐色，有纵皱纹，并有6～10个略隆起的环节，节上有未除净的棕色毛须及须根断痕；去净毛须者较光滑，环节不明显。质硬，经蒸煮者断面黄棕色或红棕色，角质样。生晒者断面色白而显粉性，内皮层环纹明显，中柱色较深，点状维管束散在。气香，味微苦。

以个大、质坚实、红棕色、香气浓者为佳。

【饮片】

1. 香附　本品呈不规则厚片或颗粒状。外表皮棕褐色或黑褐色，有时可见环节，切面色白或黄棕色，质硬，内皮层环纹明显。气香，味微苦。

2. 醋香附　本品形如香附，表面黑褐色。微有醋香气，味微苦。

【功效与主治】疏肝解郁，理气宽中，调经止痛。用于肝郁气滞，胸胁胀痛，疝气疼痛，乳房胀痛，脾胃气滞，胸脘痞闷，胀满疼痛，月经不调，经闭痛经。

桔　梗

【来源】本品为桔梗科植物桔梗的干燥根。春、秋二季采挖，洗净，除去须根，趁鲜剥去外皮，干燥。

【产地】产于东北、河北、山东等地。现商品以栽培品为主。

【性状】本品呈圆柱形或略呈纺锤形，下部渐细，有的有分支，略扭曲，长 7～20cm，直径 0.7～2cm。表面白色或淡黄白色，具纵扭皱沟，并有支根痕，上部有横纹。有的顶端有较短的根茎（根茎不明显的多为栽培品），其上有数个半月形茎痕。质脆，断面不平坦，形成层环棕色，皮部白色，木部黄白色。气微，味微甜后苦。

以根条肥大、质坚实、色白、味苦者为佳。

【饮片】本品呈椭圆形或不规则片，外皮多已除去或偶有残留。切面皮部白色，形成层环纹明显，棕色，木部黄白色。气微，味微甜后苦。

【功效与主治】宣肺，利咽，祛痰，排脓。用于咳嗽痰多，胸闷不畅，咽痛音哑，肺痈吐脓。

黄　芩

【来源】本品为唇形科植物黄芩的干燥根。春、秋二季采挖，除去须根及泥沙，晒后撞去粗皮，晒干。

【产地】主产于河北、东北、内蒙古、陕西、山西、河南等地。以河北承德地区产的“热河黄芩”质量最佳。

【性状】本品呈圆锥形，扭曲，长 8～25cm，直径 1～3cm。表面棕黄色或深黄色，有稀疏的疣状细根痕，上部较粗糙，有扭曲的纵皱或不规则的网纹，下部有顺纹和细皱。质硬而脆，易折断，断面黄色，中心红棕色；老根中心呈枯朽状或中空，暗棕色或棕黑色。气微，味苦。

栽培品栽培时间短者根较细长，多有分支。表面浅黄棕色，外皮紧贴，纵皱纹较细腻。断面黄色或浅黄色，略呈角质样。味微苦。山区栽培时间长者（5 年以上）性状近似野生品。

以条长粗大、色黄、味苦者为佳。

【饮片】

1. 黄芩片　本品为类圆形或不规则形薄片，外表皮黄棕色至棕褐色，切面黄棕色或黄绿色，具放射状纹理。

2. 酒黄芩　本品形如黄芩片。略带焦斑，微有酒香气。

【功效与主治】清热燥湿，泻火解毒，止血，安胎。用于湿温、暑湿，胸闷呕恶，湿热痞满，泻利，黄疸，肺热咳嗽，高热烦渴，血热吐衄，痈肿疮毒，胎动不安。

续　断

【来源】本品为川续断科植物川续断的干燥根。秋季采挖，除去根头及须根，用微火烘至半干，堆置“发汗”至内部变绿色时，再烘干。

【产地】主产于四川、湖北；湖南、贵州等地亦产。

【性状】本品呈圆柱形，略扁，有的微弯曲，长5～15cm，直径0.5～2cm。表面灰褐色或黄褐色，有稍扭曲或明显扭曲的纵皱及沟纹，可见横裂的皮孔样斑痕及少数须根痕。质软，久置后变硬，易折断，断面不平坦，皮部墨绿色或棕色，外缘褐色或淡褐色，木部黄褐色，导管束呈放射状排列。气微香，味苦、微甜而后涩。

以根条粗壮、断面绿褐色者为佳。

【饮片】

1. 续断　本品呈类圆形或椭圆形的厚片。外表皮灰褐色至黄褐色，有纵纹。切面皮部墨绿色或棕褐色，木部灰黄色或黄褐色，可见放射状排列的导管束纹，形成层部位多有深色环。味苦、微甜而涩。

2. 酒续断　本品形如续断片，表面浅黑色或灰褐色，略有酒香气。

3. 盐续断　本品形如续断片，表面黑褐色，味微咸。

【功效与主治】补肝肾，强筋骨，续折伤，止崩漏。用于肝肾不足，腰膝酸软，风湿痹痛，跌仆损伤，伤筋骨折，崩漏，胎漏。酒续断多用于风湿痹痛，跌仆损伤，伤筋骨折；盐续断多用于腰膝酸软。

粉　葛

【来源】本品为豆科植物甘葛藤的干燥根。秋、冬二季采挖，除去外皮，稍干，截段或再纵切两半，有的切成厚片或小块，干燥。

【产地】产于广东、广西等南方地区。

【性状】本品呈圆柱形、类纺锤形或半圆柱形，长12～15cm，直径4～8cm；有的为厚片或小块，大小不一。表面黄白色或淡棕色，未去外皮的呈灰棕色。体重，质硬，富粉性，横切面可见由纤维形成的浅棕色同心性环纹，纵切面可见由纤维形成的数条纵纹。气微，味微甜。

以色白、质坚实、粉性足、纤维少者为佳。

【饮片】本品呈不规则的厚片或立方块状。切面黄白色，体重，质硬，富粉性。气微，味微甜。

【功效与主治】解肌退热，生津止渴，透疹，升阳止泻，通经活络，解酒毒。用于外感发热头痛，项背强痛，口渴，消渴，麻疹不透，热痢，泄泻，眩晕头痛，中风偏瘫，胸痹心痛，酒毒伤中。

葛　根

【来源】本品为豆科植物野葛的干燥根。习称野葛。秋、冬二季采挖，趁鲜切成厚片或小块，干燥。

【产地】产于湖南、湖北、河南等地。

【性状】本品呈纵切的长方形厚片，长5～35cm，厚0.5～1cm。外皮淡棕色，有纵皱纹，粗糙。切面黄白色或浅黄棕色。质硬韧，纤维性强。气微，味微甜。

小块切面浅黄棕色，质硬，纤维性强。

以色黄白、质坚实、味甜者质佳。

【饮片】本品呈不规则的小块，边长为5～12mm的方块。切面浅黄棕色。质硬，纤维性强。气微，味微甜。

【功效与主治】同粉葛。

二、茎木类、皮类中药

青风藤

【来源】本品为防己科植物青藤及毛青藤的干燥藤茎。秋末冬初采割，扎把或切长段，晒干。

【产地】产于浙江、江苏、湖南、湖北等地。

【性状】本品呈长圆柱形，常微弯曲，长20～70cm或更长，直径0.5～2cm。表面绿褐色至棕褐色，有的灰褐色，有细纵纹及皮孔；节部稍膨大，有分支。体轻，质硬而脆，易折断，断面不平坦，木部黄白色或淡灰棕色，皮部窄，木部射线呈放射状排列，髓部淡黄白色或黄棕色。气微，味苦。

以枝条粗细均匀、外皮绿褐色者为佳。

【饮片】本品呈类圆形的厚片。外表面绿褐色至棕褐色，有的可见皮孔。切面皮部窄，木部黄白色或淡灰棕色，有明显的放射状纹理，髓部淡黄白色至棕黄色。气微，味苦。

【功效与主治】祛风湿，通经络，利小便。用于风湿痹痛，关节肿胀，麻痹瘙痒。

钩藤

【来源】本品为茜草科植物钩藤、大叶钩藤、华钩藤或无柄果钩藤的干燥带钩茎枝。秋、冬二季采收，去叶，切段，晒干。商品为产地段。

【产地】主产于广西、广东、湖南、湖北、江西、四川、云南、贵州等地。

【性状】本品茎枝呈圆柱形或类方柱形，长2～3cm，直径0.2～0.5cm。表面红棕色至紫红色者具细纵纹，光滑无毛；黄绿色至灰褐色者有的可见白色点状皮孔，被黄褐色柔毛。多数枝节上对生两个向下弯曲的钩（不育花序梗），或仅一侧有钩，另一侧为突起的疤痕；钩略扁或稍圆，先端细尖，基部较阔，钩基部的枝上可见叶柄脱落后的窝点状痕迹和环状的托叶痕。质坚韧，断面黄棕色，皮部纤维性，髓部黄白色或中空。气微，味淡。

以茎细、带双钩、质嫩、色紫棕者为佳。

【功效与主治】息风定惊，清热平肝。用于肝风内动，惊痫抽搐，高热惊厥，感冒夹惊，小儿惊啼，妊娠子痫，头痛眩晕。

海风藤

【来源】本品为胡椒科植物风藤的干燥藤茎。夏、秋二季采割，除去根、叶，晒干。

【产地】主产于福建、浙江、海南等地。

【性状】本品呈扁圆柱形，微弯曲，长15～60cm，直径0.3～2cm。表面灰褐色或褐色，粗糙，有纵向棱状纹理及明显的节，节间长3～12cm，节部膨大，上生不定根。体轻，质脆，易折断，断面不整齐，皮部窄，木部宽广，灰黄色，导管孔多数，射线灰白色，放射状排列，皮部与木部交界处常有裂隙，中心有灰褐色髓。气香，味微苦、辛。

以条匀、体轻质硬、气味辛香者为佳。

【饮片】本品为扁圆形或圆形片，表面灰褐色或褐色，切面皮部窄，木部宽广，灰黄色，导管孔多数，射线灰白色，放射状排列，中心有髓。体轻，质脆。气香，味微苦、辛。

【功效与主治】祛风湿，通经络，止痹痛。用于风寒湿痹，肢节疼痛，筋脉拘挛，屈伸不利。

桑寄生

【来源】本品为桑寄生科植物桑寄生的干燥带叶茎枝。冬季至次春采割，除去粗茎，切段，干燥，或蒸后干燥。

【产地】产于广东、广西、福建、江西、贵州、四川、陕西等地。

【性状】本品茎枝呈圆柱形，长3～4cm，直径0.2～1cm；表面红褐色或灰褐色，具细纵纹，并有多数细小突起的棕色皮孔，嫩枝有的可见棕褐色茸毛；质坚硬，断面不整齐，皮部红棕色，木部色较浅。叶多卷曲，具短柄；叶片展平后呈卵形或椭圆形，长3～8cm，宽2～5cm；表面黄褐色，幼叶被细茸毛，先端钝圆，基部圆形或宽楔形，全缘；革质。气微，味涩。

以枝条粗细均匀、质嫩、叶多者为佳。

【饮片】本品为不规则短段，外表皮红褐色或灰褐色，有多数细小突起的棕色皮孔，嫩枝有的可见棕褐色茸毛。切面皮部红棕色，木部色较浅。叶多破碎，革质。气微，味涩。

【功效与主治】祛风湿，补肝肾，强筋骨，安胎元。用于风湿痹痛，腰膝酸软，筋骨无力，崩漏经多，妊娠漏血，胎动不安，头晕目眩。

槲寄生

【来源】本品为桑寄生科植物槲寄生的干燥带叶茎枝。冬季至次春采割，除去粗茎，切段，干燥，或蒸后干燥。

【产地】主产于东北、内蒙古、河北等地。

【性状】本品茎枝呈圆柱形，2～5杈状分支，长约30cm，直径0.3～1cm；表面黄绿色、金黄色或黄棕色，有纵皱纹；节膨大，节上有分支或枝痕；体轻，质脆，易折断，断面不平坦，皮部黄色，木部色较浅，射线放射状，髓部常偏向一边。叶对生于枝梢，易脱落，无柄；叶片呈长椭圆状披针形，长2～7cm，宽0.5～1.5cm；先端钝圆，基部楔形，全缘；表面黄绿色，有细皱纹，主脉5出，中间3条明显；革质。浆果球形，皱缩。气微，味微苦，嚼之有黏性。

以枝细嫩、黄绿色、叶未脱落、嚼之发黏者为佳。

【饮片】本品呈不规则的厚片。茎外皮黄绿色、黄棕色或棕褐色。切面皮部黄色，木部浅黄色，有放射状纹理，髓部常偏向一边。叶片黄绿色或黄棕色，全缘，有细皱纹；革质。气微，味微苦，嚼之有黏性。

【功效与主治】祛风湿，补肝肾，强筋骨，安胎元。用于风湿痹痛，腰膝酸软，筋骨无力，崩漏经多，妊娠漏血，胎动不安，头晕目眩。

三、花叶类中药

艾 叶

【来源】本品为菊科植物艾的干燥叶。夏季花未开时采摘，除去杂质，晒干。

【产地】主产于山东、安徽、湖北、河北等地。

【性状】本品多皱缩、破碎，有短柄。完整叶片展平后呈卵状椭圆形，羽状深裂，裂片椭圆状披针形，边缘有不规则的粗锯齿；上表面灰绿色或深黄绿色，有稀疏的柔毛及腺点；下表面密生灰白色绒毛。质柔软。气清香，味苦。

以叶完整不碎、香气浓者为佳。

【饮片】

1. 艾叶 本品性状同药材。

2. 醋艾炭 本品呈不规则的碎片，表面黑褐色，有细条状叶柄。具醋香气。

【功效与主治】

1. 艾叶 温经止血，散寒止痛；外用祛湿止痒。用于吐血，衄血，崩漏，月经过多，胎漏下血，少腹冷痛，经寒不调，宫冷不孕；外治皮肤瘙痒。

2. 醋艾炭 温经止血，用于虚寒性出血。

巫山淫羊藿

【来源】本品为小檗科植物巫山淫羊藿的干燥叶。夏、秋季茎叶茂盛时采收，除去杂质，晒干或阴干。

【产地】产于四川等地。

【性状】本品为三出复叶，小叶片披针形至狭披针形，长 9 ~ 23cm，宽 1.8 ~ 4.5cm。先端微尖或长渐尖，边缘具刺齿，侧生小叶基部的裂片偏斜，内边裂片小，圆形，外边裂片大，三角形，渐尖。下表面被棉毛或秃净。近革质。气微，味微苦。

【饮片】炙巫山淫羊藿：本品为不规则丝片状，有羊膻气。

【功效与主治】补肾阳，强筋骨，祛风湿。用于肾阳虚衰，阳痿遗精，筋骨痿软，风湿痹痛，麻木拘挛，绝经期眩晕。

枇杷叶

【来源】本品为蔷薇科植物枇杷的干燥叶。全年均可采收，晒至七八成干时，扎成小把，再晒干。

【产地】主产于广东、广西、浙江、江苏等地；云南、贵州、四川、福建、湖北等地也产。

【性状】本品呈长圆形或倒卵形，长 12 ~ 30cm，宽 4 ~ 9cm。先端尖，基部楔形，边缘有疏锯齿，近基部全缘。上表面灰绿色、黄棕色或红棕色，较光滑；下表面密被黄色绒毛，主脉于下表面显著突起，侧脉羽状；叶柄极短，被棕黄色绒毛。革质而脆，易折断。气微，味微苦。

以叶大完整、色绿、无杂质者为佳。

【饮片】

1. 枇杷叶　本品呈丝条状。表面灰绿色、黄棕色或红棕色，较光滑。下表面可见绒毛，主脉突出。革质而脆。气微，味微苦。

2. 蜜枇杷叶　本品形如枇杷叶丝。表面黄棕色或红棕色，微显光泽，略带黏性。具蜜香气，味微苦。

【功效与主治】清肺止咳，降逆止呕。用于肺热咳嗽，气逆喘急，胃热呕逆，烦热口渴。

侧柏叶

【来源】本品为柏科植物侧柏的干燥枝梢及叶。多在夏、秋二季采收，阴干。

【产地】全国大部分地区均产。

【性状】本品多分支，小枝扁平。叶细小鳞片状，交互对生，贴伏于枝上，深绿色或黄绿色。质脆，易折断。气清香，味苦涩、微辛。

以枝嫩、色绿者为佳。

【饮片】

1. 侧柏叶　本品性状同药材。

2. 侧柏炭　本品形如侧柏叶，表面黑褐色。质脆，易折断，断面焦黄色。气香，味微苦涩。

【功效与主治】凉血止血，化痰止咳，生发乌发。用于吐血，衄血，咯血，便血，崩漏下血，肺热咳嗽，血热脱发，须发早白。

淫羊藿

【来源】本品为小檗科植物淫羊藿、箭叶淫羊藿、柔毛淫羊藿或朝鲜淫羊藿的干燥叶。夏、秋季茎叶茂盛时采割，晒干或阴干。

【产地】主产于陕西、山西、甘肃、安徽、湖南、湖北等地；浙江、福建、四川、贵州等地也产。

【性状】

1. 淫羊藿　三出复叶；小叶片卵圆形，长3~8cm，宽2~6cm；先端微尖，顶生小叶基部心形，两侧小叶较小，偏心形，外侧较大，呈耳状，边缘具黄色刺毛状细锯齿；上表面黄绿色，下表面灰绿色，主脉7~9条，基部有稀疏细长毛，细脉两面突起，网脉明显；小叶柄长1~5cm。叶片近革质。气微，味微苦。

2. 箭叶淫羊藿　三出复叶；小叶片长卵形至卵状披针形，长4~12cm，宽2.5~5cm；先端渐尖，两侧小叶基部明显偏斜，外侧呈箭形。下表面疏被粗短伏毛或近无毛。叶片革质。

3. 柔毛淫羊藿　叶下表面及叶柄密被绒毛状柔毛。

4. 朝鲜淫羊藿　小叶较大，长4~10cm，宽3.5~7cm，先端长尖。叶片较薄。

以梗少、叶多、色黄绿者为佳。

【饮片】

1. 淫羊藿 本品呈丝片状。上表面黄绿色或浅黄色，下表面灰绿色，网脉明显。中脉及细脉凸出。气微，味微苦。

2. 炙淫羊藿 本品形如淫羊藿丝。表面浅黄色显油亮光泽。微有羊脂油气。

【功效与主治】补肾阳，强筋骨，祛风湿。用于肾阳虚衰，阳痿遗精，筋骨痿软，风湿痹痛，麻木拘挛。

夏枯草

【来源】本品为唇形科植物夏枯草的干燥果穗。夏季果穗呈棕红色时采收，除去杂质，晒干。

【产地】主产于江苏、安徽、河南等地。

【性状】本品呈圆柱形，略扁，长1.5～8cm，直径0.8～1.5cm；淡棕色至棕红色。全穗由数轮至十数轮宿萼与苞片组成，每轮有对生苞片2片，呈扇形，先端尖尾状，脉纹明显，外表面有白毛。每一苞片内有花3朵，花冠多已脱落，宿萼2唇形，内有小坚果4枚，卵圆形，棕色，尖端有白色突起。体轻。气微，味淡。

以穗大、色棕红、摇之作响者为佳。

【功效与主治】清火泻火，明目，散结消肿。用于目赤肿痛，目珠夜痛，头痛眩晕，瘰疬，瘿瘤，乳痈，乳癖，乳房胀痛。

旋覆花

【来源】本品为菊科植物旋覆花或欧亚旋覆花的干燥头状花序。夏、秋二季花开放时采收，除去杂质，阴干或晒干。

【产地】全国大部分地区均产。

【性状】本品呈扁球形或类球形，直径1～2cm。总苞由多数苞片组成，呈覆瓦状排列，苞片披针形或条形，灰黄色，长4～11mm；总苞基部有时残留花梗，苞片及花梗表面被白色茸毛；舌状花1列，黄色，长约1cm，多卷曲，常脱落，先端3齿裂；管状花多数，棕黄色，长约5mm，先端5齿裂；子房顶端有多数白色冠毛，长5～6mm。有的可见椭圆形小瘦果。体轻，易散碎。气微，味微苦。

以花序完整、色黄绿者为佳。

【饮片】

1. 旋覆花 性状同药材。

2. 蜜旋覆花 本品形如旋覆花，深黄色。手捻稍黏手。具蜜香气，味甜。

【功效与主治】降气，消痰，行水，止呕。用于风寒咳嗽，痰饮蓄结，胸膈痞满，喘咳痰多，呕吐噫气，心下痞硬。

款冬花

【来源】本品为菊科植物款冬的干燥花蕾。12月或地冻前当花尚未出土时采挖，除去花梗及泥沙，阴干。

【产地】主产于河南、甘肃、陕西、山西等地。

【性状】本品呈长圆棒状，单生或2~3个基部连生（习称“连三朵”），长1~2.5cm，直径0.5~1cm。上端较粗，下端渐细或带有短梗，外面被有多数鱼鳞状苞片。苞片外表面紫红色或淡红色，内表面密被白色絮状茸毛。体轻，撕开后可见白色茸毛。气香，味微苦而辛。

以大而饱满、色泽鲜艳紫红、花梗短者为佳。

【饮片】

1. 款冬花　性状同药材。

2. 蜜款冬花　本品形如款冬花。表面棕黄色或棕褐色，稍带黏性。具蜜香气，味微甜。

【功效与主治】润肺下气，止咳化痰。用于新久咳嗽，喘咳痰多，劳嗽咯血。

四、果实种子类中药

山　楂

【来源】本品为蔷薇科植物山楂的干燥成熟果实。秋季果实成熟时采收，切片，干燥。

【产地】北山楂主产于辽宁、河南、河北、山东；陕西、山西、江苏也产。南山楂主产于湖北、江西、安徽、陕西等省；江苏、浙江、四川、云南也产。

【性状】本品为圆形片，皱缩不平，直径1~2.5cm，厚0.2~0.4cm。外皮红色，具皱纹，有灰白色小斑点；果肉深黄色至浅棕色；中部横切片具5粒浅黄色果核，但核多脱落而中空；有的片上可见短而细的果梗或花萼残迹。气微清香，味酸、微甜。

均以个大、皮红、肉厚、核少者为佳。习惯认为北山楂质优。

【饮片】

1. 山楂　本品性状同山楂片。

2. 炒山楂　本品形如山楂片，果肉黄褐色，偶见焦斑。气清香，味酸、微甜。

3. 焦山楂　本品形如山楂片，表面焦褐色，内部黄褐色。有焦香气。

【功效与主治】

1. 山楂　消食健胃，行气散瘀，化浊降脂。用于肉食积滞，胃脘胀满，泻利腹痛，瘀血经闭，产后瘀阻，心腹刺痛，胸痹心痛，疝气疼痛，高脂血症。

2. 焦山楂　消食导滞作用增强。用于肉食积滞，泻利不爽。

木　瓜

【来源】本品为蔷薇科植物贴梗海棠的干燥近成熟果实。夏、秋二季果实绿黄时采收，置沸水中烫至外皮灰白色，对半纵剖，晒干。

【产地】主产于安徽、湖北、浙江、四川等地；此外，云南、山东、河南、贵州、江苏、福建、江西、广西及甘肃等地亦产。习以安徽宣城产“宣木瓜”为“道地药材”，质佳。

【性状】本品长圆形，多纵剖成两半，长4~9cm，宽2~5cm，厚1~2.5cm。外表面紫红色或红棕色，有不规则的深皱纹；剖面边缘向内卷曲，果肉红棕色，中心部分凹陷，棕黄色；种子扁长三角形，多脱落。质坚硬。气微清香，味酸。

以外皮抽皱、颜色紫红、质坚实、味酸者为佳。

【饮片】本品呈类月牙形薄片。外表紫红色或红棕色，有不规则的深皱纹，切面棕红色。气微清香，味酸。

【功效与主治】舒筋活络，和胃化湿。用于湿痹拘挛，腰膝关节酸重疼痛，暑湿吐泻，转筋挛痛，脚气水肿。

乌　梅

【来源】本品为蔷薇科植物梅的干燥近成熟果实。夏季果实近成熟时采收，低温烘干后闷至色变黑。

【产地】主产于四川、浙江、湖南、贵州、福建等地。

【性状】本品呈类球形或扁球形，直径 1.5～3cm。表面乌黑色或棕黑色，皱缩不平，基部有圆形果梗痕。果核坚硬，椭圆形，棕黄色，表面有凹点；种子扁卵形，淡黄色。气微，味极酸。

以个大、肉厚、柔润、外皮乌黑、味酸、不破裂者为佳。

【饮片】

1. 乌梅　本品性状同药材。

2. 乌梅肉　本品为不规则片状，表面乌黑色，味极酸。

【功效与主治】敛肺，涩肠，生津，安蛔。用于肺虚久咳，久泻久痢，虚热消渴，蛔厥呕吐腹痛。

车前子

【来源】本品为车前科植物车前、平车前的干燥成熟种子。夏、秋二季种子成熟时采收果穗，晒干，搓出种子，除去杂质。

【产地】全国大部分地区均产。

【性状】本品呈椭圆形、不规则长圆形或三角状长圆形，略扁，长约 2mm，宽约 1mm。表面黄棕色至黑褐色，有细皱纹，一面有灰白色凹点状种脐。质硬。气微，味淡。

以粒大、色黑、饱满、无杂质者为佳。

【饮片】

1. 车前子　本品性状同药材。

2. 盐车前子　本品表面黑褐色或黄棕色。气微香，味微咸。

【功效与主治】清热利尿通淋，渗湿止泻，明目，祛痰。用于热淋涩痛，水肿胀满，暑湿泄泻，目赤肿痛，痰热咳嗽。

连　翘

【来源】本品为木犀科植物连翘的干燥果实。秋季果实初熟尚带绿色时采收，除去杂质，蒸熟，晒干，习称“青翘”；果实熟透时采收，晒干，除去杂质，习称“老翘”。

【产地】主产于山西、陕西、湖北、山东等地。

【性状】本品呈长卵形至卵形，稍扁，长 1.5～2.5cm，直径 0.5～1.3cm。表面有不规则的纵皱纹及多数突起的小斑点，两面各有 1 条明显的纵沟。顶端锐尖，基部有小果梗或已脱落。青翘多不开裂，表面绿褐色，突起的灰白色小斑点较少；质硬；种子多数，黄绿色，细长，一侧有翅。老翘自顶端开裂或裂成两瓣，表面黄棕色或红棕色，内表面多为浅黄棕色，平滑，具一纵隔；质脆；种子棕色，多已脱落。气微香，味苦。

青翘以色绿、不开裂者为佳。老翘以色较黄、瓣大、壳厚者为佳。

【功效与主治】清热解毒，消肿散结，疏散风热。用于痈疽，瘰疬，乳痈，丹毒，风热感冒，温病初起，温热入营，高热烦渴，神昏发斑，热淋涩痛。

枸杞子

【来源】本品为茄科植物宁夏枸杞的干燥成熟果实。夏、秋二季果实呈红色时采收，热风烘干，除去果梗，或晾至皮皱后，晒干，除去果梗。

【产地】主产于宁夏；甘肃、青海、新疆、河北等地亦产。以宁夏地区“中宁枸杞”为“道地药材”，质量最佳。

【性状】本品呈类纺锤形或椭圆形，长6～20mm，直径3～10mm。表面红色或暗红色，顶端有小突起状的花柱痕，基部有白色的果梗痕。果皮柔韧，皱缩；果肉肉质，柔润。种子20～50粒，类肾形，扁而翘，长0.5～0.9mm，宽1～0.7mm，表面浅黄色或棕黄色。气微，味甜。

以粒大、肉厚、子少、色红、质柔润者为佳。

【功效与主治】滋补肝肾，益精明目。用于虚劳精亏，腰膝酸痛，眩晕耳鸣，阳痿遗精，内热消渴，血虚萎黄，目昏不明。

砂　仁

【来源】本品为姜科植物阳春砂、绿壳砂或海南砂的干燥成熟果实。夏、秋间果实成熟时采收，晒干或低温干燥。

【产地】阳春砂主产于广东、广西、云南、福建；绿壳砂产于广东、云南；海南砂主产于海南及雷州半岛；进口砂仁主产于泰国、越南、缅甸、印度尼西亚等地。

【性状】

1. 阳春砂、绿壳砂　呈椭圆形或卵圆形，有不明显的三棱，长0.5～2cm，直径1～0.5cm。表面棕褐色，密生刺状突起，顶端有花被残基，基部常有果梗。果皮薄而软。种子集结成团，具三钝棱，中有白色隔膜，将种子团分成3瓣，每瓣有种子5～26粒。种子为不规则多面体，直径2～3mm；表面棕红色或暗褐色，有细皱纹，外被淡棕色膜质假种皮；质硬，胚乳灰白色。气芳香而浓烈，味辛凉、微苦。

2. 海南砂　呈长椭圆形或卵圆形，有明显的三棱，长1.5～2cm，直径0.8～0.2cm。表面被片状、分支的软刺，基部具果梗痕。果皮厚而硬。种子团较小，每瓣有种子3～24粒；种子直径1.5～2mm。气味稍淡。

均以身干、个大、坚实、仁饱满、气味浓者为佳。

【饮片】

1. 壳砂　本品性状同药材。

2. 砂仁　本品为种子团或种子。

【功效与主治】化湿开胃，温脾止泻，理气安胎。用于湿浊中阻，脘痞不饥，脾胃虚寒，呕吐泄泻，妊娠恶阻，胎动不安。

五、全草类中药

浮 萍

【来源】本品为浮萍科植物紫萍的干燥全草。6～9月采收，洗净，除去杂质，晒干。

【产地】全国大部分地区均产。

【性状】本品为扁平叶状体，呈卵形或卵圆形，长径2～5mm。上表面淡绿色至灰绿色，偏侧有1小凹陷，边缘整齐或微卷曲。下表面紫绿色至紫棕色，着生数条须根。体轻，手捻易碎。气微，味淡。

以身干、色绿、背紫、完整无杂质者为佳。

【功效与主治】宣散风热，透疹，利尿。用于麻疹不透，风疹瘙痒，水肿尿少。

益母草

【来源】本品为唇形科植物益母草的新鲜或干燥地上部分。鲜品春季幼苗期至初夏花前期采割；干品夏季茎叶茂盛、花未开或初开时采割，晒干，或切段晒干。

【产地】全国大部分地区均有生产。

【性状】

1. 鲜益母草　幼苗期无茎，基生叶圆心形，5～9浅裂，每裂片有2～3钝齿。花前期茎呈方柱形，上部多分支，四面凹下成纵沟，长30～60cm，直径0.2～0.5cm；表面青绿色；质鲜嫩，断面中部有髓。叶交互对生，有柄；叶片青绿色，质鲜嫩，揉之有汁，下部茎生叶掌状3裂，上部叶羽状深裂或浅裂成3片。气微，味微苦。

2. 益母草　茎表面灰绿色或黄绿色；体轻，质韧，断面中部有髓。叶片灰绿色，多皱缩、破碎，易脱落。轮伞花序腋生，小花淡紫色，花萼筒状，花冠2唇形。切段者长约2cm。

以质嫩、叶多、色灰绿者为佳。

【饮片】

1. 鲜益母草　本品为段状。性状同鲜益母草。

2. 益母草　本品呈不规则的段。茎方形，四面凹下成纵沟，灰绿色或黄绿色。切面中部有白髓。叶片灰绿色，多皱缩、破碎。轮伞花序腋生，花黄棕色，花萼筒状，花冠2唇形。气微，味微苦。

【功效与主治】活血调经，利尿消肿，清热解毒。用于月经不调，痛经经闭，恶露不尽，水肿尿少，疮疡肿毒。

麻 黄

【来源】本品为麻黄科植物草麻黄、中麻黄或木贼麻黄的干燥草质茎。秋季采割绿色的草质茎，晒干。

【产地】主产于山西、河北、甘肃、辽宁、内蒙古、新疆、陕西等省区。

【性状】

1. 草麻黄　呈细长圆柱形，少分支，直径1~2mm，有的带少量棕色木质茎。表面淡绿色至黄绿色，有细纵脊线，触之微有粗糙感。节明显，节间长2~6cm。节上有膜质鳞叶，长3~4mm；裂片2（稀3），锐三角形，先端灰白色，反曲，基部联合成筒状，红棕色。体轻，质脆，易折断，断面略呈纤维性，周边绿黄色，髓部红棕色（习称“玫瑰心”），近圆形。气微香，味涩、微苦。

2. 中麻黄　多分支，直径1.5~3mm，有粗糙感。节上膜质鳞叶长2~3mm，裂片3（稀2），先端锐尖。断面髓部呈三角状圆形。

3. 木贼麻黄　较多分支，直径1~1.5mm，无粗糙感。节间长1.5~3cm。膜质鳞叶长1~2mm；裂片2（稀3），上部为短三角形，灰白色，先端多不反曲，基部棕红色至棕黑色。

以身干、茎粗、淡绿色、髓部红棕色、味苦涩者为佳。

【饮片】

1. 麻黄段　本品呈圆柱形的段。表面淡黄绿色至黄绿色，粗糙，有细纵脊线，节上有细小鳞叶。切面中心显红棕色。气微香，味涩、微苦。

2. 蜜麻黄　本品形如麻黄段。表面深黄色，微有光泽，略有黏性。有蜜香气，味甜。

【功效与主治】

1. 麻黄　发汗散寒，宣肺平喘，利水消肿。用于风寒感冒，胸闷喘咳，风水浮肿。

2. 蜜麻黄　润肺止咳。多用于表证已解，气喘咳嗽。

六、树脂藻菌类、其他类、动物类及矿物类中药

石决明

【来源】本品为鲍科动物杂色鲍、皱纹盘鲍、羊鲍、澳洲鲍、耳鲍或白鲍的贝壳。夏、秋二季捕捉，去肉，洗净，干燥。

【产地】主产于广东、山东、福建等地；辽宁及海南等沿海地区也产。

【性状】

1. 杂色鲍　呈长卵圆形，内面观略呈耳形，长7~9cm，宽5~6cm，高约2cm。表面暗红色，有多数不规则的螺肋和细密生长线，螺旋部小，螺体部大，从螺旋部顶处开始向右排列有20余个疣状突起，末端6~9个开孔，孔口与壳面平。内面光滑，具珍珠样彩色光泽。壳较厚，质坚硬，不易破碎。气微，味微咸。

2. 皱纹盘鲍　呈长椭圆形，长8~12cm，宽6~8cm，高2~3cm。表面灰棕色，有多数粗糙而不规则的皱纹，生长线明显，常有苔藓类或石灰虫等附着物，末端4~5个开孔，孔口突出壳面，壳较薄。

3. 羊鲍　近圆形，长4~8cm，宽2.5~6cm，高0.8~2cm。壳顶位于近中部而高于壳面，螺旋部与体螺部各占1/2，螺旋部边缘有2行整齐的突起，尤以上部较为明显，末端4~5个开孔，呈管状。

4. 澳洲鲍　呈扁平卵圆形，长13~17cm，宽11~14cm，高3.5~6cm。表面砖红色，螺旋部约为壳面的1/2，螺肋和生长线呈波状隆起，疣状突起30余个，末端7~9个开孔，

孔口突出壳面。

5. 耳鲍 狭长，略扭曲，呈耳状，长 5 ~ 8cm，宽 2.5 ~ 3.5cm，高约 1cm。表面光滑，具翠绿色、紫色及褐色等多种颜色形成的斑纹，螺旋部小，体螺部大，末端 5 ~ 7 个开孔，孔口与壳平，多为椭圆形，壳薄，质较脆。

6. 白鲍 呈卵圆形，长 11 ~ 14cm，宽 8.5 ~ 11cm，高 3 ~ 6.5cm。表面砖红色，光滑，壳顶高于壳面，生长线非常明显，螺旋部约为壳面的 1/3，疣状突起 30 余个，末端 9 个开孔，孔口与壳平。

均以个大整齐、无破碎、内外洁净并有光彩、壳厚者为佳。

【饮片】

1. 石决明块 本品为不规则的碎块。灰白色，有珍珠样彩色光泽。质坚硬。气微，味微咸。

2. 煅石决明 本品为不规则的碎块或粗粉。灰白色无光泽。质酥脆。断面呈层状。

【功效与主治】平肝潜阳，清肝明目。用于头痛眩晕，目赤翳障，视物昏花，青盲雀目。

牡 蛎

【来源】本品为牡蛎科动物长牡蛎、大连湾牡蛎或近江牡蛎的贝壳。全年均可采收，去肉，洗净，晒干。

【产地】我国沿海各省均有产，如广东、福建、浙江、江苏、山东、辽宁、河北等省。

【性状】

1. 长牡蛎 呈长片状，背腹缘几平行，长 10 ~ 50cm，高 4 ~ 15cm。右壳较小，鳞片坚厚，层状或层纹状排列。壳外面平坦或具数个凹陷，淡紫色、灰白色或黄褐色；内面瓷白色，壳顶二侧无小齿。左壳凹陷深，鳞片较右壳粗大，壳顶附着面小。质硬，断面层状，洁白。气微，味微咸。

2. 大连湾牡蛎 呈类三角形，背腹缘呈八字形。右壳外面淡黄色，具疏松的同心鳞片，鳞片起伏成波浪状，内面白色。左壳同心鳞片坚厚，自壳顶部放射肋数个，明显，内面凹下呈盒状，铰合面小。

3. 近江牡蛎 呈圆形、卵圆形或三角形等。右壳外面稍不平，有灰、紫、棕、黄等色，环生同心鳞片，幼体者鳞片薄而脆，多年生长后鳞片层层相叠，内面白色，边缘有的淡紫色。

以个大整齐、无杂质泥沙、洁净者为佳。

【饮片】

1. 牡蛎 本品为不规则的碎段。白色。质硬，断面层状。气微，味微咸。

2. 煅牡蛎 本品为不规则的碎块和粗粉。灰白色。质酥脆，断面层状。

【功效与主治】

1. 牡蛎 重镇安神，潜阳补阴，软坚散结。用于惊悸失眠，眩晕耳鸣，瘰疬痰核，癥瘕痞块。

2. 煅牡蛎 收敛固涩，制酸止痛。用于自汗盗汗，遗精滑精，崩漏带下，胃痛吞酸。

鸡内金

【来源】本品为雉科动物家鸡的干燥沙囊内壁。杀鸡后，取出鸡肫，立即剥下内壁，洗净，干燥。

【产地】全国各地多有生产。

【性状】本品为不规则卷片，厚约2mm。表面黄色、黄绿色或黄褐色，薄而半透明，具明显的条状皱纹。质脆，易碎，断面角质样，有光泽。气微腥，味微苦。

以身干、个大、色黄、完整不破碎者为佳。

【饮片】

1. 鸡内金　本品为不规则小碎块。气微腥，味微苦。

2. 炒鸡内金　本品表面暗黄褐色至焦黄色，有的部分膨胀。

3. 烫鸡内金　本品炮制鼓起，体轻易碎。

4. 醋鸡内金　本品形如鸡内金，微有醋酸气。

【功效与主治】健胃消食，涩精止遗，通淋化石。用于食积不消，呕吐泻利，小儿疳积，遗尿，遗精，石淋涩痛，胆胀胁痛。

龟　甲

【来源】本品为龟科动物乌龟的背甲及腹甲。全年均可捕捉，以秋、冬二季为多，捕捉后杀死，或用沸水烫死，剥取背甲及腹甲，除去残肉，晒干。

【产地】主产于浙江、安徽、湖北、湖南等地。多以养殖为主。

【性状】本品背甲及腹甲由甲桥相连，背甲稍长于腹甲，与腹甲常分离。背甲呈长椭圆形拱状，长7.5～22cm，宽6～18cm；外表面棕褐色或黑褐色，脊棱3条；颈盾1块，前窄后宽；椎盾5块，第1椎盾长大于宽或近相等，第2～4椎盾宽大于长；肋盾两侧对称，各4块；缘盾每侧11块；臀盾2块。腹甲呈板片状，近长方椭圆形，长6.4～21cm，宽5.5～17cm；外表面淡黄棕色至棕黑色，盾片12块，每块常具紫褐色放射状纹理，腹盾、胸盾和股盾中缝均长，喉盾、肛盾次之，肱盾中缝最短；内表面黄白色至灰白色，有的略带血迹或残肉，除净后可见骨板9块，呈锯齿状嵌接；前端钝圆或平截，后端具三角形缺刻，两侧残存呈翼状向斜上方弯曲的甲桥。质坚硬。气微腥，味微咸。

以个大、无残肉者为佳。习惯以腹甲质优。

【饮片】

1. 龟甲　本品性状同药材。

2. 醋龟甲　本品呈不规则的块状。背甲盾片略呈拱状隆起，腹甲盾片呈平板状，大小不一。表面黄色或棕褐色，边缘有的呈锯齿状，断面不平整，有的有蜂窝状小孔。质松脆。气微腥，味微咸，微有醋香气。

【功效与主治】滋阴潜阳，益肾强骨，养血补心，固经止崩。用于阴虚潮热，骨蒸盗汗，头晕目眩，虚风内动，筋骨痿软，心虚健忘，崩漏经多。

鳖　甲

【来源】本品为鳖科动物鳖的背甲。全年均可捕捉，以秋、冬二季为多，捕捉后杀死，置沸水中烫至背甲上的硬皮能剥落时，取出，剥取背甲，除去残肉，晒干。

【产地】主产于湖北、湖南、安徽、江苏、浙江、江西等省。多以养殖为主。

【性状】本品呈椭圆形或卵圆形，背面隆起，长 10 ~ 15cm，宽 9 ~ 14cm。外表面黑褐色或墨绿色，略有光泽，具细网状皱纹及灰黄色或灰白色斑点，中间有一条纵棱，两侧各有左右对称的横凹纹 8 条，外皮脱落后，可见锯齿状嵌接缝；内表面类白色，中部有突起的脊椎骨，颈骨向内卷曲，两侧各有肋骨 8 条，伸出边缘。质坚硬。气微腥，味淡。

以身干、无残肉、无腥臭味者为佳。

【饮片】

1. 鳖甲块 本品为不规则碎块，外表面灰白色。略有光泽，具细网状皱纹，有的边缘呈细锯齿状。质坚硬。气微腥，味淡。

2. 醋鳖甲 本品形如鳖甲块。表面黄色。微有醋酸气。

【功效与主治】滋阴潜阳，退热除蒸，软坚散结。用于阴虚发热，骨蒸劳热，阴虚阳亢，头晕目眩，虚风内动，手足瘛疭，经闭，癥瘕，久疟疟母。

玄明粉

【来源】本品为芒硝经风化干燥制得。主含硫酸钠（Na_2SO_4）。

【产地】产于沿海各产盐区及四川、内蒙古、新疆等内陆盐湖岩盐等地。

【性状】本品为白色粉末。气微，味咸。有吸湿性。

以色白洁净、无杂质者为佳。

【功效与主治】泻下通便，润燥软坚，清火消肿。用于实热积滞，大便燥结，腹满胀痛；外治咽喉肿痛，口舌生疮，牙龈肿痛，目赤，痈肿，丹毒。

芒　硝

【来源】本品为硫酸盐类矿物芒硝族芒硝，经加工精制而成的结晶体。主含含水硫酸钠（$Na_2SO_4 \cdot 10H_2O$）。

【产地】产于沿海各产盐区及四川、内蒙古、新疆等内陆盐湖岩盐等地。

【性状】本品为棱柱状、长方形或不规则块状及粒状。无色透明或类白色半透明。质脆，易碎，断面呈玻璃样光泽。气微，味咸。

以无色、透明、呈结晶块状者为佳。

【功效与主治】泻热通便，润燥软坚，清火消肿。用于实热积滞，腹满胀痛，大便燥结，肠痈肿痛；外治乳痈，痔疮肿痛。

朱　砂

【来源】本品为硫化物类矿物辰砂族辰砂，主含硫化汞（HgS）。采挖后，选取纯净者，用磁铁吸净含铁的杂质，再用水淘去杂石和泥沙。

【产地】主产于贵州、湖南、四川等省。

【性状】本品为粒状或块状集合体，呈颗粒状或块片状。鲜红色或暗红色，条痕红色至褐红色，具光泽。体重，质脆，片状者易破碎，粉末状者有闪烁的光泽。气微，无味。

火试：取本品粉末，用盐酸湿润后，在光洁的铜片上摩擦，铜片表面显银白色光泽，加热烘烤后，银白色即消失。

以色红、鲜艳、有光泽、透明、无细粉、不染手、无杂石者为佳。

【饮片】朱砂粉：本品为朱红色极细粉末，体轻，以手指捻之无粒状物，以磁铁吸之，无铁末。气微，无味。

【功效与主治】清心镇惊，安神，明目，解毒。用于心悸易惊，失眠多梦，癫痫发狂，小儿惊风，视物昏花，口疮，喉痹，疮疡肿毒。

紫石英

【来源】本品为氟化物类矿物萤石族萤石，主含氟化钙（CaF_2）。采挖后，除去杂石。

【产地】主产于甘肃、山西等省；河北、江苏、湖北、云南等省也产。

【性状】本品为块状或粒状集合体。呈不规则块状，具棱角。紫色或绿白色，深浅不匀，条痕白色。半透明至透明，有玻璃样光泽。表面常有裂纹。质坚脆，易击碎。气无，味淡。

取本品置紫外光灯（365nm）下观察，显亮紫色、紫色至青紫色荧光。

以色紫、透明、无杂石者为佳。

【饮片】

1. 紫石英　本品呈不规则碎块。紫色或绿白色，半透明至透明。气微，味淡。

2. 醋煅紫石英　本品呈不规则碎块或粉末。表面类白色，无光泽。质酥脆，味淡。

【功效与主治】温肾暖宫，镇心安神，温肺平喘。用于肾阳亏虚，宫冷不孕，惊悸不安，失眠多梦，虚寒咳喘。

第二节　中药检测

一、中药的真伪鉴别

（一）进行中药材及饮片真伪鉴别的目的与意义

在经济利益的驱使下，有些不法商贩违背道德良心，明知违法，却故意人为地制售假冒、伪劣药品。为了防止这些假冒、伪劣药品混入正品当中，而伤害到广大消费者的利益，甚至是生命。作为一名合格的中药商品购销员，应当也必须要了解一些这方面的知识。

（二）中药的真伪鉴别

1. 山药伪品

（1）木薯　为大戟科植物木薯的干燥块根。外皮已除去，切面乳白色，粉性，中央部位有木心。

（2）番薯　为旋花科植物番薯的块根。表面类白色，部分残留有红棕色外皮，切面白色，可见浅棕色小斑点，边缘处可见形成层环，粉性。味甜。

2. 川贝母易混品

小浙贝母：为百合科植物浙贝母的干燥鳞茎，将个小者掺入川贝母中混充松贝母。本品形似松贝母，较松贝苦味大。

3. 川牛膝伪品

为菊科植物牛蒡的干燥根。多切成片混入川牛膝饮片中，本品似川牛膝，切面有明显形成层环，有放射状纹理。

4. 大黄伪品

山大黄：为同科植物华北大黄、天山大黄等多种植物的根及根茎。根茎断面无“星点”，香气弱。理化鉴别显亮蓝紫色荧光。

5. 防己伪品

为山茱萸科的植物小果微花藤的干燥根。除去栓皮处呈橘黄色麻点状，未去栓皮的呈灰黄色，纵沟明显淡黄白色，切面形成环不明显，木部有放射状纹理，导管大而明显，味淡不苦。

6. 天麻伪品

美人蕉科植物芭蕉芋的根茎。整品表面常有白色粉霜，有 2 ~3 个明显环节。质硬，断面角质样。

7. 半夏易混品及伪品

（1）水半夏　天南星科植物鞭檐犁头尖的块茎，生品有毒，表面类白色，有多数隐约可见的点状根痕，顶端类圆形，有的偏斜，茎痕不凹陷或稍突起，质略坚实，市场上还有将底部尖端剪去充法半夏的情况。

（2）天南星　以小个天南星混充。见鉴别部分。

8. 石菖蒲伪品

水菖蒲：为天南星科植物水菖蒲的干燥根茎。本品形似石菖蒲，但根茎较粗大，直径 1 ~1. 5cm。断面海绵样，类白色，气特异，味辛。

9. 柴胡伪品

大叶柴胡：为伞形科植物大叶柴胡的根及根茎。本品根茎呈圆柱形，棕黄色，具密集环纹，顶端残留茎基 1 ~2 个。根表面棕褐色，多支根，质硬，气特异。

10. 小通草掺伪品

系掺入白矾以增加重量。表面有白色粉霜，质重，口尝有明显涩味。

11. 通草伪品

实心大通草：为同科植物的茎髓。质硬，断面实心。

12. 黄柏伪品

其他树皮切割染色，丝状，外表面暗黄色，凹凸不平，颗粒状，色泽不均，裂片状分层明显（或不明显），易分离，内表面黄棕色。折断面为色泽不匀的黄色，味不苦。

13. 玫瑰花易混品

月季花：见鉴别部分。

14. 金银花易混品及掺伪品

山银花：见鉴别部分。

市场还可见掺入其他物质增重的情况。

15. 番泻叶伪品

耳叶番泻：为豆科植物耳叶番泻的干燥叶。含蒽苷极微。叶呈椭圆形或倒卵形。全缘，叶端钝圆或微凹或具刺凸，基部对称或不对称，叶面黄绿色，叶背灰绿色，主脉突出，两面均有较多的毛茸，主脉基部及小叶柄处毛茸多而密。气微，味微苦，稍有黏性。

16. 八角茴香伪品

莽草：为木兰科植物莽草的干燥果实。由 10～13 个蓇葖果放射排列于中轴上，表面红褐色。单一蓇葖果先端有一较长而向后弯曲的钩状尖头。种子扁卵形。种皮褐黄色。具特异香气，尝之味先微酸而后甜。有毒。

17. 金钱草易混品及伪品

（1）广金钱草　见鉴别部分。

（2）聚花过路黄　为报春花科植物聚花过路黄的全草。与金钱草的主要区别：茎顶叶片呈莲座状着生，花通常 2～8 朵聚生于茎顶。

18. 延胡索伪品

以姜黄打碎混充。破碎面棕黄色至金黄色，角质样，有蜡样光泽，有内皮层环纹残痕，维管束呈点状散在。具姜香气。

19. 草豆蔻伪品

云南草蔻：为姜科植物云南草蔻的干燥种子。本品种子团为球形或略扁，表面灰黄棕色，每瓣有种子 9～16 粒，质硬，种子不易分离。种子呈锥形四面体，背部稍隆起。

20. 茯苓伪品

用淀粉、胶水等制作而成。为不规则薄片或厚片，一面略粗糙，另一面平滑，白色，味淡，嚼之易碎，不黏牙，水泡很快外表面黏手，手捏易碎。显微镜下水装片可见众多淀粉粒，滴加稀碘液 1 滴显蓝紫色。

二、中药的品质规格

中药规格等级是衡量药材质量的标志，也是定价的依据。国家制定了 76 种中药规格等级标准，其他药材多按习惯分规格等级。

药材规格划分的主要依据：①与产地有关，如泽泻分为建泽泻（福建产）、川泽泻（四川产），以建泽泻质优。②与产季有关，如天麻分为冬麻、春麻，以冬麻质优。③与入药部位有关，如细辛市场上分为根及根茎、带根全草两种；徐长卿市场上分为根及根茎、带根全草两种。④与加工方法有关，如知母分为毛知母（分野生及栽培）、知母肉（分野生及栽培），习以野生知母肉质佳。⑤与成熟程度有关，如连翘分为青翘（市场按产地加工方法不同分生晒、水煮两种）、老翘，以青翘质优。⑥与来源有关，如肉苁蓉市场分为软大芸（肉苁蓉）、硬大芸（管花苁蓉）两种规格。⑦与留不留种有关，如三七分为“春七”、“冬七”。“春七”是将三七花尽早剪掉（“三七花”另有药用）不留“三七籽”，因此，植株的养分都集中到三七的根茎及根，所以，“春七”质重而坚硬，质量优良，且采挖较早；“冬七”是需要待三七的花蕾开放、结果、种子成熟并采摘后，再间隔一段时间后才可采挖，因此，其采挖的较“春七”要晚不少，质量较“春七”稍差。

药材等级的划分主要依据：①药材的纯净程度，如蒲黄市场分为净蒲黄、草蒲黄。以净蒲黄质佳。②表面色泽，如五味子。③单位重量内所含药材的个数，如川芎。④单个药材的重量，如大黄规格中的“雅黄”。⑤单个药材的大小，如蜈蚣按大小分为大条、中条、小条，以大条质佳。蛤蚧按大小分为大、中、小三种，以体形大、尾长而全者质佳。罗汉果分为大、中、小三种规格，以大者质优。

本教材各级别所载中药材规格等级是按照国家医药管理局和卫生部颁布的《七十六种药材商品规格标准》编写完成。

山药

1. 光山药规格标准 分四等，均要求干货。无杂质、虫蛀、霉变。一等：长 15cm 以上，直径 2.3cm 以上；二等：长 13cm 以上，直径 1.7cm 以上；三等：长 10cm 以上，直径 1cm 以上。以上三等级均要求无裂痕、空心、炸头。四等：直径 0.8cm 以上，长短不一，间有碎块。

2. 毛山药规格标准 分三等，要求同光山药。一等：长 15cm 以上，中部围粗 10cm 以上；二等：长 10cm 以上，中部围粗 6cm 以上。以上二等级均要求无破裂、空心、黄筋。三等：长 7cm 以上，中部围粗 3cm 以上，间有碎块。

川贝母

1. 松贝规格标准 分二等，均要求干货。无杂质、虫蛀、霉变。一等：干货。每 50g 在 240 粒以外，无黄贝、油贝、碎贝、破贝。二等：干货。每 50g 在 240 粒以内，间有黄贝、油贝、碎贝、破贝。

2. 青贝规格标准 分四等，要求同松贝。一等：干货。每 50g 在 190 粒以外。对开瓣不超过 20%。无黄贝、油贝、碎贝。二等：干货。每 50g 在 130 粒以外。对开瓣不超过 25%。间有花油贝、花黄贝，不超过 5%。无黄贝、油贝、碎贝。三等：干货。每 50g 在 100 粒以外。对开瓣不超过 30%。间有花油贝、花黄贝，不超过 5%。四等：顶端闭合或开口较多。表面牙白色或黄白色。大小粒不分。兼有黄贝、油贝、碎贝。

3. 炉贝规格标准 分二等，要求同松贝。一等：表面白色。大小粒不分。间有油贝及白色破瓣。二等：表面黄白色或淡棕黄色。有的具棕色斑点。

《药典》2010 年版规定：本品含总生物碱以西母贝碱（$C_{27}H_{43}NO_3$）计，不得少于 0.050%。

川芎

规格标准 分三等，均要求干货。无山川芎、焦枯、杂质、虫蛀、霉变。一等：每公斤 44 个以内。单个重量不低于 20g。无空心。二等：每公斤 70 个以内。无空心。三等：每公斤 70 个以外，个大空心者属此等。无苓珠、苓盘。

《药典》2010 年版规定：含阿魏酸（$C_{10}H_{10}O_4$）不得少于 0.10%。

川牛膝

规格标准 商品按条粗细分三等，均要求干货。无芦头、毛须、杂质、虫蛀、霉变。一等：上中部直径 1.8cm 以上。二等：上中部直径 1cm 以上。三等：上中部直径 1cm 以下，但不小于 0.4cm，长短不限。

牛　膝

规格标准　商品以中部直径和身长分三等，均要求干货。无杂质、虫蛀、霉变。一等（头肥）：中部直径0.6cm以上，长50cm以上。根条均匀，无冻条、油条、破条。二等（二肥）：中部直径0.4cm以上，长35cm以上，余同头肥。三等（平条）：中部直径0.4cm以下，但不小于0.2cm，长短不分，间有油条、冻条、破条。

木　香

云木香规格标准　分二等，均要求干货。无芦头、须根、焦枯、杂质、虫蛀、霉变。一等：呈圆柱形或半圆柱形，根条均匀，长8～12cm，最细的一端直径2cm以上。不空、不泡、不朽。无根尾、油条。二等：呈不规则的条状或块状，长3～10cm，最细的一端直径在0.8cm以上。间有根头根尾、碎节、碎块。

丹　参

1. 家种川丹参规格标准　分二等，均要求干货。无芦茎、须根、杂质、虫蛀、霉变。一等：多为整枝，头尾齐全，主根上中部直径1cm以上。无碎节。二等：主根上中部直径1cm以下，但不低于0.4cm。有单枝及撞断的碎节。

2. 野生丹参规格标准　均为统货，要求同川丹参。

《药典》2010年版规定：本品含丹参酮ⅡA（$C_{19}H_{18}O_3$）不得少于0.20%。含丹酚酸B（$C_{36}H_{30}O_{16}$）不得少于3.0%。

天　冬

规格标准　分三等，均要求干货。去外皮。无杂质、虫蛀、霉变。一等：中部直径1.2cm以上。无硬皮。二等：中部直径0.8cm以上。间有未剥净硬皮，但不得超过5%。三等：中部直径0.5cm以上。稍有未去净硬皮，修正不得超过15%。

天花粉

规格标准　分三等，均要求干货。刮去外皮。无糠心、杂质、虫蛀、霉变。一等：长15cm以上，中部直径3.5cm以上。无黄筋、粗皮、抽沟。二等：长15cm以上，中部直径2.5cm以上。无黄筋、粗皮、抽沟。三等：中部直径不小于1cm。断面少有筋脉。

北沙参

规格标准　分三等，均要求干货。去净栓皮。无芦头、细尾须、油条、虫蛀、霉变。一等：条长34cm以上，上中部直径0.3～0.6cm；二等：条长23cm以上，上中部直径0.3～0.6cm；三等：条长22cm以下，粗细不分，间有破碎。

白　芍

1. 杭白芍规格标准　分七等，均要求干货。表面棕红色或微黄色，质坚体重，断面米黄色或米白色。无枯芍、芦头、栓皮、杂质、虫蛀、霉变。一等：长8cm以上，中部直径2.2cm以上。二等：长8cm以上，中部直径1.8cm以上。三等：长8cm以上，中部直径1.5cm以上。四等：长7cm以上，中部直径1.2cm以上。五等：长7cm以上，中部直径0.9以上。六等：圆柱形，长短不分，中部直径0.8cm以上。七等：圆柱形，长短不分，直径0.5cm以上，间有夹生、伤疤。无梢尾。

2. 亳白芍规格标准 分四等，均要求干货。去净栓皮。表面类白色或淡红棕色，断面类白色或白色。无芦头、杂质、虫蛀、霉变。一等：长8cm以上，直径1.7cm以上。无花麻点、破皮、裂口、夹生。二等：长6cm以上，直径1.3cm以上。间有麻花点；无破皮、裂口、夹生。三等：长4cm以上，直径0.8cm以上。间有花麻点；无破皮、裂口、夹生。四等：长短粗细不分，兼有夹生、破条、花麻点、头尾、碎节或未去净栓皮；无枯芍。

《药典》2010年版规定：本品含芍药苷（$C_{23}H_{28}O_{11}$）不得少于1.6%。

白芷

规格标准 分三等，均要求干货。无杂质、虫蛀、霉变。一等：每公斤36支以内。二等：每公斤60支以内。以上二等级白芷均要求无空心、黑心、芦头、油条。三等：每公斤60支以外，顶端直径不得小于0.7cm。间有白芷尾、黑心、异状、油条，但总数不得超过20%。

白术

规格标准 分为四等，均要求干货。无杂质、虫蛀、霉变。一等：呈不规则团块，体形完整，每公斤40支以内，无焦枯、油个、虚泡。二等：呈不规则团块，体形完整，每公斤100支以内，无焦枯、油个、虚泡。三等：呈不规则团块或长条形，体形完整，每公斤200支以内，无焦枯、油个、虚泡。四等：体型不计，但须全体不带地上茎，每公斤200支以外，间有程度不严重的碎块、油个、焦枯、虚泡。

玄参

规格标准 分三等，均要求干货。无芦头、空泡、杂质、虫蛀、霉变。一等：每公斤36支以内，支头均匀。二等：每公斤72支以上，支头均匀。三等：每公斤72支以外，最小5克以上。

当归

1. 全当归规格标准 分五等，均要求干货。无须根、杂质、虫蛀、霉变。一等：上部主根圆柱形，根梢不细于0.2cm，表面棕黄色或黄褐色，断面黄白色或淡黄色，具油性，每千克40支以内。二等：每千克70支以内。三等：每千克110支以内。四等：每千克110支以上。五等：（常行归）全归占30%，腿渣占70%。

2. 归头规格标准 分四等，均要求干货。纯主根，无油个、枯干、杂质、虫蛀、霉变。一等：呈长圆形或拳形，表面棕黄或黄棕色，具油性，气芳香，味甘、微苦，每千克40支以内，无泛油、枯干。二等：每千克80支以内。三等：每千克120支以内。四等：每千克160支以内。

《药典》2010年版规定：本品含挥发油不得少于0.4%（ml/g），含阿魏酸（$C_{10}H_{10}$

O_4）不得少于0.050%。

赤　芍

规格标准　分二等，均要求干货。无疙瘩头、空心、须根、杂质、虫蛀、霉变。一等：长16cm以上，两端粗细较匀，中部直径1.2cm以上。二等：长15.9cm以下，中部直径0.5cm以上。

《药典》2010年版规定：本品含芍药苷（$C_{23}H_{28}O_{11}$）不得少于1.8%。

防　风

规格标准　分为二等，均要求干货。无杂质、虫蛀、霉变。一等：根长15cm以上，芦下直径0.6cm以上。二等：芦下直径0.4cm以上。

羌　活

1. 川羌规格标准　一等（蚕羌）：长3.5cm以上，顶端直径1cm以上，无须根、杂质、虫蛀、霉变。二等（条羌）：长短大小不一，间有破碎，无芦头、杂质、虫蛀、霉变。

2. 西羌规格标准　一等：为蚕羌。二等：为大头羌。三等：为条羌。

麦　冬

1. 浙麦冬规格标准　分三等，均要求干货。呈纺锤形半透明体。表面黄白色。质柔韧。断面牙白色，有木质心。味微甜，嚼之有黏性。无须根、杂质、霉变。一等：每50g 150粒以内，无油粒、烂头、枯子。二等：每50g 280粒以内，无油粒、烂头、枯子。三等：每50g 280粒以外，最小不低于麦粒大。油粒、烂头不超过10%。

2. 川麦冬规格标准　分三等，均要求干货。木质心细软，嚼之有黏性，余同浙麦冬。无须根、杂质、霉变。一等：每50g 190粒以内，无须根、乌花、油粒。二等：每50g 300粒以内，无须根、乌花、油粒。三等：每50g 300粒以外，最小不低于麦粒大，油粒不超过10%。

板蓝根

规格标准　分二等，均要求干货。无苗茎、须根、杂质、虫蛀、霉变。一等：长17cm以上，芦下2cm处直径1cm以上。二等：芦下直径0.5cm以上。

知　母

1. 毛知母规格标准　统货。干货。除符合毛知母性状外，长6cm以上，扁宽0.6cm以上。无杂质、虫蛀、霉变。

2. 知母肉规格标准　统货。干货。毛知母去净外皮。长短不分，扁宽0.5cm以上。无烂头。无杂质、虫蛀、霉变。

泽　泻

1. 建泽泻规格标准　分三等，均要求干货。无杂质、虫蛀、发霉。一等：每公斤32个以内，无双花、焦枯。二等：每公斤56个以内，无双花、焦枯。三等：每公斤56个以上，最小直径不小于2.5cm，间有双花、轻微焦枯，但不超过10%。

2. 川泽泻规格标准 分二等，均要求干货。无杂质、虫蛀、霉变。一等：每公斤50个以内，无焦枯、碎块。二等：每公斤50个以上，最小直径不小于2cm，间有少量焦枯、碎块。

规格术语 双花：指建泽泻，长成两个相连的根茎，习称“双花”。

浙贝母

1. 宝贝规格标准 统货。干货。为丰厚的单瓣鳞片，白色或黄白色，质坚实，断面粉白色，无僵个、杂质、虫蛀、霉变。

2. 珠贝规格标准 为完整的鳞茎，质坚实，断面粉白色。大小不分，间有松块、僵个、次贝。无杂质、虫蛀、霉变。

黄芪

规格标准 分特等及一二三等，均要求干货，单条，切去疙瘩头或喇叭头。质硬而韧。断面黄白色，粉性足，顶端间有空心。味甜。无须根、虫蛀、霉变。特等：长70cm以上，上中部直径2cm以上，末端直径不小于0.6cm；无老皮。一等：长50cm以上，上中部直径1.5cm以上，末端直径不小于0.5cm；无老皮。二等：长40cm以上，上中部直径1cm以上，末端直径不小于0.4cm；间有老皮。三等：根不分长短，上中部直径0.7cm以上，末端直径不小于0.3cm；间有破短节子。

《药典》2010年版规定：本品含黄芪甲苷（$C_{41}H_{68}O_{14}$）不得少于0.040%，含毛蕊异黄酮葡萄糖苷（$C_{22}H_{22}O_{10}$）不得少于0.020%。

黄芩

1. 条芩规格标准 分二等，均要求内部充实不空，允许上端中央有黄绿色或棕褐色的枯心。去净粗皮。无杂质、虫蛀、霉变。一等：条长10cm以上，中部直径1cm以上。二等：条长4cm以上，中部直径1cm以下，不小于0.4cm。

2. 枯碎芩规格标准 统货。为老根多中空的枯芩、碎芩及破断尾芩。无粗皮、茎芦、碎渣、杂质、虫蛀、霉变。

《药典》2010年版规定：本品含黄芩苷（$C_{21}H_{18}O_{11}$）不得少于9.0%。

黄柏

规格标准 原标准中有“关黄柏”规格，《药典》已将黄柏与关黄柏分列，因而黄柏现在分二等，均要求干货。无粗栓皮、杂质、虫蛀、霉变。一等：长40cm以上，宽15cm以上；无枝皮。二等：长宽大小不分，厚度不得低于0.2cm；间有枝皮。

木瓜

规格标准 统货。干货。性状要求：纵切成半圆形，表面紫红色，皱缩。质坚，肉厚，味酸而涩。无光皮、焦枯、杂质、虫蛀、霉变。

吴茱萸

1. 大粒吴茱萸规格标准　统货。干货。呈五棱扁球形。表面黑色，粗糙，有瘤状突起或凹陷的油点。顶点具五瓣，多裂口，气芳香浓郁，味辛辣。

2. 小粒吴茱萸规格标准　统货。干货。果实呈圆球形。裂瓣不明显，多闭口，饱满，表面绿色或灰绿色。香气较淡，味辛辣。

枸杞子

1. 西枸杞规格标准　指宁夏、甘肃、内蒙古、新疆等地的产品，具有粒大、糖质足、肉厚、籽少、味甜的特点。分五等，均要求干货。无杂质、虫蛀、霉变。一等：呈椭圆形或长卵形，果皮鲜红、紫红或红色；糖质多，质柔软滋润，味甘；每50g 370粒以内；无油果。二等：果皮鲜红或紫红色；每50g 580粒以内；无油果。三等：果皮红褐或淡红色，糖质较少，每50g 900粒以内；无油果。四等：每50g 1100粒以内；破子、油果不超过15%。五等：每50g 1100粒以外；破子、油果不超过30%。

2. 血枸杞规格标准　指河北、山西等地的产品，具颗粒均匀、皮薄、糖质较少、色泽红艳、味甜微酸的特点。分三等，要求干货。无黑果、杂质、虫蛀、霉变。一等：呈类纺锤形，略扁；果皮鲜红或深红色，果肉柔软，味甘微酸；每50g 600粒以内；无油果。二等：每50g 800粒以内；油果不超过10%。三等：果皮紫红色或淡红色，深浅不一；每50g 800粒以外；包括油果。

茯苓

1. 个苓规格标准　分二等，均要求干货。无杂质、霉变。呈不规则圆球形或块状。一等：体坚，皮细，断面白色。二等：体轻泡，皮粗，质松，断面白色至黄赤色。间有皮沙、水锈、破伤。

2. 白苓片规格标准　分二等，均要求干货。无杂质、霉变。为茯苓去净外皮后切成的薄片。片面长宽不得小于3cm。一等：白色或灰白色，质细，毛边；厚度每厘米7片。二等：厚度每厘米5片。

3. 白苓块规格标准　统货。干货。为茯苓去净外皮后切成的扁平方块。厚度0.4～0.6cm，长宽4～5cm，边缘苓块可不成方形，间有1.5cm以上的碎块。无杂质、霉变。

4. 赤茯苓规格标准　统货。干货。为茯苓去净外皮后切成的扁平方块。赤黄色。厚度0.4～0.6cm，长宽4～5cm，边缘苓块可不成方形，间有1.5cm以上的碎块。无杂质、霉变。

5. 茯神块规格标准　统货。干货。色泽不分，每块含有松木心。厚度0.4～0.6cm，长宽4～5cm，木心直径不超过1.5cm。边缘苓块可不成方形，间有1.5cm以上的碎块。无杂质、霉变。

6. 骰方规格标准　统货。干货。为茯苓去尽外皮切成立方形块。白色，质坚实。长、宽、厚在1cm以内，均匀整齐。间有不规则的碎块，但不超过10%。无粉末、杂质、霉变。

7. 白碎苓规格标准　统货。干货。为加工茯苓时白色或灰白色的大小碎块或碎屑。无粉末、杂质、虫蛀、霉变。

第三章 中药商品储存

中药商品经过验收、检验和入库等环节后，就进入了储存、养护阶段。所谓中药商品储存，即中药商品在仓库中进行囤积储备。中药商品在仓库中放置保管的过程，又称为中药商品的仓储。库藏中药品种繁多，批量不一，性能各异。对中药商品进行合理储存，既能保证药品质量，又能为中药商品养护的开展打下良好的基础。

第一节 中药饮片及中成药的储存

一、中药商品的储存原则

中药商品储存的基本原则是分类储存。分类主要是把性质相似、变化相同的中药品种归为一类，选择合适的储存处所，采取针对性较强的养护措施，达到保护中药商品质量的目的。需要特殊保管的中药，也可根据性质进行分类，使储存更安全可靠。

中药商品分类储存可分两类：中药材、中药饮片按商品性质分类，中成药按剂型分类。

（一）中药饮片的分类储存

中药饮片一般按商品性质不同进行分类储存：

1. 易生虫类饮片中药饮片的储存

此类饮片一般都含有淀粉、脂肪及糖类，集中存放便于集中力量防治害虫，做到突出工作重点，效果更佳。

2. 易霉变的中药饮片的储存

此类饮片集中存放，便于采取通风去潮、去霉。

3. 易泛油中药饮片的储存

此类饮片集中存放，便于控制阴凉、通风、干燥的库存条件达到保养的目的，或采取低温冷藏。

4. 易潮解中药饮片的储存

此类饮片集中存放，便于创造干燥通风的保管条件。

5. 易发生气味散失中药饮片的储存

此类饮片集中存放，便于采取密封措施，防止气味散失。

6. 易变色中药饮片的储存

此类饮片如花类或叶类等，集中存放便于采取避光措施，以免发生光合反应，致使中药材产生颜色变化。

7. 贵重及毒麻中药饮片的储存

此类饮片需特殊保管，与一般的商品分开进行特殊管理（应实行“双人双锁”制管理）。

除以上按商品性质不同进行分类储存外，还有多种不同分类储存形式，如根据药材来源及药用部位的不同进行分类：根茎类、花叶类、全草类、果实种子类、矿物类、动物类等。

中药饮片也可根据炮制方法不同进行分类储存，如：切制类、加工类、炮炙类等。

（二）中成药的分类储存

中成药种类繁多、剂型复杂、性质各异，必须根据商品的特殊性，并结合包装特点进行分类储存。中成药储存分类一般按丸、散、膏、片剂、酊水等剂型归类，并结合某些药物的特殊要求，根据内服和外用的原则，尽可能将性质相同的药物贮存在一起，然后根据具体贮存条件选择每一类成药最合适的贮存地点。如麝香壮骨膏、麝香痔疮膏是外用药，但因含有易挥发的麝香、冰片，所以这类外用药宜选择较密封的仓房存放，以免气味散失。为进出及管理方便可把储存地点划分为若干区，每个区又划分若干货位，依次编号。

1. 分区

按成药类型、贮存的数量，结合仓库建筑和设备将仓库划分为若干货区，并规定某些货区存放某类商品。

2. 分类

是根据药品所需要的储存条件，按类型堆码，如液体制剂一般包装比较沉重，应存放在一层楼，便于进出。

3. 分货位编号

将仓库划分为若干货区，每区又划分为若干排，把每排划分若干货位号并标明号数，设立货位卡，这样既能方便工作，又能节约时间，少出差错。

二、建立中药商品档案

中药商品入库后，为便于养护和管理，应分类定位摆放，将每一种中药商品固定存放在某一专用位置。同时，编制中药商品的账、卡，建立中药商品档案。

中药商品的账、卡编制就是根据中药商品在库内的分类定位和编号顺序，对每种中药商品分别制作一张《中药商品库存卡》，建立一份《中药商品明细账》。中药商品出入库要及时登记账、卡，做到账、卡、物相符。中药商品库存卡一般用硬纸印刷，对不同规格品种的中药商品建立一份中药商品明细账。

第二节　毒、麻、贵细中药的储存

一、毒性中药的储存

毒性中药材指毒性剧烈、治疗剂量与中毒剂量相近，使用不当会致人中毒或死亡的药材。国务院发布的《医疗用毒性药品管理办法》(1988 年 12 月 27 日) 中规定的毒性中药品种共有 28 种，即：砒石（红砒、白砒)、砒霜、水银、生马前子、生川乌、生草乌、生白附子、生附子、生半夏、生南星、生巴豆、斑蝥、青娘虫、红娘虫、生甘遂、生狼毒、生藤黄、生千金子、生天仙子、闹阳花、雪上一枝蒿、红升丹、白降丹、蟾酥、洋金花、红粉、轻粉、雄黄。

2010 年版《中国药典》(一部) 收载的中药品种分大毒、有毒、小毒 3 类。其中大毒的中药有：川乌、马钱子、天仙子、巴豆、巴豆霜、红粉、闹羊花、草乌、斑蝥、马钱子粉。

毒性中药材绝不能和其他药材混合堆放，必须专库储存，做到专仓、专柜并设双锁双人保管，每件包装均须有明显的标志，以防混淆。每一个品种，都要单独堆码，货垛之间应留适当距离，如有受潮，不宜日晒。同时应建立登记账目、记载购进、发出、损耗等情况。此外，毒性药材同样具有内服及外用两大类，存放时要绝对分开，不得混放，以防互相污染。

二、麻醉性中药的储存

麻醉性中药主要是罂粟壳，也不能和其他药材混合堆放，必须专库储存，做到“五专”管理（专人负责、专柜加锁、专用账册、专用处方、专册登记)，并严格执行国务院《麻醉药品和精神药品管理条例》及相关法律法规、部门规章的其他规定。

三、贵细中药的储存

贵细中药材是指来源不易，经济价值高，稀少而名贵，需特殊保管的品种。贵细药材范围比较小，主要有人参、西洋参、麝香、牛黄、熊胆、鹿茸、猴枣、燕窝、珍珠、三七、哈蟆油、冬虫夏草、海龙、海马、西红花等。这类药用量少，可用货架存放。贵细药材必须存放在安全可靠的库房内，由专人负责保管，并双人、双锁、专账管理。严格防止被盗和其他事故的发生。

第四章 中药商品养护

中药商品的在库养护，是指中药商品在仓库储存过程中所进行的保养和维护工作。从停留时间这个角度上看，中药商品的仓储、养护阶段是中药商品在经营企业内部所经历的最长的一个阶段，也是保证中药商品质量、降低损耗、提高企业经济效益最重要的阶段。

第一节 中药饮片的养护

一、中药饮片常见的质量变化及检查方法

中药饮片来源复杂，含有各种成分，又易受外界因素影响而产生质量变化。常见的质量变异有虫蛀、霉变、泛油、变色、气味散失、风化、潮解、粘连、腐烂等。

（一）虫蛀

虫蛀后的饮片轻者出现结串、孔洞或残缺不全，重则全部蛀空。作为虫检，首先检验包装周围和四角部分有无虫迹。经敲打震动后，是否有蛀粉及虫粪落下。同时应注意包装容器本身是否干燥。然后取样检验饮片的内外部是否生虫。具体检验时，可根据饮片的不同情况，采取剖开、折断、打碎、摇晃等方法来进行。尤其对容易生虫的部位更要细致检查。通过检验，如发现有生虫时，应立即与未生虫的隔离分别堆放，并及时采取相应的杀虫措施，避免交叉感染，扩大危害。如包装不适合的，应即改换包装或者将其整理好后再入库。

（二）霉变

在库存的中药饮片中，经常可见到生霉现象，在发霉的饮片上，往往能见到许多毛状、线状、网状和斑点，这是空气中霉菌孢子在饮片上大量繁殖的结果。当中药本身含水量在10%以上，空气相对湿度超过70%，温度在20℃～35℃时，往往最易发霉。

由于霉菌在饮片上的繁殖，使饮片里的有机物产生分解和异化作用，不但会降低饮片的有效成分，而且可以使其性状发生一系列的变化：如色泽变暗、出现霉点，气味变淡、变酸，泛油、返糖以致腐烂等。既影响饮片的疗效，又给经营带来一定的经济损失。

危害中药商品的主要微生物是真菌中的霉菌。而对中药危害最严重的是曲霉菌、青霉菌及木霉菌、根霉属的霉菌，尤其以曲霉菌、青霉菌属的霉菌危害最深。

（三）泛油

又称走油，是指某些含油中药的油质溢于中药表面的现象。含脂肪、糖类、挥发油成分的中药，在日光、氧、酶或微生物作用下产生酸败的现象，使干燥的中药表面出现油样物质。中药泛油后色泽变深，产生刺鼻的“哈喇味”。中药泛油的含义比较广泛，它包括含植物油脂多的中药（苦杏仁、桃仁等），出现内外色泽严重加深，油质渗透外表，具有油哈味；另是含黏液质（糖分）多的饮片（天冬、党参、枸杞子等），质地变软，外表发黏，内色加深，但无油哈气；再是动物类饮片（哈蟆油、刺猬皮、九香虫等）躯体易残，色泽加深，外表呈油样物质，哈喇（即酸变）气味强烈。这几种现象均通称泛油。

筛选检查“泛油”中药的方法主要有：

1. 眼观

一般是通过目测来发现中药饮片内外色泽的细微变化，表面是否有油质物溢出，有无干枯、粘连等现象。例如：枸杞子表面色泽发暗、发黑，相互粘连，糖分溢出，即可从目测中得知已经泛油。

2. 手摸

一般用手来直接检查中药饮片的疲软程度，表面有无油腻感及发黏等现象。例如：党参表皮内外色泽暗淡，断面有油溢且手感波软发黏，即为“泛油”现象；乌梢蛇蛇体呈灰暗色或者色泽暗淡，折之疲软不易断开，则是“泛油”的特征。

3. 鼻闻

通过嗅觉如果闻到中药饮片发出“油败”味或其他异常的刺激性气味时，也可以此判断该中药饮片已经泛油。例如：刺猬皮发出的气味应是特有的腥香味，如果产生其他异常气味，就可能已经出现泛油变质。

（四）变色

各种中药都具有固有的色泽，变色是指中药自身色泽改变的现象。变色后会影响药物的疗效。中药变色范围很广，严格来说各类中药在流通过程中，色泽总是在不断地变化，只是有的不是很明显。而中药一旦发热生霉泛油之后，就会产生不同程度的变色，这种现象比较普遍。尤其是一些色泽鲜艳的中药，如玫瑰花、月季花、款冬花、扁豆花、菊花、代代花、红花、金银花、槐花（米）、莲须、莲子心、佛手片、通草、麻黄等。其中以玫瑰花、款冬花、扁豆花、莲须、佛手片等最易变色。

（五）气味散失

一些中药含有易挥发的成分（如挥发油等），在常温下自然挥发或氧化，使原有气味减退或消失而发生气味散失质量变异。中药具正常气味，中药的气味是中药质量好坏的重要标志之一。由于久贮或养护不当，挥散走气使其有效成分减少，气味发生变化，而导致疗效的降低或丧失。如薄荷、当归、丁香、白芷等。

（六）风化

指含有结晶水的无机盐矿物类中药，在干燥空气中失去部分或全部结晶水，形成粉状物的变异现象，如芒硝、硼砂等。

（七）潮解

指在一定温湿度影响下，某些固体药物中所含可溶性盐或无机盐成分，被空气中水汽逐渐溶解的现象，如大青盐、秋石等。

（八）粘连

是指有些固体药物，因受热发黏后粘连在一起，使原来形态发生变化的现象。如芦荟、乳香、没药等。

（九）腐烂

是指有些新鲜药物，因受气温影响而引起焖热，或存放过久，出现干枯、霉烂败坏的现象。如鲜生地、鲜生姜、鲜藿香等。

二、中药饮片发生质量变化时的常规处理方法

在传统的中药储存保管中，某些中药饮片已经发生一定程度的质变（如生虫、发霉、泛油等），采取清洁或消毒等方法处理以后，再干燥恢复原状，从而停止或减缓继续质变，这是中药储藏质变处理的一类基本方法。其作用主要在于挽回中药质变造成的损失。现将其常规处理方法介绍如下：

（一）中药生虫的处理

遇到中药饮片生虫，应本着“治早、治好、治了”的原则进行彻底的处理。以尽量减少中药饮片受到的损害。处理方法主要有：

1. 化学药剂熏蒸法

这是利用化学药剂来杀灭害虫的一种方法。用的主要有氯化苦、磷化铝和硫黄等几种化学熏蒸剂。但自2012年起国家药监局已开始对硫黄熏蒸药品进行严格检查。此外，虽还有溴化甲烷、二氯乙烯等熏蒸剂，但因使用操作方法较复杂，不易掌握，目前很少用于中药饮片杀虫。

2. 高温杀虫法

高温杀虫法是利用各种热力使害虫死亡的一种治虫方法。48℃～52℃高温杀虫，害虫只需较短时间即死亡；45℃～48℃害虫处于热昏迷状态，时间长在此状态下害虫就全部死亡。关于高温杀虫的方法详见第二篇。

（二）中药发霉的处理

对已发霉的中药饮片进行及时处理，可以避免或减少损失。霉变较轻的中药饮片一般先行曝晒、烘干或晾晒等使之干燥，然后用毛刷或洁净的布将霉斑擦去，同时挑选、整理，再行保管（霉变严重者不可再入药）。具体处理方法如下：

1. 干刷去霉

即用棕丝刷或猪棕刷直接刷去药物表面的霉菌。去霉前后需经日光曝晒，其目的主要

在于散发水分，保持中药干燥，便于刷掉菌丝，同时也有助于杀灭霉菌。某些根茎类、皮类等形体较大的中药发霉后，可采用本法刷去霉。

2. 撞击去霉

发霉不严重的药材，经日晒或烘烤使之干透后，可放入撞笼或麻袋、布袋内来回摇晃，通过互相撞击摩擦，可以将霉去掉。发霉的药材较潮湿，如果不经过干燥，就不易把霉除掉。特别是有些圆形、类圆形或椭圆形的中药，如泽泻、莪术等，若发霉较轻，可用撞击法撞去霉。

3. 淘洗去霉

凡不宜用撞刷法去霉的中药，可用水淘洗，淘洗时操作应快，切忌水泡。淘洗后，及时捞出晒干或烘干，若因霉菌生长或淘洗而影响色泽（白）者，宜以硫黄烟熏，以保持其原（白）色。淘洗时可将发霉的药材放入缸内或盆内，加水搓洗或刷洗，去霉后，捞出晒干即可。对要求色泽鲜洁的，洗后捞出将水滴净或稍晾干，用硫黄熏蒸后再晒，这样可以增加色泽。但国家药品监督管理局对硫黄的用量有严格的限量规定。淘洗时，发霉轻微的可用冷水，发霉较严重的可用热水，洗时要快，不能久泡，以免伤水而影响气味或质量，并且不容易晒干。

4. 醋喷洗去霉

某些不能用水淘洗的已霉中药，如五味子、乌梅、山茱萸，以醋喷洗后闷润 1 ~2 小时，再晾干。醋含醋酸，有杀灭霉菌的作用，但不能广泛用作去霉，一般只适宜于味酸或入肝止痛类药的去霉。

5. 酒喷洗霉

有些活血祛瘀药，如川芎、莪术、当归等，若霉变严重时，宜采用白酒喷洗，喷洗后，伏闷 30 ~60 分钟，再晾干。白酒喷洗既能去霉防霉，也能“助药势、通血脉”。

6. 油擦去霉

不能见水见热的中药饮片，如各种附片发霉后，可采用油擦的方法将霉除去。具体做法是用布蘸无异味的食用植物油，在中药饮片上反复搓擦，即可除去霉斑。

（三）中药泛油的处理

对于已经泛油的中药饮片应根据具体的泛油程度和中药饮片自身所具有的特性采取不同的方法进行处理。一般使用以下方法：

1. 晾晒法

植物类易“泛油”的中药饮片受潮时，一般都采用晾晒的方法，如当归、防风、党参、黄芪、牛膝、麦冬、柏子仁、枸杞子、太子参等。如柏子仁，当泛油程度不严重时，可以晾晒几小时，待凉后再装包储藏；如果程度较为严重时，则可采用冷藏处理。

2. 烘干法

烘干法的使用应分别对待，对含挥发油较多的中药饮片应将温度控制在50℃以下；对于昆虫类、动物类药材应控制温度，防止出现烘焦、肢体断裂等。

3. 炒炙法

九香虫如出现“泛油”，可以使用炒炙法，把九香虫放入铁锅加热轻炒，出锅后放入绵纸上待其吸收部分油脂后，密闭保存。

4. 酒润回色法

此法常用于不能用水而又易泛油走色的中药饮片，如枸杞子等。枸杞子疲软变黑后，可用适量的酒喷淋表面，待枸杞子回润后，再合理以硫黄火闭熏，取出后枸杞子鲜红亮堂。

第二节　中成药的养护

一、中成药常见的质量变化情况

中成药的原料多来自动植物，而且剂型不一，品种繁多，处方组成复杂，制备工艺繁琐多样，有效成分又多为混合体，因而使这些中成药出厂后，在质量上易于发生变化。

中成药在贮存过程中，由于受到外界诸多因素的影响，其质量不断发生变化。这些外界因素主要有：温度、湿度、空气、日光、微生物（霉菌）及害虫等。若养护不当，受其影响可使中成药产生复杂的物理和生物化学的变化而产生变质。最常见的变质现象有：虫蛀、霉变、酸败、挥发、混浊沉淀等。

（一）虫蛀

虫蛀是指成药被害虫蛀蚀。由于害虫种类多，繁殖迅速，适应力强，分布面广，故不论在药物仓库、药材产地加工厂、制作工艺中等，都有它们的足迹，若养护不当，一遇适宜的气候环境，就会大量发生，造成严重损失。我国地处温带，每到夏季，温度较高，湿度较大，有利于害虫的孳生和繁殖，成药感染害虫后，不仅造成经济上的损失，亦可使药物有效成分遭到破坏，降低了药用价值，甚至不能入药。如蜜丸、散剂、茶曲剂、水丸等。

（二）霉变

霉变即发霉，系指成药外表或内部生长霉菌的现象。霉菌在适宜的养料、温度、湿度、空气中能生长繁殖，特别当温度在22℃～32℃，相对湿度在70%以上时，霉菌可大量生长繁殖。所以在梅雨季节，中成药的糊丸、糖浆、冲剂、蜜丸、曲剂、散剂、浸膏等，常因加工制作不当或包装灭菌不严、贮藏条件不适宜等而造成变质。

（三）酸败

酸败亦称酵解，是药物经日光照射或高温，产生发酵、酸败而不能药用。宜发生酸败的成药有：合剂、煎膏剂、糖浆剂、酒剂、软膏剂等。

（四）挥发

挥发是指在高温下中成药所含挥发油散失或走油。含有挥发油和乙醇的成药，如云香精、风油精、十滴水、藿香正气水，遇热后易挥发。乙醇挥发后醇浸出物可发生沉淀，从而可使有效成分散失。

（五）混浊沉淀

混浊沉淀是液体成药的一种常见变质现象。中成药的液体制剂，在低温条件下易发生沉淀。如酒类制剂，因封口不严，乙醇挥发，溶媒浓度改变而发生沉淀、变色、混浊等。口服液、酊水剂、糖浆剂和某些注射剂，因性质不稳定，久贮后易发生沉淀或变质。

二、中成药的一般养护方法

引起中成药质量变异的原因是多方面的。特别是与空气、温度、光线、湿度以及空气中霉菌等的关系极大。为保证贮存期间的中成药质量，必须加强检查，采取多种保管方法，创造各种适宜的贮存条件。现将常见中成药剂型养护方法介绍如下：

（一）丸剂

1. 蜜丸

因蜂蜜及药材本身含有少量水，而且糖及某些药物又是害虫极好的营养物质，如果药物贮存环境潮湿，可吸收空气中的水，极易发霉生虫，是最不易保存的一种剂型。如银翘解毒丸、健脾丸、六味地黄丸等均易霉变和虫蛀，贮存时应防潮、防霉变、防虫蛀，应置室内阴凉干燥处，注意包装完好。

夏秋季节经常检查，如发现变质者，必须立即拣出。若发现丸药表面吸湿，可置石灰缸内干燥（一般置3～5天）。蜡皮包装的蜜丸，保护性能虽好，却因性脆易破裂，易软化塌陷，甚至熔化流失，故应防止重压与受热。蜜丸贮藏期通常以1年半左右为宜。

2. 水丸

因颗粒比较疏松，与空气接触面积较大，能迅速吸收空气中的水，易造成霉变、虫蛀、松碎等。水丸在制成后如能充分干燥，使水驱除出去，可延长保存时间。通常用纸袋、塑料袋或玻璃瓶包装、密闭，可防变质。宜置室内阴凉干燥处。通常能贮存2年左右。

3. 糊丸

如小金丹、犀黄丸、普济丹等。因赋形剂是米糊或面糊，因而此类药亦不易保存。但因剂量少，且多半是小丸药，若吸潮变软后极易发霉、虫蛀。其养护方法同水丸。

（二）片剂

片剂因含药材粉末或浸膏量较多，因此极易吸潮、松片、裂片以致黏结、霉变等，发现上述现象，不宜入药。片剂常用无色或棕色玻璃瓶或塑料瓶加盖密封，亦有用塑料袋铝塑泡包装密封。宜置室内凉爽通风、干燥、遮光处保管养护。

（三）散剂

散剂的吸湿性与风化性较显著，故须充分干燥，包装防潮性能要好。如紫雪散中含有易吸湿的元明粉、石膏粉等矿物药，应密封防潮，否则吸湿硬结。含有挥发性成分的成药，如避瘟散中含有藿香、冰片、薄荷脑等，应密闭贮藏，防止挥发和香气散失。含有树脂成分的成药，如七厘散中的乳香、没药等，遇热极易结块，故应防高温。

一般散剂用防潮、韧性大的纸或塑料薄膜包装折口或熔封后，再装入外层袋内封口。含有挥发性成分的散剂：应用玻璃管或玻璃瓶装，塞紧，用蜡封口。贮藏较大量散剂时，可酌加0.5%～1%苯甲酸为防腐剂，以防久贮变质发霉。散剂宜贮于室内阴凉干燥处养护。如果发霉变质或虫蛀严重，不得药用。

（四）膏剂

1. 煎膏（膏滋）

煎膏剂是按处方将药物用水煎煮，去渣浓缩后，加糖、蜂蜜制成的稠厚状半流体制剂，如十全大补膏、枇杷膏、益母草膏、参芪膏等。若保管不当，可出现结皮、霉变、发酵、变酸、糖晶析出较多，不宜药用。

若浓度稀，蜂蜜炼得太嫩，或操作不慎，沾有生水，则极易生霉，故制成后待煎膏温度降至40℃～50℃时，装入干燥洁净玻璃瓶内，待蒸气彻底散发冷却后，瓶口用蜡纸或薄膜覆盖，加盖旋紧。宜密封于棕色玻璃瓶内，置室内阴凉干燥处保存。贮存期约1年左右。

2. 膏药

多种膏药中含有挥发性药物，如冰片、樟脑、麝香等。若贮藏日久，有效成分散失。如贮藏环境过热，膏药容易渗过纸或布外；贮藏环境过冷或吸湿，黏性亦降低，贴时容易脱落。故宜贮于密闭容器内，置阴凉干燥处，防潮、防热、避风。一般贮藏期以2年为宜。

3. 软膏（油膏）

软膏的表面应平整光泽，色泽一致，由于它的熔点较低，受热后即易被熔化，质地变成稀薄，会出现外溢现象。

因软膏受含水量、药品包装及贮存时间及温度的影响，若养护不善易霉变。软膏应贮存在温度较低处，一般不超过30℃。应在阴凉干燥处为宜。

（五）胶剂

胶剂在夏季温度过高或受潮时，会发软发黏，甚者会粘连成坨，有时发霉。如胶面已生霉斑，可用纱布蘸少许酒精拭去，吹干。若发现胶剂受潮发软，可置于石灰缸内保存数日，使之除潮，防止发霉。如有霉变、异臭或严重焦臭味，粘连融化者，不宜药用。

胶剂应包装于盒内，置室内阴凉干燥处。夏季或空气潮湿时，可贮于石灰缸内或干燥稻糠内，比较安全。

（六）胶囊剂

胶囊剂容易吸收水，轻者可膨胀，胶囊表面浑浊，严重时可发霉、粘连，甚至软化、破裂。遇热易软化、粘连；过于干燥，水分过少而易脆裂。应贮于密闭塑料袋或玻璃、塑料瓶中。置于阴凉干燥处，温度不超过30℃为宜。

（七）丹剂

丹剂要求色泽鲜艳，纯净而无杂质。凡因接触空气或遇光，引起变色变质者，不可再供药用。属重金属化合物的丹剂，如红升丹应装于棕色玻璃瓶内密封，置阴凉干燥处，防止潮湿和光照；植物性药料制成的丹剂（丸、散），如小儿金丹等应分别按各剂型的要求保管养护。

（八）颗粒剂

颗粒剂含有浸膏及大量蔗糖，极易受潮结块、发霉。通常装入塑料袋，袋口热熔封严，包装于铁罐或塑料盒内，置室内阴凉干燥处，遮光、防潮、防热。不宜久贮，一般不超过 1 年。

（九）糖浆剂

蔗糖是一种营养物质，其水溶液很易被霉菌、酵母菌等所污染，使糖浆被分解而酸败、混浊。糖浆含糖量最好为65%，近于饱和溶液。盛装容器一般为容积不超过500ml 的棕色细颈瓶，灌装后密封。贮于室内阴凉干燥处，应避光、防潮、防热等。

糖浆系近饱和溶液，如经过较长时间的储存也会产生糖分子与药液分离现象。故糖浆一般贮藏 1 年为宜，如无变质即可使用。

（十）注射剂（针剂）

中药注射液在贮藏过程中，温度过高，会使某些高分子化合物的胶体状态受到破坏而出现凝聚现象；温度降低，则某些成分的溶解度和稳定性随之降低，两者都会发生沉淀、混浊等。如有下列现象之一者不可供药用：澄明度不合规定，显著变色、混浊、沉淀、容器封口不严或破裂。注射剂应贮于中性硬质玻璃安瓿中，遮光，防冻结，防高温，置室内阴凉干燥处，以室温 10℃ ~20℃ 为宜。贮存期约为 2 年。

第五章　中药商品经销

第一节　中成药介绍

一、国家基本药物相关知识

1. 什么是国家基本药物

国家基本药物是指由国家政府制订的《国家基本药物目录》中的药品。为了加强国家对药品生产和使用环节的科学管理，保证人民防病治病的基本需求，适应医疗体系改革，打击药价虚高，我国政府有关部门组织制订了《国家基本药物目录》，其所列品种是专家和基层广大医药工作者从我国临床应用的各类药物中通过科学评价，筛选出来的具有代表性的药物叫做国家基本药物。国家基本药物是适应基本医疗卫生需求，剂型适宜，价格合理，能够保障供应，公众可公平获得的药品。《国家基本药物目录》是医疗机构配备使用药品的依据。

2. 国家基本药物遴选原则及调整周期

国家基本药物的遴选原则为：临床必需、安全有效、价格合理、使用方便、中西药并重。包括预防、诊断、治疗各种疾病的药物。随着药物的发展和防病治病的需要，每两年调整一次。

3. 国家基本药物的特点

国家基本药物具有疗效好、不良反应小、质量稳定、价格合理、使用方便等特点。基本药物是公认的医疗中的基本的药物，也是对公众健康产生最大影响的药物。基本药物不是最便宜的药品，但可以说是最好的药品，好在基本药物是经过综合考虑，能满足临床基本和必要的需求。由于疗效好，使得治疗总成本最低，在具有临床最大治疗效益的同时又兼顾保证大多数人民整体保健的最佳选择。

4. 国家基本药物目录的构成

国家基本药物目录包括两部分：基层医疗卫生机构配备使用部分和其他医疗机构配备使用部分。本书所选中成药为基层医疗卫生机构配备使用部分。

二、病因病机知识

（一）病因

中医认为，导致疾病发生的原因，主要有六淫、疠气、七情、饮食、劳倦，以及外伤和虫兽伤等。

1. 六淫

即风、寒、暑、湿、燥、火六种外感病邪的统称。

（1）风邪的性质及致病特点

①风为阳邪，其性开泄，易袭阳位。风邪善动而不居，具有升发、向上、向外的特性，故属于阳邪。

②风性善行而数变。“善行”，是指风邪致病具有病位游移、行无定处的特性。

③风为百病之长。风邪为六淫病邪的主要致病因素，凡寒、湿、燥、热诸邪多依附于风而侵犯人体，如外感风寒、风热、风湿等。

（2）寒邪的性质及致病特点

①寒为阴邪，易伤阳气。寒为阴气盛的表现，故其性属阴，即所谓“阴盛则寒”。

②寒性凝滞。“凝滞”即凝结、阻滞不通之意。寒性凝滞而主痛。

③寒性收引。“收引”，即收缩牵引之意。寒邪侵袭人体，可使气机收敛，腠理、经络、筋脉收缩而挛急。

（3）暑邪的性质及致病特点

①暑为阳邪，其性炎热。暑为夏季火热之气所化，火热属阳，故暑属阳邪，暑邪伤人，多出现一系列阳热症状，如壮热、心烦、面赤、脉象洪大等。

②暑性升散，耗气伤津。暑为阳邪，阳性升发，故暑邪侵犯人体，多直入气分，可致腠理开泄而多汗。汗出过多，则耗伤津液，津液亏损，即可出现口渴喜饮，尿赤短少等症。暑热之邪，扰动心神，则心烦闷乱而不宁。

③暑多夹湿。暑季除气候炎热外，且常多雨而潮湿，热蒸湿动，使空气中湿度增加，故暑邪为病，常兼夹湿邪以侵犯人体。其临床特征，除发热、烦渴等暑热症状外，常兼见四肢困倦，胸闷呕恶，大便溏泻而不爽等湿阻症状。

（4）湿邪的性质及致病特点

①湿性重浊。“重”，即沉重或重着之意。是指感受湿邪，常可见头重如裹，周身困重，四肢酸懒沉重等症状。湿邪致病可出现各种秽浊症状，如面垢眵多、大便溏泄、下利黏液脓血、小便浑浊、妇女白带过多、湿疹浸淫流水等，都是湿性秽浊的病理反映。

②湿为阴邪，易阻遏气机，损伤阳气。脾为阴土，乃运化水湿的主要脏器，性喜燥而恶湿，故湿邪外感，留滞体内，常先困脾，而使脾阳不振，运化无权，水湿停聚，发为腹泻、尿少、水肿、腹水等病证。

③湿性黏滞。“黏”，即黏腻；“滞”，即停滞。主要表现在两方面：一是指湿病症状多黏滞而不爽，二是指湿邪为病多缠绵难愈，病程较长或反复发作，如湿痹、湿疹、湿温病等。

④湿性趋下，易袭阴位。湿邪为病多见下部的症状，如水肿多以下肢较为明显。此外，淋浊、带下、泄利等病证，多由湿邪下注所致。

（5）燥邪的性质及致病特点

①燥性干涩，易伤津液。可见口鼻干燥，咽干口渴，皮肤干涩，甚则皲裂，毛发不荣，小便短少，大便干结等症。

②燥易伤肺。肺为娇脏，喜润而恶燥。肺开窍于鼻，外合皮毛。燥邪伤人，多从口

鼻、皮毛而入，故燥邪最易伤肺。燥伤于肺，肺失津润，宣降失司，甚则损伤肺络，从而出现干咳少痰，或痰黏难咳，或痰中带血，喘息，胸痛等症。

(6) 火热邪气的性质和致病特点

①火热为阳邪，其性炎上。火热伤人，多见高热、恶热、烦渴、汗出、脉洪数等症。因其炎上，故火热阳邪常可上炎扰乱神明，出现心烦失眠、狂躁妄动、神昏谵语，表现在人体的上部，如头面部位。

②火易耗气伤津。火热之邪，最易迫津外泄，消灼阴液，使人体阴津耗伤，故火邪致病，除有热象外，往往伴有口渴喜饮，咽干舌燥，小便短赤，大便秘结等津伤液耗之证。

③火易生风动血。火热之邪侵袭人体，往往燔灼肝经，劫耗阴液，使筋脉失其滋养濡润，而致肝风内动，称为“热极生风”。表现为高热，神昏谵语，四肢抽搐，目睛上视，颈项强直，角弓反张等。火热之邪可以加速血行，灼伤脉络，甚则迫血妄行，而致各种出血，如吐血、衄血、便血、尿血、皮肤发斑及妇女月经过多、崩漏等病证。

④火易致肿疡。火热之邪入于血分，可聚于局部，腐蚀血肉发为痈肿疮疡。

2. 疠气

是一类具有强烈传染性的病邪。又有“瘟疫”、“疫毒”、“戾气”、“异气”、“毒气”、“乖戾之气”等名称。

疠气致病，具有发病急骤、病情较重、症状相似、传染性强、易于流行等特点。疠气致病，可以散在发生，也可以形成瘟疫流行，如疫痢、白喉、天花、霍乱、鼠疫等等。实际包括了现代许多传染病和烈性传染病。

3. 内伤七情

七情即喜、怒、忧、思、悲、恐、惊七种情志变化，是机体的精神状态。一般不会使人致病。只有突然、强烈或长期持久的情志刺激，超过了人体本身的正常生理活动范围，使人体气机紊乱，脏腑阴阳气血失调，才会导致疾病的发生，造成内伤病，称“内伤七情”。

七情致病的特点：七情内伤，则直接影响相应的内脏，使脏腑气机逆乱，气血失调，导致种种病变的发生。①直接伤及内脏。如怒伤肝、喜伤心、思伤脾、忧伤肺、恐伤肾。又如郁怒伤肝，肝气横逆，常犯脾胃，出现肝脾不调、肝胃不和等证。② 影响脏腑气机。如怒则气上、喜则气缓、悲则气消、恐则气下、惊则气乱、思则气结。

4. 饮食失宜

饮食是人类生存不可缺少的物质之一，是人体摄取食物，转化成水谷精微及气血，维持生命活动的最基本条件。但是，饮食失宜，又常常成为致病因素。饮食失宜包括饥饱失常、饮食不洁和饮食偏嗜三个方面。

(1) 饥饱失常　①过饥：是指摄食不足，则化源缺乏，气血得不到足够的补充而衰少。临床上常可出现面色不华、心悸气短、全身乏力等症状，同时还可因为正气虚弱，抵抗力降低而继发其他病证。②过饱：是指摄食过量或暴饮暴食，超过了脾胃的受纳运化能力，则可导致饮食阻滞，脾胃损伤，出现脘腹胀满、嗳腐吞酸、厌食、吐泻等症。

(2) 饮食不洁　饮食不洁是指食用不清洁、不卫生，或陈腐变质，或有毒的食物。饮食不洁可引起多种胃肠道疾病，出现腹痛、吐泻、痢疾等，也可引发寄生虫病，若进食腐败变质或有毒食物，可致食物中毒，常出现剧烈腹痛、吐泻，重者可出现昏迷或死亡。

（3）饮食偏嗜　①五味偏嗜：是指在饮食中对某种口味有所偏好，且长期过量食用的情况。五味偏嗜会造成与之相应的内脏机能偏盛，久之还可损伤其他脏腑，破坏五脏的平衡协调，导致疾病的发生。②寒热偏嗜：是指在饮食中对食物的凉热口感有所偏好，且形成长期饮食习惯的情况。偏嗜寒热饮食，可导致人体阴阳失调而发生某些疾病。如过食生冷寒凉之品，可损伤脾胃阳气，从而内生寒湿，发生腹痛、泄泻等症；若偏嗜辛温燥热之品，则可导致胃肠积热，出现口渴、口臭、腹满胀痛、便秘或痔疮等症。

5. 劳逸失度

劳动与休息的合理调节，是保证人体健康的必要条件。但若长时间的过度劳累或过度安逸，都可能成为致病因素而使人发病。

（1）过劳　又称劳倦，包括劳力过度、劳神过度和房劳过度三个方面。①劳力过度：主要是指持久地从事繁重或超负荷的体力劳作，耗气伤筋而积劳成疾。其病变特点主要表现在两个方面：一是过度劳力而耗气，损伤内脏的精气，导致脏气虚少，功能减退。二是过度劳力而致形体损伤，即劳伤筋骨。②劳神过度：主要是指思虑太过，或长期用脑过度而积劳成疾。③房劳过度：主要是指性生活不加节制，恣意妄为，或手淫恶习，或妇女早孕多育等，耗伤肾精、肾气而致病。

（2）过逸　过逸是指过度的安逸。包括体力过逸和脑力过逸两个方面：①体力过逸：长期不从事体力劳动，又不进行体育锻炼，易使人体气血不畅，脾胃功能减弱，以致出现食少乏力、精神不振、肢体软弱，或发胖臃肿、动则心悸、气喘及自汗等症，或继发其他疾病。②脑力过逸：长期懒于动脑，过分安逸，就会出现记忆减退、反应迟钝、精神萎靡等症，甚或导致脏腑功能失调而百病丛生。

6. 痰饮和瘀血

（1）痰饮　痰饮是人体脏腑功能失调，津液代谢障碍，由津液凝聚而成的病理产物。一般以质稠浊者为痰，清稀者为饮，通常多并称。痰饮一旦产生，便能流窜全身，停聚各处，导致多种疾病的发生。停留在肺，则出现喘咳、胸闷、咳痰；蒙蔽于心，可见胸闷、心悸、失眠、神昏，甚则狂癫；停聚于胃，会致脘闷痞胀、恶心呕吐、食欲不振；流于经络筋骨，可出现肢体麻木，半身不遂，或成痰核瘰疬，阴疽流注；痰饮上扰，可致眩晕、昏迷；痰气凝郁于咽喉，则咽部不适，常有如物梗喉感；饮停胸胁，可见胸胁胀满，咳嗽引痛；若留聚肠间，则肠鸣辘辘，甚至便溏腹泻。可见其害甚多，故有“百病多因痰作祟”之说。

（2）瘀血　瘀血是指全身血脉运行不畅或局部血液停滞，或体内存在离经之血未能消散等病理状况。一般是由气虚、气滞、血寒、外伤等原因所致。尽管瘀血为病繁多，但临床表现多有共同特点：疼痛多如刺如割，且痛处不移而拒按；出血多紫暗而不鲜，或夹带血块；局部表现，可见青紫或瘀斑、瘀点，久之可触及肿块，按之不移。

（二）病机

病机，即疾病发生、发展与变化的机理。基本病机主要包括邪正斗争、阴阳失调等。

1. 邪正斗争

正气是指人体的机能活动（包括脏腑、经络、气血等功能）和抗病、康复能力，简称为“正”。所谓邪气，则泛指各种致病因素，简称为“邪”。疾病的发生和变化，即是在一定条件下邪正斗争的反应。正邪斗争，是指正气与病邪的斗争。这种斗争不仅关系着疾病的发生，而且影响疾病的发展及转归。

正能胜邪则不发病。邪气侵袭人体时，正气即起抗邪，若正气强盛，抗邪有力，则病邪难于侵入，或侵入后即被正气及时消除，不产生病理反应，即不发病。

邪胜正负则发病。在正邪斗争过程中，若邪气偏胜，正气相对不足，邪胜正负，从而使脏腑阴阳、气血失调，气机逆乱，便可导致疾病的发生。

正气强弱与疾病的发展与变化关系密切。正气强，邪正斗争剧烈，多表现为实证；正气虚弱，抗邪无力，多表现为虚证，或虚实错杂证。

2. 阴阳失调

(1) 阴阳偏胜　阴或阳的偏胜，主要是指“邪气盛则实”的实证。阳长则阴消，阴长则阳消。阳偏胜必然会制阴，而导致阴偏衰（实热证）；阴偏胜也必然会制阳，而导致阳偏衰（实寒证）。

(2) 阴阳偏衰　阴或阳的偏衰，是指“精气夺则虚”的虚证。这里所说的“精气夺”，实质上是包括了机体的精、气、血、津液等基本物质的不足及其生理功能的减退。“阳虚则阴盛”、“阳虚则寒”则为虚寒，“阴虚则阳亢”、“阴虚则热”则为虚热。

(3) 阴阳互损　阴阳互损是指在阴或阳任何一方虚损的前提下，病变发展影响相对的一方，形成阴阳两虚的病机。在阴虚的基础上，继而导致阳虚，称为阴损及阳；在阳虚的基础上，继而导致阴虚，称为阳损及阴。

三、常用中成药介绍

（一）内科用药

感冒清热颗粒

【药物组成】荆芥穗、薄荷、防风、柴胡、紫苏叶、葛根、桔梗、苦杏仁、白芷、苦地丁、芦根。

【功能与主治】疏风散寒，解表清热。用于风寒感冒，头痛发热，恶寒身痛，鼻流清涕，咳嗽咽干。

【常用剂型】颗粒剂。

【用法用量】开水冲服，一次1袋，一日2次。

银翘解毒丸

【药物组成】金银花、连翘、薄荷、荆芥、淡豆豉、牛蒡子、桔梗、淡竹叶、甘草。

【功能与主治】辛凉解表，清热解毒。用于风热感冒，发热头痛，咳嗽，口干，咽喉疼痛。

【常用剂型】蜜丸、片剂、颗粒剂、胶囊剂。

【用法用量】用芦根汤或温开水送服。一次1丸，一日2~3次。

正柴胡饮颗粒

【药物组成】柴胡、防风、生姜、赤芍、陈皮、甘草。

【功能与主治】发散风寒，解热止痛。用于外感风寒所致的发热恶寒、无汗、头痛、鼻塞、咽痒咳嗽、四肢酸痛；流感初起、轻度上呼吸道感染见上述证候者。

【常用剂型】颗粒剂。

【用法用量】开水冲服。一次 10g 或 3g（无蔗糖），一日 3 次，小儿酌减或遵医嘱。

芎菊上清丸

【药物组成】菊花、川芎、连翘、薄荷、炒蔓荆子、黄芩、栀子、黄连、羌活、藁本、防风、白芷、荆芥穗、桔梗、甘草。

【功能与主治】清热解表，散风止痛。用于外感风邪引起的恶风身热、偏正头痛、鼻流清涕、牙疼喉痛。

【常用剂型】水丸。

【用法用量】口服。一次 6g，一日 2 次。

小儿热速清口服液

【药物组成】柴胡、黄芩、金银花、连翘、葛根、板蓝根、水牛角、大黄。

【功能与主治】清热解毒，泻火利咽。用于小儿外感风热所致感冒，症见高热、头痛、咽喉肿痛、鼻塞流涕、咳嗽、大便干结。

【常用剂型】口服液。

【用法用量】口服。一岁以内一次 2.5 ~ 5ml，1 ~ 3 岁一次 5 ~ 10ml，3 ~ 7 岁一次 10 ~ 15ml，7 ~ 12 岁一次 15 ~ 20ml，一日 3 ~ 4 次。

【注意事项】如病情较重或服药 24 小时后疗效不显著，可酌情增加剂量。

小儿宝泰康颗粒

【药物组成】连翘、地黄、滇柴胡、玄参、桑叶、浙贝母、蒲公英、南板蓝根、滇紫草、桔梗、莱菔子、甘草。

【功能与主治】解表清热，止咳化痰。用于小儿风热外感，症见发热、流涕、咳嗽、脉浮。

【常用剂型】颗粒剂。

【用法用量】温开水冲服。一岁以内一次 2.6g，1 ~ 3 岁一次 4g，3 ~ 12 岁一次 8g，一日 3 次。

防风通圣丸

【药物组成】防风、荆芥穗、薄荷、麻黄、大黄、芒硝、栀子、滑石、桔梗、石膏、川芎、当归、白芍、黄芩、连翘、甘草、白术（炒）。

【功能与主治】解表通里，清热解毒。用于外感内热，表里俱实，恶寒壮热，头痛咽干，小便短赤，大便秘结，初起瘰疬，风疹湿疮。

【常用剂型】水丸、浓缩丸。

【用法用量】口服。水丸：一次 6g，一日 2 次。浓缩丸：一次 8 丸，一日 2 次。

【注意事项】孕妇慎用。

麻仁润肠丸

【药物组成】火麻仁、苦杏仁（去皮炒）、大黄、木香、陈皮、白芍。

【功能与主治】润肠通便。用于肠胃积热，胸腹胀满，大便秘结。

【常用剂型】蜜丸。

【用法用量】口服。一次1～2丸，一日2次。

【注意事项】孕妇忌服。

一清颗粒

【药物组成】大黄、黄芩、黄连。

【功能与主治】清热泻火解毒，化瘀凉血止血。用于火毒血热所致的身热烦躁、目赤口疮、咽喉牙龈肿痛、大便秘结、吐血、咯血、衄血、痔血；咽炎、扁桃体炎、牙龈炎见上述证候者。

【常用剂型】颗粒剂。

【用法用量】开水冲服。一次7.5g，一日3～4次。

【注意事项】出现腹泻时可酌情减量。

黄连上清丸

【药物组成】黄连、栀子（姜制）、连翘、荆芥穗、白芷、菊花、薄荷、川芎、石膏、黄芩、黄柏（酒炒）、防风、桔梗、大黄（酒炙）、蔓荆子（炒）、旋覆花、甘草。

【功能与主治】散风清热，泻火止痛。用于风热上攻，肺胃热盛所致的头晕目眩，暴发火眼，牙齿疼痛，口舌生疮，咽喉肿痛，耳痛耳鸣，大便秘结，小便短赤。

【常用剂型】蜜丸、颗粒剂、胶囊剂、片剂。

【用法用量】口服。水丸或水蜜丸：一次3～6g，一日2次。大蜜丸：一次1～2丸，一日2次。

【注意事项】

1. 忌食辛辣食物。
2. 孕妇慎用。
3. 脾胃虚寒者禁用。

双黄连口服液

【药物组成】金银花、黄芩、连翘。

【功能与主治】疏风解表，清热解毒。用于外感风热所致的感冒，症见发热，咳嗽，咽痛。

【常用剂型】口服液、颗粒剂、片剂、胶囊剂、含片。

【用法用量】口服。口服液：一次20ml，一日3次，小儿酌减或遵医嘱。颗粒剂：①无糖颗粒剂：一次5g，一日3次。6个月以下，一次1.0～1.5g；6个月至1岁，一次1.5～2.0g；1～3岁，一次2.0～2.5g；3岁以上儿童酌量或遵医嘱，开水冲服。②含糖颗粒剂：服用量加倍，开水冲服。片剂：一次4片，一日3次，小儿酌减或遵医嘱。胶囊剂：一次4粒，一日3次，小儿酌减或遵医嘱。含片：一次1片，一日18片，含服。小儿酌减或遵医嘱。

银黄颗粒

【药物组成】金银花、黄芩。

【功能与主治】清热疏风，利咽解毒。用于外感风热、肺胃热盛所致的咽干、咽痛、喉核肿大、口渴、发热；急性扁桃体炎、急慢性咽炎、上呼吸道感染见上述证候者。

【常用剂型】颗粒剂、口服液、片剂、胶囊剂。

【用法用量】口服。口服液：一次10~20ml，一日3次。小儿酌减。片剂：一次2~4片，一日4次。颗粒剂：一次1~2袋，一日2次。滴丸：一次1~2袋，一日4次。胶囊剂：一次2~4粒，一日4次。

板蓝根颗粒（茶）

【药物组成】板蓝根。

【功能与主治】清热解毒，凉血利咽，用于肺胃热盛所致的咽喉肿痛、口咽干燥、腮部肿胀；急性扁桃体炎、腮腺炎见上述证候者。

【常用剂型】颗粒剂、茶剂。

【用法用量】开水冲服。颗粒剂：一次5~10g（含糖型）或一次3~6g（无糖型），一日3~4次。茶剂：一次1块，一日3次。

香连丸

【药物组成】黄连（吴茱萸制）、木香。

【功能与主治】清热化湿，行气止痛。用于大肠湿热所致的痢疾，症见大便脓血、里急后重、发热腹痛；肠炎、细菌性痢疾见上述证候者。

【常用剂型】水丸。

【用法用量】口服。一次3~6g，一日2~3次。小儿酌减。

藿香正气水

【药物组成】苍术、陈皮、厚朴（姜制）、白芷、茯苓、大腹皮、生半夏、甘草浸膏、广藿香油、紫苏叶油。

【功能与主治】解表化湿，理气和中。用于外感风寒、内伤湿滞或夏伤暑湿所致的感冒，症见头痛昏重，胸膈痞闷，脘腹胀痛，呕吐泄泻；胃肠型感冒见上述证候者。

【常用剂型】酊剂、口服液、软胶囊剂。

【用法用量】口服。酊剂、口服液：一次5~10ml，一日2次，用时摇匀。软胶囊剂：一次2~4粒，一日2次。

茵栀黄口服液

【药物组成】茵陈提取物、栀子提取物、黄芩苷、金银花提取物。

【功能与主治】清热解毒，利湿退黄。有退黄疸和降低谷丙转氨酶的作用。用于湿热毒邪内蕴所致急性、迁延性、慢性肝炎和重症肝炎（Ⅰ型）。也可用于其他型重症肝炎的综合治疗。

【常用剂型】口服液。

【用法用量】口服。一次10ml，一日3次。

【注意事项】服药期间忌酒及辛辣之品。

香砂平胃丸

【药物组成】苍术、厚朴（姜制）、木香、砂仁、陈皮、甘草。

【功能与主治】理气化湿，和胃止痛。用于湿浊中阻、脾胃不和所致的胃脘疼痛、胸膈满闷、恶心呕吐、纳呆食少。

【常用剂型】水丸、颗粒剂。

【用法用量】水丸：口服。一次6g，一日1~2次。颗粒剂：开水冲服。一次10g，一日2次。

理中丸

【药物组成】炮姜、党参、土炒白术、炙甘草。

【功能与主治】温中散寒，健胃。用于脾胃虚寒，呕吐泄泻，胸满腹痛，消化不良。

【常用剂型】大蜜丸。

【用法用量】口服。一次1丸，一日2次。小儿酌减。

养阴清肺丸

【药物组成】地黄、玄参、麦冬、白芍、牡丹皮、川贝母、薄荷、甘草。

【功能与主治】养阴润燥，清肺利咽。用于阴虚肺燥，咽喉干痛，干咳少痰或痰中带血。

【常用剂型】丸剂、膏剂。

【用法用量】口服。丸剂：水蜜丸一次6g，大蜜丸一次1丸，一日2次。膏剂：一次10~20ml，一日2~3次。

通宣理肺丸

【药物组成】紫苏叶、前胡、桔梗、苦杏仁、麻黄、甘草、陈皮、半夏（制）、茯苓、枳壳（炒）、黄芩。

【功能与主治】解表散寒，宣肺止嗽。用于风寒束表、肺气不宣所致的感冒咳嗽，症见发热、恶寒、咳嗽、鼻塞流涕、头痛、无汗、肢体酸痛。

【常用剂型】丸剂、片剂、胶囊剂、颗粒剂。

【用法用量】口服。丸剂：大蜜丸一次2丸，水蜜丸一次7g，一日2~3次。片剂：一次4片，一日2~3次。胶囊剂：一次2粒，一日2~3次。颗粒剂：一次9g，一日2次，开水冲服。

【注意事项】高血压、癫痫、中风、心律不齐患者慎用。

急支糖浆

【药物组成】鱼腥草、金荞麦、四季青、麻黄、紫菀、前胡、枳壳、甘草。

【功能与主治】清热化痰、宣肺止咳。用于外感风热所致的咳嗽，症见发热、恶寒、胸膈满闷、咳嗽咽痛；急性支气管炎、慢性支气管炎急性发作见上述证候者。

【常用剂型】糖浆剂、颗粒剂。

【用法用量】口服。糖浆剂：一次 20~30ml；小儿 1 岁以内一次 5ml，1~3 岁一次 7ml，3~7 岁一次 10ml，7 岁以上一次 15ml；一日 3~4 次。颗粒剂：一次 4g，一日 3~4 次，开水冲服。

强力枇杷露

【药物组成】枇杷叶、罂粟壳、百部、桑白皮、白前、桔梗、薄荷脑。

【功能与主治】养阴敛肺，镇咳祛痰。用于久咳劳嗽，支气管炎等。

【常用剂型】糖浆剂。

【用法用量】口服。一次 15ml，一日 3 次；小儿酌减。

小儿消积止咳口服液

【药物组成】山楂（炒）、槟榔、枳实、枇杷叶（蜜炙）、瓜蒌、莱菔子（炒）、葶苈子（炒）、桔梗、连翘、蝉蜕。

【功能与主治】清热肃肺，消积止咳。用于小儿饮食积滞，痰热蕴肺所致的咳嗽、夜间加重、喉间痰鸣、腹胀、口臭等。

【常用剂型】口服液。

【用法用量】口服。一岁以内一次 5ml，1~2 岁一次 10ml，3~4 岁一次 15ml，5 岁以上一次 20ml，一日 3 次。5 天为一疗程。

缩 泉 丸

【药物组成】山药、益智（盐炒）、乌药。

【功能与主治】补肾缩尿。用于肾虚之小便频数，夜间遗尿。

【常用剂型】丸剂、胶囊剂。

【用法用量】口服。丸剂：一次 3~6g，一日 3 次。胶囊剂：成人一次 6 粒，5 岁以上儿童一次 3 粒，一日 3 次。

健儿消食口服液

【药物组成】黄芪、白术（麸炒）、陈皮、莱菔子（炒）、山楂（炒）、黄芩、麦冬。

【功能与主治】健脾益胃，理气消食。用于小儿饮食不节损伤脾胃引起的纳呆食少、脘胀腹满、手足心热、自汗乏力、大便不调，以至厌食、恶食。

【常用剂型】口服液。

【用法用量】口服。三岁以内一次 5~10ml，三岁以上一次 10~20ml，一日 2 次。用前摇匀。

六味地黄丸

【药物组成】熟地黄、山茱萸（制）、山药、牡丹皮、茯苓、泽泻。

【功能与主治】滋阴补肾。用于肾阴亏损，头晕耳鸣，腰膝酸软，骨蒸潮热，遗精盗汗，消渴。

【常用剂型】丸剂、片剂、胶囊剂、口服液、颗粒剂、软胶囊。

【用法用量】口服。丸剂：大蜜丸一次1丸，水蜜丸一次6g，小蜜丸一次9g，一日2次。浓缩丸：一次8丸，一日3次。片剂：一次8片，一日2次。胶囊剂：一次1或2粒（根据规格不同），一日2次。口服液：一次10ml，一日2次，小儿酌减或遵医嘱。颗粒剂：一次5g，一日2次，开水冲服。软胶囊剂：一次3粒，一日2次。

参苓白术散

【药物组成】人参、茯苓、白术（炒）、山药、白扁豆（炒）、莲子、薏苡仁（炒）、砂仁、桔梗、甘草。

【常用剂型】水丸、颗粒剂、散剂。

【功能与主治】健脾胃，益肺气。用于脾胃虚弱，食少便溏，气短咳嗽，肢倦乏力。

【用法用量】口服。散剂：一次6~9g，一日2~3次。丸剂、颗粒剂：一次6g，一日3次。

补中益气丸

【药物组成】炙黄芪、党参、炙甘草、白术（炒）、当归、升麻、柴胡、陈皮、生姜、大枣。

【功能与主治】补中益气，升阳举陷。用于脾胃虚弱、中气下陷所致的泄泻、脱肛、阴挺，症见体倦乏力，食少腹胀，便溏久泻，肛门下坠或脱肛，子宫脱垂。

【常用剂型】合剂、蜜丸、水丸、颗粒剂。

【用法用量】口服。小蜜丸一次9g，大蜜丸一次1丸，水丸一次6g，一日2~3次。颗粒剂：一次3g，一日2~3次。合剂：一次10~15ml，一日3次。

金匮肾气丸

【药物组成】地黄、山药、山茱萸（酒炙）、茯苓、牡丹皮、泽泻、桂枝、附子（炙）、牛膝、车前子（盐炙）。

【功能与主治】温补肾阳，化气行水。用于肾虚水肿，腰膝酸软，小便不利，畏寒肢冷。

【常用剂型】丸剂。

【用法用量】口服。水蜜丸一次4~5g（20~25粒），大蜜丸一次1丸，一日2次。片剂：一次4片，一日2次。

【注意事项】

1. 孕妇忌服。

2. 忌房欲、气恼。

3. 忌食生冷食物。

香砂六君子丸

【药物组成】党参、炒白术、茯苓、陈皮、木香、砂仁、姜半夏、炙甘草。

【功能与主治】益气健脾，和胃。用于脾虚气滞，消化不良，嗳气食少，脘腹胀满，大便溏泄。

【常用剂型】丸剂。

【用法用量】口服。一次6~9g，一日2~3次。

八珍丸

【药物组成】熟地黄、党参、当归、白芍（炒）、炒白术、茯苓、川芎、甘草。

【功能与主治】补气益血。用于气血两虚，面色萎黄，食欲不振，四肢乏力，月经过多。

【常用剂型】丸剂、颗粒剂、胶囊剂。

【用法用量】丸剂：口服。水蜜丸一次6g，大蜜丸一次1丸，一日2次。颗粒剂：开水冲服。一次1袋，一日2次。胶囊剂：一次3粒，一日2次。

天王补心丸

【药物组成】酸枣仁、柏子仁、当归、天冬、麦冬、生地、党参、丹参、玄参、茯苓、五味子、远志肉、桔梗、石菖蒲、朱砂。

【功能与主治】滋阴养血，补心安神。用于心阴不足，心悸健忘，失眠多梦，大便干燥。

【常用剂型】丸剂、片剂。

【用法用量】口服。水蜜丸一次6g，小蜜丸一次9g，大蜜丸一次1丸，一日2次。片剂：一次4~6片，一日2次，用温水分次送服。

【注意事项】服用片剂需注意以下事项：

1. 肝肾功能不全、造血系统疾病、孕妇及哺乳期妇女、儿童禁用。

2. 本品为处方药，必须在医生指导下使用。

3. 本品含有朱砂，不宜长期服用。

4. 服用本品1周者，应检查血、尿中汞离子浓度，检查肝、肾功能，超过规定限度者立即停用。

柏子养心丸

【药物组成】柏子仁、党参、炙黄芪、川芎、当归、茯苓、远志（制）、酸枣仁、肉桂、五味子（蒸）、半夏曲、炙甘草、朱砂。

【功能与主治】补气，养血，安神。用于心气虚寒，心悸易惊，失眠多梦，健忘。

【常用剂型】丸剂。

【用法用量】口服。水蜜丸一次6g，小蜜丸一次9g，大蜜丸一次1丸，一日2次。

槐角丸

【药物组成】槐角（炒）、地榆（炭）、黄芩、枳壳（炒）、当归、防风。

【功能与主治】清肠疏风，凉血止血。用于血热所致的肠风便血，痔疮肿痛。

【常用剂型】丸剂。

【用法用量】口服。大蜜丸一次 1 丸，水蜜丸一次 6g，小蜜丸一次 9g，一日 2 次。

速效救心丸

【药物组成】川芎、冰片。

【功能与主治】行气活血，祛瘀止痛，增加冠脉血流量，缓解心绞痛。用于气滞血瘀型冠心病、心绞痛。

【常用剂型】滴丸剂。

【用法用量】含服。一次 4 ~ 6 粒，一日 3 次。急性发作时，一次 10 ~ 15 粒。

复方丹参滴丸（胶囊、颗粒、片）

【药物组成】丹参、三七、冰片。

【功能与主治】活血化瘀，理气止痛。用于气滞血瘀所致的胸痹，症见胸闷、心前区刺痛；冠心病、心绞痛见上述证候者。

【常用剂型】滴丸剂、片剂、胶囊剂、颗粒剂。

【用法用量】滴丸剂：舌下含服，一次 10 丸，一日 3 次。28 天为一个疗程，或遵医嘱。颗粒剂：一次 1 袋，一日 3 次，口服。胶囊剂：一次 3 粒，一日 3 次，口服。片剂，一次 3 片，一日 3 次，口服。

【注意事项】孕妇慎用。

血府逐瘀口服液

【药物组成】炒桃仁、红花、地黄、川芎、赤芍、当归、牛膝、柴胡、桔梗、麸炒枳壳、甘草。

【功能与主治】活血祛瘀，行气止痛。用于气滞血瘀所致的胸痹、头痛日久、痛如针刺而有定处、内热烦闷、心悸失眠、急躁易怒。

【常用剂型】口服液、胶囊。

【用法用量】口服。口服液：一次 10ml，一日 3 次；或遵医嘱。胶囊剂：一次 6 粒，一日 2 次；一个月为一疗程。

【注意事项】

1. 忌食生冷、油腻食物。
2. 孕妇禁用。

气滞胃痛颗粒

【药物组成】柴胡、延胡索（炙）、枳壳、香附（炙）、白芍、炙甘草。

【功能与主治】疏肝理气，和胃止痛。用于肝郁气滞，胸痞胀满，胃脘胀痛。

【常用剂型】颗粒剂、片剂。

【用法用量】口服。颗粒剂：一次5g，一日3次，开水冲服。片剂：一次1.5g（依不同规格服3片或6片），一日3次。

【注意事项】孕妇慎用。

逍遥丸（颗粒）

【药物组成】柴胡、当归、白芍、白术（炒）、茯苓、薄荷、生姜、甘草（炙）。

【功能与主治】疏肝健脾，养血调经。用于肝郁脾虚所致的郁闷不舒，胸胁胀痛，头晕目眩，食欲减退，月经不调。

【常用剂型】丸剂、颗粒剂。

【用法用量】口服。丸剂：一次6～9g，一日1～2次。颗粒剂：开水冲服，一次1袋，一日2次。

元胡止痛片

【药物组成】延胡索（醋制）、白芷。

【功能与主治】理气，活血，止痛。用于气滞血瘀之胃痛、胁痛、头痛及痛经等。

【常用剂型】片剂、胶囊剂、颗粒剂、滴丸剂、口服液。

【用法用量】口服。片剂：一次4～6片，一日3次，或遵医嘱。胶囊剂：一次4～6粒，一日3次，或遵医嘱。滴丸剂：一次20～30丸，一日3次，或遵医嘱。

保和颗粒

【药物组成】山楂（焦）、六神曲（炒）、半夏（制）、茯苓、陈皮、连翘、莱菔子（炒）、麦芽（炒）。

【功能与主治】消食导滞，和胃。用于食积停滞，脘腹胀满，嗳腐吞酸，不欲饮食。

【常用剂型】颗粒剂、片剂、丸剂。

【用法用量】饭后口服。颗粒剂：一次4g，一日2次，或遵医嘱。片剂：一次4片，日3次。丸剂：水丸一次6～9g，大蜜丸一次1～2丸，一日2次，小儿酌减。

川芎茶调丸（颗粒、散、片）

【药物组成】川芎、白芷、羌活、细辛、防风、薄荷、荆芥、甘草。

【功能与主治】疏风止痛。用于外感风邪所致的头痛，或有恶寒、发热、鼻塞。

【常用剂型】颗粒剂、散剂、片剂、丸剂。

【用法用量】口服。颗粒剂：一次1袋，一日2次，儿童酌减，饭后用温开水或浓茶冲服。片剂：一次4～6片，一日3次。散剂：饭后清茶冲服，一次3～6g，一日2次。丸剂：饭后清茶送服，一次3～6g，一日2次。

【注意事项】孕妇慎用。

小活络丸

【药物组成】制川乌、制草乌、胆南星、乳香（制）、没药（制）、地龙。

【功能与主治】祛风散寒，化痰除湿，活血止痛。用于风寒湿邪闭阻、痰瘀阻络所致的痹证，症见肢体关节疼痛，或冷痛，或刺痛，或疼痛夜甚，关节屈伸不利，麻木拘挛。

【常用剂型】蜜丸。

【用法用量】黄酒或温开水送服。一次1丸，一日2次。

【注意事项】孕妇禁用。

五苓散

【药物组成】炒白术、茯苓、肉桂、泽泻、猪苓。

【功能与主治】温阳化气，利湿行水。用于阳不化气、水湿内停所致的水肿，症见小便不利，水肿腹胀，呕逆泄泻，渴不思饮。

【常用剂型】散剂。

【用法用量】口服。一次6~9g，一日2次。

癃清片

【药物组成】败酱草、白花蛇舌草、金银花、黄连、黄柏、泽泻、车前子、牡丹皮、赤芍、仙鹤草

【功能与主治】清热解毒，凉血通淋。用于下焦湿热所致的热淋，症见尿频、尿急、尿痛、腰痛、小腹坠胀。亦用于慢性前列腺炎湿热蕴结兼瘀血证，症见小便频急，尿后余沥不尽，尿道灼热，会阴、少腹、腰骶部疼痛或不适等。

【常用剂型】片剂。

【用法用量】口服。一次6片，一日2次；重症：一次8片，一日3次。

【注意事项】体虚胃寒者不宜服用。

（二）外科用药

排石颗粒

【药物组成】连钱草、盐车前子、苘麻子、木通、石韦、瞿麦、滑石、徐长卿、忍冬藤、甘草。

【功能与主治】清热利水，通淋排石。用于下焦湿热所致的石淋，症见腰腹疼痛、排尿不畅或伴有血尿；泌尿系结石见上述证候者。

【常用剂型】颗粒剂。

【用法用量】开水冲服。一次1袋，一日3次；或遵医嘱。

京万红软膏

【药物组成】黄连、黄芩、黄柏、栀子、大黄、地榆、槐米、半边莲、金银花、紫草、苦参、胡黄连、白蔹、地黄、桃仁、红花、当归、川芎、血竭、赤芍、木鳖子、土鳖虫、穿山甲、乳香、没药、木瓜、罂粟壳、五倍子、乌梅、棕榈、血余炭、白芷、苍术、冰片。

【功能与主治】清热解毒，凉血化瘀，消肿止痛，祛腐生肌。用于水、火、电灼烫伤，疮疡肿痛、皮肤损伤、创面溃烂。

【常用剂型】软膏剂。

【用法用量】用生理盐水清理创面后，涂敷本品，或将本品涂于消毒纱布上，敷盖创面，用消毒纱布包扎，每日换药一次。

【注意事项】孕妇慎用。

（三）妇科用药

益母草颗粒（膏、胶囊、片）

【药物组成】益母草。

【功能与主治】活血调经。用于血瘀所致的月经不调、产后恶露不绝，症见经水量少、淋漓不净、产后出血时间过长；产后子宫复旧不全见上述证候者。

【常用剂型】颗粒剂、膏剂、胶囊剂、片剂。

【用法用量】口服。颗粒剂：开水冲服，一次15g，一日2次。膏剂：一次10g，一日1~2次。胶囊剂：一次2~4粒，一日3次。片剂：一次3~4片，一日2~3次。

【注意事项】孕妇禁用。

保妇康栓

【药物组成】莪术油、冰片。

【功能与主治】行气破瘀，生肌止痛。用于湿热瘀滞所致的带下病，症见带下量多、色黄，时有阴部瘙痒；霉菌性阴道炎、老年性阴道炎、宫颈糜烂见上述证候者。

【常用剂型】栓剂。

【用法用量】栓剂：洗净外阴部，将栓剂塞入阴道深部，或在医生的指导下用药。每晚1粒。

乌鸡白凤丸（胶囊、片）

【药物组成】乌鸡（去毛、爪、肠）、鹿角胶、鳖甲（制）、牡蛎（煅）、桑螵蛸、人参、黄芪、当归、白芍、香附（醋制）、天冬、甘草、地黄、熟地黄、川芎、银柴胡、山药、芡实（炒）、丹参、鹿角霜。

【功能与主治】补气养血，调经止带。用于气血两虚，身体瘦弱，腰膝酸软，月经不调，崩漏带下。

【常用剂型】丸剂、胶囊剂、片剂。

【用法用量】口服。丸剂：大蜜丸一次1丸，水蜜丸一次6g，小蜜丸一次9g，一日2次。胶囊剂：一次2~3粒，一日3次。片剂：一次2片，一日2次。

八珍益母丸（胶囊）

【药物组成】益母草、党参、白术（炒）、茯苓、甘草、当归、白芍（酒炒）、川芎、熟地黄。

【功能与主治】益气养血，活血调经。用于气血两虚兼有血瘀所致的月经不调，症见月经周期错后、经行量少、淋漓不尽、精神不振、肢体乏力。

【常用剂型】丸剂、胶囊剂。

【用法用量】口服。丸剂：大蜜丸一次1丸，水蜜丸一次6g，小蜜丸一次9g，一日2次。胶囊剂：一次3粒，一日3次。

（四）五官科用药

明目地黄丸

【药物组成】熟地黄、酒萸肉、枸杞子、山药、当归、白芍、蒺藜、煅石决明、牡丹皮、茯苓、泽泻、菊花。

【功能与主治】滋肾，养肝，明目。用于肝肾阴虚，目涩畏光，视物模糊，迎风流泪。

【常用剂型】丸剂。

【用法用量】口服。水蜜丸一次6g，小蜜丸一次9g，大蜜丸一次1丸，一日2次。

藿胆片

【药物组成】片剂：藿香提取物、猪胆粉。丸剂：广藿香叶、猪胆粉。

【功能与主治】芳香化浊，清热通窍。用于湿浊内蕴、胆经郁火所致的鼻塞、流清涕或浊涕、前额头痛。

【常用剂型】片剂、丸剂。

【用量用法】口服。片剂：一次3~5片，一日2~3次，儿童酌减或饭后服用，遵医嘱。丸剂：一次3~6g，一日2次。

口腔溃疡散

【药物组成】青黛、枯矾、冰片。

【功能与主治】清热，消肿，止痛。用于火热内蕴所致的口舌生疮、黏膜破溃、红肿灼痛；复发性口疮、急性口炎见上述证候者。

【常用剂型】散剂。

【用法用量】用消毒棉球蘸药擦患处，一日2~3次。

清咽滴丸

【药物组成】人工牛黄、薄荷脑、青黛、冰片、诃子、甘草。

【功能与主治】疏风清热，解毒利咽。用于风热喉痹，咽痛，咽干，口渴，或微恶风，发热，咽部红肿，舌边尖红，苔薄白或薄黄，脉浮数或滑数；急性咽炎见上述证候者。

【常用剂型】滴丸剂。

【用法用量】含服。一次4~6粒，一日3次。

【注意事项】孕妇慎用。

（五）骨伤科用药

消痛贴膏

本品系藏族验方，由独一味、姜黄等药味加工制成。

【功能与主治】活血化瘀，消肿止痛。用于急慢性扭挫伤、跌打瘀痛、骨质增生、风湿及类风湿疼痛。亦适用于落枕、肩周炎、腰肌劳损和陈旧性伤痛等。

【常用剂型】贴膏剂。

【用法用量】外用。将小袋内稀释剂均匀涂在药垫表面，润湿后直接敷于患处或穴位。每次贴敷24小时。

颈复康颗粒

【药物组成】羌活、川芎、葛根、秦艽、威灵仙、苍术、丹参、白芍、地龙（酒炙）、红花、没药（制）、乳香（制）、黄芪、党参、地黄、石决明、关黄柏、桃仁（去皮）、土鳖虫（酒炙）、王不留行（炒）、花蕊石（煅）。

【功能与主治】活血通络，散风止痛。用于风湿瘀阻所致的颈椎病，症见头晕，颈项僵硬，肩背酸痛，手臂麻木。

【常用剂型】颗粒剂。

【用法用量】口服。一次1~2袋，一日2次，饭后开水冲服。

【注意事项】

1. 孕妇禁用。
2. 消化道溃疡、肾性高血压患者慎服或遵医嘱。
3. 如有感冒、发烧、鼻咽痛等患者，应暂停服用。

骨痛灵酊

【药物组成】雪上一枝蒿、干姜、龙血竭、乳香、没药、冰片。

【功能与主治】温经散寒，祛风活血，通络止痛。用于腰、颈椎骨质增生，骨性关节炎，肩周炎，风湿性关节炎。

【常用剂型】酊剂。

【用法用量】外用。一次10ml，一日1次。将药液浸于敷带上贴敷患处30~60分钟；20天为一疗程。

【注意事项】

1. 孕妇及皮肤破损处禁用。
2. 本品只供外用，不可内服。
3. 用药后3小时内用药部位不得吹风，不接触冷水。

活血止痛散

【药物组成】当归、土鳖虫、三七、乳香（制）、冰片、自然铜（煅）。

【功能与主治】活血散瘀，消肿止痛。用于跌打损伤，瘀血肿痛。

【常用剂型】散剂、胶囊剂。

【用法用量】口服。散剂：一次 1.5g，一日 2 次，用温黄酒或温开水送服。胶囊剂：一次 6 粒，一日 2 次，用温黄酒或温开水送服。

【注意事项】孕妇禁用。

仙灵骨宝胶囊

【药物组成】淫羊藿、续断、补骨脂、地黄、丹参、知母。

【功能与主治】滋补肝肾，活血通络，强筋壮骨。用于肝肾不足，瘀血阻络所致骨质疏松症。

【常用剂型】胶囊剂、片剂。

【用法用量】口服。胶囊剂：一次 3 粒，一日 2 次；4 ~6 周为一疗程；或遵医嘱。片剂：一次 3 片，一日 2 次。

【注意事项】重症感冒期间不宜服用。

第二节　中药商品销售

一、中药商品销售管理知识

（一）销售客户资质管理

药品是用于疾病防治的特殊商品，药品的购入、储存、销售受到国家药品监督管理部门的严格监管。药品生产、经营必须得到国家药品监管部门特许经营许可，并核发《药品生产许可证》、《药品经营许可证》。许可证标明许可的生产、经营范围，企业不得超范围经营。药品生产质量管理规范（GMP）、药品经营质量管理规范（GSP）是国家药品监管部门为了加强药品生产、经营质量管理，保证人民用药安全有效，依据中华人民共和国药品管理法等有关法律法规制定的行业规范性文件。药品经营质量管理规范要求药品批发企业在销售药品时首先要确认购货单位的合法资质。药品批发企业应当将药品销售给合法的药品生产企业、经营企业和使用单位。对购货单位证明文件的有效期、购货单位的购货人员及提货人员进行核实，确保药品销售渠道的合法性和流向的真实性。

药品批发企业在药品销售时应当严格审核购货单位的经营范围，应当按照核准的品种范围向生产、经营企业及医疗机构销售药品，防止超范围经营。

药品批发业务一般是反复往来业务，为了保证药品销售反复往来业务的便利，批发企业质量管理部门建立客户资质档案，在进行药品销售时随时审核客户资质，避免药品销售给无资质客户或超出客户经营范围。

1. 销售客户分类

（1）药品经营企业。

（2）医疗单位。

（3）其他。

2. 销售客户资质审核流程

销售人员填写客户审批/变更表→销售部门经理审批→质量人员审核→质量部负责人审批→客户服务部门在计算机系统生成客户代码并维护客户信息。

3. 销售客户资质包含的内容

（1）《药品生产许可证》或《药品经营许可证》或《医疗机构执业许可证》复印件，加盖客户单位原印章；

（2）《营业执照》复印件，加盖客户单位原印章；

（3）特殊管理药品的《行政许可决定书》复印件，加盖客户单位原印章；

（4）医疗机构《麻醉药品、一类精神药品购用印鉴卡》；

（5）科研、教学单位需用麻醉药品，需要市药监局批准的《购用麻醉药品审批单》，一次性使用；

（6）GSP 或 GMP 证书复印件，加盖客户单位原印章；

（7）采购员或经办人法人委托书及居民身份证复印件，加盖客户单位原印章。

4. 销售客户审批表

（1）商业客户（药品）审批/变更表

申请部门：　　　　　　　　　　　　　　　　申请日期：

客户代码		客户类型		发票类型	
企业名称					
客户情况					
注册地址					
送货地址		收货人			
所属地区					
营业执照号		有效期			
		年检截止日期			
药品经营/生产许可证号		有效期			
GSP 证号		有效期			
GMP 证号		有效期			
法定代表人		企业负责人			
经营范围					
销售蛋白同化和肽类激素许可		有效期			
销售保健食品许可		有效期			
联系人		联系人电话			
税务名称		税务地址			
税号		账号			
开户行		财务电话			
申请人		申请人电话			

销售部经理意见		销售部经理签字	
			日期：
质量监督部 审核结果		质量监督部 审核人	
			日期：
质量监督部 负责人意见		质量监督部 负责人签字	
			日期：
运营管理部 信息维护		运营管理部 维护人	
			日期：

（2）医疗客户审批/变更表

申请部门：　　　　　　　　　　　　　　　　　　　　申请日期：

客户代码		发票类型	
客户名称			
客户情况		经营性质	
注册地址			
送货地址		收货人	
所属地区			
营业执照号（营利性）		有效期	
		年检截止日期	
医疗机构号		有效期	
法定代表人		企业负责人	
联系人		联系电话	
申请人		申请人联系电话	
销售部 经理意见		销售部 经理签字	
			日期：
质量监督部 审核结果		质量监督部 审核人签字	
			日期：
质量监督部 负责人意见		质量监督部 负责人签字	
			日期：
运营管理部 信息维护		运营管理部 维护人	
			日期：

5. 客户资质审核要点

（1）医疗客户

①营利性医疗客户具有《医疗机构执业许可证》及《营业执照》。

审核要点：营业执照年检日期，许可证有效期，执照与许可证的法人、地址应一致，如不一致需要变更记录。

②非营利性医疗客户具有《医疗机构执业许可证》。

审核要点：许可证有效期。

购买麻精药品客户除符合以上①②外，还需要《麻醉药品、第一类精神药品购用印鉴卡》及采购员的身份证复印件。

（2）药品经营企业

①批发企业具有《药品经营许可证》、《营业执照》、《GSP 证书》。

审核要点：营业执照年检日期，许可证有效期及经营范围，GSP 证书有效期，执照与许可证的法人应一致，执照、许可证、GSP 的地址应一致，如不一致需要变更记录。

②零售企业具有《药品经营许可证》、《营业执照》、《GSP 证书》。

审核要点：营业执照年检日期（个体商户年检日期为每年 1～3 月份），许可证有效期及经营范围，GSP 证书有效期，执照与许可证的法人应一致，执照、许可证、GSP 的地址应一致，如不一致需要变更记录。

（3）部队编制单位用药　凭《对外有偿服务执业许可证》或单位介绍信购药。

审核要点：对外有偿服务执业许可证有效期，单位出具介绍信的客户介绍信需包含以下内容：委托指定采购员，购买药品的品名、规格、数量，所购药品的用途，并注明不对外销售，并附采购员军官证复印件。介绍信客户可以购买普通药品，特殊药品须由上级单位批准开具允许其下属单位购买的证明方可购入。

（4）药品生产企业　具有《药品生产许可证》、《营业执照》、《GMP 证书》。

审核要点：营业执照年检日期，许可证有效期及生产范围，GMP 证书有效期，执照与许可证的法人应一致，执照、许可证、GMP 的地址应一致，如不一致需要变更记录。生产企业可以购买原料药、本企业所售药品及实验所用药品。实验用药还需出具介绍信，包含以下内容：委托指定采购员，购买药品的品名、规格、数量，所购药品的用途，并注明不对外销售，并附采购员身份证复印件。

（5）教学、科研单位因工作需用特殊药品　审核要点：须有省级药品监督管理局批准的《特殊药品一次性购用证明》。

（6）购买第二类精神药品及含特殊药品复方制剂的客户　审核要点：需提供指定采购人员的委托书及身份证复印件。

（7）购买终止妊娠药品的客户　审核要点：医疗客户须有《母婴保健技术服务执业许可证》。

（8）购买麻醉药品、第一类精神药品、第二类精神药品及含特殊药品复方制剂的客户　审核要点：不允许现金结账。

6. 建立客户资质档案

（1）纸质档案　为了便于客户资质档案的查阅，将收集的客户资质整理归类，并装订成册，建立检索目录，便于查找。档案的内容包括：

①目录；

②客户审批\变更表；

③营业执照复印件；

④许可证复印件；

⑤特殊管理药品的《行政许可决定书》复印件；

⑥医疗机构《麻醉药品、一类精神药品购用印鉴卡》；

⑦GMP、GSP证书复印件；

⑧采购员或经办人法人委托书及居民身份证复印件；

⑨其他有关资料。

（2）电子档案 有条件的批发企业应建立客户资质的电子档案，电子档案有以下几项优点：

①便于质量人员日常查阅；

②系统可根据设定的时限，自动提醒客户证照到期时限；

③与企业的计算机开票系统关联，销售开票时可随时提醒销售客户的状况，对资质过期、超经营范围购买予以锁定，避免向资质过期、无经营资质的企业销售药品；

④有利于客户资质的监管、追溯。

（二）销售开票及票据管理

药品经营质量管理规范要求企业销售药品时，必须开具合法票据，做到票、账、货相符。

销售票据填写内容包括通用名称、规格、剂型、批号、有效期、生产厂商、购货单位、出库数量、销售日期、出库日期等内容。销售特殊管理的药品、含特殊药品复方制剂时，应当严格按照国家有关规定执行。

销售中药材，销售票应当包括品名、规格、产地、购货单位、销售数量、单价、金额、销售日期等项内容；销售中药饮片，销售票应当包括品名、规格、批号、产地、生产企业、购货单位、销售数量、单价、金额、销售日期等项内容。

各种票据应做到真实、完整、准确、有效和可追溯。通过计算机系统开票时，有关人员必须通过授权及密码登录后方可进行操作；数据的更改应当经质量管理部门审核并在其监督下进行，更改过程应当留有记录。票据应当及时填写，并做到字迹清晰，不得随意涂改、撕毁。

1. 销售开票

（1）销货票 企业销售部门接到客户订单后，须开具销货票。销货票，一式三联或四联。第一联业务联，药品保管员凭此联拣选备货；第二联随货联，交客户，用于到货验收；第三联财务记账及签字回执联，为会计记账用；第四联其他联由销售员留存，用于与客户对账等。

①具体步骤：当接到客户订单后，须立即填写销货票。

A. 销货票要求依次填写商品编号、品名、批号、数量、单位、单价、合计金额等项目。

B. 分票员按要求将票据分开，业务联交药品保管员拣选备货，随货联和财务记账及签字回执联交送货员，客户凭随货联验货接受，并在财务记账及签字回执联签字，由送货员带回交财务部门确认、记账。

C. 销售员持其他联，便于整理、对账、收款。

②销货票式样

公司销货票

业务联　　　　税务登记号：

开票日期　　　年　月　日　　　　　　　　No：

付款单位				销售号	
货号	通用名	商品名	规格	单位	数量
生产厂家		单价		金额	
批准文号		大写金额			
生产批号		税金		税率	
有效期		不含税售价		扣率	
生产日期		批发价		批价总额	
包装规格		零售价		零售总额	
出库件数		流通监管码			
备注					
开票人	复核人	经办人	发货人		

(2) **退货票**　商品销售后，由于种种原因退回，要填写销后退回通知单，经核查确实为本公司销售的货物方可同意退货，业务部门开具退货票。退货票格式一般与销货票格式相同，只是数量及金额栏为负数。

销后退回通知单

No：

退货单位		退货方式		退货日期		原购货日期	
通用名称		商品名		剂型		规格	
生产厂家		产品批号		退货数量			
退货原因							
业务部门负责人意见				签字：		年　月　日	
质量管理部门意见				签字：		年　月　日	
质量负责人意见				签字：		年　月　日	

业务员：　　　　　　　　　　　　　　填报日起：　年　月　日

(3) **开具发票**

销售经营中所用的发票有通用发票及增值税专用发票，均为国家法定票据。

①通用机打发票：发票一式三联，第一联为存根联，第二联为发票联，第三联为记账联。为了工作方便，发票联也可以与销售票一同打印。

A. 发票填写如下：

a. 先填写发票抬头，即购物单位或购物人名称。

b. 依次填写商品编码、品名、规格、单位、数量、金额等栏目。

c. 计算总金额，并用阿拉伯数字在小写金额栏处填写合计金额，阿拉伯数字顶头处写上“￥”符号，同时在大写金额栏处填写合计金额。大写壹、贰、叁、肆、伍、陆、柒、捌、玖、拾，填写开票时间、制表人。

d. 将发票联递交客户，存根联自己留存，记账联交会计记账。

B. 通用机打发票样式：

国家税务局通用机打发票

发票联　　　　发票代码

发票号码

开票日期　　年　　月　　日

付款单位				销售号	
货号	通用名	商品名	规格	单位	数量
生产厂家		单价		金额	
批准文号		大写金额			
生产批号		税金		税率	
有效期		不含税售价		扣率	
生产日期		发票专用章		批价总额	
包装规格		零售价		零售总额	
出库件数		流通监管码			
备注					
开票人	复核人	经办人	发货人		

②增值税专用发票：发票一式三联，第一联为发票联，第二联为抵扣联，第三联为记账联。

增值税专用发票式样：

增值税专用发票

发票联　　　　No：

开票日期

购货单位	名称 纳税人识别号 地址、电话 开户行及账号	密码区	

<table>
<tr><td colspan="2">货物或应税劳务名称
(详见销货清单)

合计</td><td>规格型号</td><td>单位</td><td>数量</td><td>单价</td><td>金额</td><td>税率</td><td>税额</td></tr>
<tr><td colspan="2">价税合计(大写)</td><td colspan="7">(小写)</td></tr>
<tr><td>销
货
单
位</td><td colspan="4">名称
纳税人识别号
地址、电话
开户行及账号</td><td>备注</td><td colspan="3"></td></tr>
</table>

收款人　　　　复核人　　　　开票人　　　　销货单位(章)

③销售发票开具要求:发票是国家法定票据,开具发票时必须注意:A. 字迹清楚;B. 不得涂改;C. 项目齐全;D. 票物相符、票面金额与实际收取金额相符;E. 各项目内容正确无误;F. 全部联次一次填开,上下联的内容和金额一致;G. 发票联加盖财务章或发票专用章;H. 妥善保管好发票,如有丢失或毁损,应及时到税务部门办理挂失或作废手续。

(4) 销货清单　销售清单一式两联,第一联销售方留存,第二联送购买方。

销售货物或者提供应税劳务清单

购买方名称

销售方名称

所属增值税专用发票代码

共　页第　页

序号	货物名称	规格型号	单位	数量	单价	金额	税率	税额
小计								
总计								
备注								

备注销售方(章)

2. 票据管理相关知识

(1) 专用发票的保管规定　发票应视同现金一样管理,发票丢失所造成的损失远大于现金丢失,具体管理要求如下:设专人保管;设专门存放场所。

(2) 支票使用相关知识

①支票是出票人签发的,委托办理支票存款业务的银行或者其他金融机构在见票时,无条件兑付确定金额给收款人或者持票人的票据。

②开立支票存款账户的申请人必须使用其本名,并提交证明其身份的合法证件。开立支票存款账号和领用支票,应当有可靠的资信,并存入一定的资金。开立支票存款账户的申请人应当预留其本名的签名式样和印鉴。

③支票分为普通支票、现金支票和转账支票三种。

普通支票：只能用于支取现金，亦可用来转账。

现金支票：只能用于支取现金。

转账支票：只能用于转账，不能用于支取现金。

我国一直采用的是现金支票和转账支票。

④在实际工作中，为了发挥支票灵活便利的特点。有两项绝对应记载事项可以通过授权方式记载。

关于支票金额授权补记：在使用中，往往发生难以确定支票金额的情况，如果确定一个固定金额，就会发生所载金额与所用金额不一致的情况，给支票使用人造成极大不便。所以可以授权补记金额。

关于收款人名称的授权补记：在使用中，出票人往往不能事先确定收款人，为了方便，经出票人授权可以补记。

在实际工作中，单位签发支票向其开户银行支取现金，可在支票上记载自己为收款人。

⑤支票的出票人所签发的支票金额超过其付款时在付款人处实有的金额，为空头支票。禁止签发空头支票。

⑥支票的出票人不得签发与其预留本名的签名式样或者印鉴不符的支票。

⑦出票人必须按照签发的支票金额承担保证向该持票人付款的责任。出票人在付款人处的存款足以支付支票金额时，付款人应当在当日足额付款。

⑧支票限于见票即付，不得另行记载付款日期，另行记载付款日期，该记载无效。

⑨支票的持票人应当自出票日起10日内提示付款（如到期日遇节假日则顺延）；超过提示付款期限的，付款人可以不予付款；付款人不予付款的，出票人仍应当对持票人承担票据责任。

⑩法律责任

A. 票据欺诈行为的法律责任：有下列票据欺诈行为之一的，依法追究刑事责任或给予行政处罚：伪造、变造票据的；故意使用伪造、变造票据的；签发空头支票或者故意签发与其预留的本人签名式样或印鉴不符的支票，骗取财物的；签发无可靠资金来源的汇票、本票，骗取资金的；汇票、本票的出票人在出票时作虚假记载，骗取财物的；冒用他人的票据，或者故意使用过期或者作废的票据，骗取财物的；付款人同出票人、持票人恶意串通实施前述行为之一的。

B. 金融机构工作人员违法行为的法律责任：金融机构工作人员在票据业务中玩忽职守，对违反票据法规定的票据予以承兑，付款或者保证的，给予处分；造成重大损失构成犯罪的，依法追究刑事责任。

由于金融机构工作人员因上述行为给当事人造成损失的，由该金融机构和直接责任人员依法承担赔偿责任。

C. 票据付款人违法行为的法律责任：票据付款人对见票即付或到期的票据，故意压票、拖延支付的，由金融行政管理部门处以罚款，对直接责任人给予处分。

D. 其他违法行为的法律责任：依照我国票据法规定，承担赔偿责任以外的其他违反规定的行为，给他人造成损失的，应当依法承担民事责任。

（三）销售记录

将药品购销情况以一定的形式记录下来，既可作为财务核算的依据，同时也是GSP所规定的内容。

GSP要求流通过程的进、销、存应有按批号可追踪的原始记录，强调对经营商品必须有质量标准，并建立质量档案。

记录是工作程序的真实记载，反映着工作的质和量。商品流通过程伴随大量单据的流转，这些单据记载的是货物流向的时间、地点、品名、规格、数量、厂家、价格、金额等，工作人员可以依据这些单据了解控制商品流转的情况。GSP要求企业应当建立药品购进、验收、销售、出库、养护检查、退回、运输配送、储运温湿度监测、不合格药品处理等相关记录，按规定保存有关凭证，做到真实、完整、准确、有效和可追溯。记录及凭证应当保存至少5年。疫苗、特殊管理药品的记录及凭证按相关规定保存。

使用计算机系统记录数据的，应当制订系统操作规程，确保数据的真实、完整、准确、安全、可信。电子记录数据应当以安全、可靠方式进行备份，确保记录数据的安全，数据资料在保存期内应当便于查阅。电子数据录入相关岗位操作人员应当通过授权及密码登录计算机系统，进行数据的录入；记录数据的更改应当经质量管理部门审核后监督执行，并留有更改的记录。

1. 记录（凭证）填写注意事项

（1）内容真实，记录及时；不得超前记录和回忆记录。

（2）字迹清晰，不得用铅笔或圆珠笔填写。

（3）不得撕毁或任意涂改文件，需要更改时不得用涂改液，应划去后在旁边重写，签名并标明日期。

（4）按表格内容填写齐全，不得留有空格，如无内容填时要用“1”表示，以证明不是填写者疏忽，内容与上项相同时应重复抄写，不得用“、、”或“同上”表示。

（5）商品品名、生产厂家、购进和销售单位名称等不得简写。

（6）操作者、复核者均应填全姓名，不得只写姓或名。

（7）填写日期一律横写，并不得简写。如2012年5月20日，不得写成“2012”、“20/5”、“5/20”。

2. 销售记录表格式

药品销售记录

No：

销售日期	药品通用名（商品名）	剂型规格	生产厂家	批准文号	生产批号	有效期	购货单位	单价	数量	备注

3. 相关记录表格式

验收入库记录

No：

验收日期：　　年　　月　　日

到货日期	品名	规格	单位	数量		供货单位	生产企业	批准文号	生产批号	有效期	检验报告	合格证	质量状况	验收结论	验收员	备注
				到货	实收											

库存药品养护检查记录

No：

存货仓库　　　　检查日期：　　年　　月　　日

检查品规总数	有质量问题		质量检查小结
	品规数	占检查品规百分比（%）	

养护品种明细表

货号	药品通用名（商品名）	规格	生产厂家	生产批号	批准文号	有效期	单位	数量	质量情况	处理意见	养护员

库存商品明细账

No：

编号：

品名规格：________　　批准文号：________　　生产单位：________

生产批号：________　　生产日期：________　　有效期：________

进　　价：________　　售　　价：________　　计量单位：________

年		购销单位摘要	收入数量	发出数量	结存数量	收（发）货人	质量情况	质量复核员	备注
月	日								

近效期药品催销表

No：

制表日期：　　　　年　　月　　日

品名	剂型规格	单位	数量	批号	有效期限	生产企业	储存仓位	备 注

注业务主管：　　　　　　　　　　　　　　　养护员：

注：一式三联：留存、业务或柜组、质管各备一联。

不合格药品登记表

No：

日期	药品通用名（商品名）	剂型规格	单位	数量	生产批号	生产厂家	供货单位	不合格原因	处理结果及时间	经手人

二、市场信息收集知识

中药购销信息系统包括中药信息资料的收集、处理、传递、储存、提供等几个过程。中药企业应该建立专门的信息管理部门，配备计算机专门工作人员，加强对中药购销信息管理，形成每个阶段都能灵活、有效地运行，互相协调，准确通畅的信息渠道。

（一）中药市场信息的来源

1. 国内信息源

（1）党政机关　我国实行的是以公有制为主体的市场经济，党政机关是政治、经济、法律等方面信息的主要发源地。党的全国代表大会，全国人民代表大会及其常务委员会，国务院以及各部、委、办、省、市、自治区的各类会议，都从不同的角度、不同的范围，以文件、决议、报告、计划、公报、预决算等形式，发出关系到中药市场的一些信息。

（2）上级主管部门　中药企业上级主管部门，是本行业市场信息的主要来源。他们根据国家的经济社会发展规划，规定本行业发展的方向、目标、措施等。这些信息对中药企业的投资方向、产品的发展方向等都具有重要的指导意义。

（3）药材交易市场　药材交易市场不仅是药材、饮片、中药商品相对集中的场所，而且也是中药信息汇集的地方，几乎可以说药材交易市场的每一个角落、每一个人身上都蕴藏着丰富的信息。了解药材交易市场上的信息可以通过两个方面：一是亲临现场进行实地考察；二是参考有关药材交易市场的行情报道。

（4）药材交易会　“药交会”也是中药市场的一种。在这个市场上，各地药材公司、中药企业、个体经营者都在相对集中的时间内汇集，各类参加人员通过交谈、观察、讨价还价等方式，可以获得不少有价值的信息。对这些信息进行综合分析，可以预测某些中药的行情变化趋势。“药交会”往往是一些中药价格变化的转折点，应注意收集药交会情报信息。

(5) 舆论宣传工具　主要是指报纸、杂志、广播、电视四大类型。他们通过自己专门的渠道，利用记者特殊的身份和特有的敏感性，搜集到许多其他部门不注意或了解不到的信息，特别是中药专业方面的报纸、杂志，更是中药企业获取市场信息的主要来源。

(6) 中药产地　在产地，可以了解到各种中药的产量是增加还是减少，是旺销还是滞销，价格是升高还是降低，有助于中药市场行情的预测，可用来指导企业的经营活动。因此，中药货源产地的信息对于经营者来说也是不可忽视的。

(7) 销售地区　任何一个高明的经营者，在经营过程中，既不能放弃在中药产地了解信息，也不会忽视销售地的信息。在销售地通过与用户直接接触，可以及时了解到市场上各种中药的需求情况，然后进行归纳分析、去伪存真，并以此为依据为企业做出正确的经营计划。

(8) 竞争对手　在中药市场上，各中药企业之间必然地会形成相互竞争的局面，商品经济越发展，竞争就越激烈。在参与市场竞争的过程中，各企业都会采取一些行之有效的策略，每一种策略都会从不同的角度反映出市场的需求。在竞争中，注意吸收对手的新鲜东西，有助于把握市场竞争的主动权。

(9) 各类中药学术、科研、教学机构　各地的中药学会、中药研究所、中医药院校，都集中了大量的各方面的中药优秀人才，在其学术会议、研究成果和论文中，都包含有大量的中药市场信息，这些信息一般都具有实用性、超前性等特点，应注意搜集和整理。

(10) 银行系统　银行系统通过自己的业务活动，掌握着社会、企业的资金流向和流量，为了提高其贷款的经济效益，要对企业的市场营销状态和发展方向进行了解和预测，中药企业可以将此作为开展市场营销活动的参考。

2. 国际信息源

国际社会对天然药物的重视日益加强，我国中药商品的出口量也逐年增加。为了使中医药在世界范围内更加发扬光大，应在加强中药质量管理的前提下，想方设法扩大中药的国际市场范围。为了达到这一目的，首先就应该全面了解国际中药市场方面的信息。一般说来，了解国际中药市场信息的途径有以下几种：

(1) 各国药品营销管理部门　各个国家对中药经营，特别是对中药进口都有严格的规定，包括中药品种、农药残留量限制、重金属含量限制等等。在进行中药的国际贸易时，必须对此有所了解。

(2) 外国客户和中间商　通过对国外客户和中间商的实地调查，可以直接了解他们对中药产品的要求、购买习惯和使用习惯、销售渠道和市场供应等多方面的信息。但这种调查费用较高。

(3) 出、入境人员　从出、入境人员那里可以了解到中药在国外的使用情况，据此可以帮助中药企业决定产品的品种、质量、价格、销售渠道和促销方式等等。

(4) 外国的传播媒介　从外国的报纸、书籍、专业期刊、动态公报、广播、电视等传播媒介中，可以了解到多方面的中药市场信息，从而为中药企业开展国际市场营销提供依据。

(5) 国内的驻外机构 国内的驻外机构在其工作中可以系统地收集外国的中药信息资料，为国内中药企业开拓国际市场服务。

(6) 外国的专业咨询机构 这些咨询机构可按中药企业的要求提供有关信息，准确性比较大，但费用较高。

(7) 国际性的商品交流活动 世界各国为了扩大商品交流，要组织各种类型的交易会、博览会等，例如我国每年就在广州举办两次出口商品交易会。中药企业参加这些交易活动，可以获取多方面的国际中药市场信息。

(二) 中药市场信息收集的方法

从中药市场信息的来源可以看出，中药企业得到的信息可以分为两大类：第一手信息和第二手信息。前者是到实际系统中如市场中直接搜集得到的，数量较少；后者是指公开的、已有的各种资料，数量较多。根据信息的来源与存在方式的不同，可以将搜集中药市场信息的方法分为以下几类：

1. 调查法

是由中药企业的供销人员直接到药材部门、药材交易市场、中药厂等进行实地考察而得到的中药市场信息。用此法得到的信息比较准确，普遍为各中药企业所采用。

2. 索取法

主要是向上级主管部门索取统计资料、会计资料和业务报表等一些综合性的资料。此法比较经济，但很难直接应用于营销决策之中。

3. 交流法

各中药企业都掌握有一定数量的市场信息资料，可以通过内部刊物或供销人员间的直接接触进行相互交流，能够起到互相补充、取长补短的作用。这种方法经济实用，但需要建立广泛的联系，才能保证市场信息的来源。

4. 购买法

即通过付款的方式，从有关部门取得中药市场信息。这种方法需要一定的费用，但得到的信息既快又准。

5. 摘录法

即将散在于各种报刊、书籍中的中药市场信息，通过剪贴、复印、摘抄等方式搜集起来。它是中药企业获取市场信息的一种重要方法。

6. 收看、收听法

即在看电视、听收音机的过程中，发现有关中药市场信息，随时记录下来，然后加以整理。

7. 网络查询法

利用因特网查询收集信息，也是一种现代快速简易的手段。

8. 注意事项

搜集中药市场信息的方法虽然有多种，但在实际应用过程中，要根据当时的条件和应用目的来进行适当的选择。当然，在多数情况下需要将以不同的方法取得的中药市场信息，进行比较分析，相互间加以印证，以确保信息的准确性。

（三）中药市场信息的分析与处理

1. 分析信息的准确性

得到中药市场信息以后，首先要分析其准确性到底如何。因为准确是信息的生命，市场信息的准确性，直接关系到中药企业营销决策的成败。信息的准确性包括两个方面：一是信息获得渠道的可靠性；二是信息具体内容的准确性。

2. 分析信息间的相互关系

从不同渠道获得的各种中药市场信息，相互之间并不是孤立的，通过分析找出它们之间的内在联系，可使信息起到相互印证、举一反三的作用。

3. 分析信息的变化规律

中药市场信息每时每刻都在发生着变化，通过对在较长时间内积累起来的信息资料进行分析，可以总结出市场信息变化的规律性。据此可以分析找出引起其变化的原因，并通过对变化规律的认识和掌握，来把握变化趋势的转折点，为正确作出市场营销决策打好基础。中药市场信息的变化规律可以分为3种类型：一是波动性变化，如有些药材的销售价格常随季节的转换而发生高低变化；二是趋势性变化，如某些中成药的销售量，因外界因素的变化，在一定时间之内呈现出上升或下降的趋势；三是不规则性变化，有些信息变化的方向、内容无规律可循，但在一定时间内出现这样的情况也是有规律的。

4. 中药市场信息的加工处理

进行中药市场信息加工处理的方法，可以分为两类，即组织处理和技术处理。

（1）组织处理　所谓组织处理就是将所获得的中药市场信息进行组织、归纳、分类等，使原来比较粗糙、松散的信息，变为能满足需要和使用方便的信息。其主要的工作就是筛选、分类、编校、列表画图等。

①筛选：即把所搜集得到的信息，根据其重要性、准确性等加以选择，去除那些不重要、可信度低的信息，以免信息过多影响决策效率。

② 分类：在获得信息的数量较多时，就要根据决策的需要，将它们按一定系统加以分门别类，以利于抓住问题的实质。在进行分类时，要力求详细，以便能充分反映被调查问题的情况。

③ 编校：即把所得到的中药市场信息进行编排和校正，做到顺序有致、便于查找，使其既能保证各方面的需要，又能准确无误。

④ 列表画图：即将各种数字性的中药市场信息资料，用表格或图形形式表现出来，使其明显直观、一目了然。

（2）技术处理　在所获得的市场信息中，一些历史的数字资料有时不能令人满意，例如，时间序列数据起伏过大，主要的影响因素数据与预测对象数据的相关系数太小等等。如果以这种不规则的数据为依据进行预测或决策，必然会影响结果的准确性，这时就需要对其进行技术处理。技术处理的主要方法有：

① 剔除法：就是将那些不能如实反映对象的正常发展趋势的数据剔除掉。此法只能在数据较多时才能使用，并且剔除的数据也只能是个别的。

② 还原法：就是把受偶然因素影响的数据处理成在正常情况下表现出来的数据。还原法在运用中又有许多具体的方法，其中最简单的是算术平均法。就是利用被还原数的前

后两项的算术平均数作为还原数。

(四) 中药市场信息的传递

中药市场信息的传递是指从搜集到使用过程的中间环节。由于传递的质量高低直接影响到信息本身的价值，因此信息的传递在中药市场信息工作中占有相当重要的位置。目前中药市场信息的传递方式主要有以下几种：

1. 书信式 就是把市场信息以文字材料的形式，邮寄给信息接收者。这种传递方式费用低、信息量大、不易发生理解错误，但传递速度慢，有时还会发生丢失现象。主要适用于那些时间性要求不强或要求使用原件的市场信息。也可以通过电子邮件的方式，将信息传递给信息接收者，这种传递方式传递速度快、信息量大，是目前的主要传递方式。

2. 电话式 即在电话上通过直接对话来相互传递市场信息。这种传递方式速度快、阐述问题清楚，但费用高、保密性差，并且如果不是直拨电话，只有通过话务才能接通，所需时间长、通话率也较低，从而严重影响市场信息的传递效率。

3. 电报、传真式 即通过电报、传真来传递市场信息。这种传递方式速度快、覆盖面广、接收者不必在现场接收，但费用高、信息量小，复杂的市场信息内容不易解释清楚。电报还具有保密性差的缺点。

上述市场信息的3种传递方式各有利弊，中药企业在具体应用时，可以根据自身的条件适当地进行选择。

第三节 售后服务

售后服务是医药商业企业经营管理的重要环节之一，必须注重售后服务质量，特别应该禁忌忽视售后服务的做法，以防失去现有的市场。

一、用户来信来电的处理

用户来信、来电的处理，是售后服务的一项重要内容。对用户的来信、来电处理不当，会损害企业的声誉，甚至会导致诉讼风波。因此，企业要建立信访制度，设立专职或兼职的信访接待员，负责处理用户来信、来访、来电。其一般操作程序如下：

接待、记录：对来信、来电，要进行登记、编号；对来访者要热情、礼貌，并做好来访记录。

接待人员有权并有能力处理的要以认真负责的态度处理来信、来访、来电，并迅速作出回复，接待人员无权限或难以处理的，则立即报告主管，由主管处理。要将用户来信来访来电所反映的问题，做好综合分析工作，及时转给有关领导。

客户来电来信登记表 No：

客户姓名		住址		联系电话	
来电、来信内容					
处理					

接收信息人		日期	
结果反馈		日期	

二、来访者的接待及接待技巧

来访者接待是售后服务的一项重要内容，更是一种理念，一种服务，一种文化。因此，接待人员在面对来访客户的时候，需要与之沟通的不仅仅是商品，更重要的是要沟通精神，沟通理念，沟通人文关怀，沟通服务和承诺。

1. 要熟悉商品和服务的相关业务技术，提高自身素质水平

业务员在面对客户时，他的知识越广博，对产品的相关知识越熟悉，对现代公关技巧越了解，对出售商品也就是出售服务的理念越认同，那么，他的言语、行动，就会在更高的层次上影响和说服客户，使沟通在无形中实现。

因此，接待人员除了要学习自己所经营的商品的业务知识之外，还要学习公关的有关知识，学习消费心理方面的知识，学习服务方面的知识，甚至要提高自己的文学水平、艺术欣赏水平、语言水平。

2. 具有热情开朗的社交能力

来访接待人员面对的是各种各样的客户，其职责就是为企业或客户建立一个“人和”的环境。因而，接待人员必须具备与各种不同国籍、不同民族、不同职业、不同阶层、不同性别、不同年龄及不同生活背景的各种各样的人士进行交往沟通，建立感情联系的能力；同时还应处理好各种微妙的人际关系，善于清除各种人际障碍和协调各种人际冲突；并要善于适应各种人际关系环境，进一步为自身的工作创造一个各方支持的人际环境；最后，推销人员还需掌握各种人际关系的测量技术，掌握人际关系的礼仪，等等。没有高超的社交能力，决不能在这错综复杂的社会环境中取得主动权并稳操胜券。

社交能力不是天生的，是在工作实践中逐步培养的。要培养高超的交往能力，就必须努力拓宽自己的知识面，同时要掌握必要的社交礼仪、礼节常识，如日常交往、聚会时的礼仪、礼节等。

在日常社交中应注意：①端正与他人交往的心态，以平等互惠的心态待人。有这种心态的人认为，人与人之间的交往无论职权大小，地位高低，年长年幼，学识多少，在人格上都是平等的。交往是一种互惠互利的行为与需要。任何人都需要别人的帮助，而且也需要帮助别人。②以诚相待，以信为本。诚恳的态度，开诚布公的做法，信守诺言的原则是进行人际交往的基础。尽管目前面临的社会关系越来越复杂，尽管有各种关系的处理策略与技巧，但以信为本、坦诚相待的原则不能变。中国有句古话“心诚则灵”，实际上，在与客户沟通时，只要自己能诚心诚意待人，与人为善，把客户的事当自己的事办，沟通就能很快实现。对客户的抱怨、指责、投诉要认真负责地接待受理，耐心听取客户的意见。因为这是使企业与推销立于不败之地的基石。③学习和掌握待人接物的知识与技巧。在接待活动中，人际关系的交往有体态、服饰、语言和动作等方面的礼节。接待人员在与人交往中应全面学习这些礼节。④培养与磨炼性格，使自己成为有人缘的人。性格决定了人际关系的类型。有些人心胸狭窄，说话尖酸刻薄，爱给人难堪；有的人遇事斤斤计较，常使人觉得难以相处。这是属于冷漠型性格的人。接待人员不应成为这类人，而应时刻注意自己的性格培养，使自己成为爱好广泛、为人随和、热心相助、遇事大度的人。

3. 要谦虚谨慎，充分尊重客户

在与客户沟通时，讲文明，懂礼貌，谦虚谨慎，态度热情，就会赢得客户的尊重和爱戴。反之，不注意言行举止，或礼貌不周，就会得罪客户，失去市场和朋友。因此，接待客户时，首先要做好有关的准备工作。最好能先理发、修面、剪指甲，注意衣着是否整洁。要整理好场所，保持干净。客户到时，要让茶，并最好双手送上。天气炎热时，可递给客人凉毛巾擦脸；冬天，要先送上热茶。同时，要因人而异，以亲切而诚恳的态度，营造比较好的氛围，使客户心情舒畅，达到气氛融洽，从而能转入正题，得到客户的理解，有利于问题的解决。

交谈时，不能频繁看表，不要打呵欠，以免对方误解是在下“逐客令”。还要做好送客工作。客人告辞时，主人应婉言相留，客人执意要走，也要等客人起身时，主人再站起身相送。如果不是常客，一定要把客人送到门口，亲切道别。

客户来访接待记录 No：

序号	日期	来访原因	来访者姓名	联系住址电话	处理结果	经办人	备注

三、拜访客户，建立客户拜访记录

1. 坚持拜访客户

药品销售活动中，一旦与客户建立业务关系，一般都具有稳定性、长期性。所以，销售者在完成销售后应继续跟踪客户，并建立拜访记录，这是一种明智的策略。一笔销售成交不是推销活动的简单终止，推销员应当本着来日方长的观点，将成交作为推销工作的新起点。因此，在激烈的市场竞争中，推销人员能否保持和重视与客户的联系，能否为客户提供满意的服务，是关系到推销活动能否持续发展的关键。一位推销员要想与那些优秀的推销员竞争，就应该多关心你的客户，让客户感觉到你是他可靠的朋友。你应当建立一种信心，让他永远不能忘记你的名字，你也不应该忘记客户的名字。你应确信，他会再次光临，他会给你介绍更多的朋友。要做到这一点，你必须继续和客户保持紧密的联系，为其提供优质的服务。

坚持客户拜访的主要作用有以下几个方面：

一方面，有利于了解客户对产品的使用情况，了解客户对所购商品的满意程度。这些对商品使用情况的反馈信息，将对企业改进产品、研制市场需要的新产品、满足客户需要起到重要作用，也为企业制订正确的经营决策提供可靠的依据；了解客户的新需求，进一步拓展业务；了解客户的满意度，进一步改进工作。

另一方面，有利于和客户巩固友谊，使推销员成为客户可信任的朋友，有利于今后开展推销工作。当推销人员取得客户信任时，客户就会成为推销人员长期的合作伙伴，忠诚的老客户。另外，达成交易后，推销人员继续和客户联系、取得客户的信任时，客户会把他的朋友介绍给推销人员，使其成为推销人员的新客户。如果通过一笔生意，取得客户好感，并由此而获得更多的新客户，带来更多的生意，那么推销人员的收获就远远超过一笔生意所带来的好处，达到事半功倍的目的。

推销人员与客户加强联系的方式有多种：①可以通过书信往来、电话联系，在节日或客户的特殊纪念日寄赠贺卡、登门拜访等方式，加强和客户的联系，这样一方面可以加深感情，又可以随时了解客户对商品使用方面的建议和对公司的意见等等。②可以通过售后服务的方式，加强与客户的联系。③可以通过邀请客户参加公司的一些重大喜庆活动，或者寄送有关资料等方式来加强和客户的联系。

总之，推销人员搞好售后服务工作，就如同给客户吃了一颗定心丸，使客户有一种安全感，得到客户的信任，从而增强企业信誉，扩大销售，提高企业的经济效益。因此，作为一名推销人员，应该认真对待售后服务，不断提高售后服务的质量，从客户的需要出发，研究和创造具有特色的高质量服务，赢得更多的客户。

2. 客户拜访内容

客户拜访内容是多方面的，一般包括：了解客户新的需求，寻求业务拓展；推介新品种，扩大销售业务；了解本企业供应商品的使用情况，调整市场销售策略；了解本企业供应商品的质量情况，及时向生产企业反馈质量信息；了解送货服务情况，不断改进服务，赢得长期合作；处理退换货业务，取得客户信赖；与客户上级领导沟通，取得更多支持；了解客户困难，提供力所能及的帮助；其他与业务相关的内容。

3. 做好拜访记录，以便总结经验，以利开展工作

客户拜访记录 No：

序号	日期	客户姓名	客户单位名称	拜访事由	拜访结果	经办人

第四篇

高级工知识与技能要求

第一章　中药商品采购

第一节　中药商品采购需求分析

一、中药商品市场信息调查知识

（一）中药商品市场信息调查的内容、目的与作用

1. 中药商品市场信息调查的内容

根据各自的不同需求，中药商品市场信息调查的内容着重点也各有不同，通常情况下是以中药商品品种信息、价格信息、需求信息、供给信息、存量信息、变化趋势信息以及国家政策等信息为主。

2. 中药商品市场信息调查的目的

中药商品市场信息调查的目的就是为企业制订中药商品的生产计划、销售计划、资金使用计划以及近期、远期发展规划等提供必要的参考、决策依据。

3. 中药商品市场信息调查的作用

（1）有助于企业管理部门相关领导以及企业负责人的经营决策。

（2）有助于企业采取必要的“定额管理”措施来减低中药商品的制造成本。

（3）有助于提高企业的市场竞争意识与生存危机意识。

（4）有助于推动企业改变传统的、不利于发展的经营理念与模式。

（5）有助于企业及时调整生产作业计划、销售运营计划、物料采购计划。

（6）有助于企业制订、修订存货定额标准与采购定额标准，为企业实现低成本物流管理奠定基础。

（7）有助于企业制订、修订近期、远期发展规划。

（二）中药商品市场信息调查的方法

请参阅本教材第三篇相关内容。

（三）几种常规中药商品市场信息调查表示例

1. 中药商品市场价格信息调查表（示例）

中药商品市场价格信息调查表

调查人： 负责人： 调查完成时间：

调查日期	中药商品名称、规格	调查方式与地点	联系人	联系电话	单位名称与地址

（续表）

计价单位	产地收购价或出厂价	产地批发价或出厂底价	市场批发价	市场零售价	行情变化趋势
元/公斤					
元/公斤					
元/公斤					
元/公斤					
元/公斤					

2. 中药商品市场品种信息调查表（示例）

中药商品市场品种信息调查表

商品名称与规格：

调查人： 负责人： 调查完成时间：

调查日期	生产企业名称	年度生产规模		年度销售规模	
		最大产能	目前产量	历史最高	本年度计划

（续表）

调查方式与地点	联系人	联系电话	单位名称与地址	备注

3. 中药商品市场供、求信息调查表（示例）

中药商品市场供、求信息调查表

商品名称与规格：

调查人：　　　　负责人：　　　　调查完成时间：

调查日期	本年度市场供、求预期		前一年度市场供、求概况		前两年市场供、求概况	
	供应量	需要量	供应量	需要量	供应量	需要量

（续表）

调查方式与地点	联系人	联系电话	单位名称与地址	备注

二、编制中药商品采购计划的基本知识

在中药商品采购计划的编制这一部分，我们主要介绍三方面的内容：一是中药商品需求量是如何确定的；二是怎样确定中药商品的采购量；三是如何将采购计划编制得更加合理、成本更低。

（一）中药商品需求量是如何确定的

中药商品需求量必须依据企业的库存情况（合理的库存定额）、年度销售计划、年度

生产计划、年度资金计划、年度社会活动计划等，经过综合统计、测算之后，才能够初步确定。

中药商品需求量的确定除考虑以上可以确定的因素以外，还需要考虑许多无法确定的影响因素，如中药材原料的需求量就必须要考虑损耗率、合格率、水分、炮制加工成品率等问题。因此，中药材需求量的确定往往是在理论需求量的基础上乘以一个大于 1 的系数。再如由于某些中药材的市场价格几倍甚至几十倍的上涨或下跌，导致中成药销售价与制造成本价倒挂，因此，这类物料的采购量就必须缩减。

例题一：

某企业年度生产计划中有五个中成药品种都需要中药材丹参，甲品种需要 1246kg，乙品种需要 480kg，丙品种需要 3614kg，丁品种需要 59702kg，戊品种需要 98kg。该企业的丹参库存量是净料（符合《药典》标准）217kg，毛料（未净选的市场货）754kg。市场上的丹参前处理净料（达到《药典》标准）收得率大约在 60% ~70% 之间。假设该企业的年度库存定额下限为 320kg，上限为 450kg。试问该企业年度丹参的需求量确定在多少较为适宜?

解：

（1）需求量的推算

（1 –1）净料需求量

$$1246kg + 480kg + 3614kg + 59702kg + 98\ kg = 65140kg$$

（1 –2）库存量

$$217kg + 754kg \times [(0.6 + 0.7) \div 2] = 707kg$$

（1 –3）折合毛料采购量（无库存）

$$(65140gk - 707kg) \div [(0.6 + 0.7) \div 2]\} = 99128kg$$

（2）需求量的综合测算

（2 –1）最低需求量（含库存）

$$99128kg + 320kg \div [(0.6 + 0.7) \div 2] = 99620kg$$

（2 –2）最高需求量（含库存）

$$99128kg + 450kg \div [(0.6 + 0.7) \div 2] = 99820kg$$

（3）平衡适宜的需求量（含库存）

$$(99620kg + 99820kg) \div 2 = 99720kg$$

（4）确定适宜的年度毛料采购量（净采购量）

$$99720kg - [(320kg + 450kg) \div 2] \div [(0.6 + 0.7) \div 2] = 99128kg$$

（5）验证测算结果（库存净料量）

$$(99720 - 99128) \times [(0.6 + 0.7) \div 2] = 385kg$$

结论：经过推算、测算、验证三个步骤，我们得出该企业中药材丹参毛料的年度适宜需求量为 99720kg，年度内需要采购毛料 99128kg。

（二）怎样确定中药商品的采购量

1. 确定中药商品采购量的依据

中药商品的采购量取决于中药商品的需求量（或生产量）与中药商品库存定额的限度

范围。换言之，也可以说中药商品的采购量取决于中药商品的销货量（或生产计划量）与保守库存量。如果用一个比较简单的数学公式来表达，那就是：

销售量（需求量）+ 保守库存量（库存定额）- 期初库存量 = 采购量（预期）

也可以改写成：

计划销售量 + 计划存货量 - 期初存货量 = 计划采购量

中药商品年度采购量的具体详细确定方法与步骤请参阅上述例题。

2. 确定中药商品采购量的流程

（1）企业的销售部门首先要提出年度销售（品种、规格、数量、金额及分期进度）计划、库存（最多、至少）极限量计划，由企业销售负责人及决策层一并论证、调整、修订、确认、批准、执行。

（2）企业的生产部门根据已确认并批复的年度销售计划、库存极限量计划及期初库存商品量编制年度生产计划（所需生产品种的名称、规格、数量、批次、与生产相关的其他计划）及分期（季度、月度、周）生产计划，报请生产供应部门负责人、企业领导审核、批准、执行。

（3）企业的采购供应部门依据销售部门的年度销售计划、生产部门的年度与分期生产计划、企业物料库存定额标准、期初物料存货量、企业物料消耗（损耗率、收得率、成品率等）定额标准等指标，测算年度、分期物料采购量，报请采购供应部门负责人、企业领导审核、批准、执行。

（4）企业的采购负责人、采购员依据年度、分期采购量与生产部门的分期生产计划（排产作业计划）编制年度采购计划与分期采购计划、年度用款计划与分期用款计划。

具体品种的测算方法与步骤请参阅上述例题。

（三）如何编制中药商品的分期采购计划

编制中药商品分期采购计划的前提是不仅要了解企业的年度销售计划、生产计划、采购计划，更需要知道分解至每季度、每月甚至每周、每天的销售计划、排产作业计划。只有在全面了解这些信息之后，结合物料库存情况、物料损耗率、物料库存定额标准及市场供需变化趋势才能够着手编制中药商品的分期采购计划。

1. 中药商品分期采购计划的编制原则

（1）满足销售市场需求、生产作业需求的原则　即中药商品采购必须确保销售市场不断货、生产作业计划不因物料的短缺而停滞或调整。

（2）不超越年度采购计划的原则　即每种中药商品的分期采购计划量之和原则上不得超过该品种的全年采购计划量（特殊情况除外）。

（3）控制采购成本的原则　即中药商品采购必须以“质优价廉”为前提，用最少的资金购得企业所需最适宜的商品（物资）。

例如：有的企业就采用“经济批量作价，按需送达”的采购方式。这种采购方式的最大优势是供方可以获得更大的订单，以减少销售费用；需方可以最大限度地减少采购成本，同时降低物料的涨价风险。可谓供需双方皆大欢喜，互利互赢，共享市场。

（4）控制合理库存的原则　即中药商品采购在满足生产、销售需求的同时，还必须考虑要有适宜的库存量（亦即“库存定额”）。

（5）适宜提前量、富余量的原则　即中药商品分期采购计划的编制应该根据商品不同品种采购的难易程度，有一个适宜的时间提前量和富裕量（计划量×放大系数）。

（6）相对稳定、均衡原则　即中药商品分期采购计划的编制应该既考虑采购成本“经济批量”，又考虑保管成本“库容量”，使中药商品的购进“入库量”与中药商品的销售、生产“出库量”尽可能趋于平衡。

2. 中药商品分期采购计划的编制流程

（1）获取（搜集）企业年度、分期销售计划与生产计划的相关信息（包括：产品品种结构信息、需求量或生产量信息、市场扩容计划品种信息、市场收缩计划品种信息等）。

（2）依据搜集到的生产、销售计划信息和相关产品技术标准（处方），确定企业年度需要的物料品种与规格，测算各种物料的年度需求量。

（3）搜集相关需求物料的市场价格信息与供求变化趋势信息及供应商的库存信息，并将搜集到的信息分类造表、进行登记，然后再统计、归纳、分析，最终确定出企业认可的各种物料采购计划价。

（4）获取（搜集）企业的库存商品、物料、在产品、制成品等期初库存量信息。

（5）测算各种物料的年度、分期计划采购量及年度、分期计划采购额。

物料年度计划采购量＝物料年度计划需求量－物料年初库存量＋物料额定库存量

物料年度计划采购额＝Σ（物料年度计划采购量×年度采购计划价）

物料当期计划采购量＝物料当期计划需求量－物料期初库存量＋物料额定库存量

物料的当期计划采购额＝Σ（物料当期计划采购量×当期采购计划价）

（6）依据年度、分期销售计划、生产计划及排产作业计划，编制中药商品年度、分期采购计划。

（7）依据中药商品年度、分期采购计划，编制年度、分期采购资金使用计划。

（8）将年度、分期中药商品采购计划与采购资金使用计划一并报请企业领导审核、批复。

（9）待年度、分期中药商品采购计划与采购资金使用计划批准后，照准执行（特殊情况另议）。

3. 中药商品分期采购计划表（示例）

中药商品分期采购计划表

分期采购计划：　第　　号

编制部门：　　　　　　　编制人：　　　　编制时间：　　　年　　月　　日

序号	商品名称	规格	计划用量	库存量	拟采购量	计划价	采购金额	计划购入时间	拟选供应商

（续表）

序号	商品名称	规格	计划用量	库存量	拟采购量	计划价	采购金额	计划购入时间	拟选供应商
合计									
生产经理意见					采购经理意见				
财务经理审核					总经理审批				

第二节 中药商品采购监控

一、中药商品采购合同的内容与管理

中药商品采购合同管理主要包括：合同的编制、签约供应商的甄选、合同的签订、合同的执行跟踪、合同的终止、合同的归档与保存等。本节将就某些方面的内容作重点介绍。

（一）中药商品采购合同的主要内容与编程

1. 中药商品采购合同的内容概要

中药商品采购合同的内容至少应包括：

（1）中药商品的品名（《药典》记载的通用名）、规格（商品规格、包装规格）和数量（件数或重量）。

（2）中药商品的内在质量（应符合《药典》在该品种项下的规定）和包装要求（应符合《药品管理法》第五十二、五十三、五十四条和《药品经营质量管理规范》第二十八条第四款、第五款规定）。

（3）中药商品的价格（含税开票价格）和结算方式（预付款、发货付款、货到付款、发票到付款、货到检验合格后付款、年终付款）。

（4）交货期限（最迟日期）、交货地点（详细地址）、发送方式（送货、代运、自提）。

（5）中药商品的验收方式（货到后进行包装检查、取样、检验、出具报告，符合标准收货，不合格退货）。

（6）违约责任（违约行为包括：完全未执行合同规定、部分未执行合同、延期执行合同等。应承担的责任主要是赔偿责任）。

（7）合同的变更和解除条件（在什么情况下可以变更或解除合同，什么情况下不可以变更或解除合同，如何来变更或解除合同等）。

2. 中药商品采购合同的编程

(1) 依据企业中药商品的年度采购计划、分期采购计划信息和《中华人民共和国合同法》，拟定企业中药商品采购合同“初步文本”。

(2) 依据企业所审定的中药商品采购计划价，遴选符合企业采购标准的适宜供应商并进行必要的洽商或沟通。

(3) 将年度采购计划、分期采购计划所需采购的商品按品种、规格、数量、计划到货期等进行汇总、分类（以到货期为汇总主线进行分类）。

(4) 依据汇总、分类结果及遴选的供应商各自的供货优势（质量、价格、经营实力、诚信度）进行采购品种（规格）、采购数量的综合分配（在保证质量的前提下，最大限度地降低采购成本），并与供应商洽谈、协商前期拟定的采购合同“初步文本”的相关条款，最大限度地达成一致意见，为合同的签订做好准备。

(5) 编制具体的中药商品采购合同，征求部门经理、企业领导意见。

(6) 对无异议的中药商品采购合同，进行供、需双方确认、签字，遵照执行。

（二）签约供应商的甄选与合同的签订

1. 中药商品采购供应商的甄选

中药商品采购签约供应商的甄选请参阅本教材第三篇第一章第二节的第一部分“中药商品供应商档案管理”的相关内容，此处不再重复介绍。

2. 中药商品采购合同的签订

中药商品购、销双方对需货方（或供货方）所起草的采购合同“初步文本”进行审慎斟酌、友好协商，对有异议的条款作必要的修订，达成一致意见后，即可由供、需双方的代表分别在合同上签字，加盖供、需双方各自企业的红色印章，至此该合同的法律效力便开始生效，任何一方不得单方违约或终止合同。

（三）中药商品采购合同的执行跟踪与归档

1. 中药商品采购合同的执行跟踪

所谓中药商品采购合同的执行跟踪，实际上就是对中药商品采购合同中的每一条款是否按合同的约定逐一落实，以及落实的效果是否达到合同约定的预期目的，进行审计式检查，最终作出所选供应商是否可以保留并继续为企业提供服务（或有无扩大服务范围的可行性）的结论。

2. 中药商品采购合同的归档

当一份采购合同执行完毕后，采购主管部门应立即组织相关人员将所有跟踪记录与其他相关记录、登记（如：抽样记录、检验记录、检测记录、送货单、检验报关单、发票、汇款单、磅码单、收货记录等）搜集齐全，按该合同相应条款顺序分类装订、造册、归档，并移交企业档案管理部门留存、保管、备查。

（四）中药商品采购合同示范文本（示例）

中药商品购销合同、协议

需方：××××××××××公司（企业名称）

供方：××××××××××公司（企业名称）

经过供、需双方代表的深入探讨，相互协商，为建立双方相对稳定的购销合作关系，以“守法、诚信、共赢”的理念为前提，依照《中华人民共和国合同法》之规定，达成如下中药商品购销合同、协议：

一、合同、协议执行期限

本协议自20××年××月××日起生效，至20××年××月××日终止。

二、合同、协议购销品种、数量、规格、单价

经供、需双方协商议定，在本合同、协议执行期限内供方为需方提供符合需方质量标准要求的中药商品×××、×××、×××的供给服务。具体品种名称、规格、数量、单价、包装要求、质量标准要求如下：

商品名称	规格	数量（kg）	单价（元/kg）	包装要求	质量标准要求

三、供货方式与时间

（一）供方应于2×××年××月××日之前，为需方提供××× 品种××（kg）、×××品种××（kg）××（当品种较多时，同样可以采取列表的方式加以描述，以货物到达需方指定地点时间为准）。

（二）合同、协议购销数量内的其余品种，由供方根据需方的要货订单计划，随时发货（供方应在接到需方要货订单计划的××个工作日内，将需方所定货物送达需方指定的收货地点）。

（三）如果供方逾期交货，每逾期一天，需要向需方支付逾期交货货值××%的违约金。

四、定金与结算

（一）经供、需双方协商议定，需方应在协议签订的××个工作日内将总采购额的××%，即×××万元作为定金，划拨供方指定的银行账户。供方应及时开具合规的收据，并在××个工作日内寄送到需方单位。

（二）在需方收到货物，并经需方质控部门检查、检验合格后，需方应及时通知供方开具合规的增值税发票，需方在收到供方增值税发票后的××个工作日内，应将货款及时划拨到供方指定的银行账户。

（三）当需方采购中药商品的总金额达到或超过定金时，需方不再支付超过定金部分的货款。超过部分的货款依次从需方支付给供方的定金中扣除，直至合同、协议执行完毕。

五、责任与义务

（一）需方应按双方的约定及时将定金、货款划转至供方指定的账户；

（二）供方应按双方约定及时开具合规的收据、增值税发票并寄送给需方；

（三）需方在没有不可抗力的因素前提下，必须全额执行本合同、协议。否则，供方有权解除本协议，需方应向供方支付需方总违约金额××%的违约金（自定金中扣除，不足部分另行支付）。

（四）供方在没有不可抗力的因素前提下，不得中途停止执行此协议。否则，需方有权解除本协议，供方除归还需方×××万元定金外，还应向需方支付供方总违约金额××%的违约金

（五）供方有为需方提供无偿外包装、发送货物及为发送货物投缴运输保险的义务（发货地费用由供方承担，其后的运输、装卸费用由需方承担）；货物在送达需方指定收货地点并交付给需方之前所发生的损毁、丢失等风险应由供方承担。

六、违约责任与处理方法

无论需方还是供方，均应避免违约情况发生。除本合同、协议另有约定之外，一旦有偶然违约现象，双方应本着互谅互让的原则，协商解决。一般情况下，违约方应支付给对方违约总金额××%的违约金。

如协商不成，须由非违约方所在地的人民法院进行调解或裁决。

七、质量争议的解决

供方原则上以需方的质量检验结果为准，因供方包装、发货所致的货物质量问题，应由供方负责。当供方对需方的质量检验结果产生异议时，需方有义务与责任对货物重新进行抽样、复核检验。

如供方认同需方的复核检验结果，则可以采取相互协商、共同议定的方式进行解决。

若供方对需方的复核检验结果不认同，既可以采取协商、议定的方式进行解决，也可以采取共同委托具有法律效力的第三方检验，检验费用暂由双方共同垫付，最终由不利结果一方承担。如果供方提供的货物确有质量问题，则供方应承担退、换货的责任，并按本协议第三条第三款之约定承担相应违约责任。

八、其他未尽事宜，另行协商。

供方：××××××××公司（企业名称）	需方：××××××××公司（企业名称）
地址：	地址：
电话：	电话：
企业负责人：	企业负责人：
业务员电话：	采购员电话：
供方代表签字：	需方代表签字：
供方盖章：	需方盖章：
2×××年××月××日	2×××年××月××日

二、采购合同执行中的中药商品质量监控

采购合同执行中的中药商品质量监控至少应该包括：中药商品入库质量验收管理，中药商品质量抽样、检查、检验的监控管理，中药商品合格品的入库管理，中药商品不合格品的退货管理等内容。

（一）中药商品入库质量验收管理

中药商品入库质量验收管理的主要内容包括验收管理制度、验收程序、验收标准、验收方法等四个方面。

1. 中药商品入库质量验收管理制度

中药商品入库质量验收管理制度应包涵：验收的目的、验收的基本要求、验收程序（简要规程）、入库验收依据（质量依据、数量依据、法规依据）、入库验收内容（数量、质量、包装）、入库验收注意事项（如：对毒、麻、精、放及进口中药商品的特殊规定）等内容。

2. 中药商品入库质量验收程序（流程）

请参阅本教材第三篇第一章第二节“中药商品订单管理基础知识”中相关内容。

3. 中药商品入库质量验收标准

中药商品入库质量验收标准包括：中药材、中药饮片、中成药入库质量验收标准。

中药材入库质量验收标准应以《中华人民共和国药典》、《中华人民共和国卫生部颁药品标准》、地方标准以及企业内控标准为依据。

中药饮片入库质量验收标准应以《中华人民共和国药典》、《中华人民共和国卫生部颁药品标准》、《全国中药材炮制规范》、地方中药材炮制规范以及中药饮片生产企业的企业内控标准为依据。

中成药入库质量验收标准应以《中华人民共和国药典》、《中华人民共和国卫生部颁药品标准》和其他药品标准（新药标准、进口药品标准等）为依据。

4. 中药商品入库质量验收方法

中药商品入库质量验收方法通常有三种。

（1）*感官检查法*　通过人的视觉器官（眼）、嗅觉器官（鼻）、味觉器官（口）、听觉器官（耳）、触觉器官（手、足）等来检查中药商品的质量是否符合该品种的性状标准。

（2）*理化检查法*　通过对中药商品的某些特有的理化特征进行该特征的真伪分析、鉴定或含量测定。理化检查法包括薄层色谱法、比色法、电泳法、滴定法、水分测定法、显微镜检查法、气相色谱法、高压液相色谱法、原子吸收分光光度法、紫外－可见分光光度法等等。

（3）*特殊药品检查法*　这里所说的特殊药品主要是指“毒性类药品”、“麻醉性类药品”、“濒危保护类中药材及其制品”、“进口类中药材及其制品”、“进口类中成药”等，这些类中药商品的入库质量验收都有各自的特殊要求。

具体操作细节请参阅教材第三篇第一章第二节“中药商品订单管理基础知识”中相关内容。

（二）中药商品质量抽样、检查、检验的监控管理

1. 中药商品质量抽样、检查、检验监控管理制度

中药商品质量抽样、检查、检验监控管理制度至少应包括以下内容：

（1）中药商品质量检验抽样制度（取样方法、取样数量、取样标本数、取样记录等）。

（2）中药商品质量检查、检验制度（操作规程、原始记录、复核与留样规定、原始记录的保管与保存时间规定等）。

（3）中药商品质量检查、检验留样制度（留样量、留样保管方法、留样复查规定、留样复查记录、留样保存时限等）。

（4）中药商品质量抽样、检查、检验档案管理制度（归档时限、归档方法、责任部门、管理员的职责等）。

2. 中药商品质量抽样、检查、检验标准

中药商品质量抽样、检查、检验标准请参阅本教材本节之“中药商品入库质量验收标准”的相关内容。

（三）中药商品合格品的入库管理

中药商品合格品的入库管理包括两方面的内容，一是中药商品入库管理制度（入库程序、入库依据、入库记录、商品码放等），二是中药商品入库管理方法（即中药商品入库标准操作规程，或称“入库 SOP”）。

（四）中药商品不合格品的退货管理

中药商品不合格品的退货管理同样包括两方面的内容，一是中药商品退货管理制度（出库程序、出库依据、出库记录、商品存放要求等），二是中药商品退货管理方法（即退货标准操作规程，或称“退货 SOP”）。

要了解以上两部分的更多、更细相关知识请参阅教材第三篇第一章第二节“中药商品订单管理基础知识”之相关内容。

三、中药商品采购合同执行中药品质量争议的处理

中药商品采购合同执行中的药品质量争议多发生在入库验收过程中，发生频率最高的莫过于中药材和中药饮片的质量争议，而中成药在入库验收过程中发生质量争议的概率相对要低得多。下面我们就一些中药商品在入库验收过程中经常发生的质量争议问题的解决方案作以参考性的建议。

（一）中药材采购合同执行中质量争议的解决方案

1. 中药材采购合同执行中经常发生的质量争议类型

中药材采购合同执行中经常发生的质量争议类型有以下几种：

第一类问题：到货商品的质量水平不符合合同约定的标准，这类问题经常发生，很难避免。如：合同约定 40 头的三七，来货却是 50 头，40 头货很少，并且其中还掺有许多

60头、70头，甚至是80、90头货；合同约定水分不超过10%的品种，而来货却是14%；合同约定含杂质不超过2%，而来货却超5%；合同约定商品为怀山药，而来货却是广山药；合同约定知母肉，而来货却掺有大量毛知母；合同明明约定川芎要老芎，而来货却偏偏是奶芎；合同约定要白附片，而来货却是黑附片。此类案例非常多。

第二类问题：到货商品的质量虽然符合国家法定标准（《药典》标准或部颁标准），但与企业内控标准尚有一定的偏差。

第三类问题：到货的商品不是企业所需的品种，这类问题虽不是经常发生，但可能性还是有的。如：合同写的是“豆根”，企业需要的是“山豆根”，供应商提供的是“广豆根”。又如：合同写的是“贯众”，供应商提供的是“紫萁贯众”，而企业真正需要的是“绵马贯众”。

第四类问题：由于天气原因造成到货商品发生质量变异。如：因商品被雨淋、霜、雪打湿而导致水分超标或发生部分商品霉变现象。

2. 中药材采购合同执行中经常发生的质量争议解决方案

第一类问题多数情况下是不影响企业使用的，但它会使企业的制造成本上升（一是增加挑拣费用，二是收得率降低）。因此，这类问题的解决方案相对简便。只要供、需双方本着互谅互让的态度，供货方将商品供货价打一个适宜的折扣（以不增加企业的制造成本为标准），问题往往很快得到解决。

当第一类问题影响到企业使用时，解决起来就比较棘手了。这时，让需方相对满意而简单的解决方案是：供货商立即向需货方表示诚恳的道歉并重新组织符合质量标准的货源，迅速提供给需货方，顺便将早先送达的有争议中药材退回。与此同时，供货商应给予需货方适宜的违约补偿金。

第二类问题相对简单的解决方案有两种，一种是供、需双方进行友好协商，探讨偏差是否影响需方的使用。如果不影响使用，问题就解决了。如果有一定影响，需继续探讨影响程度有多大，有无补救措施。如果影响不大而且完全能够补救的话，那问题也好解决。只要供货商将补救费用承担起来，也就不存在问题了。如果影响较大且不好补救，那就只有研究退、换货了。再一种解决方案是如果需方对有质量争议的品种可以另作他用，在不耽误需方使用时间的前提下供货方只需迅速再提供一批符合企业内控标准的中药材即可。

第三类问题往往是由于合同签订时的疏忽大意而造成。因此，供、需双方都有责任，比较好的解决方案是供货方按照需货方要求的品种再重新提供一批商品，同时将前次货品一并退回，运输、装卸费用由供、需双方均担。

第四类问题的解决方案比较简单，在需货方同意自行挑拣的前提下，供货方只要同意给需货方补偿同样质量的货物和挑拣费用，问题也会迎刃而解。

（二）中药饮片采购合同执行中质量争议的解决方案

1. 中药饮片采购合同执行中发生质量争议的几种情况

中药饮片采购合同执行中发生质量争议的情况不像中药材那么多，与中药材相比可以定性为属于偶发质量争议，但偶发质量争议毕竟还是有可能发生的。那么，这偶发质量争议都有哪些呢？根据市场调查和我们的经验总结表明：中药饮片入库验收质量争议绝大多数都是因潮度或规格而引发。所谓潮度就是含水量。因为饮片的切制过程需要将中药材用水润软、润透。因此，切制后的饮片需要烘干，而烘干后的中药饮片如果晾的时间不够或包装过早，往往就会发生回潮现象。这就是导致中药饮片入库验收产生潮度争议的原因。

规格争议多是因为各省市的地方中药材炮制规范不够统一，或是采购合同约定的不够具体而造成。譬如，有些中药饮片规格的确认，到底是属于咀，还是属于段？往往因为长度问题就会产生争议。再如，购货方本来计划采购的是姜半夏，而采购合同却含糊地约定为“制半夏”，供货方在发货时由于没有再次确认商品规格，凭主观想象便把法半夏送到需货方。

2. 中药饮片采购合同执行中发生的质量争议解决方案

对于潮度争议，通常都是采取补货（补足水分超标量）的方式来解决。

而对于规格争议则需要根据不同的问题，采取不同的解决方法。就以上两个案例而言，第一个案例属于标准认识问题，只要供、需双方能够统一思想，都对商品品种本身质量认可并达成一致意见，再强调到底属于“咀”还是属于“段”还有什么意义呢。因此，争议自然就解决了。第二个案例则不同，无论是供方，还是需方在合同签约期间都没有将商品规格表述清楚。所以，解决起来供、需双方都应承担责任。比较好的解决方法是供货方立即用姜半夏换回法半夏，往返运费供、需双方各半。

（三）中成药采购合同执行中经常发生的质量争议解决方案

1. 中成药采购合同执行中经常发生的质量争议类型

中成药采购合同执行中易发生的质量争议有以下几种类型：

第一类是供货方所提供的中成药规格与合同约定不符。譬如，合同约定的是“6g×10丸×100盒”规格的甲产品，而供货方提供的却是“6g×10丸×200盒”规格的甲产品。

第二类是供货方所提供的中成药缺少应有的相关证件。例如，×××供应商为××企业提供的中药商品为进口中成药，但入库验收时并没有提供《进口药品注册证》及《进口药品检验报告书》。

第三类是中成药的外包装不符合入库验收标准。例如，中成药在入库验收过程中经常会发生外包装（箱皮）破损情况。

第四类是供货方所提供的中成药品种剂型与需货方所计划采购的品种剂型不同。例如，某药品经营企业计划采购“0.3g×12×2板”规格的某（片）产品。但是，在签订采购合同时却偏偏把最后的“（片）”字给漏掉，写成了“0.3g×12×2板”规格的某产品。因此，供货方便将“0.3g×12×2板”规格的某（胶囊）产品送到该药品经营企业。

2. 中成药采购合同执行中经常发生的质量争议解决方案

第一类问题多数情况下是不影响经营与消费的。因为到货的中成药制剂剂型和零售包装规格与合同规定完全一致，只是运输包装比合同大了一倍。也就是说，所送达商品价值超出合同一倍。这种情况需要供、需双方本着互谅互让的原则进行友好协商，议定是否做退货处理。一般情况下，只要药品经营企业能够在药品有效期内将药品销售出去，通常情况是不做退货处理的（特殊情况做半数退货）。

第二类问题有两种解决方案。一种是不做退货处理，但前提是供货方必须持有《进口药品注册证》及《进口药品检验报告书》原始件，只是由于疏忽忘记携带加盖单位公章的复印件。供货方可以采用传真的方式将原始件传输给需货方，同时承诺日后一定将复印件补送。另一种是在供货方不能提供《进口药品注册证》及《进口药品检验报告书》原始证件的情况下，需货方必须做退货处理。

第三类问题要看外包装的破损程度，如果只是轻微破损，没有伤及流通环节最小包装。这种情况一般是不做退货处理的，只是由供货方提供箱皮，需货方更换运输外包装即可。如果运输包装破损较严重，伤及内包装，那就没有商量，只得退货。

第四类问题属共同责任，多数情况是采取换货的方式进行解决。

第二章 中药鉴别

第一节 中药识别

一、根及根茎类中药

山慈菇

【来源】本品为兰科植物杜鹃兰、独蒜兰或云南独蒜兰的干燥假鳞茎。前者习称“毛慈菇”，后二者习称“冰球子”。夏、秋二季采挖，除去地上部分及泥沙，分开大小置沸水锅中蒸煮至透心，干燥。

【产地】主产于四川、贵州等地。

【性状】

1. 毛慈菇 呈不规则扁球形或圆锥形，顶端渐突起，基部有须根痕，长1.8～3cm，膨大部直径1～2cm。表面黄棕色或棕褐色，有纵皱纹或纵沟，中部有2～3条微突起的环节，节上有鳞片叶干枯腐烂后留下的丝状纤维。质坚硬，难折断，断面灰白色或黄白色，略呈角质。气微，味淡，带黏性。

2. 冰球子 呈圆锥形，瓶颈状或不规则团块，直径1～2cm，高1.5～2.5cm。顶端渐尖，尖端断头处呈盘状，基部膨大且圆平，中央凹入，有1～2条环节，多偏向一侧。撞去外皮者表面黄白色，带表皮者浅棕色，光滑，有不规则皱纹。断面浅黄色，角质半透明。

以个大有明显横纹、质坚、半透明者为佳。

【功效与主治】清热解毒，化痰散结。用于痈肿疔毒，瘰疬痰核，蛇虫咬伤，癥瘕痞块。

玉 竹

【来源】本品为百合科植物玉竹的干燥根茎。秋季采挖，除去须根，洗净，晒至柔软后，反复揉搓，晾晒至无硬心，晒干；或蒸透后，揉至半透明，晒干。

【产地】主产于湖南、湖北、江苏、河南、浙江等地。

【性状】本品呈长圆柱形，略扁，少有分支，长4～18cm，直径0.3～1.6cm。表面黄白色或淡黄棕色，半透明，有纵皱纹及微隆起的环节，有圆点状的须根痕和圆盘状茎痕。质硬而脆或稍软，易折断，断面角质样或显颗粒性。气微，味甘，嚼之发黏。

以条长、肥壮、黄白色、光泽柔润、不泛油者为佳。

【饮片】本品为不规则类圆形片或长条形片。外表皮黄白色至淡黄棕色，半透明，有时可见环节。切面角质样或显颗粒性。气微，味甘，嚼之发黏。

【功效与主治】养阴润燥，生津止渴。用于肺胃阴伤，燥热咳嗽，咽干口渴，内热消渴。

天南星【毒】

【来源】本品为天南星科植物天南星、异叶天南星或东北天南星的干燥块茎。秋、冬二季茎叶枯萎时采挖，除去须根及外皮，干燥。

【产地】主产于陕西、四川、湖北、东北等地。

【性状】本品呈扁球形，高1～2cm，直径1.5～6.5cm。表面类白色或淡棕色，较光滑，顶端有凹陷的茎痕，周围有麻点状根痕，有的块茎周边有小扁球状侧芽。质坚硬，不易破碎，断面不平坦，白色，粉性。气微辛，味麻辣。

以个大、色白、粉性足者为佳。

【饮片】

1. 制天南星　本品呈类圆形或不规则形的薄片。黄色或淡棕色，质脆易碎，断面角质状。气微，味涩，微麻。

2. 胆南星　本品呈方块状或圆柱状。棕黑色，质硬。气微腥，味苦。

【功效与主治】

1. 生天南星　散结消肿。外用治痈肿，蛇虫咬伤。

2. 制天南星　燥湿化痰，祛风止痉，散结消肿。用于顽痰咳嗽，风痰眩晕，中风痰壅，口眼㖞斜，半身不遂，癫痫，惊风，破伤风；外用治痈肿，蛇虫咬伤。

3. 胆南星　清热化痰，息风定惊。用于痰热咳嗽，咳痰黄稠，中风痰迷，癫狂惊痫。

白茅根

【来源】本品为禾本科植物白茅的干燥根茎。春、秋二季采挖，洗净，晒干，除去须根及膜质叶鞘，捆成小把。

【产地】全国大部分地区均产。

【性状】本品呈长圆柱形，长30～60cm，直径0.2～0.4cm。表面黄白色或淡黄色，微有光泽，具纵皱纹，节明显，稍突起，节间长短不等，通常长1.5～3cm。体轻，质略脆，断面皮部白色，多有裂隙，放射状排列，中柱淡黄色，易与皮部剥离。气微，味微甜。

以条粗肥壮、色白、质润、须根少、味甜者为佳。

【饮片】

1. 白茅根　本品呈圆柱形的段。外表皮黄白色或淡黄色，微有光泽，有的可见稍隆起的节。切面皮部白色，多有裂隙，放射状排列，中柱淡黄色。气微，味微甜。

2 茅根炭　本品形如白茅根，表面黑褐色至黑色，有的可见淡棕色稍隆起的节。略有焦香气，味苦。

【功效与主治】凉血止血，清热利尿。用于血热吐血，衄血，尿血，热病烦渴，湿热黄疸，水肿尿少，热淋涩痛。

白 前

【来源】本品为萝藦科植物柳叶白前或芫花叶白前的干燥根茎及根。秋季采挖，洗净，晒干。

【产地】主产于浙江、安徽、江西、江苏、湖南、湖北、福建等地。

【性状】

1. 柳叶白前 根茎呈细长圆柱形，有分支，稍弯曲，长4～15cm，直径1.5～4mm。表面黄白色或黄棕色，节明显，节间长1.5～4.5cm，顶端有残茎。质脆，断面中空。节处簇生纤细弯曲的根，长可达10cm，直径不及1mm，有多次分支呈毛须状，常盘曲成团。气微，味微甜。

2. 芫花叶白前 根茎较短小或略呈块状；表面灰绿色或灰黄色，节间长1～2cm。质较硬。根稍弯曲，直径约1mm，分支少。

以根及根茎粗长、无杂质者为佳。

【饮片】

1. 白前段 本品为段状，表面黄白色或黄棕色，有的有节。质脆，断面中空。节处簇生纤细弯曲的根，根纤细，气微，味微甜。

2. 蜜白前 本品形同白前段，表面黄色，略有黏性，有蜜香气，味甜。

【功效与主治】降气，消痰，止咳。用于肺气壅实，咳嗽痰多，胸满喘急。

白 薇

【来源】本品为萝藦科植物白薇或蔓生白薇的干燥根及根茎。春、秋二季采挖，洗净，干燥。

【产地】主产于安徽、陕西、湖北、辽宁、吉林、黑龙江、山东、江西、湖南、四川等地。

【性状】本品根茎粗短，有结节，多弯曲。上面有圆形的茎痕，下面及两侧簇生多数细长的根，根长10～25cm，直径0.1～0.2cm，表面棕黄色。质脆，易折断，断面皮部黄白色，木部黄色。气微，味微苦。

以根粗壮、无杂质者为佳。

【饮片】本品为段状，表面棕黄色。质脆，易折断，断面皮部黄白色，木部黄色。气微，味微苦。

【功效与主治】清热凉血，利尿通淋，解毒疗疮。用于温邪伤营发热，阴虚发热，骨蒸劳热，产后血虚发热，热淋，血淋，痈疽肿毒。

龙 胆

【来源】本品为龙胆科植物条叶龙胆、龙胆、三花龙胆或坚龙胆的干燥根及根茎。前三种习称“关龙胆”，后一种习称“坚龙胆”。春、秋二季采挖，洗净，干燥。

【产地】关龙胆主产于东北、内蒙古地区。坚龙胆主产于云南、四川、贵州等地。以东北产者质优。

【性状】

1. 关龙胆 根茎呈不规则的块状，长1~3cm，直径0.3~1cm；表面暗灰棕色或深棕色，上端有茎痕或残留茎基，周围和下端着生多数细长的根。根圆柱形，略扭曲，长10~20cm，直径0.2~0.5cm。表面淡黄色或黄棕色，上部多有显著的横皱纹，下部较细，有纵皱纹及支根痕。质脆，易折断，断面略平坦，皮部黄白色或淡黄棕色，木部色较浅，呈点状环列。气微，味甚苦。

2. 坚龙胆 表面无横皱纹，外皮膜质，易脱落，木部黄白色，易与皮部分离。

以根条粗长、色黄或色黄棕者为佳。

【饮片】

1. 龙胆段 根茎呈不规则块片，表面暗灰棕色或深棕色。根圆柱形，表面淡黄色或黄棕色，有的有横皱纹，具纵皱纹。切面黄白色或淡黄棕色，木部色较浅。气微，味甚苦。

2. 坚龙胆段 本品呈不规则的段，根表面无横皱纹，膜质外皮已脱落，表面淡黄色或黄棕色，切面皮部黄棕色，木部色较浅。

【功效与主治】清热燥湿，泻肝胆火。用于湿热黄疸，阴肿阴痒，带下，湿疹瘙痒，肝火目赤，耳鸣耳聋，胁痛口苦，强中，惊风抽搐。

地 榆

【来源】本品为蔷薇科植物地榆或长叶地榆的干燥根。后者习称“绵地榆”。春季将发芽时或秋季植株枯萎后采挖，除去须根，洗净，干燥，或趁鲜切片，干燥。

【产地】地榆主产于东北、内蒙古、陕西、山西、河南、山东、甘肃、贵州等地；长叶地榆主产于江苏、安徽、浙江、江西等地。

【性状】

1. 地榆 本品呈不规则纺锤形或圆柱形，稍弯曲，长5~25cm，直径0.5~2cm。表面灰褐色至暗棕色，粗糙，有纵纹。质硬，断面较平坦，粉红色或淡黄色，木部略呈放射状排列。气微，味微苦涩。

2. 长叶地榆（绵地榆） 本品呈长圆柱形，稍弯曲，着生于短粗的根茎上；表面红棕色或棕紫色，有细纵纹。质坚韧，断面黄棕色或红棕色，皮部有多数黄白色或黄棕色棉状纤维。气微，味微苦涩。

以根条粗壮、质坚实、断面色红者为佳。

【饮片】

1. 地榆片 本品呈不规则圆形或斜切片。外表皮灰褐色至深褐色。切面较平坦，粉红色、淡黄色或黄棕色，木部略呈放射状排列，或皮部有多数黄棕色棉状纤维。气微，味微苦涩。

2. 地榆炭 本品形如地榆片，表面焦黑色，内部棕褐色。味微苦涩。

【功效与主治】凉血止血，解毒敛疮。用于便血，痔血，血痢，崩漏，水火烫伤，痈肿疮毒。

芦　根

【来源】本品为禾本科植物芦苇的新鲜或干燥根茎。全年均可采挖，除去芽、须根及膜状叶，鲜用或晒干。

【产地】全国大部分地区均产。

【性状】

1. 鲜芦根　呈长圆柱形，有的略扁，长短不一，直径1～2cm。表面黄白色，有光泽，外皮疏松可剥离，节呈环状，有残根及芽痕。体轻，质韧，不易折断。切断面黄白色，中空，壁厚1～2mm，有小孔排列成环。气微，味甘。

2. 芦根　呈扁圆柱形。节处较硬，节间有纵皱纹。

以条粗均匀、色黄白、有光泽、无须根者为佳。

【饮片】

1. 鲜芦根　本品呈圆柱形的段。表面黄白色，有光泽，节明显。切面黄白色，中空，有小孔排列成环。气微，味甘。

2. 芦根　本品呈圆柱形或扁圆柱形段。表面黄白色，节间有纵皱纹。切面中空，有小孔排列成环。

【功效与主治】清热泻火，生津止渴，除烦，止呕，利尿。用于热病烦渴，肺热咳嗽，肺痈吐脓，胃热呕哕，热淋涩痛。

狗　脊

【来源】本品为蚌壳蕨科植物金毛狗脊的干燥根茎。秋、冬二季采挖，除去泥沙，干燥；或去硬根、叶柄及金黄色绒毛，切厚片，干燥，为“生狗脊片”；蒸后晒至六七成干，切厚片，干燥，为“熟狗脊片”。商品为产地片。

【产地】主产于福建、湖北、湖南、江西、广东、广西、四川等地。

【性状】

1. 生狗脊片　呈不规则长条形或圆形，直径2～10cm。切面浅棕色，较平滑，近边缘处有1条棕黄色隆起的木质部环纹或条纹，边缘不整齐，偶有金黄色绒毛残留。质脆，易折断，有粉性。

2. 熟狗脊片　呈黑棕色，质坚硬。

以片大、色黄、质坚实、无空心者为佳。

【饮片】

1. 狗脊片　性状同产地片。

2. 熟狗脊片　性状同产地片。

3. 烫狗脊　本品形如狗脊片，表面略鼓起。棕褐色。气微，味淡、微涩。

【功效与主治】祛风湿，补肝肾，强腰膝。用于风湿痹痛，腰膝酸软，下肢无力。

郁　金

【来源】本品为姜科植物温郁金、姜黄、广西莪术或蓬莪术的干燥块根。前两者分别习称“温郁金”和“黄丝郁金”，其余按性状不同习称“桂郁金”或“绿丝郁金”。冬季茎叶枯萎后采挖，除去泥沙及细根，蒸或煮至透心，干燥。

【产地】主产于四川、浙江、广西、云南等地。

【性状】

1. 温郁金　呈长圆形或卵圆形，稍扁，有的微弯曲，两端渐尖，长 3.5～7cm，直径 1.2～2.5cm。表面灰褐色或灰棕色，具不规则的纵皱纹，纵纹隆起处色较浅。质坚实，断面灰棕色，角质样，内皮层环明显。气微香，味微苦。

2. 黄丝郁金　呈纺锤形，有的一端细长，长 2.5～4.5cm，直径 1～1.5cm。表面棕灰色或灰黄色，具细皱纹。断面橙黄色，外周棕黄色至棕红色。气芳香，味辛辣。

3. 桂郁金　呈长圆锥形或长圆形，长 2～6.5cm，直径 1～1.8cm。表面具疏浅纵纹或较粗糙网状皱纹。气微，味微辛苦。

4. 绿丝郁金　呈长椭圆形，较粗壮，长 1.5～3.5cm，直径 1～1.2cm。气微，味淡。

以个大、肥壮、断面色黄者为佳。

【饮片】本品呈椭圆形或长条形薄片。外表皮灰黄色、灰褐色或灰棕色，具不规则的纵皱纹。切面橙黄色至灰黑色，角质样，内皮层环明显。

【功效与主治】活血止痛，行气解郁，清心凉血，利胆退黄。用于胸胁刺痛，胸痹心痛，经闭痛经，乳房胀痛，热病神昏，癫痫发狂，血热吐衄，黄疸尿赤。

苦　参

【来源】本品为豆科植物苦参的干燥根。春、秋二季采挖，除去根头及小支根，洗净，干燥，或趁鲜切片，干燥。商品以产地片为主。

【产地】全国大部分地区均产。

【性状】

1. 药材　本品呈长圆柱形，下部常有分支，长 10～30cm，直径 1～6.5cm。表面灰棕色或棕黄色，具纵皱纹及横长皮孔，外皮薄，多破裂反卷，易剥落，剥落处显黄色，光滑。质硬，不易折断，断面纤维性。切片厚 3～6mm，切面黄白色，具放射状纹理及裂隙，有的具异型维管束呈同心性环列或不规则散在。气微，味极苦。

2. 苦参片　本品多呈类圆形的厚片。

药材以条均、不带疙瘩头、皮细无须根者为佳。苦参片以片大、切面色白者为佳。

【饮片】性状同苦参片。

【功效与主治】清热燥湿，杀虫，利尿。用于热痢，便血，黄疸尿闭，赤白带下，阴肿阴痒，湿疹，湿疮，皮肤瘙痒，疥癣麻风，外治滴虫性阴道炎。

茜　草

【来源】本品为茜草科植物茜草的干燥根及根茎。春、秋二季采挖，除去泥沙，干燥。

【产地】主产于陕西、河北、山东、河南、安徽、山西等地。

【性状】本品根茎呈结节状，丛生粗细不等的根。根呈圆柱形，略弯曲，长 10～25cm，直径 0.2～1cm。表面红棕色或暗棕色，具细纵皱纹及少数细根痕，皮部脱落处呈黄红色。质脆，易折断，断面平坦皮部狭，紫红色，木部宽广，浅黄红色，导管孔多数。气微，味微苦，久嚼刺舌。

以条粗长、表面红棕色、断面黄红色者为佳。

【饮片】

1. 茜草片 本品呈不规则的厚片或段。根呈圆柱形，外表皮红棕色或暗棕色。切面皮部狭，紫红色，木部宽广，浅黄红色，导管孔多数。气微，味微苦，久嚼刺舌。

2. 茜草炭 本品形如茜草片或段，表面黑褐色，内部棕褐色。气微，味苦、涩。

【功效与主治】凉血，祛瘀，止血，通经。用于吐血，衄血，崩漏，外伤出血，瘀阻经闭，关节痹痛，跌仆肿痛。

骨碎补

【来源】本品为水龙骨科植物槲蕨的干燥根茎。全年均可采挖，除去泥沙，干燥，或再燎去茸毛。

【产地】主产于湖北、浙江等地。广西、四川、广东、云南、贵州等地也产。

【性状】本品呈扁平长条状，多弯曲，有分支，长 5 ~ 15cm，宽 1 ~ 0. 5cm，厚 0. 2 ~ 0. 5cm。表面密被深棕色至暗棕色的小鳞片，柔软如毛，经火燎者呈棕褐色或暗褐色，两侧及上表面均具突起或凹下的圆形叶痕，少数有叶柄残基及须根残留。体轻，质脆，易折断，断面红棕色，维管束呈黄色点状，排列成环。气微，味淡、微涩。

以条粗、色棕者为佳。

【饮片】

1. 骨碎补 本品呈不规则的厚片或段。表面深棕色至棕褐色，常残留细小的鳞片，有的可见圆形的叶痕。切面红棕色，黄色维管束点状排列成环。气微，味淡、微涩。

2. 烫骨碎补 本品形如骨碎补，膨大鼓起，质轻酥松。

【功效与主治】疗伤止痛，补肾强骨，外用消风祛斑。用于跌仆闪挫，筋骨折伤，肾虚腰痛，筋骨痿软，耳鸣耳聋，牙齿松动；外治斑秃，白癜风。

重　楼

【来源】本品为百合科植物云南重楼或七叶一枝花的干燥根茎。秋季采挖，除去须根，洗净，晒干。

【产地】产于广西、云南、四川、贵州、湖北、湖南等地。现在有进口商品药材。

【性状】本品呈结节状扁圆柱形，略弯曲，长 5 ~ 12cm，直径 1. 0 ~ 4. 5cm。表面黄棕色或灰棕色，外皮脱落处呈白色；密具层状突起的粗环纹，一面结节明显，结节上具椭圆形凹陷茎痕，另一面有疏生的须根或疣状须根痕。顶端具鳞叶及茎的残基。质坚实，断面平坦，白色至浅棕色，粉性或角质。气微，味微苦、麻。

以粗壮、质坚实、断面色白、粉性足者为佳。

【饮片】本品为类圆形片，外表面黄棕色或灰棕色，质坚实，切面白色至浅棕色，粉性或角质。气微，味微苦、麻。

【功效与主治】清热解毒，消肿止痛，凉肝定惊。用于疔疮痈肿，咽喉肿痛，蛇虫咬伤，跌仆伤痛，惊风抽搐。

秦艽

【来源】本品为龙胆科植物秦艽、麻花秦艽、粗茎秦艽或小秦艽的干燥根。前三种按性状不同分别习称“秦艽”和“麻花艽”，后一种习称“小秦艽”。春、秋二季采挖，除去泥沙；秦艽及麻花艽晒软，堆置“发汗”至表面呈红黄色或灰黄色时，摊开晒干，或不经“发汗”直接晒干；小秦艽趁鲜时搓去黑皮，晒干。

【产地】主产于甘肃、内蒙古、山西、陕西、河北、四川等地。

【性状】

1. 秦艽　呈类圆柱形，上粗下细，扭曲不直，长10～30cm，直径1～3cm。表面黄棕色或灰黄色，有纵向或扭曲的纵皱纹，顶端有残存茎基及纤维状叶鞘。质硬而脆，易折断，断面略显油性，皮部黄色或棕黄色，木部黄色。气特异，味苦、微涩。

2. 麻花艽　呈类圆锥形，多由数个小根纠聚而膨大，直径可达7cm。表面棕褐色，粗糙，有裂隙呈网状孔纹。质松脆，易折断，断面多呈枯朽状。

3. 小秦艽　呈类圆锥形或类圆柱形，长8～15cm，直径0.2～1cm。表面棕黄色。主根通常1个，残存的茎基有纤维状叶鞘，下部多分支。断面黄白色。

均以根粗壮、质坚实、色棕黄、味苦者为佳。

【饮片】本品呈类圆形或不规则的厚片。外表皮黄棕色、灰黄色或棕褐色，粗糙，有扭曲纵皱纹或网状孔纹。切面皮部黄色或棕黄色，木部黄色，有的中心呈枯朽状。气特异，味苦、微涩。

【功效与主治】祛风湿，清湿热，止痹痛，退虚热。用于风湿痹痛，中风半身不遂，筋脉拘挛，骨节酸痛，湿热黄疸，骨蒸潮热，小儿疳积发热。

拳参

【来源】本品为蓼科植物拳参的干燥根茎。春初发芽时或秋季茎叶将枯萎时采挖，除去泥沙，晒干，去须根。

【产地】主产于河北、山西、甘肃、山东、江苏、湖北等地。

【性状】本品呈扁长条形或扁圆柱形，弯曲，有的对卷弯曲，两端略尖，或一端渐细，长6～13cm，直径1～2.5cm。表面紫褐色或紫黑色，粗糙，一面隆起，一面稍平坦或略具凹槽，全体密具粗环纹，有残留须根或根痕。质硬，断面浅棕红色或棕红色，维管束呈黄白色点状，排列成环。气微，味苦、涩。

以条粗大、质坚实、断面浅红棕色、无须根者为佳。

【饮片】本品呈类圆形或近肾形的薄片。外表面紫褐色或紫黑色。切面浅棕红色或棕红色，平坦，近边缘有一圈黄白色小点（维管束）。气微，味苦、涩。

【功效与主治】清热解毒，消肿，止血。用于赤痢热泻，肺热咳嗽，痈肿瘰疬，口舌生疮，血热吐衄，痔疮出血，蛇虫咬伤。

莪术

【来源】本品为姜科植物蓬莪术、广西莪术或温郁金的干燥根茎。后者习称“温莪术”。冬季茎叶枯萎后采挖，洗净，蒸或煮至透心，晒干或低温干燥后除去须根及杂质。

【产地】主产于四川、浙江、广西等地。

【性状】

1. 蓬莪术 呈卵圆形、长卵形、圆锥形或长纺锤形，顶端多钝尖，基部钝圆，长2～8cm，直径1.5～4cm。表面灰黄色至灰棕色，上部环节突起，有圆形微凹的须根痕或残留的须根，有的两侧各有1列下陷的芽痕和类圆形的侧生根茎痕，有的可见刀削痕。体重，质坚实，断面灰褐色至蓝褐色，蜡样，常附有灰棕色粉末，皮层与中柱易分离，内皮层环纹棕褐色。气微香，味微苦而辛。

2. 广西莪术 环节稍突起，断面黄棕色至棕色，常附有淡黄色粉末，内皮层环纹黄白色。

3. 温莪术 断面黄棕色至棕褐色，常附有淡黄色至黄棕色粉末。气香或微香。

以个大均匀、质坚实、香气浓者为佳。

【饮片】

1. 莪术片 本品呈类圆形或椭圆形的厚片。外表皮灰黄色至灰棕色，有的有须根痕。切面黄绿色、黄棕色或棕褐色，内皮层环纹明显，散在“筋脉”小点。气微香，味微苦而辛。

2. 醋莪术片 本品形如莪术片，色泽加深，角质样，微有醋香气。

【功效与主治】行气破血，消积止痛。用于癥瘕痞块，瘀血经闭，胸痹心痛，食积胀痛。

二、茎木类、皮类中药

白鲜皮

【来源】本品为芸香科植物白鲜的干燥根皮。春、秋二季采挖根部，除去泥沙及粗皮，剥取根皮，干燥。

【产地】主产于辽宁、山东、河北等地；朝鲜也产。

【性状】本品呈卷筒状，长5～15cm，直径1～2cm，厚0.2～0.5cm。外表面灰白色或淡灰黄色，具细纵皱纹及细根痕，常有突起的颗粒状小点；内表面类白色，有细纵纹。质脆，折断时有粉尘飞扬，断面不平坦，略呈层片状，剥去外层，迎光可见闪烁的小亮点。有羊膻气，味微苦。

以根皮粗、肉厚、色灰白、羊膻气浓、无木心者为佳。

【饮片】本品呈不规则的厚片。外表皮灰白色或淡灰黄色，常有突起的颗粒状小点；内表面类白色，有细纵纹。切面类白色，略呈层片状。有羊膻气，味微苦。

【功效与主治】清热燥湿，祛风解毒。用于湿热疮毒，黄水淋漓，湿疹，风疹，疥癣疮癞，风湿热痹，黄疸尿赤。

地骨皮

【来源】本品为茄科植物枸杞或宁夏枸杞的干燥根皮。春初或秋后采挖根部，洗净，剥取根皮，晒干。

【产地】产于河北、河南、陕西、山西等地。

【性状】本品呈筒状或槽状，长3～10cm，宽0.5～1.5cm，厚0.1～0.3cm。外表面灰黄色至棕黄色，粗糙，有不规则纵裂纹，易成鳞片状剥落；内表面黄白色至灰黄色，较平坦，有细纵纹。体轻，质脆，易折断，断面不平坦，外层黄棕色，内层灰白色。气微，味微甘而后苦。

以整齐皮厚、无木心者为佳。

【功能与主治】凉血除蒸，清肺降火。用于阴虚潮热，骨蒸盗汗，肺热咳嗽，咯血，衄血，内热消渴。

牡丹皮

【来源】本品为毛茛科植物牡丹的干燥根皮。秋季采挖根部，除去细根和泥沙，剥取根皮，晒干或刮去粗皮，除去木心，晒干。前者习称连丹皮，后者习称刮丹皮。

【产地】主产于安徽、四川、重庆、湖南、湖北、陕西、山东、甘肃、贵州等地。以安徽铜陵出产的“凤丹皮”质量最佳。

【性状】

1. 连丹皮 呈筒状或半筒状，有纵剖开的裂缝，略向内卷曲或张开，长5～20cm，直径0.5～1.2cm，厚0.1～0.4cm。外表面灰褐色或黄褐色，有多数横长皮孔样突起及细根痕，栓皮脱落处粉红色；内表面淡灰黄色或浅棕色，有明显的细纵纹，常见发亮的结晶（习称“亮银星”）。质硬而脆，易折断，断面较平坦，淡粉红色，粉性。气芳香，味微苦而涩。

2. 刮丹皮 外表面有刮刀削痕，外表面红棕色或淡灰黄色，有时可见灰褐色斑点状残存外皮。

以条粗长、皮厚、粉性足、香气浓、亮银星多者为佳。

【饮片】本品呈圆形或卷曲的薄片。连丹皮外表面灰褐色或黄褐色；刮丹皮外表面红棕色或淡灰黄色。切面淡粉红色，粉性；内表面及切面可见发亮的结晶。气芳香，味微苦而涩。

【功效与主治】清热凉血，活血化瘀。用于热入营血，温毒发斑，吐血衄血，夜热早凉，无汗骨蒸，经闭痛经，跌仆伤痛，痈肿疮毒。

肉 桂

【来源】本品为樟科植物肉桂的干燥树皮。多于秋季剥取，阴干。

【产地】主产于广西、广东等地。以产于越南的肉桂质量最佳。

【性状】本品呈槽状或卷筒状，长30～40cm，宽或直径3～10cm，厚0.2～0.8cm。外表面灰棕色，稍粗糙，有不规则的细皱纹及横向突起的皮孔，有的可见灰白色的斑纹；内表面红棕色，略平坦，有细纵纹，划之显油痕。质硬而脆，易折断，断面不平坦，外层棕色而较粗糙，内层红棕色而油润，两层间有1条黄棕色的线纹。气香浓烈，味甜、辣。

以外皮细、不破碎、体重、肉厚、油性大、香气浓、味甜辣、嚼之少渣者为佳。

【饮片】本品为不规则碎块。外表面灰棕色，有不规则的细皱纹及横向突起的皮孔；内表面红棕色，有细纵纹，划之显油痕。质硬而脆。气香浓烈，味甜、辣。

【功效与主治】补火助阳，引火归元，散寒止痛，温通经脉。用于阳痿宫冷，腰膝冷痛，肾虚作喘，虚阳上浮，眩晕目赤，心腹冷痛，虚寒吐泻，寒疝腹痛，痛经经闭。

厚　朴

【来源】本品为木兰科植物厚朴或凹叶厚朴的干燥干皮、根皮及枝皮。4～6月剥取，根皮及枝皮直接阴干。干皮置沸水中微煮后，堆置阴湿处，“发汗”至内表面变紫褐色或棕褐色时，蒸软，取出，卷成筒状，干燥。

【产地】主产于四川（习称“川朴”）、湖北、浙江等地；福建、江西、安徽、湖南、广西、云南、贵州等地也产。多以川朴为道地药材，质量上乘。

【性状】

1. 干皮　呈卷筒状或双卷筒状，长30～35cm，厚0.2～0.7cm，习称“筒朴”；近根部的干皮一端展开如喇叭口，长13～25cm，厚0.3～0.8cm，习称“靴筒朴”。外表面灰棕色或灰褐色，粗糙，有时呈鳞片状，较易剥落，有明显椭圆形皮孔和纵皱纹，刮去粗皮者显黄棕色；内表面紫棕色或深紫褐色，较平滑，具细密纵纹，划之显油痕。质坚硬，不易折断，断面颗粒性，外层灰棕色，内层紫褐色或棕色，有油性，有的可见多数小亮星。气香，味辛辣、微苦。

2. 根皮（根朴）　呈单筒状或不规则块片，有的弯曲似鸡肠，习称“鸡肠朴”。质硬，较易折断，断面纤维性。

3. 枝皮（枝朴）　呈单筒状，长10～20cm，厚0.1～0.2cm。质脆，易折断，断面纤维性。

以皮厚肉细、油性大、断面紫棕色、有小亮星、气味浓者为佳。

【饮片】

1. 厚朴丝　本品呈弯曲的丝条状或单、双卷筒状。外表面灰褐色，有的可见椭圆形皮孔或纵皱纹；内表面紫褐色或深紫褐色，较平滑，具细密纹孔，划之显油痕。切面颗粒性，有油性，有的可见小亮星。气香，味辛辣、微苦。

2. 姜厚朴　本品形如厚朴丝，表面灰褐色，偶见焦斑。略有姜辣气。

【功效与主治】燥湿消痰，下气除满。用于湿滞伤中，脘痞吐泻，食积气滞，腹胀便秘，痰饮喘咳。

桑白皮

【来源】本品为桑科植物桑的干燥根皮。秋末叶落时至次春发芽前采挖根部，刮去黄棕色粗皮，纵向剖开，剥取根皮，晒干。

【产地】主产于安徽、河南、浙江、四川、湖南、江苏等地。

【性状】本品呈扭曲的卷筒状、槽状或板片状，长短宽窄不一，厚1～4mm。外表面白色或淡黄白色，较平坦，有的残留橙黄色或棕黄色鳞片状粗皮；内表面黄白色或灰黄色，有细纵纹。体轻，质韧，纤维性强，难折断，易纵向撕裂，撕裂时有粉尘飞扬。气微，味微甘。

以皮厚、色白、柔韧无栓皮者为佳。

【饮片】

1. 桑白皮丝　本品为丝状。外表面白色或淡黄白色，有的残留橙黄色或棕黄色鳞片状粗皮；内表面黄白色或灰黄色，有细纵纹。体轻质韧，气微，味微甘。

2. 蜜桑白皮 本品形如桑白皮丝，表面黄棕色，有蜜香气。

【功效与主治】泻肺平喘，利水消肿。用于肺热喘咳，水肿、胀满、尿少，面目肌肤浮肿。

三、花叶类中药

合欢花

【来源】本品为豆科植物合欢的干燥花序或花蕾。夏季花开放时择晴天采收或花蕾形成时采收，及时晒干。前者习称“合欢花”，后者习称“合欢米”。

【产地】产于浙江、安徽、江苏等地。

【性状】

1. 合欢花 头状花序，皱缩成团。总花梗长3～4cm，有时与花序脱离，黄绿色，有纵纹，被稀疏茸毛。花全体密被茸毛，细长而弯曲，长0.7～1cm，淡黄色至黄褐色，无花梗或几无花梗。花萼筒状，先端有5小齿；花冠筒长约为萼筒的2倍，先端5裂，裂片披针形；雄蕊多数，花丝细长，黄棕色至黄褐色，下部合生，上部分离，伸出花冠筒外。气微香，味淡。

2. 合欢米 呈棒槌状，长2～6mm，膨大部分直径约2mm，淡黄色或黄褐色，全体被茸毛，花梗极短或无。花萼筒状，先端有5小齿；花冠未开放；雄蕊多数，细长并弯曲，基部连合，包于花冠内。气微香，味淡。

以色淡红、无花梗者为佳。

【功效与主治】解郁安神。用于心神不安，忧郁失眠。

松花粉

【来源】本品为松科植物马尾松、油松或同属数种植物的干燥花粉。春季花刚开时，采摘花穗，晒干，收集花粉，除去杂质。

【产地】主产于浙江、江苏、山东、四川、湖北、辽宁、吉林等地。

【性状】本品为淡黄色的细粉。体轻，易飞扬，手捻有滑润感。气微，味淡。

显微鉴别：取本品粉末淡黄色。显微镜下可见花粉粒椭圆形，长45～55μm，直径29～40μm，表面光滑，两侧各有一膨大的气囊，气囊有明显的网状纹理，网眼多角形。

以体轻、色淡黄者为佳。

【功效与主治】收敛止血，燥湿敛疮。用于外伤出血，湿疹，黄水疮，皮肤糜烂，脓水淋漓。

芫花

【来源】本品为瑞香科植物芫花的干燥花蕾。春季花未开放时采收，除去杂质，干燥。

【产地】主产于安徽、江苏、浙江、山东、福建、湖北、四川等地。

【性状】本品常3～7朵簇生于短花轴上，基部有苞片1～2片，多脱落为单朵。单朵呈棒槌状，多弯曲，长1～1.7cm，直径约1.5mm，花被筒表面淡紫色或灰绿色，密被短柔毛，先端 4 裂，裂片淡紫色或黄棕色。质软。气微，味甘、微辛。

以花蕾多、淡紫色者为佳。

【饮片】

1. 芫花 本品性状同药材。

2. 醋芫花 本品形如芫花，表面微黄色。微有醋香气。

【功效与主治】泻水逐饮，外用杀虫疗疮。用于水肿胀满，胸腹积水，痰饮积聚，气逆咳喘，二便不利；外治疥癣秃疮，痈肿，冻疮。

闹羊花【毒】

【来源】本品为杜鹃花科植物羊踯躅的干燥花。四、五月花初开时采收，阴干或晒干。

【产地】产于浙江、湖北、江苏等地。

【性状】本品数朵花簇生于一总柄上，多脱落为单朵；灰黄色至黄褐色，皱缩。花萼 5 裂，裂片半圆形至三角形，边缘有较长的细毛；花冠钟状，筒部较长，约至 2.5cm，顶端卷折，5 裂，花瓣宽卵形，先端钝或微凹；雄蕊 5，花丝卷曲，等长或略长于花冠，中部以下有茸毛，花药红棕色，顶孔裂；雌蕊 1，柱头头状；花梗长 1 ~ 2.8cm，棕褐色，有短茸毛。气微，味微麻。

以身干、色黄、无杂质者为佳。

【功效与主治】祛风除湿，散瘀定痛。用于风湿痹痛，偏正头痛，跌打肿痛，顽癣。

厚朴花

【来源】本品为木兰科植物厚朴或凹叶厚朴的干燥花蕾。春季花未开放时采摘，稍蒸后，晒干或低温干燥。

【产地】产于四川、湖北、浙江等地。

【性状】本品呈长圆锥形，长 4 ~ 7cm，基部直径 0.5 ~ 2.5cm。红棕色至棕褐色。花被多为 12 片，肉质，外层的呈长方倒卵形，内层的呈匙形。雄蕊多数，花药条形，淡黄棕色，花丝宽而短。心皮多数，分离，螺旋状排列于圆锥形的花托上。花梗长 0.5 ~ 2cm，密被灰黄色绒毛，偶无毛。质脆，易破碎。气香，味淡。

以完整、色棕红、香气浓郁者为佳。

【功效与主治】芳香化湿，理气宽中。用于脾胃湿阻气滞，胸脘痞闷胀满，纳谷不香。

洋金花【毒】

【来源】本品为茄科植物白花曼陀罗的干燥花。4 ~ 11 月花初开时采收，晒干或低温干燥。

【产地】主产于江苏、浙江、福建、广东等地。

【性状】本品多皱缩成条状，完整者长 9 ~ 15cm。花萼呈筒状，长为花冠的 2/5，灰绿色或灰黄色，先端 5 裂，基部具纵脉纹 5 条，表面微有茸毛；花冠呈喇叭状，淡黄色或黄棕色，先端 5 浅裂，裂片有短尖，短尖下有明显的纵脉纹 3 条，两裂片之间微凹；雄蕊 5，花丝贴生于花冠筒内，长为花冠的 3/4；雌蕊 1，柱头棒状。烘干品质柔韧，气特异；晒干品质脆，气微，味微苦。

以身干、朵大、不破碎、无杂质者为佳。

【功效与主治】平喘止咳，解痉定痛。用于哮喘咳嗽，脘腹冷痛，风湿痹痛，小儿慢惊，外科麻醉。

凌霄花

【来源】本品为紫葳科植物凌霄或美洲凌霄的干燥花。夏、秋二季花盛开时采收，干燥。

【产地】主产于江苏、浙江、安徽、广西等地。

【性状】

1. 凌霄　多皱缩卷曲，黄褐色至棕褐色，完整花朵长4~5cm。萼筒钟状，长2~2.5cm，裂片5，裂至中部，萼筒基部至萼齿尖有5条纵棱。花冠先端5裂，裂片半圆形，下部联合呈漏斗状，表面可见细脉纹，内表面较明显。雄蕊4，着生在花冠上，2长2短，花药个字形，花柱1，柱头扁平。气清香，味微苦、酸。

2. 美洲凌霄　完整花朵长6~7cm。萼筒长1.5~2cm，硬革质，先端5齿裂，裂片短三角状，长约为萼筒的1/3，萼筒外无明显的纵棱，花冠内表面具明显的深棕色脉纹。

以完整不碎、色黄棕者为佳。

【功效与主治】活血通经，凉血祛风。用于月经不调，经闭癥瘕，产后乳痈，风疹发红，皮肤瘙痒，痤疮。

蒲黄

【来源】本品为香蒲科植物水烛香蒲、东方香蒲或同属植物的干燥花粉。夏季采收蒲棒上部的黄色雄花序，晒干后碾轧，筛取花粉。剪取雄花后，晒干，成为带有雄花的花粉，即为草蒲黄。

【产地】主产于浙江、江苏、山东、安徽、湖北等地。

【性状】本品为黄色粉末。体轻，放水中则飘浮水面。手捻有滑腻感，易附着手指上。气微，味淡。

显微鉴别：本品粉末黄色。显微镜下花粉粒类圆形或椭圆形，直径17~29μm，表面有网状雕纹，周边轮廓线光滑，呈凸波状或齿轮状，具单孔，不甚明显。

以粉细、体轻、色鲜黄、滑腻感强者为佳。

【饮片】

1. 蒲黄　本品性状同药材。

2. 蒲黄炭　本品形如蒲黄，表面棕黄色或黑褐色。具焦香气，味微苦、涩。

【功效与主治】止血，化瘀，通淋。用于吐血，衄血，咯血，崩漏，外伤出血，经闭痛经，胸腹刺痛，跌仆肿痛，血淋涩痛。

四、果实种子类中药

龙眼肉

【来源】本品为无患子科植物龙眼的假种皮。夏、秋二季采收成熟果实，干燥，除去壳、核，晒至干爽不黏。

【产地】主产于广东、广西、福建、云南等地；此外，四川、贵州等省亦产。

【性状】本品为纵向破裂的不规则薄片，或呈囊状，长约1.5cm，宽2～4cm，厚约0.1cm。棕黄色至棕褐色，半透明。外表面皱缩不平，内表面光亮而有细纵皱纹。薄片者质柔润，囊状者质稍硬。气微香，味甜。

以身干、肥厚、片大、棕黄色、味甜者为佳。

【功效与主治】补益心脾，养血安神。用于气血不足，心悸怔忡，健忘失眠，血虚萎黄。

地肤子

【来源】本品为藜科植物地肤的干燥成熟果实。秋季果实成熟时采收植株，晒干，打下果实，除去杂质。

【产地】全国大部分地区均有生产。

【性状】本品呈扁球状五角星形，直径1～3mm。外被宿存花被，表面灰绿色或浅棕色，周围具膜质小翅5枚，背面中心有微突起的点状果梗痕及放射状脉纹5～10条；剥离花被，可见膜质果皮，半透明。种子扁卵形，长约1mm，黑色。气微，味微苦。

以身干、果实饱满、灰绿色、不含杂质者为佳。

【功效与主治】清热利湿，祛风止痒。用于小便涩痛，阴痒带下，风疹，湿疹，皮肤瘙痒。

补骨脂

【来源】本品为豆科植物补骨脂的干燥成熟果实。秋季果实成熟时采收果序，晒干，搓出果实，除去杂质。

【产地】主产于河南、四川、安徽、陕西等地；江西、贵州、山西等省也产。

【性状】本品呈肾形，略扁，长3～5mm，宽2～4mm，厚约1.5mm。表面黑色、黑褐色或灰褐色，具细微网状皱纹。顶端圆钝，有一小突起，凹侧有果梗痕。质硬。果皮薄，与种子不易分离；种子1枚，子叶2，黄白色，有油性。气香，味辛、微苦。

以身干、粒大饱满、色黑者为佳。

【饮片】

1. 补骨脂　本品性状同药材。

2. 盐补骨脂　本品形如补骨脂。表面黑色或黑褐色，微鼓起。气微香，味微咸。

【功效与主治】温肾助阳，纳气平喘，温脾止泻；外用消风祛斑。用于肾阳不足，阳痿遗精，遗尿尿频，腰膝冷痛，肾虚作喘，五更泄泻；外用治白癜风，斑秃。

沙苑子

【来源】本品为豆科植物扁茎黄芪的干燥成熟种子。秋末冬初果实成熟尚未开裂时采割植株，晒干，打下种子，除去杂质，晒干。

【产地】主产于陕西、山西；河北等地也产。

【性状】本品略呈肾形而稍扁，长2～2.5mm，宽1.5～2mm，厚约1mm。表面光滑，褐绿色或灰褐色，边缘一侧微凹处具圆形种脐。质坚硬，不易破碎。子叶2，淡黄色，胚根弯曲，长约1mm。无臭，味淡，嚼之有豆腥味。

以身干、粒大饱满、绿褐色或灰褐色、无杂质者为佳。

【饮片】

1. 沙苑子　本品性状同药材。

2. 盐沙苑子　本品形如沙苑子，表面鼓起，深褐绿色或深灰褐色。气微。味微咸，嚼之有豆腥味。

【功效与主治】补肾助阳，固精缩尿，养肝明目。用于肾虚腰痛，遗精早泄，遗尿尿频，白浊带下，眩晕，目暗昏花。

佛　手

【来源】本品为芸香科植物佛手的干燥果实。秋季果实尚未变黄或变黄时采收，纵切成薄片，晒干或低温干燥。

【产地】主产于四川、广东、广西等地；浙江、云南、贵州等省也产。以四川产者质佳。

【性状】本品为类椭圆形或卵圆形的薄片，常皱缩或卷曲，长6~10cm，宽3~7cm，厚0.2~0.4cm。顶端稍宽，常有3~5个手指状的裂瓣，基部略窄，有的可见果梗痕。外皮黄绿色或橙黄色，有皱纹及油点。果肉浅黄白色，散有凹凸不平的线状或点状维管束。质硬而脆，受潮后柔韧。气香，味微甜后苦。

以身干、肥大、绿边白瓤、质坚、香气浓者为佳。

【功效与主治】疏肝理气，和胃止痛，燥湿化痰。用于肝胃气滞，胸胁胀痛，胃脘痞满，食少呕吐，咳嗽痰多。

金樱子

【来源】本品为蔷薇科植物金樱子的干燥成熟果实。10~11月果实成熟变红时采收，干燥，除去毛刺。

【产地】主产于四川、贵州、广东、广西、江西、浙江、江苏、福建、湖南、湖北等地。

【性状】本品为花托发育而成的假果，呈倒卵形，长2~3.5cm，直径1~2cm。表面红黄色或红棕色，有突起的棕色小点，系毛刺脱落后的残基。顶端有盘状花萼残基，中央有黄色柱基，下部渐尖。质硬。切开后，花托壁厚1~2mm，内有多数坚硬的小瘦果，内壁及瘦果均有淡黄色茸毛。气微，味甘、微涩。

以个大、色红黄者为佳。

【饮片】金樱子肉：本品呈倒卵形纵剖瓣。表面红黄色或红棕色，有突起的棕色小点。顶端有花萼残基，下部渐尖。花托壁厚1~2mm，内面淡黄色，残存淡黄色茸毛。气微，味甘、微涩。

【功效与主治】固精缩尿，固崩止带，涩肠止泻。用于遗精滑精，遗尿尿频，崩漏带下，久泻久利。

草 果

【来源】本品为姜科植物草果的干燥成熟果实。秋季果实成熟时采收，除去杂质，晒干或低温干燥。

【产地】主产于云南、广西、贵州等地。

【性状】本品呈长椭圆形，具三钝棱，长 2～4cm，直径 1～2.5cm。表面灰棕色至红棕色，具纵沟及棱线，顶端有圆形突起的柱基，基部有果梗或果梗痕。果皮质坚韧，易纵向撕裂。剥去外皮，中间有黄棕色隔膜，将种子团分成 3 瓣，每瓣有种子多为 8～11 粒。种子呈圆锥状多面体，直径约 5mm，表面红棕色，外被灰白色膜质的假种皮，种脊为一条纵沟，尖端有凹状的种脐。质硬，胚乳灰白色。有特异香气，味辛、微苦。

身干、个大、饱满、表面红棕色、气味香浓者为佳。

【饮片】

1. 炒草果仁　本品呈圆锥状多面体，直径约 5mm，表面灰棕色至红棕色，有的可见外被残留灰白色膜质的假种皮。种脊为一条纵沟，尖端有凹状的种脐。胚乳灰白色至黄白色。有特异香气，味辛、微苦。

2. 姜草果仁　本品形如草果仁，棕褐色，偶见焦斑。有特异香气，味辛辣、微苦。

【功效与主治】燥湿温中，截疟除痰。用于寒湿内阻，脘腹胀痛，痞满呕吐，疟疾寒热，瘟疫发热。

益 智

【来源】本品为姜科植物益智的干燥成熟果实。夏、秋间果实由绿变红时采收，晒干或低温干燥。

【产地】主产于海南、广东等地；云南、福建等省也产。

【性状】本品呈椭圆形，两端略尖，长 1.2～2cm，直径 1～1.3cm。表面棕色或灰棕色，有纵向凹凸不平的突起棱线 13～20 条，顶端有花被残基，基部常残存果梗。果皮薄而稍韧，与种子紧贴，种子集结成团，中有隔膜将种子团分为 3 瓣，每瓣有种子 6～11 粒。种子呈不规则的扁圆形，略有钝棱，直径约 3mm，表面灰褐色或灰黄色，外被淡棕色膜质的假种皮。质硬，胚乳白色。有特异香气，味辛、微苦。

以身干、粒大、饱满、气味浓者为佳。

【饮片】

1. 益智仁　本品已除去果皮，其余性状同药材。

2. 盐益智仁　种子呈不规则的扁圆形，略有钝棱，直径约 3mm，表面灰棕褐色，略有焦斑。质硬，胚乳白色。味辛、微苦、微咸。

以身干、粒大、饱满、气味浓者为佳。

【功效与主治】暖肾固精缩尿，温脾止泻摄唾。用于肾虚遗尿，小便频数，遗精白浊，脾寒泄泻，腹中冷痛，口多涎唾。

葶苈子

【来源】本品为十字花科植物播娘蒿或独行菜的干燥成熟种子。前者习称“南葶苈子”，后者习称“北葶苈子”。夏季果实成熟时采割植株，晒干，搓出种子，除去杂质。

【产地】播娘蒿主产于江苏、安徽、山东等地；浙江、河北、河南、山西、陕西、甘肃也产。独行菜主产于河北、辽宁、内蒙古；黑龙江、吉林、山西、山东、甘肃也产。

【性状】

1. 南葶苈子　呈长圆形略扁，长约0.8～1.2mm，宽约0.5mm。表面棕色或红棕色，微有光泽，具纵沟2条，其中1条较明显。一端钝圆，另端微凹或较平截，种脐类白色，位于凹入端或平截处。气微，味微辛、苦，略带黏性。

2. 北葶苈子　呈扁卵形，长1～1.5mm，宽0.5～1mm。一端钝圆，另端尖而微凹。种脐位于凹入端。味微辛辣，黏性较强。

均以粒充实、均匀、浅棕色、无杂质泥土者为佳。

【饮片】

1. 葶苈子　本品性状同药材。

2. 炒葶苈子　本品形如葶苈子，微鼓起，表面棕黄色。有油香气，不带黏性。

【功效与主治】泻肺平喘，行水消肿。用于痰涎壅肺，喘咳痰多，胸胁胀满，不得平卧，胸腹水肿，小便不利。

五、全草类中药

鱼腥草

【来源】本品为三白草科植物蕺菜的新鲜全草或干燥地上部分。鲜品全年均可采割；干品夏季茎叶茂盛花穗多时采割，除去杂质，晒干。

【产地】我国南方各省均有分布，主产于浙江、江苏、安徽、湖北等省。

【性状】

1. 鲜鱼腥草　茎呈圆柱形，长20～45cm，直径0.25～0.45cm。上部绿色或紫红色，下部白色，节明显，下部节上生有须根，无毛或被疏毛。叶互生，叶片心形，长3～10cm，宽3～11cm，先端渐尖，全缘，上表面绿色，密生腺点，下表面常紫红色。叶柄细长，基部与托叶合生成鞘状。穗状花序顶生。具鱼腥气，味涩。

2. 鱼腥草　茎呈扁圆柱形，扭曲，表面棕黄色，具纵棱数条；质脆，易折断。叶片卷折皱缩，展平后呈心形，上表面暗黄绿色至暗棕色，下表面灰绿色或灰棕色。穗状花序黄棕色。

以茎叶完整、色灰绿、有花穗、鱼腥气浓者为佳。

【饮片】

1. 鲜鱼腥草　本品性状同药材。

2. 鱼腥草　本品为不规则的段。茎呈扁圆柱形，表面淡红棕色至黄棕色，具纵棱。叶片多破碎，黄棕色至暗棕色。穗状花序黄棕色。搓碎具鱼腥气，味涩。

【功效与主治】清热解毒，消痈排脓，利尿通淋。用于肺痈吐脓，痰热喘咳，热痢，热淋，痈肿疮毒。

佩　兰

【来源】本品为菊科植物佩兰的干燥地上部分。夏、秋二季分两次采割，除去杂质，晒干。

【产地】全国大部分地区均产。主产于江苏、浙江、河北、山西、湖北等省。

【性状】本品茎呈圆柱形，长 30 ~ 100cm，直径 0.2 ~ 0.5cm，表面黄棕色或黄绿色，有的带紫色，有明显的节及纵棱线，质脆，断面髓部白色或中空。叶对生，有柄，叶片多皱缩、破碎，绿褐色，完整叶片 3 裂或不分裂，分裂者中间裂片较大，展平后呈披针形或长圆状披针形，基部狭窄，边缘有锯齿；不分裂者展平后呈卵圆形、卵状披针形或椭圆形。气芳香，味微苦。

以身干、叶多、色绿、质嫩、香气浓者为佳。

【饮片】本品呈不规则的段。茎圆柱形，表面黄棕色或黄绿色，有的带紫色，有明显的节及纵棱线。切面髓部白色或中空。叶片多皱缩破碎，绿褐色。气芳香，味微苦。

【功效与主治】芳香化湿，醒脾开胃，发表解暑。用于湿浊中阻，脘痞呕恶，口中甜腻，口臭，多涎，暑湿表证，湿温初起，发热倦怠，胸闷不舒。

泽　兰

【来源】本品为唇形科植物毛叶地瓜儿苗的干燥地上部分。夏、秋二季茎叶茂盛时采割，晒干。

【产地】全国大部分地区均有生产。

【性状】本品茎呈方柱形，少分支，四面均有浅纵沟，长 50 ~ 100cm，直径 0.2 ~ 0.6cm，表面黄绿色或带紫色，节处紫色明显，有白色茸毛，质脆，断面黄白色，髓部中空。叶对生，有短柄，叶片多皱缩，展平后呈披针形或长圆形，长 5 ~ 10cm，上表面黑绿色，下表面灰绿色，密具腺点，两面均有短毛，先端尖，边缘有锯齿。轮伞花序腋生，花冠多脱落，苞片及花萼宿存，黄褐色。气微，味淡。

以身干、茎短、叶多、色灰绿、质嫩、完整不碎者为佳。

【饮片】本品呈不规则的段。茎方柱形，表面黄绿色或带紫色，节处紫色明显，有白色茸毛，切面黄白色，中空。叶多皱缩，边缘有锯齿。有时可见轮伞花序。气微，味淡。

【功效与主治】活血调经，祛瘀消痈，利水消肿。用于月经不调，经闭，痛经，产后瘀血腹痛，疮痈肿毒，水肿腹水。

蒲公英

【来源】本品为菊科植物蒲公英、碱地蒲公英或同属数种植物的干燥全草。春至秋季花初开时采挖，除去杂质，洗净，晒干。

【产地】全国大部分地区均有生产。

【性状】本品呈皱缩卷曲的团块。根呈圆锥状，多弯曲，长 3 ~ 7cm，表面棕褐色，抽皱，根头部有棕褐色或黄白色的茸毛，有的已脱落。叶基生，多皱缩破碎，完整叶片呈倒披针形，绿褐色或暗灰色，先端尖或钝，边缘浅裂或羽状分裂，基部渐狭，下延呈柄状，下表面主脉明显。花茎 1 至数条，每条顶生头状花序，总苞片多层，内面一层较长，花冠黄褐色或淡黄白色。有的可见多数具白色冠毛的长椭圆形瘦果。气微，味微苦。

以身干、叶多、色灰绿、根完整、花黄、无杂质者为佳。

【饮片】本品为不规则的段。根表面棕褐色，根头部有棕褐色或黄白色的茸毛。叶多皱缩破碎，绿褐色或暗灰色。头状花序，总苞片多层，花冠黄褐色或淡黄白色。有的可见多数具白色冠毛的长椭圆形瘦果。气微，味微苦。

【功效与主治】清热解毒，消肿散结，利尿通淋。用于疔疮肿毒，乳痈，瘰疬，目赤，咽痛，肺痈，肠痈，湿热黄疸，热淋涩痛。

豨莶草

【来源】本品为菊科植物豨莶、腺梗豨莶或毛梗豨莶的干燥地上部分。夏、秋二季花开前及花期均可采割，除去杂质，晒干。

【产地】全国大部分地区均产。

【性状】本品茎呈圆柱形，有的略呈类方柱形，多分支，长30~110cm，直径0.3~1cm；表面灰绿色、黄棕色或紫棕色，有纵沟及细纵纹，被灰色柔毛，节明显，略膨大；质脆，易折断，断面黄白色或带绿色，髓部宽广，类白色，中空。叶对生，叶片多皱缩、卷曲，展平后呈卵圆形，灰绿色，边缘有钝锯齿，两面皆有白色柔毛，主脉3出；有的可见黄色头状花序，总苞片匙形。气微，味微苦。

以身干、叶多、枝嫩而壮、鲜绿色、无根、无杂质者为佳。

【饮片】

1. 豨莶草段 本品呈不规则的段。茎表面灰绿色、黄棕色或紫棕色，被灰色柔毛。切面髓部类白色。叶多破碎，灰绿色，边缘有钝锯齿，两面皆有白色柔毛。有的可见黄色头状花序。气微，味微苦。

2. 酒豨莶草 本品形如豨莶草段，表面褐绿色或黑绿色。微有酒香气。

【功效与主治】祛风湿，利关节，解毒。用于风湿痹痛，筋骨无力，腰膝酸软，四肢麻痹，半身不遂，风疹湿疮。

六、树脂藻菌类、其他类、动物及矿物中药

五倍子

【来源】本品为漆树科植物盐肤木、青麸杨或红麸杨叶上的虫瘿，主要由五倍子蚜寄生而形成。秋季采摘，置沸水中略煮或蒸至表面呈灰色，杀死蚜虫，取出，干燥。按外形不同，分为“肚倍”和“角倍”。

【产地】主产于山西、陕西、甘肃、河南、湖北、江西、福建、贵州、云南、四川等省。

【性状】

1. 肚倍 呈长圆形或纺锤形囊状，长2.5~9cm，直径1.5~4cm。表面灰褐色或灰棕色，微有柔毛。质硬而脆，易破碎，断面角质样，有光泽，壁厚0.2~0.3cm，内壁平滑，有黑褐色死蚜虫及灰色粉状排泄物。气特异，味涩。

2. 角倍 呈菱形，具不规则的钝角状分支，柔毛较明显，壁较薄。

均以个大、完整、壁厚、色灰褐色者为佳。

【饮片】本品为不规则块状，表面灰褐色或灰棕色，有柔毛。质硬而脆，易破碎，断面角质样，有光泽。气特异，味涩。

【功效与主治】敛肺降火，涩肠止泻，敛汗止血，收湿敛疮。用于肺虚久咳，肺热痰

嗽，久泻久利，自汗盗汗，消渴，便血痔血，外伤出血，痈肿疮毒，皮肤湿烂。

灵　芝

【来源】本品为多孔菌科真菌赤芝或紫芝的干燥子实体。全年采收，除去杂质，剪除附有朽木、泥沙或培养基质的下端菌柄，阴干或在40℃～50℃烘干。

【产地】赤芝产于华北、西南等地。紫芝产于浙江、江西、湖南、广西等地。野生及栽培均有，以栽培为主。

【性状】

1. 赤芝　外形呈伞状，菌盖肾形、半圆形或近圆形，直径10～18cm，厚1～2cm。皮壳坚硬，黄褐色至红褐色，有光泽，具环状棱纹和辐射状皱纹，边缘薄而平截，常稍内卷。菌肉白色至淡棕色。菌柄圆柱形，侧生，长7～15cm，直径1～3.5cm，红褐色至紫褐色，光亮。孢子细小，黄褐色。气微香，味苦涩。

2. 紫芝　皮壳紫黑色，有漆样光泽。菌肉锈褐色。菌柄长17～23cm。

3. 栽培品　子实体较粗壮、肥厚，直径12～22cm，厚1.5～4cm。皮壳外常被有大量粉尘样的黄褐色孢子。

以菌盖大、肥厚、坚实、有光泽者为佳。

【功效与主治】补气安神，止咳平喘。用于心神不宁，失眠心悸，肺虚咳喘，虚劳短气，不思饮食。

乳　香

【来源】本品为橄榄科植物乳香树及同属植物树皮渗出的树脂。分为索马里乳香和埃塞俄比亚乳香，每种乳香又分为乳香珠和原乳香。

【产地】产于非洲索马里、埃塞俄比亚等地。

【性状】本品呈长卵形、滴乳状、类圆形颗粒或黏合成大小不等的不规则块状物，大者长达2cm（乳香珠）或5cm（原乳香）。表面黄白色，半透明，被有黄白色粉末，久存则颜色加深。质脆，遇热软化。破碎面有玻璃样或蜡样光泽。具特异香气，味微苦。

本品燃烧时显油性，冒黑烟，有香气，加水研磨成白色或黄白色乳状液。

以淡黄白色、断面半透明、质硬而脆、香气浓厚、无杂质者为佳。

【饮片】醋乳香　本品形似乳香，表面黄棕色，油亮，微有醋酸气。

【功效与主治】活血定痛，消肿生肌。用于胸痹心痛，胃脘疼痛，痛经经闭，产后瘀阻，癥瘕腹痛，风湿痹痛，筋脉拘挛，跌打损伤，痈肿疮疡。

没　药

【来源】本品为橄榄科植物地丁树或哈地丁树的干燥树脂。分为天然没药和胶质没药。

【产地】主产于非洲索马里和埃塞俄比亚；肯尼亚等地也有生产。

【性状】

1. 天然没药　呈不规则颗粒性团块，大小不等，大者直径长达6cm以上。表面黄棕色或红棕色，近半透明部分呈棕黑色，被有黄色粉尘。质坚脆，破碎面不整齐，无光泽。有特异香气，味苦而微辛。

2. 胶质没药　呈不规则块状和颗粒，多黏结成大小不等的团块，大者直径长达6cm以上，表面棕黄色或棕褐色，不透明，质坚实或疏松，有特异香气，味苦而有黏性。

天然没药以黄棕色、破碎面微透明、显油润、香气浓、味苦、无杂质者为佳。胶质没药以深棕色、破碎面显油润、香气浓、味苦、无杂质者为佳。

【饮片】醋没药　本品呈不规则小块状或类圆形颗粒状，表面棕褐色或黑褐色，有光泽。具特异香气，略有醋香气，味苦而微辛。

【功效与主治】散瘀定痛，消肿生肌。用于胸痹心痛，胃脘疼痛，痛经经闭，产后瘀阻，癥瘕腹痛，风湿痹痛，跌打损伤，痈肿疮疡。

阿　胶

【来源】本品为马科动物驴的干燥皮或鲜皮经煎煮、浓缩制成的固体胶。

【产地】主产于山东东阿等地。

【性状】本品呈长方形块、方形块或丁状块。黑褐色，有光泽。质硬而脆，断面光亮，碎片对光照视呈棕色半透明状。气微，味微甘。

以色匀、半透明、断面光亮、质脆味甘、无腥气者为佳。

【饮片】

1. 阿胶块　本品性状同药材。

2. 阿胶珠　本品呈类球形。表面棕黄色或灰白色，附有白色粉末。体轻，质酥，易碎。断面中空或多孔状，淡黄色至棕色。气微，味微甜。

【功效与主治】补血滋阴，润燥，止血。用于血虚萎黄，眩晕心悸，肌痿无力，心烦不眠，虚风内动，肺燥咳嗽，劳嗽咯血，吐血尿血，便血崩漏，妊娠胎漏。

穿山甲

【来源】本品为鲮鲤科动物穿山甲的鳞甲。收集鳞甲，洗净，晒干。

【产地】主产于广西、广东、贵州、云南、湖南、福建等地。国外泰国、越南、缅甸、印度尼西亚及非洲等地也产。

【性状】本品呈扇面形、三角形、菱形或盾形的扁平片状或半折合状，中间较厚，边缘较薄，大小不一，长宽各为0.7～5cm。外表面黑褐色或黄褐色，有光泽，宽端有数十条排列整齐的纵纹及数条横线纹，窄端光滑。内表面色较浅，中部有一条明显突起的弓形横向棱线，其下方有数条与棱线相平行的细纹。角质，半透明，坚韧而有弹性，不易折断。气微腥，味淡。

以片匀、表面光洁、黑褐色或黄褐色、半透明、无腥气、不带皮肉者为佳。

【饮片】

1. 炮山甲　全体膨胀呈卷曲状，黄色，质酥脆，易碎。

2. 醋山甲　本品形如炮山甲，金黄色。有醋酸气。

【功效与主治】活血消癥，通经下乳，消肿排脓，搜风通络。用于经闭癥瘕，乳汁不通，痈肿疮毒，中风瘫痪，麻木拘挛。

蛤 蚧

【来源】本品为壁虎科动物蛤蚧的干燥体。全年均可捕捉，除去内脏，拭净，用竹片撑开，使全体扁平顺直，低温干燥。

【产地】主产于广西、广东等地；云南、贵州等地亦产。进口蛤蚧主要产于越南等国。

【性状】本品呈扁片状，头颈部及躯干部长 9 ~ 18cm，头颈部约占 1/3，腹背部宽 6 ~ 11cm，尾长 6 ~ 12cm。头略呈扁三角状，两眼多凹陷成窟窿，口内有细齿，生于颚的边缘，无异型大齿。吻部半圆形，吻鳞不切鼻孔，与鼻鳞相连，上鼻鳞左右各 1 片，上唇鳞 12 ~ 14 对，下唇鳞（包括颏鳞）21 片。腹背部呈椭圆形，腹薄。背部呈灰黑色或银灰色，有黄红色或灰绿色斑点散在或密集成不显著的斑纹，脊椎骨及两侧肋骨突起。四足均具 5 趾，趾间仅具蹼迹，足趾底有吸盘。尾细而坚实，微现骨节，与背部颜色相同，有 6 ~ 7 个明显的银灰色环带。全身密被圆形或多角形微有光泽的细鳞，气腥，味微咸。

以体大、尾粗而长、无虫蛀者为佳。

【功效与主治】补肺益肾，纳气定喘，助阳益精。用于肺肾不足，虚喘气促，劳嗽咯血，阳痿，遗精。

蝉 蜕

【来源】本品为蝉科昆虫黑蚱的若虫羽化时脱落的皮壳。夏、秋二季收集，除去泥沙，晒干。

【产地】全国大部分地区均产。

【性状】本品略呈椭圆形而弯曲，长约 3.5cm，宽约 2cm。表面黄棕色，半透明，有光泽。头部有丝状触角 1 对，多已断落，复眼突出。额部先端突出，口吻发达，上唇宽短，下唇伸长成管状。胸部背面呈十字形裂开，裂口向内卷曲，脊背两旁具小翅 2 对，腹面有足 3 对，被黄棕色细毛。腹部钝圆，共 9 节。体轻，中空，易碎。气微，味淡。

以身干、色黄亮、体轻、完整、无杂质者为佳。

【饮片】本品为不规则碎块，表面黄棕色，半透明，有光泽。

【功效与主治】疏散风热，利咽，透疹，明目退翳，解痉。用于风热感冒，咽痛音哑，麻疹不透，风疹瘙痒，目赤翳障，惊风抽搐，破伤风。

紫河车

【来源】本品为健康人的干燥胎盘。将新鲜胎盘除去羊膜及脐带，反复冲洗至去净血液，蒸或置沸水中略煮后，干燥。

【产地】全国各地。

【性状】本品呈圆形或碟状椭圆形，直径 9 ~ 15cm，厚薄不一。黄色或黄棕色（采用传统加工的表面为紫褐色），一面凹凸不平，有不规则沟纹，另一面较平滑，常附有残余的脐带，其四周有细血管。质硬脆，有腥气。

以完整、色黄、血管内无残血者为佳。

【饮片】

1. 紫河车块 本品为不规则碎块，黄色、黄棕色或紫褐色，质硬脆，有腥气。

2. 紫河车粉　本品为黄棕色或灰褐色细粉。

【功效与主治】温肾补精，益气养血。用于虚劳羸瘦，阳痿遗精，不孕少乳，久咳虚喘，骨蒸劳嗽，面色萎黄，食少气短。

僵　蚕

【来源】本品为蚕娥科昆虫家蚕4~5龄的幼虫感染（或人工接种）白僵菌而致死的干燥体。多于春、秋季生产，将感染白僵菌病死的蚕干燥。

【产地】主产于浙江、江苏、四川等地；广东、陕西也产。

【性状】本品略呈圆柱形，多弯曲皱缩。长2~5cm，直径0.5~0.7cm。表面灰黄色，被有白色粉霜状的气生菌丝和分生孢子。头部较圆，足8对，体节明显，尾部略呈二分歧状。质硬而脆，易折断，断面平坦，外层白色，中间有亮棕色或亮黑色的丝腺环4个。气微腥，味微咸。

以直条肥壮、质硬色白、断面明亮者为佳。

【饮片】麸炒僵蚕　本品形如僵蚕，表面黄棕色。微有麸香气。

【功效与主治】息风止痉，祛风止痛，化痰散结。用于肝风夹痰，惊痫抽搐，小儿急惊，破伤风，中风口㖞，风热头痛，目赤咽痛，风疹瘙痒，发颐痄腮。

蟾酥【毒】

【来源】本品为蟾蜍科动物中华大蟾蜍或黑眶蟾蜍的干燥分泌物。多于夏、秋二季捕捉蟾蜍，洗净，挤取耳后腺及皮肤腺的白色浆液，加工，干燥。

【产地】主产于山东、河北、江苏、浙江、湖北等地；湖南、四川、辽宁、吉林等地也产。

【性状】本品呈扁圆形团块状或片状。棕褐色或红棕色。团块状者质坚，不易折断，断面棕褐色，角质状，微有光泽，片状者质脆，易碎，断面红棕色，半透明。气微腥，味初甜而后有持久的麻辣感，粉末嗅之作嚏。

水试：本品断面沾水，即呈乳白色隆起。

以外表及断面明亮、紫红色、沾水即呈乳白色隆起者为佳。

【饮片】蟾酥粉　本品为粉末状。

【功效与主治】解毒，止痛，开窍醒神。用于痈疽疔疮，咽喉肿痛，中暑神昏，痧胀，腹痛吐泻。

第二节　中药检测

一、中药的真伪鉴别

1. 龙胆伪品及掺伪品

以党参支根掺入龙胆段中，形似龙胆段，有的表面有黑色胶状物。口尝味甜。还有以桔梗支根混充龙胆的情况。

2. 当归伪品

有以独活混充当归的情况，性状见鉴别部分。

3. 何首乌伪品

白首乌　为萝藦科植物白首乌的块根。呈纺锤形或不规则圆块状，表面类白色，多皱缩，切片大小不一。断面类白色，粉性。有放射状纹理及裂隙。气微，味微甘、苦。

4. 木瓜伪品

光皮木瓜　为蔷薇科植物木瓜的果实。多呈片状，外表面红棕色，光滑或略粗糙，不皱缩，剖面边缘不向内卷曲，果肉粗糙，气微，味微酸涩，嚼之有沙粒感。

5. 车前子伪品

（1）荆芥子　为唇形科植物荆芥的干燥成熟果实。呈椭圆状三棱形，表面黄棕色或棕黑色，略光滑。嚼之有香气，稍泡后无黏性，手捻无润滑感。

（2）盐炙葶苈子　表面棕褐色，味咸。其余特征同葶苈子。

6. 乌梅伪品

（1）山杏、李等果实　果核表面无凹入小点。

（2）山桃　果核近球形，表面有沟纹及小坑。

7. 砂仁伪品

（1）山姜　为姜科植物山姜的果实或种子团。果实呈椭圆形。果皮多脱落，残存果皮光滑。革质。种子呈不规则多面体，种皮于合点稍增厚。

（2）海南假砂　系姜科植物海南假砂的果实或种子团。果实呈长卵形，表面具片状突起，较大，多侧伏。种子类卵圆形，纵切面种皮均匀增厚，断面类圆形。

8. 青风藤伪品

华防己　别名钩风。形似青风藤，断面有多层偏心性环纹。

9. 肉桂伪品

阴香　为樟科植物阴香的树皮。筒状或不规则块状，厚约0.1～0.6cm，外表面黑棕色或黑褐色，时见灰白色地衣斑块，内表面红棕色或黑棕色，划之油痕不明显。气香较肉桂淡，有樟气，味辛、微苦。

10. 山茱萸伪品

滇刺枣　鼠李科植物滇刺枣，产于云南，别名滇枣皮。药材性状为果皮皱缩扁压，多呈不规则的片状，稍卷缩。长2～3cm，宽1～2cm，厚2～3mm。表面棕褐色或棕黑色，有细皱纹，内表面平滑或有疏松的果肉，顶端可见细小花柱残基，基部有果柄痕，偶见残留果柄，破碎果核少见，表面凹凸不平，质坚脆，味酸。

另外有在加工时加入白矾者，表面可见白色粉霜，口尝有明显涩味。

二、中药的品质规格

大　黄

1. 西大黄规格等级　西大黄分蛋片吉、苏吉、水根、原大黄四个规格，均要求干货。无杂质、虫蛀、霉变。

（1）蛋片吉　分三等：均要求去净粗皮，纵切成瓣。表面黄棕色。体重质坚。断面淡红棕色或黄棕色，具放射状纹理及明显环纹，红肉白筋。髓部有星点环列或散在颗粒。气清香，味微苦涩。糠心不超过15%。一等：每公斤8个以内。二等：每公斤12个以内。三等：每公斤18个以内。

(2) 苏吉　分三等：均要求去净粗皮，横切成段，呈不规则圆柱形。余同蛋片吉。糠心不超过15%。一等：每公斤20个以内。二等：每公斤30个以内。三等：每公斤40个以内。

(3) 水根　统货，系主根尾部及支根的加工品。呈长条状。表面棕色或黄褐色，间有未去净的栓皮。体重质坚，断面淡红色或黄褐色，具放射状纹理，长短不限，间有闷茬，小头直径不小于1.3cm。

(4) 原大黄　统货。去粗皮，纵切或横切成瓣、段、块片，大小不分。表面黄褐色，断面有明显环纹，髓部有星点。中部直径2cm以上，糠心不超过15%。

2. 雅黄规格等级　分三等，均要求干货。切成不规则块状。似马蹄形。去净粗皮表面黄色。气微香，味苦。无枯糠、焦糊、水根、杂质、虫蛀、霉变。一等：每只150~250g。二等：每只100~150g。三等：大小不分，间有直径3.5cm以上的根黄。

3. 南大黄规格等级　分二等，均要求干货。无枯糠、糊黑、杂质、虫蛀、霉变。横切成段，去净粗皮，表面黄褐色。体结实。断面黄色或黄绿色，气微香，味涩而苦。一等：长7cm以上，直径5cm以上。二等：小头直径不低于1.2cm。

郁　金

1. 川郁金规格等级

(1) 黄丝郁金　分二等，均要求干货，无杂质、虫蛀、霉变。一等：每公斤600粒以内，无刀口、破瓣。二等：每公斤600粒以外，直径不小于0.5cm，间有刀口、破瓣。

(2) 绿、白丝郁金　分二等，均要求干货，无杂质、虫蛀、霉变。一等：每公斤600粒以内，无刀口、破瓣。二等：每公斤600粒以外，直径不小于0.5cm，间有刀口、破瓣。

2. 温郁金规格等级　分二等，均要求干货。无须根、杂质、虫蛀、霉变。一等：每公斤280粒以内。二等：每公斤280粒以外，直径不小于0.5cm，间有刀口、破碎。

3. 桂郁金规格等级　统货。大小不分，但直径不得小于0.6cm。身干。无杂质、虫蛀、霉变。

龙　胆

规格等级　分为关龙胆和坚龙胆两种，均为统货。性状见鉴别部分。

黄　连

1. 味连规格等级　分二等，均要求干货。去净毛须。无残茎、杂质、霉变。一等：形如鸡爪或单支，肥壮坚实，间有“过桥”长不超过2cm，无不到1.5cm的碎节、焦枯。二等：形如鸡爪或单支，较一等瘦小，有“过桥”，间有碎节、碎渣、焦枯。

2. 雅连规格等级　分二等，均要求干货。无杂质、霉变。一等：单枝。条肥壮，“过桥”少，长不超过2.5cm，无碎节、毛须、焦枯。二等：较一等瘦小，“过桥”较多，间有碎节、毛须、焦枯。

3. 云连规格等级　分二等，均要求干货。一等：单枝。条粗壮，直径 0.3cm 以上。二等：条较瘦小，直径 0.3cm 以下。

目前市场商品以味连为主。

《药典》2010 年版规定：本品以盐酸小檗碱计，含小檗碱（$C_{20}H_{17}NO_4$）不得少于 5.5%，表小檗碱（$C_{20}H_{17}NO_4$）不得少于 0.80%，黄连碱（$C_{19}H_{13}NO_4$）不得少于 1.6%，巴马汀（$C_{21}H_21NO_4$）不得少于 1.5%。

牡丹皮

1. 凤丹规格等级　分四等，均要求干货。呈圆筒状，条均匀微弯，皮细肉厚，表面褐色，断面白色，粉性足，有亮银星，香气浓。无木心、青丹、杂质、霉变。一等：长 6cm 以上，中部围粗 2.5cm 以上。二等：长 5cm 以上，中部围粗 1.8cm 以上。三等：长 4cm 以上，中部围粗 1cm 以上。四等：凡不合一、二、三等的细条及断支碎片，均属此等。但是最小围粗不低于 0.6cm。无碎末。

2. 连丹规格等级　分四等，均要求干货。呈圆筒状，根条均匀，表面灰褐色或棕褐色。无木心、青丹、杂质、霉变。一等：长 6cm 以上，中部围粗 2.5cm 以上，碎节不超过 5%。二等：长 5cm 以上，中部围粗 1.8cm 以上，碎节不超过 5%。三等：长 4cm 以上，中部围粗 1cm 以上，碎节不超过 5%。四等：凡不合一、二、三等的细条，及断支碎片均属此等，但最小围粗不低于 0.6cm。

3. 刮丹规格等级　分四等，均要求干货。根条均匀，刮去外皮，表面粉红色。无木心、杂质、霉变。一等：长 6cm 以上，中部围粗 2.4cm 以上，碎节不超过 5%。二等：长 5cm 以上，中部围粗 1.7cm 以上，碎节不超过 5%。三等：长 4cm 以上，中部围粗 0.9cm，碎节不超过 5%。四等：凡不含一、二、三等的断支碎片属此等。无碎末。

规格术语：青丹，指牡丹生长时，根露出地面，时久丹根变青者。

厚　朴

1. 温朴筒朴规格等级　分四等，均要求干货。无青苔、杂质、霉变。一等：筒长 40cm，重 800g 以上。二等：筒长 40cm，重 500g 以上。三等：筒长 40cm，重 200g 以上。四等：不合以上规格者及碎朴、枝朴，不分长短大小，均属此等。

2. 川朴筒朴规格等级　分四等，均要求干货。无青苔、杂质、霉变。一等：筒长 40cm，不超过 43cm，重 500g 以上。二等：筒长 40cm，不超过 43cm，重 200g 以上。三等：筒长 40cm，重 100g 以上。四等：同温朴筒朴四等。

3. 蔸朴规格等级　分三等，均要求干货。为靠近根部的干皮和根皮。无青苔、杂质、霉变。一等：块长 70cm 以上，重 2000g 以上。二等：块长 70cm 以上，重 2000g 以下。三等：块长 70cm，重 500g 以上。

4. 耳朴规格等级　统货，均要求干货。为靠近根部的干皮，呈块片状或半卷形，多似耳状。表面灰棕色或灰褐色，内面淡紫色。断面紫棕色，显油润，纤维性少。气香，味苦辛。大小不一。无青苔、杂质、霉变。

5. 根朴规格等级　分二等，均要求干货。无木心、须根、杂质、霉变。一等：呈卷筒状长条，长 70cm，重 400g 以上。二等：长短不分，每支 400g 以下。

《药典》2010 年版规定：本品含厚朴酚（$C_{18}H_{18}O_2$）与和厚朴酚（$C_{18}H_{18}O_2$）的总量不得少于 2.0%。

红　花

规格等级　分二等，均要求干货。无枝叶、杂质、虫蛀、霉变。一等：表面深红、鲜红色，微带黄色，质柔软。有香气，味微苦。二等：表面浅红、暗红或淡黄色，微带黄色，质柔软。有香气，味微苦。

金银花

原标准中商品分密银花、东银花和山银花。现在《药典》已将金银花与山银花分列。此处将山银花作为附录列出。

1. 密银花规格等级　分四等，均要求干货。无杂质、虫蛀、霉变。表面绿白色，花冠厚，质稍硬，握之有顶手感。气清香，味微甘。一等：无开放花朵，破裂花蕾及黄条不超过 5%。无黑条、黑头。二等：开放花朵不超过 5%，黑头、破裂花蕾及黄条不超过 10%。无黑条、枝叶。三等：开放花朵、黑条不超过 30%。四等：花蕾或开放花朵兼有，色泽不分。枝叶不超过 3%。

2. 东银花规格等级　分四等，均要求干货。无杂质、虫蛀、霉变。表面呈黄白、青色。气清香，味微甘。一等：开放花朵不超过 5%，无嫩蕾、黑头、枝叶。二等：开放花朵不超过 15%，黑头不超过 3%，无枝叶。三等：开放花朵不超过 25%，黑头不超过 15%，枝叶不超过 1%。四等：花蕾或开放花朵兼有，色泽不分，枝叶不超过 3%。

规格术语：顶手，指密银花花苞肉质较厚，干燥后较硬，握之有顶手感觉，又称手感，此系密银花的特点。

《药典》2010 年版规定：本品含绿原酸（$C_{16}H_{18}O_9$）不得少于 1.5%，含木犀草苷（$C_{21}H_{20}O_{11}$）不得少于 0.050%。

附：山银花规格等级　分二等，均要求干货。无杂质、虫蛀、霉变。花蕾呈棒状，上粗下细、略弯曲，长瘦。表面黄白色或青白色。气清香，味淡微苦。一等：开放花朵不超过 20%，无梗叶。二等：花蕾或开放花朵兼有，色泽不分，枝叶不超过 10%。

连　翘

1. 黄翘规格等级　统货。干货。呈长卵形或卵形，两端狭尖，多分裂为两瓣。种子多已脱落。表面棕黄色。无枝梗、种子、杂质、霉变。

2. 青翘规格等级　统货。干货。呈狭卵形至卵形，两端狭长，多不开裂。表面青绿色或绿褐色。无枝叶及枯翘，杂质、霉变。习以青翘质佳。

益智仁

规格等级　为统货。不分等级。性状见鉴别部分。

第三章 中药商品养护

第一节 特殊性质中药商品的养护

一、易燃中药商品的养护

易燃中药商品主要有火硝、硫黄、海金沙、干漆、松香等。这类中药均不易生虫和发霉，但遇火即燃。保障易燃中药商品的安全储存，关键在于杜绝火源。易燃中药商品，在管理上须实行隔离储存。数量较大的易燃中药商品，应放在危险品仓库内储存；数量较少的易燃中药商品，应单独存放，并应远离电源、火源。在库房附近，还应放置适量的灭火器等消防设备，以保证安全。

火硝、干漆不能重压，干漆不宜受阳光直射，否则极易引起燃烧。库内温湿度要适宜，温度过高会使海金沙自燃。库内温度以不超过30℃，相对湿度以不低于60%为宜。火硝、硫黄如与干木炭放在一处，其粉屑容易误混在一起，稍有摩擦会着火，即会引起爆炸，应特别加以注意。

二、鲜活中药商品的养护

鲜活中药商品的特点是鲜嫩水分多，在治疗上比干药更能发挥作用。鲜药的管理，是中药保管养护的一部分。鲜活药材要有特殊的贮存条件，如需要保持水分，要有通风凉爽日照的环境，夏日要防热，冬天要防冻。必要时还需进行栽植养护，要有专人管理，以保持它的鲜活状态。

养护鲜药主要在于保养它的液汁成分，不使其变质。要做到这一点，首先要掌握各种鲜药的特性，采取不同的方法加以管理。同时要不怕麻烦，多检查，多整理，如发现霉败现象，立即采用适当措施，加以防治。还要掌握自然气候的变化和日常销量的规律，使鲜药保持质量不变。

常用的鲜活中药商品有鲜地黄、鲜石斛、鲜芦根、鲜荷叶、鲜骨碎补、鲜何首乌等。

1. 鲜地黄

先加以整理，去其腐烂变质部分，然后用竹匾摊晾。略吹去其外表水分，用黄沙土埋藏。小量的埋藏在缸盆内，大量的须保养在土坑中（地下挖坑）。埋藏时，先在底层铺一层黄沙土，然后放上一层鲜地黄，这样一层黄沙土，一层鲜地黄，盖至4～5层后，不宜再盖，保持疏松，防止水分渗入。使用时，沿边缘拨开局部黄沙土，取出应用数量，洗尽泥沙，除去变质部分和芦头，切成2～3cm长的段片。

2. 鲜石斛

鲜石斛的特性喜阴，故通常宜放于阴凉处。在夏季每天淋水一次，冬季每隔3~4天淋水一次，经常保持适当的水分。但湿度超过一定的限度，它的茎梗上会出现紫红色，如长期干燥，它的茎梗会枯黄。

鲜石斛一般保养在花盆或花坛之中。在种植前，先将长的须根适当剪短，用二成沙泥铺于盆底，然后将鲜石斛种植在内，再用石子或敲碎的小砖块（砖块用水浸透）铺平塞紧。冬天结冻时要移至室内保暖，如因干燥超过一定限度，可适当淋水，淋水后移至阳光下照射2~3小时，再移至室内，以防冰冻。夏季炎热时则应移至阴凉潮湿处，晚上置室外，吸收露水，不能日晒。若长出花苗，应立即摘除，以免浆液走失。

3. 鲜芦根

一般散在放于阴凉通风处，每天用水浸洗1~2次（炎热天可浸洗次数多一些）取出，放在容器内，上面用湿布盖好，不能压紧。注意不宜水浸过久，以防变色变质。

还有一种水养法，是将鲜芦根散开冲洗后，直竖于缸内，加少量水，把原枝1/4浸在水内，3/4露在水外，夏季每天换水3~4次，冬季每天换水1~2次（换水时加以冲洗），最好能使水液不致流通，则色泽可以持久不变。

4. 鲜荷叶

鲜荷叶质地脆嫩，保养时如燥则干枯，湿则变质腐烂，是鲜药中最难管理的品种之一。鲜药首先散摊在阴凉处，略晾去水分后，分两张或三张一叠，放在适当的容器内，盖上不要过潮的湿布，不能压紧，以免受热变质。它的特性是既怕水浸，又畏干燥，要保持湿润阴凉的环境。使用时应去蒂，剪成三角形。

5. 鲜骨碎补

鲜骨碎补性喜湿润，但又不宜过潮，过潮则容易腐烂。保养方法一般有两种：①鲜药来时，拣去杂质置于缸内，不要用盖，循序使用。如果货潮湿性大，先摊在阴凉通风处，吹去部分水分，再放入缸内。②选择阴凉处，用稍湿的黄沙泥埋种，但埋种的地方不能过低，防水浸入腐烂。使用时去毛，洗净，随用切片。

6. 鲜何首乌

鲜何首乌较易保养，一般全年可埋于沙土之中。拣去鲜何首乌中的碰伤破碎部分，完整的栽种在带有沙质的近湿土中。如泥土干燥可酌量淋水，但要防止水淹腐烂。使用时，将鲜何首乌洗净泥土，随用切片。

第二节 易发生质量变化的中药饮片的养护

一、导致中药饮片发生质量变化的主要因素

影响中药饮片发生质量变的因素有内因（中药自身因素）和外因（外界环境因素）两个方面，外因通过内因而起作用。

（一）中药饮片变质的自身因素

中药饮片自身因素包括化学成分及其性质、自身含水量等。中药饮片自身含水量及污染情况是发霉、虫蛀、变色的重要影响因素。含淀粉、糖类、蛋白质等营养物质较多的中药饮片，易生虫、发霉、遭鼠害等。含挥发油多的中药饮片易散失气味。含盐分较多的中药饮片易潮解。在贮藏时，应将中药材充分干燥、灭霉，并根据中药化学成分的性质分类存放，并采取相应措施，防止变质现象的发生。

1. 中药饮片的含水量

中药饮片的品种繁多，属性复杂，主要来源是植物、动物、矿物，其中以植物类的中药饮片最多，由于受自然条件的影响和其本身性质的关系，都含有一定的水分，而含水量又因其组成成分和内部结构不同各有差异。中药饮片在贮存过程中影响其质量变化的因素很多，其本身含水量的多少，则是诸因素中的主要因素，中药饮片的含水量与其质量有着极密切的关系。绝大多数中药饮片发生质量和数量的变化，水分是主导因素。

中药饮片具有从空间吸收水分和向空间散发水分的性能，这种性能叫吸湿性。在一定的温度条件下，它能从空间吸收水蒸气；而在另一种条件下，则又能向空间散失水蒸气。由于温湿度是经常变化的，所以不同时期、不同条件下中药饮片的吸湿性也不断变化。

中药饮片的安全水分是指在一定条件下，能使其安全贮存，质量不发生其他变异的临界含水量。现在习惯上应用的“安全水分”是指其含水量在安全范围的临界限度。任何一种中药饮片都含有一定量的水分，它是影响中药饮片质量的重要成分之一。如果失去或过多的含有水分，其质量都会发生变化。当含水量过大时，中药饮片会发生虫蛀、霉烂、潮解、软化、粘连等；当过多地失去水分时，又会产生风化、走味、泛油、干裂、脆化、变形，而且重量也发生变化，加大中药饮片的损耗。在一定的条件下，把中药本身的含水量控制在一定的限度和幅度内，质量就不易发生变异。

2. 中药饮片的化学成分及其性质

中药饮片中的化学成分极为复杂，通常可分为非水溶性物质和水溶性物质两大类。属于非水溶性物质的有纤维素、半纤维素、原果胶、脂肪、脂溶性维生素、挥发油、树脂、蛋白质、淀粉、部分生物碱、不溶性矿物质等。属于水溶性物质的有糖、果胶、有机物、鞣质、水溶性维生素、部分生物碱、色素、苷类及大部分无机盐类。

在中药饮片的加工干燥、炮制以及贮藏过程中，其化学成分不断发生变化，由此会引起质量的改变，以至影响药效。中药饮片的贮藏和加工的目的，就在于控制其化学成分，使它符合医疗的要求。因此，只有系统了解中药化学成分的特性及其变化的规律，并且创造良好的贮藏条件，才可防止中药变质。

（二）中药饮片变质的环境因素

1. 温度

温度对中药饮片养护影响较大，特别是在较高温度时，可加速其物理、化学变化。温度若升高到34℃以上时，会加速物质分子的运动，促使含脂肪油较多的中药，如苦杏仁、桃仁、柏子仁等以及某些动物类中药饮片会产生油质分解外溢，形成“走油”（泛油），产生不愉快的油败（哈喇）味，药物颜色加深，同时也促进水分蒸发，降低药的重量，加速氧化水解等化学反应。由于温度升高，有些芳香类中药饮片的挥发油加速挥发（如薄荷、荆芥、肉桂、丁香等），致使芳香气味降低；含黏性糖质较多的中药饮片（如天冬、玄参、党参等）软化；动物胶类、植物树脂类、干浸膏类以及蜜炙品类饮片发软黏、连成块或融化。当温度在30℃左右时，有利于害虫、霉菌的生长繁殖，致使中药饮片霉变、虫蛀。而温度在0℃以下，某些鲜活中药（如鲜姜、鲜石斛等）所含水分就会结冰，当其组织内的细胞间隙结成冰晶时，细胞壁及内容物受到机械损伤，引起局部细胞坏死。

中药饮片本身的温度高低，常受自然气温和贮藏环境等影响而变化。除了季节变化、仓库通风情况、日光照射、库房建筑和包装的隔热等因素外，还有其他一些原因也能引起中药饮片本身发热，使温度增高。如植物类中药饮片因受潮和热的影响，它的组织细胞呼吸作用加强，并发出热；某些中药饮片吸潮后，水蒸气在表面凝结；或由于其中的淀粉、胶质或糖质等吸潮膨胀，也会发热；微生物的生长繁殖，某些害虫的蛀蚀活动以及它们变态时虫体脂肪的氧化、分解等也能使中药饮片发热。当某些中药饮片本身的热不能散发时，温度就增高。严重时会使中药色泽变糊变黑，质地枯松，发生质量变化。

2. 湿度

空气的湿度是随地区、季节、天气等的不同而变化的。在中药饮片养护过程中，湿度能直接引起中药饮片的潮解、溶化、糖质分解、霉变等各种质量变化。

中药饮片的含水量与空气的湿度有密切关系。一般药物的含水量为10%～15%，如果因贮藏条件不善而逐渐吸收空气中的水蒸气，会使其含水量增加。若空气相对湿度在70%时，中药饮片的绝对含水量不会有较大改变；当空气相对湿度超过70%以上时，中药饮片的含水量随之增加，含糖质多的中药饮片，如糖参、蜜制药物，因吸潮变软、发霉乃至虫蛀。盐制药物（盐附子等）及钠盐类的矿物药（如芒硝等）易潮解。当空气相对湿度在60%以下时，空气中的水蒸气含量显著降低，中药饮片的含水量减少，含结晶水较多的矿物药，如胆矾、芒硝则易风化（失去结晶水）；叶类、花类、胶类中药饮片因失水而干裂发脆。

3. 空气

空气中含有氧气、臭氧，大部分中药化学成分的氧化与之密切相关。空气又是温度、霉菌、水蒸气的载体，所以空气对中药饮片品质变异亦有重要影响。

中药饮片在贮藏过程中，与空气接触，空气中的氧和臭氧对中药饮片的变质起着决定性的作用。臭氧在空气中的含量虽然微少，但却对中药饮片的质量产生极大的影响。臭氧作为一个强氧化剂，可以加速中药饮片中有机物质，特别是脂肪油的变质。

中药饮片颜色的改变，氧也起着很大作用。因为某些中药饮片的化学成分结构中含有酚羟基，在酶的催化下，经过氧化、聚合等作用，形成大分子化合物，因而在贮藏中的中药饮片色泽往往由浅加深。如蓼科的大黄、毛茛科的白芍、百合科的黄精等颜色的改变，就与空气中氧的作用有密切关系。含鞣质的某些皮类中药饮片与空气接触后，内皮层表面极易氧化为棕红色或更深颜色，这种变色为氧化变色。

4. 日光

日光蕴含大量的能量，可使中药饮片温度升高，直射日光会使中药饮片成分发生氧化、分解、聚合等光化反应，如油脂的酸败、苷类及维生素的分解、色素破坏等，从而引起中药饮片变质。但日光中的紫外线能杀死霉菌，故晾晒能防止霉变的发生。

光线的主要来源是日光，它由各种不同波长的电磁波所组成。日光中的紫外线（亦称紫外光）能量最大，对于微生物、昆虫的生命活动以及中药饮片贮藏有较大影响。当中药饮片被照射过久时，可逐渐引起成分的氧化、分解等化学反应。这种反应，一般称为光化反应。在光线作用下，有些含有鲜艳色素的中药饮片（如西红花、红花等）会逐渐变色；某些全草、叶类等植物药（如薄荷、藿香、大青叶等）的绿色由深变浅。

光线中的紫外光有较强的杀菌作用，可以利用日光曝晒杀灭微生物和害虫。但是，由于紫外光的热力作用会引起中药饮片的温度升高，因此，含有挥发油类中药饮片不宜直接照射，以免降低或散失芳香味，影响中药饮片质量。

5. 霉菌和害虫

霉菌和害虫对中药饮片的破坏最常发生，亦最为严重。但其他影响因素控制得当，霉菌和害虫的危害便可得到克服。有关这方面的内容初级工、中级工知识与技能要求中已作详述。

了解中药饮片自身化学组成和性质，掌握各种外界因素对中药饮片影响的规律，并进行科学养护，就能在贮运过程中保持中药饮片品质。

二、中药饮片的传统养护方法

中药饮片在储存中受空气、日光及温度、湿度等影响，或者在药物本身所含某些物质的作用下，易产生物理或化学的变化，致使本身的颜色、气味、形态以及内部组织等出现各种异常的现象，如：虫蛀、发霉、泛油、变色、气味散失、潮解、溶化、风化、挥发、粘连、腐烂等。我国中医药经过几千年的不断探索和积累完善，逐步形成了一套比较科学的中药饮片保管养护方法，这些方法虽然有一些缺陷，但实用性较强，可以因地制宜地使用。中药饮片的传统养护方法主要有：

（一）干燥养护法

干燥可以除去中药饮片中过多的水分，同时可杀死霉菌、害虫及虫卵，起到防治生霉、虫蛀、久贮不变质的效果。常用的干燥方法有晒、晾、烘等。常见的干燥养护法主要有：

1. 摊晾法

摊晾也称阴干法，即将中药置于室内或阴凉处所，使其借温热空气的流动，吹去水分而干燥，适用于芳香性叶类、花类、果皮类等中药饮片。因为这些饮片若用曝晒法会使挥发油损失，或引起质地脆裂、走油、变色等。如陈皮，水分多时易霉烂，水分少则易干脆而损耗增加，如置于烈日下曝晒则干枯变色，因此，只能用拆包摊晾的方法。又如酸枣仁、知母、柏子仁、苦杏仁、火麻仁等饮片，不宜曝晒，可放于日光不太强的处所或通风阴凉处加以摊晾，以免走油降低质量。

2. 高温烘燥法

对含水量过高的中药饮片，可以采用加热增温以去除水分，所用方法有火盆烘干、烘箱（烘房）烘干与干燥机烘干三种。这种加热干燥的方法适合大多数饮片的养护，具有效率高、省劳力、省费用、不受天气限制等优点，目前各饮片仓库均有此类设备。此外，加热干燥还能收到杀虫驱霉之效，温度可以灵活掌握，不影响饮片质量。烘干饮片时必须掌握烘干的温度、时间及操作方法，一定要根据饮片的性质及加工炮制的要求，分别对待，以免影响质量。

3. 石灰干燥法

凡中药容易变色、价值贵重、质量娇嫩、易走油、溢糖而生霉、虫蛀、回潮后不宜曝晒或烘干的品种，如人参、枸杞子、鹿茸等，可采用石灰箱、石灰缸或石灰吸潮袋的干燥法。如白糖参经曝晒或火烘后，内含的白糖即溶融外溢，有损质量；怀牛膝曝晒易脆断变色。因此，采用石灰箱吸潮较为适宜。所放石灰约占灰缸容量高度的1/6~1/5。

4. 木炭干燥法

先将木炭烘干，然后用皮纸包好，夹置在易潮易霉的中药饮片内，可以吸收侵入的水分而防虫霉。使用木炭吸潮有以下的优点：

（1）木炭是一种惰性物质，不会与任何中药饮片发生反应，又无臭气，不致窜味；同时吸潮能力不太强烈，吸湿速度较缓，不会使中药饮片干脆，特别对一些贵重细料中药饮片（如参类），不致失去过多水分而改变原有的特色或是增加额外的损耗。

（2）木炭用皮纸捆扎后由于质地坚固，可以按需要放于饮片的上面或下面层，亦可夹在饮片中间，使用方便，不仅可由外部吸收湿气，而且也可防止饮片包装的内潮发热现象。

（3）木炭价格较低，各地区均可购到，吸湿饱和后，取出加以烘干或曝晒，仍可继续使用，简便而经济。一般1个月可烘干1次，霉季或雨季须根据具体情况，酌情增加烘晒次数。此法不仅在保管中可以使用，而且便于运输中采用，特别在收购时，当中药饮片不够干燥，为运输途中的防霉，利用木炭吸潮就很有效。如款冬花、红花等，在每40kg的包装内夹放木炭1.5~2kg，即可起到吸潮、防霉作用。

5. 翻垛通风法

翻垛就是将垛底饮片翻到垛面，或堆成通风垛，使热气及水分散发。一般在霉雨季节或当饮片含水量较高时采用此法，并可用电风扇、鼓风机等机械装置加速通风。

6. 密封吸湿法

密封的目的是利用严密的库房及缸、瓶、塑料袋或其他包装器材，将中药饮片密封，使之与外界空气隔离，尽量减少湿气侵入饮片的机会，保持饮片原有的水分，以防霉变与虫蛀。但在密封前中药饮片含水量必须是在安全标准范围内，且无变质异状存在，否则反易促进霉烂的进行。密封的形式可根据中药饮片的性质和数量，采用密封库、密封垛、密封货架和密封包装等方式。对于贵重中药饮片若能采用无菌真空密封最好。在密封前或密封后，当库内湿度较高，或因密闭程度不好，外界潮气不断侵入时，则可加入吸湿剂如石灰、氯化钙、硅胶等，以吸潮密封和吸湿结合应用，更能增强干燥防虫霉的效果。

（二）冷藏养护法

采用低温（0℃~10℃）贮存中药饮片，可以有效地防止生虫、发霉、变色等变质现象发生。夏季梅雨来临时，可将中药饮片贮藏于冷藏库中，库温0℃~10℃，不仅能防霉、防虫，而且不影响其品质，使之安全度夏。因冷藏养护法需要一定的设备，费用较大，故主要用于贵重饮片、极易霉蛀的饮片以及无其他较好办法保管的中药饮片，如人参、菊花、山药、陈皮、银耳、蛤蟆油等常用此法。

冷藏最好在梅雨季前进行，并且过了梅雨季才可出库。如在梅雨季中由冷藏库发出，亦应从速出售，不宜久藏。同时温度不能低至0℃，以免因受冻降低质量。进入冷库的中药饮片含水量必须是在安全标准范围内。最好用干燥木箱盛装，此箱可用猪血密封箱缝，内衬牛皮纸或沥青纸，以防湿气的侵入。

（三）埋藏养护法

埋藏养护技术的种类有：

1. 石灰埋藏法

适用于肉性和部分昆虫类动物中药饮片，如刺猬皮、熊掌、蜣螂虫等，因其在夏季稍遇湿气，容易走油变味，腐烂败坏。其方法是将中药用双层纸包好，注明名称，放入大小适宜的石灰缸或木箱中，用石灰包埋，以石灰恰好埋没所贮中药为度。如数量较少，可将几种中药同贮之。

2. 沙子埋藏法

适用于少数完整中药材如党参、牛膝、板蓝根、白芷、山药等，目的是为了隔绝外界湿气侵入，防止生虫发霉。容器用缸或木箱，沙子应充分干燥后使用。容器底部先用沙子铺平，再将中药分层平放，每层均撒盖沙子，沙子厚度约4～7cm，但容器上下和四周沙子应稍厚些，7～13cm即可。贮藏容器应置于干燥通风处，如能垫高最好。

3. 糠壳埋藏法

利用麦糠的隔潮性能，将中药饮片埋入糠中，使外界湿气不易侵入，保持饮片干燥，亦可避免虫蛀霉变。如阿胶、鹿角胶、龟板胶等，用油纸包好后，埋入谷糠内可防止软化或碎裂；如党参、白芷等埋入谷糠中即可起到防霉作用。

4. 地下室贮藏法

地下室气温较低，不直接受到阳光照射，气候干燥，在其中贮藏中药饮片，对那些怕光、怕热、怕风、怕潮、怕冻的饮片有着一定的养护作用，地下室具有冬暖夏凉的特点，气温较恒定，在地下室贮藏中药饮片时，不易造成霉变或其他质变。

另外地下室贮藏法对于怕光、怕热、怕冻的一些中药饮片，如薄荷、细辛、荆芥、当归、川芎、木香等含挥发油的饮片，可避免因阳光照射而变色、泛油。

（四）化学药剂养护法

其原理是利用无机或有机化学药物来抑制霉菌、害虫的生长和繁殖。目前应用的防霉杀虫剂种类较多，但是适用于中药的防霉杀虫剂很少。因为中药饮片是供人内服的药物，所用的防霉杀虫剂必须是对人类无害的，而且必须是毒性小、效力高、价格低廉、防霉效果持久的药物，才能普遍应用于大量中药饮片的养护。目前直接用于中药饮片的防霉杀虫剂有硫黄、磷化铝、氯化苦等，不过以选择毒性小的为宜。

1. 硫黄熏蒸法

硫黄燃烧后发生蓝色火焰，并产生二氧化硫气体，能毒死各种中药霉菌与害虫，是最早期的杀虫方法。需要注意的是，二氧化硫遇水产生亚硫酸，易使中药饮片褪色，同时经硫黄熏蒸过的饮片，有时会使味道变酸，带硫黄气，并发脆和破碎。因此对易变色、变味和质地脆嫩的中药饮片，如花类和虫类饮片均不宜使用。二氧化硫对人体有毒性，熏蒸后应排风，进入熏房应戴面具或肥皂水浸湿的多层纱布口罩。

2. 磷化铝熏蒸法

磷化铝是用赤磷和铝粉烧制而成。因杀虫效率高、经济方便而应用广泛。磷化铝熏蒸时不仅对各种中药害虫具有强烈的杀虫效能，而且还有抑制和杀灭饮片微生物以及抑制中药饮片呼吸的作用，是当前主要的化学防治药物。

（五）对抗同贮法

对抗同贮是中药养护的一种传统作法。现将常用的对抗同贮方法运用实例列举如下：

1. 泽泻、山药与牡丹皮同贮防虫保色

泽泻、山药易生虫，牡丹皮易变色。宜将三者交互分层存放，或将泽泻、山药分别与牡丹皮贮存在一起，既可防止泽泻、山药生虫，又可防止牡丹皮变色。

2. 藏红花防冬虫夏草生虫

藏红花与冬虫夏草同贮于低温干燥处，可使冬虫夏草久贮不生虫。

3. 木炭或石灰与牡丹皮防冬虫夏草长霉生虫

在装箱时，先在箱底铺放用纱布包好的木炭，再放些碎牡丹皮，然后在其上放冬虫夏草，密封，可防止生霉和虫蛀。如果能在装箱前，先将冬虫夏草按0.5kg/件用纸装箱封包，再将包件层层堆叠装箱，并在每层加石灰粉，直至箱满，最顶一层同样覆撒石灰粉，盖严密封，其防虫防霉效果更好。

4. 蜜拌桂圆肉可保味保色

桂圆肉富含糖类、蛋白质和脂肪，在高温梅雨季节，极易发霉生虫和变色，可将晾晒至干爽不黏手的桂圆，放进干净的容器中，加适量的蜂蜜拌匀，倒入洁净的陶瓷缸内，密封好后置阴凉干燥处贮藏，可保持桂圆色、香、味不变。

5. 大蒜与某些中药饮片同存防虫

芡实、薏苡仁中加适量用纸包好的生大蒜瓣（按20:1比例匀放），在纸包上扎一些小孔，使大蒜气味得以扩散，盖严可起到良好的防虫效果。大蒜与土鳖虫、斑蝥、全蝎、僵蚕等虫类饮片同贮，可使这类中药饮片不易生虫。

6. 细辛、花椒养护鹿茸

将细辛碾末调成糊状，再烘干置于密闭的木箱内（尤以樟木箱最好），在箱内撒些樟脑或细辛，放入鹿茸，盖严密封，置阴凉干燥处贮藏，则鹿茸不会生虫。花椒与鹿茸同贮也能防虫，方法是将鹿茸装入盒内，盒底先铺一层花椒，盖好密封。

7. 姜可防蜂蜜“涌潮”

蜂蜜于夏季易发酵上涌，俗称“涌潮”。将生姜洗净，晾干后切片撒于蜂蜜上（每100kg蜂蜜用姜2~3kg），盖严封紧，即可防止蜂蜜发酵“涌潮”。

8. 当归防麝香走香气、变颜色

取麝香和当归各0.5~1kg，分件用纸一起包好，然后一件件依次装入瓷罐内，将口盖严并密封，置干燥处保存。这样贮藏麝香不变色也不失香气。

9. 酒蒜养护土鳖虫

先在贮藏土鳖虫的箱底四角和中间分别放上用纸包好的1~2枚大蒜，大蒜要剥去外皮，纸包好后，在纸包上扎刺若干小孔，以利蒜味散发，再装10cm厚的土鳖虫，其上喷酒适量的白酒或酒精，再放一层土鳖虫盖住，然后铺一层草纸，纸上照原法放大蒜、土鳖虫、喷酒，如此反复一层层地装箱，直至箱满，最后将箱子盖严密封即可，如此包装贮藏的土鳖虫不会发霉生虫。

对抗同贮法适用数量不多的中药饮片养护。如蕲蛇中放花椒，三七内放樟脑，当归、瓜蒌内放酒等，也都不易生虫。但采用这种方法，最好在生虫发霉前，先把蕲蛇、三七、当归、瓜蒌等中药饮片进行一次杀虫处理，并与密封法结合进行。

第四章　中药商品经销

第一节　中成药介绍

一、中成药的合理应用

（一）辨证用药

1. 辨证论治

中医认为疾病的产生是由于邪正相争造成人体脏腑、气血、阴阳失去平衡的结果，疾病的本质和属性，往往通过“证”的形式表现，因此通过辨证才能认识疾病的本质。“证”又称为“证候”、“证型”。所谓辨证，就是将望、闻、问、切四诊所收集的资料、症状和体征，通过运用中医的辨证方法（八纲辨证、脏腑辨证、经络辨证、六经辨证、三焦辨证、气血津液辨证、卫气营血辨证等）综合分析，辨清疾病的病因、性质、病位以及邪正之间的关系，概括、判断为某种证型的过程。所谓论治，就是根据患者具备的证型，结合气候特点以及患者生理特点，确定治疗方法，选择恰当处方和药物的方法。

辨证论治作为指导临床诊治疾病的基本法则，既要看到同一种疾病由于发病的时间、地区以及患者体质不同，或者是处于不同的发展阶段，可以见到几种不同的证型，又要看到不同的疾病在发展过程中，可以出现相同的证型，因而在临床治疗时，在辨证论治的原则指导下，可以采用“同病异治”或“异病同治”的方法辨证使用中成药。

（1）同病异治　同病异治即指同为一种疾病，由于病因病机、证候属性不同，则治疗方法不同。中医学认为感冒由于四时受邪不同，有外感风寒、外感风热、夹暑、夹湿、虚人外感等证型，因此对于感冒病在选用中成药时必须辨证选药，才能取得良好的治疗效果。如风寒感冒者，治宜发汗解表、疏散风寒，可选用荆防败毒散、小青龙合剂、川芎茶调散、通宣理肺丸、桂枝合剂等；若属风热感冒者，治宜疏散风热、清热解毒，可选用桑菊感冒片、银翘解毒丸、板蓝根合剂、芎菊感冒上清丸等；若属感冒夹湿者，治宜解表祛湿，可选用九味羌活丸、柴连口服液等；若属感冒夹暑夹湿者，治宜解表化湿祛暑，可选用藿香正气软胶囊、暑湿感冒颗粒、保济丸等；若属气虚外感的，治宜益气解表，可选用参苏胶囊等；若属小儿外感夹食夹惊者，治宜解表、消食、定惊，可选用小儿至宝丸、九宝丸、小儿七珍丸、王氏保赤丸等。

（2）异病同治　异病同治系指虽为不同的疾病，却有相同的病因病机、证候属性，因此治疗方法相同。六味地黄丸出自宋代钱乙所著的《小儿药证直诀》，是滋补肾阴，治疗肾阴亏虚的基础方，具有广泛的临床用途，如糖尿病及其并发症、高血压、慢性肾炎、月经不调、更年期综合征、黄褐斑、前列腺增生、口腔溃疡、牙周炎、甲状腺功能亢进、小儿遗尿、肿瘤等不同系统和科别的疾病，出现潮热盗汗、手足心热、口燥咽干、头晕眼花、耳鸣耳聋、腰膝酸软、遗精滑泄、舌红少苔、脉细数等肾阴虚的证候，均可选用六味地黄丸治疗。药理研究也表明六味地黄丸具有降血糖、调节血脂、降血压、保肾、保肝、增强免疫功能、抗肿瘤及抗化疗药物毒副作用的功能，为六味地黄丸的“异病同治”提供了科学的支撑。

2. 辨病论治

在目前临床实践中，常见的一些西医疾病，其中医发病机制比较单一，证候属性区分度不强，因此可以采用辨病论治的方法，按照西医的疾病名称、病理状态或理化检查结果来使用中成药，即属于辨病用药的范畴。例如糖尿病，按照中医的证候分型，95%以上是气阴不足证，因此已经上市的中成药品种中多是针对气阴不足而设，那么对于2型糖尿病均可选用此类中成药，如消渴片、消渴平片、渴乐宁胶囊、参芪降糖颗粒（片、胶囊）、玉泉丸等。再如高脂血症的治疗，中医虽无“高脂血症”的病名，但可归属于“痰浊”、“瘀血”的范畴，所以主要是采用化痰、降浊、活血的方法治疗，因此具有上述功能的中成药均可用于治疗高脂血症，如血脂康胶囊、脂必妥胶囊、绞股蓝总苷胶囊（片）、通脉降脂片等。

3. 辨证辨病相结合

临床实践中，辨病论治与辨证论治需相互结合，才能取得满意的治疗效果。目前上市的不少中成药在主治病证的西医病名基础上增加了中医证候属性，对此类药物可采用辨证辨病相结合的方法，合理使用。

例如冠心病心绞痛属于中医的胸痹范畴，主要病机是心脉痹阻，常虚实夹杂，属实多为气滞、血瘀、寒凝，属虚多为气虚、阳虚、阴虚、血虚，故常分为气滞血瘀、瘀血阻络、寒凝心脉、心气不足、气阴两虚等证候类型。

（1）瘀血阻络证　多因瘀血闭阻心脉所致，症见胸部刺痛、痛有定处、心悸失眠、舌质紫暗、脉沉涩。可选用地奥心血康胶囊、丹参颗粒（片）、银杏叶胶囊（口服液、片）、心达康胶囊（片）、血塞通颗粒（片、注射液）、灯盏花素片等活血化瘀、通络止痛的药物治疗。

（2）气滞血瘀证　多因气滞血瘀，闭阻心脉所致，症见胸部憋闷、刺痛、心悸失眠、舌见瘀斑、脉沉弦等。可选用速效救心丸、复方丹参滴丸（片）、心可舒胶囊（片）、黄杨宁片等行气活血、通络止痛的药物治疗。

（3）寒凝心脉证　多因寒凝血瘀、心脉闭阻所致，症见胸闷、心痛、形寒肢冷、舌质淡、有瘀斑。可选用冠心苏合滴丸、宽胸气雾剂等。

（4）心气不足证　多因心气不足、气虚血滞、心脉闭阻所致，症见胸闷憋气、心前区刺痛、心悸自汗、气短乏力、少气懒言、舌质淡有瘀斑、脉细涩或结代。可选用通心络胶囊、诺迪康胶囊、补心气口服液、舒心口服液等。

（5）气阴两虚证　多因气阴不足、心脉瘀阻所致，症见心悸气短、胸闷心痛、神疲倦怠、五心烦热、夜眠不安、舌红少苔、脉细数。可选用黄芪生脉饮、滋心阴口服液（颗粒）、康尔心胶囊等。

（二）配伍用药

中成药在临床具体应用中，根据病情需要，可以采用配伍联合应用的用药形式，其目的有四个方面：①适应复杂病情。由于每种中成药的组成成分是固定的，因此其主治病证、适用范围也有一定局限性。临床所见病情往往是十分复杂的，或表里同病，或寒热错杂，或虚实互见，或兼症各异，或合病并病造成数病相兼。因此，为了适应这些复杂病情的需要，必须采用配伍联合用药的形式。②增强药效。不少中成药配伍应用，可以起到协同作用，能明显地增强疗效。③为了满足某些疾病在治法上的特殊需要。如妇科、外科、皮科、五官科、骨伤科等许多疾病常常采用内服与外用两种不同使用方法的中成药配合应用才能取得良好的治疗效果。④抑制偏性，降低毒性。

因此，安全、有效、合理地使用中成药，必须掌握中成药的配伍规律。

1. 中成药之间的配伍应用

中成药之间的配伍应用为明清以来的历代医家所广泛采用，如明代薛己用补中益气丸、六味地黄丸合用治疗气阴不足之证；清代叶天士用大补阴丸、水陆二仙丹、牡蛎金樱膏配伍同用，治疗阴虚火旺、淋浊、早泄之证；近代临床采用磁朱丸、杞菊地黄丸同用，治疗肝肾不足、阴虚阳亢所致视网膜、视神经、玻璃体病变及房水循环障碍等眼科疾病，朱砂安神丸、天王补心丹合用，治疗心肾不交的失眠重证，都获得了满意的疗效。可见中成药之间的配伍应用，自古以来就是临床应用中成药的主要形式之一。

中成药之间配伍应用也基本上符合“七情”配伍用药规律。如将两种功效相似的中成药同用治疗一种病证，以起到增强药效的协同作用，也就是“相须”配伍，例如用附子理中丸与四神丸合用，治疗脾肾阳虚、五更泄泻，可以明显增强温肾运脾、补火助阳、涩肠止泻的功效；又归脾丸与人参养荣丸同用，治疗气血不足、心悸失眠、眩晕健忘的病证，可明显增强补益心脾、益气养血、安神止惊的功效。功效不同的中成药配伍同用，一药为主，一药为辅，辅药能够提高主药功效，即所谓“相使”的配伍，如治疗口舌生疮、胃火牙痛，常以清胃散为主药，配合一清胶囊同用，以引火下行，可明显增强清胃散的清胃泻火、消肿止痛的功效。

中成药之间的配伍应用有的是为了适应复杂病情的需要。如治疗小儿痰热急惊当以牛黄抱龙丸为主，以清热化痰，息风定惊；若喉间痰鸣，风痰壅盛者，可配猴枣散同用，以豁痰开窍；若痉厥抽搐，角弓反张者，可配止痉散同用，以息风止痉；若热结便秘者，可配一捻金同用，以清热通便，泄腑降浊；若高热烦躁者，可配紫雪散同用，以清热解毒，息风定惊。这些是属治疗兼证的配伍应用。再如肺病久咳，痰湿潴留，致脾失运化，出现了脾肺两虚的病机，根据咳痰性质投以二陈丸燥湿化痰止咳，以治其标，配伍参苓白术散补脾益肺以治其本，一旦脾胃健运后，既可化湿除痰，又可生化有源，补益肺气，必将促进肺病的恢复，这就是根据五行生克，“培土生金”的机理，采用中成药之间的配伍，以适应复杂病情的需要。

中成药之间的配伍应用有的是为了适应治法的特殊需要。对某些特殊疾病，常常需要采用内服与外用相结合的治疗方法，因此需要具有不同使用方法的中成药配伍使用。如妇女宫冷不孕，需内服艾附暖宫丸，外贴十香暖脐膏或妇女万应膏，共奏养血调经、暖宫散寒之效；瘰疬痰核，常需内服西黄丸、夏枯草膏，外贴化坚膏，共收化痰散结、解毒消肿之效；痔疮肿痛，当内服槐角丸，局部外敷九华软膏，共奏清肠泻火、凉血消痔之效；筋骨折伤，可内服跌打丸，外敷七厘散，合奏活血舒筋、疗伤止痛之效；火毒上攻，咽喉肿痛，可内服六神丸、喉症丸，外用冰硼散吹喉，共奏清热解毒、消肿利咽之效。

2. 中成药与汤剂的配伍应用

中成药与汤剂的配伍应用，在前人的医案中屡见不鲜，其配伍应用形式主要有以下三种方式。

（1）中成药与汤剂同服　即根据病情的需要辨证施治，遣药组方，并选用所需的中成药，用煎好的汤剂来送服选定的中成药的一种配伍应用的方法。一般这类中成药多含有贵重药材，汤剂饮片无法供应；或是含有挥发成分，不能入汤剂煎煮；或是所含药味太多，汤剂处方无法概括，如安宫牛黄丸、局方至宝丹、紫雪散、行军散、苏合香丸、十香返生丸、活络丹、再造丸等。如肝阳暴张、阳升风动、气血上逆、痰火上蒙所致中风昏迷，治宜凉肝息风、辛凉开窍之法，常以羚羊角汤加减以清肝息风，育阴潜阳，同时灌服安宫牛黄丸或局方至宝丹，以清热解毒，凉开官窍。

（2）中成药与汤剂交替使用　一般以汤剂为主要手段以解决主要矛盾，交替使用一些中成药，作为辅助治疗手段，或以照顾兼症，或以扶正固本。如肝阳眩晕兼大便秘结者，常用天麻钩藤饮加减煎服，以平肝潜阳，滋养肝肾，并可交替使用当归芦荟丸以泄肝通腑，照顾兼症。又如治疗癥瘕积聚，常投以大黄、土鳖虫、水蛭、桃仁等破血消癥药物组成的汤剂煎服，同时交替服用人参养荣丸或十全大补丸为辅，以补益气血、扶正祛邪。

（3）中成药混入汤剂中包煎同用　这种配伍方式同样具有提高药效，照顾兼症，扶正祛邪等多种作用。如治疗肺失宣降，小便不利的癃闭证，常于宣肺利尿之剂中加入滋肾通关丸 10g 包煎，以加强膀胱气化；治疗暑热烦渴，常于益气生津、清热解暑之剂中加入六一散或益元散、碧玉散 6～9g 包煎，以增强清热泻火、解暑除烦镇惊之功；治痰火咳嗽，吐痰黄稠，常于清气化痰之剂中加入黛蛤散 10g 包煎，以增强清肺凉肝、化痰止咳之效；治疗小儿遗尿，常用固涩收敛缩尿之剂，气虚者加入补中益气丸 6g 包煎，肾虚者加入金匮肾气丸 6g 包煎，以固本缩尿。

3. 中成药与药引的配伍应用

所谓引药又称药引子，是指根据病情的需要、剂型的不同特点，要求患者按医生指定自备的中药饮片或辅料，经过煎煮后配合中成药使用的物质。药引子的正确应用对引药入经、直达病所、提高药效、照顾兼症、扶助正气、调和药性、降低毒性、矫味矫臭、便于服用等都有着重要作用。如《医学读书记》云“兵无向导，则不达贼境；药无引使，则不通病所”，强调了引药的作用，并指出“酒入药为引者，取其活血通经；姜入药为引者，取其发表注凝；小枣入药为引者，取其消散开胃；大枣入药为引者，取其宁心利水；灯心入药为引者，取其得睡神归；葱白入药为引者，取其发散诸邪勿住；莲实入药为引者，取其清心养胃和脾”。临床常用的药引子有生姜、姜汁、葱白、苏叶、荆芥、薄荷、菊花、芦根、西瓜、竹叶、灯心草、藕汁、萝卜汁、生地黄、白茅根、玉米须、赤小豆、木瓜、金银花、红花、橘皮、牛膝、大黄、小茴香、地龙、菖蒲、琥珀、酸枣仁、乌梅、人参、大枣、蜂蜜、盐、酒、醋、米汤、红糖、饴糖、梨汁、甘蔗汁、荸荠汁、麦冬汁、竹沥水等，可随证加减。

临床选用配伍药引子，主要根据中成药的功效主治、药性特点，结合病变部位、病情变化、病程长短、体质强弱、发病时间季节的不同以及药引子的自身功效而酌定，但必须以提高药效、降低毒副作用、照顾兼症兼病、顾护正气、便于服用、尽快治愈疾病为目的。

除此之外，比较常用的中成药配伍形式还有中成药与西药的配伍应用。由于中成药的成分复杂，在中成药与西药配伍应用的方法、规律等方面的科学研究目前尚不充分，因此，一般应尽量避免中成药与西药的配伍使用。如果没有明确禁忌的，中成药与西药可以联合应用，给药途径相同的，建议应间隔使用。副作用相同和有不良相互作用的中西药应避免联用，防止发生不良反应。

二、中成药的安全用药知识

（一）正确使用药品说明书

药品说明书包含了药品安全性、有效性的重要科学信息，是指导医师和药师用药的法律依据，如《处方管理办法》第14条指出："医师应当根据医疗、预防、保健需要，按照诊疗规范、药品说明书中的药品适应症、药理作用、用法、用量、禁忌、不良反应和注意事项等开具处方。"第33条指出："药师……向患者交付药品时，按照药品说明书或者处方用法，进行用药交待与指导，包括每种药品的用法、用量、注意事项等。"同时药品说明书也是广大患者自我药疗、购买和使用非处方药品的主要依据。

在医疗实践中，临床医师、药师以及患者都应以药品说明书作为用药的重要依据，要仔细阅读药品说明书给出的各项信息，学会正确使用药品说明书，以保证安全、有效、合理地用药，尽可能避免和减少药物不良反应。正确使用药品说明书，应重点关注以下内容。

1. 药品名称

认准药品名称，对于名称相近而作用不同的中成药不能混淆误用。如"温胃舒胶囊"用于脾胃虚寒所致的胃痛，"养胃舒胶囊"用于脾胃气阴两虚所致的胃痛。两药名称只是一字之差，但作用明显不同，用药时一定要注意区分。

2. 药品成分

了解中成药的配方组成，目的之一是了解本品与其他药物同用是否属于配伍禁忌，其二是了解是否含有毒性药材，服用时需要注意使用剂量。如含有附子的中成药"桂附地黄丸"最好不与含瓜蒌仁霜的"清气化痰丸"同用，以免发生不良反应；再有"疏风定痛丸"因含有马钱子而不能过量使用。

3. 药品性状

观察药品的色泽、气味、外观等，可以对药品的外在质量有所了解，便于及时发现药品是否变质。

4. 功能与主治

是药品说明书中的重要信息，是指导临床正确辨证用药的科学依据。医师处方用药和患者自我药疗，一定要严格按照说明书所规定的功能与主治范围使用。同时需要注意，一些药品生产企业为了追求经济利益，而在广告宣传时私自夸大药物的功能主治，因此必须严格按照药品说明书使用药物，避免受到夸大药物宣传的误导。

5. 用法与用量

是临床安全、有效用药的重要基础，应严格按照说明书上的用法与用量用药，使药物发挥最大疗效，避免盲目扩大使用剂量，造成不必要的经济浪费或引起不良反应。若病情严重需要加大服用剂量时，应在医生指导下服用。

6. 不良反应

医师、药师在指导患者用药之前应仔细阅读说明书，警惕药物不良反应，以便及时提醒患者注意，出现意外时能够及时处理。患者也要加强用药的自我监测，仔细阅读说明书中的不良反应。同时需要注意，虽然说明书上不良反应的发生有多种原因，因人而异，各种不良反应的发生率也大有不同，因此用药过程无需过分担心药物不良反应，对不良反应既要重视，但也不能因噎废食。使用过程中加强监测，以确保用药安全。

7. 禁忌和注意事项

禁忌包括禁止应用该药品的特殊人群和特定疾病。特殊人群，如孕妇、哺乳期妇女、经期妇女、老人、儿童、运动员等；特定疾病，如高血压、心脏病、青光眼患者等。注意事项包括证候禁忌、配伍禁忌、饮食禁忌等内容，此外还包括需要慎用的情况、影响药物疗效的因素、用药过程中需观察的问题及用药对于临床检验的影响等。为了确保疗效、安全用药、避免毒副作用的产生，必须重视说明书中的禁忌和注意事项，防患于未然。

8. 药物相互作用

包括药品与哪些或哪类药物会产生相互作用，以及相互作用的结果。了解药物相互作用，便于避免误用会降低疗效或产生副作用的药物，尤其是注射剂，凡未经配伍试验的药品，原则上都不能混合滴注使用。

9. 有效期

是保证药品质量稳定的重要指标，关注药品有效期，便于判断药品是否过期失效。

10. 批准文号

是药品合法性的重要标志，查看药品批准文号便于防止购买和使用假冒伪劣产品。

（二）含毒性中药的中成药品种使用注意

传统中成药品种中有不少含有毒性中药，因其具有可靠的治疗作用，被广泛地应用于临床。如含乌头类药材的中成药多用治脘腹冷痛、风湿痹痛、中风瘫痪、筋骨伤痛等。含铅、砷、汞等重金属药材的中成药多用治热病神昏、中风偏瘫、高热惊厥、癫痫惊狂等。如从砒霜中提取的有效成分砷剂制成的静脉制剂，称为三氧化二砷或亚砷酸，目前已广泛应用于临床治疗急性早幼粒细胞白血病。含马钱子类的中成药多用治风湿顽痹、麻木瘫痪、外伤肿痛、口舌喎斜等；含雷公藤的中成药多用治风湿顽痹、麻木僵硬、关节畸形、癌瘤肿痛等；含马兜铃酸的中成药可用治肝胆湿热、目赤肿痛、淋病涩痛、湿热带下、水肿胀满、胃脘疼痛、关节肿痛、咳嗽气喘等诸多疾病。由此可见，含有毒性药材的中成药临床上可以广泛用治多种疾病，甚至是不可取代的。

但临床上如果用之不当也可产生不良反应，甚至引起严重的中毒事件发生。如：①含乌头碱的中成药，中毒反应主要表现为口舌、四肢及全身麻木，流涎，恶心，呕吐，腹泻，头昏，眼花，口干，脉搏减缓，呼吸困难，手足搐搦，神志不清，大小便失禁，血压及体温下降，心律失常，室性期前收缩和窦房停搏等。中毒严重者，可死于循环、呼吸衰竭及严重心律失常。②含汞的中成药引起的急性毒性反应主要表现为尿少或尿闭、浮肿，甚至昏迷抽搐、血压下降或因肾衰竭而死亡。慢性中毒者口有金属味，流涎增多，口腔黏膜充血、溃疡，牙龈肿痛、出血，恶心呕吐，腹痛腹泻，手指或全身肌肉震颤。肾脏损害表现为血尿、蛋白尿、管型尿等。③含砷中成药的中毒反应主要表现为恶心呕吐、腹痛和腹泻等急性肠胃症状，重则尿血、便血、发热、烦躁，甚则呼吸、循环衰竭而死亡。④含马钱子的中成药中毒反应主要表现为口干、头晕、头痛，胃肠道刺激症状，心慌，肢体不灵，恐惧，癫痫样发作。如果过量服用可出现强直性惊厥，并反复发作，患者可因窒息而死亡。⑤含雷公藤的中成药的不良反应除表现有恶心、呕吐、食少、腹痛、腹泻等消化系统症状，还可出现月经紊乱、闭经，也可造成精子减少或无精子症等生殖系统的毒性反应。若服用过量，重者可致中毒，主要表现为剧烈呕吐，腹中绞痛，腹泻，心电图改变，血压下降，体温降低，休克，尿少，浮肿，尿液异常。后期发生骨髓抑制，黏膜糜烂，脱发等。严重者可导致循环系统及肾衰竭。⑥含马兜铃酸的中成药，如果长期服用可因马兜铃酸的蓄积，导致急慢性肾损害、肾衰竭、氮质血症、尿毒症，甚至导致死亡。

使用好含毒性中药的中成药品种，应注意以下几个问题。

1. 严格控制服用剂量和服用时间

过量服用、长期服用是引起含有毒药物的中成药中毒的重要原因，因此，必须严格按照说明书规定的用法用量合理用药，不可随意加大用量或长期服用，避免不良反应及蓄积中毒事件的发生。

2. 注意服药方法

服用含乌头类的中成药时，常因冒受风寒、饮食生冷或大量饮酒引起不良事件的发生。因此注意服用方法，合理使用药物也是避免不良反应不容忽视的一个方面。

3. 注意特殊人群

某些毒性药材对特殊人群或机体的特定器官具有严重的损害作用，相关人群应尽量避免使用。如雷公藤对生殖系统有损害，可导致男子精子密度下降和活动能力减弱，部分患者性功能减退，女子可见月经不调、闭经。因此，有生育要求的患者慎用含有雷公藤的中成药。再如含马兜铃酸类药材使用不当可导致严重的肾损害，根据药监部门的规定，在含有马兜铃酸类的中成药说明书的注意项下必须标明“本品含马兜铃酸，可引起肾脏损害等不良反应。儿童及老年人慎用，孕妇、婴幼儿及肾功能不全者禁用”。因此，针对服药的不同特殊群体，搞好合理用药也是十分必要的。

4. 注意配伍禁忌

有些药物与其他药物合用能降低疗效，引起药源性疾病，甚至产生剧烈的毒性反应，因此，这些药物必须禁止同用。如含有朱砂的品种不宜与含溴、碘的物质如溴化物、碘化物、巴氏合剂、三溴合剂等同服，因朱砂含有硫化汞，在肠道内与溴、碘化物生成有刺激性的碘化汞或溴化汞，能引起赤痢样大便，从而导致药源性肠炎；含有雄黄的品种不宜与含硫酸亚铁的物质和酶类同服，因雄黄所含砷化物可与硫酸亚铁生成硫化砷，使疗效降低；砷还可与酶、蛋白质、氨基酸分子结构的酸性基因形成不溶沉淀，抑制酶的活性。

（三）含兴奋剂成分的中成药品种使用注意

体育运动中的兴奋剂是指国际体育组织规定的禁用物质和禁用方法的统称。过去由国际奥委会医学委员会，现在由世界反兴奋剂机构每年公布一份禁用物质和禁用方法的清单，简称《禁用清单》。由于运动员为提高成绩而最早服用的药物大多属于兴奋剂药物——刺激剂类，所以尽管后来被禁用的其他类型药物并不都具有兴奋性（如利尿剂），甚至有的还具有抑制性（如β-阻断剂），国际上对禁用药物仍习惯沿用兴奋剂的称谓。

国际奥委会规定运动员禁用部分药品，其中包括：兴奋剂、麻醉剂、利尿剂及激素等。人们对含有这些成分的西药一般认识得比较明确，而往往容易忽视中药，尤其是中药复方制剂也含有此类成分。

为了维护公开、公平、公正的原则，利于我国体育事业和奥林匹克运动的健康发展，国家食品药品监督管理局要求药品生产企业在所有含兴奋剂成分的药品包装或说明书中必须注明"运动员慎用"的字样。中药制剂必须在其使用说明书中，公开所有组成，不得隐瞒任何化学成分或添加剂，详细说明不良反应和注意事项。对于含有兴奋剂的中药制剂必须在最小包装或者说明书上用中文注明"运动员慎用"字样，以防止滥用或误服。

现简要介绍含有兴奋剂的常用中成药如下：

1. 兴奋剂能选择性地兴奋中枢神经系统，使心率加快、血压升高、血流量增加，提高人的警觉性、竞争意识、对抗情绪，并减轻疲劳。例如：咖啡因可兴奋大脑皮层，麻黄碱、伪麻黄碱能兴奋交感神经，对骨骼肌有抗疲劳作用。部分治疗感冒的中成药常包含这些成分，如中成药痰咳净中含有咖啡因，风寒感冒颗粒、感冒软胶囊、大活络丸、追风透骨丸、小青龙胶囊含有麻黄。

2. 麻醉剂是指连续使用后易产生生理依赖性、能成瘾癖的药品。运动员使用后随着慢性持续性钝痛的缓解及情绪的好转，可出现欣快感，有利于消除紧张、恐惧、焦虑不安的情绪，提高对疼痛的耐受性，例如吗啡、海洛因、美沙酮、哌替啶等。中药罂粟壳含有此类成分，其中成药制剂有橘红化痰片、强力枇杷露、枇杷止咳颗粒、肠胃宁片等。

3. 利尿剂直接作用于肾脏，影响尿的生成过程，促进电解质和水的排泄，从而增加尿量、消除水肿。某些运动员滥用利尿剂的目的是通过大量排尿迅速降低体重，利于在有体重级别划分的体育项目中占到优势，或者应用利尿剂来稀释尿中兴奋剂的浓度。资料显示，健康人口服5g 中药猪苓的水煎剂，6 小时内尿量增加62%，氯化物增加45%。中药泽泻同样具有较强的利尿功效，其中成药制剂有尿路通片、泻痢消胶囊、五苓散、金嗓清音丸等。

4. 性激素及其他激素：绒毛膜促性腺激素可使男性体内的内源性雄激素分泌增加，蛋白同化激素能促进蛋白质的合成、减少蛋白质的分解、促进生长发育、使肌肉发达、体重增加，生长激素和促红细胞生成素可帮助运动员较快获得体力和增加耐力。部分动物制剂的中药含有此类成分，例如中成药海马多鞭丸、颐和春胶囊中含有的海狗肾，河车大造丸中含有的紫河车等。

5. 肾上腺皮质激素能影响运动员的情绪、行为，提高中枢神经系统的兴奋性，出现激动、欣快感，并能增强心肌收缩力，改善微循环，升高血糖。中药甘草具有肾上腺皮质激素样作用，含甘草的中成药非常多，因此职业运动员服用含甘草的中药时须格外谨慎。

三、常用中成药介绍

（一）内科用药

九味羌活丸（颗粒）

【药物组成】羌活、防风、苍术、细辛、川芎、白芷、黄芩、地黄、甘草。

【功能与主治】疏风解表，散寒除湿。用于外感风寒夹湿所致的感冒，症见恶寒、发热、无汗、头重而痛、肢体酸痛。

【常用剂型】丸剂、颗粒剂。

【用法用量】口服。丸剂：姜葱汤或温开水送服，一次 6 ~ 9g，一日 2 ~ 3 次。颗粒剂：姜汤或开水冲服，一次 15g，一日 2 ~ 3 次。

玉屏风颗粒

【药物组成】黄芪、白术（炒）、防风。

【功能与主治】益气，固表，止汗。用于表虚不固，自汗恶风，面色㿠白，或体虚易感风邪者。

【常用剂型】颗粒剂。

【用法用量】开水冲服，一次 1 袋，一日 3 次。

保 济 丸

【药物组成】广藿香、苍术、白芷、化橘红、厚朴、菊花、蒺藜、钩藤、薄荷、茯苓、薏苡仁、广东神曲、稻芽、木香、葛根、天花粉。

【功能与主治】解表，祛湿，和中。用于暑湿感冒，症见发热头痛、腹痛腹泻、恶心呕吐、肠胃不适；亦可用于晕车晕船。

【常用剂型】丸剂。

【用法用量】口服。一次 1.85 ~ 3.7g，一日 3 次。

【注意事项】外感燥热者不宜服用。

牛黄解毒丸（胶囊、片）

【药物组成】人工牛黄、石膏、黄芩、大黄、雄黄、冰片、桔梗、甘草。

【功能与主治】清热解毒。用于火热内盛，咽喉肿痛，牙龈肿痛，口舌生疮，目赤肿痛。

【常用剂型】丸剂、胶囊剂、片剂。

【用法用量】口服。丸剂：水蜜丸一次 2g，大蜜丸一次 1 丸，一日 2 ~ 3 次。胶囊剂：胶囊小粒一次 3 粒，大粒一次 2 粒，软胶囊一次 4 粒，一日 2 ~ 3 次。片剂：小片一次 3 片，大片一次 2 片，一日 2 ~ 3 次。

【注意事项】孕妇禁用。

连花清瘟胶囊

【药物组成】连翘、金银花、炙麻黄、炒苦杏仁、石膏、板蓝根、绵马贯众、鱼腥草、薄荷脑、广藿香、大黄、红景天、甘草。

【功能与主治】清瘟解毒，宣肺泄热。用于治疗流行性感冒热毒袭肺证，症见发热或高热，恶寒，肌肉酸痛，鼻塞流涕，咳嗽，头痛，咽干咽痛，舌偏红，苔黄或黄腻。

【常用剂型】胶囊剂。

【用法用量】口服。一次4粒，一日3次。

【注意事项】风寒感冒者慎用。

牛黄上清丸

【药物组成】人工牛黄、黄芩、黄连、黄柏、大黄、栀子、石膏、菊花、连翘、荆芥穗、白芷、薄荷、赤芍、地黄、当归、川芎、冰片、桔梗、甘草。

【功能与主治】清热泻火，散风止痛。用于热毒内盛、风火上攻所致的头痛眩晕、目赤耳鸣、咽喉肿痛、口舌生疮、牙龈肿痛、大便燥结。

【常用剂型】丸剂、片剂、胶囊剂。

【用法用量】口服。丸剂：水丸一次3g，大蜜丸一次1丸，一日2次。片剂：一次4片，一日2次。胶囊剂：一次3粒，一日2次。

【注意事项】孕妇慎用。

附子理中丸

【药物组成】附子（制）、干姜、党参、白术（炒）、甘草。

【功能与主治】温中健脾。用于脾胃虚寒，脘腹冷痛，呕吐泄泻，手足不温。

【常用剂型】丸剂、片剂。

【用法用量】口服。丸剂：大蜜丸一次1丸，水蜜丸一次6g，一日2~3次。片剂：一次6~8片，一日1~3次。

【注意事项】孕妇慎用。

蛇胆川贝液

【药物组成】蛇胆汁、平贝母。

【功能与主治】祛风止咳，除痰散结。用于风热咳嗽，痰多气喘，胸闷，咳痰不爽或久咳不止。

【常用剂型】合剂。

【用法用量】口服。一次10ml，一日2次。小儿酌减。

橘红丸（颗粒、胶囊）

【药物组成】化橘红、浙贝母、陈皮、半夏（制）、茯苓、甘草、苦杏仁、炒紫苏子、桔梗、紫菀、款冬花、瓜蒌皮、石膏、地黄、麦冬。

【功能与主治】清肺，化痰，止咳。用于痰热咳嗽，痰多，色黄黏稠，胸闷口干。

【常用剂型】丸剂、颗粒剂、胶囊剂。

【用法用量】口服。丸剂：水蜜丸一次7.2g，小蜜丸一次12g，大蜜丸一次2丸（每丸重6g）或4丸（每丸重3g），一日2次。颗粒剂：开水冲服，一次1袋，一日2次。胶囊剂：一次5粒，一日2次。

归脾丸（合剂）

【药物组成】炙黄芪、龙眼肉、党参、炒白术、当归、茯苓、炒酸枣仁、制远志、木香、炙甘草、大枣（去核）。

【功能与主治】益气健脾，养血安神。用于心脾两虚，气短心悸，失眠多梦，头晕头昏，肢倦乏力，食欲不振，崩漏便血。

【常用剂型】丸剂、合剂。

【用法用量】口服。丸剂：用温开水或生姜汤送服，水蜜丸一次6g，小蜜丸一次9g，大蜜丸一次1丸，一日3次。合剂：一次10~20ml，一日3次，用时摇匀。

杞菊地黄丸（片、胶囊）

【药物组成】熟地黄、酒萸肉、山药、枸杞子、菊花、茯苓、泽泻、牡丹皮。

【功能与主治】滋肾养肝。用于肝肾阴亏，眩晕耳鸣，羞明畏光，迎风流泪，视物昏花。

【常用剂型】丸剂、片剂、口服液、胶囊剂。

【用法用量】口服。丸剂：水蜜丸一次6g，小蜜丸一次9g，大蜜丸一次1丸，一日2次；浓缩丸一次8丸，一日3次。片剂：一次3~4片，一日3次。胶囊剂：一次5~6粒，一日3次。

枣仁安神胶囊

【药物组成】炒酸枣仁、醋五味子、丹参。

【功能与主治】养血安神。用于心血不足所致的失眠、健忘、心烦、头晕；神经衰弱见上述证候者。

【常用剂型】胶囊剂。

【用法用量】口服。一次5粒，一日1次，临睡前服。

【注意事项】孕妇慎用。

冠心苏合丸（软胶囊）

【药物组成】苏合香、冰片、乳香（制）、檀香、土木香。

【功能与主治】理气，宽胸，止痛。用于寒凝气滞、心脉不通所致的胸痹，症见胸闷、心前区疼痛；冠心病心绞痛见上述证候者。

【常用剂型】丸剂、胶囊剂。

【用法用量】丸剂：嚼碎服。一次1丸，一日1~3次，或遵医嘱。软胶囊：口服。一次2粒，一日3次。

【注意事项】孕妇忌服。

胃苏颗粒

【药物组成】紫苏梗、香附、陈皮、枳壳、槟榔、香橼、佛手、鸡内金（制）。

【功能与主治】理气消胀，和胃止痛。主治气滞型胃脘痛，症见胃脘胀痛，窜及两胁，得嗳气或矢气则舒，情绪郁怒则发作加重。胸闷食少，排便不畅，舌苔薄白，脉弦等。用于慢性胃炎及消化性溃疡见上述证候者。

【常用剂型】颗粒剂。

【用法用量】口服。一次5g，一日3次。15天为一疗程，可服1~3个疗程或遵医嘱。

【不良反应】偶有口干，嘈杂。

小儿化食丸

【药物组成】焦山楂、六神曲（炒焦）、焦麦芽、焦槟榔、醋莪术、三棱（制）、牵牛子（炒焦）、大黄。

【功能与主治】消食化滞，泻火通便。用于食滞化热所致的积滞，症见厌食、烦躁、恶心呕吐、口渴、脘腹胀满、大便干燥。

【常用剂型】丸剂。

【用法用量】口服。周岁以内一次1丸，周岁以上一次2丸，一日2次。

【注意事项】忌食辛辣油腻。

养血清脑颗粒（丸）

【药物组成】熟地黄、当归、钩藤、珍珠母、决明子、夏枯草、白芍、川芎、鸡血藤、延胡索、细辛。

【功能与主治】养血平肝，活血通络。用于血虚肝旺所致的头痛眩晕、心烦易怒、失眠多梦。

【常见剂型】颗粒剂、丸剂。

【用法用量】口服。颗粒剂：一次4g，一日3次。丸剂：一次1袋，一日3次。

【注意事项】

1. 本品有平缓的降压作用，低血压者慎用。
2. 孕妇忌服。

（二）外科用药

连翘败毒丸

【药物组成】金银花、连翘、大黄、紫花地丁、蒲公英、栀子、白芷、黄芩、赤芍、浙贝母、桔梗、玄参、关木通、防风、白鲜皮、甘草、蝉蜕、天花粉。

【功能与主治】清热解毒，消肿止痛。用于疮疖溃烂、灼热发烧、流脓流水，丹毒疱疹，疥癣痛痒。

【常用剂型】丸剂、片剂、膏剂。

【用法用量】口服。丸剂：一次9g，一日1次。片剂：一次4片，一日2次。膏剂：

每次15g，一日2次。

【注意事项】孕妇忌服。

（三）妇科用药

少腹逐瘀丸（胶囊）

【药物组成】当归、蒲黄、五灵脂（醋炒）、赤芍、延胡索（醋制）、没药（少）、川芎、肉桂、炮姜、小茴香（盐炒）。

【功能与主治】温经活血，散寒止痛。用于寒凝血瘀所致的月经后期、痛经、产后腹痛，症见经行错后、经行小腹冷痛、经血紫暗、有血块、产后小腹疼痛喜热、拒按。

【常用剂型】丸剂、胶囊剂。

【用法用量】丸剂：温黄酒或温开水送服，一次1丸，一日2~3次。胶囊剂：温开水送服。一次3粒，一日3次，或遵医嘱。

【不良反应】偶见胃肠道不适及轻度皮肤过敏。

【注意事项】

1. 孕妇忌服。

2. 月经过多慎服。

（四）五官科用药

黄连羊肝丸

【药物组成】黄连、龙胆、胡黄连、黄芩、黄柏、密蒙花、木贼、茺蔚子、夜明砂、炒决明子、石决明（煅）、柴胡、醋青皮、鲜羊肝。

【功能与主治】泻火明目。用于肝火旺盛，目赤肿痛，视物昏暗，羞明流泪，胬肉攀睛。

【常用剂型】丸剂。

【用法用量】口服。一次1丸，一日1~2次。

黄氏响声丸

【药物组成】桔梗、薄荷、薄荷脑、蝉蜕、诃子肉、胖大海、浙贝母、儿茶、川芎、酒大黄、连翘、甘草。

【功能与主治】疏风清热，化痰散结，利咽开音。用于风热外束、痰热内盛所致的急、慢性喉炎，症见声音嘶哑、咽喉肿痛、咽干灼热、咽中有痰，或寒热头痛，或便秘尿赤；急慢性喉炎及声带小结、声带息肉初起见上述证候者。

【常用剂型】丸剂。

【用法用量】口服。炭衣丸：一次8丸（每丸重0.1g）或6丸（每丸重0.133g）。糖衣丸：一次20丸，一日3次，饭后服用，儿童减半。

【注意事项】胃寒便溏者慎用。

第二节　中药商品销售

一、医疗用毒性中药销售管理

医疗用毒性药品（以下简称毒性药品）是指毒性剧烈、治疗剂量与中毒剂量相近、使用不当会致人中毒或死亡的药品。如果对毒性药品管理不严而发生流失，将会对社会造成重大影响和危害。因此，国家药品监督管理部门根据《中华人民共和国药品管理法》、《医疗用毒性药品管理办法》（国务院令第 23 号）、《关于切实加强医疗用毒性药品监管的通知》（国药监安［2002］368 号）和《药品经营许可证管理办法》（国家食品药品监督管理局令第六号）等法律法规规定，对毒性药品的生产、经营、储运和使用进行严格监管，确保医疗用毒性药品经营的合法性、安全性，防止医疗用毒性药品流入非法渠道。保证人民用药安全有效，并防止发生中毒等严重事件，维护社会稳定。

（一）毒性中药管理品种

矿石及其制品类：砒石（红砒、白砒）、砒霜、雄黄、水银、红粉、轻粉、白降丹、红升丹。

根及根茎类：生川乌、生草乌、生附子、生白附子、生南星、生半夏、生甘遂、生狼毒、雪上一枝蒿。

果实种子类：生马钱子、生千金子、生天仙子、生巴豆。

花类：洋金花、闹羊花。

动物及制品类：斑蝥、青娘虫、红娘虫、蟾酥。

植物树脂类：藤黄。

（二）毒性中药的经营、保管与使用

《医疗用毒性药品管理办法》要求：收购、经营、加工、使用毒性药品的单位必须建立健全保管、验收、领发、核对等制度；严防收假、发错，严禁与其他药品混杂，做到划定仓间或仓位，专柜加锁并由专人保管。

毒性药品的包装容器上必须印有毒药标志，在运输毒性药品的过程中，应当采取有效措施，防止发生事故。

《关于切实加强医疗用毒性药品监管的通知》要求：要将毒性药品管理列为安全生产工作的重点，将职能部门的专门防范与发动群众、群防群治结合起来，重点加固生产、储存环节的门窗等关键部位，完善必要的安全报警、防盗等设备。进一步加强各种规章制度的落实及检查，突出以预防为主的方针，及时消除各种安全隐患，及时发现各种事故苗头，真正做到对毒性药品的全方位、全过程监控，特别要强化对毒性药品零售环节的监管。

1. 毒性中药的验收

验收操作步骤如下：

（1）包装检查 验收毒性中药必须以实物核对商品，应符合通知单签署的品名、件数，以包装上注明的产地、调出单位与通知单或合同条款进行核对。检查有无质量合格标志、毒性药品专用标志。

检查包装是否严密、有无损坏，有铅封的应检查铅封是否完好。包装出现异常情况，除按规定记录外，对破损包装应进行修整，防止继续散漏，并立即实物称量，计算出亏少的数量，报有关部门处理。

核对品名时，下列品名前应注“生”字，以示区别炮制品：川乌、草乌、附子、白附子、半夏、南星、狼毒、甘遂、马钱子、千金子、巴豆。其他品名未注“生”字，系药品标准未规定炮制方法，或者外用，或者入制剂中使用。如雄黄，入丸散用，外用适量。根据卫生部药政局规定，毒性中药经炮制后使用，或者加入制剂中使用，均不列入毒性中药管理范围。《医疗用毒性药品管理办法》规定：调配处方时，对处方未注明“生用”的毒性中药，应当付炮制品。

（2）质量验收 属于国家药品标准的品种，质量验收按《中国药典》现行版和卫生部药品标准该品名项下的具体要求进行鉴定，防止收假。国家药品标准未予收载的品种，按现行地方标准或参考炮制规范进行质量验收。

2. 毒性药品的保管

毒性药品的保管应符合下列要求和操作步骤：

（1）人员配备 毒性中药应配备双人保管。保管员应由药学专业人员担当，并掌握《医疗用毒性药品管理办法》及 GSP 有关规定，经专业培训合格并具有高度政治责任感。

（2）仓房设置 毒性中药库或柜门应坚固，有防撬、防盗报警装置，有条件的应与当地公安部门实行报警联网。库门、专柜应设双锁，分别由两个保管员保管，使用时应两人同时开锁才能取用。

（3）仓储管理 储存区应按 GSP 要求划分区域，并按要求配有相应的色标。应注意毒性中药之间、毒性中药与其他中药之间有同名同字的，不能存放于同一库房或相邻仓位，防止掺混，发生意外。实行批号管理的毒性中药，商品到库时，应按批号集中存放，按批号依次分开堆码，并有明显标志。

（4）账卡管理 应设专账记录调进药品的品名、批号、件数、数量、规格等级、货位号，调出的还应记录发售单位、药名、批号、时间、数量等，以便有关部门跟踪使用情况。

（5）保管方法 矿石及制品类毒性中药，除雄黄、水银外，都易吸潮。水银的蒸气有毒，散落在地不易收起。轻粉、白降丹颜色逐渐变暗，红粉则变深。

动植物类毒性中药，主要质量变异现象是虫蛀、发霉、泛油、变色。

泛油的品种有生千金子、生巴豆、红娘虫、青娘虫、斑蝥、天仙子。巴豆种仁由黄白色变成黄棕色，果壳内部常呈霉腐状，产生不愉快气味；青娘虫等腹部易泛油，泛油后颜色加深，产生油哈味。这类毒性中药在潮湿环境中都易发霉变质。

洋金花、闹洋花在储存中都易变色。

针对毒性中药的质量变异现象，专库或仓间应做好温度管理工作，保持干燥。轻粉、红粉、白降丹应避光密闭保管。易虫蛀、发霉的毒性中药可采取密封法、气调法、药物熏蒸法等方法进行防治。

3. 出库

毒性中药的出库应遵守药品出库原则，及时记录，计量准确，实行双人复核。

（三）注意事项

1. 红升丹与红粉

二者在称谓上存在混乱。红升丹与红粉，在生产时使用的原料基本相同，均系水银、火硝和白矾等经烧炼升华而成的制品，仅在加工时掌握的温度、时间不一，使两者在色泽、质地上有所不同。

卫生部于1989年6月23日下发了《关于撤销“红升丹”等七百八十六种中成药地方标准的通知》；卫生部药政局于1990年5月对《医疗用毒性药品管理办法》作了补充通知，指出红升丹系红粉的同物异名，今后将取消“红升丹”品名。《中国药典》2010版一部以“红粉”名称收载。

2. 生附子与生白附子

两者在使用上存在混乱。附子系毛茛科植物乌头的子根。采挖后除去母根、须根及泥沙者，习称“泥附子”。未加工炮制的即是生附子。泥附子经加工炮制成为不同的炮制品，可直接入药，不列入毒性药品管理品种。

白附子系天南星科植物独角莲的干燥块茎，生品即生白附子。两者性状、功能有根本区别。生附子为子根，有回阳救逆，补火助阳，逐风寒湿邪之功效；生白附子为块茎，有祛风痰、定惊痫、解毒散结止痛之功效。两者在用法上也有所不同，生附子孕妇禁用，不宜与半夏、瓜蒌、天花粉、贝母、白蔹、白及同用；生白附子孕妇慎用，一般外用，治疗毒蛇咬伤，取生品适量捣烂，熬膏或研末以酒调敷患处。

二、中药麻醉药品的管理和保管

（一）麻醉药品的概念

1. 麻醉药品的定义

麻醉药品是指连续使用后易产生生理依赖性、能成瘾癖的药品。

2. 麻醉药品品种范围

麻醉药品包括：阿片类、可卡因类、大麻类、合成麻醉药类及卫生部指定的其他易成瘾癖的药品、药用原植物及其制剂。中药中的麻醉药品是指罂粟壳，它是罂粟的干燥成熟果壳。秋季罂粟果实成熟时，割取浆汁，浆汁中含以阿片生物碱为主的多种生物碱。罂粟壳含少量阿片类生物碱，连续使用易成瘾，故列入管理范围。

（二）罂粟壳的生产、经营和使用

对罂粟壳的特殊管理不仅仅局限于商品本身，国家对生产中药饮片和中成药所需罂粟壳的生产、经营和使用实行特殊管理。

1. 生产、收购、调拨

（1）生产　国家指定甘肃省农垦总公司（现更名为：甘肃省农垦集团公司）为罂粟壳的定点生产单位，其他任何单位和个人均不得从事罂粟壳的生产活动。

（2）收购　由甘肃省农垦医药药材收购站（现更名为：甘肃省农垦医药药材有限责任公司）负责，收购甘肃省农垦总公司（现更名为：甘肃省农垦集团公司）各种植农场每年新生产的全部罂粟壳，并统一加工、包装。

（3）调拨　由甘肃省药材公司（现更名为：甘肃省药材有限责任公司）、甘肃省农垦医药药材站（现更名为：甘肃省农垦医药药材有限责任公司）将上述统一加工包装的罂粟壳，按照国家药品监督管理局每年下达的调拨计划，供应各省、自治区、直辖市罂粟壳定点经营单位。罂粟壳调拨供应计划按市场需求变化每半年调整一次。年需求罂粟壳5吨以上的生产企业，需经所在地省级药品监督管理部门批准，并抄送甘肃省食品药品监督管理局和国家食品药品监督管理局备案，由甘肃省药材公司（现更名为：甘肃省药材有限责任公司）或甘肃省农垦医药药材站（现更名为：甘肃省农垦医药药材有限责任公司）直接调拨生产所需罂粟壳。

2. 定点经营

罂粟壳的批发业务和饮片门市部经营业务实行定点经营。

（1）国家食品药品监督管理局指定各省、自治区、直辖市一个中药经营企业为罂粟壳定点经营企业，承担本辖区罂粟壳的省级批发业务。

（2）省、自治区、直辖市药品监督管理部门在辖区所属的地（市）、县（市）指定一个中药经营企业承担省级以下罂粟壳的批发业务，严禁跨辖区或向省外销售。

（3）负责省以下罂粟壳批发业务的中药经营企业，可直接供应乡镇卫生院以上医疗单位配方使用和县（市、区）以上药品监督管理部门指定的中药饮片经营门市部。

3. 购进

操作程序是协调总产量与需求数量，按分配计划指标购进。

（1）省级罂粟壳定点经营单位，于每年7月底前，汇总辖区罂粟壳需求计划，即生产中成药和饮片所需原料的数量总和，报省级药品监督管理局，经审核后，报国家食品药品监督管理局。

（2）甘肃省农垦总公司（现更名为：甘肃省农垦集团公司），每年8月底前，将罂粟壳总产量上报甘肃省食品药品监督管理局，经审核后，上报国家食品药品监督管理局。

（3）国家食品药品监督管理局，对上报的总产量和需求量及上年国家下达的调拨计划执行情况，进行汇总、协调和均衡，根据卫生部和国家食品药品监督管理局共同审查批准的计划调拨。

（4）省级定点经营企业单位应严格按调拨计划指标购进。购进的罂粟壳根据所在地省级药监部门的分配计划，供应给省级以下承担批发业务的定点单位。

（5）罂粟壳定点经营单位不得从非法渠道购进罂粟壳；非指定罂粟壳定点单位，一律不准购进罂粟壳从事批发和零售业务。

（6）罂粟壳的购进、调出及库存数量要求逐级上报。省级以下罂粟壳定点经营单位逐级上报，省级定点经营单位报省级药监部门，省级药监部门报国家食品药品监督管理局。

4. 销售和使用

（1）国家定点经营单位可将罂粟壳供应给医疗单位配方使用；可供给指定的中药饮片经营门市部，凭盖有乡镇卫生院以上医疗单位公章的医生处方配方使用，严禁单味零售。处方保存三年备查；可供给国家定点毒、麻饮片生产企业炮制使用和中成药生产企业配备制剂使用。

(2) 禁止在中药材市场销售罂粟壳。

(3) 购用罂粟壳的生产企业，不得自行销售或相互调剂。因故需要将罂粟壳调出的，应报所在地省级药监部门审核同意，由指定的罂粟壳定点经营单位负责销售。

(三) 罂粟壳的保管

1. 专库储存

定点经营单位应设专库储存罂粟壳，不得与其他药品混存。库门醒目位置应有麻醉药品专用标志。

专库应配置双锁，钥匙由两个保管员分别保管，两人同时开锁方能进入库内。专库应具有的安全保卫措施同毒性中药专库。

2. 专人管理

定点经营单位应指定专职人员承担罂粟壳的储运和供应工作。接触罂粟壳的操作人员应经专业技术培训合格，方可上岗。

3. 双人保管

首先确定专人，不得兼管毒性中药和其他中药。保管人员应是药学专业人员或掌握麻醉品管理知识，并经专业培训合格的人员，持证上岗。

(1) 核单　罂粟壳入库应审核发货单位是否是国家指定的调拨单位或定点经营单位；出库时审核发售单位是否是合法使用单位。第一人复核后应交给第二人复核，发现由非法渠道购进或发售给非法使用单位，保管员应及时反映给有关部门或举报。

(2) 检斤计量　保管员应掌握购进量和向各发售单位供应数量的分配计划，以便监督超量购进和供应。出库凭证开具的数量，应足量配货，按整件计量不足部分，应拆零补齐。对整件超量也应拆件找齐，拆零的包件应当时过磅记载数量归垛。

检斤时，一人唱码，用记号笔在包件上标“记号”，一人眼盯磅尺与唱码核对。记录在进、出库记录上。

(3) 货卡与保管卡　专库货垛上应有货卡，记录进出数量和购进、发出单位。每次作业完毕，及时核进或注销。货卡登载的数字应与保管卡片登载数字一致，发现多付应及时追回，发现亏耗应找出原因，并以书面形式向主管领导汇报。保管卡片与专账应经常核对，防止出现差错。

4. 专账记载

定点经营单位，应设专账记载罂粟壳购进、发货情况，记载的依据是购进或发售的正式发货票和入、出库凭证。购进记录记载发货单位、发货日期、入库日期、件数和数量（金额）；发售记录记载使用单位、调出日期、件数和数量（金额）。进库数量一般以入库凭证记载的数字为准。记账时发现下列情况应复磅确定数量。

(1) 发货票数量多于入库凭证数量，且与购进数量误差较大时，经复磅确认入库凭证数量准确，说明调出单位发货数量不足，应及时与调出单位联系，必要时调出单位派人到现场双方共同复磅，以双方认可的复磅数量为准。因系按分配计划指标购进，调出单位对数量不足部分应予补齐。

(2) 发货票数量少于入库凭证数量，且数量较大，而入库数量与购进计划指标相符，说明对方开票有误，应通知对方予以纠正；若入库数量多于购进计划指标，说明对方发货数量有误，应及时与所在地药监部门联系，经所在地省级药监部门批准，将多余数量转调辖区其他定点经营单位或中药饮片、中成药生产企业。

三、《野生药材资源保护管理条例》相关内容

我国野生药材资源极为丰富，但乱采滥猎情况十分严重。为保护和合理利用野生药材资源，1987 年 10 月 30 日由国务院发布《野生药材资源保护管理条例》，自 1987 年 12 月 1 日起施行。《野生药材资源保护管理条例》是我国对药用野生动植物资源进行保护管理的行政法规，对野生药材资源的管理原则、国家重点保护的野生药材物种、野生药材的采猎规则、野生药材资源保护区的建立和管理、野生药材的经营管理和出口、野生药材的价格、等级标准、奖励和处罚等作了规定。该条例宣布，国家对野生药材实行保护、采猎相结合的原则，并创造条件开展人工种养。该管理条例与《药品管理法》第三条“国家保护野生药材资源，鼓励培育中药材”之规定相匹配。

（一）《野生药材资源保护管理条例》的主要内容

1. 国家对野生药材资源实行保护、采猎相结合的原则，并创造条件开展人工种养。

2. 国家重点保护的野生药材物种分别为三级：

一级：濒临灭绝状态的稀有珍贵野生药材物种（以下简称一级保护野生药材物种）；

二级：分布区域缩小、资源处于衰竭状态的重要野生药材物种（以下简称二级保护野生药材物种）；

三级：资源严重减少的主要常用野生药材物种（以下简称三级保护野生药材物种）。

3. 国家重点保护的野生药材物种名录，由国家医药部门会同国务院野生动物、植物管理部门制定。

国家重点保护野生药材物种名录之外，需要增加的野生药材保护物种，由省、市、自治区、直辖市人民政府制定并抄送国家医药管理部门备案。

4. 禁止采猎一级保护野生药材物种。

5. 采猎、收购二、三级保护野生药材物种的，必须按照批准的计划执行。该计划由县级以上（含县）医药管理部门（含当地人民政府授权管理该项工作的有关部门）会同同级野生动物、植物管理部门制定，报上一级医药管理部门批准。

6. 采猎二、三级保护野生药材物种的，不得在禁止采猎区、禁止采猎期进行采猎，不得使用禁用工具进行采猎。

7. 一级保护野生药材物种属于自然淘汰的，其药用部分由各级药材公司负责经营管理，但不得出口。

8. 二、三级保护野生药材物种属于国家计划管理的品种，由中国药材公司统一经营管理。其余品种由产地县药材公司或其委托单位按照计划收购。

9. 二、三级保护野生药材物种的药用部分，除国家另有规定外，实行限量出口。

（二）野生药材的购销要求

国家重点保护的野生药材物种的采猎与使用，必须严格遵守国家《野生药材资源保护

管理条例》的有关规定。

（三）国家重点保护野生药材物种名录

国家重点保护野生药材物种名录

中名	学名	保护级别			药材名称
		Ⅰ级	Ⅱ级	Ⅲ级	
猫科动物虎	Panthera tigris Linnaeus（含国内所有亚种）	Ⅰ级	Ⅱ级	Ⅲ级	虎骨
猫科动物豹	Panthera pardus Linnaeus（含云豹·雪豹）	Ⅰ			豹骨
牛科动物赛加羚羊	Saiga tatarica Linnaeus	Ⅰ			羚羊角
鹿科动物梅花鹿	Cervus nippon Temminck	Ⅰ			鹿茸
鹿科动物马鹿	Cervus elaohus Linnaeus	Ⅰ			鹿茸
鹿科动物林麝	Moschus berezovskii Flerov		Ⅱ		麝香
鹿科动物马麝	Moschus sifanieus Przewalski		Ⅱ		膳香
鹿科动物原麝	Moschus mosehiferus Linnaeus		Ⅱ		祟香
熊科动物黑熊	Selenarctos tmibetanus Cuvier				熊胆
熊科动物棕熊	Ursus arctos Linnaeus		Ⅱ		熊胆
鲮鲤科动物穿山甲	Manis pentadartyla Linnaeus		Ⅱ		穿山甲
蟾蜍科动物中华大蟾蜍	Bufo bufo gargarizans Cantor		Ⅱ		蟾蜍
蟾蜍科动物黑眶蟾蜍	Bufo melanostictus Schneider		Ⅱ		蟾蜍
蛙科动物中国林蛙	Rana temporaria chensinensis David		Ⅱ		蛤士蟆油
眼镜蛇科动物银环蛇	Bungarus multicinctus multicinetus Blyth		Ⅱ		金钱白花蛇
游蛇科动物乌梢蛇	Zaocys dhumnades（Cantor）		Ⅱ		乌梢蛇
蛙科动物五步蛇	Agkistrodon acutus（Guenther）		Ⅱ		蕲蛇
壁虎科动物蛤蚧	Gekko gecko Linnaeus		Ⅱ		蛤蚧
豆科植物甘草	Glycyrrhiza uralensis Fisch.		Ⅱ		甘草
豆科植物胀果甘草	Glycyrrhiza inflata Bat.		Ⅱ		甘草
豆科植物光果甘草	Glycyrrhiza glabra L.		Ⅱ		甘草
毛茛科植物黄连	Coptis chinensis Franeh.		Ⅱ		黄连
毛茛科植物三角叶黄连	Coptis deltoidea C. Y. cheng et Hsiao		Ⅱ		黄连
毛茛科植物云连	Coptis teetoides C. Y. Cheng		Ⅱ		黄连
五加科植物人参	Panax ginseng C. A. Mey.		Ⅱ		人参
杜仲科植物杜仲	Eucommia ulmoides Oliv.		Ⅱ		杜仲
木兰科植物厚朴	Magnolia officinalis Rehd. et Wils.		Ⅱ		厚朴

（续表）

中名	学名	保护级别 I级	保护级别 II级	保护级别 III级	药材名称
木兰科植物凹叶厚朴	Magnolia officinalis Rehd. et Wils. var. biloba Rehd. et Wils.		Ⅱ		厚朴
芸香科植物黄皮树	Phellodendron chinense Schneid.		Ⅱ		黄柏
芸香科植物黄檗	Phellodendron amurense Rupr.		Ⅱ		黄柏
百合科植物剑叶龙血树	Dracaena cochinchinensin（Lour.）S. C. Chen		Ⅱ		血竭
百合科植物川贝母	Fritillaria cirrhosa D. Don			Ⅲ	川贝母
百合科植物暗紫贝母	Fritillaria unibracteata Hsiao et K. C. Hsia			Ⅲ	川贝母
百合科植物甘肃贝母	Fritillaria przewalskii Maxim.			Ⅲ	川贝母
百合科植物梭砂贝母	Fritillaria delavayi Franch.			Ⅲ	川贝母
百合科植物新疆贝母	Fritillaria walujewii Regel.			Ⅲ	伊贝母
百合科植物伊犁贝母	Fritillaria pallidiflora Schrenk			Ⅲ	伊贝母
五加科植物刺五加	Acanthopanax senticosus（Rupr. et Maxim.）Harms.			Ⅲ	刺五加
唇形科植物黄芩	Scutellaria baicalensis Georgi			Ⅲ	黄芩
百合科植物天门冬	Asparagus cochinchinensis（Lour.）Merr.			Ⅲ	天冬
多孔菌科真菌猪苓	Polyporus umbellatus（Pers.）Fries			Ⅲ	猪苓
龙胆科植物条叶龙胆	Gentiana manshurica Kitag.			Ⅲ	龙胆
龙胆科植物龙胆	Gentiana scabra Bge			Ⅲ	龙胆
龙胆科植物三花龙胆	Gentiana triflora Pall.			Ⅲ	龙胆
龙胆科植物坚龙胆	Getiana regescens Franch.			Ⅲ	龙胆
伞形科植物防风	Ledebouriella divaricata（Turcz.）Hiroe			Ⅲ	防风
远志科植物远志	Polygala denuifolia Willd.			Ⅲ	远志
远志科植物卵叶远志	Polygala sibirica L.			Ⅲ	远志
玄参科植物胡黄连	Picrorhiza scrophulariiflora Pennell			Ⅲ	胡黄连
列当科植物肉苁蓉	Cistanche deserticola Y. C. Ma			Ⅲ	肉苁蓉
龙胆科植物秦艽	Gentiana macrophylla Pall.			Ⅲ	秦艽
龙胆科植物麻花秦艽	Gentiana macrophylla Maxim.			Ⅲ	秦艽
龙胆科植物粗茎秦艽	Gentiana crassicaulis Duthie ex Burk.			Ⅲ	秦艽
龙胆科植物小秦艽	Gentiana dahurica Fisch.			Ⅲ	秦艽
马兜铃种植物北细辛	Asarum heteropoides Fr. var. mandshuricum（Maxim.）Kitag.			Ⅲ	细辛
马兜铃科植物汉城细辛	Asanum sieboldii Miq. var. seoulense Nakai			Ⅲ	细辛

（续表）

中名	学名	保护级别 Ⅰ级	Ⅱ级	Ⅲ级	药材名称
马兜铃科植物细辛	Asanun sieboldii Miq.			Ⅲ	细辛
紫草科植物新疆紫草	Arnebia euchroma（Royle）Johnst.			Ⅲ	紫草
紫草科植物紫草	Lithospermum erythrorhizon Sieb. et Zucc .			Ⅲ	紫草
木兰科植物五味子	Schisandra chinensis（Turcz.）Baill.			Ⅲ	五味子
木兰科植物华中五味子	Sehisandra sphenanthera Rehd. et Wils.			Ⅲ	五味子
马鞭草科植物单叶蔓荆	Virex triolia L. var. simplicifolia Chaim.			Ⅲ	蔓荆子
马鞭草科植物蔓荆	Vitex trifolia L.			Ⅲ	蔓荆子
使君子科植物诃子	Terminalia chebula Retz.			Ⅲ	诃子
使君子科植物绒毛诃子	Terminalia chebula Retz. var. tomentella Kurt .			Ⅲ	诃子
山茱萸科植物山茱萸	Cornus officinalis sieb. et Zucc.			Ⅲ	山茱萸
兰科植物环草石斛	Dendrobium loddigessii Rolfe.			Ⅲ	石斛
兰科植物马鞭石斛	Dendrobium fimbriatum Hook. var. oculatum Hook.			Ⅲ	石斛
兰科植物黄草石斛	Dendrobium chrysanthum Wall.			Ⅲ	石斛
兰科植物铁皮石斛	Dendrobium candidum Wall. ex Lindl.			Ⅲ	石斛
兰科植物金钗石斛	Dendrobium nobile Lindl.			Ⅲ	石斛
伞形科植物新疆阿魏	Ferula sinkiangensis K. M. shep			Ⅲ	阿魏
伞形科植物阜康阿魏	Ferula fukanensis K. M. Shen			Ⅲ	阿魏
木犀科植物连翘	Forsythia suspensa（Thunb.）Vahl			Ⅲ	连翘
伞形科植物羌活	Notopterygium incisum Ting ex H. T. Chang			Ⅲ	羌活
伞形科植物宽叶羌活	Notopterygium forbesii Boiss.			Ⅲ	羌活

第三节　售后服务

一、客户投诉处理

《药品经营质量管理规范》（卫生部令第90号）要求批发企业应当建立相应的药品投诉机制，包括投诉渠道的建立、人员配备、档案记录、投诉回复、处理程序和措施、结果公布、信息共享、事后跟踪等；畅通投诉渠道，在营业场所公布药品监督管理部门的监督电话，设置顾客意见簿，对顾客的投诉应当及时解决；配备具有专业技术知识的人员，对接到的投诉进行登记，记录投诉人的详细信息和投诉内容，核实投诉人提供的有关凭证和相关证明材料；加强投诉管理。企业在接到投诉后，经核查情况属实的应当及时进行处理。

投诉，主要有商品质量投诉、服务投诉、不良反应投诉。

（一）质量投诉

药品质量问题是关系到人的生命大事，来不得半点马虎。接到药品质量投诉，企业质量人员与业务推销人员必须第一时间到位，认真处理。

1. 对投诉的质量问题要查明原因，分清责任，采取有效措施及时处理，并做好记录。

2. 对药品质量或其包装投诉，应当尽快通知药品生产企业，情节较严重的，必须立即停止销售、使用该药品，并上报药监部门。

3. 对可能存在药品缺陷、涉嫌假冒药品的投诉，必要时立即采取措施停止销售、使用该药品；通知药品生产企业和供货单位，协助药品生产企业履行召回义务；向所在地药品监督管理部门及时报告；对同品种的其他批号进行检查。

被召回药品在贮存和运输的过程中，应当保持被召回药品的贮存条件，直至对被召回药品做出处理决定为止。

4. 建立投诉信息档案，以便查询、跟踪投诉的处理结果等各方面的信息。

（二）服务投诉

中药购销企业在经营过程中，要进行大量的商务活动。在传统的商务活动中，对服务的要求并不是很严格，一切照合同办事。但是现代商务活动中，由于商品经济的发达，信息技术的进步，使商品的购销活动逐渐地增加了人文色彩，即客户购买商品时，他不但购买了商品的实用性，而且购买了相关的服务，购买了相关的感情联系。甚至是价格有一定相差的情况下，客户宁愿购买价格稍高，但质量有保证、送货更及时、服务更周到、信誉更好的企业的产品，并成为其回头客或长期、稳定客户。

由于社会的复杂性以及客户个人性格差异，由于企业员工的业务水平和为人处世技巧的差异，因而遭遇到一些客户的指责、抱怨。不要忽视客户的抱怨，他们对企业的信誉和业绩产生巨大的负面影响。因此，掌握一些投诉处理相关的原则和技巧，非常必要。

服务投诉内容往往包括：订货信息不畅通，接待人员不热情、服务不周到，到货不足、缺货、断货，送货不及时，票货不符，野蛮装卸，码放不到位，票据手续不完备，退换货不及时，处理问题不及时、不到位等等。

现代市场经济社会中，客户的态度往往决定了企业的成败，对客户的投诉必须十分在意，及时处理，化解矛盾，沟通社会，化不利因素为积极因素，使企业不断提高经营水平、服务水平，永远立于不败之地。

投诉处理要讲究方式方法，尊重事实，认真对待，查明原因，尽快解决，不留尾巴。

首先要求中药购销企业员工要有冷静的态度，要站在对方的立场上去想问题，即设身处地去想问题，要理解客户，要有化干戈为玉帛的指导思想。冷静才能出智慧、出方法。

第二，要耐心倾听对方的申诉，了解客户到底在想什么。找到客户投诉的原因，找到问题出在哪儿，找到问题的关键，最后找到处理问题的办法。

第三，要有诚意。这样，除了极个别另有企图或借机生事的人，我们的诚意一定会产生安抚的结果，使客户的态度有不同程度的转变。一旦客户投诉的情绪有转变，解决问题才有了基础，才有可能探索解决问题的办法，或者将问题转交给有解决权限的人。

（三）不良反应投诉

药品在使用过程中，往往会出现药品不良反应。医院或患者在药品使用中出现不良反应，往往首先反映到供货企业。接到这类投诉，企业质量人员应立即赶到现场，并同时联系药品生产企业质量人员到场，按照《药品不良反应报告和监测管理办法》的有关规定处理解决。

二、药品不良反应报告

为加强药品的上市后监管，规范药品不良反应报告和监测，及时、有效控制药品风险，保障公众用药安全，依据《中华人民共和国药品管理法》等有关法律法规，卫生部制定《药品不良反应报告和监测管理办法》，并于2010年12月13日经卫生部部务会议审议通过，自2011年7月1日起施行。

（一）药品不良反应定义

1. 药品不良反应

是指合格药品在正常用法、用量下出现的与用药目的无关的有害反应。

2. 严重药品不良反应

是指因使用药品引起以下损害情形之一的反应。

（1）导致死亡；

（2）危及生命；

（3）致癌、致畸、致出生缺陷；

（4）导致显著的或者永久的人体伤残或者器官功能的损伤；

（5）导致住院或者住院时间延长；

（6）导致其他重要医学事件，如不进行治疗可能出现上述所列情况的。

3. 新的药品不良反应

是指药品说明书中未载明的不良反应。说明书中已有描述，但不良反应发生的性质、程度、后果或者频率与说明书描述不一致或者更严重的，按照新的药品不良反应处理。

4. 药品群体不良事件

是指同一药品在使用过程中，在相对集中的时间、区域内，对一定数量人群的身体健康或者生命安全造成损害或者威胁，需要予以紧急处置的事件。

（二）报告与处置

药品生产、经营企业和医疗机构获知或者发现可能与用药有关的不良反应，应当通过国家药品不良反应监测信息网络报告；不具备在线报告条件的，应当通过纸质报表报所在地药品不良反应监测机构，由所在地药品不良反应监测机构代为在线报告。

报告内容应当真实、完整、准确。

1. 个例药品不良反应收集与报告

（1）药品生产、经营企业和医疗机构应当主动收集药品不良反应，获知或者发现药品不良反应后应当详细记录、分析和处理，填写《药品不良反应/事件报告表》并报告。

（2）新药监测期内的国产药品，应当报告该药品的所有不良反应；其他国产药品，应报告新的和严重的不良反应。进口药品自首次获准进口之日起5年内，应报告该药品的所有不良反应；满5年的，应报告新的和严重的不良反应。

（3）药品生产、经营企业和医疗机构一旦发现或者获知新的、严重的药品不良反应时，应当在15日内报告，其中死亡病例须立即报告；其他药品的不良反应，应当在30日内报告。有随访信息的，应当及时报告。

（4）药品生产企业应对获知的死亡病例进行调查，详细了解死亡病例的基本信息、药品使用情况、不良反应发生及诊治情况等，并在15日内完成调查报告，报药品生产企业所在地的省级药品不良反应监测机构。

（5）个人发现新的或者严重的药品不良反应，可向经治医师报告，也可向药品生产、经营企业或者当地的药品不良反应监测机构报告，必要时提供相关的病历资料。

（6）设区的市级、县级药品不良反应监测机构应当对收到的药品不良反应报告的真实性、完整性和准确性进行审核。严重药品不良反应报告的审核和评价应当自收到报告之日起3个工作日内完成，其他报告的审核和评价应当在15个工作日内完成。

设区的市级、县级药品不良反应监测机构应当对死亡病例进行调查，详细了解死亡病例的基本信息、药品使用情况、不良反应发生及诊治情况等，自收到报告之日起15个工作日内完成调查报告，报同级药品监督管理部门和卫生行政部门，以及上一级药品不良反应监测机构。

（7）省级药品不良反应监测机构应当在收到下一级药品不良反应监测机构提交的严重药品不良反应评价意见之日起7个工作日内完成评价工作。

对死亡病例，事件发生地和药品生产企业所在地的省级药品不良反应监测机构均应当及时根据调查报告进行分析、评价，必要时进行现场调查，并将评价结果报省级药品监督管理部门和卫生行政部门，以及国家药品不良反应监测中心。

（8）国家药品不良反应监测中心应当及时对死亡病例进行分析、评价，并将评价结果报国家食品药品监督管理局和卫生部。

2. 药品群体不良事件

（1）药品生产、经营企业和医疗机构获知或者发现药品群体不良事件后，应当立即通过电话或者传真等方式报所在地的县级药品监督管理部门、卫生行政部门和药品不良反应监测机构，必要时可以越级报告；同时填写《药品群体不良事件基本信息表》，对每一病例还应当及时填写《药品不良反应/事件报告表》，通过国家药品不良反应监测信息网络报告。

（2）设区的市级、县级药品监督管理部门获知药品群体不良事件后，应当立即与同级卫生行政部门联合组织开展现场调查，并及时将调查结果逐级报至省级药品监督管理部门和卫生行政部门。

省级药品监督管理部门与同级卫生行政部门联合对设区的市级、县级的调查进行督促、指导，对药品群体不良事件进行分析、评价。对本行政区域内发生的影响较大的药品群体不良事件，还应当组织现场调查，其评价和调查结果应当及时报国家食品药品监督管理局和卫生部。

对全国范围内影响较大并造成严重后果的药品群体不良事件，国家食品药品监督管理局应当与卫生部联合开展相关调查工作。

（3）药品生产企业获知药品群体不良事件后应当立即开展调查，详细了解药品群体不良事件的发生、药品使用、患者诊治以及药品生产、储存、流通、既往类似不良事件等情况，在7日内完成调查报告，报所在地省级药品监督管理部门和药品不良反应监测机构；同时迅速开展自查，分析事件发生的原因，必要时应当暂停生产、销售、使用和召回相关药品，并报所在地省级药品监督管理部门。

（4）药品经营企业发现药品群体不良事件应当立即告知药品生产企业，同时迅速开展自查，必要时应当暂停药品的销售，并协助药品生产企业采取相关控制措施。

（5）医疗机构发现药品群体不良事件后应当积极救治患者，迅速开展临床调查，分析事件发生的原因，必要时可采取暂停药品的使用等紧急措施。

（6）药品监督管理部门可以采取暂停生产、销售、使用或者召回药品等控制措施。卫生行政部门应当采取措施积极组织救治患者。

药品不良反应/事件报告表

首次报告☐　　跟踪报告☐　　编码：

报告类型：新的☐　严重☐　一般☐　报告单位类别：医疗机构☐　经营企业☐　生产企业☐　个人☐　其他☐____

<table>
<tr><td colspan="2">患者姓名：</td><td colspan="2">性别：男☐女☐</td><td colspan="2">出生日期：年 月 日
或年龄：</td><td>民族：</td><td>体重（kg）：</td><td>联系方式：</td></tr>
<tr><td colspan="3">原患疾病：</td><td colspan="3">医院名称：
病历号/门诊号：</td><td colspan="3">既往药品不良反应/事件：有☐____无☐ 不详☐
家族药品不良反应/事件：有☐____无☐ 不详☐</td></tr>
<tr><td colspan="9">相关重要信息：吸烟史☐　饮酒史☐　妊娠期☐　肝病史☐　肾病史☐　过敏史☐____　其他☐____</td></tr>
<tr><td>药品</td><td>批准文号</td><td>商品名称</td><td>通用名称（含剂型）</td><td>生产厂家</td><td>生产批号</td><td>用法用量（次剂量、途径、日次数）</td><td>用药起止时间</td><td>用药原因</td></tr>
<tr><td>怀疑药品</td><td></td><td></td><td></td><td></td><td></td><td></td><td></td><td></td></tr>
<tr><td>并用药品</td><td></td><td></td><td></td><td></td><td></td><td></td><td></td><td></td></tr>
<tr><td colspan="5">不良反应/事件名称：</td><td colspan="4">不良反应/事件发生时间：　年　月　日</td></tr>
<tr><td colspan="9">不良反应/事件过程描述（包括症状、体征、临床检验等）及处理情况（可附页）：</td></tr>
<tr><td colspan="9">不良反应/事件的结果：痊愈☐　好转☐　未好转☐　不详☐　有后遗症☐　表现：____
死亡☐　直接死因：____　死亡时间：　年　月　日</td></tr>
</table>

<table>
<tr><td colspan="5">停药或减量后，反应/事件是否消失或减轻？ 是□ 否□ 不明□ 未停药或未减量□
再次使用可疑药品后是否再次出现同样反应/事件？ 是□ 否□ 不明□ 未再使用□</td></tr>
<tr><td colspan="5">对原患疾病的影响：不明显□ 病程延长□ 病情加重□ 导致后遗症□ 导致死亡□</td></tr>
<tr><td>关联性评价</td><td colspan="4">报告人评价： 肯定□ 很可能□ 可能□ 可能无关□ 待评价□ 无法评价□ 签名：
报告单位评价： 肯定□ 很可能□ 可能□ 可能无关□ 待评价□ 无法评价□ 签名：</td></tr>
<tr><td rowspan="2">报告人信息</td><td colspan="2">联系电话：</td><td colspan="2">职业：医生□ 药师□ 护士□ 其他□____</td></tr>
<tr><td colspan="2">电子邮箱：</td><td colspan="2">签名：</td></tr>
<tr><td>报告单位信息</td><td>单位名称：</td><td>联系人：</td><td>电话：</td><td>报告日期：年 月 日</td></tr>
<tr><td>生产企业请填写信息来源</td><td colspan="4">医疗机构□ 经营企业□ 个人□ 文献报道□ 上市后研究□ 其他□_____</td></tr>
<tr><td>备注</td><td colspan="4"></td></tr>
</table>

第五篇

技师知识与技能要求

第一章 中药商品采购

第一节 中药商品采购需求分析

一、中药商品采购需求预测知识

1. 中药商品采购需求预测的分类

中药商品采购需求预测的分类方法多种多样，我们比较常见的有以下几种。

（1）按照时间周期分类 中药商品采购需求预测按照时间周期可分为：

长期需求预测：对两年或两年以上的中药商品需求前景的预测。

中期需求预测：对一个季度或对一个季度以上两年以下的中药商品需求前景的预测。

短期需求预测：对一个季度以下（月、旬、周、日）的中药商品需求前景的预测。

（2）按主客观因素所起作用的不同分类

定性分析需求预测法：也称之为主观分析需求预测法，它不需要任何数学计算，凭借各方面不同的主观意见信息，就可以做出中药商品需求预测。

定量分析需求预测法：又叫做统计预测法，其最大的特点是利用统计资料和数学模型经过系统的计算，来进行中药商品需求预测。

2. 中药商品采购需求预测的方法

<table>
<tr><td rowspan="3">定性需求预测</td><td colspan="2">购买者意向调查法（市场调查法）</td></tr>
<tr><td colspan="2">综合销售人员意见法</td></tr>
<tr><td colspan="2">专家意见法</td></tr>
<tr><td rowspan="7">定量需求预测</td><td rowspan="3">时间序列模型</td><td>简单移动平均法</td></tr>
<tr><td>一次指数平滑法</td></tr>
<tr><td>加权移动平均法</td></tr>
<tr><td rowspan="4">因果关系模型</td><td>单回归法</td></tr>
<tr><td>多元回归法</td></tr>
<tr><td>线性回归法</td></tr>
<tr><td>非线性回归法</td></tr>
</table>

在我们实际需求预测工作当中用的比较多的还是定性需求预测法（往往是两种或两种以上方法综合使用）和定量需求预测方法中的简单移动平均法、单回归法等（有时也采取几种定量预测方法联合使用）。因为这些方法相对简单，易于操作，不需要太高的学历，对于普通型生产、经营企业而言，这种需求预测应该基本满足企业的经营需要。

3. 中药商品物料采购需求预测的依据

中药商品采购需求预测的依据有三：一是市场直接调研所获得的数据与感知印象；二是市场需求变化的相关数据历史记录与推论；三是国家现行的产业政策（扶持、限制、管制、顺其自然）与近期所发生的自然灾害（干旱、洪水、地震、病虫害、流行性疫情等）对中药商品购销需求的影响。

二、中药商品采购需求预测示例

1. 专家意见法、时间序列模型法预测中药商品采购需求

示例：某药品生产企业对下一年度二季度黄连采购数量的预测。

预测步骤（或称预测流程、预测过程）：

（1）统计企业前3年各年度每季黄连的实际采购量。

2009－2011年黄连采购量统计表（单位：千克）

年/季	一季度	二季度	三季度	四季度	全年	季度平均
2009	12000	11000	8000	19000	50000	16667
2010	14000	9000	6000	11000	40000	13333
2011	17000	12000	9000	22000	60000	20000
累计平均	14333	10667	7667	17333	50000	16667

（2）聘请三位预测专家——甲、乙、丙。

（3）统一预测思路（确定各自测算方法）——每位专家依据企业提供的前3年各年度每季“黄连”的实际采购量和各自擅长的预测方法来提出各自预测结果。

每位专家的具体计算、推算过程，在此不作更详细的介绍。

（4）综合三位预测专家得出预测结论。

三位预测专家对二季度黄连采购数量的预测（单位：千克）

专家预测值	甲	乙	丙	专家预测均值
采购数量	13000	12500	13800	13100

（5）对预测结论进行修订。

企业依据其销售、生产计划及“额定库存”量，确定该年度二季度黄连的采购计划为13500千克。

2. 市场调查法预测中药商品采购需求变化趋势

示例：某中药材经营企业对三七市场供需变化及价格变化的预测。

预测步骤（或称预测流程、预测过程）：

（1）调查、统计市场近3年来的需求变化情况（本数据为举例而设定，不可作为市场操作的参考）。

2009 - 2011 年中药材市场三七需求与供给统计表（单位：吨）

年度/需求量	市场需求量	市场供给量	供需差额	与上一年度相比变化趋势
2009	5000	5500	-500	需求上升，供给下降
2010	5500	5000	+500	需求上升，供给下降
2011	6500	5200	+1300	需求上升，供给上升

（2）统计市场近 3 年来的市场价格变化情况。

2006 年 - 2011 年中药材市场三七（120 头）平均价格统计表（单位：元/千克）

年/月	1	2	3	4	5	6	7	8	9	10	11	12
2009	65	65	75	95	95	95	100	98	105	130	155	230
2010	200	220	230	510	420	300	230	260	300	280	335	330
2011	330	325	360	360	350	350	360	360	360	350	330	360

（3）绘制供求变化、价格变化趋势曲线（或折线）图。

（4）分析、判断未来走势。

依据 2012 年的在地（生长期）和可采挖（采收）三七的数量及市场需求增长速度推测 2012 年、2013 年三七市场很可能出现大的趋势拐点。

在 2012 年三七产新之前（9、10 月份）药材市场很有可能出现供不应求的局面。因此，三七的价格还会波浪式上升，而到了 9、10 月份则可能会波浪式下降。2013 年下半年尤其是年末极有可能会“烂市”，发生价格“暴跌”的局面。

三、中药商品采购成本与采购预算的相关知识

（一）中药商品采购成本分析的概念

1. 成本管理的概念

所谓成本管理就是企业对其所经营的商品进行系统的成本分析、成本规避、成本控制、成本降低等一系列管理活动。

2. 成本分析的概念

成本分析简单地说就是对商品在其生成或获取所有权（种植与生长、加工、生产、制造、运输、销售）过程中的成本（即每一项费用的实际支出额明细及总费用实际支出额）构成进行系统分析，并将每一费用的实际支出额与总费用实际支出额进行比对（单项费用/总费用 %），从而确定出影响商品成本的主要因素。

3. 采购成本分析的概念

采购成本分析是成本分析的一个不可缺少的重要环节。采购成本分析有两个层次，一是直接采购成本分析，二是总采购成本分析。直接采购成本是由四个方面的成本所构成，即订货成本、商品成本、存货成本、缺货成本。总采购成本也是由四个方面的成本所构成，它们是直接采购成本、运输成本、质量成本和设备设施维护、保养成本。

4. 中药商品采购成本分析的概念

中药商品采购成本分析就是对具体中药商品品种的订货成本、商品成本、存货成本、缺货成本等进行必要的分析，从而作出具体中药商品品种的销售计划、生产计划、采购计划。

5. 中药商品采购成本分析的内容

上述“中药商品采购成本分析的概念”中已经介绍了中药商品采购成本是由四个方面的成本构成，下面我们就将这四方面的具体内容作以介绍：

（1）订货成本　主要包括：采购人员的工资、采购办公设备设施折旧、采购人员的办公用品消耗、采购人员的差旅费等等。

（2）存货成本　包括：额定库存商品的费用（存货值×贷款利率）、库管人员的工资、商品保管费用（清洁、养护、占库）、存货商品的其他费用（召回、退货、损毁、过期、变质、报废、销毁等费用）。

（3）商品成本　计划采购商品的金额，它是物料或产品的市场价值。用一个简单的数学公式便可表达：商品成本 = Σ（某品种数量×某品种单价）

（4）缺货成本　包括：停产造成的损失（工人的工资、厂房与设备设施的折旧费、能源消耗等）、销售缺货造成的损失（销售人员的工资、提成补偿、销售利润、合同违约罚金等）、信誉度损失等等。

（二）中药商品采购成本分析的意义

1. 中药商品采购成本分析是中药商品成本分析的基础，是中药商品成本管理的需要。

2. 中药商品采购成本分析是企业制订和修订销售大纲（年度销售计划）、生产大纲（年度生产计划）、采购大纲（年度采购计划）的重要依据之一。

3. 中药商品采购成本分析是企业减低中药商品采购成本、生产成本、销售成本的最好方法之一。

4. 中药商品采购成本分析是企业寻找提升利润空间、增强市场竞争力、追求利益最大化的有效途径之一。

5. 中药商品采购成本分析是在剧烈动荡的中药商品市场环境下，预先作出相对准确的未来变化趋势判断与应对措施决策的手段之一。

（三）中药商品成本分析在降低中药商品采购成本方面的应用

1. 中药商品成本分析是采购价格谈判最有力的砝码

“知已知彼，百战不殆”，这句话虽说是用于战场，也同样适用于商场。下面我们就举一个商场示例来加以说明：利用供应商的商品成本来“砍价”。

某制药企业计划采购 15000kg 怀山药，经过市场跟踪与调查，测算出当时怀山药的市场平均价约为 28.50 元/千克。据此，企业确定该批怀山药的计划采购价格为 28.00 元/千克。于是，采购员进行了供应商的样品、价格问询，经过筛选确定出相同“样品”质量的三家备选供应商。三家供应商的报价恰好一致，都是 27.80 元/千克，采购员从企业利益出发打算再降一降采购成本，于是就暗访调查了三家供应商所持有的怀山药库存成本情况。

三家供应商所持有的库存怀山药成本分析：

供应商	购入时间	库存数量（吨）	产地	购入价格（元/千克）	存货成本（元/千克）	库耗成本（元/千克）	商品成本（元/千克）
甲	当年	760	沁阳	21.17	0.08	1.93	23.18
乙	前一年	320	武陟	30.11	0.13	3.97	34.21
丙	当年	580	温县	21.33	0.08	2.06	23.47

采购员经过比对，首先排除了乙。因为，乙的报价本身就已经赔钱，根本没有讨价还价的余地，所以不用考虑。那么就只剩下甲、丙了，采购员先选择谈判空间大的甲，但谈判并不顺利，对方“咬死”一口价 27.80 元/千克，少了不卖。于是，采购员又找到丙，这次采购员采取了迂回战术，他先把丙的成本说了出来，跟着又把甲的成本说了出来。最后说：“人家甲都说有商量，你看你有没有商量余地?”

经过采购员的反复讨价还价，最终还是与供应商丙达成了购销协议，成交价为 26.63 元/千克，为企业节约采购成本 2.055 万元。

2. 中药商品成本分析是制订、修订采购计划的“指南针”

下面我们再介绍一个利用商品成本分析以调整采购计划的示例：利用市场商品成本构成分析，做好分期采购计划。

某中药生产企业在 2010 年的年度采购计划中有 28000kg 桔梗的采购任务，按照预算时的市场价格测算企业的计划采购价是 35 元/千克，而采购计划往往是跟着销售计划和排产计划走。但是，由于采购员发觉近期中药材市场就像得了疟疾一样，商品价格时高时低，让人捉摸不透。为了使企业的采购成本相对稳定，采购员充分利用商品成本构成分析对市场价格走向趋势进行判断，最大限度地为企业节约采购成本。

2008－2010 年中药材市场桔梗（统货）平均成本统计表（单位：元/千克）

年/月	1	2	3	4	5	6	7	8	9	10	11	12
2008	11.50	11.00	12.00	12.00	12.00	12.00	12.00	12.00	12.00	13.00	13.00	13.00
2009	13.00	13.00	13.00	13.00	14.00	15.00	16.00	18.00	18.50	23.00	27.00	43.00
2010	45.00	45.00	42.00	48.00	68.00	62.00	62.00	66.00	82.00	80.00	85.00	80.00

企业的计划员就是依据 2008、2009 年桔梗市场平均成本构成变化规律，比较准确地预判 2010 年桔梗价格有可能继续盘升。于是他果断地给企业建议，应当把全年的桔梗一次购入，最终企业决定分两次购入。第一次是在 2009 年 12 月采购了 14000kg，采购价是 45.00 元/千克；第二次是在 2010 年 4 月采购了 14000kg，采购价是 51.00 元/千克。

尽管该品是属于超计划价采购，但是依据年平均市场成本 63.75 元/千克计算，仍为企业节约采购成本 44.1 万元。

四、中药商品采购计划与预算制订

（一）中药商品采购计划的制订

1. 中药商品采购计划的制订原则

（1）预先备货的原则　为了确保中药商品销售计划、生产计划如期完成，采购计划就必须打足提前量，在销售计划、生产计划执行之前就将他们各自所需的中药产品或物料准备停当。

（2）控制采购成本的原则　即采购计划一定要注意质量与成本的对立统一关系。更明确地说就是“质量一定要合规，成本坚决不能亏”。

（3）适当富余量原则　即采购计划量一般要大于或等于实际需求量。尤其是中药材的采购计划，除了要考虑必要的库存量（额定库存）外，还要考虑前加工（挑、洗、烘、切、制、破等工序）的物料损耗率。

用数学公式表示为：

采购计划量 =（实际需求量 − 期初库存量 + 额定库存量）÷（1 − 损耗率%）

（4）稳定均衡原则　在中药商品采购成本相对稳定的前提下，采购计划应相对均衡，即出库商品数量与入库商品数量基本一致。

（5）控制合理库存的原则　即中药商品品种的采购在满足生产、销售需求的同时，还必须要考虑有适宜的库存量（亦即“库存定额”）。

（6）计划一致性原则　即中药商品的采购计划、资金计划、销售计划、生产计划四者必须是一环扣一环，既有各自的相对独立性，又有相互关联的内在统一性。

2. 采购计划的制订方法

（1）确定采购计划制订依据 —— 下一年度中药商品具体品种的总需求量（商品品种名称、规格、数量、质量要求等）。

（2）确定中药商品各品种的“额定库存” —— 企业中药商品的稳妥（保守）库存极限量（最少存量、最大存量）。

（3）确定企业物料消耗定额 —— 物料损耗率。

（4）调查、确定企业当期年末（下期年初）的商品库存量 —— 中药材应按净料折算。

（5）确定企业各种中药商品品种的计划采购价，报请主管与上级领导核准。

（6）测算中药商品具体品种的年度采购量：

中药品种年度采购量 = 品种年度需求量 − 品种期初库存量 + 品种额定库存量

年度总采购量 = Σ（品种年度需求量 − 品种期初库存量 + 品种额定库存量）

（7）依据中药商品品种的年度采购量制订中药商品品种的年度采购计划，报请主管与上级领导核准。

（二）采购资金预算的制订

1. 中药商品采购资金预算的制订依据

年度中药商品品种采购预算的制订依据是中药商品品种的年度采购计划量与中药商品

品种的年度采购计划价。

季度、月度中药商品品种采购预算的制订，依此类推。

2. 中药商品采购资金预算的制订方法

中药商品品种年度采购额 = 年度采购计划量 × 年度采购计划价

年度总采购额 = ∑中药品种年度采购额 = ∑（年度采购计划量 × 年度采购计划价）

季度、月度中药商品品种采购预算的制订方法，依此类推。

（三）采购资金预算的调整

1. 采购资金预算调整的时间窗口

对一般企业来说采购预算调整的时间窗口多随生产预算及销售预算做调整时同步调整。具体调整时间多在年中靠前的5、6月份。

2. 采购资金预算调整的依据

采购资金预算调整的依据主要还是生产、销售计划的调整以及中药材、中药饮片的采购成本的变动。

第二节　中药商品采购监控

一、物流系统规划与物流管理基础知识

（一）物流系统规划的相关概念

1. 物流系统的概念

为实现一定的目标而设计的由各相互作用、相互依赖的物流要素（或子系统）所构成的"有机整体"，我们称这个"有机整体"为物流系统。

2. 物流系统规划的概念

要建立一个物流系统，就需要首先在物流系统规划阶段进行物流系统的分析、物流系统的建模和物流系统的评价，然后就此做出决策。物流系统中的决策是在充分的资料基础上，根据物流系统的客观环境，借助于经验、科学的理论和方法在已提出的若干物流系统方案中，选择一个合理的、满意的方案的决断行为，就是物流系统规划。

3. 物流系统的构成

（1）企业内部物流系统的构成　企业物资管理部门、企业物料采购部门、企业物资使用部门、企业物资运输与保管部门、财务部门。

（2）企业外部物流系统的构成　企业商品（产成品）管理部门、企业销售部门、企业运输部门、经销商（批发商、零售商）、财务部门。

（二）物流系统规划的制订原则

1. 要坚持发挥优势、整合资源的系统性原则。

2. 要坚持可行性原则。

3. 要坚持高效率、低成本原则。具体体现在：物资流动顺畅，柔性化，资源的高利用率。

（三）物流系统规划的意义

物流系统规划的意义就是要解决以下问题：

1. 客户服务目标设计

当要求的客户服务水平高时，可以保有较多的库存，利用较昂贵的运输方式，特别是当服务水平接近于企业能力的上限时，物流成本的上升比服务水平上升得更快。因此，物流系统规划的首要任务是确定客户服务水平。

2. 设施选址战略

好的设施选址应考虑所有物品的流通过程及其相关成本。在保证客户服务水平的前提下，寻求利润最高、成本最低的配送方案是选址战略的核心所在。主要包括：确定设施的数量、地理位置、规模，并规划各设施所服务的市场范围等等。

3. 库存规划与管理

库存管理分为将存货分配到需求点的推动式库存管理和通过补货自发拉动库存的拉动式库存管理。库存规划的主要内容有：仓库内部的布局设计、安全库存水平的设定、订货批量的确定以及供应商的选择等等。

4. 运输网络规划与设计

物流系统上的各个节点主要是通过运输连接起来的，运输规划设计主要包括：运输方式、运输批量的选择，以及运输时间和运输路线的确定等。

（四）企业内部物流系统的库存规划与管理

1. 企业内部物流系统库存规划的制订依据

（1）企业的库容量　即企业所有仓库的有效库容量之和。也可以说是企业所有有效库位最大安全堆放量之和。用数学公式可以表示为：

$$V总（米^3）= \sum（S有效 \times h）$$

其中：V 总表示总库容量；S 有效表示有效库位面积；h 表示库位最大安全堆放高度。

（2）规划库存商品品种占库容积比　即单品种占库（规划）容量与库容量的比值。用数学公式可以表示为：

单品种占库容积比（%）= 单品种占库（规划）容量 ÷ 库容量

（3）企业商品（或物料）的流动速率　即“额定库存”年度周转次数。用数学公式可以表示为：

$$流动速率(次) = [\sum(入库量 + 出库量)/2] \div 额定库存量$$

其中：[$\sum$（入库量 + 出库量）/2] 表示全年入库总数与全年出库总数的加权平均数。

（4）企业额定库存量　即企业为了保持整体运营的平稳性、连贯性、可靠性和信誉度所规定的“安全库存”量。它是随着企业运营方式或产品结构调整等因素的变化而变化的，绝非是一个不动的“常量”。

（5）企业的流动资产额与结构　即库存商品金额 + 应收货款 － 应付货款 + 流动资金（银行存款 + 企业现金）

库存商品又有畅销品种、滞销品种、推广品种、待推广品种、促销品种、习销品种等之分。

此外，还有企业的灵活运输与应急调度能力等。

2. 企业内部物流系统库存规划的制订原则

(1) 满足生产、销售需求的原则　即物料必须保证生产不停滞，商品必须保证不断货。

(2) 降低存货成本的原则　企业存货在确保不影响生产、销售进度的前提下，应该最大限度地降低库存量，以使采购成本得到有效控制。

(3) 充分利用库存空间的原则　在库容量允许的情况下，可以采取批量作价的方式进行物流采购，这样往往能节约大量的采购成本。

(4) 减低存货风险的原则　为使企业采购风险降到最低，我们可以采取风险转移的方法与供应商签署长期市场价供货协议，对于涨价或落价物料可以采取择机（价格相对偏低时）采购。

(5) 适当富余量原则　也可以叫做额定库存量原则、最低库存量原则。它是维持企业生产、销售正常运行的基本储备量。

(6) 保持相对均衡与稳定原则　即在企业经营规划没有重大改变的情况下，中药商品储备原则上不做大的调整。

3. 企业内部物流系统库存规划的制订方法（流程）

(1) 确定企业当年及以后几年的年度（季度、月度）生产、销售计划或规划所需商品的品种、规格、数量及预期进度。

(2) 确定企业当年或今后几年生产、销售所需商品的流动速率（出库、入库速率）及提升规划。

(3) 测算、确定企业所有商品（原料、辅料、包材、中间品、产成品）的适宜额定库存量。

(4) 测算、规划企业库房建造（或租赁）足以支持企业正常运行和发展需求的仓储空间与设置（库房面积、高度、货位预置、立体码放、物流通道等）。

(5) 筛选、确定与企业库房规划相匹配的进、出商品运输、装卸、码放、清洁、整理等所需的设备、设施。

(6) 起草、制订与企业库房规划相适应的配套库房管理规章制度。

(7) 起草、确定与企业库房规划相匹配的库房管理、库房操作人员的预置名额与培训规划。

(8) 起草企业内部物流系统库存规划稿件并逐级报请企业相关领导审核、修改、修订、批复，或重新规划。

4. 企业内部物流系统库存规划的制订（示例）：

企业内部物流系统库存定额（或称“额定库存”）规划的制订（示例）

某中药生产企业为适应企业快速拓展营销市场的需求，不再出现销售断货、生产不连贯等影响企业正常运行的状况。在企业部分库房、库位尚未有效利用的前提下，决定对原有的库存定额进行重新规划、调整。下面我们就以该企业的大类商品库存定额库存规划的制定为例，作以介绍。

（1）将企业目前的库存定额及缺陷的情况统计、汇表：

时间	商品类别	库存定额（或称“额定库存”）				缺陷概述
		数量		金额		
		上限	下限	上限	下限	
前两年	原料	20000kg	18000kg	30 万元	15 万元	时常缺货
	辅料	4000kg	3600kg	3.5 万元	1.7 万元	存量尚可
	包材	排产批用量		15 万元		有时不足
	产成品	4500 件	1600 件	620 万元	200 万元	偶尔断货
前一年	原料	20000kg	15000kg	32 万元	15 万元	偶尔停产
	辅料	4000kg	3000kg	4.1 万元	1.7 万元	有时不足
	包材	排产批用量		16 万元		有时不足
	产成品	5000 件	2000 件	690 万元	240 万元	断货频繁

（2）分析企业销售市场的扩容增速：统计企业前五年销售额，每年平均递增的速度为 12%。

（3）分析企业销售商品的品种结构情况，确定出销量与利润（毛利、纯利）最大和最具有市场发展潜力的重点销售品种。

（4）依照企业确定的重点品种，进行物料用量、资金用量衡算，与企业前两年的实际运营情况（品种结构情况、资金利用情况、获利能力情况、生产停滞情况、销售断货情况等）进行比对。

（5）经过系统（全面）比对和重点（品种结构、获利能力、工时损耗等）比对，确定出需要调整的项目。

（6）初步拟定该企业内部物流系统库存定额规划稿。

（7）报请该企业相关领导初审、修订、复审、核准。

核准后的企业内部物流系统库存规划——库存定额（额定库存），请见下表：

某公司内部物流系统库存规划表

商品类别	库存定额（或称额定库存）				缺陷概述
	数量		金额		
	上限	下限	上限	下限	
原料	30000kg	22000kg	32 万元	17 万元	时常缺货
辅料	5500kg	3600kg	4.5 万元	1.9 万元	存量尚可
包材	重点品种 3 批量		19.5 万元		有时不足
产成品	6600 件	3300 件	926 万元	400 万元	偶尔断货

具体商品品种物料系统库存规划的制订依此类推。

郑重声明：本案例只为介绍企业内部物流系统库存规划的制订方法而编制，不可作为他用。如有雷同，纯属巧合，本教材编者不负任何法律责任。

学习本章节的知识，同时可参阅本教材第三篇第一章第一节中"中药商品采购的基本知识"之"定额管理知识"的相关内容。

二、中药商品采购合同（或协议）的签订

（一）中药商品采购合同（或协议）拟定的依据

1. 采购中药商品品种、规格及数量依据

企业的年度（或季度、月度）采购计划（或采购任务）书。

2. 采购中药商品的质量标准依据

《中华人民共和国药典》、《部颁药品标准》、《全国中药材炮制规范》、《地方中药材炮制规范》、药品生产企业的企业内控标准以及其他药品标准（新药标准、进口药品标准等）。

3. 采购中药商品到货时间依据

企业的采购计划与生产排产计划（到货日期一般要求早于计划使用时间 10 个工作日）。

4. 采购中药商品价格依据

原则上不得高于企业整体预算所约定的计划采购价，高于企业计划采购价，必须有充分的调价依据并经过企业领导的审批。

5. 采购中药商品合同（或协议）的法律、法规依据

《中华人民共和国合同法》、《中华人民共和国药品管理法》、《中华人民共和国药品管理法实施条例》、《药品经营质量管理规范》、《药品经营质量管理规范实施细则》等。

6. 中药商品采购合同（或协议）的内容条款依据

供需双方业务人员应预先沟通、协商、议定合同（或协议）的相关条款内容。如：定金、货款结算方式、运输方式、质量争议处理方案、违约责任等等。

（二）中药商品采购合同（或协议）签署程序（流程）

1. 选取符合企业要求（技术能力、经营能力、经济实力、诚信度等）的供应商。

2. 依据《中华人民共和国合同法》及企业采购计划与供应商进行有效沟通、协商，议定合同相关普通条款及要约条款的内容。

3. 在供需双方基本达成一致意见的框架内，编制中药商品采购合同或采购协议文本（多数情况下是由需方起草）。

4. 中药商品采购合同或采购协议文本编制完成后，由供需双方代表预先审核，在无异议的前提下，交由企业主管领导或相关律师（或法律顾问）审核，并征得总经理同意。

5. 供、需双方代表在采购合同或采购协议上签字，供、需双方企业加盖公章，然后双方各执一份，分别依据约定，遵照执行。

（三）中药商品采购合同（或协议）的签署与执行

此部分的内容已在本教材第三篇第一章第一节的“中药商品采购的基本知识”之“定额管理知识”和第四篇第一章第二节“中药商品采购合同的内容与管理”中作了比较详细、全面的介绍，此处不再赘述。

三、中药商品采购合同（或协议）执行中的纠纷与处理

1. 中药商品采购合同（或协议）执行中经常发生的纠纷类型

在中药商品采购合同（或协议）执行过程中，经常发生的纠纷有以下两类：

（1）商品质量纠纷　中药商品采购合同（或协议）执行过程中的质量纠纷主要包括有：中药商品的外包装与合同约定不一致、中药商品品质与合同约定不一致、中药商品品质不符合国家或地方药品标准的某项规定等。

（2）合同违约纠纷　此类纠纷多发生在中药商品市场价格陡升或骤降时期。价格上升时往往是供货商违约，价格下降时大多购货方违约。

2. 中药商品采购合同（或协议）执行中纠纷的处理（解决方法）

（1）商品质量纠纷的解决方法　请参阅第四篇第一章第二节“中药商品采购合同执行中药品质量争议的处理”相关内容。

（2）合同违约纠纷的解决方法　合同违约纠纷处理起来比较麻烦，采用协商的办法往往很难奏效，大多需要诉诸法律来解决。但也不是所有的违约都解决不了，下面我们就举两个通过协商解决的违约纠纷示例。

示例一：延期交货纠纷的处理。

乙企业为甲企业提供“PVDC”片材已有多年，从未有过延期交货情况。但是，不知最近发生了什么事情，乙企业的准时到货率明显降低，而且有一次险些造成甲企业停产。于是甲企业为了降低库存风险，便与乙企业签订了一份加倍量的订单。就是这份订单最后交货竟然延期了5天，虽未耽误甲企业的生产，但还是引起了甲企业的不满，甲企业就打算再找一家“PVDC”供应商，以备不测。乙企业得知信息后，立即由老总带队来到甲企业，一面诚恳道歉，一面说明延期到货的原因。延期到货的主要原因并不在乙企业的生产调度，而是由于物流公司因高速公路修路断交而不能按期运到。为了缓解双方的矛盾，乙方还特意带来了延期交货违约金。双方经过深度沟通，不但消除了误解，还增进了彼此的了解。最终甲方没有接受乙方的违约金，乙方也决定通过赠送甲方一部分包材来弥补对对方的歉意。

示例二：暂停供货纠纷的处理。

丙企业与甲企业在一年前签署了一项桔梗长期供货协议，协议约定供需双方均应遵守“随行就市”的交易原则进行交易结算。当供货方供货到多半年时，突然提出要终止协议，这下可把需货方急坏了。于是双方就发生了强烈纠纷。

那么违约责任是不是都在供货方呢？经过深入了解我们才知道，原来供货方之所以要停止供货，是因为需货方违约在先。协议本来约定好的是“随行就市”，但需货方偏要按年初的供货价结算（年中期桔梗的市场价比年初高出了近50%），因此，造成供货方亏损。

为了舒缓双方的矛盾，供需方领导均派出了代表，坐下来进行了多次沟通与协商，在相互体谅、相互理解的思想指导下，终于又重新恢复了协议。但需货方必须承担由其给供货方所造成的有据可查的亏损损失，供货方同意以成本价提供给需货方桔梗，直至协议执行完毕。

3.《合同法》规定的合同违约解决方法

（1）因不可抗力不能履行合同的，根据不可抗力的影响，部分或者全部免除责任，但法律另有规定的除外。当事人迟延履行后发生不可抗力的，不能免除责任。本法所称不可抗力，是指不能预见、不能避免并不能克服的客观情况。（第一百一十七条）

（2）当事人可以依照《中华人民共和国担保法》约定一方向对方给付定金作为债权的担保。债务人履行债务后，定金应当抵作价款或者收回。给付定金的一方不履行约定的债务的，无权要求返还定金；收受定金的一方不履行约定的债务的，应当双倍返还定金。（第一百一十五条）

（3）当事人既约定违约金，又约定定金的，一方违约时，对方可以选择适用违约金或者定金条款。（第一百一十六条）

（4）当事人一方违约后，对方应当采取适当措施防止损失的扩大；没有采取适当措施致使损失扩大的，不得就扩大的损失要求赔偿。当事人因防止损失扩大而支出的合理费用，由违约方承担。（第一百一十九条）

四、长期采购协议知识

1. 何谓长期采购协议

长期采购协议是指采购商和供应商之间通过协议或合同的方式，来建立起双方相对稳定的交易关系，通常情况下合同期一般都不少于 12 个月。在合同期内，采购方需承诺在供应方采购其所签订的需求产品（或物资），供应方则需承诺满足采购方在数量、品种、规格、型号、供货时间、付款时限、售后服务等方面的要求。

长期采购协议适用于采购方需求量较大且连续不断的物资或产品，主要有原料、辅料、包装材料以及燃料、动力、主要设备及相关备品、备件等。

2. 长期采购协议的优点与不足

长期采购协议的优点是：有利于增强供需双方的信任和理解，建立较稳定的长期供需关系；有利于降低双方在价格洽谈方面的费用；有利于供需双方成本预算的落实与执行；有明确的法律保证维护双方各自的利益。

但是，这种合作方式也有其不足之处，最大的缺点有：①供需双方均需承担价格变动风险。譬如：当市场供求关系发生较大变化时，无论采购商还是供应商任何一方要想做价格调整都十分困难，一旦处理不好就会破坏彼此间的多年合作关系。②双方共同认定的供需货物数量不可调整，通常情况下供需货物数量很难随市场供求关系的变化做相应增减；否则，必然会损害其中某一方的切身利益。③变更供应商比较困难，在协议或合同的有效期内，即便采购商寻找到更好的供货渠道，也只能等到协议或合同期满后再重新变更供应商。

3. 长期采购协议的内容、编写、签约、执行、跟踪及纠纷的解决

请参阅第四篇第一章第二节及本章第二节的相关内容。

第二章　中药鉴定

第一节　中药识别

一、根及根茎类中药

人　参

【来源】本品为五加科植物人参的干燥根及根茎。野生者为“山参”，栽培的又称“园参”；播种在山林野生状态下自然生长的又称“林下参”，习称“籽海”。野山参采集时要谨慎小心，防止挖断不定根及须根，及时晒干或低温干燥。山参常加工生晒参和野山糖参。园参多栽培 4～10 年收获加工，采挖时间一般在 8 月末到 9 月中旬，将鲜参洗净，除去地上茎叶进行加工。

人参根据生长环境和栽培方式，可分为野山参（山参）、移山参、林下参（籽海）和园参。

1. 野山参（山参）　自然生长在山野林下，种子自然落地，自然发芽生长，在生长过程中未经过移动和人工管理。一般来说生长需 20 年以上。由于生长年限长，体内有效成分含量较多，所以疗效好。

2. 移山参　有两种情况，一是将很小的野山参移栽到山野林下，任其自由生长，不经过人工管理，过若干年长成后采挖。另一是将园参小苗移栽到山野林下，任其自由生长，经过人工管理，过若干年后采挖加以利用。

3. 林下参　是指播种在山林野生状态下自然生长的称“籽海”或“林下参”。一般要经过 20～30 年收获。

4. 园参　园参的栽培方式有两种，一是直播法，播种后不移栽，原地连续生长 4～6 年收获。二是移栽法，参地设有苗田和本田，播种后在栽培期大多移栽 1 次。如 6 年参，即苗田生长 1 年，再移栽到本田生长 5 年，即“1·5 制”。还有“3·3 制”、“2·2 制”，有的移栽两次，8～9 年收获，如“3·2·3 制”等。

鲜参加工根据不同加工方法大体可分几大类。

1. 红参　鲜参去掉不定根及全部须根，将人参放置密闭蒸汽罐中，保持一定的温度，蒸 2.5～3 小时，取出，晒干或烘干，即“普通红参”。鲜参不去掉不定根及须根蒸即“全须红参”。去掉的不定根及须根蒸后即“红直参”（捋直捆把）和“红弯参”（不捋直不捆把）。此外，还有边条红参、红参须等。

2. 生晒参 将鲜参直接晒干或用干燥设备烘干，即“全须生晒参”。鲜参去掉支根及须根日晒或烘干，即“普通生晒参”。将去掉的支根及须根，捋直捆把干燥者，即“白直须”；不捋直不捆把者，即“白弯须”。此外，还有白干参（去须刮皮)、皮尾参、绑尾生晒参等。

3. 白参（糖参） 取鲜参，置于沸水中浸烫5~10分钟，取出，用特制的竹针将参体扎刺小孔后，连续浸浓糖液三次，每次10~12小时，取出用温水冲净表面的浮糖后干燥。此外，还有掐皮参、糖直须等。

【产地】主产于吉林，并以吉林产者为地道药材；辽宁、黑龙江也有生产。国外产于俄罗斯远东地区及朝鲜、韩国。

【性状】

1. 野山参 野山参鉴别目前还是以传统的外形感官经验鉴别为主，它是一门集专业性、经验性于一体的一门技术。山参的外观形态特征主要体现在：芦头、艼、体、皮、纹、腿、须。

（1）芦头（根茎） 芦头细长（长白山产），较其他参长，通常分为3节，第一节（顶端）为马牙芦，芦上有地上茎脱落后留下的茎痕，称“芦碗”。茎痕的多少是判断人参生长的年龄的重要依据，每个茎痕的外缘有一个潜伏芽突起，芦碗中心凹陷形似“马牙”，故称“马牙芦”（因芦碗的形状大小又分为“大马牙”和“二马牙”)。第二节（中部）称堆花芦，芦碗紧密拥挤压缩在一起，不易分清，故称为“堆花芦”。第三节（下部）为“圆芦”，芦头多显圆柱形，表面较光滑，无碗痕，故称“圆芦”，传统认为这一特征是生长年限较长的标志。以上是生长最标准典型的山参芦头。但由于生长条件、生长地区的不同，也有根茎上部是马牙芦，而下部是竹节芦或线芦；还有双芦或多头芦等情况发生。

（2）艼（不定根） 通常把不定根和芦头统称为“艼帽”。艼生长在芦头的两侧。一般根据生长年限的长短，习称为枣核艼、蒜瓣艼、顺长艼、毛毛艼。生长年限较长的艼多是“枣核艼”，分布在芦头的左右，艼体短粗，中间膨大，两端略尖细，状如“枣核”。山参大多长有两条艼，生长方向是下垂顺直。有的超过主根的长度，质显老。

（3）体 主根和侧根的形状及分支的情况：主根是竖向，横向是分支。横灵体，俗称“武形”。主根短粗，分杈横向伸展，是典型的山参体。顺体，主根多呈纺锤形或圆柱形，侧根多不分杈。疙瘩体，主根近球形或疙瘩形，肩圆顺势下垂，称“溜肩膀”。

（4）皮 山参的外表皮，呈淡黄白色，或黄褐色，表面呈锦缎样的光泽。此外，山参皮的色泽与生长地域土质情况及生长年限、加工方法等有密切的联系。

（5）纹 山参肩部上的横环纹，纹深而细密完整，纹色较深，呈黑色，又叫“铁线纹”。如果横纹略显向上兜，称为“兜纹”。因此，生长年限越长的山参，纹越细密且深，这也是判断山参年限的一个方面。

（6）腿 又称侧根，是主根的分支，一般多为2~3条，单一条者较长，腿与腿之间分档灵活且自然，呈“八”字形，无并腿现象。

（7）须 生长在支根上的细根，一般自上而顺下，上下粗细一致，细长柔韧，清疏不乱，形似皮条，故名“皮条须”。须上有明显疣状突起，形似珍珠，习称“珍珠点”（“珍珠疙瘩”)。

综合上述特征，参农总结出鉴别山参的顺口溜：

芦碗紧密相互生，圆膀圆芦枣核艼，紧皮细纹疙瘩体，

须似皮条长又清，珍珠点点缀须下，具此特征野山参。

2. 移山参 因生态环境的改变所以在形态上也发生变化，芦头较短或粗细不匀，芦碗稀疏，上部多是回脖芦，以竹节芦和线芦居多，多是二节芦，少圆芦或较短。艼多是顺长艼或毛毛艼，艼质较嫩白，生长方向多是上翘或侧伸，有时也有掐脖艼，有的艼长度超过主根。体多是顺体或横体、笨体，腿多 2~3 条或更多，下部常骤然肥大，常出现拧腿或拼腿现象。横纹粗浅，常有断纹或横纹延伸到主根中下部。须多而短较乱，无韧性，珍珠点少而小。有人参香气，味微苦甘。

3. 林下参（籽海） 主要特征形状略与山参相同，参体多是横灵体、顺体、短体。皮淡黄白色，质较嫩略显光泽。横纹浮浅而少。芦头较长，多为竹节芦、线芦，偶有圆芦。艼细长质嫩、顺下，有时超过主根的长度。腿多为 2~3 条，较短。参须较短，清疏不乱，质较柔软，显珍珠点。味微苦，有人参香气，但不及山参。

4. 园参类

红参：主根呈圆柱形或纺锤形，表面棕红色或淡棕色，半透明状，偶有不透明的暗褐色斑块，习称“黄马褂”。有纵沟、皱纹及细根痕，有的可见环纹，下部有 2~3 条支根，多交叉扭曲。芦碗稀疏较大，有 1~2 条完整或折断的不定根。质硬而脆，断面平坦，呈角质样，有光泽。

边条红参：根长圆柱形，芦长、身长、腿长，具分支 2~3 条，表面淡棕色，芦碗稍大且凹陷较深。

生晒参：主根呈圆柱形或纺锤形，表面黄白色或灰黄色，上部或全体有断续浅疏的横纹及纵皱纹，下部有支根 2~3 条，有少数并生多数细长的须根，须上偶有不明显的珍珠点。质较硬，断面淡黄白色，显粉性，形成层环纹棕黄色，皮部有黄棕色的点状树脂道及放射状裂隙。香气特异，味微苦、甘。

糖参：主根呈圆柱形或纺锤形，表面白色，体重，味甜。

参须：分为红参须和白参须，均为支根和须根，捆成小把。红参须红棕色半透明。白参须黄白色。

进口园参类

朝鲜红参：又称高丽参、别直参。为五加科植物人参经蒸后的干燥的根及根茎。本品呈圆柱形或压制成方柱形，表面红棕色至黄棕色。参体粗壮顺直，芦短粗且多双芦（习称双马蹄芦），主根肩宽，断面角质样有光泽，鲜参蒸制前多已去掉支根及须根。味苦微甘，有特殊清香气。

朝鲜白参：同为五加科植物人参的根及根茎。系鲜参经晒干或低温烘干而成。主根呈圆柱形或圆锥形，表面黄白，芦头与国产参略同，体有纵皱纹和浅横纹，质较轻泡，有的须根已剪去。断面有菊花心，稍有香气，味甘、微酸。

野山参以生长年久、芦长碗密、枣核艼、带圆芦、横灵体、铁线纹、珍珠须者为佳；移山参、林下参均以似野山参者佳；红参以身长、体圆、芦长、腿长、红棕色、半透明、无艼帽者为佳。生晒参以体大黄白色、体坚实、气味浓、无破痕者为佳；糖参以色白、无吸潮变色者为佳；朝鲜红参以体大、双芦、红棕色、气味浓者为佳；朝鲜白参以体大、色

黄白、气味浓者为佳。

【饮片】

1. 人参片　本品为圆形薄片。切面淡黄白色，显粉性，形成层环纹棕黄色，皮部有黄棕色的点状树脂道及放射状裂隙。香气特异，味微苦、甘。

2. 红参片　本品为圆形片。红棕色，半透明。

【功效与主治】

1. 人参　大补元气，复脉固脱，补脾益肺，生津养血，安神益智。用于体虚欲脱，肢冷脉微，脾虚食少，肺虚喘咳，津伤口渴，内热消渴，气血亏虚，久病虚羸，惊悸失眠，阳痿宫冷。

2. 红参、高丽参　大补元气，复脉固脱，益气摄血。用于体虚欲脱，肢冷脉微，气不摄血，崩漏下血。

三　七

【来源】本品为五加科植物三七的干燥根和根茎。秋季花开前采挖，洗净，分开主根、支根及根茎，干燥。支根习称“筋条”，根茎习称“剪口”。掐去花蕾不打籽的秋季采挖之体肥实者称为“春三七”，打籽后的冬季或次年春采挖收获的称“冬三七”。以“春三七”为质优。

【产地】主产于云南、广西等地。

【性状】本品主根呈类圆锥形或圆柱形，长1～6cm，直径1～4cm。表面灰黄色（习称铜皮）或灰褐色，有断续的纵皱纹及支根痕。顶端有茎痕，周围有瘤状突起（习称狮子头）。体重，质坚实，断面棕黑色（习称铁骨）、灰绿色、黄绿色或灰白色，皮部与木质部较易分离；木部微呈放射状排列。气微，味苦回甜。

筋条：呈圆柱形或圆锥形，长2～6cm，上端直径约0.8cm，下端直径约0.3cm。

剪口：呈不规则的皱缩块状及条状，表面有数个明显的茎痕及环纹，断面中心灰绿色或白色，边缘深绿色或灰色。

以个大、体重、“铜皮铁骨”者为佳。

【饮片】三七粉：本品粉末灰黄色。气微，味苦回甜。

【功效与主治】散瘀止血，消肿定痛。用于咯血，吐血，衄血，便血，崩漏，外伤出血，胸腹刺痛，跌仆肿痛。

三　棱

【来源】本品为黑三棱科植物黑三棱的干燥块茎。冬季至次年春采挖，洗净，削去外皮，晒干。

【产地】主产于江苏、河南、山东、江西、安徽等省。

【性状】本品呈圆锥形，略扁，长2～6cm，直径2～4cm。表面黄白色或灰黄色，有刀削痕，须根痕小点状，略呈横向环状排列。体重，质坚实。气微，味淡，嚼之微有麻辣感。

以身干、体重、质坚实、去净外皮、表面黄白色者为佳。

【饮片】

1. 三棱片 本品呈类圆形薄片。外表皮灰棕色。切面灰白色或黄白色，粗糙，有多数明显的细筋脉点。气微，味淡，嚼之微有麻辣感。

2. 醋三棱 本品形如三棱片，切面黄色至黄棕色，偶见焦斑，微有醋香气。

【功效与主治】破血行气，消积止痛。用于癥瘕痞块，痛经，瘀血经闭，胸痹心痛，食积胀痛。

白 及

【来源】本品为兰科植物白及的干燥块茎。夏、秋二季采挖，除去须根，洗净，置沸水中煮或蒸至无白心，晒至半干，除去外皮，晒干。

【产地】产于贵州、四川、湖南、湖北、安徽、浙江、江苏、陕西等地。

【性状】本品呈不规则扁圆形，多有 2 ~ 3 个爪状分支，长 1.5 ~ 5cm，厚 0.5 ~ 1.5cm。表面灰白色或黄白色，有数圈同心环节和棕色点状须根痕，上面有突起的茎痕，下面有连接另一块茎的痕迹。质坚硬，不易折断，断面类白色，角质样。气微，味苦，嚼之有黏性。

以身干、个大、色白、质坚实、无须根者为佳。

【饮片】白及片 本品呈不规则的薄片。外表皮灰白色或黄白色。切面类白色，角质样，半透明，维管束小点状，散生。质脆。气微，味苦，嚼之有黏性。

【功效与主治】收敛止血，消肿生肌。用于咯血，吐血，外伤出血，疮疡肿毒，皮肤皲裂。

白头翁

【来源】本品为毛茛科植物白头翁的干燥根。春、秋二季采挖，除去泥沙，干燥。

【产地】全国大部分地区均产。

【性状】本品呈类圆柱形或圆锥形，稍扭曲，长 6 ~ 20cm，直径 0.5 ~ 2cm。表面黄棕色或棕褐色，具不规则纵皱纹或纵沟，皮部易脱落，露出黄色的木部，有的有网状裂纹或裂隙，近根头处常有朽状凹洞。根头部稍膨大，有白色绒毛，有的可见鞘状叶柄残基。质硬而脆，断面皮部黄白色或淡黄棕色，木部淡黄色。气微，味微苦涩。

以身干、条粗长、整齐不碎、灰黄色、头部有白绒毛者为佳。

【饮片】本品呈类圆形的片。外表皮黄棕色或棕褐色，具不规则纵皱纹或纵沟，近根头部有白色绒毛。切面皮部黄白色或淡黄棕色，木部淡黄色。气微，味微苦涩。

【功效与主治】清热解毒，凉血止痢。用于热毒血痢，阴痒带下。

西洋参

【来源】本品为五加科植物西洋参的干燥根。均系栽培品，秋季采挖，洗净，低温干燥。

【产地】主产于美国维斯康星洲、魁北克及加拿大。国内产于吉林、辽宁、黑龙江、北京、山东等地。

【性状】本品呈纺锤形、圆柱形或圆锥形，长 3 ~ 12cm，直径 0.8 ~ 2cm。表面浅黄褐色或黄白色，可见横向环纹及线形皮孔状突起，并有细密浅纵皱纹及须根痕。主根中下部有一至数条侧根，多已折断。有的上端有根茎（芦头）。体重，质坚实，不易折断，断面平坦，浅黄白色，略显粉性，皮部可见黄棕色点状树脂道，形成层环纹棕黄色，木部略呈放射状纹理。气微而特异，味微苦、甘。

以条匀、表面横纹紧密、断面色黄白、气清香、味浓者为佳。

【饮片】本品为圆形薄片，外表皮浅黄褐色或黄白色，切面浅黄白色或黄白色，形成层环纹棕黄色，皮部可见黄棕色点状树脂道，近形成层环处较多而明显，木部略呈放射状纹理。气微而特异，味微苦、甘。

【功效与主治】补气养阴，清热生津。用于气虚阴亏，虚热烦倦，咳喘痰血，内热消渴，口燥咽干。

威灵仙

【来源】本品为毛茛科植物威灵仙、棉团铁线莲或东北铁线莲的干燥根及根茎。秋季采挖，除去泥沙，晒干。

【产地】威灵仙：产于山东、安徽、江苏、浙江、江西、湖南、湖北、广东、广西、福建、四川、贵州等省区。东北铁线莲和棉团铁线莲：主产于东北各省。

【性状】

1. 威灵仙　根茎呈柱状，长0.5～10cm，直径0.3～0.5cm，表面淡棕黄色，顶端残留茎基，质较坚韧，断面纤维性，下侧着生多数细根。根呈细长圆柱形，稍弯曲，长7～15cm，直径0.1～0.3cm，表面黑褐色，有细纵纹，有的皮部脱落，露出黄白色木部，质硬脆，易折断，断面皮部较广，木部淡黄色，略呈方形，皮部与木部间常有裂隙。气微，味淡。

2. 棉团铁线莲　根茎呈短柱状，长1～4cm，直径0.5～1cm。根长4～20cm，直径0.1～0.2cm，表面棕褐色至棕黑色，断面木部圆形。味咸。

3. 东北铁线莲　根茎呈柱状，长1～11cm，直径0.5～2.5cm。根较密集，长5～23cm，直径0.1～0.4cm，表面棕黑色，断面木部近圆形。味辛辣。

以根粗大、条匀、断面灰白色、质坚实者为佳。

【饮片】本品为不规则的段。表面黑褐色、棕褐色或棕黑色，有细纵纹，有的皮部脱落，露出黄白色木部。切面皮部较广，木部淡黄色，略呈方形或近圆形，皮部与木部间常有裂隙。

【功效与主治】祛风湿，通经络。用于风湿痹痛，肢体麻木，筋脉拘挛，屈伸不利。

黄　精

【来源】本品为百合科植物滇黄精、黄精或多花黄精的干燥根茎。按形状不同，习称“大黄精”、“鸡头黄精”、“姜形黄精”。春、秋二季采挖，除去须根，洗净，置沸水中略烫或蒸至透心，干燥。

【产地】主产于湖南、湖北、四川、贵州、安徽、广东、广西、江西、河北、内蒙古、山东、山西、东北等地。

【性状】

1. 大黄精 呈肥厚肉质的结节块状，结节长可达10cm以上，宽3～6cm，厚2～3cm。表面淡黄色至黄棕色，具环节，有皱纹及须根痕，结节上侧茎痕呈圆盘状，圆周凹入，中部突出。质硬而韧，不易折断，断面角质，淡黄色至黄棕色。气微，味甜，嚼之有黏性。

2. 鸡头黄精 呈结节状弯柱形，长3～10cm，直径0.5～1.5cm。结节长2～4cm，略呈圆锥形，常有分支。表面黄白色或灰黄色，半透明，有纵皱纹，茎痕圆形，直径5～8mm。

3. 姜形黄精 呈长条结节块状，长短不等，常数个块状结节相连，表面灰黄色或黄褐色，粗糙，结节上侧有突出的圆盘状茎痕，直径0.8～1.5cm。

均以块大、肥润、色黄、断面角质半透明者为佳。味苦者不可药用。

【饮片】

1. 黄精片 本品呈不规则的厚片，外表皮淡黄色至黄棕色，切面略呈角质样，淡黄色至黄棕色，可见多数淡黄色筋脉小点。质稍硬而韧。气微，味甜，嚼之有黏性。

2. 酒黄精 本品呈不规则的厚片。表面棕褐色至黑色，有光泽，中心棕色至浅褐色，可见筋脉小点。质较柔软。味甜，微有酒香气。

【功效与主治】补气养阴，健脾，润肺，益肾。用于脾胃虚弱，体倦乏力，胃阴不足，口干食少，肺虚燥咳，劳嗽咯血，精血不足，腰膝酸软，须发早白，内热消渴。

紫　菀

【来源】本品为菊科植物紫菀的干燥根及根茎。春、秋二季采挖，除去有节的根茎（习称“母根”）和泥沙，编成辫状晒干，或直接晒干。

【产地】主产于河北、安徽等地；河南、黑龙江、山西等省也产。以河北安国产者质佳。

【性状】本品根茎呈不规则块状，大小不一，顶端有茎、叶的残基，质稍硬。根茎簇生多数细根，长3～15cm，直径0.1～0.3cm，多编成辫状，表面紫红色或灰红色，有纵皱纹，质较柔韧。气微香，味甜、微苦。

以身干、条长、色紫、质柔软，并去净残茎、泥土及叶者为佳。

【饮片】

1. 紫菀段 本品呈不规则的厚片或段。根外表皮紫红色或灰红色，有纵皱纹。切面淡棕色，中心具棕黄色的木心。气微香，味甜、微苦。

2. 蜜紫菀 本品形如紫菀片（段），表面棕褐色或紫棕色。具蜜香气，味甜。

【功效与主治】润肺下气，消痰止咳。用于痰多喘咳，新久咳嗽，劳嗽咯血。

紫　草

【来源】本品为紫草科植物新疆紫草或内蒙紫草的干燥根。春、秋二季采挖，除去泥沙，干燥。

【产地】新疆紫草主产于新疆，习称“软紫草”。内蒙紫草全国大部分均产。

【性状】

1. 新疆紫草（软紫草） 呈不规则的长圆柱形，多扭曲，长7～20cm，直径1～

2.5cm。表面紫红色或紫褐色，皮部疏松，呈条形片状，常10余层重叠，易剥落。顶端有的可见分歧的茎残基。体轻，质松软，易折断，断面不整齐，木部较小，黄白色或黄色。气特异，味微苦、涩。

2. 内蒙紫草　呈圆锥形或圆柱形，扭曲，长6～20cm，直径0.5～4cm。根头部略粗大，顶端有残茎1或多个，被短硬毛。表面紫红色或暗紫色，皮部略薄，常数层相叠，易剥离。质硬而脆，易折断，断面较整齐，皮部紫红色，木部较小，黄白色。气特异，味涩。

以条粗长、肥大、色紫、皮厚木心小者为佳。

【饮片】

1. 新疆紫草　本品为不规则的切片或条形片状，直径1～2.5cm。紫红色或紫褐色。皮部深紫色，木部较小，黄白色或黄色。

2. 内蒙紫草　本品为不规则的圆柱形切片或条形片状，有的可见短硬毛，直径0.5～4cm，质硬而脆。紫红色或紫褐色。皮部深紫色。圆柱形切片，木部较小，黄白色或黄色。

【功效与主治】清热凉血，活血解毒，透疹消斑。用于血热毒盛，斑疹紫黑，麻疹不透，疮疡，湿疹，水火烫伤。

二、茎木类、皮类中药

苏　木

【来源】本品为豆科植物苏木的干燥心材。多于秋季采伐，除去白色边材，干燥。

【产地】主产于广东、广西、云南、四川、贵州等地。

【性状】本品呈长圆柱形或对剖半圆柱形，长10～100cm，直径3～12cm。表面黄红色至棕红色，其刀削痕，常见纵向裂缝。质坚硬。断面略具光泽，年轮明显，有的可见暗棕色、质松、带亮星的髓部。气微，味微涩。

水试：将苏木投入热水中，水染成鲜艳的桃红色，加酸则变为黄色，再加碱又为红色。

以粗大、坚实、色红黄者为佳。

【饮片】本品为不规则碎块，表面黄红色至棕红色。气微，味微涩。

【功效与主治】活血祛瘀，消肿止痛。用于跌打损伤，骨折筋伤，瘀滞肿痛，经闭痛经，产后瘀阻，胸腹刺痛，痈疽肿痛。

忍冬藤

【来源】本品为忍冬科植物忍冬的干燥茎枝。秋、冬二季采割，晒干。

【产地】主产于河南、山东、河北等地。

【性状】本品呈细长圆柱形，多分支，常缠绕成束，直径1.5～6mm。表面棕红色至暗棕色，有的灰绿色，光滑或被茸毛。外皮易剥落。枝上多节，节间长6～9cm，有残叶及叶痕。质脆，易折断，断面黄白色，中空。气微，老枝味微苦，嫩枝味淡。

以身干、条匀、表面紫红色者为佳。

【饮片】本品为段状。表面棕红色，有的灰绿色，光滑或被茸毛；外皮易剥落。切面黄白色，中空。气微。

【功效与主治】清热解毒，疏风通络。用于温病发热，热毒血痢，痈肿疮疡，风湿热痹，关节红肿热痛。

沉　香

【来源】本品为瑞香科植物白木香含有树脂的木材。全年均可采收，割取含树脂的木材，除去不含树脂的部分，阴干。习称为“国产沉香”。

【产地】主产于广东、海南等地。

【性状】本品呈不规则块、片状或盔帽状，有的为小碎块。表面凹凸不平，有刀痕，偶有孔洞，可见黑褐色树脂与黄白色木部相间的斑纹，孔洞及凹窝表面多呈朽木状。质较坚实，断面刺状。气芳香，味苦。

以含树脂多、色棕黑油润、质坚体重、燃之有油渗出、香气浓烈、味苦者为佳。

【饮片】沉香粉　细粉状，气芳香，味苦。

【功能与主治】行气止痛，温中止呕，纳气平喘。用于胸腹胀闷疼痛，胃寒呕吐呃逆，肾虚气逆喘急。

降　香

【来源】本品为豆科植物降香檀的树干和根的干燥心材。全年均可采收，除去边材，阴干。

【产地】国内主产于海南。国外产于东南亚等地。

【性状】本品呈类圆柱形或不规则块状。表面紫红色或红褐色，切面有致密的纹理。质硬，有油性。气微香，味微苦。

以色紫红、质坚实、富油性、香气浓者为佳。

【饮片】本品为刨花状或碎块。表面紫红色或红褐色，有油性。气微香，味微苦。

【功效与主治】化瘀止血，理气止痛。用于吐血，衄血，外伤出血，肝郁胁痛，胸痹刺痛，跌仆损伤，呕吐腹痛。

首乌藤

【来源】本品为蓼科植物何首乌的干燥藤茎。秋、冬二季采割，除去残叶，捆成把，干燥。

【产地】主产于湖南、湖北、广东、广西、贵州、四川等地。

【性状】本品呈长圆柱形，稍扭曲，具分支，长短不一，直径4～7mm。表面紫红色至紫褐色，粗糙，具扭曲的纵皱纹，节部略膨大，有侧枝痕，外皮菲薄，可剥离。质脆，易折断，断面皮部紫红色，木部黄白色或淡棕色，导管孔明显，髓部疏松，类白色。气微，味微苦涩。

以身干、条匀、外皮紫褐色者为佳。

【饮片】本品呈圆柱形的段。外表皮紫红色至紫褐色；切面皮部紫红色，木部黄白色或淡棕色，导管孔明显；髓部疏松，类白色。气微，味微苦涩。

【功效与主治】养血安神，祛风通络。用于失眠多梦，血虚身痛，风湿痹痛，皮肤瘙痒。

桂　枝

【来源】本品为樟科植物肉桂的干燥嫩枝。春、夏二季采收，除去叶，晒干，或切片晒干。

【产地】产于广东、广西、云南等地。

【性状】本品呈长圆柱形，多分支，长 30～75cm，粗端直径 0.3～1cm。表面红棕色至棕色，有纵棱线、细皱纹及小疙瘩状的叶痕、枝痕和芽痕，皮孔点状。质硬而脆，易折断。断面皮部红棕色，木部黄白色至浅黄棕色，髓部略呈方形。有特异香气，味甜、微辛，皮部味较浓。

以质嫩、香气浓者为佳。

【饮片】本品为类圆形或椭圆形的厚片或段。表面红棕色至棕色，有时可见点状皮孔或纵棱线，切面皮部红棕色，木部黄白色或浅黄棕色，髓部类圆形或略呈方形，有特异香气，味甜、微辛。

【功效与主治】发汗解肌，温通经脉，助阳化气，平冲降气。用于风寒感冒，脘腹冷痛，血寒经闭，关节痹痛，痰饮，水肿，心悸，奔豚。

三、花叶类中药

罗布麻叶

【来源】本品为夹竹桃科植物罗布麻的干燥叶。夏季采收，除去杂质，干燥。

【产地】主产于西北、华北地区。

【性状】本品多皱缩卷曲，有的破碎，完整叶片展平后呈椭圆状披针形或卵圆状披针形，长 2～5cm，宽 0.5～2cm。淡绿色或灰绿色，先端钝，有小芒尖，基部钝圆或楔形，边缘具细齿，常反卷，两面无毛，叶脉于下表面突起；叶柄细，长约 4mm。质脆。气微，味淡。

以完整、无枝梗、色绿者为佳。

【功效与主治】平肝安神，清热利水。用于肝阳眩晕，心悸失眠，浮肿尿少。

枸骨叶

【来源】本品为冬青科植物枸骨的干燥叶。秋季采收，除去杂质，晒干。

【产地】产于湖北、河南、江苏、安徽等地。

【性状】本品呈类长方形或矩圆状长方形，偶有长卵圆形，长 3～8cm，宽 0.5～4cm。先端具 3 枚较大的硬刺齿，顶端 1 枚常反曲，基部平截或宽楔形，两侧有时各具刺齿 1～3 枚，边缘稍反卷，长卵圆形叶常无刺齿。上表面黄绿色或绿褐色，有光泽，下表面灰黄色或灰绿色。叶脉羽状，叶柄较短。革质，硬而厚。气微，味微苦。

以叶大完整、色黄绿者为佳。

【功效与主治】清热养阴，益肾，平肝。用于肺痨咯血，骨蒸潮热，头晕目眩。

荷　叶

【来源】本品为睡莲科植物莲的干燥叶。夏、秋二季采收，晒至七八成干时，除去叶柄，折成半圆形或折扇形，干燥。

【产地】产于福建、湖南、江苏、浙江等地。

【性状】本品呈半圆形或折扇形，展开后呈类圆形，全缘或稍呈波状，直径 20 ~ 50cm。上表面深绿色或黄绿色，较粗糙，下表面淡灰棕色，较光滑，有粗脉 21 ~ 22 条，自中心向四周射出，中心有突起的叶柄残基。质脆，易破碎。稍有清香气，味微苦。

以叶大，色绿，无斑点、杂质者为佳。

【饮片】

1. 荷叶　本品呈不规则的丝状。上表面深绿色或黄绿色，较粗糙；下表面淡灰棕色，较光滑，叶脉明显突起。质脆，易破碎。稍有清香气，味微苦。

2. 荷叶炭　本品呈不规则的片状，表面棕褐色或黑褐色。味涩。

【功效与主治】清暑化湿，升发清阳，凉血止血。用于暑热烦渴，暑湿泄泻，脾虚泄泻，血热吐衄，便血崩漏。荷叶炭收涩化瘀止血，用于出血症和产后血晕。

银杏叶

【来源】本品为银杏科植物银杏的干燥叶。秋季叶尚绿时采收，及时干燥。

【产地】各地多有栽培。

【性状】本品多皱折或破碎，完整者呈扇形，长 3 ~ 12cm，宽 5 ~ 15cm。黄绿色或浅棕黄色，上缘呈不规则的波状弯曲，有的中间凹入，深者可达叶长的 4/5。具二杈状平行叶脉，细而密，光滑无毛，易纵向撕裂。叶基楔形，叶柄长 2 ~ 8cm。体轻。气微，味微。

以完整、色黄绿者为佳。

【功效与主治】活血化瘀，通络止痛，敛肺平喘，化浊降脂。用于瘀血阻络，胸痹心痛，中风偏瘫，肺虚咳喘，高脂血症。

棕　榈

【来源】本品为棕榈科植物棕榈的干燥叶柄。采棕时割取旧叶柄下延部分及鞘片，除去纤维状的棕毛，晒干。

【产地】主产于江苏、浙江、江西、湖北、湖南、广东、广西、福建等地。

【性状】本品呈长条板状，一端较窄而厚，另一端较宽而稍薄，大小不等。表面红棕色，粗糙，有纵直皱纹，一面有明显的凸出纤维，纤维的两侧着生多数棕色茸毛。质硬而韧，不易折断，断面纤维性。气微，味淡。

以红棕色、片大、质厚、陈久者为佳。

【饮片】

1. 棕榈段　本品为短段，红棕色，气微，味淡。

2. 棕榈炭　本品呈不规则段，大小不一。表面黑褐色至黑色，有光泽，有纵直条纹，触之有黑色炭粉。味苦涩。

【功效与主治】收涩止血。用于吐血，衄血，尿血，便血，崩漏。

代代花

【来源】本品为芸香科植物代代花的干燥花蕾。5～6月花未开放时分批采摘，及时干燥。

【产地】主产于江苏、浙江。

【性状】本品呈长卵圆形，长1.5～2cm，顶端稍膨大，基部具花柄。花萼基部联合，先端5裂，灰绿色；花瓣5片，覆瓦状抱合，黄白色或浅黄棕色，可见棕色油点和纵脉；雄蕊多数，花丝基部联合成数束；子房倒卵形。质脆易碎。气香，味微苦。

以完整、色黄白、香气浓者为佳。

【功效与主治】理气，宽胸，开胃。用于胸脘胀闷，恶心，食欲不振。

西红花

【来源】本品为鸢尾科植物番红花的干燥柱头。

【产地】原产于西班牙等国，现在主产于伊朗等地。国内也有栽培。

【性状】本品呈线形，三分支，长约3cm。暗红色，上部较宽而略扁平，顶端边缘显不整齐的齿状，内侧有一短裂隙，下端有时残留一小段黄色花柱。体轻，质松软，无油润光泽，干燥后质脆易断。气特异，微有刺激性，味微苦。

水试：取本品浸水中，可见橙黄色成直线下降，并逐渐扩散，水被染成黄色，无沉淀。柱头呈喇叭状，有短缝。在短时间内，用针拨之不破碎。

以暗红色、黄色花柱少者为佳。

【功效与主治】活血化瘀，凉血解毒，解郁安神。用于经闭癥瘕，产后瘀阻，温毒发斑，忧郁痞闷，惊悸发狂。

鸡冠花

【来源】本品为苋科植物鸡冠花的干燥花序。秋季花盛开时采收，晒干。

【产地】全国大部分地区有栽培。

【性状】本品为穗状花序，多扁平而肥厚，呈鸡冠状，长8～25cm，宽5～20cm。上缘宽，具皱褶，密生线状鳞片，下端渐窄，常残留扁平的茎。表面红色、紫红色或黄白色。密生多数小花，每花宿存的苞片及花被片均呈膜质。果实盖裂，种子扁圆肾形，黑色，有光泽。体轻，质柔韧。气微，味淡。

以花序大、色鲜艳者为佳。

【饮片】

1. 鸡冠花　本品为不规则的块段。扁平，有的呈鸡冠花状。表面红色、紫红色或黄白色。可见黑色扁圆肾形的种子。气微，味淡。

2. 鸡冠花炭　本品形如鸡冠花。表面黑褐色，内部焦褐色。可见黑色种子。具焦香气，味苦。

【功效与主治】收敛止血，止带，止痢。用于吐血，崩漏，便血，痔血，赤白带下，久痢不止。

佛手花

【来源】本品为芸香科植物佛手的干燥花。春季花将开时采摘，或花自行落地收集，晒干。

【产地】主产于浙江、四川、广东、广西等地。

【性状】本品呈长椭圆形，长1～1.5cm。表面黄棕色。花托圆盘形或略呈五角形，花冠5瓣，雄蕊多数，常见有指状幼小果实。气香，味微酸淡。

以色棕黄、香气浓、无破碎者为佳。

【功效与主治】平肝理气，开郁和胃。用于肝气不舒，胸腹胀满作痛。

谷精草

【来源】本品为谷精草科植物谷精草的干燥带花茎的头状花序。秋季采收，将花序连同花茎拔出，晒干。

【产地】主产于江苏、浙江、湖北等地。

【性状】本品头状花序呈半球形，直径4～5mm。底部有苞片层层紧密排列，苞片淡黄绿色，有光泽，上部边缘密生白色短毛；花序顶部灰白色；揉碎花序，可见多数黑色花药及细小黄绿色未成熟的果实；花茎纤细，长短不一，直径不及1mm，淡黄绿色，有数条扭曲的棱线。质柔软。气微，味淡。

以身干、花序大而紧密、色灰白、花茎短、黄绿色者为佳。

【功效与主治】疏散风热，明目退翳。用于风热目赤肿痛，羞明，眼生翳膜，风热头痛。

扁豆花

【来源】本品为豆科植物扁豆的干燥花。夏、秋二季采摘未完全开放的花，干燥。

【产地】产于河南、安徽、浙江等地。

【性状】本品多皱缩，展开后呈不规则扁三角形，长1～1.5cm。花萼宽钟状，稍二唇形，黄色至黄棕色，外被白色短毛，上唇2齿几全部合生，较大，其余3齿较小；花冠蝶形，龙骨瓣抱合成舟状；雄蕊10，其中1个单生，另9个花丝基部合生；雌蕊1，柱头顶生。体轻。气微，味微甘。

以完整、色黄白者为佳。

【功效与主治】健脾和胃，清暑化湿。用于痢疾，泄泻，赤白带下。

莲须

【来源】本品为睡莲科植物莲的干燥雄蕊。夏季花开时选晴天采收，盖纸晒干或阴干。

【产地】产于福建、湖南、江苏、浙江等地。

【性状】本品呈线形。花药扭转，纵裂，长1.2～1.5cm，直径约0.1cm，淡黄色或棕黄色；花丝纤细，稍弯曲，长1.5～1.8cm，淡紫色。气微香，味涩。

以身干、质软、色鲜黄、无杂质者为佳。

【功效与主治】固肾涩精。用于遗精滑精，带下，尿频。

密蒙花

【来源】本品为马钱科植物密蒙花的干燥花蕾及其花序。春季花未开放时采收，除去杂质，干燥。

【产地】主产于湖北、四川、陕西、河南等地。

【性状】本品多为花蕾密聚的花序小分支，呈不规则圆锥状，长1.5～3cm。表面灰黄色或棕黄色，密被茸毛；花蕾呈短棒状，上端略大，长0.3～1cm，直径0.1～0.2cm；花萼钟状，先端4齿裂；花冠筒状，与萼等长或稍长，先端4裂，裂片卵形；雄蕊4，着生在花冠管中部。质柔软。气微香，味微苦、辛。

以色灰绿、花蕾密集、茸毛多者为佳。

【功效与主治】清热泻火，养肝明目，退翳。用于目赤肿痛，多泪羞明，目生翳膜，肝虚目暗，视物昏花。

梅　花

【来源】本品为蔷薇科植物梅的干燥花蕾。初春花未开放时采摘，及时低温干燥。

【产地】主产于江苏、浙江等地。

【性状】本品呈类球形，直径3～6mm，有短梗。苞片数层，鳞片状，棕褐色；花萼5，灰绿色或棕红色；花瓣5或多数，黄白色或淡粉红色；雄蕊多数，雌蕊1，子房密被细柔毛。体轻。气清香，味微苦、涩。

以完整、气清香、无开放花朵者为佳。

【功效与主治】疏肝和中，化痰散结。用于肝胃气痛，郁闷心烦，梅核气，瘰疬疮毒。

葛　花

【来源】本品为豆科植物野葛或甘葛藤的干燥花。秋季花未完全开放时采摘，阴干。

【产地】产于河南、湖南、广东、广西、四川、安徽等地。

【性状】本品呈不规则的扁长形或扁肾形，长5～15mm，宽2～6mm。花萼钟状，灰绿色，萼齿5，其中2齿合生，被白色或黄色茸毛；花瓣5片，淡蓝紫色或淡棕色；雄蕊10，其中9枚连合，雌蕊细长，微弯曲。气微，味淡。

以朵大、色淡紫、未开放者为佳。

【功效与主治】解酒毒，清湿热。用于酒毒烦渴，湿热便血。

槐　花

【来源】本品为豆科植物槐的干燥花及花蕾。夏季花开放或花蕾形成时采收，及时干燥，除去枝、梗及杂质。前者习称“槐花”，后者习称“槐米”。

【产地】全国大部分地区有生产，以北方产量大，质量好。

【性状】

1. 槐花　皱缩而卷曲，花瓣多散落。完整者花萼钟状，黄绿色，先端5浅裂；花瓣5，黄色或黄白色，1片较大，近圆形，先端微凹，其余4片长圆形；雄蕊10，其中9个基部连合，花丝细长；雌蕊圆柱形，弯曲。体轻。气微，味微苦。

2. 槐米　呈卵形或椭圆形，长2～6mm，直径约2mm。花萼下部有数条纵纹，萼的上方为黄白色未开放的花瓣，花梗细小。体轻，手捻即碎。气微，味微苦涩。

槐花以身干、微开放、整齐不碎、色浅黄、无杂质者为佳。槐米以身干、色黄绿、无开放花朵者为佳。

【饮片】

1. 槐花　本品性状同药材。

2. 槐米　本品性状同药材。

3. 炒槐花　本品形同槐花，表面黄色，有的有焦斑。

4. 炒槐米　本品形同槐米，表面黄色，有的有焦斑。

5. 槐花炭　本品形同槐花。表面焦褐色。

【功效与主治】凉血止血，清肝泻火。用于便血，痔血，血痢，崩漏，吐血，衄血，肝热目赤，头痛眩晕。

四、果实种子类中药

女贞子

【来源】本品为木犀科植物女贞的干燥成熟果实。冬季果实成熟时采收，除去枝叶，稍蒸或置沸水中略烫后，干燥；或直接干燥。

【产地】产于浙江，江苏，陕西黄陵，湖南永州、浏阳，江西永修、修水，福建，广东，广西，四川等地。

【性状】本品呈卵形、椭圆形或肾形，长6～8.5mm，直径3.5～5.5mm。表面黑紫色或灰黑色，皱缩不平，基部有果梗痕或具宿萼及短梗。外果皮薄，中果皮较松软，易剥离，内果皮木质，黄棕色，具纵棱，破开后种子通常为1粒，肾形，紫黑色，油性。体轻。气微，味甘、微苦涩。

以粒大、饱满、色黑紫者为佳。

【饮片】

1. 女贞子　本品性状同药材。

2. 酒女贞子　本品形如女贞子，表面黑褐色或灰褐色，常附有白色粉霜。微有酒香气。

【功效与主治】滋补肝肾，明目乌发。用于肝肾阴虚，眩晕耳鸣，腰膝酸软，须发早白，目暗不明，内热消渴，骨蒸潮热。

牛蒡子

【来源】本品为菊科植物牛蒡的干燥成熟果实。秋季果实成熟时采收果序，晒干，打下果实，除去杂质，再晒干。

【产地】全国大部分地区均有生产。

【性状】本品呈长倒卵形，略扁，微弯曲，长5～7mm，宽2～3mm。表面灰褐色，带紫黑色斑点，有数条纵棱，通常中间1～2条较明显；顶端钝圆，稍宽，顶面有圆环，中间具点状花柱残迹，基部略窄，着生面色较淡；果皮较硬，子叶2，淡黄白色，富油性。

气微，味苦后微辛而稍麻舌。

以粒大饱满、灰褐色、无杂质者为佳。

【饮片】

1. 牛蒡子　本品性状同药材。

2. 炒牛蒡子　本品形如牛蒡子，色泽加深，略鼓起。微有香气。

【功效与主治】疏散风热，宣肺透疹，解毒利咽。用于风热感冒，咳嗽痰多，麻疹，风疹，咽喉肿痛，痄腮，丹毒，痈肿疮毒。

王不留行

【来源】本品为石竹科植物麦蓝菜的干燥成熟种子。夏季果实成熟、果皮尚未开裂时采割植株，晒干，打下种子，除去杂质，再晒干。

【产地】主产于河北、山东、辽宁等地。

【性状】本品呈球形，直径约2mm。表面黑色，少数红棕色，略有光泽，有细密颗粒状突起，一侧有1凹陷的纵沟。质硬。胚乳白色，胚弯曲成环，子叶2。气微，味微涩、苦。

以身干、子粒均匀、充实饱满、色乌黑、无杂质者为佳。

【饮片】

1. 王不留行　本品性状同药材。

2. 炒王不留行　本品呈类球形爆花状，表面白色，质松脆。

【功效与主治】活血通经，下乳消肿，利尿通淋。用于经闭，痛经，乳汁不下，乳痈肿痛，淋证涩痛。

火麻仁

【来源】本品为桑科植物大麻的干燥成熟果实。秋季果实成熟时采收，除去杂质，晒干，市场商品多为除去果皮的“火麻仁”。

【产地】主产于山东、河北、黑龙江、吉林、辽宁、江苏等省。

【性状】本品呈卵圆形，长4～5.5mm，直径2.5～4mm。表面灰绿色或灰黄色，有微细的白色或棕色网纹，两边有棱，顶端略尖，基部有1圆形果梗痕；果皮薄而脆，易破碎；种皮绿色，子叶2，乳白色，富油性。气微，味淡。

以净仁、色白、籽粒饱满者为佳。

【饮片】

1. 火麻仁　本品性状同火麻仁。

2. 炒火麻仁　本品形如火麻仁，表面微黄色，偶有焦斑，有香气。

【功效与主治】润肠通便。用于血虚津亏，肠燥便秘。

石莲子

【来源】本品为睡莲科植物莲经霜老熟干燥果实。收集坠于泥内的果实，洗净，晒干。

【产地】产于福建、江苏、湖南、浙江等地。

【性状】本品呈卵圆形或椭圆形，两头略尖，表面灰棕色或灰黑色。果皮坚硬，敲碎后，可见种子 1 枚，种皮红棕色或黄棕色，种仁黄白色，有绿色胚芽。气微，味涩、微甘。

以色黑、颗粒饱满、质重坚硬者为佳。

【功效与主治】清心，开胃。用于慢性痢疾，食欲不振，噤口痢。

瓜　蒌

【来源】本品为葫芦科植物栝楼或双边栝楼的干燥成熟果实。秋季果实成熟时，连果梗剪下，置通风处阴干。

【产地】主产于山东、浙江、安徽、河南等地。

【性状】本品呈类球形或宽椭圆形，长 7 ~ 15cm，直径 6 ~ 10cm。表面橙红色或橙黄色，皱缩或较光滑；顶端有圆形的花柱残基，基部略尖，具残存的果梗。质脆，易破开，内表面黄白色，有红黄色丝络，果瓤橙黄色，黏稠，与多数种子黏结成团。轻重不一。具焦糖气，味微酸、甜。

以个大整齐、皮厚柔润、皱缩、红黄色、糖性足、不破碎者为佳。

【饮片】本品呈不规则的丝或块状。外表面橙红色或橙黄色，皱缩或较光滑；内表面黄白色，有红黄色丝络；果瓤橙黄色，与多数种子黏结成团。具焦糖气，味微酸、甜。

【功效与主治】清热涤痰，宽胸散结，润燥滑肠。用于肺热咳嗽，痰浊黄稠，胸痹心痛，结胸痞满，乳痈，肺痈，肠痈，大便秘结。

瓜蒌皮

【来源】本品为葫芦科植物栝楼或双边栝楼的干燥成熟果皮。秋季采摘成熟果实，剖开，除去果瓤及种子，阴干。

【产地】同瓜蒌。

【性状】本品常切成 2 至数瓣，边缘向内卷曲，长 6 ~ 12cm。外表面橙红色或橙黄色，皱缩，有的有残存果梗；内表面黄白色。质较脆，易折断。具焦糖气，味淡、微酸。

以外皮红黄色、内白色、瓣整齐、皮厚、无瓤、身干者为佳。

【饮片】丝状，余同药材。

【功效与主治】清热化痰，利气宽胸。用于痰热咳嗽，胸闷胁痛。

瓜蒌子

【来源】本品为葫芦科植物栝楼或双边栝楼的干燥成熟种子。秋季采摘成熟果实，剖开，取出种子，洗净，晒干。

【产地】同瓜蒌。

【性状】

1. 栝楼　呈扁平椭圆形，长 12 ~ 15mm，宽 6 ~ 10mm，厚约 3.5mm。表面浅棕色至棕褐色，平滑，沿边缘有 1 圈沟纹；顶端较尖，有种脐，基部钝圆或较狭；种皮坚硬，内种皮膜质，灰绿色，子叶 2，黄白色，富油性。气微，味淡。

2. 双边栝楼　较大而扁，长 15 ~ 19mm，宽 8 ~ 10mm，厚约 2.5mm。表面棕褐色，沟纹明显而环边较宽。顶端平截。

以个均匀、颗粒饱满、味甘、油性足者为佳。

【饮片】

1. 瓜蒌子　本品性状同药材。

2. 蜜炙瓜蒌子　本品形如瓜蒌子，表面黄棕褐色，有蜜香气。

【功效与主治】润肺化痰，滑肠通便。用于燥咳痰黏，肠燥便秘。

决明子

【来源】本品为豆科植物决明或小决明的干燥成熟种子。秋季采收成熟果实，晒干，打下种子，除去杂质。

【产地】全国大部分地区有生产。

【性状】

1. 决明　略呈菱方形或短圆柱形，两端平行倾斜，长3~7mm，宽2~4mm。表面绿棕色或暗棕色，平滑有光泽；一端较平坦，另端斜尖，背腹面各有1条突起的棱线，棱线两侧各有1条斜向对称而色较浅的线形凹纹；种皮薄，子叶2，黄色，呈“S”形折曲并重叠。质坚硬，不易破碎。气微，味微苦。

2. 小决明　呈短圆柱形，较小，长3~5mm，宽2~3mm。表面棱线两侧各有1片宽广的浅黄棕色带。

以身干、颗粒均匀、饱满、绿棕色者为佳。

【饮片】

1. 决明子　本品性状同药材。

2. 炒决明子　本品形如决明子，微鼓起，表面绿褐色或暗棕色，偶见焦斑。微有香气。

【功效与主治】清热明目，润肠通便。用于目赤涩痛，羞明多泪，头痛眩晕，目暗不明，大便秘结。

西青果

【来源】本品为使君子科植物诃子的干燥幼果。9~10月采收，经蒸熟后晒干。

【产地】产于广东、广西、云南等地。

【性状】本品呈长卵形，略扁，长1.5~3cm，直径0.5~1.2cm。表面黑褐色，具有明显的纵皱纹，一端较大，另一端略小，钝尖，下部有果梗痕；断面褐色，有胶质样光泽，果核不明显，常有空心，小者黑褐色，无空心。质坚硬。气微，味苦涩，微甘。

以完整、黑褐色者为佳。

【功效与主治】清热生津，解毒。用于阴虚白喉。

柏子仁

【来源】本品为柏科植物侧柏的干燥成熟种仁。秋、冬二季采收成熟种子，晒干，除去种皮，收集种仁。

【产地】全国大部分地区均产。主产于山东、河南、河北等地。

【性状】本品呈长卵形或长椭圆形，长4~7mm，直径0.5~3mm。表面黄白色或淡黄棕色；外包膜质内种皮，顶端略尖，有深褐色的小点，基部钝圆。质软，富油性。气微香，味淡。

以颗粒饱满、黄白色、油性大、不泛油、无杂质者为佳。

【饮片】

1. 柏子仁　本品性状同药材。

2. 柏子仁霜　本品为均匀、疏松的淡黄色粉末，微显油性，气微香。

【功效与主治】养心安神，润肠通便，止汗。用于阴血不足，虚烦失眠，心悸怔忡，肠燥便秘，阴虚盗汗。

使君子

【来源】本品为使君子科植物使君子的干燥成熟果实。秋季果皮变紫黑色时采收，除去杂质，干燥。

【产地】主产于四川；福建、广东、广西、江西等地也产。

【性状】本品呈椭圆形或卵圆形，具5条纵棱，偶有4~6棱，长2.5~4cm，直径约2cm。表面黑褐色至紫黑色，平滑，微具光泽；顶端狭尖，基部钝圆，有明显圆形的果梗痕；横切面多呈五角星形，棱角处壳较厚，中间呈类圆形空腔；种子长椭圆形或纺锤形，长约2cm，直径约1cm，表面棕褐色或黑褐色，有多数纵皱纹，种皮薄，易剥离；子叶2，黄白色，有油性，断面有裂纹。质坚硬。气微香，味微甜。

以身干、个大、仁饱满、色黄白者为佳。

【饮片】

1. 使君子　本品性状同药材。

2. 使君子仁　本品呈长椭圆形或纺锤形，长约2cm，直径约1cm。表面紫褐色或黑褐色，有多数纵皱纹，种皮易剥离，子叶2，黄白色，有油性，断面有裂隙。气微香，味微甜。

3. 炒使君子仁　本品形如使君子仁，表面黄白色，有多数纵皱纹，有时可见残留棕褐色种皮。气香，味微甜。

【功效与主治】杀虫消积。用于蛔虫病，蛲虫病，虫积腹痛，小儿疳积。

胖大海

【来源】本品为梧桐科植物胖大海的干燥成熟种子。

【产地】产于泰国、越南、柬埔寨。

【性状】本品呈纺锤形或椭圆形，长2~3cm，直径1~1.5cm。先端钝圆，基部略尖而歪，具浅色的圆形种脐，表面棕色或暗棕色，微有光泽，具不规则的干缩皱纹。外层种皮极薄，质脆，易脱落；中层种皮较厚，黑褐色，质松易碎，遇水膨胀成海绵状，断面可见散在的树脂状小点；内层种皮可与中层种皮剥离，稍革质，内有2片肥厚胚乳，广卵形，子叶2枚，菲薄，紧贴于胚乳内侧，与胚乳等大。气微，味淡，嚼之有黏性。

以个大、外皮细、淡黄棕色、有细皱纹及光泽、无破皮者为佳。

水试：取本品数粒置烧杯中，加沸水适量，放置数分钟即吸水膨胀成棕色半透明的海绵状物。

【功效与主治】清热润肺，利咽开音，润肠通便。用于肺热声嘶，干咳无痰，咽喉干痛，热结便闭，头痛目赤。

青　果

【来源】本品为橄榄科植物橄榄的干燥成熟果实。秋季果实成熟时采收，干燥。

【产地】主产于广东、广西、福建、云南、四川等地。

【性状】本品呈纺锤形，两端钝尖，长2.5～4cm，直径1～1.5cm。表面棕黄色或黑褐色，有不规则皱纹；果肉灰棕色或棕褐色，质硬；果核梭形，暗红棕色，具纵棱，内分3室，各有种子1粒。气微，果肉味涩，久嚼微甜。

以个大均匀、坚实、果肉厚、灰绿色、味先涩后甜者为佳。

【功效与主治】清热解毒，利咽，生津。用于咽喉肿痛，咳嗽痰黏，烦热口渴，鱼蟹中毒。

莲　子

【来源】本品为睡莲科植物莲的干燥成熟种子。秋季果实成熟时采割莲房，取出果实，除去果皮，干燥。

【产地】以福建、湖南、江苏、浙江、江西等省产量较大。习惯认为福建产的“建莲子”质佳。

【性状】本品略呈椭圆形或类球形，长1.2～1.8cm，直径0.8～1.4cm。表面浅黄棕色至红棕色，有细纵纹和较宽的脉纹，一端中心呈乳头状突起，深棕色，多有裂口，其周边略下陷。质硬，种皮薄，不易剥离。子叶2，黄白色，肥厚，中有空隙，具绿色莲子心。气微，味甘、微涩，莲子心味苦。

以粒大、饱满者为佳。

【饮片】莲子肉：本品形如莲子。

【功效与主治】补脾止泻，止带，益肾涩精，养心安神。用于脾虚久泻，带下，遗精，心悸失眠。

莱菔子

【来源】本品为十字花科植物萝卜的干燥成熟种子。夏季果实成熟时采割植株，晒干，搓出种子，除去杂质，再晒干。

【产地】全国各地皆有生产。

【性状】本品呈类卵圆形或椭圆形，稍扁，长2.5～4mm，宽2～3mm。表面黄棕色、红棕色或灰棕色；一端有深棕色圆形种脐，一侧有数条纵沟；种皮薄而脆，子叶2，黄白色，有油性。气微，味淡、微苦辛。

以粒大、饱满、坚实、红棕色者为佳。

【饮片】

1. 莱菔子　本品性状同药材。

2. 炒莱菔子　本品形如莱菔子，表面微鼓起，色泽加深，质酥脆，气微香。

【功效与主治】消食除胀，降气化痰。用于饮食停滞，脘腹胀痛，大便秘结，积滞泻利，痰壅喘咳。

栀　子

【来源】本品为茜草科植物栀子的干燥成熟果实。9 ~ 11 月果实成熟呈红黄色时采收，除去果梗及杂质，蒸至上汽或置沸水中略烫，取出，干燥。

【产地】主产于江西、湖北、浙江等地；福建、四川、广西、云南、贵州、江苏等地也产。

【性状】本品呈长卵圆形或椭圆形，长 0.5 ~ 3.5cm，直径 1 ~ 1.5cm。表面红黄色或棕红色，具 6 条翅状纵棱，棱间常有 1 条明显的纵脉纹，并有分支；顶端残存萼片，基部稍尖，有残留果梗；果皮薄而脆，略有光泽；内表面色较浅，有光泽，具 2 ~ 3 条隆起的假隔膜；种子多数，扁卵圆形，集结成团，深红色或红黄色，表面密具细小疣状突起。气微，味微酸而苦。

以身干、个小、皮薄、色红艳、完整者为佳。

【饮片】

1. 栀子　本品呈不规则的碎块。果皮表面红黄色或棕红色，有的可见翅状纵棱。种子多数，扁卵圆形，集结成团，深红色或红黄色。气微，味微酸而苦。

2. 炒栀子　本品形如栀子碎块，黄褐色。

【功效与主治】泻火除烦，清热利湿，凉血解毒。外用消肿止痛。用于热病心烦，湿热黄疸，淋证涩痛，血热吐衄，目赤肿痛，火毒疮疡。外治扭挫伤痛。

菟丝子

【来源】本品为旋花科植物菟丝子的干燥成熟种子。秋季果实成熟时采收植株，晒干，打下种子，除去杂质。

【产地】全国大部分地区均有生产。

【性状】本品呈类球形，直径 1 ~ 2mm。表面灰棕色或棕褐色，粗糙，种脐线形或扁圆形。质坚实，不易以指甲压碎。气微，味淡。

水试：取本品少量，加沸水浸泡后，表面有黏性。加热煮至种皮破裂时，可露出黄白色卷旋状的胚，形如吐丝。

以颗粒饱满者为佳。

【饮片】

1. 菟丝子　本品性状同药材。

2. 盐菟丝子　本品形如菟丝子，表面棕黄色，裂开，略有香气。

【功效与主治】补益肝肾，固精缩尿，安胎，明目，止泻。外用消风祛斑。用于肝肾不足，腰膝酸软，阳痿遗精，遗尿尿频，肾虚胎漏，胎动不安，目昏耳鸣，脾肾虚泻。外治白癜风。

酸枣仁

【来源】本品为鼠李科植物酸枣的干燥成熟种子。秋末冬初采收成熟果实，除去果肉及核壳，收集种子，晒干。

【产地】我国北方地区多有生产，如辽宁、河北、山西、河南；江苏、湖北、四川等省也产。

【性状】本品呈扁圆形或扁椭圆形，长5～9mm，宽5～7mm，厚约3mm。表面紫红色或紫褐色，平滑有光泽，有的有裂纹。一面较平坦，中间有1条隆起的纵线纹；另一面稍突起。一端凹陷，可见线形种脐；另一端有细小突起的合点。种皮较脆，胚乳白色，子叶2，浅黄色，富油性。气微，味淡。

以粒大饱满、外皮色紫红、种仁色黄白者为佳。

【饮片】

1. 酸枣仁　本品性状同药材。

2. 炒酸枣仁　本品形如酸枣仁。表面微鼓起，微具焦斑。略有焦香气，味淡。

【功效与主治】养心补肝，宁心安神，敛汗，生津。用于虚烦不眠，惊悸多梦，体虚多汗，津伤口渴。

槟　榔

【来源】本品为棕榈科植物槟榔的干燥成熟种子。春末至秋初采收成熟果实，用水煮后，干燥，除去果皮，取出种子，干燥。

【产地】主产于广东、云南、广西、福建。国外以印度尼西亚、印度、斯里兰卡、菲律宾等地产量多。

【性状】本品呈扁球形或圆锥形，高1.5～3.5cm，底部直径1.5～3cm。表面淡黄棕色或淡红棕色，具稍凹下的网状沟纹，底部中心有圆形凹陷的珠孔，其旁有一明显疤痕状种脐。质坚硬，不易破碎，断面可见棕色种皮与白色胚乳相间的大理石样花纹。气微，味涩、微苦。

以个大、体重、质坚、断面色鲜艳者为佳。

【饮片】

1. 槟榔　本品呈类圆形的薄片，切面可见棕色种皮与白色胚乳相间的大理石样花纹。气微，味涩、微苦。

2. 炒槟榔　本品形如槟榔片，表面微黄色，可见大理石样花纹。

【功效与主治】杀虫，消积，行气，利水，截疟。用于绦虫病、蛔虫病、姜片虫病，虫积腹痛，积滞泻痢，里急后重，水肿脚气，疟疾。

薏苡仁

【来源】本品为禾本科植物薏苡的干燥成熟种仁。秋季果实成熟时采割植株，晒干，打下果实，再晒干，除去外壳、黄褐色种皮及杂质，收集种仁。

【产地】全国大部分地区均有生产。

【性状】本品呈宽卵形或长椭圆形，长4～8mm，宽3～6mm。表面乳白色，光滑，偶有残存的黄褐色种皮。一端钝圆，另一端较宽而微凹，有1淡棕色点状种脐。背面圆凸，腹面有1条较宽而深的纵沟。质坚实，断面白色，粉性。气微，味微甜。

以身干、粒大、饱满、色白、无破碎者为佳。

【饮片】

1. 薏苡仁 本品性状同药材。

2. 麸炒薏苡仁 本品形如薏苡仁，微鼓起，表面微黄色。

【功效与主治】利水渗湿，健脾止泻，除痹，排脓，解毒散结。用于水肿，脚气，小便不利，脾虚泄泻，湿痹拘挛，肺痈，肠痈，赘疣，癌肿。

五、全草类中药

车前草

【来源】本品为车前科植物车前或平车前的干燥全草。夏季采挖，除去泥沙，晒干。

【产地】全国大部分地区均产。

【性状】

1. 车前 根丛生，须状。叶基生，具长柄。叶片皱缩，展平后呈卵状椭圆形或宽卵形，长6～13cm，宽2.5～8cm，表面灰绿色或污绿色，具明显弧形脉5～7条。先端钝或短尖，基部宽楔形，全缘或有不规则波状浅齿。穗状花序数条，花茎长。蒴果盖裂，萼宿存。气微香，味微苦。

2. 平车前 主根直而长。叶片较狭，长椭圆形或椭圆状披针形，长5～14cm，宽2～3cm。

以身干、绿色、无杂草、无泥土者为佳。

【饮片】本品为不规则的段，根须状或圆锥形段。叶片皱缩破碎，表面灰绿色或污绿色，脉明显。可见穗状花序。气微，味微苦。

【功效与主治】清热利尿通淋，祛痰，凉血，解毒。用于热淋涩痛，水肿尿少，暑湿泻痢，痰热咳嗽，吐血衄血，痈肿疮毒。

老鹳草

【来源】本品为牻牛儿苗科植物牻牛儿苗、老鹳草或野老鹳草的干燥地上部分，前者习称“长嘴老鹳草”，后两者习称“短嘴老鹳草”。夏、秋二季果实近成熟时采割，捆成把，晒干。

【产地】全国大部分地区均有生产。

【性状】

1. 长嘴老鹳草 茎长30～50cm，直径0.3～0.7cm，多分支，节膨大。表面灰绿色或带紫色，有纵沟纹及稀疏茸毛。质脆，断面黄白色，有的中空。叶对生，具细长叶柄。叶片卷曲皱缩，质脆易碎，完整者为二回羽状深裂，裂片披针线形。果实长圆形，长0.5～1cm。宿存花柱长2.5～4cm，形似鹳喙，有的裂成5瓣，呈螺旋形卷曲。气微，味淡。

2. 短嘴老鹳草 茎较细，略短。叶片圆形，3或5深裂，裂片较宽，边缘具缺刻。果实球形，长0.3～0.5cm。花柱长1～1.5cm，有的5裂向上卷曲呈伞形。野老鹳草叶片掌状5～7深裂，裂片条形，每裂片又3～5深裂。

以身干，色灰绿，叶、花、果实多，无杂质者为佳。

【饮片】本品呈不规则的段。茎表面灰绿色或带紫色，节膨大。切面黄白色。叶皱缩破碎，灰褐色。果实长圆形或球形，宿存花柱形似鹳喙。气微，味淡。

【功效与主治】祛风湿，通经络，止泻痢。用于风湿痹痛，麻木拘挛，筋骨酸痛，泄泻痢疾。

荆　芥

【来源】本品为唇形科植物荆芥的干燥地上部分。夏、秋二季花开到顶、穗绿时采割，除去杂质，晒干。

【产地】主产于江苏、浙江、江西、河北、湖北等地。

【性状】本品茎呈方柱形，上部有分支，长50～80cm，直径0.2～0.4cm。表面淡黄绿色或淡紫红色，被短柔毛。体轻，质脆，断面类白色。叶对生，多已脱落，叶片3～5羽状分裂，裂片细长。穗状轮伞花序顶生，长2～9cm，直径约0.7cm。花冠多脱落，宿萼钟状，先端5齿裂，淡棕色或黄绿色，被短柔毛。小坚果棕黑色。气芳香，味微涩而辛凉。

以茎细、色绿、穗多而密、香气浓者为佳。

【饮片】

1. 荆芥段　本品呈不规则的段。茎呈方柱形，表面淡黄绿色或淡紫红色，被短柔毛；切面类白色。叶多已脱落破碎。穗状轮伞花序。气芳香，味微涩而辛凉。

2. 荆芥炭　本品为不规则小段，全体黑褐色。茎方柱形，体轻质脆。

3. 荆芥穗　荆芥的干燥花穗。本品穗状轮伞花序呈圆柱形，长3～15cm，直径约7mm。花冠多脱落，宿萼黄绿色，钟形，质脆易碎，内有棕黑色小坚果。气芳香，味微涩而辛凉。

4. 荆芥穗炭　本品形如荆芥穗，多破碎。表面黑褐色。

【功效与主治】解表散风，透疹，消疮。用于感冒，头痛，麻疹，风疹，疮疡初起。炭收涩止血，用于便血，崩漏，产后血晕。

青　蒿

【来源】本品为菊科植物黄花蒿的干燥地上部分。秋季花盛开时采割，除去老茎，阴干。

【产地】全国大部分地区均有生产。

【性状】本品茎呈圆柱形，上部多分支，长30～80cm，直径0.2～0.6cm。表面黄绿色或棕黄色，具纵棱线。质略硬，易折断，断面中部有髓。叶互生，暗绿色或棕绿色，卷缩易碎，完整者展平后为三回羽状深裂，裂片及小裂片矩圆形或长椭圆形，两面被短毛。气香特异，味微苦。

以身干、色青绿、质嫩未开花、香气浓郁者质佳。

【饮片】本品呈段状，余同药材。

【功效与主治】清虚热，除骨蒸，解暑热，截疟，退黄。用于温邪伤阴，夜热早凉，暑邪发热，阴虚发热，骨蒸劳热，暑邪发热，疟疾寒热，湿热黄疸。

肉苁蓉

【来源】本品为列当科植物肉苁蓉或管花肉苁蓉的干燥带鳞叶的肉质茎。春季苗刚出土时或秋季冻土之前采挖，除去花尖，切段，晒干。

【产地】主产于内蒙古、甘肃、青海、宁夏、陕西、新疆等地。

【性状】

1. 肉苁蓉 呈扁圆柱形，稍弯曲，长3～15cm，直径2～8cm。表面棕褐色或灰棕色，密被覆瓦状排列的肉质鳞叶，通常鳞叶先端已断。体重，质硬，微有柔性，不易折断，断面棕褐色，有淡棕色点状维管束，排列成波状环纹。气微，味甜、微苦。

2. 管花肉苁蓉 呈类纺锤形、扁纺锤形或扁柱形，稍弯曲，长5～25cm，直径2.5～9cm。表面棕褐色至黑褐色。断面颗粒状，灰棕色至灰褐色，散生点状维管束。

以条粗壮、密被鳞片、色棕褐、质柔润者为佳。习以肉苁蓉质优。

【饮片】

1. 肉苁蓉片 本品呈不规则形的薄片。表面棕褐色或灰棕色。有的可见肉质鳞叶。切面淡棕色或棕黄色点状维管束排列成波状环纹。气微，味甜、微苦。

2. 管花肉苁蓉片 横切饮片切面散生点状维管束。

3. 酒肉苁蓉片 形如肉苁蓉片。表面棕黑色。切面点状维管束排列成波状环纹。质柔润。略有酒香气，味甜、微苦。

4. 酒管花肉苁蓉片 横切饮片切面散生点状维管束。

【功效与主治】补肾阳，益精血，润肠通便。用于肾阳不足，精血亏虚，阳痿不孕，腰膝酸软，筋骨无力，肠燥便秘。

香薷

【来源】本品为唇形科植物石香薷或江香薷的干燥地上部分。前者习称“青香薷”，后者习称“江香薷”。夏季茎叶茂盛、花盛时择晴天采割，除去杂质，阴干。

【产地】我国南方各地均有生产，主产于江西。

【性状】

1. 青香薷 长30～50cm，基部紫红色，上部黄绿色或淡黄色，全体密被白色茸毛。茎方柱形，基部类圆形，直径1～2mm，节明显，节间长4～7cm。质脆，易折断。叶对生，多皱缩或脱落，叶片展平后呈长卵形或披针形，暗绿色或黄绿色，边缘有3～5疏浅锯齿。穗状花序顶生及腋生，苞片圆卵形或圆倒卵形，脱落或残存；花萼宿存，钟状，淡紫红色或灰绿色，先端5裂，密被茸毛。小坚果4，直径0.7～1.1mm，近圆球形，具网纹。气清香而浓，味微辛而凉。

2. 江香薷 长55～66cm。茎表面黄绿色，质较柔软。叶边缘有5～9疏浅锯齿。果实直径0.4～0.9mm，表面具疏网纹。

以身干、质嫩、茎基紫红、叶青绿色、气香辛烈者为佳。

【饮片】本品为段状，全体密被白色茸毛。茎方柱形。叶多皱缩破碎。穗状花序。气清香而浓，味微辛而凉。

【功效与主治】发汗解表，化湿和中。用于暑湿感冒，恶寒发热，头痛无汗，腹痛吐泻，水肿，小便不利。

六、树脂藻菌类、其他类、动物类及矿物类中药

天竺黄

【来源】本品为禾本科植物青皮竹或华思劳竹等秆内的分泌液干燥后的块状物。秋、冬二季采收。

【产地】主产于云南、广东、广西等地。国外产于越南、印度、印度尼西亚、新加坡、泰国、马来西亚等地。现在商品主要为国内生产的合成品。

【性状】本品为不规则的片块或颗粒，大小不一。表面灰蓝色、灰黄色或灰白色，有的洁白色，半透明，略带光泽。体轻，质硬而脆，易破碎，吸湿性强。气微，味淡。

合成品性状与天竺黄相似，灰白色或黄白色。

以身干、块大、色灰白、体轻质硬而脆、吸湿力强者为佳。以天然品为佳。

【功效与主治】清热豁痰，凉心定惊。用于热病神昏，中风痰迷，小儿痰热惊痫、抽搐、夜啼。

冬虫夏草

【来源】本品为麦角菌科真菌冬虫夏草菌寄生在蝙蝠蛾科昆虫幼虫上的子座及幼虫尸体的复合体。夏初子座出土、孢子未发散时挖取，晒至六七成干，除去似纤维状的附着物及杂质，晒干或低温干燥。

【产地】主产于青海、四川、西藏等地。

【性状】本品由虫体与从虫头部长出的真菌子座相连而成。虫体似蚕，长3~5cm，直径0.3~0.8cm。表面深黄色至黄棕色，有环纹20~30个，近头部的环纹较细。头部红棕色，足8对，中部4对较明显。质脆，易折断，断面略平坦，淡黄白色。子座细长圆柱形，长4~7cm，直径约0.3cm，表面深棕色至棕褐色，有细纵皱纹，上部稍膨大。质柔韧，断面类白色。气微腥，味微苦。

以完整、虫体肥壮、色黄、子座短者为佳。

【功效与主治】补肾益肺，止血化痰。用于肾虚精亏，阳痿遗精，腰膝酸痛，久咳虚喘，劳嗽咯血。

血　竭

【来源】本品为棕榈科植物麒麟竭果实渗出的树脂经加工制成。

【产地】主产于印度尼西亚、马来西亚、新加坡。

【性状】本品略呈类圆四方形或方砖形，表面暗红，有光泽，附有因摩擦而成的红粉。质硬而脆，破碎面红色，研粉为砖红色。气微，味淡。在水中不溶，在热水中软化。

火试：取本品粉末，置白纸上，用火隔纸烘烤即熔化，但无扩散的油迹，对光照视呈鲜艳的红色。以火燃烧则产生呛鼻的烟气。

以外色黑似铁、研面红如血、火烧呛鼻者为佳。

【功效与主治】活血定痛，化瘀止血，生肌敛疮。用于跌打损伤，心腹瘀痛，外伤出

血，疮疡不敛。

青　黛

【来源】本品为爵床科植物马蓝、蓼科植物蓼蓝或十字花科植物菘蓝的叶或茎叶经加工制得的干燥粉末、团块或颗粒。

【产地】主产于福建等地。习以福建产的“建青黛”质佳。

【性状】本品为深蓝色的粉末，体轻，易飞扬，或呈不规则多孔性的团块，用手搓捻即成细末。微有草腥气，味淡。

火试：取本品少量，用微火灼烧，有紫红色的烟雾产生。

以粉细、色蓝、质硬而松、能浮于水面，以火烧之呈紫红色火焰、嚼之无砂石感者为佳。

【功效与主治】清热解毒，凉血消斑，泻火定惊。用于温毒发斑，血热吐衄，胸痛咯血，口疮，痄腮，喉痹，小儿惊痫。

海金沙

【来源】本品为海金沙科植物海金沙的干燥成熟孢子。秋季孢子未脱落时采割藤叶，晒干，搓揉或打下孢子，除去藤叶。

【产地】主产区陕西、河南、湖北、湖南、江苏、浙江、四川、云南、贵州、广东等地。

【性状】本品呈粉末状，棕黄色或浅棕黄色。体轻，手捻有光滑感，置手中易由指缝滑落。气微，味淡。

火试：取本品少量，撒于火上，即发出轻微爆鸣及明亮的火焰。

显微鉴别：本品粉末棕黄色或浅棕黄色。显微镜下可见孢子为四面体、三角状圆锥形，顶面观三面锥形，可见三杈状裂隙，侧面观类三角形，底面观类圆形，直径 60 ~ 85μm，外壁有颗粒状雕纹。

以身干、黄棕色、质轻、光滑、能浮于水、无泥沙杂质、引燃时有火焰声响者为佳。

【功效与主治】清利湿热，通淋止痛。用于热淋，石淋，血淋，膏淋，尿道涩痛。

乌梢蛇

【来源】本品为游蛇科动物乌梢蛇的干燥体。多于夏、秋二季捕捉，剖开腹部除去内脏，盘成圆盘状，干燥。

【产地】主产于浙江、江苏、安徽、湖北、湖南等地。

【性状】本品呈圆盘状，盘径约 16cm。表面黑褐色或绿黑色，密被菱形鳞片。背鳞行数成双，背中央 2 ~4 行鳞片强烈起棱，形成两条纵贯全体的黑线。头盘在中间，扁圆形，眼大而下凹陷，有光泽。上唇鳞 8 枚，第 4、5 枚入眶，颊鳞 1 枚，眼前下鳞 1 枚，较小，眼后鳞 2 枚。脊部高耸成屋脊状。腹部剖开边缘向内卷曲，脊肌肉厚，黄白色或淡棕色，可见排列整齐的肋骨。尾部渐细而长，尾下鳞双行。

以头尾齐全、皮黑褐、肉色黄白、脊部有棱、体坚实者为佳。

【饮片】

1. 乌梢蛇　本品为段状，背鳞行数成双，背中央2～4行鳞片强烈起棱。气腥。

2. 酒乌梢蛇　本品为段状。棕褐色或黑色，有的有焦斑，略有酒气。

【功效与主治】祛风，通络，止痉。用于风湿顽痹，麻木拘挛，中风口眼㖞斜，半身不遂，抽搐痉挛，破伤风，麻风，疥癣。

金钱白花蛇

【来源】本品为眼镜蛇科动物银环蛇的幼蛇干燥体。夏、秋二季捕捉，剖开腹部，除去内脏，擦净血迹，用乙醇浸泡处理后，盘成圆形，用竹签固定，干燥。

【产地】主产于广东；湖南、湖北、江西、浙江等地也产。

【性状】本品呈圆盘状，盘径3～6cm，蛇体直径0.2～0.4cm。头盘在中间，尾细，常纳口内，口腔内上颌骨前端有毒沟牙1对，鼻间鳞2片，无颊鳞，上下唇鳞通常各为7片。背部黑色或灰黑色，有白色环纹45～58个，黑白相间，白环纹在背部宽1～2行鳞片，向腹面渐增宽，黑环纹宽3～5行鳞片，背正中明显突起一条脊棱，脊鳞扩大呈六角形，背鳞细密，通身15行，尾下鳞单行。气微腥，味微咸。

以头尾齐全、色泽明亮、盘小者为佳。

【功效与主治】祛风，通络，止痉。用于风湿顽痹，麻木拘挛，中风口眼㖞斜，半身不遂，抽搐痉挛，破伤风，麻风，疥癣。

蕲　蛇

【来源】本品为蝰科动物五步蛇的干燥体。多于夏、秋二季捕捉，剖开蛇腹，除去内脏，洗净，用竹片撑开腹部，盘成圆盘状，干燥后拆除竹片。

【产地】主产于浙江、江西、福建、湖北、湖南、安徽、广西等地。

【性状】本品卷呈圆盘状，盘径17～34cm，体长可达2m。头在中间稍向上，呈三角形而扁平，吻端向上，习称“翘鼻头”。上腭有管状毒牙，中空尖锐。背部两侧各有黑褐色与浅棕色组成的“V”形斑纹17～25个，其“V”形的两上端在背中线上相接，习称“方胜纹”，有的左右不相接，呈交错排列。腹部撑开或不撑开，灰白色，鳞片较大，有黑色类圆形的斑点，习称“连珠斑”，腹内壁黄白色。尾部骤细，末端有三角形深灰色的角质鳞片1枚，习称“佛指甲”。气腥，味微咸。

以头尾齐全、条大、花纹斑块明显者为佳。

【饮片】

1. 蕲蛇　本品为段状，气腥，味微咸。

2. 酒蕲蛇　本品为段状，略有酒气。

【功效与主治】祛风，通络，止痉。用于风湿顽痹，麻木拘挛，中风口眼㖞斜，半身不遂，抽搐痉挛，破伤风，麻风，疥癣。

第二节 中药检测

一、中药材及饮片的真伪鉴别

1. 栀子伪品及易混品种

水栀子　为同科植物大花栀子的果实。与栀子相似，但个较长大，翅状纵棱较高，顶端宿萼较大，果皮较厚，内仁深黄带红色。

2. 苏木伪品

以其他颜色近似木材混充。浸入热水中，水液不呈红色。

3. 牡丹皮伪品

芍药根　以白芍的枝根打孔混充牡丹皮。可见形成层环及放射状纹理。

4. 沙苑子伪品

（1）猪屎豆　为豆科植物猪屎豆的种子，呈三角状肾形，一端较宽，圆截形而下弯成钩状，另一端稍狭钝圆，腹面中央凹陷较深。味淡。

（2）紫云英　为豆科植物紫云英的种子。呈肾状斜长方形，一端平截向下弯曲呈钩状，长 0.25 ~0.35cm，表面黄绿色或棕色，种脐长条形，光滑。

5. 地肤子伪品

藜果　为藜科植物藜等植物的胞果，扁平五角形不具翅，种子扁圆形，黑色。

6. 佛手伪品

佛手瓜　葫芦科植物佛手瓜的果实。本品多切成长圆形纵片，常卷曲皱缩，上半部稍宽，顶端有时浅裂为两瓣，不呈指状分支，外皮黄白色，具不规则的纵皱纹无油点。类白色，中央具明显的中脉，上半部有大型子房室，内有一枚特大种子残片，气微。

7. 酸枣仁易混品

滇枣仁　习称“进口枣仁”，为鼠李科植物滇刺枣的成熟种子。形似酸枣仁，略扁。生品表面黄棕色，炒后深褐色。

8. 西红花伪品

（1）掺入番红花的非药用部位　雄蕊染色：雄蕊长约 1cm，花药基部箭形，花丝线状。

（2）红花　见鉴别部分。

（3）菊花　以菊花的舌状花加工染色。本品呈线状，花冠上端平展呈扁舌状，基部短筒状，内有 2 裂的柱头。

（4）莲须　以莲的雄蕊染色。本品呈线状，花药常扭转、纵裂，花丝较长。

（5）纸浆加工品　本品多呈丝状，水中浸泡边缘不整齐，顶端不呈喇叭状。若掺有合成染料和色素，则水溶液常呈红色或橙黄色。若掺有淀粉及糊精制品，加碘试液变黄色。若有矿物油或植物油，用纸片压窄时，纸上留有油痕。

9. 海藻伪品

海带根　以海带科植物海带的根（固着器）混充。本品多分支，表面黑褐色，常有盐霜，无气囊。

10. 猪苓掺伪品

掺入其他物质增加重量。质重，表面可见结晶物。

二、中药材的品质规格

人　参

1. 野山参规格等级　分八等。干货。均为野山参的根部，要求无杂质、虫蛀、霉变。一等至四等性状为主根粗短呈横灵体，支根八字分开（俗称武形），五形全美（芦、艼、纹、体、须相衬）。有圆芦。艼中间丰满，形似枣核。皮紧细。主根上部横纹紧密而深。须根清疏而长，质坚韧（俗称皮条须），有明显的珍珠疙瘩。表面牙白色或黄白色，断面白色。味甜微苦。艼帽不超过主根重量的25%，无疤痕。一等：每支100g以上。二等：每支75g以上。三等：每支32.5g以上。四等：每支20g以上。五等：主根呈灵体或顺体。每支12.5g以上，艼帽不超过主根重量的40%。无疤痕。六等：主根呈灵体、顺体或畸形体（俗称笨体）。有艼或无艼，形似枣核。每支6.5g以上，艼帽不大。七等：主根呈灵体、顺体。有艼，形似枣核。每支4g以上，艼帽不大。八等：主根呈灵体、顺体。艼形似枣核。每支2g，间有芦须等残次品。艼帽不大。

2. 园参规格等级　有边条鲜参、普通鲜参、边条红参、普通红参、生晒参、糖参、白参须、红参须等规格。

（1）边条鲜参　分八等。均要求鲜货，不烂，无泥土、杂质。一等至四等性状为根呈长圆柱形，芦长、身长、腿长，有分支2～3。须芦齐全，浆足丰满，艼帽不超过15%。无疤痕、水锈。一等：体长不短于20cm，每支重125g以上。二等：体长不短于18.3cm，每支重85g以上。三等：体长不短于16.7cm，每支重60g以上。四等：体长不短于15cm，每支重45g以上。五等、六等性状为根呈长圆形，芦长、身长、腿长，有分支2～3个，须芦齐全，体长不短于13.3cm，浆足丰满，艼帽不超过15%。五等：每支重35g以上。六等：每支重25g。七等：根呈长圆柱形，须芦齐全，浆足丰满，每支重12.5g以上。八等：根呈长圆柱形，凡不合以上规格和缺少芦，破断条者，每支重5g。

（2）普通鲜参　分七等。均要求鲜货，不烂，无疤痕、水锈、泥土、杂质。特等至五等性状为根呈圆柱形，有分支，须芦齐全，浆足。特等：每支100～150g。一等：每支62.5g以上。二等：每支41.5g以上。三等：每支31.5g以上。四等：每支25g以上。五等：每支12.5g以上。六等：根呈圆柱形，每支5g以上。不合以上规格和缺须少芦折断者。

（3）边条红参　分七个规格。

①16支边条红参：分三等。均要求干货，无中尾、虫蛀、霉变、杂质。根呈长圆柱形，芦长、身长，有分支2～3个，体长18.3cm以上。每500g16支以内，每支31.3g以上。断面角质样。一等：表面棕红色或淡棕色，有光泽。上部较淡，有皮有肉。质坚实，气香。味苦。无黄皮、破疤。二等：表面棕红色或淡棕色，有光泽。稍有黄皮、抽沟、干疤。无破疤。三等：色泽较差。有黄皮、抽沟、破疤、腿红。

②25支边条红参：分三等。均要求干货，体长16.7cm以上，每500g25支以内，每支

20g 以上。无中尾、虫蛀、霉变、杂质。各等要求同 16 支边条红参。

③35 支边条红参：分三等。均要求干货，体长 15cm 以上，每 500g35 支以内，每支 14.3g 以上；无中尾、虫蛀、霉变、杂质。各等要求同 16 支边条红参。

④45 支边条红参：分三等。均要求干货，体长 13.3cm 以上，每 500g45 支以内，支头均匀；无中尾、虫蛀、霉变、杂质。各等要求同 16 支边条红参。

⑤55 支边条红参：分三等。均要求干货，体长 11.7cm 以上，每 500g55 支以内，支头均匀；无中尾、虫蛀、霉变、杂质。各等要求同 16 支边条红参。

⑥80 支边条红参规格标准：分三等。均要求干货，体长 11.7cm 以上，每 500g80 支以内，支头均匀；无中尾、虫蛀、霉变、杂质。各等要求同 16 支边条红参。

⑦小货边条红参：分三等。均要求干货，支头均匀；无中尾、虫蛀、霉变、杂质。一等：要求同 16 支边条红参一等。二等：有黄皮不超过身长的 1/2。其余要求同 16 支边条红参二等。三等：要求同 16 支边条红参三等。

（4）普通红参　分六个规格。

①20 支普通红参：分三等。均要求干货，每 500g20 支以内，每支 25g 以上；无虫蛀。根呈圆柱形。断面角质样。一等：表面棕红色或淡棕色，有光泽，无细腿、破疤、黄皮。质坚实。气香、味苦。二等：表面棕红色或淡棕色，稍有干疤、黄皮、抽沟。无细腿。三等：色泽较差。有黄皮、干疤、抽沟、腿红。

②32 支普通红参：分三等。均要求干货，每 500g32 支以内，每支 15.6g 以上；无虫蛀。各等要求同 20 支普通红参。

③48 支普通红参：分三等。均要求干货，每 500g48 支以内，支头均匀；无虫蛀。各等要求同 20 支普通红参。

④64 支普通红参：分三等。均要求干货，每 500g64 支以内，支头均匀；无虫蛀。各等要求同 20 支普通红参。

⑤80 支普通红参：分三等。均要求干货，每 500g80 支以内，支头均匀；无虫蛀。各等要求同 20 支普通红参。

⑥小货普通红参：分三等。均要求干货，无虫蛀。各等要求同 20 支普通红参。

（5）全须生晒参　分四等。均要求干货，无杂质、虫蛀、霉变。一、二、三等的性状为根呈圆柱形，有分支。体轻有抽沟，芦须全，有艼帽。表面黄白色或较深。断面黄白色。气香味苦。绑尾或不绑尾。无破疤、杂质。一等：每支重 10g 以上。二等：每支重 7.5g 以上。三等：每支重 5g 以上。四等：大小支不分。芦须不全，间有折断。

（6）生晒参　分五等。均要求干货，去净艼须，无杂质、虫蛀、霉变。其性状为根呈圆柱形，体轻有抽沟，表面黄白色，断面黄白色。气香味苦。一等：每 500g60 支以内。无破疤。二等：每 500g80 支以内。无破疤。三等：每 500g100 支以内。四等：有死皮。每 500g130 支以内。五等：有死皮。每 500g130 支以外。

（7）白干参　分四等。均要求干货，去净枝根；无杂质、虫蛀、霉变。一等：每 500g60 支以内，支条均匀。无抽沟、皱皮、水锈。二等：每 500g80 支以内，支条均匀。无抽沟、皱皮、水锈。三等：每 500g100 支以内。四等：每 500g100 支以外。

（8）干浆参　混货，要求干货。根呈圆柱形，体质轻泡，瘪瘦，或多抽沟。表面棕黄色或黄白色。味苦。无杂质、虫蛀、霉变。

(9) 皮尾参　混货，要求干货。根呈圆柱形，条状，无分支，去净细须。表面灰棕色，断面黄白色。气香味苦。无杂质、虫蛀、霉变。

(10) 红参须　分三个规格。

①红混须：混货，干货。根须呈直条形或弯曲状。棕红或橙红色，有光泽，半透明。断面角质。气香味苦。须条长短不分，其中直须50%以上。无碎末、杂质、虫蛀、霉变。

②红直须：分二等。均要求干货。无干浆、毛须，无杂质、虫蛀、霉变。一等：长13.3cm以上。二等：长13.3cm以下，最短不低于8.3cm。

③红弯须：混货，要求干货。粗细不均，不碎；无碎末、杂质、虫蛀、霉变。

(11) 白参须　分两个规格。

①白混须：混货，要求干货。长短不分，其中直须占50%以上。无碎末、杂质、虫蛀、霉变。

②白直须：分二等。均要求干货。无水锈、破皮，无杂质、虫蛀、霉变。一等：长13.3cm以上，条大小均匀。二等：长13.3cm以下，最短不低于8.3cm（2.5寸）。

(12) 白糖参　分二等。均要求干货。不返糖，无浮糖、碎芦；无杂质、虫蛀、霉变。一等：芦、须齐全，表面白色，支条均匀。二等：表面黄白色，大小不分。

(13) 轻糖直须　分二等。均要求干货。不返糖；无杂质、虫蛀、霉变。一等：粗细均匀，长13.3cm以上。无皱皮、干浆。二等：粗细不均匀，13.3cm以下。

目前市场以红参、全须生晒参、糖参、白干参、红参须、白参须、保鲜参等常见，野山参较少。需注意的是，市场上有一种工艺参，系园参拼接而成，装入野山参的包装盒中出售。此外，还有朝鲜参，又称高丽参、别直参，国内习销朝鲜红参。其加工方法与国产红参不同，习惯认为药效优于国产红参。

《药典》2010年版规定：本品含人参皂苷 Rg_1（$C_{42}H_{72}O_{14}$）和人参皂苷 Re（$C_{48}H_{82}O_{18}$）的总量不得少于0.30%，人参皂苷 Rb_1（$C_{54}H_{92}O_{23}$）不得少于0.20%。

三　七

1. 春七规格等级　春七的性状标准是：呈圆锥形或类圆柱形。表面灰黄色或黄褐色，质坚实，体重。断面灰褐色或灰绿色。味苦微甜。按头数和长度分为十三等。一等：每500g20头以内，长不超过6cm。二等：每500g30头以内。三等：每500g40头以内，长不超过5cm。四等：每500g60头以内，长不超过4cm。五等：每500g80头以内，长不超过3cm。六等：每500g120头以内，长不超过2.5cm。七等：每500g160头以内，长不超过2cm。八等：每500g200头以内，长不超过2cm。九等：每500g250头以内，长不超过1.5cm。十等（小二外）：长不超过1.5cm，每500g300头以内。十一等（无数头）：长不超过1.5cm，每500g450头以内。十二等（筋条）：每500g在450~600头以内，支根上端直径不低于0.8cm，下端直径不低于0.5cm。十三等（剪口）：不分春、冬七，主要是三七的芦头及糊头。

2. 冬七规格等级　各等头数与春七相同，但冬七表面灰黄色，有皱纹或抽沟，不饱满，体较轻，断面黄绿色。

《药典》2010年版规定：本品含人参皂苷 Rg_1（$C_{42}H_{72}O_{14}$）、人参皂苷 Rb_1（$C_{54}H_{92}O_{23}$）及三七皂苷 R_1（$C_{47}H_{80}O_{18}$）的总量不得少于5.0%。

备注：

1. 三七分“春七”、“冬七”两类。“春七”是打去花蕾，在九、十月份收获的，体重色好，产量、质量均佳，应提倡生产“春七”。“冬七”是结籽后起收的，采挖较“春七”要晚得多，其体大质松。除有计划地留籽外，不宜生产“冬七”。

2. “冬七”外皮多皱纹抽沟，体轻泡，比“春七”质量差，其分等的颗粒标准均与“春七”同，不另分列。

半 夏

规格等级 分三等。均要求干货。各等级除符合半夏形状外，应无包壳、杂质、虫蛀、霉变。一等：每公斤800粒以内。二等：每公斤1200粒以内。三等：每公斤3000粒以内。

地 黄

规格等级 商品名称为“生地”，分五等。各等级除符合地黄性状外，均要求无芦头、老母、生心、焦枯。一等：每公斤16支以内。二等：每公斤32支以内。三等：每公斤60支以内。四等：每公斤100支以内。五等：每公斤100支以外，最小货直径1cm以上。

规格术语：

生心：或称夹生，指在“炕干”中，因火力不均匀而“欠火”未透心者。

老母：指地黄栽子，经繁殖后的母根，已空虚，失去有效成分，不能药用。

焦枯：药材在加工干燥或熏炕过程中，因火力过大或操作不当所发生的灼伤，变黑枯者。

附 子

1. 盐附子规格等级 分三等。各等级符合盐附子性状，要求无空心、腐烂。一等：每公斤16个以内。二等：每公斤24个以内。三等：每公斤80个以内。间有小药扒耳，但直径不小于2.5cm。

2. 附子片规格等级 附子片规格为白片、熟片、挂片、黄片、黑顺片五个规格。

（1）白片 分三等。均要求干货，无盐软片、霉变。一等：片张大、均匀。味淡。二等：片张较小，均匀。味淡。三等：片张小，均匀。味淡。

（2）熟片 统货。均要求干货，无盐软片、霉变。

（3）挂片 统货。均要求干货，无白心、盐软瓣、霉变。为二、三等附子各50%去皮纵切两瓣。片面冰糖色或褐色。油面光滑，呈半透明状。块瓣均匀。味淡或微带麻辣。每500g80瓣左右。

（4）黄片 统货。均要求干货，无白心、尾片、盐软片、霉变。为一、二等附子各50%。去皮去尾。横切成0.3~0.5cm的厚片。片面黄色，薄厚均匀。味淡。

（5）黑顺片 统货。均要求干货，无盐软片、霉变。为二三等附子不去外皮，顺切成0.2~0.3cm的薄片。边黑褐色。片面暗黄色。油面光滑。片张大小不一，薄厚均匀。味淡。

香　附

现在市场商品分为毛香附（不去外皮）和光香附。以光香附为优。

光香附规格等级　统货，大小不分。均要求干货，无杂质、虫蛀、霉变。

杜　仲

规格等级　分四等。均要求干货，无杂质、霉变。特等：整张长 70～80cm，宽 50cm 以上，厚 0.7cm 以上，碎块不超过 10%。无卷形。一等：整张长 40cm 以上，宽 40cm 以上，厚 0.5cm 以上，碎块不超过 10%。无卷形。二等：整张长 40cm，宽 30cm 以上，碎块不超过 10%。三等：厚度不低于 0.2cm 以上，包括枝皮、根皮碎块。

菊　花

菊花产地多，花型各异，其规格标准按不同花型、加工方法，结合传统名称分列规格。

规格标准　亳菊花、滁菊花、贡菊花、药菊花、杭菊花等。习以亳菊为佳。

1. 亳菊花　呈圆盘或扁扇形，朵大，瓣密，花瓣长 0.9～1.5cm，白色，近基部微带红色，花心小，浅黄色，不露心。体轻，质柔软。气清香，味辛、甘、微苦。

2. 滁菊花　呈绒球状或圆形，朵较小，瓣细紧密，花瓣长 0.6～0.9cm，色白，花心较大，黄色，质柔。气芳香，味辛、甘、微苦。

3. 贡菊花　朵较小，圆形，花瓣较厚，白色，花蒂绿色，花心小，金黄色，均匀，不散朵，体轻质柔软。气芳香。

4. 药菊花（怀菊花、川菊花等）　呈圆盘或扁扇形，朵大，瓣长 0.9～1.5cm，质柔而松，气芳香。

5. 杭菊花　蒸花呈片块状，朵大肥厚，气清香。根据颜色分为杭白菊和航黄菊。

五味子

规格等级　原标准分为北五味子和南五味子，现在《药典》已将北五味子和南五味子分列。五味子分为二等。均要求干货，无枝梗、杂质、虫蛀、霉变。一等：呈不规则球形或椭圆形，表面紫红色或红褐色，皱缩，果肉厚，干瘪粒不超过 2%。二等：呈不规则球形或椭圆形，表面黑红、暗红色或淡红色，皱缩，果肉较薄，干瘪粒不超过 20%。

使君子

1. 使君子规格等级　统货，干货。符合性状要求，间有瘪仁、油仁，但不得超过 20%。无空壳、虫蛀、霉变。

2. 君子仁规格等级　统货，干货。符合性状要求，间有瘪仁、油仁，不超过 15%。无杂质、虫蛀、霉变。

第三章 中药商品养护

第一节 贵细中药商品的养护

贵细中药主要有人参（包括山参、野山参、园参及其各种规格的成品）、冬虫夏草、鹿茸、麝香、牛黄、羚羊角、海马、海龙、马宝、狗宝、猴枣、熊胆、燕窝、三七、哈蟆油、西红花、珍珠等。在养护贵细药材时，应特别注意防止其残损，储存在干燥、阴凉不易受潮受热的地方。贵细药材都可以采取密封方法储存。在梅雨季时，都适宜采取冷藏的方法，冷藏的温度，一般为0℃～10℃，但包装必须密封，以防止潮气侵入发霉。现将部分贵细中药的养护方法举例如下：

一、人参的养护

人参是珍贵的中药材，品种、规格、等级比较多，如人工栽培的园参、天然生长的野山参、红参、糖参等。干燥的参体带有芦头（有的去芦）、参须和支根，极易折断。因此，包装的要求较高。一般用铁盒、木盒包装，每盒为0.5～4kg，大件的用木箱装，每箱15～25kg。为防止震动断枝损坏，箱内四周衬以白纸条或用棉花塞紧。由产地发运的人参，为防运输途中枝体折断，往往进行“打潮”，入库后应散潮适度后，密闭储存。

（一）人参常见的质量变化

1. 霉变

人参含有皂苷等多种成分，加工品还含有蔗糖等成分，在储存中有较强的吸湿性。在温度30℃、相对湿度70%以上、含水量超过15%时，吸水后的参体返软，严重时可引起发霉，糖参及参须更易霉变。

储存环境的温湿度变化，可影响人参的外观质量。储存环境过于干燥或吸潮剂使用过量，参体水分散失得太多，不仅减重，而且容易折断。参体吸潮后，参体表面产生糖的晶粒或局部结块，严重的变成黑色斑点。人参的含水量以12%～15%为宜，在储存中切忌忽潮忽干。

2. 变味

人参因具有吸湿性能，吸潮后呈柔润状而发黏，由于微生物的作用，使人参的糖类成分酶解，并生成酒精、有机酸等产物，故可出现酒味或酸味。这种变味是人参的败坏现象。人参长久与空气接触，颜色变黄变暗。

3. 虫蛀

人参极易生虫，一般红参、山参生虫的部位在主根上部及芦头处，整把的参须，易在扎把处或粗壮的部位生虫，生虫的季节主要在夏秋两季。

（二）人参的保管养护

1. 密封

先将木箱封严（不得漏气），在箱底横放一根多孔的细竹筒，筒内放适量脱脂棉，筒门对准预先在箱侧开好的小孔，然后将符合安全水分的人参依次放入箱内密封。密封后，将70%乙醇或65℃的白酒，每50kg人参用酒精500ml，从箱孔注入预先埋好的竹筒中，然后密封箱体小孔，置阴凉干燥处储存。这样既可防霉，又可防虫，并能保持原有色泽和重量。但必须注意酒精不能用高醇酒精或无水酒精，用量不要过多，以免损害人参质量。如果用敞口坛盛装，按上法将人参与酒精同储，外加密封，也可达到同样效果。

2. 气调养护

在养护季节，可用充氮降氧法进行气调养护。氧含量2%以下能有效地杀灭危害的仓虫，氧含量10%以下可做常规养护。如人参虫害严重，兼有发霉，可用磷化铝、溴甲烷、环氧乙烷等熏蒸剂熏蒸。有些地区习惯用硫黄熏蒸，其效果也不错。

3. 吸潮

为防止人参吸潮，可将其置大缸内，放入无水氯化钙或生石灰吸潮，但不能用萘丸、樟脑、冰片、薄荷脑、花椒等对抗同贮，以防人参沾染异味。

如糖参返潮，可用温开水将浮糖泡去后，再浸一次糖汁，并快速烘干至安全水分含量。如糖参发黄，用硫黄熏蒸后，可恢复原来色泽。红参久储色变暗，可用浓茶水，细毛刷刷洗二次，在日光下晒干，可提高色泽，但切忌再用硫黄熏蒸。

二、鹿茸的养护

鹿茸极易生虫变色，特别在茸尖皮下层生虫，严重时能蛀到内部组织疏松部位。鹿茸受热则茸皮裂纹或崩口，受潮则茸皮变黑并发白斑。

为了防止生虫，可用木箱、铁桶盛装，但鹿茸必须充分干透，容器内四周放适量纸包的樟脑粉或花椒、细辛，然后密封存放。也可用70%酒精或白酒，均匀地喷涂在鹿茸表面，密封存放。

三、麝香的养护

麝香分毛壳麝香和麝香仁两种。毛壳麝香是割取麝的香囊后经过阴干而得，除去囊壳的是麝香仁。

毛壳麝香容易生虫，仓虫多蛀食毛囊，应轻轻摔打，使虫体落下后杀灭，也可用软刷刷净后存放。麝香仁不易生虫，但受潮后易发霉，特别是掺有水分及异物的香仁极易发霉。发霉初期出现白点，严重时香气减弱并带有霉味。储存环境过于干燥，常因挥发物质和水分散失而使香仁失润、干硬、减重。

储存麝香宜以油纸整个包好，放于铁盒内，接口处焊封，再用大木箱封严。少量可用玻璃容器盛装，便于透过容器直接检视，存放在不过于干燥和潮湿的避光处保管。散香可用瓷瓶盛装，为防止结坨，应密封瓶口，并经常摇动。

麝香忌与薄荷脑、冰片等易升华药物混存，以免串味。如有霉点，可吹晾擦去霉点。有条件的仓库，将麝香放在低温库内（15℃以下，相对湿度70%左右），或小袋密封置于冰箱内（5℃）保管。

四、哈蟆油的养护

哈蟆油易泛油、发霉。如果受潮后外表发黏，颜色变黄或不光亮，说明已泛油。发霉时表面有霉斑。

哈蟆油的保管，可用纸袋盛装外套塑料袋密封，再放入大容器内密封存放，也可置石灰箱内封存。如用缸、坛盛装，哈蟆油体质较干燥的可喷洒适量或以大碗内盛装70%乙醇或白酒放于下层，任其挥发，将哈蟆油码在铺有衬纸的竹匾上，再进行密封，这样既可防霉，又能保持色泽。

五、牛黄的养护

干燥的牛黄质松软，储存中易吸湿。入库时未干透的牛黄质较重，稍有潮感而发涩，色暗黄，剥落碎片时发声不响，储存后往往还会生霉。

牛黄的保存，应装入衬有棉花、软纸或有灯心草的铁盒或木盒中密封，置阴凉、干燥、避光处储存，并注意防潮。出入库或进行在库检查应轻拿轻放，防止因震动或受压而碎残。也可贮于石灰缸中，密封存放。牛黄忌用硫黄熏蒸，以免变黑，影响质量。

六、熊胆的养护

储存熊胆忌潮忌热。受热后内部发软而囊皮干硬，受热受潮后囊皮也发软，易虫蛀。净胆受热往往还会融化。剥取胆仁应在春前秋后进行。剥下的胆囊皮用热水冲洗，黏附的胆仁便溶解在水中，将胆囊皮弃去后，水溶液加热至浓缩，可得净胆汁，减少损耗。保管熊胆，必须用玻璃瓶、箱、坛封闭置阴凉干燥处或置石灰缸内保存，不要过于干燥，以免商品减重。

七、海马、海龙的养护

海马、海龙容易生虫。害虫细小，不易察见，多在体内蛀蚀，特别是腹部最容易被害虫蛀食，检查时轻轻敲击可掉出蛀粉、虫粪和害虫。吸潮后也易发霉，尤其是小海马更会出现霉斑，发霉后影响色泽。海马、海龙养护时可先行日晒，待自然降温后，拌入花椒或细辛，装入密封的箱、缸内，置阴凉干燥处保存。梅雨季节可放在石灰缸内存放。

八、冬虫夏草的养护

冬虫夏草有扎把和散支两种规格。为了防潮，可用纸封包或用透明玻璃纸封固，盛于木箱内。体质返软的也可放于石灰缸中。如受潮应立即晾晒或用微火烘烤。为防止生虫，箱内可放些丹皮，生虫可用硫黄熏蒸或用微火烘焙，再筛去虫体及蛀屑，有条件的单位以置冷藏室保管为宜。

九、西红花的养护

西红花容易泛油、变色，受潮易霉。数量少的多用铁盒或棕色玻璃瓶盛装，数量多的用铁筒盛装。西红花应置阴凉干燥处，密闭避光保存。拆装破封的为保持色泽和防潮，可放石灰缸（连同包装）保存，但时间不宜过久，以免过于干燥，变得干枯，影响质量和外观。如发现潮湿生虫，不能曝晒，也不能用硫黄熏蒸，宜用气调方法养护。西红花的安全水分为10%～13%，在相对湿度75%以下，不致生霉、生虫。

十、三七的养护

干燥的三七，置于凉爽、通风处保管，每年春季前曝晒1～2次，一般不坏。如受潮容易发霉、生虫。为防止霉虫，包装箱内可放木炭、白矾、石灰块进行密封。已经生虫可喷洒酒精，然后密封，也可以用硫黄熏蒸。

第二节　中药商品养护计划与实施

一、中药商品养护计划的制订

中药购销人员从事中药商品养护工作，应当按照在库中药养护程序，制订与实施中药商品养护计划，以确保中药商品储存质量，防止商品变质失效。现将有关中药商品养护计划的内容介绍如下：

1. 分类储存中药

应按分库、分区、分类贮存药品，养护人员应依据中药商品的质量特性监督检查中药贮存的分类贮藏情况是否合理，贮存条件是否符合规定。

2. 温湿度管理

（1）应每日上午、下午各一次，检查库房的温湿度情况并填写《库房温湿度记录》。如温湿度超出规定范围应使用温湿度调节设备降温或除湿，使其达到要求并记录。每天巡查一次，检查温湿度计是否放置在有代表性的位置，配合仓管员进行温、湿度的监测和管理。检查库房是否避免日光的直接照射。

（2）每月2次对库房温湿度调节设备进行巡检，保证温湿度的调节要求。如果温湿度将要超过规定范围，及时开启相应的调节设备。如超出规定贮存条件及时采取措施，仍不能达到要求应填写记录，由质量管理人员判断是否对药品质量产生了不良影响，并提出处理办法。

3. 循环质量检查

（1）每周对所有库房、库区、货位的所有批次的药品大包装外观进行巡检，应该包装完好，无霉变、无潮湿、无积热、无积尘、无虫蛀、无鼠咬等异常情况；内包装外观检查，中药材、饮片应无虫蛀、无发霉、无泛油、无变色、无气味散失、无风化、无潮解溶化、无粘连、无挥发、无腐烂等变异现象，并填写《库房巡检记录》。

（2）按中药材及中药饮片的质量特性，必要时采用晾晒、熏蒸杀虫等方法养护，根据中药的剂型，验收合格日期、有效期、确定药品循检开箱检查频次、抽查数量及检查项目。原则上以超过验收日期 3 个月的在库产品为循检对象。

（3）按“三三四”原则进行药品循检，即每季度第一个月检查总批次的 30%，第二个月检查总批次的 30%，第三个月检查总批次的 40%，并做好《库存药品养护检查记录》。

（4）养护过程中，发现任何异常情况，填写质量复核单及时上报质量管理部，进一步确认、处理。

4. 对库存中药商品采取适当养护措施

（1）依据季节气候的变化，按药品性能对温、湿度的特殊要求，利用仓库现有条件和设备，采取密封、避光、通风、降温、除湿等养护方法，调控温、湿度，预防药品发生质量变异，并重点做好夏防、冬防养护工作。

（2）对中药材和中药饮片，应按其特性，采取干燥、降氧、熏蒸等方法进行养护。

（3）采取的养护措施应在《库房温湿度记录表》有关栏目详细做好养护工作记录，如启用养护设备设施，认真填写《设备运行使用记录》。

5. 重点养护品种

每月将首营品种、近效期预警品种、长时间贮存品种、质量不稳定品种和已发现质量问题中药的相邻批号药品填写《重点养护品种确认表》，制订重点养护中药目录，确定的重点养护品种应在剂型要求的基础上增加养护次数，每月进行一次养护检查并填《药品养护档案表》。

6. 定期汇总、分析和上报养护检查质量信息

建立健全中药养护档案，并定期分析，不断总结经验，为药品储存养护提供科学依据。养护员每季度对养护品种及记录汇总，填《药品养护状况分析汇总表》，做出评价分析，评估产品养护情况及近效期或长时间储存药品信息，送企业质量管理负责人审核后，存档。养护档案以产品为单位，可用于年底对企业供货质量的评价。

7. 养护仪器设备管理

负责养护用仪器设备、监测设备的管理，每年底对验收养护室仪器设备及药品养护用设施设备进行一次全面检查，填写检查记录。

二、中药现代养护技术

随着现代科技在药材养护领域的不断应用，新的养护方法层出不穷。高效干燥、消毒方法与现代化包装方法的应用能显著地提高中药养护水平与效率，这些新技术、新方法大多在中药的生产与流通环节应用，但对中药使用环节药品质量的养护水平也能产生很大的推进作用。现将现代运用新技术的中药养护技术介绍如下：

（一）气调养护

气调养护法是指在密闭条件下，人为调整空气的组成，造成低氧的环境，抑制害虫和微生物的生长繁殖及药材自身的氧化反应，以保持中药品质的一种方法。该方法可杀虫、防霉，还可在高温季节里，有效地防止走油、变色、变味等现象的发生，费用少，无残毒，无公害，是一项科学而经济的技术。

开展气调养护的基本条件是密闭，中心环节是降氧。其原理是将药材置于密闭的容积内，对影响药材质变的空气中氧的浓度进行有效的控制，人为地造成低氧状态，或人为地造成高浓度的二氧化碳状态。药材在这样的环境中，新的害虫不能产生和侵入，原有的害虫窒息或中毒死亡，微生物的繁殖及药材自身呼吸需要的氧气都受到了抑制，并且阻隔了潮湿空气对药材的影响，从而保证了被贮藏的中药品质稳定，防止了药材的变质。

降氧是气调养护药材技术性较强的一项工作，要求操作严格。目前中药气调养护采用的气调方法主要有充氮气、充二氧化碳、自然降氧3种。

气调养护中药无残毒，而且能保持药材原有的色泽和气味，明显优于化学熏蒸法。适用范围广，对不同质地和成分的中药均可使用，对大到数十立方米的药垛，小到数立升的药袋均能适用，操作安全，无公害，比用化学熏蒸剂节省费用。

（二）远红外加热干燥养护

远红外加热干燥是20世纪70年代发展起来的一项养护新技术。干燥的原理是将电能转变为远红外辐射，从而被药材的分子吸收，产生共振，引起分子和原子的振动和转动，导致物体变热，经过热扩散、蒸发和化学变化，最终达到干燥的目的。果实种子类药材均可采用该法干燥。

远红外干燥具有干燥快、脱水率高、有较高的杀菌杀虫及灭卵能力、节能省电成本低、设备简单造价低、全部自动化、减轻劳力等优点。但是，需要注意的是凡不易吸收远红外线的药材或太厚（大于10mm）的药材，均不宜用远红外辐射干燥。

（三）微波干燥养护

微波是指频率为300MHz～300KMHz，波长在1m到1mm之间的高频电磁波。目前我国生产的微波加热成套设备有915MHz和2450 MHz两个频率。微波干燥实际上是一种感应加热和介质加热，药材中的水和脂肪等能不同程度地吸收微波能量，并把它转变为热量。

微波干燥既不受燃烧废气污染的影响，又能杀灭微生物及霉菌，具有消毒作用，可以防止发霉和生虫。用微波对中成药灭菌，无论是水丸、浓缩丸、小颗粒、散剂均有一定的效果，尤以水丸、浓缩丸效果最为显著。微波灭菌同物质的性质及其含水量有密切的关系，由于水能强烈地吸收微波能，所以含水量越高，吸收的微波能越多，产生的热能越大，灭菌效果就越好。因此，水丸、浓缩丸的灭菌效果较好。

与传统干燥方式相比，微波干燥具有干燥速率大、节能、生产效率高、干燥均匀、清洁生产、易实现自动化控制和提高产品质量等优点。

（四）除氧剂封存养护

除氧剂包装封存是继真空包装、充气包装之后发展起来的一种商品包装的贮藏新技术。除氧包装是在密封的包装容器中，使用能与氧气起化学作用的除氧剂与之反应，从而除去包装容器中的氧气，以达到保证药材物品不长霉、不生虫、不变质的目的。除氧包装方法适用于某些对氧气特别敏感的物品，用于那些即使有微量氧气也会促使品质变坏的药品包装中。

（五）辐射防霉除虫养护

应用放射性钴 60 产生的 γ－射线或加速产生的 β－射线辐照药材与物质，附着在物质上的霉菌、害虫吸收放射能和电荷，很快引起分子电离，从而产生自由基，这种自由基经由分子内或分子间的反应过程诱发射线化学的各种过程，使机体内的水、蛋白质、核酸、脂肪和碳水化合物等发生不可逆变化，导致生物酶失活，生理生化反应延缓或停止，新陈代谢中断，霉菌和害虫死亡，故能有效地保护药材和物质的品质，相对地延长贮藏期。

用射线辐照中药材和中成药可以解决贮藏过程中发霉、虫蛀问题。例如，用 γ－射线辐射酸枣仁、附子、川贝母、党参、当归、黄芪、川芎等，杀菌灭菌效果显著，其药效并不改变；中成药的各种丸、散、膏、丹、片经辐照后，其染菌发霉率也大大降低。

辐射养护法的优点是：用射线处理效率高，效果显著，不破坏药材外形，不影响药效，不会有残留放射性和感生放射性；在一定辐射剂量范围内，不会产生毒性物质和致癌物质。

第四章　中药商品经销

第一节　中成药介绍

一、常见病辨证用药规律

（一）内科病证

1. 感冒

（1）风热感冒　症见发热，有汗，微恶风寒，头痛，鼻塞涕浊，口干而渴，咽喉红肿疼痛，或咳嗽，痰黄而黏稠。治法为辛凉解表，疏散风热。可选择的药物有银翘解毒片、桑菊感冒片、维C银翘片、双黄连口服液、羚翘解毒片。

（2）风寒感冒　症见鼻塞声重，喷嚏，流清涕，痰稀；甚则恶寒发热，头项强痛，肢体酸痛，无汗或汗出而恶风寒。治法为辛温解表，疏散风寒。可选择的药物有午时茶、风寒感冒颗粒、荆防败毒颗粒。

（3）体虚感冒　症见体质素虚而又外感风邪。治法为扶助正气，解表散邪。可选择的药物有参苏胶囊、体虚感冒颗粒、人参败毒散等。

2. 咳嗽

（1）风寒咳嗽　症见咳嗽痰色稀白，呈泡沫状，头痛，鼻塞，流清涕，或伴有怕冷，无汗。治法为发散风寒，宣肺止咳。可选择的药物有杏苏止咳糖浆、止咳青果丸、通宣理肺丸、麻黄止嗽丸等。

（2）风热咳嗽　症见咳痰黄稠，不易咳出，口渴；常伴有发热，头痛，头晕。治法为疏风清热，宣肺止咳。可选择的药物有止咳枇杷露、蛇胆川贝液等。

（3）燥热咳嗽　多见于秋季，症见咳嗽痰少黏稠，或干咳无痰，或痰黏难咳，胸痛，口干咽痛，尿黄，大便秘结。治法为清热生津，润肺止咳。可选择的药物有养阴清肺丸、川贝枇杷膏等。

（4）痰湿咳嗽　症见咳嗽痰多，色白而黏，胸脘满闷，呼吸不畅。治法为健脾燥湿，化痰止咳。可选择的药物有二陈丸、桂苓止咳胶囊等。

3. 胃脘痛

（1）寒邪犯胃　症见胃脘疼痛，畏寒喜暖，得温痛减，口不渴，喜热饮。治法为散寒止痛。可选择的药物有藿香正气丸、温胃舒颗粒等。

（2）饮食停滞　症见胃脘胀满，甚则疼痛，嗳腐吞酸，或呕吐不消化食物，大便不爽。治法为消食导滞。可选择的药物有保和丸、健胃消食片、沉香化滞丸、开胸顺气丸等。

(3) 肝气犯胃　症见胃脘胀痛，甚则连胁，嗳气频繁，大便不畅，每因情志因素而疼痛发作。治法为疏肝理气。可选择的药物有逍遥丸、胃苏颗粒、气滞胃痛颗粒等。

(4) 瘀血胃痛　症见胃痛，痛处固定而拒按，针刺样或刀割样。治法为活血化瘀，理气止痛。可选择的药物有云南白药胶囊、田七片、元胡止痛片等。

(5) 脾胃虚寒　症见胃痛隐隐，泛吐清水，喜暖喜按，纳食减少，神疲乏力，甚则手足不温，大便溏薄。治法为温中健脾。可选择的药物有小建中颗粒、黄芪精口服液、附子理中丸等。

4. 慢性胆囊炎

(1) 饮食停滞　症见胁肋部胀满，甚则疼痛，嗳腐吞酸，或呕吐不消化食物，大便不爽。治法为理气消食。可选择的药物有保和丸、健胃消食片、沉香化滞丸、开胸顺气丸等。

(2) 肝气犯胃　症见胁肋疼痛，胃脘胀痛，嗳气频繁，大便不畅，每因情志因素而疼痛发作。治法为疏肝理气。可选择的药物有逍遥丸、柴胡舒肝丸、胃苏颗粒、气滞胃痛颗粒等。

(3) 肝胃郁热　症见胁肋疼痛，胃脘胀满灼痛，烦躁易怒，泛酸嘈杂，口干口苦。治法为疏肝泻热，行气止痛。可选择的药物有丹栀逍遥丸、消炎利胆片、舒胆片等。

(4) 瘀血停滞　症见胁肋疼痛，痛处固定而拒按，针刺样或刀割样。治法为活血化瘀，理气止痛。可选择的药物有云南白药胶囊、田七片、元胡止痛片等。

5. 泄泻

(1) 风寒或寒湿型　症见腹泻清稀，甚则水样，腹痛肠鸣，脘闷食少，或兼有恶寒发热，鼻塞头痛，肢体酸痛。治法为解表散寒，芳香化浊。可选择的药物有藿香正气丸(水)、保济丸等。

(2) 湿热或暑湿型　症见腹泻腹痛，泻下急迫，或泻而不爽，大便臭秽，烦热口渴，小便短黄。治法为清化湿热。可选择的药物有香连丸、芩连片、黄连素片等。

(3) 饮食积滞型　症见腹泻肠鸣，泻下臭秽，伴有不消化食物，脘腹胀满，嗳腐酸臭，不思饮食，舌苔厚腻。治法为消食导滞。可选择的药物有保和丸、健胃消食片、沉香化滞丸等。

(4) 脾胃虚弱型　症见大便时泻，伴有不消化食物，进食油腻食物则大便增多，食欲不振，脘腹胀满，面色萎黄，肢倦乏力。治法为健脾益气。可选择的药物有四君子丸、香砂养胃丸、参苓白术散等。

(5) 肾阳不足型　症见黎明前腹部作痛，肠鸣即泻，泻后则安，形寒肢冷，腰膝酸软。治法为温肾健脾，固涩止泻。可选择的药物有四神丸、附子理中丸、济生肾气丸等。

6. 便秘

(1) 实热型　症见大便干结，小便短赤，面红身热或兼有腹胀腹痛，口干口臭，心烦，舌红苔薄黄。治法为清热润肠。可选择的药物有麻仁丸、番泻叶颗粒、大黄通便颗粒等。

(2) 气虚型　症见大便不一定干硬，或虽有便意，但大便不出，神疲肢倦。治法为益气健脾。可选择的药物有补中益气丸、黄芪精口服液、四君子丸等。

（3）血虚型　症见大便秘结，面色无华，头晕目眩，心悸，唇色淡白，脉细。治法为养血润燥。可选择的药物有润肠丸、首乌片、阿胶口服液等。

7. 泌尿系结石

症见腰及下腹部持续疼痛，或伴有发热，恶心呕吐，尿频，尿急，尿痛，或有血尿，脓尿。治法为清热利湿，通淋排石。可选择的药物有金钱草颗粒、五淋化石丸、石淋通、尿石通、肾石通等。

8. 腰痛

（1）寒湿型　症见腰部冷痛重着，转侧不利，遇阴雨天疼痛加剧。治法为祛寒行湿，温经通络。可选择的药物有寒湿痹颗粒、追风透骨丸、腰痛宁胶囊等。

（2）湿热型　症见腰部疼痛，痛处有热感，热天加重，活动后减轻，小便短赤，舌苔黄腻。治法为清热利湿，舒筋止痛。可选择的药物有二妙丸、湿热痹颗粒、正清风痛宁片等。

（3）肾虚型　症见腰部疼痛酸软，喜揉喜按，腰膝无力，遇劳更甚，卧则稍减，常反复发作。治法为补益肝肾。可选择的药物有右归丸、独活寄生丸、左归丸、六味地黄丸等。

（4）瘀血型　症见腰痛如刺，痛有定处，轻则俯仰不便，重则因痛剧不能转侧，痛处拒按。治法为活血化瘀，理气止痛。可选择的药物有三七片、中华跌打丸、活络效灵丹等。

9. 失眠

（1）肝郁化火型　症见失眠，烦躁易怒，不思饮食，口渴喜饮，目赤口苦，小便黄赤，大便秘结。治法为疏肝泄热。可选择的药物有当归芦荟丸、龙胆泻肝口服液等。

（2）阴虚火旺型　症见心烦不寐，心悸不安，头晕耳鸣，健忘，腰膝酸软，口干津少，五心烦热。治法为滋阴养血，清心安神。可选择的药物有朱砂安神丸、天王补心丹、柏子养心丸等。

（3）心脾两虚型　症见多梦易醒，心悸健忘，头晕目眩，肢倦神疲，饮食无味，面色无华。治法为补益心脾，养血安神。可选择的药物有归脾丸、安神补心片、复方阿胶浆口服液等。

（4）心胆气虚型　症见失眠多梦，易惊醒，胆怯心悸，遇事善惊，气短倦怠，小便清长。治法为益气镇惊，安神定志。可选择的药物有安神定志丸、复方枣仁胶囊等。

10. 胸痹

（1）心脉瘀阻型　症见胸部刺痛，固定不移，入夜更甚，时或心悸不宁，舌质紫暗，脉沉涩。治法为活血化瘀，通络止痛。可选择的药物有活血通脉胶囊（片）、血府逐瘀胶囊、银杏叶片等。

（2）胸阳痹阻型　症见胸痛彻背，感寒痛甚，胸闷气短，心悸，重则喘息不能平卧，面色苍白，自汗，四肢不温。治法为宣痹通阳，散寒化浊。可选择的药物有冠心苏合香丸、冠心心脉宁片等。

11. 头痛

（1）风寒型　症见头痛时作，恶风畏寒，遇风尤甚，常喜裹头，口淡不渴。治法为疏风散寒。可选择的药物有川芎茶调颗粒、九味羌活颗粒、正天丸等。

(2) 风热型　症见头痛而胀，甚则头痛如裂，发热恶风，目赤，口渴欲饮，便秘溲黄。治法为疏风散热。可选择的药物有柴胡口服液、通天口服液、清眩片等。

(3) 风湿型　症见头痛如裹，肢体困重，纳呆胸闷，小便不利，舌苔白腻。治法为祛风胜湿。可选择的药物有全天麻胶囊、天麻片等。

(4) 肝阳头痛　症见头痛而眩，心烦易怒，睡眠不宁，面红目赤，口苦口干，大便秘结，小便短黄。治法为平肝潜阳。可选择的药物有天麻钩藤颗粒、牛黄上清丸等。

(5) 血瘀头痛　症见头部胀痛，痛处固定，反复发作，头晕目眩，舌暗，边有瘀点。治法为活血止痛。可选择的药物有通天口服液、血府逐瘀胶囊等。

12. 眩晕

(1) 肝阳上亢　症见眩晕耳鸣，头痛且胀，恼怒后加重，面色潮红，急躁易怒，少寐多梦。治法为平肝潜阳。可选择的药物有天麻钩藤颗粒、养血清脑颗粒等。

(2) 肾精不足　症见眩晕，神疲健忘，腰膝酸软，遗精耳鸣。治法为补肾益精。可选择的药物有左归丸、右归丸、六味地黄丸、大补阴丸、金匮肾气丸等。

(3) 痰浊中阻　症见眩晕，头重如裹，胸闷恶心，少食多寐，舌苔白腻，脉濡滑。治法为燥湿祛痰，健脾和胃。可选择的药物有天麻片、蛇胆陈皮口服液等。

13. 汗证

(1) 自汗

①肺气不足：汗出畏寒，动则更甚，久病体弱，不耐风寒，易感冒，面色皖白，舌苔薄白，脉细弱。治法为益气固表。可选择的药物有玉屏风颗粒、黄芪口服药等。

②内热炽盛：蒸蒸汗出，口渴喜冷饮，面赤烘热，烦躁不宁，大便干结，舌红苔黄，脉洪大。治法为清里泻热。可选择的药物有牛黄上清丸、紫雪散等。

(2) 盗汗

①心血不足：睡则汗出，醒则汗止，心悸少寐，面色不华，气短神疲，舌淡苔薄，脉虚细。治法为养心补血敛汗。可选择的药物有归脾丸、当归补血丸等。

②阴虚火旺：潮热盗汗，虚烦少寐，五心烦热，形体消瘦，女子月经不调，男子梦遗，舌红少苔，脉弦细数。治法为滋阴降火。可选择的药物有知柏地黄丸、大补阴丸等。

14. 贫血

(1) 脾胃亏虚　症见贫血伴纳食减少，神疲乏力，动则尤甚，手足不温，大便溏薄，舌质淡，脉细弱。治法为健脾养胃。可选择的药物有黄芪精口服液、四君子丸等。

(2) 气血亏虚　症见贫血伴面色不华，心悸失眠，神疲懒言，饮食减少，舌质淡，脉细弱。治法为补养气血，健运脾胃。可选择的药物有归脾丸、益气维血颗粒、八珍口服液等。

(3) 肝肾阴虚　症见贫血伴头晕目眩，耳鸣健忘，急躁易怒，或精神紧张，失眠多梦，咽干，颧红，腰膝酸软，甚或遗精，大便干结，舌红苔少，脉细数。治法为滋补肝肾，育阴清热。可选择的药物有杞菊地黄丸、刺五加颗粒等。

(4) 脾肾阳虚　症见贫血伴面色皖白，畏寒肢冷，倦怠少力，表情呆钝，健忘多睡，纳差腹胀，浮肿便溏，腰膝及少腹冷痛，舌体胖大，舌质淡，苔薄白，脉细弱或沉迟。治法为温肾健脾。可选择的药物有鹿茸精、参桂养荣丸等。

15. 中风后遗症

（1）气虚血瘀　半身不遂，肢软乏力，面色萎黄，或见肢体麻木，舌淡紫暗或有瘀斑。可选择的药物有华佗再造丸、中风回春丸、银杏叶片等。

（2）肝阳上亢　半身不遂，患侧僵硬拘挛，头痛头晕，面赤耳鸣，大便秘结，小便短黄，失眠多梦，舌红苔黄。可选择的药物有天麻钩藤颗粒、安宫牛黄丸等。

16. 糖尿病

（1）上消　肺热津伤：症见烦渴多饮，口干舌燥，尿频量多，舌边尖红。治法为清热润肺，生津止渴。可选择的药物有消渴丸、百合固金口服液等。

（2）中消　胃热炽盛：症见多食易饥，形体消瘦，大便秘结，舌苔黄燥。治法为清胃泻火，养阴生津。可选择的药物有金芪降糖颗粒、复方牛黄清胃丸等。

（3）下消

①肾阴亏虚：症见尿频量多，尿有甜味，口干舌燥，大便秘结。治法为滋肾固阴。可选择的药物有六味地黄丸、麦味地黄丸等。

②阴阳两虚：症见小便频数，浑浊如膏，面色发黑，腰膝酸软，甚则阳痿，舌淡苔白。治法为滋肾温阳。可选择的药物有金匮肾气丸等。

（二）骨伤科病证

颈椎病

（1）寒湿痹阻　症见颈背强痛，肢体串痛麻木，遇寒加重，入夜尤甚，舌淡，苔薄白，脉沉弦或沉细。治法为疏风散寒，祛湿通络。可选择的药物有颈复康颗粒、骨刺消痛液等。

（2）气血瘀滞　症见颈项强痛，刺痛，痛点固定不移，肢端麻木，舌质红，脉弦。治法为活血化瘀，通络止痛。可选择的药物有伸筋丹胶囊等。

（3）肝肾两虚　症见项背酸沉，时有眩晕，视物不清，腰膝酸软无力，步履不稳，舌红少苔，脉沉弦细。治法为补益肝肾，强筋壮骨。可选择的药物有抗骨质增生丸、颈痛灵药酒、骨仙片等。外用药：中华跌打丸、骨痛贴膏、骨质增生一帖灵、骨友灵搽剂。

（三）妇产科病证

1. 月经先期

（1）实热　症见月经提前，量多色深红，心胸烦闷，面红口干，尿黄便结，舌红苔黄。治法为清热凉血。可选择的药物有黄连胶囊、宫血宁胶囊、固经丸等。

（2）虚热　症见月经提前，量少色红，两颧潮红，手足心热，舌红苔少。治法为养阴清热。可选择的药物有知柏地黄丸、百合固金口服液等。

（3）肝郁化热　症见月经提前，量或多或少，色红或紫，或夹有血块，经行不畅，乳房、胸胁、小腹胀痛，心烦易怒，口苦咽干。治法为疏肝清热。可选择的药物有黄连胶囊、宫血宁胶囊、固经丸等。

（4）气血亏虚型　症见月经提前，量多色淡，神疲肢软，心悸气短，或见纳少便溏，小腹空坠感。治法为补气摄血。可选择的药物有归脾丸、黄芪精口服液、补中益气口服液等。

2. 月经后期

（1）血寒型 症见月经延后，量少色暗，小腹冷痛，得热痛减，或见畏寒肢冷，面色苍白。治法为温经行滞。可选择的药物有阳和丸、附子理中丸等。

（2）血虚型 症见月经延后，量少色淡，头晕眼花，心悸少寐，面色苍白或萎黄。治法为补气养血。可选择的药物有八珍益母丸、复方阿胶浆等。

（3）气滞型 症见月经延后，量少色暗有块，小腹胀痛，胸胁乳房作胀。治法为舒肝解郁，行气活血。可选择的药物有逍遥丸等。

3. 经期延长

（1）气虚型 症见月经淋漓不尽，神疲乏力，心悸少寐，纳少便溏。治法为益气健脾，温经止血。可选择的药物有归脾丸等。

（2）血热型 症见月经淋漓不尽，量少色红，两颧潮红，手足心热，舌红苔少。治法为清热凉血。可选择的药物有黄连胶囊、宫血宁胶囊、固经丸。

4. 痛经

（1）气滞血瘀型 症见经前或经期小腹疼痛，伴有乳胁胀痛，经量少而不畅，色黑有血块。治法为活血化瘀。可选择的药物有益母草颗粒、调经丸等。

（2）寒湿凝滞型 症见经期小腹冷痛，得热痛减，或见畏寒肢冷，经量少，色紫暗，有血块，伴有四肢不温，小便清长等。治法为散寒除湿。可选择的药物有痛经丸、艾附暖宫丸等。

（3）气血亏虚型 症见经期或经后隐痛，喜按压，经量少而质稀，腰膝酸软，心悸气短，头晕眼花。治法为益气养血。可选择的药物有归脾丸、黄芪精口服液、补中益气口服液、妇康片等。

（4）肝肾亏虚型 症见经后隐痛，经量少色淡，腰膝酸软，头晕耳鸣。治法为调补肝肾。可选择的药物有杞菊地黄丸、妇科白凤口服液、妇科宁坤丸等。

5. 绝经前后诸症

（1）肾阴虚 症见头晕耳鸣，失眠多梦，心烦易怒，烘热汗出，五心烦热，腰膝酸软，口干便结，尿少色黄，舌红少苔，脉细数。治法为滋阴柔肝，育阴潜阳。可选择的药物有更年安片等。

（2）肾阳虚 症见面色晦暗，精神萎靡，形寒肢冷，纳差腹胀，大便溏薄，面浮肢肿，尿意频数，舌淡苔薄，脉沉细无力。治法为温肾扶阳。可选择的药物有右归丸、金匮肾气丸等。

（四）儿科病证

1. 小儿厌食症

（1）积食伤脾 症见面黄肌瘦，毛发稀疏，精神不振，困倦喜卧，脘腹胀满，食则呕吐，手足心热，烦躁易怒，口干，夜寐不宁，大便溏薄或干结，舌苔浊腻，脉滑。治法为消积理脾。可选择的药物有肥儿丸、健胃消食片、复方鸡内金片。

（2）虫积伤脾 症见面黄肌瘦，毛发稀疏，精神不振，困倦喜卧，脘腹胀满，时有腹痛，位于脐周，大便常规可见虫卵，舌淡苔薄，脉细弱。治法为健脾消食杀虫。可选择的药物有驱虫消食片、乌梅丸等。

(3) 脾胃气弱　症见面色黄暗无华，形体消瘦，发结如穗，精神萎靡，纳呆厌食，睡卧露睛，脘腹胀满，大便完谷不化，舌质淡红，苔腻，脉濡细而滑。治法为益气健脾消积。可选择的药物有参苓白术散、黄芪精口服液等。

(4) 气血两虚　症见面色㿠白，唇干口渴，头大颈细，骨瘦如柴，腹部凹陷，发育迟缓，神疲困倦，哭声无力，纳呆厌食，大便溏泻，脉细弱无力。治法为益气养血。可选择的药物有八珍口服液、复方阿胶口服液等。

(5) 胃阴不足　症见面色萎黄，多饮少食，口燥咽干，倦怠无力，肌肉消瘦，皮肤干燥。大便干结，小便短少，舌红少津，脉细无力。治法为滋阴和胃，健脾消食。可选择的药物有小儿健脾颗粒、健儿素颗粒等。

2. 小儿遗尿

(1) 下元虚寒　症见遗尿，遇冷尤甚，面色㿠白，腰膝酸软，肢冷恶寒，舌质淡脉沉细。治法为温补肾阳，固摄下元。可选择的药物有金匮肾气丸、鹿茸口服液等。

(2) 脾肺气虚　症见遗尿，多发于病后，尿频量少，面白神疲，四肢乏力，食欲不振，舌淡，脉缓或沉细。治法为健脾补肺。可选择的药物有补中益气丸、黄芪精口服液等。

(3) 肝经湿热　症见睡中遗尿，小便黄臭，性情急躁，或见夜间磨牙，面赤唇红，舌苔薄黄，脉弦滑。治法为泻肝清热。可选择的药物有龙胆泻肝口服液、茵栀黄口服液等。

(五) 男科病证

1. 遗精

(1) 阴虚火旺型　症见梦中遗精，头晕目眩，手足心热，心悸失眠，舌红苔少，脉细数。治法为滋阴降火，补肾固精。可选择的药物有知柏地黄丸、杞菊地黄丸等。

(2) 肾气不固型　症见梦中遗精，头晕耳鸣，腰膝酸软，面色淡白，四肢不温，脉细弱。治法为温肾壮阳，固精止遗。可选择的药物有金锁固精丸、巴戟口服液等。

(3) 心脾两虚型　症见梦遗滑精，形瘦神疲，气短自汗，心悸失眠，头晕耳鸣，面色少华，脉细弱。治法为补益心脾，益气固精。可选择的药物有十全大补丸、归脾丸等。

(4) 湿热下注型　症见遗精，口苦口渴，小便短赤，大便秘结，舌红苔黄，脉滑数。治法为清热化湿。可选择的药物有龙胆泻肝丸、八正合剂等。

2. 早泄

(1) 肾气亏虚　症见入房早泄，勃起缓慢，性欲减退，或病久阳痿，腰膝酸软，头发脱落，精神不振，夜尿频多，畏寒肢冷，面色㿠白，舌质淡胖，苔薄白，脉沉弱。治法为温补肾气，固精止泻。可选择的药物有金匮肾气丸、巴戟口服液等。

(2) 阴虚火旺　症见早泄，性欲亢进，多梦遗精，腰膝酸软，口干心烦，心悸失眠，潮热盗汗，头晕目眩，舌质红，苔薄白或无苔，脉细数。治法为滋阴降火，益肾固精。可选择的药物有知柏地黄丸、麦味地黄丸等。

(3) 心脾两虚　症见早泄，精液稀少，心悸失眠，气短神疲，形体消瘦，纳呆便溏，头晕自汗，面色萎黄，舌质淡，苔薄白，脉细弱。治法为补益心脾，固精止泻。可选择的药物有归脾丸、人参健脾丸、柏子养心丸。

(4) 肝经湿热　症见临房早泄，性欲亢进，烦躁易怒，胁痛纳呆，阴痒尿臭，口苦黏腻，小便黄赤，舌质红，苔黄腻，脉弦数。治法为清泻肝经湿热。可选择的药物有龙胆泻肝丸、茵栀黄颗粒等。

3. 慢性前列腺炎

（1）湿热蕴结型　症见尿频尿急，尿道灼热刺痛，尿末滴白量多，会阴部胀痛不适，前列腺肿胀压痛，舌红苔黄腻，脉滑数。治法为清热利湿。可选择的药物有三金片、黄柏胶囊、八正合剂等。

（2）气滞血瘀型　症见会阴部刺痛明显，痛引下腹，小便淋漓涩痛，舌质暗，边有瘀点。治法为行气化瘀，活血利湿。可选择的药物有三七片、云南白药胶囊合三金片等。

（3）肾气亏虚型　症见小便频数，余沥不尽，尿末滴白，腰膝酸软，头晕耳鸣，梦遗早泄。治法为补益肾气。可选择的药物有左归丸、知柏地黄丸、右归丸、金匮肾气丸等。

（六）五官科病证

1. 牙痛

（1）外感风热型　症见牙痛，牙龈红肿疼痛，或伴畏寒发热，头身疼痛。治法为疏散风热，消肿止痛。可选择的药物有穿心莲片、牙痛一粒丸等。

（2）肺胃热炽型　症见牙痛，牙龈红肿疼痛，口干口苦，面红目赤，大便秘结，小便短黄。治法为清热解毒，利咽止痛。可选择的药物有口炎清颗粒、牛黄解毒片、银黄胶囊等。

（3）虚火上炎型　症见牙痛，牙龈红肿疼痛，咽干口渴，腰膝酸软，头晕目眩，舌红苔少。治法为滋阴降火。可选择的药物有知柏地黄丸等。

2. 口疮

（1）肺胃热炽型　症见口腔多处溃疡，口渴饮冷，大便秘结，小便短黄，舌红苔黄。治法为清泻肺胃。可选择的药物有牛黄解毒片、三黄片、黄连胶囊等。

（2）心经热盛型　症见口腔多处溃疡，心中烦热，急躁失眠，口渴饮冷，小便短黄灼热，舌红苔薄黄。治法为清心导热。可选择的药物有牛黄清心丸、导赤散等。

（3）阴虚火旺型　症见口疮时愈时发，久久不愈，心烦不安，失眠多梦，舌尖红。治法为滋阴降火。可选择的药物有知柏地黄丸、大补阴丸等。

3. 急性咽炎

（1）外感风热　症见咽痛不适，吞咽时疼痛加剧，咽痒咳嗽，或伴畏寒发热，头身疼痛，舌红苔薄黄，脉浮数。治法为疏风散热，宣肺利咽。可选择的药物有板蓝根颗粒、穿心莲片、冬凌草含片、健民咽喉片、西瓜霜含片等。

（2）肺热炽盛　症见咽喉疼痛，口干口苦，面红目赤，大便秘结，小便短黄，舌红，苔黄燥，脉滑数。治法为清热解毒，利咽止痛。可选择的药物有黄连上清丸、六神丸等。

二、中药不良反应知识

1. 中药不良反应定义

中药不良反应是指在预防、诊断、治疗疾病或调节生理功能过程，在正常用法用量下出现的与用药目的无关的或意外的有害反应。引发不良反应的药物既可能是中药饮片，也可能是中成药。

2. 药物不良反应的类型

药物的不良反应包括副作用、毒性作用、过敏反应、后遗效应、继发反应、特异质反应及“三致”（致癌、致畸、致突变）作用。

药物不良反应有多种分类方法，常用的分类方法是根据不良反应与药理作用的关系将药物不良反应分为三类：A型反应、B型反应和C型反应。

A型反应又称为剂量相关的不良反应。是由药物的药理作用增强所致，其特点是可以预测，常与剂量有关，停药或减量后症状很快减轻或消失。A型反应发生率高，但死亡率低。通常包括副作用、毒性作用、后遗效应、继发反应等。

B型反应又称剂量不相关的不良反应。它是一种与正常药理作用无关的异常反应，一般和剂量无关联。难于预测，发生率低，而死亡率高，包括特异性反应、变态反应等，如中药注射剂引起的过敏性休克等。

C型反应是指在A型和B型反应之外的异常反应。一般在长期用药后出现，潜伏期较长，没有明确的时间关系，难以预测。

3. 药物不良事件

药物不良事件是指药物治疗过程中出现的不良临床事件，它不一定与该药有因果关系。与药品不良反应明确因果关系有所不同。

4. 药物不良反应监测的范围

（1）上市5年以内的药品和列为国家重点监测的药品，报告该药品可能引起的所有可疑不良反应。

（2）上市5年以上的药品，主要报告该药品引起的严重、罕见或新的不良反应。

中药不良反应监测除对上市药品的不良反应监测外，还应对因用中药材引起的人体伤害进行监测。

5. 药物不良反应报表的填写

药品生产企业、药品经营企业、医疗机构应当按照规定报告所发现的药品不良反应。并按照国家食品药品监督管理局药品不良反应监测中心统一印制的《药品不良反应报告表》的要求，逐项认真填写。

6. 中药不良反应的分析

中药不良反应可根据以下问题进行中药与不良反应/事件的关联性分析。①用药与不良反应/事件的出现有无合理的时间关系。②可疑不良反应是否符合该药品已知的不良反应类型。③停药或降低剂量后，可疑不良反应是否减轻或消失。④再次使用可疑药品后是否再次出现同样反应。⑤所怀疑的不良反应是否可以用患者并用药的作用、患者病情的进展、其他治疗的影响来解释。通过分析判断出不良反应是否与药物有关，做出肯定、很可能、可能、可能无关、待评价、无法评价的判断。

7. 中药不良反应/不良事件的原因分析

中药不良反应/不良事件的原因主要有：

（1）剂量过大或用药时间过久。如麻黄过量出现心率加快、血压升高、心律失常等。如乌头类药物过量服用，或煎煮时间太短，均易引起中毒，表现为舌麻、手麻、心悸、胸闷、面色苍白、肢冷、烦躁呕吐、心律失常，严重者甚至可引起死亡。

（2）药材品种混乱，炮制（制剂）质量欠佳。如不法商人用假龙胆（小檗科植物桃儿七的根茎，别名鬼臼）代替龙胆，造成中毒。生蒲黄活血祛瘀，炒蒲黄收敛止血。误给孕妇用生蒲黄导致阴道内大出血。由此可见炮制的重要性。

（3）储存保管不当。如刺五加注射液被水浸泡后遭细菌污染，使用后，导致数名患者死亡。

（4）未辨证用药或用药不当。因未辨证用药，或辨证失准，寒热错投，攻补倒置，而引起不良后果。热者用热药，如同火上浇油。如给实证、热证等正气不虚患者服用人参，可能出现鼻衄、呼吸急促、烦躁等症状。

（5）用药方法不当。如附子久煎可祛除毒性增强疗效，如果煎药不当，随意缩短煎药时间，用药后可能出现不适症状，严重者可能出现中毒症状。柴胡注射液为肌肉注射给药，使用时未能注意给药途径，盲目认为注射液均可静脉给药，造成不良后果。

（6）配伍不当。中药注射剂如无研究证明可以混合用药的应单独使用，不应与其他药物在同一容器中混合，以免发生不良相互作用。有些中药注射剂发生不良事件的原因是错误地将多种药物混合使用。

（7）药物自身的副作用。如雷公藤在治疗风湿疾病时，其对女性卵巢功能有抑制作用，长期服用可致育龄妇女月经紊乱、闭经。对男性则引起精子数目减少，活力下降，并伴性欲减退。

（8）药物自身的毒性作用。如黄药子有一定的肝毒性，长期大量服用可能导致肝损伤。

传统中医药理论认为，是药三分毒，世界上没有一种绝对安全的药物。在使用药物时更应注意安全合理用药，减少因不合理用药导致的药源性疾病的发生，保障患者用药安全有效。

三、常见病的中成药介绍

（一）内科用药

牛黄清感胶囊

【药物组成】金银花、连翘、黄芩、人工牛黄、珍珠母。

【功能与主治】疏风解表，清热解毒。用于外感风热，内郁化火所致的感冒发热、咳嗽、咽痛。

【常用剂型】胶囊剂。

【用法用量】口服。一次 2 ~4 粒，一日 3 次；儿童酌减或遵医嘱。

十滴水（软胶囊）

【药物组成】樟脑、干姜、桉油、小茴香、肉桂、辣椒、大黄。

【功能与主治】健胃，祛暑。用于因中暑引起的头晕、恶心、腹痛、胃肠不适。

【常用剂型】胶囊剂。

【用法用量】口服。十滴水：一次 2 ~5ml；儿童酌减。胶囊剂：一次 1 ~2 粒；儿童酌减。

【注意事项】

1. 孕妇忌服。

2. 服药期间忌食辛辣、油腻食物。

疏风解毒胶囊

【药物组成】虎杖、连翘、板蓝根、柴胡、败酱草、马鞭草、芦根、甘草。

【功能与主治】祛风清热，解毒利咽。用于急性上呼吸道感染属风热证，症见发热、恶风、咽痛、头痛、鼻塞、流浊涕、咳嗽等。

【常用剂型】胶囊剂。

【用法用量】口服。一次4粒，一日3~4次。

小儿泻速停颗粒

【药物组成】地锦草、茯苓、儿茶、乌梅、焦山楂、白芍、甘草。

【功能与主治】清热利湿，健脾止泻，缓急止痛。用于小儿湿热壅遏大肠所致的泄泻，症见大便稀薄如水样、腹痛、纳差；小儿秋季腹泻及迁延性、慢性腹泻见上述证候者。

【常用剂型】颗粒剂。

【用法用量】口服。6个月以下，一次1.5~3g；6个月~1岁以内，一次3~6g；1~3岁，一次6~9g；3~7岁，一次10~15g；7~12岁，一次15~20g。一日3~4次或遵医嘱。

【注意事项】

1. 虚寒泄泻者不宜使用。

2. 如病情较重，或服用1~2天后疗效不佳者，可酌情增加剂量。

3. 有脱水者可口服或静脉补液。

4. 饮食宜清淡，忌生冷、辛辣食物。

5. 服药期间，腹泻病情加重时，应到医院诊治。

稳心颗粒

【药物组成】党参、三七、黄精、琥珀、甘松。

【功能与主治】益气养阴，活血化瘀。用于气阴两虚，心脉瘀阻所致的心悸不宁、气短乏力、胸闷胸痛；室性早搏、房性早搏见上述证候者。

【常用剂型】颗粒剂。

【用法用量】开水冲服。一次1袋，一日3次或遵医嘱。

生脉饮

【药物组成】红参、麦冬、五味子。

【功能与主治】益气复脉，养阴生津。用于气阴两亏，心悸气短，脉微自汗。

【常用剂型】口服液、胶囊剂、颗粒剂、片剂。

【用法用量】口服。口服液：一次10ml，一日3次。颗粒剂：一次10g，一日3次。片剂：一次8片，一日3次。胶囊剂：一次3粒，一日3次。

【注意事项】

1. 热邪尚盛、表证未解者忌用。

2. 脾胃虚弱者慎用。

3. 儿童、孕妇、高血压及糖尿病患者应遵医嘱服用。

4. 不宜与藜芦、五灵脂、皂角及其制剂同用；忌茶和白萝卜。

5. 宜饭前服用；忌烟、酒及辛辣、生冷、鱼腥、油腻食物。

蛤蚧定喘胶囊（丸）

【药物组成】蛤蚧、百合、炒紫苏子、炒苦杏仁、紫菀、瓜蒌子、麻黄、黄芩、黄连、煅石膏、醋鳖甲、麦冬、甘草、石膏。

【功能与主治】滋阴清肺，止咳平喘。用于肺肾两虚、阴虚肺热所致的虚劳久咳、胸满郁闷、自汗盗汗。

【常用剂型】胶囊剂、丸剂。

【用法用量】口服。胶囊剂：一次 3 粒，一日 2 次，或遵医嘱。丸剂：水蜜丸一次5～6g，小蜜丸一次 9g，大蜜丸一次 1 丸，一日 2 次。

【注意事项】

1. 咳嗽新发者慎用。

2. 孕妇慎用。

3. 服药期间忌食辛辣、生冷、油腻食物。

4. 本品含麻黄，高血压病、心脏病、青光眼者慎用。

二母宁嗽丸

【药物组成】知母、川贝母、石膏、炒栀子、黄芩、炒瓜蒌子、蜜桑白皮、茯苓、陈皮、麸炒枳实、五味子（蒸）、炙甘草。

【功能与主治】清肺润燥，化痰止咳。用于燥热蕴肺所致的咳嗽，痰黄而黏不易咳出、胸闷气促、久咳不止、声嘶喉痛。

【常用剂型】丸剂。

【用法用量】口服。大蜜丸一次 1 丸，水蜜丸一次 6g，一日 2 次。

【注意事项】

1. 风寒咳嗽者慎用。

2. 服药期间，忌食辛辣食物，以及牛肉、羊肉、鱼等食物。

桂龙咳喘宁胶囊

【药物组成】桂枝、白芍、炒苦杏仁、瓜蒌皮、法半夏、龙骨、牡蛎、生姜、大枣、黄连、炙甘草。

【功能与主治】止咳化痰，降气平喘。用于外感风寒、痰湿阻肺引起的咳嗽、气喘、痰涎壅盛；急、慢性支气管炎见上述证候者。

【常用剂型】胶囊剂。

【用法用量】口服。一次 5 粒，一日 3 次。

【注意事项】

1. 外感风热慎用。

2. 孕妇慎用。

3. 服药期间戒烟忌酒、油腻、生冷食物。

润肺膏

【药物组成】莱阳梨清膏、炙黄芪、川贝母、紫菀（蜜炙）、百部（蜜炙）。

【功能与主治】润肺益气，止咳化痰。用于肺虚气弱所致的久咳痰嗽，气喘，自汗，胸闷；慢性支气管炎见上述证候者。

【常用剂型】膏剂。

【用法用量】口服或开水冲服。一次15g，一日2次。

【注意事项】

1. 外感咳嗽慎用。

2. 糖尿病患者慎用。

3. 服药期间忌食辛辣、油腻食物。

苏合香丸

【药物组成】苏合香、安息香、冰片剂、水牛角浓缩粉、人工麝香、檀香、沉香、丁香、香附、木香、乳香、荜茇、白术、诃子肉、朱砂。

【功能与主治】芳香开窍，行气止痛。用于痰迷心窍所致痰厥昏迷、中风偏瘫、肢体不利，以及中暑，心胃气痛。

【常用剂型】丸剂。

【用法用量】口服。一次1丸，一日1～2次，温开水送服。

【注意事项】

1. 孕妇忌用。

2. 忌辛辣、油腻食物。

3. 热病、阳闭与脱证者不宜用。

4. 本品耗伤正气，不宜久用。

知柏地黄丸

【药物组成】熟地黄、山茱萸（制）、山药、知母、黄柏、茯苓、泽泻、牡丹皮。

【功能与主治】滋阴降火。用于阴虚火旺，潮热盗汗，口干咽痛，耳鸣遗精，小便短赤。

【常用剂型】丸剂。

【用法用量】口服。水蜜丸一次6g，小蜜丸一次9g，大蜜丸一次1丸，一日2次；浓缩丸一次8丸，一日3次。

【注意事项】

1. 气虚发热及实热者慎用。

2. 感冒者慎用。

3. 脾虚便溏、气滞中满者慎用。

4. 服药期间忌食辛辣、油腻食物。

消渴丸

【药物组成】地黄、葛根、黄芪、天花粉、南五味子、山药、玉米须、格列本脲。

【功能与主治】滋肾养阴，益气生津。用于气阴两虚所致的消渴病，症见多饮、多尿、多食、消瘦、体倦乏力、眠差、腰痛；2 型糖尿病见上述证候者。

【常用剂型】丸剂。

【用法用量】口服。一次 5 ~ 10 丸，一日 2 ~ 3 次。饭前用温开水送服。或遵医嘱。

【注意事项】

1. 阴阳两虚消渴者慎用。

2. 服药期间忌食肥甘、辛辣食物，控制饮食，注意合理的饮食结构；忌烟酒。

3. 服用本品时禁止加服磺酰脲类抗糖尿病药。

4. 体质虚弱、高热、老年患者、有肾上腺皮质功能减退或垂体前叶功能减退者慎用。

5. 用药期间应定期测定血糖、尿糖、尿酮体、尿蛋白、肝肾功能和血象，并进行眼科检查。

济生肾气丸

【药物组成】肉桂、附子（制）、牛膝、熟地黄、山茱萸（制）、山药、茯苓、泽泻、车前子、牡丹皮。

【功能主治】温肾化气，利水消肿。用于肾阳不足、水湿内停所致的肾虚水肿、腰膝酸重、小便不利、痰饮咳喘。

【常用剂型】丸剂。

【用法用量】口服。水蜜丸一次 6g，小蜜丸一次 9g，大蜜丸一次 1 丸，一日 2 ~ 3 次。

生血宝合剂（颗粒）

【药物组成】制何首乌、黄芪、女贞子、桑椹、墨旱莲、白芍、狗脊。

【功能与主治】养肝肾，益气血。用于恶性肿瘤放化疗所致的白细胞减少及神疲乏力，腰膝疲软，头晕耳鸣，心悸，气短，失眠，咽干，纳差食少等症。

【常用剂型】合剂、颗粒剂。

【用法用量】口服。合剂：一次 15ml，一日 3 次，用时摇匀。颗粒剂：开水冲服，一次 8g，一日 2 ~ 3 次。

【注意事项】

1. 体实者慎用。

2. 感冒者慎用。

3. 脘腹痞满、痰多湿盛者慎用。

4. 忌食辛辣、油腻、生冷食物。

5. 用于治疗失眠时，睡前忌吸烟，忌饮酒、茶和咖啡。

安胃疡胶囊

【功能与主治】补中益气，解毒生肌。主治胃及十二指肠球部溃疡。对虚寒型和气滞型患者有较好的疗效。可用于溃疡愈合后的维持治疗。

【常用剂型】胶囊剂。

【用法用量】口服。每次2粒，一日4次（三餐后和睡前）。

脑心通胶囊（丸、片）

【药物组成】黄芪、赤芍、丹参、当归、川芎、桃仁、红花、乳香（制）、没药（制）、鸡血藤、牛膝、桂枝、桑枝、地龙、全蝎、水蛭。

【功能与主治】益气活血，化瘀通络。用于气虚血滞、脉络瘀阻所致中风中经络，半身不遂、肢体麻木、口眼歪斜、舌强语謇及胸痹心痛、胸闷、心悸、气短；脑梗死、冠心病心绞痛属上述证候者。

【常用剂型】胶囊剂。

【用法用量】口服。一次2～4粒，一日3次，或遵医嘱。

【注意事项】孕妇禁用。

心可舒胶囊

【药物组成】丹参、葛根、三七、山楂、木香。

【功能与主治】活血化瘀，行气止痛。用于气滞血瘀型冠心病引起的胸闷、心绞痛、高血压、头晕、头痛、颈项疼痛及心律失常、高血脂等症。

【常用剂型】胶囊剂、片剂。

【用法用量】口服。胶囊剂：一次4粒，一日3次，或遵医嘱。片剂：一次4片（小片）或2片（大片），一日3次，或遵医嘱。

【注意事项】

1. 孕妇禁用。
2. 气虚血瘀、痰瘀互阻之胸痹、心悸者不宜单用。
3. 出血性疾病及有出血倾向者慎用。
4. 忌食生冷、辛辣、油腻食物，忌烟酒、浓茶。
5. 在治疗期间，心绞痛持续发作宜加用硝酸酯类药。如果出现剧烈心绞痛、心肌梗死等，应及时救治。
6. 脑梗死发作期应及时留观，待病情稳定后方可用药。

银杏叶胶囊（片、滴丸）

【药物组成】银杏叶。

【功能与主治】活血化瘀通络。用于瘀血阻络引起的胸痹心痛、中风、半身不遂、舌强语謇；冠心病稳定型心绞痛、脑梗死见上述证候者。

【常用剂型】胶囊剂、口服液、片剂。

【用法用量】口服。胶囊剂：一次1粒或2粒（根据规格不同），一日3次，或遵医嘱。滴丸：一次 5 丸，一日 3 次，或遵医嘱。片剂：一次 1 片或 2 片（根据规格不同），一日 3 次，或遵医嘱。

【注意事项】

1. 月经期及有出血倾向者禁用。

2. 孕妇慎用。

3. 忌食生冷、辛辣、油腻食物，忌烟酒、浓茶。

4. 在治疗期间，心绞痛持续发作，宜加用硝酸酯类药。若出现剧烈心绞痛，心肌梗死，见气促、汗出、面色苍白者，应及时救治。

丹栀逍遥丸

【药物组成】牡丹皮、白芍（酒炒）、白术（土炒）、栀子（炒焦）、当归、薄荷、柴胡（酒制）、茯苓、甘草（蜜炙）。

【功能与主治】舒肝解郁，清热调经。用于肝郁化火，胸胁胀痛，烦闷急躁，颊赤口干，食欲不振或有潮热，以及妇女月经先期，经行不畅，胸乳与少腹胀痛。

【常用剂型】丸剂。

【用法用量】口服。一次 6 ~ 9g，一日 2 次。

【注意事项】

1. 忌食生冷、辛辣食物。

2. 服药期间要保持情绪乐观，避免生气恼怒。

3. 孕妇慎用。

三九胃泰颗粒（胶囊）

【药物组成】三桠苦、九里香、两面针、木香、黄芩、茯苓、地黄、白芍。

【功能与主治】清热燥湿，行气活血，柔肝止痛。用于湿热内蕴、气滞血瘀所致的胃痛，症见脘腹隐痛、饱胀反酸、恶心呕吐、嘈杂纳减；浅表性胃炎、糜烂性胃炎、萎缩性胃炎见上述证候者。

【常用剂型】颗粒剂、胶囊剂。

【用法用量】颗粒剂：开水冲服，一次 1 袋，一日 2 次。胶囊剂：口服，一次 2 ~ 4 粒，一日 2 次。

【注意事项】

1. 虚寒性胃痛及寒凝血瘀胃痛者慎用。

2. 忌食油腻、生冷、难消化食物。

加味左金丸

【药物组成】姜黄连、制吴茱萸、柴胡、醋延胡索、木香、醋香附、麸炒枳壳、郁金、陈皮、青皮（醋炙）、黄芩、白芍、当归、甘草。

【功能与主治】平肝降逆，疏郁止痛。用于肝郁化火、肝胃不和引起的胸脘痞闷、急躁易怒、嗳气吞酸、胃痛少食。

【常用剂型】丸剂。

【用法用量】口服。一次6g，一日2次。

【注意事项】

1. 肝寒犯胃及体虚者慎用。

2. 忌气恼，忌食生冷、辛辣、油腻、不易消化食物。

3. 孕妇慎用。

六味安消散

【药物组成】藏木香、大黄、山柰、北寒水石（煅）、诃子、碱花。

【功能与主治】和胃健脾，消积导滞，活血止痛。用于脾胃不和、积滞内停所致的胃痛胀满、消化不良、便秘、痛经。

【常用剂型】散剂。

【用法用量】口服。一次1.5~3g，一日2~3次。

【注意事项】

1. 脾胃虚寒的胃痛、便秘及热结血瘀痛经者慎用。

2. 妇女月经期、妊娠期应慎用。

3. 服药期间饮食宜清淡，忌食辛辣油腻食物，戒烟酒。

正天丸（胶囊）

【药物组成】川芎、当归、桃仁、红花、鸡血藤、附片、麻黄、白芷、防风、独活、羌活、细辛、钩藤、地黄、白芍。

【功能与主治】疏风活血，养血平肝，通络止痛。用于外感风邪、瘀血阻络、血虚失养、肝阳上亢引起的多种头痛，神经性头痛，颈椎病型头痛，经前头痛。

【常用剂型】丸剂、胶囊剂。

【用法用量】口服。丸剂：一次6g，一日2~3次，15天为一疗程。胶囊剂：一次2粒，一日3次，15天为一疗程。

【注意事项】

1. 用药期间注意血压监测。

2. 孕妇慎用。

3. 宜饭后服用。

4. 有心脏病史者，用药期间注意监测心律情况。

5. 运动员慎用。

润燥止痒胶囊

【药物组成】生地黄、何首乌、制何首乌、桑叶、苦参、红活麻。

【功能与主治】养血滋阴，祛风止痒，润肠通便。用于血虚风燥所致的皮肤瘙痒，热毒蕴肤所致的痤疮肿痛、热结便秘。

【常用剂型】胶囊剂。

【用法用量】口服。一次4粒，一日3次，2周为一疗程；或遵医嘱。

【注意事项】孕妇慎用。

复方风湿宁胶囊

【药物组成】两面针、野木瓜、宽筋藤、过岗龙、威灵仙、鸡骨香。

【功效与主治】祛风除湿，活血散瘀，舒筋止痛。用于风湿痹痛。

【常用剂型】胶囊剂。

【用法用量】口服。一次 5 粒，一日 3 ~4 次。

【注意事项】

1. 忌与酸味食物同服。

2. 孕妇慎用。

癃闭舒胶囊

【药物组成】补骨脂、益母草、琥珀、金钱草、海金沙、山慈菇。

【功能与主治】益肾活血，清热通淋。用于肾气不足、湿热瘀阻所致的癃闭，症见腰膝酸软、尿频、尿急、尿痛、尿线细，伴小腹拘急疼痛；前列腺增生症见上述证候者。

【常用剂型】胶囊剂。

【用法用量】口服。一次 3 粒，一日 2 次。

【注意事项】

1. 肺热壅盛、肝郁气滞、脾虚气陷所致的癃闭皆慎用。

2. 服药期间忌食辛辣、生冷、油腻食物及忌酒。

3. 伴有慢性肝脏疾病者慎用。

血脂康胶囊

【药物组成】红曲。

【功能与主治】除湿祛痰，活血化瘀，健脾消食。用于脾虚痰瘀阻滞症的气短、乏力、头晕、头痛、胸闷、腹胀、食少纳呆等；高脂血症；也可用于由高脂血症及动脉粥样硬化引起的心脑血管疾病的辅助治疗。

【常用剂型】胶囊剂。

【用法用量】口服。一次 2 粒，一日 2 次。早晚饭后服用。轻、中度患者一日 2 粒。晚饭后服用，或遵医嘱。

【注意事项】孕妇及哺乳期妇女慎用。

（二）外科用药

小 金 丸

【药物组成】制草乌、地龙、木鳖子（去壳去油）、酒当归、五灵脂（醋炒）、乳香（制）、没药（制）、枫香脂、香墨、人工麝香。

【功能与主治】散结消肿，化瘀止痛。用于痰气凝滞所致的瘰疬、瘿瘤、乳岩、乳癖，症见肌肤或肌肤下肿块一处或数处、推之能动，或骨及骨关节肿大、皮色不变、肿硬作痛。

【常用剂型】丸剂。

【用法用量】打碎后内服。一次1.2~3g，一日2次；小儿酌减。

【注意事项】孕妇禁用。

（三）妇科用药

妇科十味片

【药物组成】醋香附、当归、醋延胡索、熟地黄、白芍、川芎、赤芍、白术、大枣、甘草、碳酸钙。

【功能与主治】养血舒肝，调经止痛。用于血虚肝郁所致月经不调、痛经、月经前后诸证，症见经行后错、经水量少、有血块，经行小腹疼痛，血块排出痛减，经前双乳胀痛、烦躁、食欲不振。

【常用剂型】片剂。

【用法用量】口服。一次4片，一日3次。

妇科千金片

【药物组成】千斤拔、功劳木、单面针、穿心莲、党参、鸡血藤、当归、金樱根。

【功能与主治】清热除湿，益气化瘀。用于湿热瘀阻所致的带下病、腹痛，症见带下量多、色黄质稠、臭秽、小腹疼痛、腰骶酸痛、神疲乏力；慢性盆腔炎、子宫内膜炎、慢性宫颈炎见有上述证候者。

【常用剂型】片剂。

【用法用量】口服。一次6片，一日3次。

更年安片

【药物组成】地黄、熟地黄、制何首乌、玄参、麦冬、茯苓、泽泻、牡丹皮、珍珠母、磁石、钩藤、首乌藤、五味子、浮小麦、仙茅。

【功能与主治】滋阴清热，除烦安神。用于肾阴虚所致的绝经前后诸证，症见烘热出汗、眩晕耳鸣、手足心热、烦躁不安；更年期综合征见上述证候者。

【常用剂型】片剂。

【用法用量】口服。一次6片，一日2~3次。

乳癖消胶囊（颗粒、片）

【药物组成】鹿角、鸡血藤、红花、三七、牡丹皮、赤芍、蒲公英、连翘、天花粉、玄参、夏枯草、漏芦、昆布、海藻、木香。

【功能与主治】软坚散结，活血消痈，清热解毒。用于痰热互结所致的乳癖、乳痈，症见乳房结节、数目不等、大小形态不一、质地柔软，或产后乳房结块、红热疼痛；乳腺增生、乳腺炎早期见上述证候者。

【常用剂型】胶囊剂、颗粒剂、片剂。

【用法用量】口服。胶囊：一次5~6粒，一日3次。颗粒：开水冲服，一次8g，一日

3 次。片剂：小片一次 5 ~ 6 片，大片一次 3 片，一日 3 次。

【注意事项】孕妇慎用。

（四）五官科用药

明目上清片

【药物组成】熟大黄、黄连、黄芩、玄参、菊花、连翘、蝉蜕、蒺藜、车前子、赤芍、麦冬、当归、天花粉、石膏、栀子、甘草、陈皮、桔梗、枳壳、薄荷脑、荆芥油。

【功能与主治】清热散风，明目止痛。用于暴发火眼，红肿作痛，头晕目眩，眼睑刺痒，大便燥结，小便赤黄。

【常用剂型】片剂、丸剂。

【用法用量】口服。片剂：一次 4 片，一日 2 次。蜜丸：一次 9g，一日 1 ~ 2 次。

【注意事项】

1. 孕妇、年老体弱及白内障患者忌服。

2. 饮食宜清淡易消化，忌辛辣、油腻食物。

通窍耳聋丸

【药物组成】龙胆、黄芩、栀子（姜炙）、芦荟、青黛、天南星（矾炙）、当归、熟地黄、柴胡、木香、青皮（醋炙）、陈皮。

【功能与主治】清肝泻火，通窍润便。用于肝经热盛，头目眩晕，耳聋蝉鸣，耳底肿痛，目赤口苦，胸膈满闷，大便燥结。

【常用剂型】丸剂。

【用法用量】口服。一次 6g，一日 2 次。

【注意事项】

1. 孕妇忌服。

2. 忌食辛辣油腻食物。

香菊胶囊（片）

【药物组成】化香树果序（除去种子）、夏枯草、黄芪、防风、辛夷、野菊花、白芷、川芎、甘草。

【功能与主治】辛散祛风，清热通窍。用于治疗急、慢性鼻窦炎、鼻炎等。

【常用剂型】胶囊剂、片剂。

【用法用量】胶囊剂：口服。一次 2 ~ 4 粒，一日 3 次。片剂：口服。一次 2 ~ 4 片，一日 3 次。

口炎清颗粒

【药物组成】天冬、麦冬、玄参、山银花、甘草。

【功能与主治】滋阴清热，解毒消肿。用于阴虚火旺所致的口腔炎症。

【常用剂型】颗粒剂。

【用法用量】口服。一次2袋，一日1~2次。

（五）骨伤科用药

伤科接骨片

【药物组成】红花、土鳖虫、朱砂、马钱子粉、甜瓜子、鸡骨（炙）、自然铜（煅）、海星（炙）、乳香（炙）、没药（炙）、三七、冰片。

【功能与主治】活血化瘀，消肿止痛，舒筋壮骨。用于跌打损伤，闪腰岔气，伤筋动骨，瘀血肿痛，损伤红肿等症。对骨折需经复位后配合使用。

【常用剂型】片剂。

【用法用量】口服。成人一次4片，10~14岁儿童一次3片，一日3次。温开水或黄酒送服。

【注意事项】

1. 本品不可随意增加药量，增加时，须遵医嘱。
2. 孕妇忌服。
3. 10岁以下小儿禁服。

舒筋活血丸

【药物组成】土鳖虫、红花、桃仁、牛膝、骨碎补、续断、熟地黄、白芷、栀子、赤芍、桂枝、三七、乳香（制）、苏木、自然铜（醋煅）、大黄、儿茶、马钱子（制）、当归、冰片。

【功能与主治】舒筋活络，活血止痛。用于跌打损伤、闪腰岔气、筋断骨折、瘀血痛。

【常用剂型】丸剂。

【用法用量】口服。每次1丸，一日2次，用黄酒或温开水送服。

【注意事项】不可过量，孕妇禁服。

七厘散（胶囊）

【药物组成】血竭、乳香（制）、没药（制）、红花、儿茶、冰片、人工麝香、朱砂。

【功能与主治】化瘀消肿，止痛止血。用于跌仆损伤，血瘀疼痛，外伤出血。

【常用剂型】散剂、胶囊剂。

【用法用量】散剂：口服。一次1~1.5g，一日1~3次；外用，调敷患处。胶囊剂：口服。一次2~3粒，一日1~3次；外用，内容物调敷患处。

【注意事项】孕妇禁用。

第二节　中药商品销售

一、销售计划的编制与实施

（一）销售计划编制

销售计划是指在研究目前市场销售情况，分析企业所面临的主要机会与威胁、优势与劣势以及存在问题的基础上，对财务目标、销售目标、市场营销战略、行动方案、预计利润的确定和控制。

1. 销售计划的内容

（1）内容摘要　使最高管理层迅速抓住计划的要点。

（2）当前市场状况　提供与市场、产品、竞争、分销和宏观环境有关的背景数据。

（3）SWOT 分析　概述企业内部的主要机会与威胁、企业内部的优势与劣势，以及在计划执行中必须注意的主要问题。

（4）目标　确定计划中想要达到的销售量、利润额、投资回报率、市场占有率等领域的目标。

（5）市场营销战略　描述为实现计划目标而采用的主要市场销售方法。包括目标市场的选择和市场定位战略、营销组合策略、费用水平预估等。

（6）行动方案　回答应该做什么、谁来做、何时做、需要多少成本等。

（7）预计的利润　概述计划所预期的财务收益情况。

（8）控制　说明将如何监控计划的实施。

2. 销售计划编制方法

（1）分析现状　对当前市场状况、竞争对手及产品、销售渠道和促销工作等必须进行详细的分析，然后，市场销售调研部门开始进行销售预测。

（2）确定目标　销售部门应当把前一期的执行情况、对现状的分析、预测结果三者结合起来，提出下一计划期切实可行的销售目标。

（3）制订销售策略　确立目标后，企业各部门制订出几个可供选择的销售策略方案，以便从中进行评价选择。

（4）评价和选定销售策略　评价各部门提出的销售策略方案，权衡利弊，从中选择最佳方案。

（5）综合编制销售计划　由负责销售的副总经理负责，把各部门制订的计划汇集在一起，经过统一协调编制每一产品包括销售量、定价、广告、渠道等策略的计划。扼要地综合每一产品的销售计划，形成公司的全面销售计划。

（6）对计划加以具体说明　说明可使执行人员心领神会，贯彻执行起来有力有效。说明应注意以下几点：注明每个步骤之间的关系次序；每个步骤由谁负责；确定每一步骤需要多少资源；每一步骤需要多少时间；指定每部分的完成期限。凡是与计划有关的情况，都应尽量说明。如：以金额表示销售量的大小，企业目前市场占有率是多大，预期的销售量的金额是多少，广告费是多少，杂费是多少，总的市场活动成本为多少，销售成本占销售收入的比例是多少，毛利是多少，毛利占销售收入的比例是多少。

（7）执行计划　计划一经确定，各部门就必须按照既定的战略执行，以求达到销售目标。

（8）程序控制　在执行计划时，要按照一定的评价和反馈制度，了解和检查计划的执行情况，评价计划的效率，即分析计划是否在正常执行。如出现意外，销售部门要及时修正计划，以适应新的情况。

3. 销售计划的确定

（1）商品销售总值、类值指标的确定　商品销售总值指标表明企业在一定时期内的业务规模，是企业安排人员、资金、商品货源、库存量、财务的依据。

商品销售总值需从以下几方面研究确定：计划期内市场调查与预测，市场购买力水平，本企业前期销售计划的执行情况，本企业现实销售形势的分析预测，本企业计划期的经营能力、货源状况等。对以上五方面进行综合平衡分析后，确定商品销售计划的商品销售总值。

类值指标是反映企业商品销售的过程，它是商品销售计划在各种不同品种上的具体化。类值指标的确定应从以下两方面来分析：①根据目标市场的结构和消费需求估算；②在确定商品销售总值的基础上，根据市场发展趋势，结合本企业销售构成的历史实际情况来测算确定。

（2）主要品种指标的确定　主要品种是企业经营的主要商品，最能反映企业的经营特点，确定主要品种指标的方法与类值确定基本相同，但对商品的需求弹性、商品寿命周期、货源保证、市场占有率等因素也应进行分析，在此基础上确定年度销售指标。

（3）数量指标的确定　数量指标是企业经营的最大限量，也是实现目标利润的重要依据。如何确定数量指标应考虑以下几方面：本企业前期实际完成的数量总额，本企业商品在目标市场上的数量占有率，本企业销售商品的最大数量额同实际消费者购买力的比率，本企业目标市场竞争对手情况。

（二）销售计划的实施

1. 计划分解，落实责任到人

将年销售计划，根据每一营销人员的市场规模，分解到个人，让每一位营销人员了解市场营销目标及目标达成进度。

2. 培训到位，提高营销能力

通过商品知识培训，让营销人员对本企业销售品种有比较全面、深刻的了解，以便向客户提供准确的咨询和服务；通过市场知识的培训，让营销人员了解本地区客户的基本情况、了解本企业的市场占有情况及市场开发战略，了解竞争对手的市场占有情况及营销策略，以便更好地开发市场，提高市场占有率；通过营销技能培训，让营销人员掌握基本营销技巧和营销原则，明确营销工作程序和责任，提高营销能力；通过政策法规培训，让营销人员了解药品营销行业的政策法规，合规经营，降低营销风险。

3. 紧盯市场，做出快速反应

市场营销应该不断适应外部环境，并对市场变化做出积极的反应。把握市场变化的途径是多种多样的，市场营销研究部门、企业的销售人员以及有关部门都能为企业提供各种市场信息。了解到市场变化后，企业的反应涉及整个市场营销活动，从新产品开发到价格的确定乃至商品的包装都要做相应的调整。

4. 组织协调，提高营销效率

企业内部存在许多专业化部门，为避免这些部门之间的矛盾和冲突，市场营销人员要发挥其协调和控制的职能，确定各自的权利和职责，强化部门之间的配合。

5. 激励制度，激发员工热情

绝大多数企业员工总是把自己努力的过程作为获得某种相应报酬的过程，如果他做出的努力得到相应合理而公平的报酬，他的满意程度就会增加，这样，就有利于巩固和强化他的这个努力，并会促使他继续做出更大的努力，向着更高的目标冲刺。因此，确定科学合理的激励政策，采取有效的激励措施，对于调动营销人员的积极性、主动性，提高营销工作效率和扩大市场占有率，有着重要的作用。

（三）销售计划控制

销售计划控制，是指对销售计划整个实施过程进行有效的检测、评价、监督、控制。通过销售控制，把企业销售组织的各个经营管理部门或环节以及销售人员的活动，约束在企业经营方针及发展目标的轨道上，使企业的营销管理更加科学、高效；通过销售控制，及时评价销售人员的营销业绩，有利于满足销售人员追求实现自我价值的需要，有利于培养销售人员执著追求、全心全意、认真负责、勤奋进取、奋发向上的敬业精神；通过销售控制，及时发生偏差，立即采取调整修正措施，使实际结果达到或接近预期效果，以确保销售目标最终的实现。

1. 销售计划控制程序

（1）确定控制对象及评价范围　控制对象一般指企业的整个营销活动。评价的范围多局限于销售收入、销售成本和销售利润三个方面。

（2）确定控制标准　确定控制标准，就是根据所确定的评价范围和控制对象，从质量上、数量上衡量实际工作的客观尺度。科学、合理地制订控制标准非常重要。所以，在建立控制标准时，一方面要以企业的历史资料作为依据，另一方面，应大量搜集外部资料作为参考，同时还要考虑控制对象的本身差别。制订控制标准时，还应规定控制标准的偏差，留有余地，增加控制标准的可操作性。

（3）检查与比较　检查可以通过企业的销售信息系统提供的数据和各种原始记录来进行。通过实际数据与控制标准进行比较，及时发现差距和问题，从而采取相应的措施。对执行好的进行经验总结、推广。

（4）分析与纠正　通过实际数据与控制标准进行比较，发现差距和问题，对发现的问题和差距进行分析，找出具体的原因，并有针对性地给出相应的改进措施。

2. 销售计划控制的方法

（1）年度计划控制　企业经理人员可以运用五种绩效工具核对年度计划的实现程度，即销售因素分析、市场占有率分析、营销费用率分析、销售利润率分析、客户态度跟踪。

①销售因素分析：它主要通过对销售额构成因素的分析，来确定本期实际销售额增减变化的原因。常用的有两种分析方式：

A. 销售价格、销售因素分析：利用销售额等于销售数量与销售价格的乘积关系，分析销售额变动的具体原因是价格因素主导还是销售因素主导。

B. 产品或地区因素分析：通过分析哪些产品或哪些地区的销售额未能达到预期的目标销售额，来确定销售控制的重点。

②市场占有率分析：通过市场占有率指标，可以了解到企业销售额的变化是由于不可控的外在因素影响，还是企业本身的内在因素的影响。如果一个企业的销售额虽然下降了，但其市场占有率仍然保持不变，则表明整个行业都受到了外在不可控因素的影响。反之，如果市场占有率也下降，就要对其进行具体分析。

③营销费用率分析：在销售过程的控制中，必须定期考察费用与销售收入之间的关系，力求以最少的费用支出确保企业销售的实现。对销售费用的考核主要通过营销费用率来控制。要考察各个费用项目与销售额的比率，控制费用上升。

④销售利润率分析：主要运用计划销售利润率与实际销售利润率进行对比分析，综合考察企业的销售成果。

在进行销售利润率分析时，销售组织除了要分析整个企业产品销售的获利能力，还要分析各类产品在不同地区、不同市场、不同分销渠道中的获利能力，从而帮助主管人员进行销售决策。

⑤客户态度追踪：对销售过程的控制，仅仅有上述定量分析还是不够的，还必须建立客户态度跟踪系统，以便于尽早察觉市场销售可能发生的变化。通过各种客户的反馈意见，可使企业对自己的产品、服务以及企业在客户心目中的地位有更全面的了解。客户态度跟踪方式主要有：记录、分析和答复，答复主要来自客户的信函，设立客户意见簿和建议书，定期进行客户意见调查等。

（2）盈利能力的控制　运用盈利能力控制，来测定不同产品、不同销售地区、不同客户群体、不同渠道和不同订货规模的盈利能力。盈利能力控制所获得的信息，有助于管理人员决定对各种产品或市场营销活动是加以扩张、减少还是取消。

（3）营销效率控制　通过营销效率控制，提高销售人员、广告、促销效果的控制。

（4）预算控制　预算控制就是从资金、费用、利润等方面对销售活动进行控制。其控制的具体方法主要有：

① 效率测量：销售的效率测量就是确定各种用于销售的资源的使用效果。这种测量可以分析研究一定的销售资源可生产出的销售效果，据此做出最有效地使用销售资源的决策。

② 销售预算：销售预算是指以货币指标反映的能分配给销售活动的各项费用计划。主要包括人员销售费用预算、广告费用预算和各种营业推广活动费用预算。

二、财务管理基础知识

（一）经济核算

1. 经济核算的概念

经济核算是企业经营管理的一种方式，是将生产经营过程中各种不同形式的财产物资劳动耗费核算成统一的价值形式，借助这种价值形式，对企业经营过程中各种劳动占用、劳动消耗和劳动成果进行记录、计算、对比和分析，通过企业资产价值的改变量来描述经济过程、评价经济得失，促使企业管理职能部门变革经营管理机制，提高经营管理效能，降低费用成本，追求以最少的财产物资劳动耗费获取最大的经济效益。这种方法就是经济核算。

2. 经济核算的基本特征

经济核算一般具有以下五项基本特征：①以货币（人民币元）为计量单位；②对经济业务活动进行连续、系统和完整的记录与反映；③采用专门的核算方法；④具有核算和监督两大基本职能；⑤以提高经济效益为目的。

3. 经济核算的形式和内容

（1）中药商业企业经济核算的形式　中药商业企业的经济核算分为专业核算和群众核算两种形式。专业核算是商业企业中专门从事核算工作的专业人员进行的核算，包括业务核算、会计核算、统计核算三部分，这种核算是由企业统一进行的。群众核算是从事各项业务经营活动的营业人员直接参加的核算，在实际工作中多以部组为单位，所以又称为部组核算。

（2）经济核算的内容

①企业组织结构的经济核算：组织结构的经济核算内容主要包括：企业规模的经济核算，企业内部各个责任中心的建立，对各个责任中心的评价。

② 对长期投资的经济核算：企业长期投资的经济核算，是指对影响企业生产经营方向的长期投资决策所进行的核算控制。

③ 企业日常活动的经济核算：企业的各级管理人员、所有职员，有意识地参与企业管理、加强企业活动的投入产出分析的过程。

④ 企业上下级之间的经济核算：是指企业的上级部门如何确立评价下级部门的活动标准，以及如何使用这种标准对企业的下级组织进行评价，使企业的上下级之间保持行动上的一致。

4. 核算的方法

（1）机会损益分析方法　机会损益分析方法是指使用机会成本的概念，对企业各种行为进行分析的一种分析方法。这种分析方法的基本出发点，是企业的各种资源具有多种用途，在各种用途中企业应该找出一种使自己的经济资源能够得到充分利用的、经济效益最好的方法。它以比较分析为基础。

（2）差额成本分析方法　差额成本分析方法是指在企业的各种活动中，每一种活动所产生的成本是不同的。要提高企业的经济效益，就要找出使企业的投资最小、产出最大的一种方案来。差额成本分析方法的基础同样是比较分析。如前所述，差额成本分析法一般会综合地使用成本比较（差额成本的计算）、收入的比较（差额收入的计算）和损益比较（差额损益的计算）方法。

（3）贴现现金流量分析方法　贴现现金流量分析方法是指对企业的各种投资方案进行贴现分析，使问题在一个时间点上进行，而不是用静态的投资额与动态的收益进行比较。

（二）部组核算

1. 部组核算的概念

部组或部门是商业企业实施经营销售活动的基层单位。部组核算就是以部组或部门为单位，对其直接掌握的经济指标实行经济核算。部组核算是商业企业经济核算的基础，是会计、统计、业务三大核算加以综合的初级经济核算，是相对独立的经济核算。

2. 部组核算的特性

（1）群众性　部组核算是在一定规章制度保证下的群众性的非专业性的经济核算。部组的员工不仅是经营者、管理者，还是核算者。

（2）直接性　部组核算是商业企业通过部组直接反映商品经营活动。营业员熟知部组业务情况，关心部组销售收入、费用支出、利润指标，直接发现和及时解决经营管理上的问题，便于提高商品流转速度。

（3）简便性　部组核算只进行商品购销存的如实记录，不需要进行复杂的会计综合比较分析。

3. 部组核算的内容

部组核算的内容主要由下列经济指标所组成：

（1）商品销售额指标的核算　商品销售额是部组销售所获得的货币数额，是反映部组销售水平的经济指标。

（2）商品资金指标的核算　商品资金是部组库存商品为销售所占用的资金的数额，是反映资金使用效果的指标。

（3）销售差错率指标的核算　销售差错率是部组在商品经营过程中发生的差错与销售额的比例，是反映部组经营管理水平的一项质量指标。

（4）销售费用指标核算　销售费用是商品流转过程中人员劳动和其他所耗费的货币表现，是反映部组支出的质量指标。

（5）销售利润额指标的核算　销售利润是商品经营活动的最终财务成果，是反映部组经营业绩的指标。

4. 部组核算操作

（1）商品销售额指标核算

①进销存日报表：当日经营结束后，部组必须对照销货结算簿及盘点情况填报“商品进销存日报表”。商品进销存日报表是部组向上级财会部门报账的日表单，是部组经营业务活动的综合反映的真实记录。因此填报必须及时、认真、准确，并逐日按月装订成册。

商品进销存日报表

部组：　　　　　　　　　年　月　日　　　　　　　　单位：　　　元

<table>
<tr><th colspan="2">项目</th><th>金额</th><th colspan="2">项目</th><th>金额</th></tr>
<tr><td colspan="2">昨日结存</td><td></td><td colspan="2">本日销售</td><td></td></tr>
<tr><td rowspan="5">增加部分</td><td>本日购进</td><td></td><td rowspan="5">减少 部分</td><td>本日调出</td><td></td></tr>
<tr><td>本日调入</td><td></td><td>调价减值</td><td></td></tr>
<tr><td>调价增值</td><td></td><td>盘点短缺</td><td></td></tr>
<tr><td>盘点溢余</td><td></td><td></td><td></td></tr>
<tr><td colspan="2"></td><td>本日结存</td><td></td></tr>
<tr><td colspan="2">合 计</td><td></td><td colspan="2">合 计</td><td></td></tr>
<tr><td colspan="2">本月销售定额</td><td></td><td colspan="2">本月销售累计</td><td></td></tr>
</table>

组长：　　　　　　　　　　复核：　　　　　　　　制表：

②与填制商品进销存日报表相对应的表单：商品验收单，商品内部调拨单，商品调价单，商品损益报告表，内部交款单。

（2）商品资金指标核算　商品资金指标的核算，一般用商品资金占用率和商品资金周转率这两个指标来反映。

①商品资金占用率指标的核算：商品资金占用率是指商品销售额与商品资金平均占用额的百分比率，以反映部组每销售一百元商品所平均占用的商品资金数的金额，商品资金占用率是考核部组资金使用效率的质量指标。

②商品资金周转率指标的核算：商品资金周转率是考核商品资金周转速度，衡量资金使用效率的重要质量指标，分别用商品资金周转次数和商品资金周转天数来表示。在一定时期内商品资金周转的次数越多或者周转一次所需要的天数越少，表明资金周转速度越快，其计算公式为：

商品资金周转次数 = 本期商品销售额 ÷ 本期商品资金平均占用额

商品资金周转天数 = 本期天数 ÷ 本期商品资金周转次数

（3）销售差错率指标核算　部组在商品销售过程中，由于收款、发货过程中会发生长款（实收销货款多于应收销货款）或短款（实收销货款少于应收销货款）。为了尽可能避免差错事故，企业将根据部组经营实际制订合理的差错率指标。

差错率亦称公差率，是指部组在经营过程中发生的长短款额所占商品销售额比例的最高限额，是每万元商品销售额所发生的差错金额（元）。其计算公式为：

差错率 =〔（长款 + 短款）÷ 商品销售额〕× 100%

必须指出，在进行指标核算时应对规定的差错率从严控制，长款、短款应分别核算，不得相互抵销，如果长短款之和与销售的万分比率大于差错率指标，则应该及时查找原因，根据不同情况做出相应处理。部组发生长短款时，应填制“销售长（短）款报告单”。

部组销货长（短）款报告单

部组：　　　　　　　　　　年　　月　　日

应收金额		实收金额	长（短）款	
原因		部组意见		
审批意见				

财务负责人：　　　　　　　　　　审核人：　　　　　　　　　　报告人：

（4）销售费用指标核算

①部组直接控制的费用核算：商品流通费用，是指企业在商品经营过程中发生的各项耗费，营业部组的费用可分为间接费用（不变费用）和直接费用（可变费用）。

间接费用一般不随商品流转额的增减而增减，例如：工资、折旧费、租金等，具有相对稳定性。直接费用随商品流转额增减而增减的费用称为直接费用。例如：运杂费、保管费、包装费、商品损耗等。

②费用率：费用率又称为费用水平，是指每百元商品销售所耗的费用。费用率是评价部组经营业绩以及部组经营管理水平的综合指标。费用率计算公式为：

费用率 =（商品流通费用额 ÷ 商品销售额）× 100%

（5）销售利润额指标核算　营业利润额是部组在一定时期内，营业收入的金额减去全部支出后的余额，是部组最终经营成果的实质体现。余额大于零则为盈利，反之为亏损。

①销售毛利：是由销售收入减去销售成本的差值，是部组获得利润的主要来源。

②销售毛利率：是销售毛利与销售额的百分比，是每百元销售额所能实现的毛利。

③销售扣率：指实际销售价与零售价之比。能较直观地反映商品销售的毛利水平。

④销售税金：是按国家法律规定的纳税所实现的税款。商业零售企业交纳的销售税金包括国税（增值税）和地税两部分，是按商品的销售收入计算的。

（三）商品记账

所谓记账，就是依据凭证登记账簿，是部组核算实现全面、连续完整记录和反映部组经营活动过程的重要工作内容之一。由于部组核算属于简易性群众性的经济核算，所以不需要设置系统的账簿，一般只登记商品账。

商品账对商品进行分类，按类别设置商品明细账、登记数量和商品余额，同时以数量和余额的量度反映不同类别商品的购销存的情况。

库存商品明细账

品名　　　　　规格　　　　　单位　　　　　存放地点

年		摘要	增加	减少	结存	结存金额
月	日					

1. 记账的一般规则

为了保证部组核算真实，账表内容完整，数据准确，摘要简明、登记及时。记账工作必须严格遵守各项记账规则。

（1）严格账簿启用与交接手续，账簿启用时，应填写账簿启用表，注明启用日期、经管人员等，记账人员更换时，应办理交接手续，以明确经济责任。

（2）账簿登记要及时、正确，每一笔经济业务的登记都要以审核无误的会计凭证为依据。账页中各项要填写齐全，摘要文字要简明扼要，数字要整齐准确。

（3）记账时必须使用钢笔和蓝、黑色墨水书写，不得使用铅笔或圆珠笔书写，以保证账簿记录清晰持久，便于长期保存和使用。

（4）账簿记录如发生错误，应按照规定的方法进行更正，不得任意刮擦、挖补、涂抹，或用褪色药水更改字迹，更不准撕毁账页。

（5）记账时，必须按照页码顺序逐行逐页连续登记，不能跳行、隔页。如果发生跳行、隔页，应将空行、空页划红色对角线注销。如果发生数字错误，可划两条红线加盖私章更正。

（6）各账户在一张账页记满时，要在该账页最末一行加计发生额并结记余额，在“摘要”栏内注明“转次页”字样，然后把加计的发生额和余额转记在次页的第一项，并在“摘要”栏内注明“在前页”字样。

2. 部组主要设置的账表

企业的部组核算所配置的账表主要是：销货结算簿（销货卡、销货小票）、商品进销存日报表、商品验收单、商品调拨单、商品调价单、商品溢余（损耗）单、商品盘存表、商品内部交款单。

（四）结算

1. 对账

为了确保部组账册记录和核算资料的真实可靠，部组要认真执行对账、清账制度。部组在每一个会计核算期终时，要认真做好对账工作。对账就是把账簿上所反映的资料，进行内部核对（部组内部）、内外核对（部组之间），做到账证相符（账簿与凭证），账账相符（总账与所属明细账），账实相符（账面数与实物数），现金账要天天盘对现金与账面余额是否相符。在对账中发现差错和疑问，应及时查明原因，加以更正与处理。

供应商结算应付账款前，首先要与采购部门对应付账，采购部门或门店应查对退货、票到货未到、短缺、质量拒收等供应商送货差错，检查有否冲红，确定应结算货款，然后与财务账核对，确认应付款，最后由企业负责人决定付款。

2. 结账

为了总结部组某一时期（月、季、年度）的经营业务实绩，必须按期进行结账。所谓结账，就是把一定时期内所发生的经济业务全部登记入账后，结算出各账户本期发生额和期末余额，结束本期账簿记录。结账基本要求：

（1）确保账簿记录完整性；

（2）核实部组全部库存商品，并计算总余额；

（3）按规定支付供应商应付账款，并按规定方法做好结账记录。

三、营销业务问题处理技巧

（一）销售渠道维护与管理

一个批发企业，都有一些或很多代理品种，或是区域代理，或是全国代理，或是更大一些的国际代理等。代理品种的销售，只有通过一定的市场营销渠道，才能将代理品种在适当的时间、地点，以适宜的价格供应给用户或消费者，满足市场需求，实现企业的市场营销目标。

在一个销售渠道系统中，系统内部或系统之间总会有一些冲突和竞争，因此，必须纳入有效管理，避免渠道混乱。渠道冲突主要是因为目标不一致、渠道交叉与重叠、沟通问题、价格决策权分歧、违规行为等。对此，必须加强管理。具体措施有：确立共同目标，使之成为渠道成员实现各自目标的桥梁；加强渠道合作，加强渠道成员之间的理解和信任，消除预期差异和感觉差异；加强信息沟通，有助于消除渠道内部的误解和冲突；决策权明晰，明确各渠道成员的角色、功能，明细区域和网络的划分，明细各自的经营决策权并达成一致；规范销售行为，对违规行为不姑息，严惩重罚，并一视同仁。

另一渠道混乱的原因是蹿货问题，特别是恶性蹿货危害很大。蹿货通常会引起渠道冲突，导致市场价格混乱、分销效率下降、业绩下滑、销售网络萎缩甚至崩溃。恶性蹿货的成因大致有：经销商任务过重，在本地区难以完成；为获取高额返利；不同市场存在差价；代理商对市场控制不力；不同区域渠道发展不平衡；经销商库存积压等。制止这种恶性蹿货，只能通过系统的管理才能够最大限度地减少蹿货的发生或将其影响降到最低。通常采取的方法有：①用制度制止蹿货，并实现激励与市场行为挂钩；②合理规划区域市场和目标销量，减少网络的交叉和重叠；③完善价格体系，从价格政策制定到执行尽量避免产生价差；④完善物流管理，提高物流识别能力；⑤加大监控和处罚力度，企业推销员应对蹿货负连带责任；⑥构架企业自己主导的销售网络，直接控制渠道终端。上述措施对不同企业也不能一概而论，应根据渠道特点、产品特点和竞争状况采取不同的策略组合，通过系统方案解决。

（二）销售价格维护

价格是市场营销组合中最活跃的因素，价格的变动往往影响营销组合中的其他因素。定价是否适当直接关系到市场的接受程度，影响产品在市场上的竞争地位，并影响到企业的生存与发展。我们在制订价格策略时，对下列问题必须认真加以研究：①影响定价的主要因素是什么；②企业在该时期内所要达到的定价目标是什么，为实现这个目标，应如何选择适当的定价方法，为产品制订基本价格；③根据市场的变化，应采取何种定价策略或定价技巧对基本定价进行修正；④在市场竞争中，如何发动价格变动策略。

在产品定价过程中，要考虑企业的定价目标、市场需求、产品的成本及特性、营销组合策略及竞争产品的价格等因素；要考虑企业的利润指标、销售额指标、保持和增强竞争地位等。在充分考虑各种因素的基础上制订销售产品的基本价格。有了基本价格，企业需根据市场情况选择适当的定价技巧和策略制订市场价格。如：采用新产品定价策略、折扣折让定价策略、差别定价策略、促销定价策略、产品组合定价策略等，制订合适的市场价格，争取客户，扩大市场。

在价格执行的过程中，企业还要根据市场的变化、竞争对手或竞争产品的价格，适时地进行价格调整，提高或降低销售价格，以适应市场变化。

1. 降低市场销售价格

原因：①生产能力过剩，需要扩大销售，但通过改进产品、强化销售等措施难以实现时，只能采取降价的方式来实现；②正面临强有力的市场竞争，企业的市场份额在下降时，要通过降价来维持市场份额；③成本费用比竞争者低，期望通过降价取得市场支配地位或扩大市场份额；④经济出现衰退，市场不景气，购买力下降，需要降低价格。

降价的方式通常采用：①明确通告客户，产品的价格将在某一确定的日期统一下调；②增加折扣；③退还部分货款；④增加服务项目；⑤开展买赠促销活动等。

2. 提高市场销售价格

原因：①通货膨胀造成的成本费用上升，尤其当成本费用上涨率高于生产率的增长时，需要通过提价来减轻成本的压力；②产品供不应求，企业不能满足其所有顾客的需要时，就必须提价。

提价的方式通常有：①明确向客户通告，产品的价格将在某一确定的日期统一提升；②使用价格自动调整条款，要求客户按当前价格付款，并支付交货前因通货膨胀引起增长的部分或全部费用；③分别处理产品与服务的价目。

在选择提价的方式时，应注意以下事项：①尽量避免一次性大幅度提价，可通过正常性小幅度上升达到目标；②在提价的同时，应向客户解释提价的原因，减少抵触、不满情绪的发生。

（三）货源保障

由于生产、运输等原因，常有货源供应不足的情况发生，必须妥善处理，特别是负责医疗市场销售的企业。一要根据市场需求量的变化，及时调整药品采购计划；二要根据季节变化，提前做好药品储备，例如雨季、严冬，要提前做好计划，防止运输困难带来货源供应断档；三要根据季节疾病谱的变化，提前做好预测，例如冬季到来时流感多发，夏季防暑降温药品需求量增大；四是一旦出现货源紧张，要及时采取控制措施，按需求分配，避免客户抢购、囤货。特别要优先医疗大客户，保证临床用药需求，以及重点地区零售商，避免引起社会恐慌。

（四）应收账款

在目前市场竞争激烈的情况下，药品批发企业的销售业务多数以赊销为主。应收账款数额巨大，往往是拖死企业的重大杀手。因此，每一企业都非常重视货款的回笼。对于商业调拨，由于利润点相对较低，多数以现款销售。对于长期合作伙伴，对于商业信誉较好的A类客户，也可以适当地短期赊款。但是，赊款的额度、期限要通过严格审批、严格控制，一旦超额、超限，要立即停止发货，加紧催收货款，并重新评定其信用等级。对于医疗客户，销售一般比较固定、稳定，销售利润相对较高，现阶段一般以赊销为主。但是，要以协议形式严格规定返款时间，对于回款时间较长的医疗客户，也要限制发货量，或宁愿牺牲一些利润，要求及时付款。并要求财务部门定期与客户对账，及时发现问题，及时解决，避免因账务不符，拖延账款的回笼。

（五）品种跟踪、客户销售跟踪

品种、客户是商业公司赖以生存的重要资源，得之不易，每一企业员工都要十分珍惜，努力维护。大型商业批发公司，品种多、客户多，丢失一两个品种或一两个客户往往感觉不到，但是天长日久就会铸成大错，必须予以重视。公司应设专门机构或专人对自家品种、客户，利用现代计算机技术进行跟踪统计、比较，发现问题及时纠正。例如发现品种销售量下降，就有可能品种在有些客户中丢失，就应查明原因。是客户不再使用，还是被竞争对手抢走。客户不再使用该品种，公司是否有可替代品种，予以推荐；被竞争对手抢走，就应检查我们的原因，是服务出了问题，还是另有原因。要根据问题所在，找出解决的办法。

四、中药商品市场营销调查与报告撰写

在新产品进入销售市场时，前期的市场调研是非常重要的。通过市场调研，可使企业清楚自己在整个医药市场的情况，对症下药，采取好的营销措施。市场调研取得成功的关键，是遵循合理的调研步骤和采用科学的调研方法与技术。市场调研完成以后，对其结果撰写调研报告，以备决策者参考。

（一）中药市场调研的流程及目标内容

1. 调研的流程

确定调研目标→制订调研计划→组织实施及资料收集→资料处理与分析→撰写调研报告→总结评估。

2. 中药市场调研目标内容

中药市场调研包括中药市场环境调查及中药产品市场专题调查。

市场环境调查包括对市场的政治、经济、自然地理、社会文化环境等进行相关的调查。只有对市场环境有所了解，并掌握必要的数据后，才能深知中药市场发生的变化及发生变化的背景；只有正确认识企业本身所处的市场环境，才能正确地制订企业的经营目标和营销策略。

产品市场专项调查应尽量全面，一般调查内容包括：①消费者情况调查，如消费者范围与结构、消费动机与行为；②中药商品供应情况调查，如中药商品的货源供应情况及中药生产者的构成、分布情况；③竞争对手情况调查，如主要竞争对手的产品状况、价格状况、利润状况、市场占有率及其发展趋势、竞争策略与手段等；④市场营销组合因素调查，如产品品种、价格、销售渠道和促销等因素的调查。通过产品专项调查，中药企业才可以有的放矢地开展营销活动，从而取得更好的经济效益。把握新产品的长处和优点，为广告设计和宣传提供素材，可以达到广泛吸引消费者、促进销售的目的。

（二）制订调研计划

为了确保调研目标的实现，必须制订详细、可行的实施计划，并认真组织实施。

调研计划是市场调研的依据，应包括：调研什么问题、调研所要达到的目的和要求、具体内容、调研方法、程序、参加人员、时间安排、调研费用预算等。内容要求详细、具体，操作性强。

（三）调研计划的实施

按调研计划制订的方案进行调研，在规定的时间、范围内完成调研任务。在调研计划实施前，应对调研人员进行培训，确定询问项目和问卷设计，安排好各项具体工作，实事求是地、高度负责地去实施调研。资料收集是调研工作中唯一的现场实施阶段，是后期分析总结的重要依据。

收集资料的方式不同，可以分为直接收集和间接收集两种；根据收集的途径不同，可以分为正式途径收集和非正式途径收集。根据调查者的显隐特征不同，可以分为公开收集和秘密收集等。总之，无论采取何种方式收集资料，都应保证资料的真实、准确、全面、丰富。另外，要争取多方的支持。为了确保资料收集工作的顺利进行，真正收集到真实、准确、全面、丰富的资料，调查者必须有效协调各种关系，争取多方的支持。

（四）调查资料处理与分析

整理分析阶段是运用科学的方法，对收集到的各种资料进行提炼、整理，并加以分析研究的信息处理过程。这一阶段的主要任务有两项。

1. 整理调查资料

调查资料整理是调查资料分析的基础工作，具体内容包括：

（1）按照真实性、准确性、完善性、标准性的要求对调查资料进行审核。

（2）按照科学性、实用性、渐进性、排斥性的原则对调查资料进行分类。

（3）按照条理化、系统化、精练化、规范化的要求对调查资料进行加工。

2. 分析调查资料

调查资料的分析是指调查者运用一定的科学分析方法，对调查资料进行深度加工的过程。调查者主要是运用定性和定量分析方法，对已经整理的调查资料进行由此及彼、由表及里、由浅入深的测算、比较、推理、判断，发现隐匿于大量的调查资料之中的某些重要信息，揭示隐藏在大量调查资料背后的某些关键问题，并从此提出中药营销工作的若干对策措施，形成中药市场调查的科学认识成果。

（五）报告写作阶段

撰写调查报告是对整个调查过程的书面总结和提升。调查报告写作实质上是调查者对调查所获信息资料的一种高级处理工作过程。一份完整的调查报告包括以下内容：

1. 调查题目、调查委托人、调查主持人、调查日期。
2. 调查原因和目的。
3. 调查总体对象的描述。
4. 调查所采用的方法与技术。
5. 调查结果、数据以及各种答案的比例。
6. 问卷回收率及抽样误差。
7. 分析结果。
8. 建议。
9. 附件，包括问卷样本、统计数据、背景资料等。

（六）总结评估阶段

总结评估是调查的最后阶段。调查报告形成以后应该对整个调查过程和调查结果进行总结评估，以便有关人员更清楚地了解调查的完成情况以及准确地掌握调查取得的成果，同时还可以总结经验教训，为以后的调查活动提供参考和借鉴。

第三节　公关与服务

一、市场公关知识

公关，有各种各样的模式和办法，不同的行业和不同的部门，其公关活动会有不同的对象、不同的技巧。在中药购销工作中，企业的公关对象分布广泛，既有批发企业，又有零售连锁；既有中药饮片的购买者，又有中药材的购买者；既要面对个体消费者，又要面对终端客户。因此，了解这些对象的异同性，学习公关工作的基本要求和技巧，是中药购销人员必须熟练掌握的重要技能之一。

（一）确定公关对象

公关对象的确定，关系到公关工作的定位和目标，因此，必须定好、定准、定全面。同时，应通过组织内部的反复讨论，达成共识，避免遗漏，使有限的公关经费达到最大的公关效果。

1. 中药销售对象

（1）中药材销售对象　各级医药药材公司、供应站，医院制剂部门，各类药材市场，各种保健品制作企业，各种药膳制作企业等等。

（2）中药饮片销售对象　各类医药药材公司，各类医院，各中药店，个体消费者，各种保健品制作企业，各饭店的药膳制作单位等等。

2. 与中药销售相关的公关对象

（1）媒体及政府监管部门　这类公众的意见或态度十分重要，他们的认识和态度会影响到很多消费者。如大众传播媒体，他们虽然与中药的购销没有直接关系，但他们对公司的正面或负面的报道，会直接决定消费者的行为。质量监督部门、物价部门、消费者协会等等，他们也十分关注企业质量与服务方面的动向。

（2）公众中心领导人物　公众中的领导人物，可能是一些公众团体、管理部门的真正领导者，也可能只是意向性领袖人物，或很有代表性的知名人物。这些人物的态度、意见和行为，对公众有很大影响，公关工作者必须认真对待。

（二）建立相应的公关模式

公关模式可以有各种不同的分类方法。我们可以划分为：以语言、文字、图像为代表的公关活动（如对话、广播、电视、报纸等）；以实物作为传递信息载体的公关活动（如产品展览、实物赞助等）；个人公关活动。

我们可以根据不同的公关对象，根据公关经费的多少，选择一种或多种模式开展公关活动。

1. 以印刷类大众传播媒介为载体的公关活动

印刷类大众传播媒介，主要指用文字、图片形式，将信息印刷在报纸、杂志、书籍等纸张上，以其现有的传播网络进行宣传。其优点在于，可以充分处理信息资料，信息量较大，使企业的意愿得到充分表达，增加报道的深度和广度。

2. 以电子类大众传播媒体为载体的公关活动

电子类大众传播媒体，主要指运用专门的设备，以电波发送和接受的形式传播声音、文字、图像的广播、电视、互联网等媒体。优点是：传播速度快，传播面广。并且电视、互联网还可以图、文、声并茂，效果非常好。

3. 以实物作为传播媒介的公关活动

（1）产品展览　包括陈列和橱窗等形式。其特点是真实、详细。因此，充分利用陈列和橱窗，在展览我们经营的商品的同时，展现我们的服务、承诺和企业理念，是一种较好的公关手段。

（2）实物赞助　以实物向社会特定的部门或人群提供赞助，在赞助的过程中，既宣传了产品，又宣传了赞助者，取得一举两得的效果。

(3) 纪念品　纪念品也是一种实物媒介。由于它有实用性、象征性和保存性的作用，而且它往往是为举办一些活动（如各种会议、庆典、展览、节日性活动等）而设计制作的，因此，其公关效果很好。

4. 个人传播媒介

主要指公关交际场合常用的各种媒介，如名片、信函、电话采访、演说等。还有像发贺信、发请柬、发公开信等方式，也是一种传播方式，也可以达到沟通企业与社会的作用，使社会更好了解企业，增加对企业的信赖。

（三）制订行动方案

在确定了公关对象和建立了相应的公关模式后，需制订具体的行动方案。制订行动方案，要考虑到：我们的活动经费是多少，我们的人力、物力如何安排，时间如何安排，各项活动是否需要事前进行培训等等。由于所有的公关活动，都需要一定的开支，因此，行动方案的制订人员，应当根据经费情况，确定自己的计划。

行动方案的制订既要全面考虑、综合平衡，又要突出重点、解决主要矛盾，还要具有一定的灵活性和必要的连续性。

（四）公关技巧

1. 展销活动中的公关技巧

展销会，是购销活动中最常用的一种销售手段。实际上，一次成功的展销会，就是一次成功的公关活动。因此，展销活动中的公共技巧，必须予以特别的重视，并应掌握其基本方法。

(1) 明确主题，使展销活动达到最好的公关效果　展销会往往在大型场所举行。必须事先确定参加本项展销会的目的是什么，主题是什么。确定了主题，才能使展销工作有了中心，有了侧重点，有了角度，进而能够以此为线索，组织实物，组织图表、文字、音像、横幅、宣传牌、口号等等，争取达到较好的效果。

(2) 精心策划，使展销活动变成一次全面的公关活动　展销会是一种综合性的大型活动，它的组织形式有两种：一种是政府相关部门或行业为了进行宣传或为了满足社会的某种需要（如3.15活动或每年的药交会）而举办的综合性商品展销会；另一种是企业自己举办的展销会。不管是哪种展销会，它都必须在城市的繁华地段或商业中心，租用摊位，展示自己的产品。同时，主办单位一般都会向媒体通报自己的办展内容，邀请媒体予以报道，比较容易引起公众及新闻传播界的注意。所以，企业就必须予以高度重视，聘请社会公关部门进行全面策划或抽调本企业优秀人才进行策划。

(3) 联络新闻界，争取得到传播媒体的全面报道　新闻界是以及时报道社会生活中出现的“新闻”为职业的。如果我们的展销会除了商业性目的之外，还有公益的内容，例如开展安全合理用药咨询、义诊等活动，那么，就可能成为社会新闻，获得新闻机构的关注，并且，由于他们的参与，而达到免费的“广而告之”的效果。

2. 各类招待会的公关技巧

各类招待会，指中药购销企业为了达到宣传企业、宣传产品的目的，以各种名义和形式，邀请社会各有关方面的人士参加的一项招待活动。如公司成立揭牌庆祝会、周年纪念会、企业升级达标庆祝酒会等等。

（1）纪念形式的招待会

其公关工作要考虑以下几个方面：

①确定活动的形式。有宴会、冷餐会、研讨会、联欢会、报告会等形式。

②拟定邀请参加招待会人员的名单。被邀请的应该是企业的公关对象。因此，其范围最好广泛和全面一点，如上级有关部门负责人、社区负责人、新闻界人士、其他相关人士等等。

③组织和负责招待会具体实施。应根据招待会的主题，妥善安排各项会务工作，考虑尽量细致。如电视台技术人员来了，就要考虑电源的插座是否方便、有效，工具往哪儿放，是否有备用音响设备等。

（2）典礼形式的招待会　如企业大楼奠基、落成，企业成立，纪念碑揭幕，重大合同签订，企业改组、重组完成，优秀员工表彰，周年庆祝等等。

这些活动，实际上是企业在公众面前的亮相，在社会的亮相，有很好的公关效果。典礼形式的招待会，其公关技巧与纪念形式基本相同。但是，由于有“典礼”性质的内容，又有自己的活动特点，所以，应事先规定典礼程序和接待事项，签到、接待、礼炮、音响等方面一一落实。所有各项议程，都要事先考虑应变措施，要有余兴节目，如锣鼓、歌舞等，营造欢快气氛。

（3）开放企业式的招待会　这是国内外公关机构在近十余年来非常推崇的一种公关项目。其做法是把各种招待活动放在本企业进行，并将本企业的生产经营活动完全向来宾开放。同时，借鉴旅游项目的做法，予以各种介绍和说明，使来宾的好奇心得到全面满足，印象也特别深刻。中药购销企业的购销对象是中药，中药是一种非常传统的特殊商品，有浓郁的民族特色，有深刻的传统文化底蕴，在当前国际医学界特别重视天然药物、重视传统中药开发的形势下，把它变成公关资源，非常必要。我们可以把中药原植物、原药材、饮片陈列出来，把它们的加工过程演示出来，让来宾实地参与生产活动，这些活动的公关效果，应该是非常好的。

3. 新闻发布会的公关技巧

新闻发布会，是企业与新闻媒体建立和保持联系的一种比较正式的工作形式。与向新闻界提供稿件相比较，召开新闻发布会不仅具有更隆重、规格更高的特点，更重要的是媒体记者可以在会上就自己感兴趣的问题和他们认为更好的角度进行采访，从而增大了宣传效果。另一方面，也因为双方的面对面的认识和交流，加深了相互了解，有可能由此而形成长期互动关系，带来意想不到的收获。

新闻发布会的工作过程，实际上就是一种更重要的公关活动，因此，必须掌握一定的方法和技巧。

（1）要准备好充实的材料　材料包括文字的、口头的、实物的等等。当然，如果运用多媒体手法对新闻发布内容进行全方位介绍，效果就更好了。

（2）要选定适宜的时间　开新闻发布会，一般都请企业领导和各媒体记者参加，要在同一个时间，邀请不同单位的重要人物全部到场，难度较大，必须事先做好充分的准备工作。发布会日期尽量要避免与社会的重大活动或纪念日相冲突；请柬应提早 3～4 天送到邀请对象手中，便于他们会前有所准备；发布会应当紧凑，不能出现拖拉、混乱以及冷场的现象。

(3) 要选择适当的地点　地点应选择在环境较好，没有太多的干扰和噪音的地段，规格要与内容相适应。要注意会场布置，使之庄重、大方。尽可能要向记者提供交通方便。

(4) 注意一些具体的细节问题

①嘉宾的安排，必须精心设计，使其出现在比较突出的地位，同时，也要考虑突出自己要宣传的主题。

②应准备好录音辅助器材、电话、传真、电源以及其他有关设备，以便提供不同的新闻机构（如电视台、电台等）使用。

③自己也应安排一名摄像师，专门拍摄会场情况，以备将来宣传和纪念用。

二、客户服务技巧

自有商品那一天起，商品推销就产生了。商品经济不发达时期，商品销售主要是坐等客户上门的消极被动的推销方式。随着经济社会的发展，商品推销的好坏直接关系到企业的生存与发展，坐等客户的消极被动的推销模式，逐步转变为“走出去，说服客户”式的积极主动的推销模式。前两种销售方式都具有随机性、不连续性。随着企业间竞争日益加剧，更新的现代推销理念孕育而生。现代推销理念是以满足客户需要为中心，实施整体销售，使客户利益、推销人员及其所在企业与社会利益相互协调。

中药批发销售对象主要是医院、诊所、药店及其他批发企业。要想在激烈竞争的市场经济条件下与这些客户保持长期、稳定的交往，做好客户服务是企业营销人员的重中之重。

（一）提供增值服务，增强客户关系

在客户服务中，除了常规的销售服务外，为客户提供一些具有特色的增值服务，是现代医药批发企业为重要客户提供的一项重要服务项目，具有很好的效果。这些项目可以通过企业和客户高层领导沟通协商，根据不同客户的需求，量身定做，也可以由批发企业提供现成的模板。一般有以下几方面：

1. 利用现代信息技术，为客户提供数据服务

如客户可以通过网络，直接查询供货企业在库商品，供客户采购人员参考，也可以在网上直接下订单，减少中间传递环节，减少差错；供货数据可以通过网络直接传递至客户，减少客户进货数据录入，减轻客户工作量；客户可以通过网络直接查询企业所供药品的质量资料；可以通过网络查询供货方货物配送状态；上游客户可以通过网络直接查询本企业商品流向。

2. 组织新产品培训活动，为客户提供学习机会

生产企业的新产品上市，一般都需要进行推广宣传。批发企业可以与生产企业联手开展新产品知识培训，组织客户参加，提高客户技术人员的知识水平，一般很受客户欢迎。

3. 组织客户相关人员参观考察

批发企业自己开展了新的项目，例如企业新建设了现代物流项目、现代药房整体设计项目、新产品引进项目、自建中药材基地等，可以组织客户相关人员参观考察，相互交

流，相互增加了解，增加信任。

4. 组织客户参加一些重要的学术会议

通过学术讨论，相互学习，相互了解。

5. 根据客户要求，开展一些合作，达到双赢。

（二）客户异议处理

1. 客户异议产生的原因

在商品推销过程中，恐怕每位推销人员都有吃闭门羹的经历，客户往往会提出各种各样的异议，并且这些异议自始至终地存在于推销全过程。它既是推销的障碍，也是成交的前奏与信号。推销人员只有正确分析客户异议的类型、产生原因，并针对不同类型的异议，把握处理时机，采取不同的策略，妥善加以处理，才能消除客户异议，促成交易。因此，正确对待和妥善处理客户异议是达成交易的关键，也是推销人员必备的基本能力。

客户异议的原因多种多样，但归纳起来，主要有以下四个方面。

（1）客户方面的原因　包括：对推销人员不了解，对商品不了解，客户已有较稳定的采购渠道，客户对推销品或推销企业等有成见，客户接待人员的决策权有限等。

（2）推销品方面的原因　推销品是推销活动的客体，只有当客户产生了某种需要，并确知推销品能满足自己的这种需要，同时推销品的其他方面也符合自己的心愿，客户才乐意接受、购买推销品。所以，推销中因推销品自身的问题，致使客户对推销品产生异议的原因也有很多，大致包括：推销品的质量，推销品的价格，推销品的品牌及包装，推销品的销售服务等。

（3）推销人员方面的原因　推销中，客户的多种异议有的是因其自身原因造成的，有的是因商品方面的原因造成的，但也不能忽略推销人员自身的原因，它也常常是导致客户异议产生的重要原因。客户的一些异议，往往是由于推销人员素质低、能力差造成的。如推销人员的推销礼仪不当，其仪表、形象不合乎客户的观点；推销人员缺乏自信心、知识面狭窄、业务不精、推销技艺不熟练；推销人员的服务不到位等。因此，推销人员的能力、素质的高低，直接关系到客户的满意程度，关系到企业经济效益的实现。

（4）企业方面的原因　在实际推销中，客户的异议有时是缘于企业方面的原因。例如，企业经营管理水平低，不注重自身形象的建立等。具体表现为：产品质量不稳定，服务不守信用，不重视自我宣传，企业缺乏知名度，生产假冒伪劣产品，破坏生态环境等。上述企业行为，直接影响社会公众对企业及其产品的看法和评价，同时也影响着商品的推销。

另外，社会上和自然界中发生的一些意外事件也会影响企业产品的销售，从而形成推销障碍。如，某些新政策和法令的颁布实施，国际关系的变化，自然灾害，运输部门的偶然事故，科学技术的进步与发展，其他企业同类产品的发展变化，社会风气的变化等等。这些外部环境因素的变化，有时会带来新的市场机会，同时也会导致新的商品销售障碍。

2. 客户异议处理

在商品推销中，推销人员常常会遭到来自客户的各种各样的责难、指责等等。如何对待？当然是不能退缩，要迎难而上。这就要求推销人员要千方百计，灵活地运用一切方法，消除客户的异议，促成交易。为此，推销人员必须遵循处理客户异议的基本原则，掌握处理客户异议的时机与方法。

(1) 处理客户异议的原则　所谓处理客户异议的原则，是指推销人员处理客户异议时的准绳或基本规范。它是推销人员在处理客户异议过程中，无论使用什么方法都必须遵守的原则。

①宽宏大量、面带微笑：这是推销人员必备的素质之一，也是推销人员处理客户异议时首先要遵守的。

在实际推销过程中，有时客户会不断地抱怨，提出各种各样的异议叫推销人员很难堪；有时甚至推销人员已经通过客户的陈述了解到他们的异议是毫无道理的，实属故意刁难，或是出于某种企图。推销人员应该怎么办呢？最好的办法就是千万不要怒形于色，要耐着性子，面带微笑，宽宏大量地听他们诉说。因为推销人员的宽宏大量、面带微笑，在处理客户异议时的作用是非常明显的。

微笑具有传递功能。它能传递你心中的爱意，让对方感受到友善、温暖，从而消除敌意，消除戒心，建立信赖。微笑与宽宏大量是相关联的。没有宽宏大量，就很难面带微笑；没有宽宏大量，就不会有辉煌的业绩。

通常，推销人员对客户的异议采取宽宏大量、面带微笑的态度和积极的解决办法，是符合自身利益的。推销人员的友善、宽宏大量就会感化客户，平息愤怒，化解矛盾。实践中，由于推销人员采取了宽宏大量的做法，许多难以解决的客户异议，都顺利、妥善地得到了解决就是例证。

宽宏大量地对待客户异议，就像一种黏合性很强的胶剂，经过黏合的部位，比未经过黏合的部位要牢固得多。当客户的异议得到满意的处理后，他和推销人员之间的关系就会随之加强。推销人员的利益也就会随之实现。

因此，宽宏大量、面带微笑，是推销人员应具有的基本素质，是推销人员处理客户异议时必须首先遵守的原则。

②尊重客户、永不争论：客户提出的异议不一定都有道理、都正确无误，但从推销人员的角度来说，客户永远是正确的，这是推销工作的要求。

美国心理学家马斯洛认为，世上每一个人都有受人尊重的需求，即每个人都希望能得到别人的尊重。推销人员向客户推销商品的过程，是双方思想、感情相互交流的过程。推销中，推销人员只有率先对客户表示尊重，满足其心理需求，客户才会接纳你，才会静下心来听你介绍、推销商品。当客户提出异议时，尽管你不同意他的观点，但他有权表明自己的看法。推销人员千万不可一听见客户的异议，便不顾一切地打断对方，否定、指责对方。如若是这样，不仅说明推销人员心胸狭窄，而且表明推销人员对客户缺乏起码的尊重。其结果只能是令客户不满，或激怒客户，根本达不到推销商品的目的。

因此，推销人员在处理客户异议时，千万不要以赢得与客户的争论为目的，不要忘记自己的职责，要时时以尊重客户为前提，以恢宏的气量为基础，诚心倾听、斟酌词句、耐心讲解、永不争论，把洽谈引向最终的交易。

③站在客户的立场上想问题：买卖双方本来就是站在了不同的立场，所以客户与推销人员产生矛盾是正常的。对此，推销人员不能顶撞客户，不能全盘否定客户。否则，只能引起客户的反感，使客户更加坚信自己的正确。这时，推销人员除了以宽宏的气量对待客户、尊重客户外，要做的只能是理解客户，即换个角度，站在客户的立场看待他们提出的

异议。对客户的一些过激言行持理解、宽容的态度。只有这样，客户才会感受到推销人员真心实意的关怀，才会认可、接受推销人员的建议与主张。

④倾听、多问，找出异议原因：客户既然提出异议，一定有他自己的理由。所以，对持有异议的客户，要尊重、理解、体谅，并找出异议的真正原因。然后帮助他，说服他。这是取得客户信任的极好方法。客户提出异议有许多内涵：客户觉得他不需要推销品，客户觉得价格太高，客户不想与你或与你的公司做生意，客户心情烦闷不堪，借提异议以宣泄自己的感情，客户习惯提异议，客户企图获取其他利益，等等。

为此，当客户提出异议时，首先，推销人员要学会倾听异议，即真诚地听、认真地听、耐心地听，但不要轻率地相信客户的异议。其次，推销人员还要学会带着问题倾听客户的异议。例如，他为什么会提出这方面的问题？他为什么这时提出这个问题来？此外，推销人员还要适时地提问，并仔细加以分辨、判断，弄清客户异议的真正含义。推销人员让客户讲得越多，就能越多地了解其异议的真正含义，就会越了解客户的真实想法。推销人员问得越多，了解得越多，就越容易调节自己的推销讲解，以适应客户的需要和想法。总之，对待客户的异议，不能反驳，不能争辩，但也不能轻信、退缩不前，而是要认真地探究客户异议的原因，发掘其真正的内涵。只有这样，才能有利于推销人员巧妙地说服客户，改变其观念，把客户的冷漠、抗拒变为对推销品的关心，最后让客户下决心掏钱购买。

⑤保持真诚合作的态度：从某种程度上来说，商品推销是推销人员与客户双方如何合作的问题。当客户提出异议时，不管客户的异议是否有道理，推销人员都要保持真诚合作的态度。当然，真诚的流露应该是双方相互的，但作为推销人员要首先表露出真诚。对待客户的异议，推销人员不仅要面带微笑，真诚倾听，耐心讲解，而且还要用实际行动——提供优质的、全方位的服务来表现出真诚合作的态度。保持真诚合作的态度是推销人员处理客户异议时必须遵循的基本原则之一。

（2）把握处理客户异议的时机　选择适宜的时机答复客户的异议是非常重要的，它常常和解决客户异议的答案本身一样重要。而绝大多数的推销人员对此却认识不足。那么何时处理客户异议最适宜呢？有以下四种方法。

①在客户提出异议之前及时答复：如果推销人员观察到客户马上就会提出某种异议，最好是抢在客户的前面把问题首先提出来，自己及时解答。这样，就会使客户感到“推销人员善解人意，是站在自己的立场为自己着想”，客户也就觉得没有必要再提异议了。

②立即回答客户的异议：推销中，如果推销人员不能在客户提出异议之前主动提出问题并做答，那么，在通常情况下，推销人员就要在客户提出异议后，立即热情地回答客户的异议，以避免客户感到被怠慢，导致客户对推销人员失去信任，而坚定他自己的异议观点。

③推迟回答客户的异议：通常情况下，推销人员应该马上解答客户的异议，但也不是所有的客户异议都必须立即回答。以下几种情况，推销人员最好是推迟回答客户的异议。

如果推销人员不能立即给客户一个满意的答复，或者没有足够的资料做说服性的回答，那么，推销人员就应该将客户的异议暂时搁下。如“对不起，等会儿让我们的经理给您解答”或者“请稍候，我给您问一下”，等等。这样做，既能表明推销人员认真对待客户异议的态度，又能得到客户的理解和信赖。

如果推销人员马上回答客户的异议会妨碍自己进行深入、细致地说服工作，甚至会影响整个推销计划，因此，推销人员最好不必马上回答客户异议。稍候，再逐渐将话题引到推销品上，迂回回答客户的异议。

如果推销人员不想反驳客户，最好也不要立即回答客户的异议。

如果客户提出的异议可能随着业务洽谈的进行而逐渐转化、消失，或者与以后将要说明的问题有关，客户可以不通过推销人员的解答自行消除异议，或者可以随着业务洽谈的深入，以后适时加以解答，推销人员则可以不必马上回答客户的异议。

如果推销人员预计推迟解答客户异议，可以缓和洽谈气氛，降低客户心中的反对程度，或者随着推销人员的引导，客户自己可以从推销人员的言谈中找到答案，就可以不立即解答客户的异议。

(3) *处理客户异议的基本方法* 在营销过程中，营销人员会遇到各种各样的异议，为了进行有效的推销，营销人员应该抓住适当的时机，运用适宜的方法，灵活妥善地处理客户异议，达到推销目的。处理客户异议的常用方法有以下几种：

①“是，但是”法：这是回答客户异议时广泛应用的一种方法。它的特点是简单而有效。“是，但是”法的核心是：一方面药品推销员要对客户的意见表示同意；另一方面又要解释客户产生异议的原因及其看法的片面性。

大多数客户在提出异议时，都是从自己的主观感受出发的，往往带有某种偏见。采用“是，但是”法，可在不和客户发生争执的情况下，委婉地指出客户的看法是错误的。这种方法可以让客户不失面子而心情愉快地接受你的辩解。

②“优点补偿”法：药品推销员在推销商品时，客户可能提出商品某一不足的问题，推销人员在承认商品在这方面有不足的同时，列举该商品更多的优点，来抵销补偿客户的异议，这体现了推销人员真诚的工作态度和为客户着想的服务精神，能得到客户理解，达成交易。

③“问题引导”法：有时可以通过向客户提问题的方法引导客户，让客户自己解除疑虑，自己找出答案，这可能比让药品推销员直接回答问题效果还好些。

④“展示流行”法：这种方法就是通过揭示当今药品流行趋势，劝说客户改变自己的观点，从而接受药品推销员的推荐。这种方法一般适用于对年轻客户的说服上。

⑤“直接否定”法：当客户的异议来自不真实的信息或误解时，可以使用“直接否定”法。由于“直接否定”法是直接驳斥客户的意见，所以，药品购销员只有在必要时才能使用。而且采用此种方法时，一定注意语气要柔和、婉转，要让客户觉得您是为了帮助他才反驳他，而不是有意要和他辩论。这样他的自尊心才不会受到伤害。

3. 完善售后服务

在现代销售理念指导下，人们逐渐认识到，对于质量、价格和档次相差不大的销售品来说，谁为客户提供的服务更多、更好，谁就有可能赢得客户而占领市场。因此，售后服务是销售活动不可缺少，极其重要的组成部分。服务的好与坏，不仅影响到现实的销售，而且将会影响到今后的市场和客户。因此，每个销售员，必须认真研究售后服务的技巧。完善的售后服务，可以密切企业和客户之间的关系，扩大企业的影响，促进企业的发展。

对于销售人员来说，周到的售后服务，不仅可以巩固已经争取到的客户，促使他们连续重复购买，还可以通过这些客户的宣传，争取到更多的新客户，开拓新市场。所以说，售后服务已成为一种有效的促销手段。

（1）建立客户分类管理制度、差异化服务　客户是企业生存和发展的动力源泉，是企业的重要资源，为追求企业收益的最大化，应对客户资料进行科学的统计分析，制订一套综合性的客户资信评价标准，按照客户价值对现有客户进行分类管理。

①把客户群分为关键客户（A类客户）、主要客户（B类客户）、普通客户（C类客户）三个类别，即ABC客户分类法。对不同类别的客户，应采取不同的管理方法，并建立科学动态的分类管理机制。

②各部门必须加大关注客户的力度，想办法保留住客户，以获得可持续发展的动力，提升企业核心竞争力。要适应客户需求的变化，采取科学的技术手段，处理好企业与客户之间的关系，提高和维持较高的客户占有率。正确识别客户盈利价值的差异性，进而采取有效的管理。

③在服务资源的配置上要根据客户层级的分布，依据客户价值来策划配套的客户关怀项目，针对不同客户群的需求特征、消费行为、期望值、信誉度等制订不同的营销策略，配置不同的市场销售、服务和管理资源，对关键客户定期拜访与问候，确保关键客户的满意程度，借以刺激有潜力的客户升级至上一层，使企业在维持成本不变的情况下，创造出更多的价值和效益。

④ 应优先处理A类客户的抱怨和投诉。

⑤C类客户对企业完成经济指标贡献甚微，应控制在这方面的服务投入，按照“方便、及时”的原则，为他们提供大众化的基础性服务，或将精力重点放在发掘有潜力的“明日之星”上，使其早日升为B类客户甚至A类客户。销售人员应保持与这些客户的联系，并让他们知道当他们需要帮助的时候，企业总会伸出援助之手。

（2）建立客户拜访制度，畅通客户沟通渠道

①建立企业推销人员的日常客户拜访制度，规定基本拜访内容，制定客户拜访日报表，每日向主管领导上报客户拜访情况，主管领导汇总客户拜访日报内容，获取客户维护情况。

②企业主管领导也应定期拜访客户，建立企业与客户之间的业务联系，直接听取客户意见，避免推销人员垄断客户关系，畅通客户与企业之间的沟通渠道。同时也表示企业对客户的重视，争取客户更多的支持。

③定期开展客户服务满意度调查，了解客户对所购产品的使用情况及满意程度；了解客户对企业销售服务及售后服务的意见。这些对商品使用情况的反馈信息，将对企业改进产品、研制市场需要的新产品、满足客户需要起到重要作用，也为企业制订正确的经营决策、完善服务提供可靠的依据。

（3）建立客户档案，把控客户资源，防止客户流失　销售人员在寻找客户过程中，搜集到大量的客户信息。要让这些资料充分地发挥作用，必须按照一定的内容、形式将搜集到的客户资料进行归类、整理、造册，形成客户档案。

①客户档案的作用：客户档案的建立，不仅能使杂乱的客户资料变得有序、一目了然，而且还使客户资料得到了很好的保存。当销售人员需要时，可随时查阅，方便销售工作。在推销新产品时，销售人员则可根据客户档案资料，仔细分析、鉴别、筛选出最合格的待开发的客户。这不仅有利于提高销售人员的成功率，也有利于提高销售人员的销售业绩。

客户档案的建立，有利于销售人员建立并扩大稳定的客户队伍。销售人员经常整理客户资料，并依据这些资料与现实的和潜在的客户进行联系。例如，通过拜访，倾听客户的意见要求，帮助客户解除困难；在客户特殊的日子，如生日、结婚纪念日、教师节等，寄送贺卡，以示关怀和祝福；有空打个问候电话、寄张明信片等。销售人员与客户勤联系，勤沟通，这不仅会使销售人员与客户的关系越来越亲密，而且还会提升客户对销售人员及其所代表的企业的满意程度、信任感和忠诚度，最终达到建立并扩大稳定的客户队伍的目的。

客户档案的建立，可避免因销售人员变动而造成客户流失。在现实工作中，有的企业因对客户资料未能整理建档，统一管理，故在销售人员离开企业后，造成大量客户流失，甚至连货款也难以追回，并由此遭受较大的损失。因此，企业对客户的有关信息资料，一定要加强统一的建立档案工作，以加强与客户的联系与管理，避免客户流失。

总之，建立客户档案不仅方便销售人员工作，将“死”资料变为“活”资料，开发更多有实力的客户，而且有利于销售人员更好地与客户联系、沟通、提供服务，提升客户的满意、信赖和忠诚的程度，建立并扩大稳定的客户队伍；同时，还利于企业加强对客户的管理，避免因销售人员变动而造成客户流失。

②建立客户档案的形式：客户档案一般有两种形式：一是条文式，二是表格式。条文式的客户档案，内容详尽，便于存档查询；表格式的客户档案，内容较详尽，重点突出，简单明了，不仅便于存档查询，还便于销售人员随身携带。在实际工作中，一般多采用此种形式。

③客户档案的主要内容：建立客户档案，无论是条文式，还是表格式，都应包括以下主要内容：

A. 基本情况：内容包括客户姓名、性别、籍贯、民族、出生年月日、工作单位、任职部门、职务、职称、工作内容、性格爱好、起居习惯、体貌特征等。

B. 联系方式：内容包括工作及住宅所在地、电话、传真、网址、个人手机号码等。

C. 受教育情况：内容包括文化程度、就读学校、所学专业、学术成就以及任课教师、同学录等。

D. 婚姻状况：内容包括婚否、夫妻感情、结婚纪念日、配偶的姓名、受教育程度、工作单位、部门、职务、职称、性格爱好等。

E. 子女及家庭其他主要成员情况：包括子女及家庭其他主要成员的姓名、性别、出生年月日、受教育情况、就读学校、工作单位、职务、性格爱好等。

F. 经济情况：若是个人客户，内容包括家庭财务情况、投资情况、债务情况等；若是团体组织，则应了解该团体组织的生产经营规模、储运能力、销售实力、投资情况、市场占有率及融资能力等。当然，掌握客户资料越多、越细越好，对陌生的新客户的资料，要一点一点地不断补充，以尽量全面了解、掌握客户。

④建立客户档案需要注意的问题：建立客户档案的信息资料必须准确、详尽；建立客户档案时，无论采用哪种形式，其档案资料后必须留有空白处，以便作为日后补充内容之用；无论采用哪种方式建立客户档案后，销售人员可以据此制作简易携带资料，以便于外出拜访客户时使用；建立客户档案时，要注明填写时间、制作人。客户档案有许多个人资料，要注意保密，防止丢失，以免给客户造成损失和麻烦。

第五章　培训与指导

第一节　中药发展史

中药的发明和应用，在我国有着悠久的历史，有着独特的理论体系和应用形式，充分反映了我国历史文化、自然资源方面的若干特点，因此人们习惯把凡是以中国传统医药理论为指导，采集、炮制、制剂，说明作用机制，指导临床应用的药物，统称为中药。简而言之，中药就是指在中医理论指导下，用于预防、治疗、诊断疾病并具有康复与保健作用的物质。它对维护我国人民健康、促进中华民族的繁衍昌盛作出了重要贡献。中药主要来源于天然药及其加工品，包括植物药、动物药、矿物药及部分化学、生物制品类药物。中药饮片系指药材经过炮制后可直接用于中医临床或制剂生产使用的处方药品。由于中药以植物药居多，固有“诸药以草为本”的说法。五代韩保昇也说：“药有玉石草木虫兽，而直言本草者，草类药为最多也。”因此，自古相沿把中药称本草。在中华大地的广阔疆域中，孕育了成千上万种中药材，在上下五千年的悠久历史中，积淀了丰富而确切的临床经验，经一代又一代医家的笔耕不辍，为后世留下了宝贵的中药文献，这都是值得继承、发掘、整理和提高的。

一、原始社会药物的起源

劳动创造了人类社会，同时也创造了医药。中药的发现和应用以及中药学的产生、发展，和中医学一样，都经历了极其漫长的实践过程。

原始社会，我们的祖先在寻找食物的过程中，由于饥不择食，不可避免地会误食一些有毒甚至剧毒的植物，以致发生呕吐、腹泻、昏迷甚至死亡等中毒现象；同时也可因偶然吃了某些植物，使原有的呕吐、昏迷、腹泻等症状得以缓解甚至消除。经过无数次的反复试验，口尝身受，逐步积累了辨别食物和药物的经验，也逐步积累了一些关于植物药的知识，这就是早期植物药的发现。当进入氏族社会后，由于弓箭的发明和使用，使人们进入了狩猎和捕鱼为重要生活来源的渔猎时代，人们在吃到较多的动物的同时，也相应地发现了一些动物具有治疗作用，这就是早期动物药的发现。至氏族社会后期，进入农业、畜牧业时代，由于种植、饲养业的发展，发现了更多的药物，这样用药的知识也不断丰富，从而形成了早期的药物疗法。因此可以说，中药的起源是我国劳动人民长期生活实践和医疗实践的结果。故《淮南子·修务训》谓：“神农尝百草之滋味，水泉之甘苦，令民知所避就，当此之时，一日而遇七十毒。”《史记·补三皇本纪》云：“神农氏以赭鞭鞭草木，始尝百草，始有医药。”“神农尝百草”虽属传说，但客观上却反映了我国劳动人民由渔猎时代过渡到农业、畜牧业时代发现药物、积累经验的艰苦实践过程，也是药物起源于生产劳动的真实写照。

随着历史的递嬗，社会和文化的演进，生产力的发展，医学的进步，人们对于药物的认识和需求也与日俱增。药物的来源也由野生药材、自然生长逐步发展到部分人工栽培和驯养，并由动、植物扩展到天然矿物及若干人工制品。用药知识与经验也愈见丰富，记录和传播这些知识的方式、方法也就由最初的“识识相因”、“师学相承”、“口耳相传”发展到文字记载。

二、夏商周时代

人工酿酒和汤液的发明与应用，对医药学的发展也起了巨大的促进作用。酒是最早的兴奋剂和麻醉剂，还能通血脉、行药势，并可用作溶剂，后世也常用酒作为辅料加工炮制药物。甲骨文中即有“鬯其酒”的记载。据汉·班固《白虎通义·考黜篇》注释：“鬯者，以百草之香，郁金合而酿之成为鬯。”可见，“鬯其酒”就是制造芳香的药酒。酒剂的使用，有利于提高药物的疗效，对后世产生了巨大的影响。仅《内经》所存13首方中即有四个酒剂，《金匮》、《千金方》、《外台秘要》、《圣惠方》、《本草纲目》等书中有更多内、外用酒剂，故后世有“酒为百药之长”之说。酒剂的发明与应用对推动医药的发展产生了重要的影响。

进入奴隶社会，手工业逐步发达。夏代已有精致的陶釜、陶盆、陶碗、陶罐等陶制器皿，殷商时期在人们常用生活中陶器更是得到了广泛使用，同时对食品加工的知识也不断丰富和提高。这些都为汤液的发明创造了条件。相传商代伊尹创制汤液。晋·皇普谧《针灸甲乙经》序中谓：“伊尹以亚圣之才，撰用神农本草，以为汤液。”《资治通鉴》谓伊尹“闵生民之疾苦，作汤液本草，明寒热温凉之性，酸苦辛甘咸淡之味，轻清浊重，阴阳升降，走十二经络表里之宜。”汤液的出现，不但服用方便，提高了药效，且降低了药物的毒副作用，同时也促进了复方药剂的发展。因此汤剂也就作为中药最常用的剂型之一得以流传，并得到不断的发展。

文物考古表明，在数千年前的钟鼎文中，已有“药”字出现，《说文解字》将其训释为“治病草，从草，乐声”。明确指出“药”为治病之物，并以“草”（植物）类居多的客观事实。文字的发明极大地促进了中医药知识的推广和流传。我国药学记载很早，正式的文字记载可追溯到公元前一千多年的西周时代（公元前1066－公元前771年）。如《尚书·说命篇》云：“药不瞑眩，厥疾弗瘳。”《周礼·天官冢宰下》谓：“医师掌医之政令，聚毒药以供医事。”以及“以五味、五谷、五药养其病。”据汉代郑玄注：“五药，草、木、虫、石、谷也。”所谓“五药”，并非指五种具体药物，可能是当时对药物的初步归纳。《诗经》是西周时代的文学作品，也可以说是我国现存文献中最早记载具体药物的书籍。书中收录一百多种药用动植物名称，如苍耳、芍药、枸杞子、鲤鱼、蟾蜍等。当然书中所载百余种动植物当时是否入药尚有待考证，但后世许多本草书籍中都将之作为药用。《山海经》是记载先秦时期我国各地名山大川及物产的一部史地书。它和《诗经》一样，并非药物专著，但却记载了更多的药物，并明确指出了药物的产地、效用和性能，说明人们对药物的认识又深入了一步。《山海经》记载药物的统计，各家有所差异，一般认为大致可分为以下四类：动物药67种，植物药52种，矿物药3种，水类1种，另有3种不详何类，共计126种。服法方面有内服（包括汤服、食用）和外用（包括佩戴、沐浴、涂抹等）的不同。所治病种达31种之多，包括内、外、妇、眼、皮肤等科疾患。而其中有关补药和预防的记载，反映了当时我国古代预防医学思想的萌芽。可见当时药物的知识已相当丰富。

春秋战国时期，由于社会的变革，生产力的发展，科学文化的提高，出现了“诸子蜂起，百家争鸣”的局面。当时的医家，以朴素的、唯物的阴阳五行学说为指导思想，以人和自然的统一观，总结了前人的医学成就。《黄帝内经》的问世，奠定了我国医学发展的理论基础，对中药学的发展同样产生了巨大的影响。如《素问·至真要大论》记载：“寒者热之，热者寒之”，《素问·藏气法时论》记载“辛散”、“酸收”、“甘缓”、“苦坚”、“咸软”等，奠定了四气五味学说的理论基础。《素问·宣明五气论》记载“五味所入，酸入肝，辛入肺，苦入心，咸入肾，甘入脾，是为五入”，是中药归经学说之先导。《素问·六微旨大论》记载“升降出入，无器不有”，《素问·阴阳应象大论》记载“味厚者为阴，薄者为阴中之阳；气厚者为阳，薄者为阳中之阴”，以及“辛甘发散为阳，酸苦涌泄为阴”等，是后世中药升降浮沉学说的理论依据。“风淫于内，治以辛凉，佐以甘，以甘缓之，以辛散之……”创气味配伍之先河，成为后世丰富和发展中药理论的基础。同时《内经》中所提出五运六气与用药的关系，对中药的临床应用曾产生过很大的影响。《内经》收载成方13首，其中汤剂4首，其余9种成药已具备了丸、散、膏、丹、酒等多种剂型。书中还提出了“君、臣、佐、使”的制方之法，一直被后世医家视为遣药组方的基本原则。

成书年代与《内经》同时或更早的1975年长沙马王堆汉墓出土的《五十二病方》，虽然并非药物专著，但用药却达240余种之多，医方280多个，所治疾病涉及内、外、妇、五官等科。其载药数目之多，复方用药之早，所治疾病之广，足见先秦时期用药已具相当规模了。

三、秦汉时期

由于生产力的发展，科学的进步，内外交通的日益发达，特别是张骞、班超先后出使西域，打通丝绸之路，西域番红花、葡萄、胡桃等药材不断输入内地，少数民族及边远地区的犀角、琥珀、麝香及南海的荔枝、龙眼等已逐渐为内地医家所采用，从而丰富了本草学的内容。西汉初年已有药物专书流传民间，如《史记·扁鹊仓公列传》称吕后八年（公元前180年）公乘阳庆传其弟子淳于意《药论》一书；《汉书·楼护传》谓：“护少诵医经、本草、方术数十万言”；《汉书·平帝纪》云：“元始五年（公元5年）徵天下通知……本草以及五经、论语、孝经、尔雅教授者……遣至京师。”可见秦汉时期已有本草专著问世，并有众多的本草教授，本草学的发展已初具规模，遗憾的是专门的本草文献未能遗留下来。

现存最早的本草专著当推《神农本草经》（简称《本经》），一般认为该书约成于西汉末年至东汉初年（公元前1世纪–公元1世纪），一说是该书成书于东汉末年（公元2世纪）。全书载药365种，其中植物药252种，动物药67种，矿物药46种，按药物功效的不同分为上、中、下三品。上品120种，功能滋补强壮，延年益寿，无毒或毒性很弱，可以久服；中品120种，功能治病补虚，兼而有之，有毒或无毒当斟酌使用；下品125种，功专祛寒热，破积聚，治病攻邪，多具毒性，不可久服。《神农本草经》序论中还简要赅备地论述了中药的基本理论，如四气五味、有毒无毒、配伍法度、辨证用药原则、服药方法及丸、散、膏、酒等多种剂型，并简要介绍了中药的产地、采集、加工、贮存、真伪鉴别等，为中药学的全面发展奠定了理论基石。书中新载药物大多朴实有验，至今仍然习用，如常山抗疟、苦楝子驱虫、阿胶补血、乌头止痛、当归调经、黄连治痢、麻黄定喘、海藻治瘿等等。可以说，《本经》是汉以前药学知识和经验的第一次大总结，奠定了我国大型骨干本草的编写基础，是我国最早的珍贵药学文献，被奉为四大经典之一，它对中药学的发展产生了极为深远的影响。《本经》成书之后，沿用五百余年，原著在唐初已失传，但它的内容仍然保留在历代本草之中。现存的各种版本都是经明清以来学者考订、辑佚、整理而成的，其中著名的有孙星衍、孙冯翼同辑本，顾观光辑本和日本森立之辑本。

东汉时期著名医药学家张仲景著《伤寒杂病论》，总结了我国古代人民与疾病、传染病作斗争的经验，创立辨证论治，融汇理法方药，以六经论伤寒，以脏腑论杂病。创立三百余方，全面总结方中载药的功效，极大地丰富提高了中药饮片的临床标准，如通过书中桂枝汤类方的分析可以总结出桂枝具有发汗解肌、透达营卫、助阳化气、利水涤饮、活血通络、温经止痛、平降冲逆、止悸宁心等多种功效，极大地丰富了临床中药学的内容。在创立经方被后世誉为"成方鼻祖"的同时，还凝练了"麻黄配桂枝"、"桂枝配芍药"、"柴胡配黄芩"、"附子配甘草"等众多增效、减毒或产生新的药效的经典配伍药对，为中药配伍应用树立了典范。对药物的正确使用、合理煎煮、恰当炮制亦都作出了巨大的贡献。正如明代吕复所云："盖一证一药，万选万中，千载之下，如合符节。"

四、两晋南北朝时期

自《神农本草经》成书以后，历经后汉、三国、两晋至南齐，由于临床用药的不断发展，以及中外通商和文化交流，使西域南海诸国的药物如乳香、苏合香、沉香等香料药输入我国，新的药物品种逐渐增多，并陆续有了零星记载，对原有的药物功效也有了新的认识，拓展了药物的治疗面。经过长期的临床实践，证明部分药物的性味、功效等与原来的记述不尽相同，因此，梁·陶弘景（公元456－536年）在整理注释经传抄错简的《神农本草经》的基础上，又增加汉魏以来名医的用药经验（主要取材于《名医别录》），撰成《本草经集注》一书，"以朱书神农，墨书别录"，小字加注的形式，对魏晋以来三百余年间中药学的发展做了全面总结。全书7卷，载药730种，分玉石、草、木、虫兽、果菜、米食、有名未用七类，首创按药物自然属性分类的方法，改变了"三品混糅，冷热舛错，草木不分，虫兽无辨"的现象。对药物的形态、性味、产地、采制、剂量、真伪辨别等都做了较为详尽的论述，强调药物的产地与采制方法和其疗效具有密切的关系。该书还首创"诸病通用药"，分别列举八十多种疾病的通用药物，如治风通用药有防风、防已、秦艽、川芎等，治黄疸通用药有茵陈、栀子、紫草等，以便于医生临证处方用药。此外本书还考定了古今用药的度量衡，并规定了汤、酒、膏、丸等剂型的制作规范。本书是继《神农本草经》之后的第二部本草名著，它奠定了我国大型骨干本草编写的雏形，惜流传至北宋初即逐渐亡佚，现仅存敦煌石窟藏本的序录残卷，但其主要内容仍可在《证类本草》和《本草纲目》中窥测。近代有尚志钧重辑本。

南朝刘宋时代（公元420－479年）雷敩的《雷公炮炙论》是我国第一部炮制专著，

该书系统地介绍了三百余种中药的炮制方法，提出药物经过炮制可以提高药效，降低毒性，便于贮存、调剂、制剂等。此书对后世中药炮制的发展产生了极大的影响，书中记载的某些炮制方法至今仍有很大参考价值。

五、隋唐时期

此时我国南北统一，经济文化繁荣，交通发达，外贸增加，印度、西域药品输入日益增多，从而推动了医药学术的迅速发展。加之陶弘景《本草经集注》成书之际，正处于南北分裂时期，对北方药物情况了解不够，内容上存在一定的局限性，因而有必要对本草做一次全面的整理、总结。唐显庆四年（公元659年）颁布了经政府批准，由长孙无忌、李勣领衔编修，由苏敬实际负责，23人参加撰写的《新修本草》（又名《唐本草》）。全书卷帙浩繁，共54卷，收药844种（一说850种），新增药物114种（一说120种），由药图、图经、本草三部分组成，分为玉石、草、木、兽禽、虫、鱼、果菜、米谷、有名未用等九类。在编写过程中唐政府通令全国各地选送当地道地药材，作为实物标本进行描绘。从而增加了药物图谱，并附以文字说明。这种图文并茂的方法，开创了世界药学著作的先例。本书治学严谨，本着“本经虽缺，有验必书；别录虽存，无稽必正”的宗旨，实事求是，尊重经典又不拘泥，在保持《神农本草经》原文的基础上，对古书未载者加以补充、内容错讹者重新修订。书中既收集了为民间所习用的安息香、龙脑香、血竭、诃黎勒、胡椒等外来药，同时又增加了水蓼、葎草、人中白等民间经验用药，且药物分类也较《本草经集注》多两类。可见本书内容丰富，取材精要，具有高度的科学价值，反映了唐代本草学的辉煌成就，奠定了我国大型骨干本草编写的格局。它不仅对我国而且对世界医药学的发展产生了巨大的影响，很快流传到国外。如公元731年即传入日本，并广为流传，日本律令《延喜式》即有“凡医生皆读苏敬《新修本草》”的记载。由于《新修本草》是由国家组织修订和推行的，因此它也是世界上公开颁布的最早的药典，比公元1542年欧洲《纽伦堡药典》要早八百余年。本书现仅存残卷的影刻、影印本，但其内容保存于后世本草及方书中，近年有尚志钧重辑本问世。

此后，唐开元年间（公元713－741年），陈藏器深入实际，搜集了《新修本草》所遗漏的许多民间药物，对《新修本草》进行了增补和辨误，编写成《本草拾遗》。此书扩展了用药范围，仅矿物药就增加了一百多种，且其辨识品类也极为审慎。全书增加药物总数尚无定论，然仅《证类本草》引用就达488种之多，为丰富本草学的内容作出了贡献。他还根据药物功效，提出宣、通、补、泻、轻、重、燥、湿、滑、涩十种分类方法，即：“宣可去壅，生姜、橘皮之属；通可去滞，通草、防己之属；补可去弱，人参、羊肉之属；泄可去闭，葶苈、大黄之属；轻可去实，麻黄、葛根之属；重可去怯，磁石、铁粉之属；滑可去着，冬葵子、榆皮之属；涩可去脱，牡蛎、龙骨之属；燥可去湿，桑白皮、赤小豆之属；湿可去枯，白石英、紫石英之属。”这是根据病理在实践中确定药物作用，并以此进行分类，把药物的效用与病证对应起来，指导临床辨证用药，对后世方药分类产生了很大影响。

至五代（公元935－960年），翰林学士韩保昇等受蜀主孟昶之命编成《蜀本草》。它也以《新修本草》为蓝本，参阅有关文献，进行增补注释，增加了新药，撰写了图经。该书对药品的性味、形态和产地做了许多补充，绘图也十分精致，颇具特点，李时珍谓“其图说药物形状，颇详于陶（弘景）、苏（敬）也。”故本书常为后人编纂本草时所引用，是一部对本草学发展有影响的书籍。此外，专题性本草著作还有李珣的《海药本草》，主要介绍海外输入药物知识，扩充了本草学的内容，反映了唐代对外来药物引进的情况和认识水平。在食疗方面，孙思邈在《千金要方》中首载食治篇，其弟子们以此为基础，改变增补而成《食疗本草》，全面总结了唐以前的营养学知识和食治经验，是这一时期最有代表性的食疗专著。

六、宋金元时期

宋代火药、指南针、活字印刷术的发明，给中国和世界科学文化的发展带来了巨大的变化。由于临床医学的进步，促进了药物学的发展。药品数量的增加，功效认识的深化，炮制技术的改进，成药应用的推广，使宋代药学发展呈现了蓬勃的局面。

开宝元年（公元973年）刘翰、马志等奉命在《新修本草》、《蜀本草》的基础上修改增定宋代第一部官修本草《开宝新详定本草》。次年发现其仍有遗漏和不妥之处，经李昉等重加校定，较《新修本草》增加药物133种，合计983种，名《开宝重定本草》，苏颂称本书“其言药性之良毒，性之寒温，味之甘苦，可谓备且详矣。”

经过八十多年的时间，嘉祐二至五年（公元1057－1060年），又出现了第三部官修本草，即《嘉祐补注神农本草》。此书由掌禹锡、林亿、苏颂等人编写，以《开宝重定本草》为蓝本，附以《蜀本草》、《本草拾遗》等各家之说，书成21卷，较《开宝本草》增加新药99种，合计载药1082种，采摭广泛，校修恰当，对药物学的发展起了一定的作用。

嘉祐六年（公元1061年），由苏颂将经国家向各郡县收集所产药材实图及开花、结果、采收时间、药物功效的说明资料，以及外来进口药的样品，汇总京都，编辑成册，名曰《本草图经》。全书共21卷，考证详明，颇具发挥。本书与《嘉祐本草》互为姊妹篇。元祐七年（公元1062年）陈承将两书合编起来，附以古今论说及个人见解（名《别说》），故名《重广补注神农本草图经》。上述诸本草均已亡佚，然其内容仍可散见于《证类本草》、《本草纲目》等后世本草著作中。

宋代本草学的代表作当推唐慎微的《经史证类备急本草》（简称《证类本草》）。唐氏为四川名医，家乡盛产药材。他医技高超，深入群众，为人治病，往往不计报酬，只求良方，从而搜集了大量古今单方、验方。他治学广泛，学识渊博，整理了经史百家246种典籍中有关药学的资料，在《嘉祐本草》、《本草图经》的基础上，于公元1082年撰成《经史证类备急本草》。全书33卷，载药1558种，较前增加476种，附方三千余首。方例是药物功能的直接例证，每味药物附有图谱，这种方药兼收，图文并重的编写体例，较前代本草又有所进步，且保存了民间用药的丰富经验。每药还附以制法，为后世提供了药物炮制资料。他广泛引证历代文献，保存了《开宝本草》、《日华子本草》、《嘉祐本草》等佚书内容。本书不仅切合实际，而且在集前人著作大成方面作了极大贡献，为后世保存了大量古代方药的宝贵文献，本书使我国大型骨干本草编写格局臻至完备，起了承前启后、继往开来的作用。李时珍对其予以高度评价：“使诸家本草及各药单方，垂直千古，不致沦没者，皆其功也。”《证类本草》沿用五百多年，从大观二年（公元1108年）出版的《经史证类大观本草》（简称《大观本草》）、政和六年（公元1116年）出版的《政和新修证类备用本草》（简称《政和本草》），以及南宋绍兴二十九年（公元1159年）出版的《绍兴校定经史证类备急本草》（简称《绍兴本草》），直到金元时期（公元后1302年）出版的《经史证类大全本草》等，都是在《证类本草》的基础上，稍加修订补充而成的官修本草著作。这些著作，历代不断地复刻重刊，直到明代《本草纲目》问世后，才逐渐地代替了它。作为本草学范本的《证类本草》，不仅完成了当时的历史使命，并为《本草纲目》的诞生奠定了基础。直到现代，它仍然是我们研究中药必备的重要参考书目之一。

1076年，在京城开封开设出国家经营的熟药所，后又发展为修合药所（后改名为"医药和剂局"）及出卖药所（后改名为"惠民局"）。国家药局的设立，是北宋的一大创举，也是我国乃至世界药学史上的大事件。药局的产生促进了药材检验、成药生产的发展，带动了炮制、制剂技术的提高，并制订了制剂规范，《太平惠民和剂局方》即是这方面的重要文献。

金元时期的药学著作，不求其赅备，而多期于实用。如刘完素的《素问药注》、《本草论》，张元素的《珍珠囊》、《脏腑标本药式》，李东垣的《药类法象》、《用药心法》，王好古的《汤液本草》，朱丹溪的《本草衍义发挥》等，具有明显的临床药物学特征。这一时期的药学著作，发展了医学经典中有关升降浮沉、归经等药物性能的理论，使之系统化，并作为所录药物记述中的重要内容，为准确用药、提高疗效发挥了重要的作用；结合用药经验和理、法、方、药，精练药物的功效，提高了本草的学术水平，也增强了本草的实用性和可读性；探求药物奏效原理，建立了一整套法象药理模式，对丰富药性理论有一定的贡献。同时，"十八反"和"十九畏"歌诀的出现，说明金元时期对药物配伍禁忌的重视。金元时期出现了各具特色的医学流派，其中比较著名的就是金元四大家，他们突破束缚，解放思想，提升学术创新的自由度，开创了中医学发展的新局面。火热论、攻邪论、补土论、养阴论，虽立论不同，但各有发明，各有创见，深化了在各自领域的用药见地，创制了各具特色的中成药，为后世留下了宝贵的财产。

元代忽思慧于1330年编著的《饮膳正要》是饮食疗法的专门著作。书中对养生避忌、妊娠食忌、高营养物的烹调法、营养疗法、食物卫生、食物中毒等都有论述，介绍了不少回、蒙民族的食疗方法，至今仍有较高的参考价值。

七、明代

由于中外交流日益频繁，商品经济迅速发展，医药知识不断丰富，沿用已久的《证类本草》已经不符合时代的要求，需进一步总结和提高。我国伟大的医药学家李时珍肩负时代的使命，在《证类本草》的基础上，参考了八百多部医药著作，对古本草进行了系统全面的整理总结。他边采访调查，边搜集标本，边临床实践，经过长期的考查、研究，历时27年，三易其稿，终于在公元1578年完成了二百多万字的中医药科学巨著《本草纲目》。该书共52卷，载药1892种，改绘药图1160幅，附方11096首，新增药物374种。其中既收载了醉鱼草、半边莲、紫花地丁等一些民间药物，又吸收了番木鳖、番红花、曼陀罗等外来药物，大大地丰富了本草学的内容。本书以《证类本草》为蓝本，在文前编辑了序例，介绍历代诸家本草、经史百家书目、七方、十剂、气味阴阳、升降浮沉、引经报使、配伍、禁忌、治法、治则等内容，全面总结了明以前药性理论内容，保存了大量医药文献。其百病主治药，既是临床用药经验的介绍，又是药物按功效主治病证分类的楷模。本书按自然属性分为水、火、土、金石、草、谷、菜、果、木、服器、虫、鳞、介、禽、兽、人共16部62类，每药标正名为纲，纲之下列目，纲目清晰。这种按“从贱至贵”的原则，即从无机到有机、从低等到高等，基本上符合进化论的观点，因而可以说是当时世界上最先进的分类法，它比植物分类学创始人林奈的《自然系统》一书要早170多年。《本草纲目》中的每一味药都按释名、集解、修治、气味、主治、发明、附方等项分别叙述。详细地介绍了药物名称的由来和含义、产地、形态、真伪鉴别、采集、栽培、炮制方法、性味功能、主治特点。尤其是发明项下，主要是介绍李时珍对药物观察、研究和实际应用的新发现、新经验，这就更加丰富了本草学的内容。对药物的记载分析，尽量用实物说明和临床验证做出审慎的结论，内容精详，实事求是，突出了辨证用药的中医理法特色。本书在收集历代本草精华的同时，对其错误之处也做了科学的纠正，如对“葳蕤、女葳二物而并入一条”、“南星、虎掌一物而分二种”、“以兰花为兰草”、“以卷丹为百合”等等都做了准确的更正。并通过他的临床实践和药物研究，对某些药物的功效作了新的概括，如土茯苓治梅毒、延胡索止痛、曼陀罗麻醉、常山截疟、银花疗痈等，都做了证实和肯定。由于本书不仅总结了我国16世纪以前的药物学知识，而且还广泛介绍了植物学、动物学、矿物学、冶金学等多学科知识，其影响远远超出了本草学范围，自1596年在南京印行后，很快风行全国，17世纪即流传到国外，先后被译为朝、日、拉丁、英、法、德、俄等多种文字，成为不朽的科学巨著，是我国大型骨干本草的范本，是我国科技史上极其辉煌的硕果，在世界科技史永放光辉。

明代的专题本草取得了瞩目成就。炮制方面，缪希雍的《炮炙大法》是明代影响最大的炮制专著，书中所述的“雷公炮制十七法”对后世影响很大。炮制方法不断完善的同时，炮制技术也不断提高。明末的《白猿经》记载了用新鲜乌头榨汁、日晒、烟熏，使药面上结成冰，冰即是乌头碱的结晶，比起19世纪欧洲人从鸦片中提出吗啡——号称世界第一种生物碱还要早一百多年。食疗方面，朱橚的《救荒本草》（1406年）为饥馑年代救荒所著，书中将民间可供食用的救荒草木，按实物绘图，标明出产环境、形态特征、性味及食用方法。本书既扩大了食物资源，又丰富了植物学、本草学内容，有一定科学价值。药用植物方面，李中立于公元1612年编著的《本草原始》，对本草名实、性味、形态加以考证，绘图逼真，注重生药学的研究。地方本草方面，兰茂（公元1397－1476年）编著的《滇南本草》，是一部专门记载云南地区药物知识的地方本草。

八、清代

在《本草纲目》的影响下，研究本草之风盛行。一是由于医药学的发展，进一步补充修订《本草纲目》的不足，如赵学敏的《本草纲目拾遗》；二是配合临床需要，以符合实用为原则，由博返约，对《本草纲目》进行摘要、精减、整理工作，如汪昂的《本草备要》、吴仪洛的《本草从新》等；三是受考据之风影响，从明末至清代，不少学者从古本草文献中重辑《神农本草经》，如孙星衍、顾观光等人的辑本，不少医家还对《神农本草经》做了考证注释工作，如《本经逢原》。

《本草纲目拾遗》（1765年）为赵学敏所著，全书共10卷，载药921种，在《本草纲目》之外新增药物716种。按《本草纲目》16部分类，除人部外，把金石分为两部，又增藤、花两部，共18部。补充了太子参、于术、西洋参、冬虫夏草、银柴胡等临床常用药，及马尾连、金钱草、独角莲、万年青、鸦胆子等疗效确切的民间草药，同时还收集了金鸡勒、香草、臭草等外来药，极大地丰富了本草学的内容。它不仅拾《本草纲目》之遗，而且对《本草纲目》已载药物治疗未备、根实未详者，也详加补充。卷首列正误 34 条，对《本草纲目》中的错误加以订正。他在《本草纲目》的基础上创造性发展了本草学，出色地完成了我国本草学第六次大总结，他是继李时珍之后我国又一位伟大的药物学家。

以《本草纲目》为基础，删繁就简，切合实用的本草著作有刘若金的《本草述》(1666 年)。全书 32 卷，依《本草纲目》分类法，集 691 种常用药，重点介绍药性特点及临床应用，引证各家论述，参以已见，是一部很有影响的著作。杨时泰将本书再次精减整理，编辑成《本草述钩元》。汪昂的《本草备要》(1694 年)，全书 8 卷，从《本草纲目》选录 478 种临床常用药，概述性味、主治功用，附图四百余幅，在凡例和药性总义中阐述汪氏简介，卷帙不繁，内容精练，广为流传。吴仪洛的《本草从新》(1757 年) 为补订《本草备要》而作，载药 721 种，除介绍性味、主治外，对辨伪、修治也有论述，内容更加完善，深受医家喜爱。《得配本草》为严西亭所著，全书 10 卷，附药考 1 篇，选自《本草纲目》647 种药，除论述药性主治外，重点详述各药之间的相互配伍应用，是一部探讨中药配伍规律的本草。黄宫绣的《本草求真》(1769 年)，10 卷，载药 520 种，上篇详述药物形态、性味、功用等，下篇阐述脏腑病证主药、六淫病证主药、药物总义等内容。由于本书以临床实用为宗旨，正文药物分为补、泻、散、涩、血、杂、食物 7 类。每类又分若干子目，本书采用的按药物主要功效进行分类的方法，不仅较《本经》三品分类、陈藏器十剂分类更为先进，而且对当代临床中药学的功效分类亦有重要影响。此外，王子接的《得宜本草》、黄元御的《玉楸药解》都是属于这类由繁返约的本草。

从历代医药文献中重辑《神农本草经》，现行版本有孙星衍、孙冯翼合辑本 (1799 年)，3 卷，载药 365 种，取材于《证类本草》，并校以《太平御览》等。每药正文之后，增加了《吴普本草》、《名医别录》及其他文献资料，是一部学术水平较高、影响较大的重辑本。顾观光辑本 (1844 年)，4 卷，也取材于《证类本草》，按《本草纲目》所载“本草经药物目录”编排，除考证书中条文外，对药物也作了一些校勘，虽不如孙本完善，但突出了用药原则，是本书特点。再有日本森立之辑本 (1854 年)，3 卷，考异 1 卷。书中药品次序、文字均系采自《新修本草》，并参考了《千金方》、《医心方》及日本《本草和名》等书而辑成，载药 357 种。因《新修本草》所收《神农本草经》的资料最接近原书内容，故森立之所辑原文也最可靠，同时所附考异，引证广博而严谨，很有学术价值，这是迄今较为完善的辑本。此外，还有明·卢复、清·黄奭等辑本，对学习研究《神农本草经》都有参考价值。

注释发挥《神农本草经》的著作，首推明末 (1625 年) 缪希雍的《神农本草经疏》。全书 30 卷，载药 490 味，据经以疏义，缘义以致用，互参以尽其长，简误以防其失，以《神农本草经》、《别录》等主要文献为依据，结合临床实际、注释、订正、阐明药性，多有发挥，并附各家主治、配方、禁忌等内容，是一部很有影响的本草学著作，故前人有“经疏出而本草亡”的赞誉。继《神农本草经疏》之后，清代有邹澍的《本经疏证》(1837 年)、《本经续要》(1840 年)，作者以《神农本草经》为主，以《别录》、《唐本草》和《本草图经》为辅，取《伤寒》、《金匮》、《千金》、《外台》各书古方，交互参考，逐一疏解。他以经方解释《本经》，用《本经》分析古方，注疏中注意理论联系实际，对研究《本经》和汉、唐经方、古方颇有影响。张璐的《本经逢原》（1695 年），4 卷，以《神农本草经》为基础，载药七百余种，阐述药物的性味、效用、真伪优劣等，论述中选用诸家治法及本人治验心得，是部侧重实用、宜于临床参考的著作。张志聪的《本草崇原》（1767 年），3 卷，收《神农本草经》药物 290 种，每药先列《神农本草经》原文，然后注释包括别名、产地、历代医家简介、临床应用等内容，阐述纲要详尽，且多有发挥。此外，《本草经解》、《神农本草经合注》等，都是很有影响的《神农本草经》注疏专著。

明末清初，温病流行，促进人们对温病的认识更加深化，理论更趋成熟，治疗方法也不断丰富。医家叶天士所著的《温热论》，阐明了温病的发生发展规律，创立了卫气营血辨证论治理论，表示疫病由浅入深的四个层次："大凡看法，卫之后方言气，营之后方言血。"并提出各阶段相应的治法和药物："在卫汗之可也，到气才可清气，入营犹可透热转气，如犀角、玄参、羚羊角等物，入血就恐动血耗血，直须凉血散血，如生地、丹皮、阿胶、赤芍等物。"吴鞠通著成《温病条辨》，创立三焦辨证理论，对温病的发生、发展、传变进行归纳总结。正是由于这一时期温病学家及其他医家对温病的临床实践和理论上的推动，使温病在理、法、方、药上自成体系，形成了比较系统而完整的温病学说，为急性热病的选药论治积累了丰富的经验。

清代专题类本草门类齐全，其中也不乏佳作。如张仲岩的《修事指南》，综合归纳历代各家有关炮制记载，较为系统地论述了各种炮制方法。又如吴其浚的《植物名实图考》，书中每种植物均详记形态、产地、栽培、用途、药用部位、效用治验等内容，并附有插图，为我们研究药用植物提供了宝贵的文献资料。

九、民国时期

民国时期（公元 1911 – 1949 年），"改良中医药"、"中医药科学化"、"创立新中医"等口号风行一时，形成民国时期中医药学发展的一大特色。这一时期我国医学发展的总特点是中西医药并存。虽然民国政府对中医药采取了不支持和歧视的政策，但在志士仁人的努力下，中医药学以其顽强的生命力，依然继续向前发展，并取得了不少成果。

中药辞书的产生和发展是民国时期中药学发展的一项重要成就，其中成就和影响最大的当推陈存仁主编的《中国药学大辞典》（1935 年），全书约二百万字，收录词目 4300 条，既广罗古籍，又博采新说，且附有标本图册，受到药界之推崇。虽有不少错讹，仍不失为近代第一部具有重要影响的大型药学专书。

这一时期，随着中医或中医药院校的出现，涌现了一批适应教学和临床需要的中药学讲义。如浙江兰溪中医学校张山雷编撰的《本草正义》。该书分类承唐宋旧例，对药物功效则根据作者实际观察到的情况及临证用药的具体疗效加以阐述，且对有关中药鉴别、炮制、煎煮方法等亦加以论述，目的在于让学生既会用药，又会识药、制药，掌握更多的中药学知识。属于这类教材的还有上海中医专门学校秦伯未的《药物学》、浙江中医专门学校何廉臣的《实验药物学》、天津国医函授学校张锡纯的《药物讲义》等，对各药功用主治的论述大为充实。

民国时期，随着西方药学知识和化学、生物学、物理学等近代科学技术在我国的迅速传播和发展，初步建立了以中药为主要研究对象的药用动物学、药用植物学、生药学、中药鉴定学、中药药理学等新的学科。在当时条件下，其成果集中在中药的生药、药理、化学分析、有效成分提取及临床验证等方面，对本草学发展所作的贡献应当充分肯定。

十、中华人民共和国成立后

建国60多年来，我国社会主义事业取得了伟大成就，政治稳定，经济繁荣，重大科学技术研究成果层出不穷。许多先进技术被引进到医药学中，大大促进了中医药学的发展。政府高度重视中医药事业的继承和发扬，并制定了一系列相应的政策和措施，使中医药事业走上了健康发展的轨道，本草学也取得了前所未有的成就。

从1954年起，各地出版部门根据卫生部的安排和建议，积极进行历代中医药书籍的整理刊行。在本草方面，陆续影印、重刊或校点评注了《神农本草经》、《新修本草》（残卷)、《证类本草》、《滇南本草》、《本草品汇精要》、《本草纲目》等数十种中药的古代本草专著。20世纪60年代以来，对亡佚本草的辑复也取得突出成绩，其中有些已正式出版发行，对本草学的研究、发展作出了较大贡献。

当前涌现的中药新著，数量繁多且种类齐全，从各个角度将本草学提高到崭新的水平。其中最能反映当代本草学术成就的，有各版《中华人民共和国药典》、《中药大辞典》、《中药志》、《全国中草药汇编》、《原色中国本草图鉴》、《中华本草》等。《中华人民共和国药典·一部》作为中药生产、供应、检验和使用的依据，以法典的形式确定了中药在当代医药卫生事业中的地位，也为中药材及中药制剂质量的提高、标准的确定起了巨大的促进作用，在一定程度上反映当代药学水平。《中药大辞典》（1977年）由江苏新医学院编写，分上、下册及附编三部分，共收载中药5767种，包括植物药4773种，动物药740种，矿物药82种，传统作单味使用的加工制成品172种，如升药、神曲等。主要原植（动）物药材均附以墨线图。全书内容丰富，资料齐全、系统，引文直接标注最早出处，或始载文献，有重要的文献价值，是新中国成立以来中药最全面的巨型工具书之一。《中药志》由中国医学科学院药物研究所等编写，1959年出版。其特点是在广泛调查研究的基础上，采用现代的科学方法和手段，对中草药质量的真伪优劣进行鉴别和比较，以保证用药的准确性。另一特点是增加了本草考证等方面的内容。《全国中草药汇编》由中国中医研究院（现中国中医科学院）中药研究所、中国医学科学院药物研究所、北京药品生物制品检定所会同全国九省二市及北京的有关单位的代表组成编写组，负责编写整理及绘图工作，于1975年9月和1986年7月两次由人民卫生出版社出版。全书分为文字与图谱两部分。文字部分分上、下两册；正文收载中草药2202种，附录1723种，连同附注中记载的中草药，总数在4000种以上，并附墨线图近3000幅。为配合正文而编绘的《全国中草药汇编彩色图谱》选收中草药彩图1156幅。本书是在大量征集资料和调查研究的基础上，比较系统地、全面地整理了全国中草药关于认、采、种、养、制、用等方面的经验与有关国内外科研技术资料，内容正确可靠、重点突出、便于应用，其实质相当于一部70年代的“现代实用本草”，是对新中国成立20多年来中药研究和应用的一次大总结。《中华本草》（1999）涵盖了当今中药学的几乎全部内容，它总结了我国两千多年来中药学成就，学科涉猎众多，资料收罗宏丰，分类先进，项目齐全，载药8980种，在全面集成传统本草学成就的基础上，增加了化学成分、药理制剂、药材鉴定和临床报道等内容，在深度和广度上，超过了以往的本草文献，可以说该书是一部反映20世纪中药学科发展水平的综合性本草巨著。

新中国成立以来，政府先后三次组织各方面人员进行了全国性的药源普查。通过普查，基本上摸清了天然药物的种类、产区分布、生态环境、野生资源、蕴藏量、收购量和社会需要量等。在资源调查的基础上，编著出版了全国性的中药志及一大批药用植物志、药用动物志及地区性的中药志，蒙、藏、维、傣、苗、彝等少数民族药也得到科学整理。1999 年通过全国普查，使目前的中药总数达到 12800 余种。普查中发现的国产沉香、马钱子、安息香、阿魏、萝芙木等，已经开发利用，并能在相当程度上满足国内需求，而不再完全依赖进口。

随着现代自然科学的迅速发展及中药事业自身发展的需要，中药的现代研究在深度和广度上都取得了瞩目成就，学科进一步分化，研究进一步深化。中药鉴定学、中药化学、中药药理学、中药炮制学、中药药剂学等分支学科都取得了很大发展。建国后中药鉴定工作广泛地开展，特别是在本草考证、基原鉴定、性状及经验鉴定、显微鉴定、理化鉴定等方面做了大量的工作；用现代科学方法对中药做了大量化学研究工作，发现了不少抗癌药物、防治心血管疾病的药物、抗寄生虫病药物、抗菌抗病毒药物、防治肝炎的药物，还对常用传统中药进行较系统的化学研究，有的还以酶或受体等生物学指标筛选化学成分，获得较好的成绩；中药药理学研究成绩也很显著，在系统药理学（如心血管药药理、抗癌药药理、免疫药药理等）、证候药理学（如清热解毒药、活血化瘀药、补益药药理等）、中药有效成分的代谢及药代动力学等方面均取得较大的进展；中药炮制方面的研究主要表现在结合中医临床用药理论和经验，对古今炮制文献进行了整理和研究，应用化学分析、仪器分析及药理学、免疫学等多种现代科学技术，探索炮制原理，寻找制定合理的炮制方法，改进炮制工艺，制定饮片质量标准等方面；中药制剂的研究在工艺、剂型、药理、药效、毒理、质量控制、临床应用等方面都取得了较大成就。

当代中药学教育事业的振兴，结束了中医药没有正规大学的历史，使中医中药由家传师授的培养方式转入了国家高等教育的轨道，造就了一大批高质量的专业人才。1956 年起，在北京、上海、广州、成都和南京等地相继建立了中医学院，使中医教育纳入了现代正规高等教育行列。1958 年河南中医学院首先创办了中药专业之后，成都、北京、南京、湖南、云南等中医学院也相继增设了中药专业。自 1978 年恢复培养研究生制度后，全国不少高等院校及药学科研机构开始招收中药学硕士学位和博士学位研究生。我国的中药教育形成了从中专、大专、本科到硕士、博士研究生多层次培养的完整体系。为了适应中药学教育的需要，各种中药学教材也多次编写修订，质量不断提高。

我国医药学源远流长，内容浩博。我们在已取得的成绩的基础上，还要动员多学科的力量，整顿标准，深化研究，使丰富多彩的中药学取得更大的成就，使安全有效、质量可控的优秀中药早日走向世界，为世界人民的医疗保健作出更大的贡献。

第二节 培训计划书的编制方法

一、培训计划书的编制流程

第一步：分析确定培训需求，发放培训需求调查表，对培训需求的调查结果进行分析，确定培训目标；

第二步：规划培训内容，设计培训课程，制订培训计划；

第三步：对培训计划进行评价，对培训计划进行内部讨论，各职能部门负责人对计划提出建议并反馈给人力资源部；

第四步：综合反馈意见，编制培训计划书。

二、编制培训计划书

培训计划书是企业培训的纲领性文件，是企业培训工作不可缺少的内容。培训计划书包括：培训目标、培训内容、培训时间、培训方式、培训地点、选择培训师和受训者、培训效果评估等。

1. 培训需求调研

培训计划制订前要做好培训需求的调研工作，通过发放调查表的形式收集员工的培训需求；通过对各部门的访谈了解部门的培训需求；根据公司的年度工作计划和发展目标，从企业单位层面、岗位层面、员工层面统一考虑，确定培训目标，使得培训工作与企业的发展战略和经营目标相一致。

2. 培训目标及方式确定

对不同的培训对象（如新入职人员、晋级人员、岗位调动人员等），不同的岗位要求，不同层级的受训人员，确定不同的培训目标和培训方式。培训方式有：岗前培训，主要目的是让专业技术人员掌握工作岗位必须的技能，对新员工还要求了解企业的整体概况和相关管理制度；在职培训，包括岗位轮换，使专业技术人员获得不同的岗位经验；师带徒，正式确定师徒关系，由师傅向徒弟传授个人技艺；另外还有脱产培训、业余培训、自我学习等培训方式。

3. 规划培训内容

根据不同层级的受训人员确定培训内容。

培训内容包括：岗位操作标准、专业技能知识、法律法规知识、职业道德、服务礼仪、营销技能、管理规范等。

4. 设计培训方式

针对不同的受训人员，设计可有效实施的培训方式。

培训方式包括：面授讲课、网络授课、现场辅导、岗位指导、自学与辅导、学习与实践、现场演练等。

5. 确定培训效果评估方法

通过调查问卷、面谈、询问的方法了解受训人员对培训安排、内容、讲师、组织等情况的反映。可以通过考试（笔试、口试）、演示、演讲、讨论、角色扮演等多种方式对学习层面进行评估。通过对受训者的观察、所在部门主管的评价、同事的评价等方式对受训人的行为层面进行评估，这个层面的评估可以直接反映培训的效果。通过受训人员的工作指标完成、工作绩效的提高情况对结果层面进行评估。

第三节　教育教学方法的相关知识

一、教学方法的概念

教学方法是教师和学生为了实现共同的教学目标，完成共同的教学任务，在教学过程中运用的方式与手段的总称。

二、常用教学方法

讲授法、直观演示法、研讨法、多媒体教学法、以实际训练为主的教学法、读书指导型教学法、案例分析法等。

（一）讲授法

讲授法是整个教学方法体系中运用最多、最广的一种方法。他的主要特点是培训师通过简明、生动的语言表达，系统地向受训者传授知识，受训者经过思维把知识存储在自己的头脑中。

1. 讲授法的特点

省时，高效，系统化。教师容易控制教学进程，能够使学员在较短时间内获得大量系统的科学知识，有利于加深理解难度大的内容，可以同时对许多人进行培训。

2. 讲授法教学的基本要求

（1）讲授内容要有科学性和思想性，这是保证讲授质量的首要条件。

（2）讲授要有系统性，条理清晰，层次分明，重点突出。

（3）讲授应具有启发性。

（4）讲授要努力提高语言表达水平。语言要生动形象、富有感染力、清晰、准确、简练、条理清楚、通俗易懂，尽可能音量、语速要适度，语调要抑扬顿挫，适应学员的心理节奏。

（5）培训师与受训者要相互配合，这是取得良好的讲授效果的重要保证。

（二）直观演示法

是通过展示各种实物、直观教具或进行示范性实验，使受训者通过观察获得感性认识的教学方法。特点在于直观性强。常常配合讲授法、谈话法进行。是一种辅助性教学方法，要和讲授法结合使用。

1. 直观演示法的特点

有助于激发受训者的学习兴趣，可利用多种感官，做到看、听、想、问相结合，有利于获得感性知识，加深对所学内容的印象。

2. 直观演示法教学的基本要求

示范前准备好所有的用具，目的要明确，让每个受训者都能看清示范物，示范完毕，让受训者试一试，对受训者的试做给予反馈。

（三）研讨法

在培训师指导下让受训者独立阅读教材、收集资料，并进行群体性的讨论，借以交流信息，深化认识。

1. 研讨法的特点

以受训人员为活动中心，鼓励受训人员积极思考，受训人员能够主动提出问题，表达个人的感受，有助于激发学习兴趣，有利于能力的开发，在讨论中取长补短，互相学习，有利于知识和经验的交流。

2. 运用研讨法教学的基本要求

每次讨论要建立明确的目标，并让每一位参与者了解这些目标，要使受训人员对讨论的问题发生内在的兴趣，并启发他们积极思考，在大家都能看到的地方公布议程表（包括时间限制），并于每一阶段结束时检查进度。

3. 研讨法的缺点

讨论课题选择的好坏将直接影响培训的效果，受训人员自身的水平也会影响培训的效果，不利于受训人员系统地掌握知识和技能。

（四）多媒体教学法

利用幻灯、电影、录像、录音、电脑等多媒体视听教材进行培训。很多情况下配合其他的教学方法使用。

1. 多媒体教学法的特点

由于视听培训是利用人体的五种感觉（视觉、听觉、嗅觉、味觉、触觉）去体会的一种培训，所以比讲授或研讨给人更深的印象。容易引起受训人员的关心和兴趣，多媒体教材可反复使用。

2. 多媒体法教学的基本要求

播放前要清楚地说明培训的目的，依讲课的主题选择合适的视听教材，通过播映内容来发表各人的感想，紧扣课程内容，播放后培训师必须做重点总结或结合培训的主题重点讲解。

（五）以实际训练为主的教学方法

是通过练习（角色扮演）、岗位实践等活动，使受训者巩固和完善知识、技能、技巧的方法。

角色扮演练习：设定一个最接近现实状况的培训环境，明确主题，指定参加者扮演某种角色，培训师对现场练习进行点评指导，借助角色的演练来理解知识和技能的内容，从而提高专业技能、技巧和实际工作中遇到问题的解决能力。

岗位实践活动：将学到的理论知识、操作流程，深入具体岗位实践，通过实践活动现场指导的方法使受训者真正掌握所学知识与技能。

1. 实际训练教学法的基本要求

对练习的内容提前准备、包括场地与设施的准备，演出学员与角色准备等，使每一事项都成为一种不同技巧的练习，确保练习培训的成功。对岗位实践的安排要正确选择岗位、指导老师、时间限制等，明确实践的内容、计划达到的目的，使实践达到培训效果。

2. 实际训练教学法的特点

对提高岗位技能见效快，学员参与性强，学员与讲师之间的互动交流充分，可以提高培训积极性。

（六）案例分析教学法

案例教学法是一种开放式、互动式的新型教学方式，在学生掌握了一定的基础知识和分析技术的基础上，培训师运用典型案例，通过学生的独立思考，提高分析和解决某一具体问题的能力。

1. 案例分析教学法的基本要求

研讨前要提供充裕的时间让学员阅读相关资料，案例选择要与工作实际相关，要可判定，培训师应详细介绍议题，并适时引导以便于达到研讨的目标，所选案例最好来自真实的问题，但切忌透露相关人员的真实姓名。

2. 案例分析教学法的特点

案例分析教学法提供了一个系统的思考模式，有利于使受训者得到经验和锻炼的机会，对培养受训者的行动能力、专业技能有帮助。

三、培训方法的选择

培训方法各有特色，只要是适合的，就是好的方法。在挑选培训方法时，应根据实际情况，采取最合适的方法或将各种培训方法优化组合，配合运用，才会取得理想的培训效果。

第四节　业务指导

对下级业务人员或实习学员的指导，要因人施教，因岗施教，在实际工作中培养、提高业务人员的工作能力。

一、理论指导

1. 指定学习内容、提高自我知识更新能力

学生在学校学习的知识往往是一些经典的，一般都比较陈旧，而工作中实际接触的往往是一些较新的东西，比如新的理论，新的方法，新的剂型，新的给药途径，新的营销理论、财务知识等，学校课堂往往没有学到。所以不管是指导实习学生还是新员工，要结合工作岗位的需要，选择一些反映当前新理论、新技术、新方法的新书、杂志、论文，供学员、员工学习，指定范围、规定时间，要求学员、员工写一些有关的综述文章，通过写综述提高学员总结、归纳的能力，同时，也促进学员思考问题、消化新知识，提高学员的理论水平。

2. 组织学习小组，相互提高

在指定学习内容的基础上，组织学习小组，利用 PPT 的方式，进行交流，通过案例分析，展开讨论，提高员工、学员的学习兴趣，提高与人交流的能力和社交能力。

二、实践指导

1. 现场指导

要提高学员、员工的独立工作能力、自己动手能力。可以组织学员、新员工到医药物流现场，学习、熟悉自己销售的药物，熟悉药物配送流程，药品退回、召回流程，才能使学员更好地为客户做好服务；公司组织大型活动时，分配学员一些具体工作，在老师的指导下完成，以熟悉活动的组织流程、要点，减少疏忽、漏洞；工作中有意识地分配学员、新员工承担一些技术管理工作，如进行销售数据统计分析，完成某项业务的工作统计报表等，培养新员工实际操作技能及科学管理能力；在工作中遇到问题时，组织讨论，让学员提出解决问题的办法，培养学员、新员工独立解决问题的能力；陪同学员、新员工进行客户访问，言传身教，使员工进一步体会公司文化的影响力。

2. 组织研究项目、培养独立工作能力

通过组织一些项目，如开展新产品的市场调研，让学员自己设计调研方案、表格、实施方法、统计方法等，要求独立完成调研报告，并组织讨论，培养学员、新员工的独立工作能力。

3. 组织参观学习

经常组织一些参观学习活动，相互交流、讨论，老师进行点评，是提高学员、员工工作能力的方法。

第六篇

高级技师知识与技能要求

第一章　中药商品采购

第一节　中药商品采购需求分析

一、中药商品采购计划的审核与修订知识

（一）中药商品采购计划审核的依据

中药商品采购计划审核依据主要有以下几项：

1. 企业的相关采购管理制度。

2. 企业的年度、季度、月度销售、生产（或排产）计划。

3. 企业的定额管理制度与额定库存指标。

4. 企业的采购预算制度与年度（或季度、月度）采购预算计划。

5. 企业的供应商管理制度与供应商的筛选、确定原则（标准）。

6. 企业年度采购预算所限定的商品“采购计划价”。

7. 待审核的当期中药商品采购计划之期初计划采购的中药商品库存信息（品名、规格、数量、有效期等）。

（二）中药商品采购计划审核的内容

中药商品采购计划的重点审核内容主要包括：

1. 对计划采购的中药商品品名、规格与数量进行审核

核对采购计划所列商品的品名、规格、数量是否与当期的销售计划、生产计划相匹配（基本一致），能否满足销售、生产的需求。采购计划是否包括富余量，富余量是否符合企业定额管理所限定的额定库存规定。

2. 对采购计划认定的供应商确认程序（过程）进行审核

依据企业的供应商管理制度与供应商的筛选、确定原则（标准）对当期采购计划所认定的供应商进行相关筛选原则、资质认定、入选标准、甄选过程等方面的审核。

3. 对采购计划所列商品的采购价格进行审核

核对采购计划所列需要采购的商品采购单价是否高于企业年度采购预算所限定的商品采购计划价。如高于采购计划价，必须有充分的依据证明此采购价是适宜的。

4. 对采购计划所列到货时限进行审核

依据当期的销售计划、生产计划（或排产计划）核对该期采购计划所约定的到货时间

是否会影响销售计划、生产计划的如期完成。

5. 对采购计划所列的采购用款计划进行审核

依据企业的年度总体预算、采购年度（季度、月度）预算和成本预算、库存（存货）预算等，对所需审核的采购计划进行审核。

（三）中药商品采购计划的审核程序（流程）

1. 企业采购供应部门对中药商品采购计划的内部自审

依据企业的采购管理制度规定，采购供应部门首先对自己所制订的中药商品采购计划进行自审。自审依据是企业核准的年度、季度、月度销售、生产、采购计划。

2. 企业销售部门对中药商品采购计划的审核

企业销售部门主管依据当期的销售计划对当期中药商品采购计划进行审核，并对当期期末库存量进行测算，提出采购量的增减建议。

3. 企业生产部门对中药商品采购计划的审核

企业生产部门主管依据当期的生产计划对当期中药商品采购计划进行审核，并对当期期末库存量进行测算，提出采购量的增减建议。

4. 企业财务部门对中药商品采购计划的审核

企业财务部门主管依据当期的采购用款计划、销售计划、生产计划等对当期中药商品采购用款进行审核，并对当期期末库存商品金额进行测算，提出采购量的增减建议。

5. 企业采购主管经理对中药商品采购计划的审核

企业采购主管经理对以上四个部门的审核意见进行综合分析、做出判断，提出对采购计划的修订意见，报请企业领导核准。

6. 企业领导对中药商品采购计划及修订意见的核准

（四）中药商品采购计划的修订

企业的采购供应部门依据自审和其他部门以及企业主管领导的审核意见，对原采购计划的数量、到货期、供应商、采购价格、用款计划等按照企业相关制度、规定、标准等进行综合修订。最后征得企业领导同意，开始起草中药商品采购合同（或采购协议）文本，并与供应商正式签署采购合同（或采购协议），供需双方开始共同为当期采购计划的实施进行各自的准备。

二、中药商品市场预测知识

所谓中药商品市场预测就是依据中药商品市场的历史变化规律和现实状况，由企业市场调查人员（或专业机构调查人员）凭借自己的丰富经验并应用相关的预测技术，对中药商品市场发展的未来趋势及变化规律进行预测和判断，得出符合逻辑而且比较接近真实情况的结论的活动及过程。

（一）中药商品市场预测分类

中药商品市场预测的分类方法多种多样，各有自己的特点，各有不同的用途。为了大家学习方便起见，我们将比较常见的五种分类方法汇编于下表。

中药商品市场预测分类表

<table>
<tr><th>分类</th><th>预测的性质类型</th><th colspan="2">细化分类</th><th>适宜范围与其他说明</th></tr>
<tr><td rowspan="4">按照市场主体不同分类</td><td rowspan="2">宏观市场预测</td><td>全方位宏观预测</td><td rowspan="25">需求预测与供给预测</td><td rowspan="2">可作为政府制定中、远期行业政策或企业制订发展规划的参考依据</td></tr>
<tr><td>行业宏观预测</td></tr>
<tr><td rowspan="2">微观市场预测</td><td>市场需求预测</td><td rowspan="2">可作为政府制定行业政策或企业制订产品品种发展规划的参考依据</td></tr>
<tr><td>市场供给预测</td></tr>
<tr><td rowspan="6">按照市场范围不同分类</td><td rowspan="2">国际市场预测</td><td>全方位市场预测</td><td rowspan="2">可作为政府制定国际市场竞争策略或企业制订国际市场发展战略的参考依据</td></tr>
<tr><td>重点国家市场预测</td></tr>
<tr><td rowspan="4">国内市场预测</td><td>国内总体市场预测</td><td>常用于企业产品的市场定位决策</td></tr>
<tr><td>省、市级市场预测</td><td rowspan="3">常用于企业产品的营销政策和市场扩容策略以及促销方法的制订与决策参考</td></tr>
<tr><td>地、县级市场预测</td></tr>
<tr><td>本地区市场预测</td></tr>
<tr><td rowspan="6">按商品类别不同分类</td><td rowspan="2">单项（具体品种）商品预测</td><td>产品总体市场预测</td><td rowspan="2">常作为企业的新产品开发与已有产品销售市场拓展规划的决策依据</td></tr>
<tr><td>本企业产品市场预测</td></tr>
<tr><td rowspan="2">分类（某一类）商品预测</td><td>同类商品总体市场预测</td><td rowspan="2">常用于企业产品的市场开发策略与运营方针的决策</td></tr>
<tr><td>本企业商品市场预测</td></tr>
<tr><td rowspan="2">社会需求商品的总量预测</td><td>全部商品需求总量预测</td><td rowspan="2">常用于行业的发展趋势分析与行业发展政策的制定</td></tr>
<tr><td>某类商品需求总量预测</td></tr>
<tr><td rowspan="4">按方法的性质不同分类</td><td rowspan="2">定性预测</td><td>企业内部人员市场预测</td><td rowspan="2">属于经验、技术能力、逻辑推理型主观预测。它的优势是简便易行，缺点是往往会有一定的偏差</td></tr>
<tr><td>专家、学者市场预测</td></tr>
<tr><td rowspan="2">定量预测</td><td>时间序列分析预测法</td><td rowspan="2">以历史或现实的调查、统计数据为基础，利用数学模型并经逻辑推理的计算过程，对未来市场做出预测</td></tr>
<tr><td>因果关系分析预测法</td></tr>
<tr><td rowspan="5">按时间长短不同分类</td><td rowspan="2">短期市场预测</td><td>月、旬、周市场预测</td><td>常作为企业的近期采购、排产计划的制订依据</td></tr>
<tr><td>年度、季度市场预测</td><td>常作为企业的年度、季度销售、生产、采购计划的制订依据</td></tr>
<tr><td rowspan="2">中期市场预测</td><td>一年至三年市场预测</td><td>常作为企业的近期发展规划的制订、修订与决策参考依据</td></tr>
<tr><td>三年至五年市场预测</td><td rowspan="2">常作为企业的中期或远期发展规划的制订、修订与决策参考依据</td></tr>
<tr><td>长期市场预测</td><td>五年以上市场预测</td></tr>
</table>

（二）中药商品市场预测内容与方法

1. 中药商品市场预测内容

中药商品市场预测的内容大致有六个方面，即：市场需求预测，市场供给预测，产品生命周期预测，中药商品研发趋势与科技水平发展预测，企业生产、经营能力预测，企业财务状况与不确定因素预测等。本节我们仅就中药商品市场的需求与供应预测方法作简单的介绍。

2. 中药商品市场预测原理

中药商品市场预测的原理可以概括为五条：

（1）可知性原理　即所要预测的目标必须是可以预见的。它是作市场预测的基本前提。

（2）相关性原理　即与所需预测的目标要有内在的必然相关性。所谓内在相关性有两种可能：一种是具有促进性质的，也称“正相关性”；一种是具有限制性质的，也称“负相关性”。

比如我们要预测明年春天板蓝根的价格与今年相比是涨还是落。市场调查显示今年板蓝根的种植面积比去年增加了25%。假设疫情的统计、分析表明，明年春天很有可能会发生较大规模的流感。板蓝根种植面积的增加与预测涨价就是负相关性，而流感疫情与涨价就是正相关性。

（3）连贯性（延续性）原理　即任何事物的发生、发展都有其内在的延续性。也就是在一定时间、一定条件下，事物都有保持原来趋势和状态的特性。根据已知的惯性，来推断、预测其未来的状态。

（4）类推性原理　通过寻找并分析类似事物相似的规律，根据已知的某种事物的发展变化特征，推断具有近似特征的预测对象的未来状态。譬如“由小变大”、“由表及里”、“自古至今”、“自上而下”、“自左到右”等等。

（5）系统性原理　即市场的预测必须坚持以系统的观点为指导，采用系统的分析方法，实现预测的系统目标。它是采用不同的数学模型、系统的逻辑思维方式来进行分析、推断的。

3. 中药商品市场预测的基本原则

中药商品市场预测的基本原则是：连贯（延续）原则、模拟（类推）原则、取样（具有代表性）原则、节约（低成本）原则、修正（纠偏）原则。

4. 中药商品市场供给、需求的预测方法

中药商品市场供、需预测依据预测对象的不同可分为两类：一类是对中药商品市场总体的需求量进行预测；一类是对中药商品市场某一具体中药品种的需求量进行预测。前者多作为政府制定中药行业产业政策的依据之一，对我们中药商品生产、销售企业的指导意义不大，因此，不做过多介绍。下面我们只就具体中药商品品种的市场供求预测方法作一介绍。

中药品种市场供、需预测的方法：

（1）首先，确定需要预测的中药商品品种名称、规格以及预测目标（市场需求量、市场供给量）。

（2）依据所确定的预测目标进行市场调查、搜集所有与该产品销售有关的一切信息。

（3）将所搜集到的信息归类、汇总并进行分析，筛选出与该产品市场供、需预测有相关关系的信息与统计数据，备用。

（4）依据筛选出的有相关关系的信息和统计数据，确定适用的数学模型和适宜的预测方法。

（5）依据所确定的模型与相应计算方法进行推导、计算。

（6）对所推导、计算出的结果进行必要的纠偏修正。

（7）提交预测结果。

5. 预测中药材市场需求、供应变化的注意事项

（1）市场现状调查结果与历史数据的搜集不可同日而语，要区别对待。尤其是价格变化趋势的预测，必须要考虑人工成本的变化、土地种植成本的变化、物价上涨指数的变化、农用物资价格的变化等因素。

（2）中药材市场供、需变化的预测要考虑到中药材用途的扩展，它已经由过去的治疗为主转换为治疗、预防并重。

（3）中药材市场供、需的预测，除对交易市场调查外，对产地的种植面积、生长情况、自然灾害影响程度、药农心态等的调查同样具有重要意义。

（4）中药材市场供、需预测还要注意到国家对社会医疗保险制度的调整所带来的各种影响。

（5）人为炒作和囤积居奇对中药材市场价格预测的影响同样不可小视。因此，在做中药材市场价格变化趋势预测时，一定要甄别中药材价格是真高还是虚高，如果是虚高终究会有大幅回落的时候。

6. 中药商品市场预测

中药商品市场预测示例请参阅本教材第五篇第一章第一节的“中药商品采购需求预测示例”的相关内容。

第二节　中药商品采购监控

一、中药商品采购流程规划知识

（一）中药商品采购流程的编制

中药商品采购流程的编制因企业的性质不同而千差万别，本节就药品经营企业的中药商品采购流程和药品生产企业的中药商品采购流程分别作一介绍。

1. 药品经营企业的中药商品采购流程

（1）采购供应部依据销售部所制订的年度、季度、月度中药商品销售计划，拟定中药商品年度、季度、月度采购计划和相应的资金计划。

（2）采购供应部将拟定好的采购计划提交给销售部经理，征求意见，修订、完善。

（3）采购供应部将修订后的采购计划、资金计划提交财务部经理，进行审计、调整、修正。

（4）采购供应部将审计、修正后的采购计划依次提请采购主管领导、企业领导分别审核、批复。

（5）采购供应部与中药商品供应商（经企业甄选并审核通过）洽谈采购合同（或采购协议）条款及签约事宜。

（6）采购供应部与中药商品供应商签署采购合同（或采购协议）。

（7）采购合同（或采购协议）的执行与跟踪。

（8）采购合同（或采购协议）执行质量信息反馈。

2. 药品生产企业的中药商品采购流程

（1）采购供应部依据销售部、生产部所制订的年度、季度、月度中药商品销售、生产计划，测算原料、辅料、包装材料及其他中药商品的年度、季度、月度采购量。

（2）采购供应部依据所测算的采购量，拟定原料、辅料、包装材料及其他中药商品年度、季度、月度采购计划和相应的资金计划。

（3）采购供应部将拟定好的采购计划提交给销售部经理、生产部经理，分别征求意见，修订、完善，最终达成一致意见。

（4）采购供应部将修订后的采购计划、资金计划提交财务部经理，进行审计、调整、修正。

（5）采购供应部将审计、修正后的采购计划依次提请采购主管领导、企业领导分别审核、批复。

（6）采购供应部与中药商品供应商（经企业甄选并审核通过）洽谈采购合同（或采购协议）条款及签约事宜。

（7）采购供应部与中药商品供应商签署采购合同（或采购协议）。

（8）采购合同（或采购协议）的执行与跟踪。

（9）采购合同（或采购协议）执行质量信息反馈。

3. 中药商品采购流程（示例）

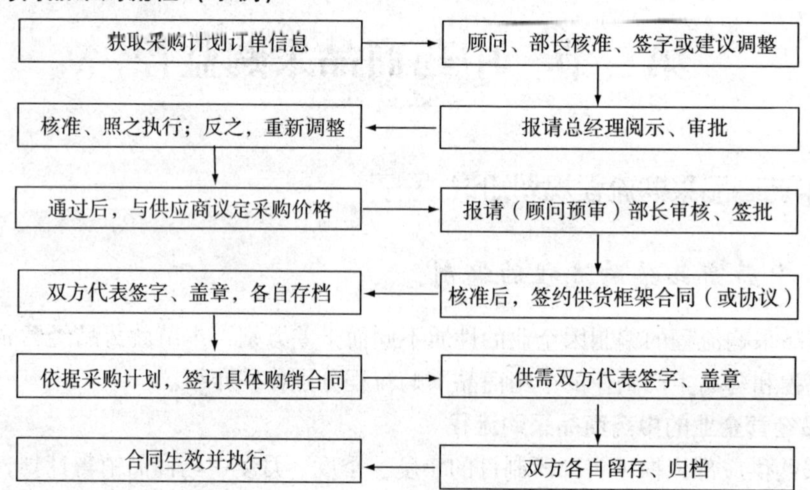

学习本章节内容的同时，建议大家参阅本教材第五篇第一章第一节之第四部分“中药商品采购计划与预算制订”的相关内容。

（二）中药商品采购预算的制订

1. 中药商品采购预算的内容

中药商品采购预算至少包括采购数量（品种数、规格等级、单品种数量、累计品种数量、总数量等）预算与采购金额预算两个方面的内容。

2. 中药商品采购预算的制订依据

中药商品采购预算的制订依据有：企业的销售计划、生产计划、采购计划、与供应商洽谈的商品议定价、企业核准的采购计划价、企业的商品库存定额管理规定、企业的期初商品实际库存数等。

3. 中药商品采购预算制订原则

（1）*客观真实的原则*　亦即实事求是的原则，不可无依据地随意放大或缩小。

（2）*及时、稳妥的原则*　即中药商品采购计划的制订既不能拉拉踏踏、拖泥带水，又不能过于急躁、草率行事。必须要一步一个脚印，做到事事有依据，项项都清晰。

（3）*留有“富余量”的原则*　也就是采购预算量一般要大于或等于实际需求量。尤其是中药材的预算制订，除了要考虑必要的库存量（额定库存）外，还要考虑前加工（挑、洗、烘、切、制、破等工序）的损耗率。

（4）*质量优先的原则*　是指在制订采购预算时，必须将中药商品的质量作为供应商甄选的首要条件。

（5）*采购成本适宜的原则*　这里所说的“适宜”是指供应商的商品报价既不能过高，也不能过低。俗话说“一分钱一分货，十分钱买不错”。这虽说是老百姓的一句顺口溜，但它却道出了商品价格与商品质量之间的辩证关系。尤其是中药商品的采购，当供应商的报价远低于市场平均价时，我们一定要问一个为什么。作为商人谁也不会放着挣钱的机会不要，非要去作赔钱的买卖。

4. 中药商品采购预算的制订程序（流程）

（1）收集企业销售部门的销售计划信息、生产部门的生产计划信息及中药商品市场的变化趋势信息。

（2）收集、汇总、分析以往中药商品供应商的相关商品报价信息。

（3）依据所收集到的销售计划信息与生产计划信息及相关技术标准，推测所需采购的中药商品品种、规格、数量等与制订采购计划相关的信息。

（4）依据推测信息征询以往中药商品供应商的商品供应报价。

（5）依据以上信息制订中药商品采购预算初稿。

（6）将初稿分别提交销售部部长、生产部部长、财务部部长，进行意见征询，依据各部门的意见、建议对采购预算初稿进行修订、完善，最终达成一致意见。

（7）将修正后的采购预算依次提请采购主管领导、企业领导分别审核、批复。

（8）依照企业的采购管理制度和采购预算及销售、生产计划的安排，逐项落实具体中药商品的采购工作。

5. 中药商品采购预算的制订简易流程（示例）

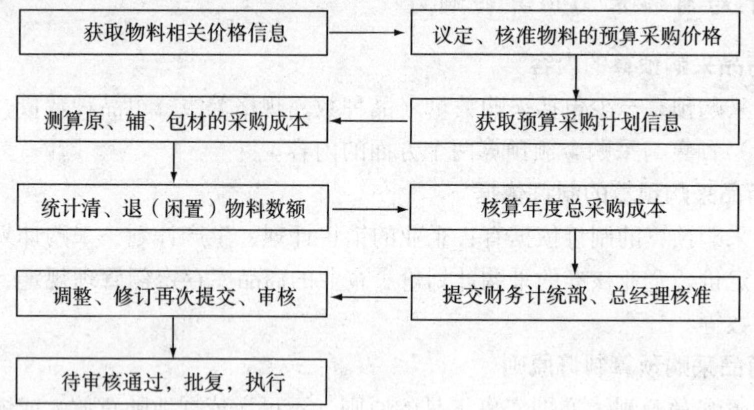

6. 中药商品采购预算的编制方法

（1）固定预算　又称为静态预算。是指企业按照预算期内预定的经济活动水平，不考虑预算期内经营活动水平可能发生的变动而编制的一种预算。一般中、小型企业大多采用该方法。

（2）滚动预算　也称永续预算或连续预算。是指在预算的执行过程中自动延伸，使预算期永远保持在一定的时期（多为一年、一季度、一个月），每过一个时期就根据新的情况进行调整，修订后一个或几个时期的预算。

（3）弹性预算　是在编制预算时，考虑到计划期间采购业务量可能发生变化，根据固定成本、变动成本与经营活动水平的关系而编制出一套能适应多种采购业务量的财务预算，以便分别反应各业务量所应开支的费用水平。

（4）零基预算　是指不考虑过去的预算项目和收支水平，以零为基点编制的预算。

（5）概率预算　是在识别企业预算期内各预算项目不确定的基础上，结合它可能发生的概率，分别计算其期望值后所编制的一种预算。

二、中药商品供应商的甄选标准

（一）中药商品供应商甄选管理

中药商品供应商甄选管理主要包括三个方面，一是对供应商经营中药商品的合法性，亦即经营资质是否符合国家相应规定进行确证。二是对中药商品供应商所提供的中药商品是否符合国家药品标准进行有效监控（监督、检查、检验）。三是对中药商品供应商的经营与管理等综合水平进行不定期的考察、评估，对达不到国家和企业要求标准的供应商及时进行淘汰、更换、调整。

（二）中药商品供应商的甄选原则与要求

1. 中药商品供应商经营资质必须符合国家相应规定

（1）中药材供应商必须具备《药品经营许可证》、《营业执照》。对于经营国家特殊管理中药材（毒性中药材，濒危动、植物中药材，具有批准文号的中药材等）的供应商还必须具有相关的合法、合规许可证件。

（2）中药饮片供应商必须具备《药品经营许可证》、《营业执照》、《药品经营质量管理规范》（GSP）认证证书。对于生产具有批准文号中药饮片的企业，除以上证件外还应该具备《药品生产许可证》、《药品生产质量管理规范》（GMP）认证证书。加工、销售国家特殊管理中药材（毒性中药材，濒危动、植物中药材，具有批准文号的中药材等）的企业还必须具有相关的合法、合规许可证件。

（3）中成药供应商为经营企业的，必须具备《药品经营许可证》、《营业执照》、《药品经营质量管理规范》（GSP）认证证书。中成药供应商为生产企业的，除以上证件外还应该具备《药品生产许可证》、《药品生产质量管理规范》（GMP）认证证书。

2. 中药商品供应商的供货能力必须符合企业要求

（1）供应商所提供的中药商品质量除符合国家标准外，还应符合企业的内控标准。

（2）供应商所提供的中药商品价格应该对使用（或经营）企业不构成太大的成本压力。换言之，就是供应商所提供的中药商品价格应该有利于使用（或经营）企业减低成本。

（3）供应商应该有足以满足企业使用（或经营）需求的必要中药商品库存量，以确保能够及时供货，不耽误企业的生产或经营需求。

（4）供应商要有“客户至上”、“信誉第一”的经营理念，如此才有可能形成长期的战略合作伙伴关系。

（5）供应商应该有一定的经营规模、技术实力、经济实力和管理能力。

（6）供应商应该有健全的质量管理体系与经营运行体系。

（三）中药商品供应商的甄选标准

1. 资质标准

必须符合上述“中药商品供应商的甄选原则与要求”之第一部分要求。

2. 供货质量标准

必须符合《中华人民共和国药典》相应品种项下的质量标准和企业内控标准。同时还必须符合企业对该品种的最高“额定损耗率”的要求。

3. 成本标准

供应商所提供的中药商品价格（含税、开票价格）应不高于市场相同品种（规格）的平均市场价，且应不同程度低于企业采购计划价（需考虑批量作价因素）。

4. 服务标准

供应商必须有及时供货的承诺和既往及时供货的经历与经验，从未有过违约、违纪、违法等不良记录。

5. 供货商的规模与经营实力

供货商的规模可以用注册资金、固定资产与流动资产等指标加以衡量，经营实力则可以通过年销售额、年获利能力、年度资金周转率等指标来考察。

6. 技术能力

供货商应具有中药材、中药饮片、中成药等中药商品的优劣、真假辨别能力和地道药材的识别能力。

7. 管理能力

供应商应有比较严密的质量监督、质量控制、质量检验、质量管理体系和商品供给保障体系（采购体系、生产体系）。

（四）中药商品供应商甄选流程

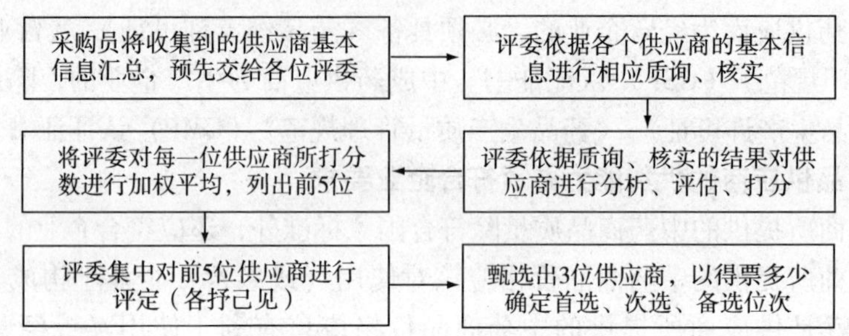

（五）中药商品供应商甄选标准的应用（示例）

我们大家在了解中药商品供应商的甄选原则、方法和标准的基础上，再以一个企业的应用示例来了解一下他们是如何甄选有实力中药商品供应商的。

示例：某制药企业制订甄选中药商品供应商的标准与评估方法的程序。

1. 确定供应商的入选资格

（1）有相关的合法资质及经营许可证件、证明等。

（2）诚信度高，无任何违约、失信、违法、违纪等不良经营记录。

（3）具有相关的技术实力（药材供应商应能鉴别真伪、产地、等级划分等；包装材料供应商应具有先进的设备、稳定的原料来源、相应的技术与管理人才）和经营能力（年流水额应不低于2000万元，特殊情况除外）。

（4）从事主营品种业务年限（产区直销者除外）应不少于3年。

（5）具有一定的资产实力（注册资本应不少于100万元，小、特品种除外）。

（6）具有双赢、风险共担的理念与强烈的合作欲望。

2. 制订供应商的选择标准

某制药有限公司中药商品供应商选择标准

物料类别	首选供应商	次选供应商	备选供应商
原料	诚信度高，技术、资金实力强；有合作基础，既往有过2年以上的供货经验；质量合格、稳定（退、换货频次低于10%），价格合理；供货及时，有良好的服务意识；付款周期长（3~6个月）；经GSP、GMP质量审计合格	诚信度高，技术、资金实力较强；有合作基础，既往有过短期或临时供货经历；质量合格、稳定（退、换货频次低于20%），价格合理；供货及时，有良好的服务意识；付款周期长（1~3个月）；经GSP、GMP质量审计合格	诚信度较高，有一定技术、资金实力；期待合作欲望强烈；有一定的质量信誉度，价格合理（偏低）；能够及时供货，有良好的服务意愿；有成为首选供应商的可能性；付款周期长（3~6个月）；经GSP、GMP质量审计合格

（续表）

物料类别	首选供应商	次选供应商	备选供应商
辅料	诚信度高，技术、资金实力强；具有生产或经营资质；有合作基础，既往有过1年以上的供货经验；具有严格的质量管控系统和监测、检验体系；供货质量相对稳定（退、换货频次低于5%），价格合理；供货及时，有良好的服务意识；付款周期在1~2个月；经GSP、GMP质量审计合格	诚信度高，技术、资金实力较强；具有生产或经营资质；有合作基础，既往有过短期或临时供货经历；具有严格的质量管控系统和监测、检验体系；供货质量相对稳定（退、换货频次低于2%），价格合理；供货及时，有良好的服务意识；付款周期在1~2个月；经GSP、GMP质量审计合格	诚信度较高，有一定技术、资金实力；具有生产或经营资质；期待合作欲望强烈；有一定的质量信誉度，价格合理（偏低）；具有严格的质量管控系统和监测、检验体系；无退、换货记录；有成为首选供应商的可能性；付款周期在1~3个月；经GSP、GMP质量审计合格
包装材料	诚信度高，技术、资金实力强；有合作基础，既往有过1年以上的供货经验；质量合格、稳定（退、换货频次低于5%），价格合理；供货及时，有良好的服务意识；付款周期在1~3个月；经GSP、GMP质量审计合格	诚信度高，技术、资金实力较强；有合作基础，既往有过短期或临时供货经历；质量合格、稳定（退、换货频次低于2%），价格合理；供货及时，有良好的服务意识；付款周期在2~4个月；经GSP、GMP质量审计合格	诚信度较高，有一定技术、资金实力；期待合作欲望强烈；有一定的质量信誉度，价格合理（偏低）；能够及时供货，有良好的服务意愿；有成为首选供应商的可能性；付款周期长（3~6个月）；经GSP、GMP质量审计合格

3. 确定供应商的评估方法

供应商评估表

供应商类别：原料、辅料、包材　　　　　　　　　拟供品种：

供应商名称	评估项目						
	证件是否齐全	诚信度	技术实力	经营能力	从业年限	资产实力	合作意愿

评估标准：

（1）证件　包括营业执照、许可证、法人代码证、税务登记证、银行开户证明等。齐全5分，每缺一项扣1分。

（2）诚信度　最高5分，每发现一次不良记录扣1分。

（3）技术实力　原辅料供应商包括产地、品种、真伪鉴别能力、商品规格分级能力、药材炮制加工能力、检测设备与检验能力等；包材供应商包括设备、设施的先进程度、印制水平、裁、扪、切、糊水平等。最高 5 分，每出现一次差错扣 1 分。

(4) 经营能力　最高 5 分，营业额应不少于 2000 万元，以 500 万元为递减级差，每降一级扣 1 分。

(5) 从业年限　一年以上的记 1 分，按年限累加，最高 5 分。

(6) 资产实力　不少于 100 万元，记 1 分，以 100 万元为递增级差，每增一级加 1 分，最高 5 分。

(7) 合作意愿　以书面承诺的条款数量及价格让利幅度为评估依据，承诺条款每条记 1 分，最高 5 分；价格让利幅度，以 5 % 为基础，记 1 分，每降低 1 % 加 1 分，最高 5 分。

从这个实例我们不难看出，在选择中药商品供应商时切忌“独家”，不能“一棵树上吊死”，一定要采取“狡兔三窟”、“货比三家”的策略，这叫做“质量价格不一样，选择比较最恰当”。

三、采购费用的控制方法

中药商品采购费用的控制应该遵循“既不浪费，又不失企业诚信形象”的大原则。在此，我们推介一些比较有效的方法。

1. 批量作价与订单服务

就是根据企业全年采购计划与中药商品供应商签署一个相对比较大（经济批量）的采购协议，以此降低商品的采购价格。然后，要求供应商按照企业的需求来提供订单服务。如此，既可以降低企业中药商品的采购成本，又可以降低企业库存量，还能够保障企业的正常运行。

2. 货比三家，价格自杀

就是根据企业全年采购计划将采购的品种分别归类。然后，每一类商品至少储备三家备选供应商。在签署采购合同（或协议）之前，让三家供应商先展开一轮竞争。最后，再对竞争优势明显的供应商进行一轮杀价谈判。在兼顾供需双方共同认可的利益前提下，依据企业的需求实际情况分别签署短、中、长期购销协议。

3. 有的放矢支付货款

在支付商品货款时要坚持“不合格不付款”、“不到期不付款”、“应急采购先付款，一般采购后付款”等原则，将企业有限的资金用在最需要的地方，使企业的流动资金发挥出最大的效能。

4. 择机购货，成本无错

当我们计划采购的中药商品价格波动巨大时，在不影响销售计划与生产计划的前提下，一定要选择价格相对低位时采购，该做预储的做预储，切忌防止跟风采购，“高歌猛进”。

5. 把握信息，无懈可击

只要我们利用现代网络，牢牢掌握即时商品价格信息，任何供应商都无法从我们的企业获取超额的利润。

第二章　中药鉴别

第一节　中药识别

一、根及根茎类中药

白　蔹

【来源】本品为葡萄科植物白蔹的干燥块根。春、秋二季采挖，除去泥沙及细根，切成纵瓣或斜片，晒干。

【产地】主产于江苏、浙江、安徽、湖北、山东、河南、贵州等地。

【性状】本品纵瓣呈长圆形或近纺锤形，长4～10cm，直径1～2cm。切面周边常向内卷曲，中部有1突起的棱线；外皮红棕色或红褐色，有纵皱纹、细横纹及横长皮孔，易层层脱落，脱落处呈淡红棕色。斜片呈卵圆形，长2.5～5cm，宽2～3cm。切面类白色或浅红棕色，可见放射状纹理，周边较厚，微翘起或略弯曲。体轻，质硬脆，易折断，折断时，有粉尘飞出。气微，味甘。

以个大、整齐、断面粉白色、粉性足者为佳。

【功效与主治】清热解毒，消痈散结，敛疮生肌。用于痈疽发背，疔疮，瘰疬，烧烫伤。

川射干

【来源】本品为鸢尾科植物鸢尾的干燥根茎。全年均可采挖，除去须根及泥沙，干燥。

【产地】产于四川等地。

【性状】本品呈不规则条状或圆锥形，略扁，有分支，长3～10cm，直径1～2.5cm。表面灰黄褐色或棕色，有环纹和纵沟，常有残存的须根及凹陷或圆点状突起的须根痕。质松脆，易折断，断面黄白色或黄棕色。气微，味甘、苦。

以整齐、无杂质、气味纯正者佳。

【饮片】本品呈不规则薄片，外表皮灰黄褐色或棕色，有时可见环纹或凹陷或圆点状突起的须根痕。切面黄白色或黄棕色。气微，味甘、苦。

【功效与主治】清热解毒，祛痰，利咽。用于热毒痰火郁结，咽喉肿痛，痰涎壅盛，咳痰气喘。

千年健

【来源】本品为天南星科植物千年健的干燥根茎。春、秋二季采挖，洗净，除去外皮，晒干。

【产地】主产于广西、云南等地。

【性状】本品呈圆柱形，稍弯曲，有的略扁，长 15～40cm，直径 0.8～1.5cm。表面黄棕色至红棕色，粗糙，可见多数扭曲的纵沟纹、圆形根痕及黄色针状纤维束。质硬而脆，断面红褐色，黄色针状纤维束多而明显，有的呈针刺状，相对另一断面呈多数针眼状小孔及有少数黄色针状纤维束，可见深褐色具光泽的油点。气香，味辛、微苦。

以色红棕、质坚实、香气浓者为佳。

【饮片】本品呈圆形、长圆形或不规则形片。外表皮黄棕色至红棕色，粗糙，有的可见圆形根痕。切面红褐色，具有众多黄色纤维束。气香，味辛、微苦。

【功效与主治】祛风湿，壮筋骨。用于风寒湿痹，腰膝冷痛，拘挛麻木，筋骨萎软。

甘遂【毒】

【来源】本品为大戟科植物甘遂的干燥块根。春季开花前或秋末茎叶枯萎后采挖，撞去外皮，晒干。

【产地】主产于陕西、山西、河南等地。

【性状】本品呈椭圆形、长圆柱形或连珠形，长 1～5cm，直径 0.5～2.5cm。表面类白色或黄白色，凹陷处有棕色外皮残留。质脆，易折断，断面粉性，白色，木部微显放射状纹理，长圆柱状者纤维性较强。气微，味微甘而辣。

以肥大饱满、色白、粉性足者为佳。

【饮片】

1. 生甘遂 本品性状同药材。

2. 醋甘遂 本品形如甘遂，表面棕黄色，有的可见焦斑。微有醋香气，气微酸而辣。

【功效与主治】泻水逐饮，消肿散结。用于水肿胀满，胸腹积水，痰饮积聚，气逆喘咳，二便不利，风痰癫痫，痈肿疮毒。

仙茅

【来源】本品为石蒜科植物仙茅的干燥根茎。秋、冬二季采挖，除去根头和须根，洗净，干燥。

【产地】主产于四川、云南和贵州等地。

【性状】本品呈圆柱形，略弯曲，长 3～10cm，直径 0.4～1.2cm。表面棕色至褐色，粗糙，有细孔状的须根痕及横皱纹。质硬而脆，易折断，断面不平坦，灰白色至棕褐色，近中心处色较深。气微香，味微苦、辛。

【饮片】本品呈圆柱形段，余同药材。

【功效与主治】补肾阳，强筋骨，祛寒湿。用于阳痿精冷，筋骨痿软，腰膝冷痛，阳虚冷泻。

红大戟

【来源】本品为茜草科植物红大戟的干燥块根。秋、冬二季采挖，除去须根，洗净，置沸水中略烫，干燥。

【产地】主产于广西、广东、云南等地。

【性状】本品略呈纺锤形，偶有分支，稍弯曲，长3~10cm，直径0.6~1.2cm。表面红褐色或红棕色，粗糙，有扭曲的纵皱纹。上端常有细小的茎痕。质坚实，断面皮部红褐色，木部棕黄色。气微，味甘、微辛。

以条大、肥壮、红褐色、质坚实无须根者为佳。

【饮片】本品为类圆形或不规则厚片，外表面红褐色或红棕色，粗糙。质坚实，切面皮部红褐色，木部棕黄色。气微，味甘、微辛。

【功效与主治】泻水逐饮，消肿散结。用于水肿胀满，胸腹积水，痰饮积聚，气逆咳喘，二便不利，痈肿疮毒，瘰疬痰核。

京大戟

【来源】本品为大戟科植物大戟的干燥根。秋、冬二季采挖，洗净，晒干。

【产地】产于河北、山西、山东、江苏、甘肃、浙江、四川等地。

【性状】本品呈不整齐的长圆锥形，略弯曲，常有分支，长10~20cm，直径1.5~4cm。表面灰棕色或棕褐色，粗糙，有纵皱纹、横向皮孔样突起及支根痕。顶端略膨大，有多数茎基及芽痕。质坚硬，不易折断，断面类白色或淡黄色，纤维性。气微，味微苦涩。

以根粗、断面色白者为佳。

【饮片】

1. 京大戟片　本品为圆形厚片，外表面灰棕色或棕褐色。质硬，不易折断，断面类白色或淡黄色，纤维性。气微，味微苦涩。

2. 醋京大戟片　本品颜色较深，余同京大戟片。

【功效与主治】泻水逐饮，消肿散结。用于水肿胀满，胸腹积水，痰饮积聚，气逆喘咳，二便不利，痈肿疮毒，瘰疬痰核。

虎　杖

【来源】本品为蓼科植物虎杖的干燥根茎及根。春、秋二季采挖，除去须根，洗净，趁鲜切短段或厚片，晒干。

【产地】主产于华东、西南等地。

【性状】本品多为圆柱形段，常弯曲，直径0.5~2.5cm。外皮棕褐色，有纵皱纹及须根痕，切面皮部较薄，木部宽广，棕黄色，射线放射状，皮部与木部较易分离。根茎髓中有隔或呈空洞状。质坚硬。气微，味微苦、涩。

产地片　本品多为不规则厚片。

以粗壮、坚实、断面色黄者为佳。

【饮片】本品多为不规则厚片。外皮棕褐色，切面皮部较薄，木部宽广，棕黄色，射线放射状。根茎饮片髓中有隔或呈空洞状。质硬。气微，味微苦、涩。

【功效与主治】利湿退黄，清热解毒，散瘀止痛，止咳化痰。用于湿热黄疸，淋浊，带下，风湿痹痛，痈肿疮毒，水火烫伤，经闭，癥瘕，跌仆损伤，肺热咳嗽。

穿山龙

【来源】本品为薯蓣科植物穿龙薯蓣的干燥根茎。春、秋二季采挖，洗净，除去须根及外皮，晒干。

【产地】主产于华北、东北等地。

【性状】根茎呈类圆柱形，稍弯曲，长15～20cm，直径1.0～1.5cm。表面黄白色或棕黄色，有不规则纵沟、刺状残根及偏于一侧的突起茎痕。质坚硬，断面平坦，白色或黄白色，散有淡棕色维管束小点。气微，味苦涩。

以条粗、质坚实、断面色白者为佳。

【饮片】本品呈圆形或椭圆形的厚片。外表皮黄白色或棕黄色，有时可见刺状残根。切面白色或黄白色，有淡棕色的点状维管束。气微，味苦涩。

【功效与主治】祛风除湿，舒筋通络，活血止痛，止咳平喘。用于风湿痹证，关节肿胀，疼痛麻木，跌仆损伤，闪腰岔气，咳嗽气喘。

前　胡

【来源】本品为伞形科植物白花前胡的干燥根。冬季至次春茎叶枯萎或未抽花茎时采挖，除去须根，洗净，晒干或低温干燥。

【产地】主产于浙江、湖南、四川等地。

【性状】本品呈不规则的圆柱形、圆锥形或纺锤形，稍扭曲，下部常有分支，长3～15cm，直径1～2cm。表面黑褐色或灰黄色，根头部多有茎痕及纤维状叶鞘残基，上端有密集的细环纹，下部有纵沟、纵皱纹及横向皮孔。质较柔软，干者质硬，可折断，断面不整齐，淡黄白色，皮部散有多数棕黄色油点，形成层环纹棕色，射线放射状。气芳香，味微苦、辛。

以根条粗壮、质坚实、香气浓者为佳。

【饮片】

1. 前胡　本品呈类圆形或不规则的薄片。外表皮黑褐色或灰黄色。切面黄白色至淡黄色，皮部散有多数棕黄色油点，可见一棕色环纹及放射状纹理。气芳香，味微苦、辛。

2. 蜜前胡　本品形如前胡片，表面黄褐色，略具光泽。有蜜香气，味微甜。

【功能与主治】降气化痰，散风清热。用于痰热喘满，咳痰黄稠，风热咳嗽痰多。

高良姜

【来源】本品为姜科植物高良姜的干燥根茎。夏末秋初采挖，除去须根及残留的鳞片，洗净，切段，晒干。

【产地】主产于广东、广西等地。

【性状】本品呈圆柱形，多弯曲，有分支，长5～9cm，直径1～1.5cm。表面棕红色至暗褐色，有细密的纵皱纹及灰棕色的波状环节。节间长0.2～1cm，一面有圆形的根痕。

质坚韧，不易折断，断面灰棕色或红棕色，纤维性，中柱约占1/3。气香，味辛辣。

以色红棕、质坚实、气味浓者为佳。

【饮片】本品呈类圆形或不规则的薄片。外表皮棕红色至暗褐色，有的可见环节或须根痕。切面灰棕色或红棕色，具内皮层环纹及有多数散在的筋脉小点，中心呈圆形，占1/3。气香，味辛辣。

【功效与主治】温胃止呕，散寒止痛。用于脘腹冷痛，胃寒呕吐，嗳气吞酸。

徐长卿

【来源】本品为萝藦科植物徐长卿的干燥根及根茎。秋季采挖，除去杂质，阴干。

【产地】产于全国大部分地区。

【性状】本品根茎呈不规则柱状，有盘节，长0.5～3.5cm，直径2～4mm。有的顶端带有残茎，细圆柱形，直径1～2mm，断面中空。根茎节处周围着生多数根。根呈细长圆柱形，弯曲，长10～16cm，直径1～1.5mm。表面淡黄白色至淡棕黄色或棕色，具微细的纵皱纹，并有纤细的须根。质脆，易折断，断面粉性，皮部类白色或黄白色，形成层环淡棕色，木部细小。气香，味微辛凉。

以根粗长、香气浓者为佳。

【饮片】本品呈不规则的段。根茎有节，四周着生多数根。根细圆柱形。表面淡黄白色至淡棕黄色或棕色，有细纵皱纹。切面粉性，皮部类白色或黄白色，形成层环淡棕色，木部细小。气香，味微辛凉。

【功效与主治】祛风，化湿，止痛，止痒。用于风湿痹痛，胃痛胀满，牙痛，腰痛，跌仆伤痛，风疹，湿疹。

绵萆薢

【来源】本品为薯蓣科植物绵萆薢或福州薯蓣的干燥根茎。秋、冬二季采挖，除去须根，洗净，切片，晒干。

【产地】主产于浙江、江西、福建、湖南、湖北等地。

【性状】本品为不规则的斜切片，边缘不整齐，大小不一，厚2～5mm。外皮黄棕色至黄褐色，有稀疏的须根残基，呈圆锥状突起。质疏松，略呈海绵状，切面灰白色至浅灰棕色，黄棕色点状维管束散在。气微，味微苦。

以片大、色黄白者为佳。

【功效与主治】利湿去浊，祛风除痹。用于膏淋，白浊，白带过多，风湿痹痛，关节不利，腰膝疼痛。

绵马贯众

【来源】本品为鳞毛蕨科植物粗茎鳞毛蕨的干燥根茎及叶柄残基。秋季采挖，削去叶柄、须根，除去泥沙，晒干。

【产地】主产于黑龙江、吉林、辽宁等地。

【性状】本品呈长倒卵形，略弯曲，上端钝圆或截形，下端较尖，有的纵剖为两半，长7～20cm，直径4～8cm。表面黄棕色至黑褐色，密被排列整齐的叶柄残基及鳞片（似

"凤梨"),并有弯曲的须根。叶柄残基呈扁圆形,长 3 ~ 5cm,直径 0.5 ~ 1.0cm,表面有纵棱线,质硬而脆,断面略平坦,棕色,有黄白色维管束 5 ~ 13 个,环列。每个叶柄残基的外侧常有 3 条须根,鳞片条状披针形,全缘,常脱落。质坚硬,根茎断面略平坦,有黄白色维管束 5 ~ 13 个,环列,其外散有较多的叶迹维管束。气特异,味初淡而微涩,后渐苦、辛。

以个大、质坚实、叶柄基部断面棕绿色者为佳。

【饮片】

1. 绵马贯众片 本品为不规则的厚片或碎块,根茎外表皮黄褐色至黑褐色,多被有叶柄残基,有的可见棕色鳞片,切面淡棕色至红棕色,有黄白色维管束小点,环状排列。气特异,味初淡而微涩,后渐苦、辛。

2. 绵马贯众炭 本品为不规则的厚片或碎片。表面焦黑色,内部焦褐色。味涩。

【功效与主治】清热解毒,止血,杀虫。用于时疫感冒,风热头痛,温毒发斑,疮痈肿毒,崩漏下血,虫积腹痛。

射 干

【来源】本品为鸢尾科植物射干的干燥根茎。春初刚发芽或秋末茎叶枯萎时采挖,除去须根及泥沙,干燥。

【产地】产于湖北、江苏、安徽、河南、河北等地。

【性状】本品呈不规则结节状,长 3 ~ 10cm,直径 1 ~ 2cm。表面黄褐色、棕褐色或黑褐色,皱缩,有较密的环纹。上面有数个圆盘状凹陷的茎痕,偶有茎基残存;下面有残留细根及根痕。质硬,断面黄色,颗粒性,可见内皮层环纹。气微,味苦、微辛。

以粗壮、质硬、断面色黄者为佳。

【饮片】本品呈不规则形或长条形的薄片,外表皮黄褐色、棕褐色或黑褐色,皱缩,可见残留的须根和须根痕。切面黄色或鲜黄色,具散在筋脉小点或筋脉纹,有的可见环纹。气微,味苦、微辛。

【功效与主治】清热解毒,消痰,利咽。用于热毒痰火郁结,咽喉肿痛,痰涎壅盛,咳嗽气喘。

粉萆薢

【来源】本品为薯蓣科植物粉背薯蓣的干燥根茎。秋、冬二季采挖,除去须根,洗净,切片,晒干。

【产地】主产于浙江、安徽、江西、湖南等地。

【性状】本品为不规则的薄片,边缘不整齐,大小不一,厚约 0.5mm。有的有棕黑色或灰棕色的外皮。切面黄白色或淡灰棕色,维管束呈小点状散在。质松,略有弹性,易折断,新断面近外皮处显淡黄色。气微,味辛、微苦。

以切面色黄白、片大而薄者为佳。

【功效与主治】利湿去浊,祛风除痹。用于膏淋,白浊,白带过多,风湿痹痛,关节不利,腰膝疼痛。

薤　白

【来源】本品为百合科植物小根蒜或薤的干燥鳞茎。夏、秋二季采挖，洗净，除去须根，蒸透或置沸水中烫透，晒干。

【产地】主产于东北、河北、湖北、江苏等地。

【性状】

1. 小根蒜　呈不规则卵圆形，高0.5～1.5cm，直径0.5～1.8cm。表面黄白色或淡黄棕色，皱缩，半透明，有类白色膜质鳞片包被，底部有突起的鳞茎盘。质硬，角质样。有蒜臭气，味微辣。

2. 薤　呈略扁的长卵形，高1～3cm，直径0.3～1.2cm。表面淡黄棕色，具浅纵皱纹。断面可见鳞叶2～3层，嚼之黏牙。

以个大、质坚、饱满、黄白色、半透明者为佳。

【功效与主治】通阳散结，行气导滞。用于胸痹心痛，脘腹痞满胀痛，泻痢后重。

二、果实种子类中药

马兜铃

【来源】本品为马兜铃科植物北马兜铃或马兜铃的干燥成熟果实。秋季果实由绿变黄时采收，干燥。

【产地】全国大部分地区均产。

【性状】本品呈卵圆形，长3～7cm，直径2～4cm。表面黄绿色、灰绿色或棕褐色，有纵棱线12条，由棱线分出多数横向平行的细脉纹。顶端平钝，基部有细长果梗。果皮轻而脆，易裂为6瓣，果梗也分裂为6条。果皮内表面平滑而带光泽，有较密的横向脉纹。果实分6室，每室种子多数，平叠整齐排列。种子扁平而薄，钝三角形或扇形，长6～10mm，宽8～12mm，边缘有翅，淡棕色。气特异，味微苦。

以完整、色黄绿、种子饱满者为佳。

【饮片】

1. 马兜铃块　本品为不规则碎块，果皮表面黄绿色、灰绿色或棕褐色，有的有纵棱线。果皮轻而脆，果皮内表面平滑而带光泽。种子扁平而薄，钝三角形或扇形，边缘有翅，淡棕色。气特异，味微苦。

2. 蜜马兜铃　本品形如马兜铃块，表面黄棕色，微有黏性，具蜜香气。

【功效与主治】清肺降气，止咳平喘，清肠消痔。用于肺热喘咳，痰中带血，肠热痔血，痔疮肿痛。

马钱子【毒】

【来源】本品为马钱科植物马钱的干燥成熟种子。冬季采收成熟果实，取出种子，晒干。

【产地】进口马钱子主产于印度、越南、斯里兰卡、缅甸、泰国、印度尼西亚等国。国产马钱子主产于云南、海南等地。

【性状】本品呈纽扣状圆板形，常一面隆起，一面稍凹下，直径1.5～3cm，厚0.3～0.6cm。表面密被灰棕或灰绿色绢状茸毛，自中间向四周呈辐射状排列，有丝样光泽。边缘稍隆起，较厚，有突起的珠孔，底面中心有突起的圆点状种脐。质坚硬，平行剖面可见淡黄白色胚乳，角质状，子叶心形，叶脉5～7条。气微，味极苦。

以个大、肉厚、质坚者为佳。

【饮片】

1. 生马钱子 本品性状同药材。

2. 制马钱子 本品形如马钱子，两面均膨胀隆起，边缘较厚。表面棕褐色或深棕色，质坚硬，平行剖面可见棕褐色或深棕色的胚乳。微有香气，味极苦。

3. 马钱子粉 本品为黄褐色粉末。气微香，味极苦。

【功效与主治】通络止痛，散结消肿。用于跌打损伤，骨折肿痛，风湿顽痹，麻木瘫痪，痈疽疮毒，咽喉肿痛。

千金子【毒】

【来源】本品为大戟科植物续随子的干燥成熟种子。夏、秋二季果实成熟时采收，除去杂质，干燥。

【产地】主产于浙江、河南、河北等地。

【性状】本品呈椭圆形或倒卵形，长约5mm，直径约4mm。表面灰棕色或灰褐色，具不规则网状皱纹，网孔凹陷处灰黑色，形成细斑点。一侧有纵沟状种脊，顶端为突起的合点，下端为线形种脊，基部有类白色突起的种阜或具脱落后的疤痕。种皮薄脆，种仁白色或黄白色，富油质。气微，味辛。

以身干、粒饱满、种仁色白、油性足者为佳。

【饮片】

1. 千金子 本品性状同药材。

2. 千金子霜 本品为均匀、疏松的淡黄色粉末，微显油性。味辛辣。

【功效与主治】泻下逐水，破血消癥；外用疗癣蚀疣。用于二便不通，水肿，痰饮，积滞胀满，血瘀经闭；外治顽癣，赘疣。

天仙子【毒】

【来源】本品为茄科植物莨菪的干燥成熟种子。夏、秋二季果皮变黄色时，采摘果实，暴晒，打下种子，筛去果皮、枝梗，晒干。

【产地】主产于内蒙古、河北、河南、甘肃、陕西、新疆及东北等地。

【性状】本品呈类扁肾形或扁卵形，直径约1mm。表面棕黄色或灰黄色，有细密的网纹，略尖的一端有点状种脐。切面灰白色，油质，有胚乳，胚弯曲。气微，味微辛。

以身干、粒大饱满、无杂质者为佳。

【功效与主治】解痉止痛，平喘，安神。用于胃脘挛痛，喘咳，癫狂。

化橘红

【来源】本品为芸香科植物化州柚或柚的未成熟或近成熟的干燥外层果皮。前者习称“毛橘红”，后者习称“光七爪”、“光五爪”。夏季果实未成熟时采收，置沸水中略烫后，将果皮割成5或7瓣，除去果瓤及部分中果皮，压制成形，干燥。

【产地】主产于湖南、广东、广西等地。以产于广东化州的“毛橘红”质佳。

【性状】

1. 毛橘红　呈对折的七角形，单片呈柳叶形。完整者展平后直径15～28cm，厚0.2～0.5cm。外表面黄绿色，密布茸毛，有皱纹及小油室，内表面黄白色或淡黄棕色，有脉络纹。质脆，易折断，断面不整齐，外缘有1列不整齐的下凹的油室，内侧稍柔而有弹性。气芳香，味苦、微辛。

2. 光七爪、光五爪　呈七角或展平的五角星状，外表面黄绿色至黄棕色，无毛。

均以片薄均匀、气味浓厚者为佳。

【饮片】本品为丝状，外表面黄绿色，密布茸毛（化州柚皮）或无毛（柚皮），有皱纹及小油室，内表面黄白色或淡黄棕色。外缘有1列不整齐的下凹的油室，内侧稍柔而有弹性。气芳香，味苦、微辛。

【功效与主治】理气宽中，燥湿化痰。用于咳嗽痰多，食积伤酒，呕恶痞闷。

巴豆【毒】

【来源】本品为大戟科植物巴豆的干燥成熟果实。秋季果实成熟时采收，堆置2～3天，摊开，干燥。

【产地】主产于四川、云南、福建、广西、广东等地；湖北、江西、浙江等地也产。

【性状】本品呈卵圆形，一般具三棱，长1.8～2.2cm，直径1.4～2cm。表面灰黄色或稍深，粗糙，有纵线6条，顶端平截，基部有果梗痕。破开果壳，可见3室，每室含种子1粒。种子呈略扁的椭圆形，长1.2～1.5cm，直径0.7～0.9cm，表面棕色或灰棕色，一端有小点状的种脐及种阜的疤痕，另端有微凹的合点，其间有隆起的种脊，外种皮薄而脆，内种皮呈白色薄膜。种仁黄白色，油质。气微，味辛辣。

以饱满、胚乳黄白色、不泛油者为佳。

【饮片】

1. 生巴豆　本品为巴豆的种仁。黄白色，富油性。气微，味辛辣。

2. 巴豆霜　本品为粒度均匀、疏松的淡黄色粉末，显油性。

【功效与主治】峻下冷积，逐水退肿，豁痰利咽；外用蚀疮。用于寒积便秘，乳食停滞，腹水鼓胀，二便不通，喉风，喉痹；外治痈肿脓成不溃，疥癣恶疮，疣痣。

白果

【来源】本品为银杏科植物银杏的干燥成熟种子。秋季种子成熟时采收，除去肉质外种皮，洗净，稍蒸或略煮后，烘干。

【产地】全国大部分地区均产。

【性状】本品略呈椭圆形，一端稍尖，另端钝，长1.5～2.5cm，宽1～2cm，厚约

1cm。表面黄白色或淡棕黄色，平滑，具2～3条棱线。中种皮（壳）骨质，坚硬。内种皮膜质。种仁宽卵球形或椭圆形，一端淡棕色，另一端金黄色，横断面外层黄色，胶质样，内层淡黄色或淡绿色，粉性，中间有空隙。气微，味甘、微苦。

以粒大、壳色黄白、种仁饱满、断面色淡黄者为佳。

【饮片】

1. 白果　本品性状同药材。

2. 白果仁　本品内种皮膜质，种仁宽卵球形或椭圆形，一端淡棕色，另一端金黄色，横断面外层黄色，胶质样，内层淡黄色或淡绿色，粉性。气微，味甘、微苦。

3. 炒白果仁　本品形同白果仁，偶有焦斑。

【功效与主治】敛肺定喘，止带缩尿。用于痰多喘咳，带下白浊，遗尿尿频。

芡　实

【来源】本品为睡莲科植物芡的干燥成熟种仁。秋末冬初采收成熟果实，除去果皮，取出种子，洗净，再除去硬壳（外种皮），晒干。

【产地】主产于江苏、山东、四川等地；安徽、福建、河南、河北、山西、甘肃、吉林、黑龙江等地也产。

【性状】本品呈类球形，多为破粒，完整者直径5～8mm。表面有棕红色内种皮，一端黄白色，约占全体的1/3，有凹点状的种脐痕，除去内种皮显白色。质较硬，断面白色，粉性。气微，味淡。

以颗粒饱满、均匀、粉性足、无碎末者为佳。

【饮片】

1. 芡实　本品性状同药材。

2. 麸炒芡实　本品形如芡实，表面黄色或微黄色。有的有焦斑，味淡。

【功效与主治】益肾固精，补脾止泻，除湿止带。用于梦遗滑精，遗尿尿频，脾虚久泻，白浊，带下。

诃　子

【来源】本品为使君子科植物诃子或绒毛诃子的干燥成熟果实。秋、冬二季果实成熟时采收，除去杂质，晒干。

【产地】主产于云南；广东、广西也产。

【性状】本品为长圆形或卵圆形，长2～4cm，直径2～2.5cm。表面黄棕色或暗棕色，略具光泽，有5～6条纵棱线及不规则的皱纹，基部有圆形果梗痕。质坚实。果肉厚0.2～0.4cm，黄棕色或黄褐色。果核长1.5～2.5cm，直径1～1.5cm，浅黄色，粗糙，坚硬。种子狭长纺锤形，长约1cm，直径0.2～0.4cm，种皮黄棕色，子叶2，白色，相互重叠卷旋。气微，味酸涩后甜。

以身干、表面黄棕色、微皱、有光泽、肉厚者为佳。

【饮片】诃子肉：本品为不规则块状或囊状，表面黄棕色或黄褐色，有不规则皱纹，气微，味酸涩后甜。

【功效与主治】涩肠止泻，敛肺止咳，降火利咽。用于久泻久利，便血脱肛，肺虚喘咳，久嗽不止，咽痛音哑。

苍耳子

【来源】本品为菊科植物苍耳的干燥成熟带总苞的果实。秋季果实成熟时采收，干燥，除去梗、叶等杂质。

【产地】全国各地均产。

【性状】本品呈纺锤形或卵圆形，长 1～1.5cm，直径 0.4～0.7cm。表面黄棕色或黄绿色，全体有钩刺，顶端有 2 枚较粗的刺，分离或相连，基部有果梗痕。质硬而韧，横切面中央有纵隔膜，2 室，各有 1 枚瘦果。瘦果略呈纺锤形，一面较平坦，顶端具 1 突起的花柱基，果皮薄，灰黑色，具纵纹。种皮膜质，浅灰色，子叶 2，有油性。气微，味微苦。

以粒大、饱满、色黄绿者为佳。

【饮片】

1. 苍耳子　本品性状同药材。

2. 炒苍耳子　本品形如苍耳子，表面黄褐色，有刺痕。微有香气。

【功效与主治】散风寒，通鼻窍，祛风湿。用于风寒头痛，鼻塞流涕，鼻鼽，鼻渊，风疹瘙痒，湿痹拘挛。

香橼

【来源】本品为芸香科植物枸橼或香圆的干燥成熟果实。秋季果实成熟时采收，趁鲜切片，晒干或低温干燥。

【产地】枸橼主产于云南、四川、福建、广东、广西等地。香圆主产于江苏、浙江、安徽、江西、湖北等地。

【性状】

1. 枸橼　为圆形或长圆形片，直径 4～10cm，厚 0.2～0.5cm。横切片外果皮黄色或黄绿色，边缘呈波状，散有凹入的油点，中果皮厚 1～3cm，黄白色，有不规则的网状突起的维管束，瓤囊 10～17 室。纵切片中心柱较粗壮。质柔韧。气清香，味微甜而苦辛。

2. 香圆　本品为类球形、半球形或圆片，直径 4～7cm。表面黑绿色或黄棕色，密被凹陷的小油点及网状隆起的粗皱纹，顶端有花柱残痕及隆起的环圈，基部有果梗残基。质坚硬。剖面或横切薄片，边缘油点明显。中果皮厚约 0.5cm，瓤囊 9～11 室，棕色或淡红棕色，间或有黄白色种子。气香，味酸而苦。

枸橼以片色黄白、香气浓者为佳。香圆以个大、香气浓者为佳。

【饮片】本品为丝状，外果皮黄色、黄绿色或黑绿色、黄棕色，散有凹入的油点，中果皮黄白色，有不规则的网状突起的维管束，有的可见瓤囊。质柔韧。气香。

【功效与主治】疏肝理气，宽中，化痰。用于肝胃气滞，胸胁胀痛，脘腹痞满，呕吐噫气，痰多咳嗽。

紫苏子

【来源】本品为唇形科植物紫苏的干燥成熟果实。秋季果实成熟时采收，除去杂质，晒干。

【产地】全国大多数地区均产。以湖北、江苏、河南、浙江、河北等省产量较多。

【性状】本品呈卵圆形或类球形，直径约1.5mm。表面灰棕色或灰褐色，有微隆起的暗紫色网纹，基部稍尖，有灰白色点状果梗痕。果皮薄而脆，易压碎。种子黄白色，种皮膜质，子叶2，类白色，有油性。压碎有香气，味微辛。

以粒饱满、色灰棕、油性足者为佳。

【饮片】

1. 紫苏子 本品性状同药材。

2. 炒紫苏子 本品形如紫苏子，表面灰褐色，有细裂口，有焦香气。

【功效与主治】降气化痰，止咳平喘，润肠通便。用于痰壅气逆，咳嗽气喘，肠燥便秘。

槐 角

【来源】本品为豆科植物槐的干燥成熟果实。冬季采收，除去杂质，干燥。

【产地】全国大部分地区均产。

【性状】本品呈连珠状，长1～6cm，直径0.6～1cm。表面黄绿色或黄褐色，皱缩而粗糙，背缝线一侧呈黄色。质柔润，干燥皱缩，易在收缩处折断，断面黄绿色，有黏性。种子1～6粒，肾形，长约8mm，表面光滑，棕黑色，一侧有灰白色圆形种脐。质坚硬，子叶2，黄绿色。果肉气微，味苦，种子嚼之有豆腥气。

以身干、个大、饱满、色黄绿、质柔润者为佳。

【饮片】

1. 槐角 本品性状同药材。

2. 蜜槐角 本品形如槐角，表面稍隆起呈黄棕色至黑褐色，有光泽，略有黏性。具蜜香气，味微甜、苦。

【功效与主治】清热泻火，凉血止血。用于肠热便血，痔肿出血，肝热头痛，眩晕目赤。

罂粟壳【麻】

【来源】本品为罂粟科植物罂粟的干燥成熟果壳。秋季将已割取浆汁后的成熟果实摘下，破开，除去种子及枝梗，干燥。

【性状】本品呈椭圆形或瓶状卵形，多已破碎成片状，直径1.5～5cm，长3～7cm。外表面黄白色、浅棕色至淡紫色，平滑，略有光泽，有纵向或横向的割痕，顶端有6～14条放射状排列呈圆盘状的残留柱头，基部有短柄。内表面淡黄色，微有光泽，有纵向排列的假隔膜，棕黄色，上面密布略突起的棕褐色小点。体轻，质脆。气微清香，味微苦。

以个大、色黄白、皮厚者为佳。

【饮片】

1. 罂粟壳丝（块） 本品呈不规则的丝或块。外表面黄白色、浅棕色至淡紫色，平滑，偶见残留柱头。内表面淡黄色，有的具棕黄色的假隔膜。气微清香，味微苦。

2. 蜜罂粟壳 本品形如罂粟壳丝，表面微黄色，略有黏性，味甜、微苦。

【功效与主治】敛肺，涩肠，止痛。用于久咳，久泻，脱肛，脘腹疼痛。

蔓荆子

【来源】本品为马鞭草科植物单叶蔓荆或蔓荆的干燥成熟果实。秋季果实成熟时采收，除去杂质，晒干。

【产地】主产于山东、浙江、福建、江西等地；安徽、江苏、湖南、湖北、广东、广西、云南、河北、辽宁也产。

【性状】本品呈球形，直径4～6mm。表面灰黑色或黑褐色，被灰白色粉霜状茸毛，有纵向浅沟4条，顶端微凹，基部有灰白色宿萼及短果梗。萼长为果实的1/3～2/3，5齿裂，其中2裂较深，密被茸毛。体轻，质坚韧，不易破碎，横切面可见4室，每室有种子1枚。气特异而芳香，味淡、微辛。

以粒大、饱满、气味浓者为佳。

【饮片】

1. 蔓荆子　本品性状同药材。

2. 炒蔓荆子　本品形如蔓荆子，表面黑色或黑褐色，基部有的可见留宿萼和短果梗。气特异而芳香，味淡、微辛。

【功效与主治】疏散风热，清利头目。用于风热感冒头痛，齿龈肿痛，目赤多泪，目暗不明，头晕目眩。

橘　红

【来源】本品为芸香科植物橘及其栽培变种（主要为大红袍、福橘）的干燥外层果皮。秋末冬初果实成熟后采收，用刀削下外果皮，晒干或阴干。

【产地】产于江苏、浙江、福建、江西、四川等省。

【性状】本品呈长条形或不规则薄片状，边缘皱缩向内卷曲。外表面黄棕色或橙红色，存放后呈棕褐色，密布黄白色突起或凹下的油室。内表面黄白色，密布凹下透光小圆点。质脆易碎。气芳香，味微苦、麻。

以皮薄片大、色红、油润者为佳。

【功效与主治】行气宽中，燥湿化痰。用于咳嗽痰多，食积伤酒，呕恶痞闷。

三、全草类中药

马鞭草

【来源】本品为马鞭草科植物马鞭草的干燥地上部分。6～8月花开时采割，除去杂质，晒干。

【产地】主产于湖北、江苏、贵州、广西等地。

【性状】本品茎呈方柱形，多分支，长0.5～1m，表面绿褐色，粗糙，质硬而脆，断面有髓或中空。叶对生，皱缩，多破碎，绿褐色，完整者展平后叶片3深裂，边缘有锯齿。穗状花序细长，有小花多数。气微，味苦。

以身干、色青绿、无杂质者为佳。

【饮片】本品为不规则段。茎呈方柱形，表面绿褐色，质硬而脆，断面有髓或中空。

叶皱缩，多破碎，绿褐色。可见细长穗状花序，气微，味苦。

【功效与主治】活血散瘀，解毒，利水，退黄，截疟。用于癥瘕积聚，痛经经闭，喉痹，痈肿，水肿，黄疸，疟疾。

北刘寄奴

【产地】主产于黑龙江、辽宁、吉林、河北、山西、河南、山东等地。

【性状】本品长30～80cm，全体被短毛。根短而弯曲，稍有分支。茎圆柱形，有棱，有的上部有分支，表面棕褐色或黑棕色，质脆，易折断，断面黄白色，中空或有白色髓。叶对生，多脱落破碎，完整者羽状深裂，黑绿色。总状花序顶生，花有短柄，花萼长筒状，黄棕色至黑棕色，有明显10条纵棱，先端5裂，花冠棕黄色，多脱落。蒴果狭卵状椭圆形，较萼稍短，棕黑色。种子细小。气微，味淡。

以身干、枝叶整齐，无根及杂质者为佳。

【饮片】本品为不规则段。茎圆柱形，有棱，表面棕褐色或黑棕色，叶多破碎。总状花序顶生，花萼长筒状，黄棕色至黑棕色，有明显10条纵棱，先端5裂，花冠棕黄色，多脱落。蒴果狭卵状椭圆形，较萼稍短，棕黑色。种子细小。气微，味淡。

【功效与主治】活血祛瘀，调经止痛，凉血，止血，清热利湿。用于跌打损伤，外伤出血，瘀血经闭，月经不调，产后瘀痛，癥瘕积聚，血痢，血淋，湿热黄疸，水肿腹胀，白带过多。

伸筋草

【来源】本品为石松科植物石松的干燥全草。夏、秋二季茎叶茂盛时采收，除去杂质，晒干。

【产地】产于湖北、江苏、浙江、安徽、贵州等地。

【性状】本品匍匐茎呈细圆柱形，略弯曲，长可达2m，直径1～3mm，其下有黄白色细根，直立茎作二杈状分支。叶密生茎上，螺旋状排列，皱缩弯曲，线形或针形，长3～5mm，黄绿色至淡黄棕色，无毛，先端芒状，全缘，易碎断。质柔软，断面皮部浅黄色，木部类白色。气微，味淡。

以茎长、色黄绿、无杂质者为佳。

【饮片】本品呈不规则的段，茎呈圆柱形，叶密生茎上，螺旋状排列，线形或针形，黄绿色至淡黄棕色，先端芒状，全缘，切面皮部浅黄色，木部类白色。气微，味淡。

【功效与主治】祛风除湿，舒筋活络。用于关节酸痛，屈伸不利。

苦地丁

【来源】本品为罂粟科植物紫堇的干燥全草。夏、秋二季花果期采收，除去杂质，晒干。

【产地】主产于山东、河北、山西、辽宁等省。

【性状】本品皱缩成团，长10～30cm。主根圆锥形，表面棕黄色。茎细，多分支，表面灰绿色或黄绿色，具5纵棱，质软，断面中空。叶多皱缩破碎，暗绿色或灰绿色，完整叶片二至三回羽状全裂。花少见，花冠唇形，有距，淡紫色。蒴果扁长椭圆形，呈荚果状。种子扁心形，黑色，有光泽。气微，味苦。

以顶花带果、色绿、味苦者为佳。

【饮片】本品呈不规则的段。茎细，具5纵棱，质软。叶多破碎，暗绿色或灰绿色。花少见，花冠唇形，有距，淡紫色。蒴果扁长椭圆形，呈荚果状。种子扁心形，黑色，有光泽。气微，味苦。

【功效与主治】清热解毒，散结消肿。用于时疫感冒，咽喉肿痛，疔疮肿毒，痈疽发背，痄腮丹毒。

淡竹叶

【来源】本品为禾本科植物淡竹叶的干燥茎叶。夏季未抽花穗前采割，晒干。

【产地】主产于浙江、江苏等地，福建、广东、广西、四川、贵州、云南等地也产。

【性状】本品长25~75cm。茎呈圆柱形，有节，表面淡黄绿色，断面中空。叶鞘开裂。叶片披针形，有的皱缩卷曲，长5~20cm，宽1~3.5cm；表面浅绿色或黄绿色。叶脉平行，具横行小脉，形成长方形的网格状，下表面尤为明显。体轻，质柔韧。气微，味淡。

以身干、色绿、叶片大、梗少、不带根及花穗等杂质者为佳。

【饮片】本品常为不规则段。茎呈圆柱形，有节，表面淡黄绿色，断面中空。叶片表面浅绿色或黄绿色。叶脉平行，具横行小脉，形成长方形的网格状。体轻，质柔韧。气微，味淡。

【功效与主治】清热泻火，除烦止渴，利尿通淋。用于热病烦渴，小便短赤涩痛，口舌生疮。

萹　蓄

【来源】本品为蓼科植物萹蓄的干燥地上部分。夏季叶茂盛时采收，除去根及杂质，晒干。

【产地】全国大部分地区均产。

【性状】本品茎呈圆柱形而略扁，有分支，长15~40cm，直径0.2~0.3cm。表面灰绿色或棕红色，有细密微突起的纵纹，节部稍膨大，有浅棕色膜质的托叶鞘，节间长约3cm。质硬，易折断，断面髓部白色。叶互生，近无柄或具短柄，叶片多脱落或皱缩、破碎，完整者展平后呈披针形，全缘，两面均呈棕绿色或灰绿色。气微，味微苦。

以身干、色绿、叶多、粗壮、质嫩、无杂质者为佳。

【饮片】本品呈不规则的段。茎圆柱形而略扁。表面灰绿色或棕红色，有细密微突起的纵纹，节部稍膨大，有浅棕色膜质的托叶鞘。切面髓部白色。叶片多破碎。气微，味微苦。

【功效与主治】利尿通淋，杀虫，止痒。用于热淋涩痛，小便短赤，皮肤湿疹，阴痒带下。

锁　阳

【来源】本品为锁阳科植物锁阳的干燥肉质茎。春季采挖，除去花序，切段，晒干。

【产地】主产于内蒙古、甘肃、新疆等地。

【性状】本品呈扁圆柱形，微弯曲，长 5 ~ 15cm 或更长，直径 1.5 ~ 5cm。表面棕色或棕褐色，粗糙，具明显纵沟及不规则凹陷，有的残存三角形的黑棕色鳞片。体重，质硬，难折断，断面浅棕色或棕褐色，黄色三角状维管束散生。气微，味甘而涩。

以条粗壮、体重、质硬、断面显油润者为佳。

【饮片】本品呈类圆形片，表面棕色或棕褐色，粗糙，有的残存三角形的黑棕色鳞片。切面浅棕色或棕褐色，黄色三角状维管束散生。体重，质硬。气微，味甘而涩。

【功效与主治】补肾阳，益精血，润肠通便。用于肾阳不足，精血亏虚，腰膝痿软，阳痿滑精，肠燥便秘。

紫花地丁

【来源】本品为堇菜科植物紫花地丁的干燥全草。春、秋二季采收，除去杂质，晒干。

【产地】产于江苏、浙江、安徽、福建、河南、甘肃、云南等地。

【性状】本品多皱缩成团。主根长圆锥形，直径 1 ~ 3mm；淡黄棕色，有细纵皱纹。叶基生，灰绿色，展平后叶片呈披针形或卵状披针形，长 1.5 ~ 6cm，宽 1 ~ 2cm，先端钝，基部截形或稍心形，边缘具钝锯齿，两面有毛。叶柄细，长 2 ~ 6cm，上部具明显狭翅。花茎纤细，花瓣 5，紫堇色或淡棕色，花距细管状。蒴果椭圆形或 3 裂，种子多数，淡棕色。气微，味微苦而稍黏。

以身干、色绿、叶片完整者为佳。

【饮片】本品为不规则段。根淡黄棕色，叶灰绿色，两面有毛。叶柄细，上部具明显狭翅。花茎纤细，花瓣 5，紫堇色或淡棕色，花距细管状。蒴果椭圆形或 3 裂，种子多数，淡棕色。气微，味微苦而稍黏。

【功效与主治】清热解毒，凉血消肿。用于疔疮肿毒，痈疽发背，丹毒，毒蛇咬伤。

墨旱莲

【来源】本品为菊科植物鳢肠的干燥地上部分。花开时采割，晒干。

【产地】全国大部分地区均产，主产于江苏、浙江、江西、湖北、广东等地。

【性状】本品全体被白色茸毛。茎呈圆柱形，有纵棱，直径 2 ~ 5mm，表面绿褐色或墨绿色。叶对生，近无柄，叶片皱缩卷曲或破碎，完整者展平后呈长披针形，全缘或具浅齿，墨绿色。头状花序直径 2 ~ 6mm。瘦果椭圆形而扁，长 2 ~ 3mm，棕色或浅褐色。气微，味微咸。

水试：浸水后，搓其茎叶，显墨绿色。

以身干、色绿、叶多、无杂质者为佳。

【饮片】本品呈不规则的段。茎圆柱形，表面绿褐色或墨绿色，具纵棱，有白色茸毛，切面中空或有白色髓。叶多皱缩或破碎，墨绿色，密生白毛。头状花序。气微，味微咸。

【功效与主治】滋补肝肾，凉血止血。用于肝肾阴虚，牙齿松动，须发早白，眩晕耳鸣，腰膝酸软，阴虚血热吐血、衄血、尿血，血痢，崩漏下血，外伤出血。

瞿 麦

【来源】本品为石竹科植物瞿麦或石竹的干燥地上部分。夏、秋二季花果期采割，除去杂质，干燥。

【产地】主产于河北、东北各省；山东、河南、江苏、湖北等地也产。

【性状】

1. 瞿麦 茎圆柱形，上部有分支，长30～60cm，表面淡绿色或黄绿色，光滑无毛，节明显，略膨大，断面中空。叶对生，多皱缩，展平叶片呈条形至条状披针形。枝端具花及果实，花萼筒状，长2.7～3.7cm，苞片4～6，宽卵形，长约为萼筒的1/4，花瓣棕紫色或棕黄色，卷曲，先端深裂成丝状。蒴果长筒形，与宿萼等长。种子细小，多数。气微，味淡。

2. 石竹 萼筒长1.4～1.8cm，苞片长约为萼筒的1/2，花瓣先端浅齿裂。

以茎嫩、色青绿、穗多、叶密者为佳。

【饮片】本品呈不规则的段。茎圆柱形，表面淡绿色或黄绿色，节明显，略膨大，切面中空。叶多皱缩。花萼筒状，苞片4～6。蒴果长筒形，与宿萼等长。种子细小，多数。气微，味淡。

【功效与主治】利尿通淋，活血通经。用于热淋，血淋，石淋，小便不通，淋沥涩痛，经闭瘀阻。

四、树脂藻菌类、其他类、动物及矿物类中药

人工牛黄

【来源】本品由牛胆粉、胆酸、猪去氧胆酸、牛磺酸、胆红素、胆固醇、微量元素等加工制成。

【性状】本品为黄色疏松粉末。味苦，微甘。

【功效与主治】清热解毒，化痰定惊。用于痰热谵狂，神昏不语，小儿急热惊风，咽喉肿痛，口舌生疮，痈肿疔疮。

牛 黄

【来源】本品为牛科动物牛的干燥胆结石。宰牛时，如发现有牛黄，即滤去胆汁，将牛黄取出，除去外部薄膜，阴干。

【产地】国产牛黄主产于华北、东北、西北等地区。进口牛黄主产于加拿大、阿根廷、乌拉圭、巴拉圭、智利、巴西等国。

【性状】

1. 胆黄 为胆囊内的结石。本品多呈卵形、类球形、三角形或四方形，大小不一，有的为碎片状。表面黄红色至棕黄色，有的表面挂有一层黑色光亮的薄膜，习称“乌金衣”，有的粗糙，具疣状突起，有的具龟裂纹。体轻，质酥脆，易分层剥落，断面金黄色或棕黄色，可见细密的同心层纹，有的夹有白心。气清香，味苦而后甘，有清凉感，嚼之

易碎，不黏牙。

2. 管黄 为胆管内的结石。呈短管状。

水试：取本品少量，加清水调和，涂于指甲上，能将指甲染成黄色，习称“挂甲”。

显微鉴别：取本品少许，用水合氯醛试液装片，不加热，置显微镜下观察：不规则团块由多数黄棕色或棕红色小颗粒集成，稍放置，色素迅速溶解，并显鲜明金黄色，久置后变绿色。

以身干、表面光泽细腻、体轻质松脆、断面层纹薄而整齐、味苦而甘、清香而凉、无杂质者为佳。

【功效与主治】清心豁痰开窍，凉肝息风解毒。用于热病神昏，中风痰迷，惊痫抽搐，癫痫发狂，咽喉肿痛，口舌生疮，痈肿疔疮。

体外培育牛黄

【来源】本品以牛科动物牛的新鲜胆汁作母液，加入去氧胆酸、胆酸、复合胆红素钙等制成。

【性状】本品呈球形或类球形，直径0.5～3cm。表面光滑，呈黄红色至棕黄色。体轻，质松脆，断面有同心层纹。气香，味苦而后甘，有清凉感，嚼之易碎，不黏牙。

水试及显微鉴别同牛黄。

【功效与主治】同牛黄。

珍　珠

【来源】本品为珍珠贝科动物马氏珍珠贝、蚌科动物三角帆蚌或褶纹冠蚌等双壳类动物受刺激形成的珍珠。自动物体内取出，洗净，干燥。

【产地】主产于广西、广东、海南、浙江等地。福建、江苏等地也产。

【性状】本品呈类球形、长圆形、卵圆形或棒形，直径0.5～8mm。表面类白色、浅粉红色、浅黄绿色或浅蓝色，半透明，光滑或微有凹凸，具特有的彩色光泽。质坚硬，破碎面显层纹。气微，无味。

鉴别：（1）本品粉末类白色。不规则碎块，半透明，具彩虹样光泽。表面显颗粒性，由数至十数薄层重叠，片层结构排列紧密，可见致密的成层线条或极细密的微波状纹理。

本品磨片具同心层纹。

（2）取本品，置紫外光灯（365nm）下观察，显浅蓝紫色或亮黄绿色荧光，通常环周部分较明亮。

以个大粒圆、色白光亮、破碎面有层纹、无硬核者为佳。习惯以海产珍珠为优。

【饮片】

1. 珍珠 本品性状同药材。

2. 珍珠粉 本品为类白色细粉。

【功效与主治】安神定惊，明目消翳，解毒生肌，润肤祛斑。用于惊悸失眠，惊风癫痫，目赤翳障，疮疡不敛，皮肤色斑。

珍珠母

【来源】本品为蚌科动物三角帆蚌、褶纹冠蚌或珍珠贝科动物马氏珍珠贝的贝壳。去肉，洗净，干燥。

【产地】同珍珠。

【性状】

1. 三角帆蚌　略呈不等边四角形。表面黑褐色，壳面生长轮呈同心环状排列。后背缘向上突起，形成大的三角形帆状后翼。壳内面洁白有珠光，外套痕明显，前闭壳肌痕呈卵圆形，后闭壳肌痕略呈三角形。左右壳均具两枚拟主齿，左壳具两枚长条形侧齿，右壳具一枚长条形侧齿，具光泽。质坚硬。气微腥，味淡。

2. 褶纹冠蚌　呈不等边三角形。表面黑褐色，后背缘向上伸展成大型的冠。壳内面洁白有珠光，外套痕略明显，前闭壳肌痕大呈楔形，后闭壳肌痕呈不规则卵圆形，在后侧齿下方有与壳面相应的纵肋和凹沟。左、右壳均具一枚短而略粗的后侧齿及一枚细弱的前侧齿，均无拟主齿。

3. 马氏珍珠贝　呈斜四方形，后耳大，前耳小，背缘平直，腹缘圆，生长线极细密，成片状。闭壳肌痕大，长圆形，具一凸起的长形主齿。

以外表面去净黑皮、内表面洁白有珠光者为佳。

【饮片】

1. 珍珠母块　本品为不规则碎块，有的可见残留黑褐色或棕褐色外皮。质硬。气微腥，味淡。

2. 煅珍珠母　本品形如珍珠母块，常为碎块与粗细不均粉末的混合物，类白色，质酥脆。

【功效与主治】平肝潜阳，安神定惊，明目退翳。用于头痛眩晕，惊悸失眠，目赤翳障，视物昏花。

羚羊角

【来源】本品为牛科动物赛加羚羊的角。猎取后锯取其角，晒干。

【产地】主产于俄罗斯。

【性状】本品呈长圆锥形，略呈弓形弯曲，长15~33cm，类白色或黄白色，基部稍呈青灰色。嫩枝对光透视有“血丝”或紫黑色斑纹，光润如玉，无裂纹，老枝则有细纵裂纹。除尖端部分外，有10~16个隆起环脊，间距约2cm，用手握之，四指正好嵌入凹处。角的基部横截面圆形，直径3~4cm，内有坚硬质重的角柱，习称“骨塞”，骨塞长约占全角的1/2或1/3，表面有突起的纵棱与其外面角鞘内的凹沟紧密嵌合，从横断面观，其结合部呈锯齿状。除去“骨塞”后，角的下半段成空洞，全角呈半透明，对光透视，上半段中央有一条隐约可辨的细孔道直通角尖，习称“通天眼”。质坚硬。气微，味淡。

以质嫩、色白、光润、有血丝者为佳。

【饮片】

1. 羚羊角镑片　本品为长条形极薄片，多卷曲，边缘呈小波状。切面类白色，隐约可见平直丝条纹，半透明，有光泽。质坚韧。气微，味淡。

2. 羚羊角粉 本品为白色或类白色的粉末。气微，味淡。

【功效与主治】平肝息风，清肝明目，散血解毒。用于肝风内动，惊痫抽搐，妊娠子痫，高热痉厥，癫痫发狂，头痛眩晕，目赤翳障，温毒发斑，痈肿疮毒。

鹿 茸

【来源】本品为鹿科动物梅花鹿或马鹿的雄鹿未骨化密生茸毛的幼角。前者习称“花鹿茸”，后者习称“马鹿茸”。夏、秋二季锯取鹿茸，经加工后，阴干或烘干。

【产地】花鹿茸主产于吉林、辽宁、黑龙江等地；马鹿茸主产于新疆、内蒙古、青海、甘肃和东北等地。

【性状】

1. 花鹿茸 呈圆柱状分支，具一个分支者习称“二杠”。主枝习称“大挺”，长17～20cm，锯口直径4～5cm，离锯口约1cm处分出侧枝，习称“门庄”，长9～15cm，直径较大挺略细。外皮红棕色或棕色，多光润，表面密生红黄色或棕黄色细茸毛，上端较密，下端较疏。分岔间具1条灰黑色筋脉，皮茸紧贴。锯口黄白色（排血鹿茸）或红褐色（血茸），外围无骨质，中部密布细孔。具两个分支者，习称“三岔”。大挺长23～33cm，直径较二杠细，略呈弓形，微扁，枝端略尖，下部多有纵棱筋及突起疙瘩；皮红黄色，茸毛较稀而粗。体轻。气微腥，味微咸。

二茬茸与头茬茸相似，但挺长而不圆或下粗上细，下部有纵棱筋。皮灰黄色，茸毛较粗糙，锯口外围多已骨化。体较重。无腥气。

2. 马鹿茸 较花鹿茸粗大，分支较多，侧枝一个者习称“单门”，两个者习称“莲花”，三个者习称“三岔”，四个者习称“四岔”或更多。按产地分为“东马鹿茸”和“西马鹿茸”。

（1）东马鹿茸 “单门”大挺长25～27cm，直径约3cm。外皮灰黑色，茸毛灰褐色或灰黄色，锯口面外皮较厚，灰黑色，中部密布细孔，质嫩。“莲花”大挺长可达33cm，下部有棱筋，锯口面蜂窝状小孔稍大。“三岔”皮色深，质较老。“四岔”茸毛粗而稀，大挺下部具棱筋及疙瘩，分支顶端多无毛，习称“捻头”。

（2）西马鹿茸 大挺多不圆，顶端圆扁不一，长30～100 cm。表面有棱，多抽缩干瘪，分支较长且弯曲，茸毛粗长，灰色或黑灰色。锯口色较深，常见骨质。气腥臭，味咸。

花鹿茸、马鹿茸均以茸形粗壮、饱满、皮毛完整、质嫩、油润、茸毛细、无骨棱及骨钉者为佳。

【饮片】

1. 鹿茸片 取鹿茸，燎去茸毛，刮净，以布带缠绕茸体，自锯口面小孔灌入热白酒，并不断添酒，至润透或灌酒稍蒸，横切薄片，压平，干燥。根据鹿茸的不同部位和老嫩程度划分等级。

2. 梅花鹿茸片 茸顶尖部切下的茸片习称为“蜡片”或“血片”；中上部切下的茸片习称“粉片”；中下部切下的习称为“纱片”；最下端切下的习称“骨片”。

（1）腊片（血片） 呈类圆形或椭圆形的极薄片，有黄色茸毛，厚0.4～0.5mm，切面淡黄棕色至深棕红色，半透明的蜡质状平滑而有光泽，边缘平整或略有波状，茸皮薄。

质坚韧，气微腥，味微咸。

（2）粉片　呈圆形或椭圆形，黄白色（排血茸）或红褐色（血茸），边缘圆整，具蜂窝状细孔，均匀，粉而掉渣，片轻。

（3）纱片　呈类圆形、椭圆形，片大，黄白色（排血茸）或红褐色（血茸），有稀疏的蜂窝，片的中部常破碎，手感粗糙而硬，不掉渣，边缘稍有骨化圈。

（4）骨片　呈不规则的圆形或类三角形，黄白色（排血茸）或红褐色（血茸），蜂窝孔大，边缘致密略呈齿状，手感坚硬体重。

3. 马鹿茸片　也分为“蜡片”、“粉片”、“纱片”、“骨片”。外围皮部色泽较黑，茸毛灰褐色。

4. 鹿茸粉　取鹿茸，燎去茸毛，刮净，劈成碎块，粉碎成细粉。

本品为浅黄棕色或红褐色细粉。气微腥，味微咸。

【功效与主治】壮肾阳，益精血，强筋骨，调冲任，托疮毒。用于肾阳不足，精血亏虚，阳痿滑精，宫冷不孕，羸瘦，神疲，畏寒，眩晕，耳鸣，耳聋，腰脊冷痛，筋骨痿软，崩漏带下，阴疽不敛。

鹿　角

【来源】本品为鹿科动物马鹿或梅花鹿已骨化的角或锯茸后翌年春季脱落的角基，分别习称“马鹿角”、“梅花鹿角”、“鹿角脱盘”。多于春季拾取，除去泥沙，风干。商品中梅花鹿角少见。

【产地】同鹿茸。近年来常有进口。

【性状】

1. 马鹿角　呈分支状，通常分成4～6枝，全长50～120cm。主枝弯曲，直径3～6cm。基部盘状，上具不规则瘤状突起，习称“珍珠盘”，周边常有稀疏细小的孔洞。侧枝多向一面伸展，第一枝与珍珠盘相距较近，与主干几成直角或钝角伸出，第二枝靠近第一枝伸出，习称“坐地分支”，第二枝与第三枝相距较远。表面灰褐色或灰黄色，有光泽，角尖平滑，中、下部常具疣状突起，习称“骨钉”，并具长短不等的断续纵棱，习称“苦瓜棱”。质坚硬，断面外圈骨质，灰白色或微带淡褐色，中部多呈灰褐色或青灰色，具蜂窝状孔。气微，味微咸。

2. 梅花鹿角　通常分成3～4枝，全长30～60cm，直径2.5～5cm。侧枝多向两旁伸展，第一枝与珍珠盘相距较近，第二枝与第一枝相距较远，主枝末端分成两小枝。表面黄棕色或灰棕色，枝端灰白色。枝端以下具明显骨钉，纵向排成“苦瓜棱”，顶部灰白色或灰黄色，有光泽。

3. 鹿角脱盘　呈盔状或扁盔状，直径3～6cm（珍珠盘直径4.5～6.5cm），高1.5～4cm。表面灰褐色或灰黄色，有光泽。底面平，蜂窝状，多呈黄白色或黄棕色。珍珠盘周边常有稀疏细小的孔洞。上面略平或呈不规则的半球形。质坚硬，断面外圈骨质，灰白色或类白色。

以粗壮、坚实、表面无枯朽裂隙者为佳。

【饮片】鹿角片：本品为圆形、类圆形或不规则片，有的卷曲。灰白色，具蜂窝状孔。气微，味微咸。

【功效与主治】温肾阳，强筋骨，行血消肿。用于肾阳不足，阳痿遗精，腰脊冷痛，阴疽疮疡，乳痈初起，瘀血肿痛。

麝 香

【来源】本品为鹿科动物林麝、马麝或原麝成熟雄体香囊中的干燥分泌物。野麝多在冬季至次春猎取，猎获后，割取香囊，阴干，习称“毛壳麝香”；剖开香囊，除去囊壳，习称“麝香仁”。家麝直接从其香囊中取出麝香仁，阴干或用干燥器密闭干燥。

【产地】产于西藏、青海、甘肃、四川、陕西等地。

【性状】

1. 毛壳麝香　为扁圆形或类椭圆形的囊状体，直径3~7cm，厚2~4cm。开口面的皮革质，棕褐色，略平，密生白色或灰棕色短毛，从两侧围绕中心排列，中间有1小囊孔。另一面为棕褐色略带紫色的皮膜，微皱缩，偶显肌肉纤维，略有弹性，剖开后可见中层皮膜呈棕褐色或灰褐色，半透明，内层皮膜呈棕色，内含颗粒状、粉末状的麝香仁和少量细毛及脱落的内层皮膜（习称“银皮”）。

2. 麝香仁　野生者质软，油润，疏松；其中不规则圆球形或颗粒状者习称“当门子”，表面多呈紫黑色，油润光亮，微有麻纹，断面深棕色或黄棕色。粉末状者多呈棕褐色或黄棕色，并有少量脱落的内层皮膜和细毛。饲养者呈颗粒状、短条形或不规则的团块，表面不平，紫黑色或深棕色，显油性，微有光泽，并有少量毛和脱落的内层皮膜。气香浓烈而特异，味微辣、微苦带咸。

鉴别：

（1）取毛壳麝香用特制槽针从囊孔插入，转动槽针，撮取麝香仁，立即检视，槽内的麝香仁应有逐渐膨胀高出槽面的现象，习称“冒槽”。麝香仁油润，颗粒疏松，无锐角，香气浓烈。不应有纤维等异物或异常气味。

（2）取麝香仁粉末少量，置手掌中，加水润湿，用手搓之能成团，再用手指轻揉即散，不应黏手、染手、顶指或结块。

（3）取麝香仁少量，撒于炽热的坩埚中灼烧，初则迸裂，随即融化膨胀起泡似珠，香气浓烈四溢，应无毛、肉焦臭，无火焰或火星出现。灰化后，残渣呈白色或灰白色。

（4）麝香仁粉末棕褐色或黄棕色。显微镜下为无数无定形颗粒状物集成的半透明或透明团块，淡黄色或淡棕色。团块中包埋或散在有方形、柱状、八面体或不规则的晶体，并可见圆形油滴，偶见毛及内皮层膜组织。

毛壳麝香以饱满、皮薄、有弹性、香气浓烈者为佳。麝香仁以“当门子”色紫黑，粉末色棕褐、质柔油润、香气浓烈者为佳。

【饮片】麝香仁：本品性状同药材。

【功效与主治】开窍醒神，活血通经，消肿止痛。用于热病神昏，中风痰厥，气郁暴厥，中恶昏迷，经闭，癥瘕，难产死胎，胸痹心痛，心腹暴痛，跌仆伤痛，痹痛麻木，痈肿瘰疬，咽喉肿痛。

赤石脂

【来源】本品为硅酸盐类矿物多水高岭石族多水高岭石，主含四水硅酸铝〔$Al_4(Si_4O_{10})(OH)_8 \cdot 4H_2O$〕。采挖后，除去杂质。

【产地】主产于山西、河南、福建、江西、陕西、湖北等地。

【性状】本品为块状集合体，呈不规则的块状。粉红色、红色至紫红色，或有红白相间的花纹。质软，易碎，断面有的具蜡样光泽。吸水性强。具黏土气，味淡，嚼之无沙粒感。

以色红、光滑细腻、质软、黏性强者为佳。

【饮片】

1. 赤石脂　本品性状同药材。

2. 煅赤石脂　本品为短圆柱形段，表面青砖色或浅红棕色，质坚脆，断面不平坦，吸水性强，舔之黏舌。

【功效与主治】涩肠，止血，生肌敛疮。用于久泻久利，大便出血，崩漏带下；外治疮疡久溃不敛，湿疹脓水浸淫。

花蕊石

【来源】本品为变质岩类岩石蛇纹大理岩。采挖后，除去杂石及泥沙。

【产地】产于陕西、山西、河南、河北、江苏、浙江、四川等地。

【性状】本品为粒状和致密块状的集合体，呈不规则的块状，具棱角而不锋利。白色或浅灰白色，其中夹有点状或条状的蛇纹石，呈浅绿色或淡黄色，习称“彩晕”，对光观察有闪星状光泽。体重，质硬，不易破碎。气微，味淡。

以块整齐、夹有黄绿色斑纹者为佳。

【饮片】

1. 花蕊石块　本品性状同药材。

2. 煅花蕊石　本品为灰白色碎块，质脆易碎。

【功效与主治】化瘀止血。用于咯血，吐血，外伤出血，跌仆伤痛。

雄黄【毒】

【来源】本品为硫化物类矿物雄黄族雄黄，主含二硫化二砷（As_2S_2）。采挖后，除去杂质。

【产地】产于湖南、湖北、贵州、陕西、甘肃、四川等地。

【性状】

1. 雄黄块　本品为块状或粒状集合体，呈不规则块状。深红色或橙红色，条痕淡橘红色，晶面有金刚石样光泽。质脆，易碎，断面具树脂样光泽。微有特异的臭气，味淡。

2. 精矿粉　为粉末状或粉末集合体，质松脆，手捏即成粉，橙黄色，无光泽。

火试：取雄黄少许，置坩埚内，加热熔融，产生白色或黄白色火焰，伴有白色浓烟。

雄黄块以块大、质脆、色红、有光泽者为佳。

【功效与主治】解毒杀虫，燥湿祛痰，截疟。用于痈肿疔疮，蛇虫咬伤，虫积腹痛，惊痫，疟疾。

赭　石

【来源】本品为氧化物类矿物刚玉族赤铁矿，主含三氧化二铁（Fe_2O_3）。采挖后，除去杂石。

【产地】主产于山西、河北、山东等地。

【性状】本品为鲕状、豆状、肾状集合体，多呈不规则的扁平块状。暗棕红色，条痕樱红色或红棕色，有的有金属光泽。一面多有圆形的突起，习称“钉头”；另一面与突起相对应处有同样大小的凹窝。体重，质硬，砸碎后断面显层叠状。气微，味淡。

以色棕红、有钉头、断面显层叠状、无杂石者为佳。

【饮片】

1. 赭石　碎块状。

2. 煅赭石　碎块状，暗红褐色。

【功能与主治】平肝潜阳，重镇降逆，凉血止血。用于眩晕耳鸣，呕吐，噫气，呃逆，喘息，吐血，衄血，崩漏下血。

第二节　中药检测

一、中药材及饮片的真伪鉴别

1. 人参伪品

（1）用碎的红参须打成细粉，加入焦糖和色素、黏合剂调成糊状倒入特制的模具中，压制成四方长条形。常冒充红参或高丽参。无表皮，多无芦头，有的也嵌入芦头，无分支及根痕，表面深红棕色，断面无角质状，有焦糖气味，味甜，微苦。

（2）目前市场上常伪冒野山参的除用移山参、趴货、园参之外，还有工艺参。根据手工拼接技术的高低和使用的原料情况，大致有两种。

①用残损的野山参的芦头、艼、主根、侧根、须为原料，用胶水为黏合剂进行拼接成野山参。一般多把芦接长，是由数段组成的，有的直接把芦头插入主根内，在芦头的两侧接上大艼，主根仍是残损野山参，然后再拼接侧根及须根。初看整体形状酷似野山参，但仔细观察，拼接芦头上下颜色、粗细不一，与主根不相称，芦碗生长方向不同，且无规律，艼较粗与芦头不匹配，参的生长年龄与须的长短不协调一致，用放大镜看有接痕和胶水痕，腿、须分杈不自然，缺少灵感、较呆板。放入温水中浸泡，胶水溶化，拼接处断落（软胶黏）。用硬胶拼接的参，在温水中浸泡不散落，但用手捻搓接口处有硬心，柔软程度不同，是因为硬胶接点在浸泡中吸水能力差，故有硬心。

②用园参进行挖补拼接成野山参。用数个园参的芦拼接较长的芦，芦碗硕大，为了显出圆芦，有的取侧根的一段插入主根内，主根肩部用刀环刻成横纹，用黑土泥沾肩部，螺旋涂抹，擦掉浮泥，这样的“铁线纹”就制成了。腿、须也是用数个“伪品”拼接。初看造型拙劣，不具有野山参的生长规律和自然形态，接痕明显粗糙，有的为了掩盖接痕，

把人参泡软揭取外皮，粘贴在接口处，较容易识别。

2. 三七伪品

(1) 菊三七　为菊科植物菊三七的块根，又称"水三七"。呈拳形，肥厚的不规则块状。表面灰棕色或棕黄色，瘤状突起。横切面淡黄色，显菊花心。

(2) 莪术　为姜科植物莪术的根茎加工而成。呈卵圆形或圆锥形。表面黄褐色，上部无茎痕，有加工而成的皱纹和瘤状突起。断面棕褐色或黄绿色，有蜡样光泽。气微辛，味微苦。

3. 西洋参伪品

系用五加科植物人参的根，经加工仿制的西洋参或西洋参片。

性状：外形为圆柱形较多见，也有少数是纺锤形或颗粒状，除去芦、腿和须根，常截取上半段，有稀疏间断的横纹，表面黄白色或灰白色，体略轻泡，横断面平坦，黄白色略显粉性，皮部与木部之间常有放射状裂隙，树脂道不明显。味稍甘而微苦。

4. 麦冬易混品

山麦冬　见鉴别部分。

5. 凌霄花伪品

泡桐花：为玄参科植物泡桐干燥花。本品长4～7.5cm，花萼钟状，较小，长约1.2cm，先端5裂，被毛茸。花冠灰黄色至灰棕色，内表面有紫色斑点。气微，味淡。

6. 蒲黄掺伪品

以淀粉掺入蒲黄中，增加重量，显微镜下淀粉粒无色，加稀碘液呈蓝紫色。

7. 牛蒡子伪品

(1) 大鳍蓟　为菊科植物大鳍蓟的果实。本品呈椭圆形，长4～6mm，宽2～3mm。表面灰白色至灰棕色，具稀疏的黑色斑点。有数条不明显的纵棱，以中间一条最明显，棱间有隆起的波状横纹。顶端钝尖，有一类圆形或类方形的环，中央有点状花柱残迹，基部较窄，果皮硬，有油性，气微，味苦。

(2) 木香子　为菊科植物木香的果实。本品呈扁圆锥形，略弯曲，长7～11mm，宽2.5～4mm，表面灰褐色至棕黑色，有棕黑色斑点，有数条纵棱。顶端宽而平截，顶面周边多为不规则四边形具齿的环，中间有一微突起的圆台，台中央有点状花柱残迹。下端渐尖，有一点状果柄痕。果皮较硬，内有子叶两枚，浅绿色富油性。气微，味苦、麻舌。

8. 石莲子伪品

苦石莲　为豆科植物喙荚云实的干燥种子。本品为椭圆形，两端钝圆，长1.5～2.5cm，直径0.7～1.2cm。表面棕褐色至黑褐色，有时具环形横裂纹，质硬，内有子叶两片，黄白色，味极苦。

9. 豆蔻掺伪品

掺入白矾以增加重量。色白，口尝有明显涩味。

10. 吴茱萸伪品

臭辣子　为同科同属植物臭辣树的果实。蓇葖果4～5个上部离生，外表面红棕色至暗棕色，有多数点状突起的油点，内表面类白色，密被细毛。种子卵形，表面黑色，有不适臭气，味辛而麻。

11. 菟丝子伪品

人工制作　以面粉等物制作。形似菟丝子，水浸泡后手捏成泥。

12. 冬虫夏草伪品及掺伪品

（1）亚香棒虫草　为麦角菌科真菌亚香棒虫草寄生在鳞翅目昆虫的子座及幼虫尸体的复合体。虫体呈蚕状，长3～5cm，直径0.4～0.6cm。头部红黄色或紫黑色，体表有类白色的菌膜，除去菌膜呈褐色，有环纹20～30个，近头部有足3对，尾部1对，中部4对，气门点状，黑色。质脆，易折断，断面略平坦，黄白色。子座单生呈长棒状或有分支，间或2～3个，长4～10cm，直径0.2～0.3cm。头部稍膨大，柄部棕褐色，质柔韧。气微腥。

（2）凉山虫草　为麦角菌科真菌凉山虫草寄生在鳞翅目昆虫幼虫的子座及幼虫尸体的复合体。本品虫体呈蚕状，较粗，长3～6cm，直径0.6～1cm，表面被棕色至棕褐色菌膜，菌膜脱落处呈紫褐色，有环纹9～12个，足不明显。子座呈线状，不分支或分支，长10～30cm，直径0.1～0.2cm。头部稍膨大，表面灰褐色。柄部极长，多弯曲、质柔韧。气微腥，味淡。

市场常见掺入加重粉、体内或插入铁丝等情况，注意鉴别。

13. 血竭掺伪品

掺入松香、色素等制成。颜色比正品浅，用火燃之，冒浓黑烟，并有明显的松香气味。

14. 土鳖虫伪品及掺伪品

（1）雄土鳖虫　为鳖蠊科昆虫地鳖或冀地鳖的雄虫干燥体。体形稍小，背部有翅一对。

（2）掺伪品　腹内掺入水泥、食盐、白矾等物增重，质重而硬，断面可见水泥硬块或食盐、白矾的结晶。

15. 乌梢蛇伪品

目前乌蛸蛇药材商品中经常出现的伪品有滑鼠蛇、灰鼠蛇、赤链蛇、王锦蛇、黑眉锦蛇、红点锦蛇、玉斑锦蛇、虎斑游蛇、水赤链游蛇、银环蛇、金环蛇、眼镜蛇等，主要区别是蛇身鳞行为奇数。

16. 牛黄伪品

国产及进口牛黄均有伪品出现，有黄连、大黄及姜黄粉末加工的；有蛋黄、胆汁伪制的；有的以其他动物结石冒充；或用牛黄碎末混以杂质制成。其性状与正品牛黄均不同，体较重，无光泽，断面棕褐色、粗糙，无层纹，无清香气，味苦，嚼之黏牙，无“挂甲”现象。

17. 金钱白花蛇伪品

（1）金环蛇　为眼镜蛇科动物金环蛇的干燥体。本品呈圆盘状，头盘于中央，口内有沟状牙齿，上唇鳞7片，鼻孔开向两侧，无颊鳞。头背及背部棕褐色，有金黄色宽4～5鳞片的横斑纹，背鳞平滑，通体15行，尾下鳞单行。气腥，味微咸。

（2）赤链蛇　为游蛇科动物赤链蛇的干燥体。本品呈圆盘状，头盘于中央，口内为多数同形细齿，上唇鳞8片（偶有7片）。颊鳞1片，入眶。头背黑色，鳞缘红色，体背部黑色或黑褐色，可见多数红色横斑纹，背鳞平滑，仅后段1～3行微起棱，脊鳞不扩大。体侧有红黑色相间的点状斑纹，尾下鳞双行。气腥，味淡。

（3）涂漆铅色水蛇　为游蛇科动物铅色水蛇幼蛇的加工品。本品呈盘状，头盘于中央，鼻孔位于吻背面，口内前部为同形细齿，上唇鳞8片，头背和背部为黑褐色，可见用漆涂制的横斑纹，尾下鳞双行。

（4）拼接　以金钱白花蛇、蛇头或蛇身与其他蛇类拼接而成。本品呈盘状，头背棕褐色，盘于中央。颈部与蛇身颜色、鳞片大小变化、连接不自然，水浸泡除去竹签，头身分离。

18. 蕲蛇伪品

（1）掺入杂肉，其掺假部位皮与肉的交接处多少有些分离，断面皮之间可见夹杂的其他动物肉。

（2）掺入铁丝、铁钉，在鲜蛇加工时掺入铁丝、铁钉等，蛇背部有异常凸起。

（3）掺入淀粉，用注射器将淀粉浆注入蛇体后干燥，外观丰满，质地沉重，折断可见皮肉间有褐色和类白色块末，碘液检查呈蓝黑色。

19. 羚羊角伪品

（1）黄羊角　为牛科动物黄羊的角。本品呈类长圆锥形，弯曲，而稍侧扁。长20～30cm，表面淡棕色或灰褐色，粗糙，不透明。除角尖外，有17～20个隆起的环脊，环脊斜向弯曲，间距较小，约为0.54cm。基部横截面椭圆形。

（2）长尾黄羊角　为牛科动物长尾黄羊的角。本品呈类长圆锥形，稍弯曲，而略侧扁。长14～30cm，表面灰黑色，粗糙，不透明。除角尖外，有5～10个隆起的环脊，环脊斜向弯曲，间距1.5～2cm。

（3）藏羚羊角　为牛科动物藏羚羊的角。本品呈不规则细长锥形，弯曲，基部侧扁。长40～70cm，表面黑色，光滑，不透明。除角尖外，有10～16个或更多的隆起环脊，环脊斜向弯曲，基部较密，体部较宽，间距约为2cm。

（4）伪制品　系其他种动物角的仿制品。本品多光滑，环脊不自然，具加工痕迹。

20. 鹿茸伪品

（1）伪冒砍茸　系用羊、鹿、狗等动物的头颅及皮伪制而成。将假鹿角嵌入动物头颅内，用黏合剂加以固定，再将动物皮毛黏合在表面。伪品不具备正品砍茸的基本特征，茸皮及茸毛与正品也不符，形状呆板不自然，二茸之间的距离较近，细看有人工伪造的痕迹，头后端不呈一对弧形骨，用力可剥离。

（2）伪制鹿茸腊片　系用鹿角、蛋清、淀粉、鹿皮或牛皮制成后切片。为类圆形片，表面类白色有光泽。中心有不规则的骨片，骨片不相连。外圈为鹿皮或牛皮，半透明状，略成膜质，体轻，用温水浸泡即散落。

二、中药材的品质规格

甘　草

1. 西草的规格等级　西草分为大草、条草、毛草、草节、疙瘩头五个规格，均要求干货，无须根、杂质、霉变、虫蛀。

（1）大草　统货。呈圆柱形。表面红棕色、棕黄色或灰棕色，皮细紧，有纵纹，斩去头尾，切口整齐。质坚实、体重。断面黄白色，粉性足。味甜。长25～50cm，顶端直径

2.5～4cm。黑心草不超过总重量的5%。

（2）条草　分三等。一等：单枝顺直，顶端直径1.5cm以上，间有黑心。余同大草。二等：单枝顺直，顶端直径1cm以上，间有黑心。余同大草。三等：单枝顺直，顶端直径7mm以上。

（3）毛草　统货。呈圆柱形弯曲的小草，去净残茎，不分长短，顶端直径5mm以上。

（4）草节　甘草的断节。分二等。一等：圆柱形，长6cm以上，顶端直径1.5cm以上。二等：顶端直径7mm以上，余同一等。无疙瘩头。

（5）疙瘩头　统货。系加工条草砍下之根头，呈疙瘩状。去净残茎及须根，大小长短不分。

2. 东草的规格等级　东草分条草、毛草两个规格，均要求干货，无杂质、虫蛀、霉变。

（1）条草　分三等。呈圆柱形，上粗下细。表面紫红色或灰褐色，皮粗糙。不斩头尾。质松体轻。断面黄白色，有粉性。味甜。间有5%的20cm以上草头。一等：长60cm以上，芦下3cm处直径1.5cm以上。二等：长50cm以上，芦下3cm处直径1cm以上。三等：间有弯曲分支的细根，长40cm以上，芦下3cm处直径5mm以上。

（2）毛草　统货。呈圆柱形弯曲的小草，去净残茎，间有疙瘩头。不分长短，芦下直径0.5cm以上。

市场上过去以野生品为主，现在以栽培品为主。

《药典》2010年版规定：本品含甘草苷（$C_{21}H_{22}O_9$）不得少于0.50%，甘草酸（$C_{42}H_{62}O_{16}$）不得少于2.0%。

远　志

1. 远志筒规格等级　分二等。均要求干货，无木心、杂质、虫蛀、霉变。一等：长7cm，中部直径0.5cm以上。二等：长5cm，中部直径0.3cm以上。

2. 远志肉规格等级　为统货。多为破裂断碎的根皮。

现在市场商品主要分栽培远志和野生远志，商品以栽培远志为主。

苍　术

1. 茅苍术规格标准　统货，干货。中部直径0.8cm以上。无须根、杂质、虫蛀、霉变。

2. 北苍术规格标准　统货，干货。中部直径1cm以上。无须根、杂质、虫蛀、霉变。

延胡索

规格等级　分为二等。均要求干货，无杂质、虫蛀、霉变。一等：每50g450粒以内。二等：每50g450粒以上。

《药典》2010年版规定：本品含延胡索乙素（$C_{21}H_{25}NO_4$）不得少于0.050%。

柴　胡

1. 北柴胡规格标准　统货。干货。残茎不超过1cm。无须毛、杂质、虫蛀、霉变。

2. 南柴胡规格标准　统货。干货。残留苗茎不超过1.5cm。无须根、杂质、虫蛀、霉变。

现在市场商品柴胡还分为野生柴胡和栽培柴胡，以野生柴胡为优。

桔　梗

1. 南桔梗规格等级　分三等。均要求干货。无杂质、虫蛀、霉变。一等：条长14cm以上，上部直径1.4cm以上。二等：条长12cm以上，上部直径1cm以上。三等：条长不低于7cm，上部直径不低于0.5cm。

2. 北桔梗规格等级　为统货。干货。上部直径不低于0.5cm。无杂质、虫蛀、霉变。

现在市场商品主要为栽培品，等级按南桔梗。野生桔梗少见。

党　参

1. 西党规格等级　甘肃、山西及四川西北部所产。过去称文党、晶党，原植物为素花党参。分三等。均要求干货，无杂质、虫蛀、霉变。一等：呈圆锥形，头大尾小，上端多横纹，外皮粗松，表面灰黄色或灰褐色，断面有放射状纹理，糖质多，味甘，芦下直径1.5cm以上，无油条。二等：芦下直径1cm以上，无油条。三等：芦下直径0.6cm以上，油条不超过15%。

2. 条党规格等级　四川、湖北、山西三省接壤地带所产，原名单支党、八仙党，原植物为川党参。分三等。均要求干货，无杂质、虫蛀、霉变。一等：呈圆锥形，头上茎痕较少而小，条较长，上端有横纹或无，下端有纵皱纹，断面白色或黄白色，有放射状纹理，有糖质，味甘，芦下直径1.2cm以上，无油条。二等：芦下直径0.8cm以上，无油条。三等：芦下直径0.5cm以上，油条不超过10%，无参秧。

3. 潞党规格等级　山西所产及各地引种者，原植物为党参。分三等。均要求干货，无杂质、虫蛀、霉变。一等：呈圆柱形，芦头较小，表面灰黄色，体结而柔，断面黄白色，味甘，芦下直径1cm以上，无油条。二等：芦下直径0.8cm，无油条。三等：芦下直径0.4cm以上，油条不超过10%。

4. 东党规格等级　东北三省所产。原植物为党参。分二等。均要求干货，无毛须、杂质、虫蛀、霉变。一等：呈圆锥形，芦头较大，芦下有横纹，体较松，质硬，显裂隙，味甘，芦下直径1cm以上。二等：芦下直径0.5cm以上，间有油条、短节。

5. 白党规格等级　贵州、云南及四川南部所产，原称叙党，原植物为管花党参。分二等。均要求干货，无杂质、虫蛀、霉变。一等：呈圆锥形，具芦头，表面灰褐色，体较硬，断面黄白色，糖质少，味微甘，芦下直径1cm以上。二等：芦下直径0.5cm以上，间有油条、短节。

秦 艽

1. 大秦艽规格等级 分二等。均要求干货，无芦头、须根、杂质、虫蛀、霉变。一等：芦下直径 1.2cm 以上。二等：芦下直径 1.2cm 以下，最小直径不低于 0.6cm。

2. 麻花艽规格等级 统货。干货。大小不分，芦下直径不低于 0.3cm。无芦头、须根、杂质、虫蛀、霉变。

3. 小秦艽规格等级 分二等。均要求干货，无残茎、杂质、虫蛀、霉变。一等：条长 20cm，芦下直径 1cm 以上。二等：长短大小不分，但芦下直径不低于 0.3cm。

紫 菀

规格等级 为统货。要求无苗芦。

粉 葛

规格等级 原标准列于“葛根”项下，规格名“广葛”。分为二等。均要求干货。刮去外皮。无杂质、虫蛀、霉变。一等：纵剖两瓣。粉性足，纤维很少。长 13～17cm，中部直径 5cm 以上。二等：不剖瓣。纤维多，有粉性。中部直径 1.5cm 以上。

葛 根

规格等级 统货。干货。无杂质、虫蛀、霉变。现在市场商品多为葛根丁（小块）。

枳 壳

规格等级 分二等。均要求干货，无虫蛀、霉变。一等：肉厚，瓤小。直径 3.5cm 以上，肉厚 0.5cm 以上。二等：肉薄。直径 2.5cm 以上，肉厚 0.35cm 以上。

枳 实

规格等级 原标准在枳壳项内，分为二等。均要求干货，无杂质、虫蛀、霉变。一等：直径 1.5～2.49cm。二等：直径 1.5cm 以下，间有未切的个子，但不得超过 30%。

栀 子

规格等级 分为二等。均要求干货，无黑果、杂质、虫蛀、霉变。一等：饱满。表面橙红色、红黄色、淡红色、淡黄色。二等：较瘦小。表面橙黄色、暗棕色或带青绿色。

酸枣仁

规格等级 分二等。均要求干货，无杂质、虫蛀、霉变。一等：饱满。表面深红色或紫褐色，核壳不超过 2%，碎仁不超过 5%，无黑仁。二等：较瘪瘦。表面深红色或棕黄色。核壳不超过 5%，碎仁不超过 10%。

槟　榔

规格等级　分二等。均要求干货，无杂质、霉变。一等：每公斤160个以内，无枯心、破碎、虫蛀。二等：每公斤160个以上，间有破碎、枯心，不超过5%。

肉苁蓉

1. 甜苁蓉规格等级　统货。干货。枯心不超过10%。去净芦头，无干梢、杂质、虫蛀、霉变。

2. 咸苁蓉规格等级　统货。干货。表面附有盐霜，枯心不超过10%。无干梢、杂质、霉变。

现在市场商品主要分为“软大云”（肉苁蓉）和“硬大云”（管花肉苁蓉）两类。

牛　黄

规格等级　天然牛黄分二等。一等：牛的胆结石呈卵形，类球形或三角形。表面金黄色或黄灰色，有光泽。质松脆。断面棕黄色或金黄色，有自然形成层。气清香，味微苦后甜。大小块不分，间有碎块。无管黄。二等：牛的胆结石呈管状（管黄）或胆汁渗入的各种块黄。表面黄褐色或棕褐色。断面棕褐色，有自然形成层。气清香，味微苦。

《药典》2010年版规定：本品含胆酸（$C_{24}H_{40}O_5$）不得少于4.0%；含胆红素（$C_{33}H_{36}N_4O_6$）不得少于35.0%。

鹿　茸

1. 梅花鹿茸规格等级

（1）*二杠锯茸*　分四等。一至三等均要求干货，大挺、门庄相称，锯口黄白色，无骨化圈，不拧嘴，不抽沟，不臭，无虫蛀。一等：圆柱形，具有八字分杈一个，主枝、侧枝相称，短粗嫩壮，顶端钝圆。皮色红棕或黄棕色，锯口黄白色，有蜂窝状细孔，无骨化圈。不破皮、悬皮、乌皮，不存折。每支重85g以上。二等品：存折不超过一处，虎口以下稍有棱线。每支重65g以上。三等品：枝干较瘦，并兼有悬皮、乌皮、破皮不露茸。存折不超过两处，虎口以下有棱线，每支重45g以上。四等：兼有独挺、畸形角，不符合一、二、三等者，均属此等。

（2）*三岔锯茸*　分四等。1~3等均要求干货，挺圆、茸质松嫩，嘴头饱满。不拧嘴，不悬皮，不怪角，不臭，无虫蛀。一等：圆柱形，具分杈二个。挺圆、茸质松嫩，嘴头饱满，下端稍有棱线和突起的疙瘩，不超过茸长30%，每支重250g以上。余同二杠锯茸。二等：存折不超过一处，突起纵棱线长不超过2cm，骨豆不超过茸长的40%。每支重200g以上。三等：条杆稍瘦，茸质嫩。稍有破皮不露茸，存折不超过一处，纵棱线，骨豆多。每支重150g以上。四等：畸形或怪角，顶端不窜尖，皮毛色较黯黑，不符合一、二、三等者，均属此等。

（3）*砍茸*　梅花二杠砍茸分4个等级。梅花三杈砍茸分3个等级，不一一论述。

2. 马鹿茸规格等级　以饱满体软，毛色灰褐，下部无棱线者为佳。

锯茸　分五等。均要求干货，不臭，无虫蛀。一等：支岔类圆柱形，皮毛灰黑色或灰黄色，枝干粗壮，嘴头饱满皮嫩的三岔、莲花、单门等茸，无骨豆，不拧嘴，不偏头，不破皮，不骨折等。每支重275～450g。二等：质嫩的四岔茸，不足275g的三岔、单门茸均可列为此等。四岔茸嘴头不超过13cm，骨豆不超过主干长度的50%，破皮长度不超过3.3cm。三等：嫩五岔和三岔老茸，骨质不超过主干长度的60%，破皮长度不超过4cm，不窜尖。四等：茸皮不全的老五岔、老毛杠和老再生茸等，破皮长度不超过4cm。五等：体呈支岔圆柱形或畸形。茸皮不全的老五岔、老毛杠、老再生茸。

第三章 中药商品经销

第一节 中成药介绍

一、中成药急症必备用药介绍

(一) 中医急症用药概述

为了促进中医医院急诊室(科)的建设和中医急诊工作的发展,保障中医医院急诊科(室)充分体现和系统发挥中医药优势与特点,加强对中医药学诊治危重症的学术和经验的继承与发扬,在强调药品的高效、速效、安全、可靠的前提下,遵循辨证论治用药的医理,国家中医药管理局组织全国有关中医急症临床专家、药学专家遴选出中医急症用药。

1. 中医急症用药的特点和要求

能迅速缓解症状和控制病情发展。

2. 中医急症用药常用的剂型及特点

(1) 中药注射剂　特点是作用强,起效迅速。如生脉注射液、参附注射液、参麦注射液、复方麝香注射液、醒脑静注射液等。但也要注意注射剂过敏反应发生率较高,应注意严格按照《中药注射剂临床应用基本原则》以及药品说明书使用。

(2) 吸入气雾剂　是把中药提取、纯化后,经过雾化成微细的粒子,吸入肺部通过肺泡吸收的剂型。吸入气雾剂起效迅速,既有局部作用又有全身作用。

(3) 灌肠剂和栓剂　可不经肝肠循环,直接经直肠吸收后可起到局部和全身的治疗作用。灌肠剂和栓剂吸收较口服药快,显效力强。

(4) 黏膜吸收剂　口腔黏膜和鼻黏膜对某些经特殊工艺制备的中药吸收较快,有时仅次于注射剂,起着局部或全身的治疗作用。由于口腔、面颊、舌下黏膜及鼻黏膜血管较为丰富,制剂中的有效成分在黏膜表面溶解扩散,经毛细血管吸收而进入血液中迅速发挥作用。此类制剂以舌下含片、鼻腔喷雾剂和膜剂为主。如将用中药制成的膜片置于鼻腔内壁,经黏膜吸收,对过敏性鼻炎及各种原因引的鼻塞等症状能迅速缓解。

(5) 微丸、滴丸、胶丸　服用量小、作用快,以提高生物利用度,包括吸收速率和吸收总量,使其迅速发挥药效。如葛根芩连丸、速效救心丸、麝香保心丸、复方丹参滴丸等。

(6) 口服液以及颗粒剂　吸收好,奏效快。

(7) 散剂　具有起效快的特点,正如金代李杲说过:“散者散也,去急症用之。”如救急行军散、牛黄千金散、紫雪散等。

（二）中医急症必备用药

新雪颗粒

【药物组成】升麻、磁石、石膏、南寒水石、滑石、硝石、芒硝、冰片、人工牛黄、珍珠层粉、沉香、穿心莲、山栀子、竹叶卷心。

【功能与主治】清热解毒。用于外感热病，热毒壅盛证，症见高热，烦躁；扁桃体炎，上呼吸道感染，气管炎，感冒见上述证候者。

【用法用量】口服。每次 1 袋（瓶），每日 2 次。用温开水送服。

【注意事项】孕妇禁用。外感风寒证慎用。

柴胡注射液（见本篇常见病中成药介绍）

注射用双黄连（冻干）

【药物组成】金银花、黄芩、连翘等。

【功能与主治】清热解毒，疏风解表。用于外感风热所致发热、咳嗽、咽痛等；上呼吸道感染、扁桃腺炎、轻型肺炎见上述证候者。

【用法用量】粉针剂。每瓶 600mg（相当于生药 10g）。静脉滴注：临用前，先以适量灭菌注射用水充分溶解，再用生理盐水或 5% 葡萄糖注射液 500ml 稀释。每次每公斤体重 60mg，每日 1 次，或遵医嘱。

【不良反应】偶见严重过敏性休克、呼吸困难、剥脱性皮炎、皮疹、呕吐、发热、胸闷心悸等。

【注意事项】

（1）过敏体质的患者慎用。临床应用双黄连滴速不宜过快，剂量不宜过大，稀释用溶媒不宜过少，儿童及年老体弱者尤应注意。

（2）本品与氨基糖苷类（庆大霉素、卡那霉素、链霉素）及大环内酯类（红霉素、白霉素）等配伍时易产生混浊或沉淀，请勿配伍使用。

紫雪散（紫雪）

【药物组成】石膏、升麻、寒水石、丁香、滑石、芒硝、磁石、硝石、玄参、水牛角浓缩粉、木香、羚羊角、沉香、麝香、朱砂、甘草。

【功能与主治】清热开窍，止痉安神。用于热入心包、热动肝风证，症见高热烦躁、神昏谵语、惊风抽搐、斑疹吐血、尿赤便秘等症。

【用法用量】口服。成人一次 1.5～3g，每日 2 次。周岁小儿一次 0.3g，五岁以内小儿每增一岁，递增 0.3g，一日一次；五岁以上小儿酌情服用。

【不良反应】本品服用过量可出现大汗、呕吐、肢冷、气促、心悸、眩晕等反应。

【注意事项】孕妇禁用。忌食辛辣油腻。本品不宜久服。

清开灵注射液

【药物组成】胆酸、水牛角、黄芩苷、珍珠层粉、栀子、板蓝根、金银花提取物等。

【功能与主治】清热解毒，化痰通络，醒神开窍。用于热病，神昏，中风偏瘫，神志不清；急性肝炎、上呼吸道感染、肺炎、脑血栓形成、脑出血见上述证候者。

【用法用量】肌肉注射：一次 2～4ml。或遵医嘱。重症患者静脉滴注：一日 20～40ml，以 10% 葡萄糖注射液 200ml 或氯化钠注射液 100ml 稀释后使用。

【不良反应】

(1) 根据国家不良反应监测中心药品不良反应信息通报（第 1 期），本品不良反应以各种类型过敏反应为主，其中严重过敏反应包括过敏性休克或致死、急性喉头水肿、过敏性哮喘、过敏性间质性肾炎。

(2) 据文献报道，清开灵注射液不良反应主要为过敏反应，严重者出现过敏性休克；过敏反应以首用即发型和速发型为主。提示临床应用清开灵注射液时，医护人员应在给药 30 分钟内对患者进行严密监护，特别是有过敏史或（和）首次用药的患者，若出现皮肤瘙痒、心慌、胸闷、紫绀等反应，应立即停药并给予积极治疗。

【注意事项】

(1) 有恶寒发热表证者禁用。孕妇禁用。

(2) 有药物过敏史者慎用。出现过敏反应时应及时停药并做脱敏处理。

(3) 久病体虚者慎用。

(4) 本品如产生沉淀或浑浊时不得使用。即使经 10% 葡萄糖或氯化钠注射液稀释后，一旦出现浑浊亦不得使用。

(5) 药物配伍：到目前为止，已确认清开灵注射液不能与硫酸庆大霉素、青霉素 G 钾、肾上腺素、阿拉明、乳糖酸红霉素、多巴胺、山梗菜碱、硫酸美芬丁胺等药物配伍使用。

(6) 清开灵注射液稀释以后，必须在 4 小时以内使用。

(7) 输液速度：注意滴速勿快，儿童以 20～40 滴/分为宜，成年人以 40～60 滴/分为宜。

葛根芩连微丸

【药物组成】葛根、黄芩、黄连、甘草。

【功能与主治】解肌透表，清热解毒，利湿止泻。多用于湿热蕴结所致的泄泻腹痛、便黄而黏、肛门灼热，以及外感风热所致的发热恶风、头痛身痛。

【用法用量】微丸。1g/袋。口服，一日 3 次，成人一次 3g，5 岁以下小儿一次 1g。

【注意事项】

(1) 脾胃虚寒腹泻，慢性虚寒性痢疾患者慎用。

(2) 服药期间忌食辛辣、油腻食物。

(3) 不可过量、久用。

(4) 严重脱水者，应采取相应的治疗措施。

胃肠安丸

【药物组成】沉香、木香、枳壳、厚朴、檀香、川芎、大黄、巴豆霜、人工麝香、大枣。

【功能与主治】芳香化浊，理气止痛，健胃导滞。用于湿浊中阻、食滞不化所致的腹泻、纳差、恶心、呕吐、腹胀、腹痛；消化不良、肠炎、痢疾见上述证候者。

【用法用量】口服。小丸：每 20 丸重 0.08g。大丸：每 4 丸重 0.08g。小丸：成人一次 20 丸，一日 3 次；小儿 1 岁以内每次 4～6 丸，每日 2～3 次；1～3 岁一次 6～12 丸，一日 3 次；3 岁以上酌加。大丸：成人一次 4 丸，一日 3 次；小儿 1 岁以内每次 1 丸，每日 2～3 次；1～3 岁一次 1～2 丸，一日 3 次；3 岁以上酌加。

【注意事项】

（1）湿热或虚寒泄泻、痢疾者慎用。

（2）本品含大黄、巴豆，不可久用，中病即止。

（3）饮食宜清淡，忌食辛辣食物。

癃清片（见第三篇常见病中成药介绍）

脉络宁注射液（见本篇常见病中成药介绍）

速效救心丸（见第三篇常见病中成药介绍）

血栓心脉宁胶囊

【药物组成】川芎、人工麝香、人工牛黄、冰片、蟾酥、水蛭等。

【功能与主治】益气活血，开窍止痛。用于气虚血瘀所致的中风、胸痹，症见头晕目眩、半身不遂、胸闷心痛、心悸气短；缺血性中风恢复期、冠心病心绞痛见上述证候者。

【用法用量】口服。每粒 0.5g，一次 4 粒，一日 3 次。

【注意事项】

1. 孕妇禁用。经期妇女慎用。

2. 久服易伤脾胃，餐后服用为宜。

3. 忌食生冷、辛辣、油腻食物，忌烟酒、浓茶。

4. 本品中蟾酥有强心作用，正在服用洋地黄类药物的患者慎用。

5. 寒凝、阴虚血瘀所致的胸痹心痛者不宜单用。

生脉注射液

【药物组成】红参、麦冬、五味子。

【功能与主治】益气养阴，复脉固脱。用于气阴两亏，脉虚欲脱的心悸、气短、四肢厥冷、汗出、脉微欲绝及心肌梗死、心源性休克、感染性休克等具有上述证候者。

【用法用量】针剂。肌肉注射：每日 1～2 次，每次 2～4ml；静脉滴注：每次 10～60ml，用 5% 的葡萄糖注射液 250～500ml 稀释后使用，或遵医嘱。

【不良反应】以变态反应居首位，其中以皮疹发生率最高，严重时可引起过敏性休克；其次为神经系统反应，主要临床表现为头晕、全身乏力、腰背剧痛；再次为循环系统反应，其中以胸闷、心慌为主；另外有呼吸系统反应，表现为呼吸困难；消化系统反应表现为腹胀。偶见静脉炎。

【注意事项】

1. 过敏体质者慎用。

2. 本品一般不得与其他注射剂混合使用。

3. 若发现药液出现混浊、沉淀、变色、漏气或瓶身有细微破裂，均不得使用。

复方丹参滴丸（见第三篇常见病中成药介绍）

麝香保心丸（见本篇常见病中成药介绍）

脑血康胶囊（片）

【药物组成】水蛭。

【功能与主治】活血化瘀，破血散结。用于中风瘀血阻络证，症见半身不遂、口眼歪斜、舌强语謇；高血压脑出血后脑血肿、脑血栓见上述证候者。

【用法用量】口服。胶囊剂：一次1粒，一日3次；片剂：一次3片，一日3次。

【注意事项】肝阳化风者慎用。

通心络胶囊

【药物组成】人参、水蛭、全蝎、赤芍、土鳖虫、蜈蚣、蝉蜕、檀香、降香、乳香、酸枣仁、冰片。

【功能与主治】益气活血，通络止痛。用于冠心病心绞痛证属心气虚乏、血瘀络阻者。症见胸部憋闷、刺痛、绞痛，固定不移，心悸自汗，气短乏力，舌质紫暗或有瘀斑，脉细涩或结代。亦用于气虚血瘀络阻型中风病，症见半身不遂或偏身麻木，口舌歪斜，言语不利等症的治疗。

【用法用量】口服。一次2~4粒，一日3次。

【注意事项】出血性疾患，孕妇及妇女经期及阴虚火旺型中风禁用。

黄杨宁片

【药物组成】环维黄杨星D。

【功能与主治】行气活血，通络止痛。用于气滞血瘀所致的胸痹心痛，脉象结代；冠心病、心律失常见上述证候者。

【用法用量】口服。一次1~2mg，一日2~3次。

【注意事项】服用初期出现的轻度四肢麻木感、头昏、胃肠道不适，可在短期内自行消失，无须停药。

季德胜蛇药片

【药物组成】蜈蚣、半边莲、七叶一枝花等。

【功能与主治】清热解毒，消肿止痛。专治毒蛇、毒虫咬伤。

【用法用量】片剂。0.4g/片。口服：第一次20片，以后每隔6小时续服10片，危急重症者将剂量增加 10 ~ 20 片并适当缩短服药间隔时间。不能口服药者，可行鼻饲法给药。外用：被毒虫咬伤后，以本品和水外搽，即可消肿止痛。

京万红软膏（见第三篇常见病中成药介绍）

复方黄柏液

【药物组成】黄柏、金银花、蒲公英、连翘、蜈蚣。

【功能与主治】清热解毒，消肿祛腐。用于疮疡溃后，伤口感染，属阳证者。

【用法用量】外用。浸泡纱布条外敷于感染伤口内，或破溃的脓肿内。若溃疡较深，可用直径 0.5 ~ 1.0cm 的无菌胶管，插入溃疡深部，以注射器抽取本品进行冲洗。用量一般 10 ~ 20ml，每日 1 次。或遵医嘱。

【注意事项】

1. 使用本品前应注意按常规换药法清洁或清创病灶。
2. 开瓶后，不易久存。
3. 孕妇慎用。

云南白药（见本篇常见中成药介绍）

二、中药注射剂的临床应用知识

中药注射剂是指从中药材中提取的有效成分，经采用现代科学技术和方法制成的可供注入体内包括肌肉、穴位、静脉注射和静脉滴注使用的灭菌溶液，以及供临床使用前配制溶液的灭菌粉末或浓缩液。

注射剂不经消化道吸收而直接进入机体中，具有药效迅速、作用可靠的特点，但也易发生严重的不良反应。近年来，有关中药注射剂不良反应的报道也逐渐增多，应认真分析其中的原因，注意中药注射剂的安全合理使用。

（一）中药注射剂的分类

中药注射剂按给药途径、分散系统等分为不同的类型。

1. 按给药途径分类

可分为皮内注射、皮下注射、肌肉注射、静脉注射、动脉内注射、其他（心内注射、关节内注射、皮下输液等）。需要注意的是不同的给药途径，对注射剂的要求是不同的，应仔细阅读说明书，按规定的给药途径和给药方法、剂量给药。如柴胡注射液为肌肉注射药，静脉给药可能造成不良后果。

（1）皮内注射剂　注射于表皮与真皮之间，一般注射部位在前臂。一次注射剂量在 0.2ml 以下，常用于过敏性试验或疾病诊断。

（2）皮下注射剂　注射于真皮与肌肉之间的松软组织内，注射部位多在上臂外侧，一般用量为 1 ~ 2ml。皮下注射剂主要是水溶液，但药物吸收速度稍慢。由于人的皮下感觉比肌肉敏感，故具有刺激性的药物及油或水的混悬液，一般不宜做皮下注射。

（3）肌肉注射剂　注射于肌肉组织中，注射部位大都在臀肌或上臂三角肌。肌肉注射较皮下注射刺激小，注射剂量一般为 1 ~ 5ml。肌肉注射除水溶液外，尚可注射油溶液、混悬液及乳浊液。

(4) 静脉注射剂　注入静脉使药物直接进入血液。油溶液和一般混悬液或乳浊液能引起毛细血管栓塞，故不能做静脉注射。能导致红细胞溶解或使蛋白质沉淀的药液，均不宜静脉给药。

(5) 脊椎腔注射剂　注入脊椎四周蛛网膜下腔内。由于神经组织比较敏感，且脊椎液循环较慢。故注入一次剂量不得超过10ml，而且要求使用最纯净的水溶液，其pH值为5.0~8.0之间，渗透压亦应与脊椎液相等。

2. 按分散系统分类

可分为溶液型注射剂、混悬型注射剂、乳剂型注射剂、注射用无菌粉末（即粉针剂）等四种类型。

（二）中药注射剂的使用管理

为保障医疗安全和患者用药安全，卫生部、国家食品药品监督管理局、国家中医药管理局联合下发了《关于进一步加强中药注射剂生产和临床使用管理的通知》，国家中医药管理局颁布了《中药注射剂临床使用基本原则》。

1.《关于进一步加强中药注射剂生产和临床使用管理的通知》中相关规定

(1) 加强中药注射剂生产管理、不良反应监测和召回工作　药品生产企业应严格按照《药品生产质量管理规范》组织生产，加强中药注射剂生产全过程的质量管理和检验，确保中药注射剂生产质量；应加强中药注射剂销售管理，必要时应能及时全部召回售出药品。

药品生产企业要建立健全药品不良反应报告、调查、分析、评价和处理的规章制度。指定专门机构或人员负责中药注射剂不良反应报告和监测工作；对药品质量投诉和药品不良反应应详细记录，并按照有关规定及时向当地药品监督管理部门报告；对收集的信息及时进行分析、组织调查，发现存在安全隐患的，主动召回。

药品生产企业应制订药品退货和召回程序。因质量原因退货和召回的中药注射剂，应按照有关规定销毁，并有记录。

(2) 加强中药注射剂临床使用管理　中药注射剂应当在医疗机构内凭医师处方使用，医疗机构应当制订对过敏性休克等紧急情况进行抢救的规程。

医疗机构要加强对中药注射剂采购、验收、储存、调剂的管理。药学部门要严格执行药品进货检查验收制度，建立真实完整的购进记录，保证药品来源可追溯，坚决杜绝不合格药品进入临床；要严格按照药品说明书中规定的药品储存条件储存药品；在发放药品时严格按照《药品管理法》、《处方管理办法》进行审核。

医疗机构要加强对中药注射剂临床使用的管理。要求医护人员按照《中药注射剂临床使用基本原则》，严格按照药品说明书使用，严格掌握功能与主治和禁忌证；加强用药监测，医护人员使用中药注射剂前，应严格执行用药查对制度，发现异常，立即停止使用，并按规定报告；临床药师要加强中药注射剂临床使用的指导，确保用药安全。

医疗机构要加强中药注射剂不良反应（事件）的监测和报告工作。要准确掌握使用中药注射剂患者的情况，做好临床观察和病历记录，发现可疑不良事件要及时采取应对措施，对出现损害的患者及时救治，并按照规定报告；妥善保留相关药品、患者使用后的残存药液及输液器等，以备检验。

2.《中药注射剂临床使用基本原则》中的相关规定

国家中医药管理局制定了《中药注射剂临床使用基本原则》，使用中药注射剂应遵循：

（1）选用中药注射剂应严格掌握适应证，合理选择给药途径。能口服给药的，不选用注射给药；能肌肉注射给药的，不选用静脉注射或滴注给药；必须选用静脉注射或滴注给药的应加强监测。

（2）辨证施药，严格掌握功能与主治。临床使用应辨证用药，严格按照药品说明书规定的功能与主治使用，禁止超功能与主治用药。

（3）严格掌握用法用量及疗程。按照药品说明书推荐剂量、调配要求、给药速度、疗程使用药品。不超剂量、过快滴注和长期连续用药。

（4）严禁混合配伍，谨慎联合用药。中药注射剂应单独使用，禁忌与其他药品混合配伍使用。

（5）中药注射剂联合使用时，还应遵循以下原则。

两种以上中药注射剂联合使用，应遵循主治功效互补及增效减毒原则，符合中医传统配伍理论的要求，无配伍禁忌。谨慎联合用药，如确需联合使用时，应谨慎考虑中药注射剂的间隔时间以及药物相互作用等问题。需同时使用两种或两种以上中药注射剂，严禁混合配伍，应分开使用。除有特殊说明，中药注射剂不宜两个或两个以上品种同时共用一条通道。

（6）用药前应仔细询问过敏史，对过敏体质者应慎用。

（7）对老人、儿童、肝肾功能异常患者等特殊人群和初次使用中药注射剂的患者应慎重使用，加强监测。对长期使用的在每疗程间要有一定的时间间隔。

（8）加强用药监护。用药过程中，应密切观察用药反应，特别是开始30分钟。发现异常，立即停药，采用积极救治措施，救治患者。

三、常见病的中成药介绍

（一）内科用药

柴胡注射液

【药物组成】柴胡。

【功能与主治】清热解表。用于治疗感冒、流行性感冒及疟疾等的发热。

【常用剂型】注射剂。

【用法用量】肌肉注射。成人首次用4ml，以后每次2ml，每日1～2次。

【不良反应】柴胡注射液可能引起过敏反应、过敏性休克致死及急性肺水肿等。

【注意事项】

1. 本品为退热解表药，无发热者不宜。
2. 过敏体质者慎用。
3. 若发现浑浊、沉淀、变色、漏气或瓶身细微破裂，均不得使用。

小儿化毒胶囊（散）

【药物组成】人工牛黄、大黄、黄连、珍珠、雄黄、川贝母、天花粉、赤芍、乳香（制）、没药（制）、冰片、甘草。

【功能与主治】清热解毒，活血消肿。用于热毒内蕴、毒邪未尽所致的口疮肿痛、疮疡溃烂、烦躁口渴、大便秘结。

【常用剂型】胶囊剂、散剂。

【用法用量】口服。一次0.6g，一日1～2次；三岁以内小儿酌减。外用，敷于患处。

【注意事项】

1. 肺胃阴虚喉痹者慎用。
2. 阴虚火旺，虚火上炎致口疮者慎用。
3. 脾胃虚弱、体质弱者慎用。
4. 本品含雄黄，不宜过量久用。
5. 饮食宜清淡，忌用辛辣、油腻食物。

复方黄连素片

【药物组成】木香、吴茱萸、白芍、盐酸小檗碱。

【功能与主治】清热燥湿，行气止痛，止痢止泻。用于大肠湿热，赤白下痢，里急后重或暴注下泻，肛门灼热；肠炎、痢疾见上述证候者。

【常用剂型】片剂。

【用法用量】口服。一次4片，一日3次。

【注意事项】

1. 虚寒性泻利者慎用。
2. 忌食辛辣油腻食物。
3. 本药苦寒，易伤脾胃，不可过量、久用。
4. 严重脱水者应采取相应的治疗措施。

参麦注射液

【药物组成】红参、麦冬。

【功能与主治】益气固脱，养阴生津，生脉。用于治疗气阴两虚型之休克、冠心病、病毒性心肌炎、慢性肺心病、粒细胞减少症；能提高肿瘤患者的免疫功能，与化疗药物合用时，有一定的增效作用，并能减少化疗药物所引起的毒副作用。

【常用剂型】注射剂。

【用法用量】肌肉注射：一次2～4ml，一日1次。静脉滴注：一次10～60ml（用5%葡萄糖注射液250～500ml稀释后应用）或遵医嘱。

【注意事项】

1. 孕妇禁用。
2. 本品含皂苷，不宜与其他药物同时滴注。
3. 抢救危急重症每日用量不宜低于200ml，剂量太小可能影响疗效。

4. 若发现浑浊、沉淀、变色、漏气或瓶身细微破裂，均不可使用。

寒喘祖帕颗粒

【药物组成】小茴香、芹菜子、神香草、玫瑰花等。

【功能与主治】镇咳化痰，温肺止喘。用于急性感冒，寒性乃孜来所致的咳嗽及异常黏液质性哮喘。

【常用剂型】颗粒剂。

【用法用量】口服。一次 12g，一日 2 次。

清宣止咳颗粒

【药物组成】桑叶、薄荷、苦杏仁（炒）、桔梗、白芍、枳壳、陈皮、紫菀、甘草。

【功能与主治】疏风清热，宣肺止咳。用于小儿外感风热咳嗽，症见咳嗽、咳痰、发热或鼻塞、流涕、微恶风寒、咽红或痛、苔薄黄等。

【常用剂型】颗粒剂。

【用法用量】开水冲服，1～3 岁一次 5g；4～6 岁一次 7.5g；7～14 岁一次 10g；一日 3 次。

【注意事项】

1. 忌食辛辣、生冷、油腻食物。

2. 婴儿应在医师指导下服用。

3. 脾虚易腹泻者慎服。

4. 风寒袭肺咳嗽不适用，症见发热恶寒、鼻流清涕、咳嗽痰白等。

安宫牛黄丸

【药物组成】牛黄、郁金、水牛角浓缩粉、黄连、朱砂、梅片、麝香、珍珠、栀子、雄黄、金箔衣、黄芩。

【功能与主治】清热解毒，镇惊开窍。用于热病，邪入心包，高热惊厥，神昏谵语；中风昏迷及脑炎、脑膜炎、中毒性脑病、脑出血、败血症见上述证候者。

【常用剂型】丸剂、片剂、胶囊剂。

【用法用量】口服。脉虚者人参汤下，脉实者银花、薄荷汤下。丸剂：每服一丸，成人病重体实者，一日 2 次，甚至一日 3 次，小儿服半丸，不知，再服半丸。片剂：一次 5～6片；三岁以内小儿一次 1～2 片；四岁至六岁，一次 3 片；一日 1 次。胶囊：一次 2 粒，一日 3 次，小儿酌减。或遵医嘱。

【不良反应】有文献报道使用不当致体温过低，个别患者出现过敏反应。

【注意事项】

1. 本品为热闭神昏所设，寒闭神昏不得使用。

2. 肝肾功能不全、造血系统疾病、孕妇及哺乳期妇女禁用。

3. 服药期间饮食宜清淡，忌食辛辣油腻之品，以免助火生痰。

4. 本品处方中含朱砂、雄黄，不宜过量久服，肝肾功能不全者慎用。

清开灵胶囊（软胶囊、颗粒、滴丸、片、泡腾片）

【药物组成】胆酸、猪去氧胆酸、黄芩苷、水牛角、金银花、栀子、板蓝根、珍珠母。

【功能与主治】清热解毒，镇静安神。用于外感风热湿毒、火毒内盛所致高热不退、烦躁不安、咽喉肿痛、舌质红绛、苔黄、脉数者；上呼吸道感染、病毒性感冒、急性化脓性扁桃体炎、急性咽炎、急性气管炎、高热等病证属上述证候者。

【常用剂型】胶囊剂、颗粒剂、滴丸剂、片剂。

【用法用量】口服。胶囊剂：一次2~4粒，一日3次；儿童酌减或遵医嘱。软胶囊：一次1~2粒（0.4g/粒）或2~4粒（0.2g/粒），一日3次；儿童酌减或遵医嘱。颗粒剂：一次3~6g，一日2~3次；儿童酌减或遵医嘱。滴丸：口服或舌下含服。一次10~20丸，一日2~3次；儿童酌减或遵医嘱。片剂：一次1~2片，一日3次；儿童酌减或遵医嘱。泡腾片：热水中泡腾溶解后服用。一次2~4片，一日3次；儿童酌减或遵医嘱。

【注意事项】

1. 体虚、便溏者慎用。

2. 服药期间忌辛辣刺激性食物。

参芪降糖胶囊

【药物组成】人参茎叶皂苷、黄芪、山药、麦冬、五味子、枸杞子、覆盆子、地黄、天花粉、茯苓、泽泻。

【功能与主治】益气养阴，健脾补肾。用于气阴两虚所致的消渴病，症见咽干口燥、倦怠乏力、口渴多饮、多食多尿、消瘦；2型糖尿病并见上述证候者。

【常用剂型】胶囊剂、颗粒剂、片剂。

【用法用量】胶囊剂：口服，一次3粒，一日3次。一个月为一疗程。效果不显著或治疗前症状较重者，每次用量可达8粒，一日3次。颗粒剂：口服，一次1g，一日3次。1个月为一疗程。效果不显著或治疗前症状较重者，一次用量可达3g，一日3次。片剂：口服，一次3片，一日3次。1个月为一疗程。效果不显著或治疗症状较重者，每次用量可达8片，一日3次。

【注意事项】

1. 阴阳两虚消渴者慎用；邪盛实热者慎用，待实热退后方可使用。

2. 服药期间忌食肥甘、辛辣食物，控制饮食，注意合理的饮食结构；忌烟酒。

3. 避免长期精神紧张，适当进行体育活动。

4. 对重症病例，应合用其他降糖药物治疗，以防病情加重。

5. 在治疗过程中，尤其是与西药降糖药联合用药时，要及时检测血糖，避免发生低血糖反应。

贞芪扶正颗粒

【药物组成】黄芪、女贞子。

【功能与主治】补气养阴，有提高人体免疫功能、保护骨髓和肾上腺皮质功能作用。用于各种疾病引起的虚损；配合手术、放射线、化学治疗，促进正常功能的恢复。

【常用剂型】颗粒剂、胶囊剂。

【用法用量】口服。颗粒剂：一次1袋，一日2次。胶囊剂：一次6粒，一日2次。

【注意事项】忌辛辣食物。

四神丸

【药物组成】肉豆蔻、补骨脂、五味子、吴茱萸、大枣、生姜。

【功能与主治】温肾散寒，涩肠止泻。用于肾阳不足所致的泄泻，症见肠鸣腹胀、五更溏泄、食少不化、久泻不止、面黄肢冷。

【常用剂型】丸剂、片剂。

【用法用量】口服。一次9g，一日1~2次。

【注意事项】

1. 实热泄泻、腹痛禁用。

2. 忌生冷油腻食物。

健脾生血颗粒（片）

【药物组成】党参、黄芪、茯苓、炒白术、山药、醋南五味子、山麦冬、醋龟甲、大枣、炒鸡内金、龙骨、煅牡蛎、甘草、硫酸亚铁。

【功能与主治】健脾和胃，养血安神。用于脾胃虚弱及心脾两虚所致的血虚证，症见面色萎黄或㿠白、食少纳呆、脘腹胀闷、大便不调、烦躁多汗、倦怠乏力、舌胖色淡、苔薄白、脉细弱；缺铁性贫血见上述证候者。

【常用剂型】颗粒剂、片剂。

【用法用量】口服。颗粒剂：饭后开水冲服。周岁以内每次3.5g，1~3岁一次7g，3~5岁一次10.5g，5~12岁一次14g；成人一次21g；一日3次。或遵医嘱，4周为一疗程。片剂：饭后口服。1岁以内一次0.5片，1~3岁一次1片，3~5岁一次1.5片，5~12岁一次2片；成人一次3片；一日3次。或遵医嘱，四周为一疗程。

【注意事项】

1. 忌茶，勿与含鞣酸类药物合用。服药期间，部分患儿可出现牙齿颜色变黑，停药后可逐渐消失；少数患儿服药后，可见短暂性食欲下降、恶心、呕吐、轻度腹泻，多可自行缓解。

2. 本品含硫酸亚铁，对胃有刺激性，故宜在饭后服用。

3. 饮食宜清淡，忌食油腻、辛辣食物。

4. 服药期间要改善饮食，加强营养，合理添加蛋黄、瘦肉、肝、肾、豆类、绿色蔬菜及水果等。

5. 以本品治疗小儿缺铁性贫血应结合病因治疗。

麝香保心丸

【药物组成】人工麝香、人参提取物、人工牛黄、肉桂、苏合香、蟾酥、冰片。

【功能与主治】芳香温通，益气强心。用于气滞血瘀所致的胸痹，症见心前区疼痛、固定不移；心肌缺血所致的心绞痛、心肌梗死见上述证候者。

【常用剂型】丸剂。

【用法用量】口服。一次1~2丸，一日3次；或症状发作时服用。

【注意事项】孕妇禁用。

地奥心血康胶囊（片）

【药物组成】薯蓣科植物黄山药或穿龙薯蓣的根茎提取物。

【功能与主治】活血化瘀，行气止痛，扩张冠脉血管，改善心肌缺血。用于预防和治疗冠心病、心绞痛，以及瘀血内阻之胸痹、眩晕、气短、心悸、胸闷或痛。

【常用剂型】胶囊剂、片剂。

【用法用量】口服。一次1~2粒（片），一日3次。

【注意事项】

1. 有出血倾向者禁用。

2. 孕妇及经期妇女慎用。

3. 过敏体质者慎用。

4. 在治疗期间，心绞痛持续发作，宜加用硝酸酯类药。若出现剧烈心绞痛、心肌梗死，应及时急诊救治。

脉络宁注射液

【药物组成】金银花、玄参、牛膝、石斛。

【功能与主治】清热养阴，活血化瘀。用于血栓闭塞性脉管炎，静脉血栓形成，动脉硬化性闭塞症，脑血栓形成及后遗症等。

【常用剂型】注射剂。

【用法用量】静脉滴注：每次10~20ml，每日1次，加入5%葡萄糖或生理盐水250~500ml稀释后使用，10~14天为1个疗程，重症患者可连续使用2~3个疗程。

【注意事项】

1. 用药过程中出现过敏反应时，需及时停药。

2. 忌食辛辣、油腻食物及海鲜等发物。

3. 若发现药液出现浑浊、沉淀、变色、漏气或瓶身有细微破裂时，均不得使用。

护 肝 片

【药物组成】柴胡、茵陈、板蓝根、猪胆粉、绿豆、五味子。

【功能与主治】疏肝理气，健脾消食，具有降低转氨酶作用。用于慢性肝炎及早期肝硬化。

【常用剂型】片剂。

【用法用量】口服。一次4片，一日3次。

【注意事项】

1. 脾胃虚寒者慎用。

2. 服药期间忌食辛辣、油腻食物，并戒酒。

华佗再造丸

本品为川芎、吴茱萸、冰片等药经加工制成的浓缩水蜜丸。

【功能与主治】活血化瘀，化痰通络，行气止痛。用于痰瘀阻络之中风恢复期和后遗症，症见半身不遂，拘挛麻木，口眼歪斜，言语不清。

【常用剂型】丸剂。

【用法用量】口服。一次4～8g，一日2～3次，重症一次8～16g，或遵医嘱。

【注意事项】

1. 孕妇禁用。
2. 脑出血急性期禁用。
3. 中风痰热壅盛证，表现为面红目赤，大便秘结者不宜用。
4. 平素大便干燥者慎服。
5. 服药期间，忌辛辣、生冷、油腻食物。

丹珍头痛胶囊

【药物组成】高原丹参、夏枯草、川芎、当归、白芍、熟地黄、珍珠母、鸡血藤、菊花、蒺藜、钩藤、细辛。

【功能与主治】平肝息风，散瘀通络，解痉止痛。用于肝阳上亢，瘀血阻络所致的头痛，背痛颈酸，烦躁易怒。

【常用剂型】胶囊剂。

【用法用量】口服。一次3～4粒，一日3次；或遵医嘱。

【注意事项】

1. 肾脏病患者、孕妇、新生儿禁用。
2. 本品含有马兜铃科植物细辛，在医生指导下使用，定期复查肾功能。

尪痹颗粒（片）

【药物组成】地黄、续断、附子（制）、独活、骨碎补、桂枝、淫羊藿、防风、威灵仙、皂刺、羊骨、白芍、狗脊（制）、知母、伸筋草、红花。

【功能与主治】补肝肾，强筋骨，祛风湿，通经络。用于肝肾不足、风湿阻络所致的尪痹，症见肌肉、关节疼痛，局部肿大、僵硬畸形、屈伸不利，腰膝酸软，畏寒乏力；类风湿性关节炎见有上述证候者。

【常用剂型】颗粒剂、片剂。

【用法用量】口服。颗粒剂：开水冲服，一次6g，一日3次。片剂：一次7～8片，一日3次。

【注意事项】

1. 孕妇禁用。
2. 忌食生冷食物。

（二）外科用药

如意金黄散

【药物组成】姜黄、大黄、黄柏、苍术、厚朴、陈皮、甘草、生天南星、白芷、天花粉。

【功能与主治】消肿止痛。用于热毒瘀滞肌肤所致疮疡肿痛、丹毒流注，症见肌肤红、肿、热、痛，亦可用于跌打损伤。

【常用剂型】散剂。

【用法用量】外用。红肿、烦热、疼痛，用清茶调敷；漫肿无头，用醋或葱酒调敷，亦可用植物油或蜂蜜调敷。一日数次。

【注意事项】

1. 疮疡阴证者慎用。
2. 孕妇慎用。
3. 皮肤过敏者慎用。
4. 不可内服。
5. 忌食辛辣、油腻食物及海鲜等发物。

内消瘰疬丸

【药物组成】夏枯草、海藻、蛤壳（煅）、连翘、白蔹、大青盐、天花粉、玄明粉、浙贝母、枳壳、当归、地黄、熟大黄、玄参、桔梗、薄荷、甘草。

【功能与主治】化痰，软坚，散结。用于痰湿凝滞所致的瘰疬。症见皮下结块、不热不痛。

【常用剂型】丸剂。

【用法用量】口服。一次 9g，一日 1～2 次。

【注意事项】

1. 疮疡阳证者禁用。
2. 孕妇慎用。
3. 忌食辛辣、油腻食物及海鲜等发物。

（三）妇科用药

葆宫止血颗粒

【药物组成】牡蛎（煅）、白芍、侧柏叶（炒炭）、地黄、金樱子、柴胡（醋炙）、三七、仙鹤草、椿皮、大青叶。

【功能与主治】固经止血，滋阴清热。用于冲任不固、阴虚血热所致月经过多、经期延长，症见月经量多或经期延长，经色深红、质稠，或有小血块，腰膝酸软，咽干口燥，潮热心烦，舌红少津，苔少或无苔，脉细数；功能性子宫出血及上环后子宫出血见上述证候者。

【常用剂型】颗粒剂。

【用法用量】开水冲服。一次 1 袋，一日 2 次。月经来后开始服用，14 天为一个疗程，连续服用 2 个月经周期。

艾附暖宫丸

【药物组成】艾叶（炭）、香附（醋制）、吴茱萸（制）、肉桂、当归、川芎、白芍（酒炒）、地黄、炙黄芪、续断。

【功能与主治】理气养血，暖宫调经。用于血虚气滞、下焦虚寒所致的月经不调、痛经，症见行经后错、经量少、有血块、小腹疼痛、经行小腹冷痛喜热、腰膝酸痛。

【常用剂型】丸剂。

【用法用量】口服。一次 9g，一日 2～3 次。

【注意事项】

1. 孕妇禁用。
2. 热证、实证者慎用。
3. 忌食寒凉食物。

桂枝茯苓丸

【药物组成】桂枝、桃仁、牡丹皮、赤芍、茯苓。

【功能与主治】活血，化瘀，消癥。用于妇人宿有癥块，或血瘀闭经，经行腹痛，产后恶露不尽。

【常用剂型】丸剂。

【用法用量】口服。一次 1 丸，一日 1～2 次。

【注意事项】

1. 孕妇禁用。
2. 体弱、阴道出血量多者禁用。
3. 素有癥瘕，妊娠后漏下不止，胎动不安者，需遵医嘱，以免误用伤胎。
4. 经期及经后 3 天禁用。
5. 忌食生冷、肥腻、辛辣食物。

（四）五官科用药

珍珠明目滴眼液

【药物组成】珍珠液、冰片。

【功能与主治】清肝，明目，止痛。能改善眼胀、眼痛、干涩不舒、不能持久阅读等，用于早期老年性白内障、慢性结膜炎、视疲劳见上述证候者。

【常用剂型】滴眼剂。

【用法用量】滴入眼睑内，滴后闭目片刻，一次 1～2 滴，一日 3～5 次。

【注意事项】

1. 使用本品时要排除物理或化学方面的刺激。

2. 检查是否需要配戴合适的眼镜。

3. 检查是否有其他慢性全身性疾病的存在，如糖尿病等。

耳聋左慈丸

【药物组成】磁石（煅）、熟地黄、山茱萸（制）、山药、牡丹皮、泽泻、茯苓、竹叶、柴胡。

【功能与主治】滋肾平肝。用于肝肾阴虚的耳鸣耳聋，头晕目眩。

【常用剂型】丸剂。

【用法用量】口服。大蜜丸一次1丸，小蜜丸一次9g，水蜜丸一次6g，一日2次。

【注意事项】

1. 痰瘀阻滞者慎用。

2. 注意饮食调理，忌食或少食辛辣刺激及油腻食物。

（五）骨伤科用药

云南白药

【药物组成】三七、重楼等等。

【功能与主治】化瘀止血，活血止痛，解毒消肿。用于跌打损伤，瘀血肿痛，吐血、咯血、便血、痔血、崩漏下血，手术出血，支气管扩张及肺结核咯血，溃疡病出血，疮疡肿毒及软组织挫伤，闭合性骨折，以及皮肤感染性疾病。

【常用剂型】散剂、胶囊剂、片剂。

【用法用量】刀、枪、跌打诸伤，无论轻重，出血者用温开水送服；瘀血肿痛及未出血者用酒送服；妇科各症，用酒送服；但经血过多、红崩，用温开水送服。毒疮初起，服0.25g，另取药粉用酒调匀，敷患处，如已化脓，只需内服。其他内出血各症均可内服。

口服。一次0.25～0.5g，一日4次（2～5岁按成人量1/4服用，6～12岁按成人量1/2服用）。凡遇较重的跌打损伤可先服红色保险子，轻伤及其他病证不必服。

【不良反应】极少数患者服药后导致过敏性药疹，出现胸闷、心慌、腹痛、恶心呕吐、全身奇痒、躯干及四肢等部位出现荨麻疹。

【注意事项】

1. 孕妇忌用。过敏体质者忌用。

2. 服药一日内，忌食蚕豆、鱼类和酸冷食物。

3. 外用前务必清洁创面。

4. 对本药有过敏史者或家族过敏体质者慎用。伴有严重心律失常的患者不宜使用。

5. 有组织破损或感染者，外敷用药之前必须认真彻底清创、冲洗、消毒，有的患者外敷云南白药后可有轻微灼痛，随着病情的好转将逐渐消失。

云南白药气雾剂

【药物组成】三七、重楼等。

【功能与主治】活血散瘀，消肿止痛。用于跌打损伤，瘀血肿痛，肌肉酸痛及风湿性关节疼痛等症。

【常用剂型】气雾剂。

【用法用量】外用，喷于伤患处，一日3～5次。

（六）民族用药

白脉软膏

【药物组成】姜黄、肉豆蔻、甘松、阳起石、甘草、麝香、山柰、藏茴香、藏菖蒲、花椒、碱花。

【功能与主治】舒筋活络。用于白脉病，瘫痪，偏瘫，筋腱强直，外伤引起的经络及筋腱断伤、手足挛急、跛行等。

【常用剂型】软膏剂。

【用法用量】外用。取本品适量涂于患处，一日2～3次。

二十五味松石丸

【药物组成】松石、珍珠、珊瑚、朱砂、诃子肉、铁屑（诃子制）、余甘子、五灵脂膏、檀香、降香、木香马兜铃、鸭嘴花、牛黄、木香、绿绒蒿、船形乌头、肉豆蔻、丁香、伞梗虎耳草、毛诃子（去核）、天竺黄、西红花、木棉花、麝香、石灰华。

【功能与主治】清热解毒，疏肝利胆，化瘀。用于肝郁气滞，血瘀，肝中毒，肝痛，肝硬化，肝渗水及各种急、慢性肝炎和胆囊炎。

【常用剂型】丸剂。

【用法用量】开水泡服，一次1丸，一日1次。

【注意事项】

1. 服用本品期间，应定期进行肾功能检查。

2. 本品所含剧毒药物朱砂、马兜铃、船形乌头等，长期服用均可导致肾功能损害，不宜过量服用或久服。

3. 孕妇禁用，肾功能不全者忌用。

洁白丸

【药物组成】诃子（煨）、南寒水石、翼首草、五灵脂膏、土木香、石榴子、木瓜、沉香、丁香、石灰华、红花、肉豆蔻、草豆蔻、草果仁。

【功能与主治】健脾和胃，止痛止吐，分清泌浊。用于胸腹胀满，胃脘疼痛，消化不良，呕吐泄泻，小便不利。

【常用剂型】丸剂。

【用法用量】嚼碎吞服。一次0.8g，一日2～3次。

【注意事项】

1. 对洁白丸过敏者禁用，过敏体质者慎用。

2. 饮食宜清淡，忌酒及辛辣生冷油腻食物。忌愤怒忧郁，应保持心情舒畅。

3. 本品不宜与含有人参的药物同时服用。

4. 有高血压、心脏病、肝病、糖尿病、肾病等慢性病严重者，应在医师指导下服用。

5. 儿童、孕妇、哺乳期妇女、妇女月经量多者、年老体弱者，应在医师指导下服用。

6. 胃痛或吐泻严重者应及时去医院就诊。

7. 服药后症状无缓解应去医院就诊。

第二节　中药商品销售

目前市场经济条件下的中药商品销售已与计划经济时代完全不同了。需要运用现代的经营理论和经营技巧。一个企业、一个产品在市场上都应有相应的定位，有相应的服务目标，一个中药产品要想在市场上有良好的发展，一定要进行目标市场调研分析和制订目标市场营销策略。

一、目标市场营销

目标市场营销分三个步骤：市场细分、目标市场选择、市场定位。

（一）市场细分

1. 市场细分的概念

市场细分就是企业根据市场需求的多样性和购买者行为的差异性，把整体市场即全部顾客和潜在顾客，划分为若干具有某种相似特征的顾客群，以便选择确定自己的目标市场。

市场细分的目的是使同类产品市场上，同一细分市场的顾客需求具有更多的共同性，不同细分市场之间的需求具有更多的差异性，以使企业明确有多少数目的细分市场及各细分市场需求的主要特征。是一种存大异、求小同的市场分类方法。市场细分是对需求不同的消费者进行分类，不是对产品分类。

2. 市场细分的标准

一种产品的整体市场之所以可以细分，是由于消费者或用户的需求存在差异性。引起消费者需求差异的变量很多，概括起来，细分消费者市场的变量主要有四类，即地理变量、人口变量、心理变量、行为变量。

（1）地理变量　按照消费者所处的地理位置、自然环境来细分市场，比如，根据国家、地区、城市规模、气候、人口密度、地形地貌等方面的差异将整体市场分为不同的小市场。

（2）人口变量　按人口统计变量，如年龄、性别、家庭规模、家庭生命周期、收入、职业、教育程度、宗教、种族、国籍等为基础细分市场。人口变量是企业惯用的和最主要的细分依据。

（3）心理变量　根据购买者所处的社会阶层、生活方式、个性特点、价值观念等心理因素细分市场。

（4）行为变量　根据购买者对产品的了解程度、态度、使用情况及反应等将他们划分成不同的群体。行为变量能更直接地反映消费者的需求差异，因而成为市场细分的最佳起点。消费者的行为变量包括购买时机、追求利益、使用者状况、使用率、品牌忠诚程度等。

3. 市场细分的程序

市场细分应遵循的程序由七个步骤组成：

（1）正确选择市场范围。如企业以常用药为主，还是以新特药为主，是以小儿用药为主，还是以老年人用药为主。产品市场范围应以顾客的需求，而不是产品本身特性来确定。

（2）列出市场范围内所有潜在顾客的需求情况。根据细分标准，比较全面地列出潜在顾客的基本需求，作为以后深入研究的基本资料和依据。

（3）分析潜在顾客的不同需求。企业应对不同的潜在顾客进行抽样调查，并对所列出的需求变数进行评价，了解顾客的共同需求。

（4）抽掉潜在顾客的共同要求，而以特殊需求作为细分标准。这些共同需求固然很重要，但只能作为设计市场营销组合的参考，不能作为市场细分的基础。

（5）为细分市场定名。根据潜在顾客基本需求上的差异方面，将其划分为不同的群体或子市场，并赋予每一子市场一定的名称。

（6）进一步分析每一细分市场需求与购买行为特点，并分析其原因，以便在此基础上决定是否可以对这些细分出来的市场进行合并，或作进一步细分。

（7）决定细分市场规模，选定目标市场。即在调查基础上，估计每一细分市场的顾客数量、购买频率、平均每次的购买数量等，并对细分市场上产品竞争状况及发展趋势作出分析，选择与本企业经营优势和特色相一致的子市场，作为目标市场。

经过以上七个步骤，企业便完成了市场细分的工作，就可以根据自身的实际情况确定目标市场并采取相应的目标市场策略。

4. 市场细分要注意的问题

（1）动态性　细分的标准和变数不是固定不变的，随中药商品市场变化而变化，适时进行调整。

（2）适用性　市场细分的因素有很多，究竟选择哪种变量，应以企业的人力、物力、财力以及中药商品的特点加以确定。

（3）组合性　消费者市场细分的四种变量往往相互影响，不能截然分开，在实际营销活动中，一个理想的目标市场是有层次或交错地运用上述各种因素的组合来确定的。

5. 市场细分有效的标志

企业实施市场细分化策略，必须注意市场细分的有效性和实用性，不能为细分而细分，一般说来，有效的细分市场应满足以下条件：

（1）可衡量性　即经过细分后的市场是可以识别并加以衡量的。

（2）可进入性　即细分后的市场是企业的营销活动影响能够到达的市场。

（3）稳定性　是指细分后的市场在一定时间内保持相对稳定，以使企业长期而有效地占领该市场。

（4）差异性　指细分市场在观念上能被区别，并且对不同的营销组合因素和方案有不同的反应。例如价格，只有那些会对价格变动立即作出不同反应的顾客群才需要按价格进行细分。

（二）目标市场

1. 目标市场的概念

企业在市场细分的基础上，选择一个或几个细分市场作为自己的营销对象，被选择的细分市场就是目标市场。

2. 目标市场选择的基本要求

所确定的目标市场必须足够大，或正在扩大，以保证企业获得足够的经济效益；所选择的目标市场尚未被竞争者控制、垄断，有可能属于自己的市场；所确定的目标消费者最可能对本品牌提供的好处作出肯定反应；所选择的目标市场，企业有能力进入和开拓。

3. 目标市场的选择策略

选择目标市场，明确企业应为哪一类用户服务，满足他们的哪一种需求，是企业在营销活动中的一项重要策略。不是所有的子市场对本企业都有吸引力，任何企业都没有足够的人力资源和资金满足整个市场或追求过大的目标，只有扬长避短，找到有利于发挥本企业现有的人、财、物优势的目标市场，才不至于在庞大的市场上瞎撞乱碰。

目标市场的选择策略有五种模式：

（1）市场集中化　企业选择一个细分市场，集中力量为之服务，但同时隐含较大的经营风险。

（2）产品专业化　企业集中生产一种产品，并向所有顾客销售这种产品。企业将面临巨大的威胁。

（3）市场专业化　企业专门服务于某一特定顾客群，尽力满足他们的各种需求。

（4）选择性专业化　企业选择几个细分市场，每一个对企业的目标和资源利用都有一定的吸引力，各细分市场彼此之间很少或根本没有联系。这种策略能分散企业经营风险。

（5）全面涵盖　企业力图用各种产品满足各种顾客群体的需求，一般只有实力强大的大企业才能采用这种策略。例如可口可乐公司在饮料市场。

4. 目标市场的营销策略

（1）无差异性营销　指企业不考虑顾客需要的差异，以单一的产品，用相同的营销手法，应对所有顾客的营销方法。采用无差别市场策略，产品在内在质量和外在形体上必须有独特风格，才能得到多数消费者的认可，从而保持相对的稳定性。这种策略的优点是产品单一，容易保证质量，能大批量生产，生产和销售成本低。但如果同类企业也采用这种策略时，必然要形成激烈竞争。所以，面对竞争强手时，无差别策略也有其局限性。

（2）差异性营销　是将整体市场划分为若干细分市场，针对每一细分市场制订一套独立的营销方案，满足不同的消费需求。这种策略的优点是能满足不同消费者的不同要求，有利于扩大销售、占领市场、提高企业声誉。其缺点是由于产品差异化、促销方式差异化，管理和存货成本将增加，营销成本将增加，也有可能出现企业内部彼此争夺资源，使企业资源配置不能有效集中，拳头产品难以形成优势。适合实力、资源雄厚的大公司。

（3）集中性营销　指企业集中力量，进入一个细分市场，实行专业化生产和销售，争取在这个市场中占较大份额的策略。这一策略特别适合于资源力量有限的中小企业。采用集中性市场策略，能集中优势力量，有利于产品适销对路，降低成本，提高企业和产品的知名度，但有较大的经营风险，因为它的目标市场范围小，品种单一。

（三）市场定位

企业一旦选定了目标市场，就要在目标市场进行产品的市场定位。市场定位是企业营销机会选择过程的一个重要组成部分，也是制订营销组合策略的一个必要前提。产品的市场定位是否准确，直接关系到营销过程的成败，尤其是在竞争比较激烈的市场上，市场定位几乎成为产品能否为更多顾客所接受、企业能否击败竞争对手的关键问题。

1. 市场定位的概念

是根据竞争者现有产品在细分市场上所处的地位和顾客对产品某些属性的重视程度，塑造出本企业产品与众不同的鲜明个性或形象传递给目标顾客，使该产品在细分市场上占有强有力的竞争位置。

市场定位的实质是使本企业与其他企业严格区分开来，使顾客明显感觉和认识到这种差别，从而在顾客心目中占有特殊的位置。市场定位的手段是差异化。

产品定位应侧重于产品实体定位，如质量、成本、特征、性能、可靠性、款式等。

2. 市场定位的形式

（1）*产品差别化*　即从产品质量、产品款式等方面实现差别。寻求产品特征是产品差别化战略经常使用的手段。

（2）*服务差别化*　即向目标市场提供与竞争者不同的优异服务。企业的竞争力越好地体现在对顾客的服务上，市场差别化就越容易实现。

（3）*人员差别化*　即通过聘用和培训比竞争者更为优秀的人员以获取差别优势。

（4）*形象差异化*　即在产品的核心部分与竞争者雷同的情况下塑造不同的产品形象以获取差别优势。

3. 市场定位的步骤

（1）分析目标市场的现状，确认潜在的竞争优势。消费者一般都选择那些给他们带来最大价值的产品和服务。因此，赢得和保持顾客的关键是比竞争者更好地理解顾客的需要和购买过程，以及向他们提供更多的价值。

（2）准确选择竞争优势，对目标市场初步定位。竞争优势表明企业能够胜过竞争对手的能力。这种能力既可以是现有的，也可以是潜在的。选择竞争优势实际上就是一个企业与竞争者各方面实力相比较的过程。比较的指标应是一个完整的体系，只有这样，才能准确地选择相对竞争优势。

（3）传播和送达选定的市场定位。这一步骤的主要任务是企业要通过一系列的宣传促销活动，将其独特的竞争优势准确传播给潜在顾客，并在顾客心目中留下深刻印象。为此，企业首先应使目标顾客了解、知道、熟悉、认同、喜欢和偏爱本企业的市场定位，在顾客心目中建立与该定位相一致的形象。其次，企业通过各种努力强化目标顾客形象，保持目标顾客的了解，稳定目标顾客的态度和加深目标顾客的感情来巩固与市场相一致的形象。最后，企业应注意目标顾客对其市场定位理解出现的偏差或由于企业市场定位宣传上的失误而造成的目标顾客模糊、混乱和误会，及时纠正与市场定位不一致的形象。

4. 市场定位的原则

各个企业经营的产品不同，面对的顾客也不同，所处的竞争环境也不同，因而市场定位所依据的原则也不同。总的规律来看，市场定位所依据的原则有以下四点：

（1）根据具体的产品特点定位　构成产品内在特色的许多因素都可以作为市场定位所依据的原则。比如所含成分、材料、质量、价格等。

（2）根据特定的使用场合及用途定位　为老产品找到一种新用途，是为该产品创造新的市场定位的好方法。

（3）根据顾客得到的利益定位　产品提供给顾客的利益是顾客最能切实体验到的，也可以用作定位的依据。

（4）根据使用者类型定位　企业常常试图将其产品指向某一类特定的使用者，以便根据这些顾客的看法塑造恰当的形象。

事实上，许多企业进行市场定位依据的原则往往不止一个，而是多个原则同时使用。因为要体现企业及其产品的形象，市场定位必须是多维度、多侧面的。

5. 市场定位的策略

市场定位的基本出发点是竞争，因此，市场定位策略实质上是一种竞争策略，是关于某一企业在已经确定的市场上如何处理与其他企业竞争关系的基本思路。

（1）避强定位　是指企业力图避免与实力最强的或较强的其他企业直接发生竞争，而将自己的产品定位于另一市场区域内，使自己的产品在某些特征或属性方面与最强或较强的对手有比较显著的区别。优点：避强定位策略能使企业较快地在市场上站稳脚跟，并能在消费者或用户中树立形象，风险小。缺点：避强往往意味着企业必须放弃某个最佳的市场位置，很可能使企业处于最差的市场位置。

（2）迎头定位　是指企业根据自身的实力，为占据较佳的市场位置，不惜与市场上占支配地位的、实力最强或较强的竞争对手发生正面竞争，而使自己的产品进入与对手相同的市场位置。优点：竞争过程中往往相当惹人注目，甚至产生所谓轰动效应，企业及其产品可以较快地为消费者或用户所了解，易于达到树立市场形象的目的。缺点：具有较大的风险性。

（3）重新定位　公司在选定了市场定位目标后，如定位不准确或虽然开始定位得当，但当市场情况发生变化时，如遇到竞争者定位与本公司接近，侵占了本公司部分市场；或由于某种原因消费者或用户的偏好发生变化，转移到竞争者方面时，就应考虑重新定位。重新定位是以退为进的策略，目的是为了实施更有效的定位。

二、市场调研的程序、方法及调研资料分析

市场调研是个人或组织根据特定的决策问题而系统地设计、搜集、记录、整理、分析及研究市场各类信息资料、报告调研结果的工作过程，是市场预测和经营决策过程中必不可少的组成部分。

（一）市场调研的程序

具体说来，一个调研过程包括以下几步程序：

1. 发现问题和提出问题

（1）分析企业现状，企业目前面临的市场问题是什么，以及发现此类问题应采用的相应措施。

（2）寻找潜在的问题，这种问题难以发觉，需要细致观察与分析。

（3）策划新市场，预测可能遇到的问题。

（4）在众多影响市场的问题中，哪些值得分析。

（5）企业希望的未来市场。

2. 确定调研课题

（1）*确定收集资料的范围* 收集资料的范围包括以下几方面：

①市场状况：行业的内外环境资料，如政治的、经济的、市场的总体趋势。

②企业内部环境分析：包括企业市场营销的架构，企业对于市场变化的应对情况，产品、价格、渠道、促销、服务体系等。

③产品变化情况：了解产品与竞争品之间的优劣势，了解企业内部人员如生产部门和营销部门的意见，了解企业外部如供应商及经销商的观点。

（2）*确定调研课题* 经过材料的收集，对于所调查的问题更加明朗，由此可以初步确定调研的课题。

3. 市场调研设计

市场调研计划包括以下几个方面的内容：

（1）确定市场调研的目的：在设计阶段就应明确调研的目的。

（2）确定数据来源：是一线调查资料数据还是二手资料，抑或两者的结合。对于第一手资料，应该初步确定调查人员的范围；如果需要第二手资料，则需要确定收集的方向和收集方法。

（3）确定调研工具与方法：观察法、实验法、访谈法。

（4）选择调研人员：要求调研人员具有一定的专业知识、丰富的市场实践能力与问题整合能力。

（5）选择调查样本：明确调查的范围，样本的数量、特征以及抽样方法。

（6）设计问卷调查表。

（7）确定公司内部调查或委托外部机构调查。

（8）经费预算及进度安排。

（9）调研项目申请审核。

4. 调研计划实施

（1）访问员实施调查。

（2）资料整理统计。

（3）资料分析与说明。

5. 撰写和提交调研报告

（二）市场调研的方法

1. 文案调研

主要是二手资料的收集、整理和分析。主要的渠道来自网上资料搜索和图书馆等书籍信息搜索。优点：搜集到的资料范围广，可以通过各种渠道搜集到各种类型的资料，与其他调查方法相比，省事、省力。缺点：难以考察资料的真实性及调查样本的代表性。适用于项目的前期准备工作，如搜集政府的相关行业政策、搜集来自同行或相关行业的信息资料。

2. 实地调研

实地调研可分为询问法、观察法和实验法三种。

（1）询问法　是一种双向沟通调研法，是调查人员采用访谈询问的方式向被调查者了解市场情况的一种方法，它是市场调查中最常用的、最基本的调查方法。它可分为深度访谈、座谈会、问卷调查等方法。其中问卷调查又可分为电话访问、邮寄调查、留置问卷调查、入户访问、街头拦访等调查形式。

（2）观察法　是调查人员在调研现场，凭借自己的感官和各种记录工具，在被调查者未察觉的情况下，记录被调查者行为和表情，以获取信息的一种调研方法。

（3）实验法　它是通过实际的、小规模的营销活动来调查某一产品或某项营销措施执行效果的市场信息的方法。实验的主要内容有产品的质量、品种、商标、外观、价格、促销方式及销售渠道等。它常用于新产品的试销和展销。

（三）市场调研资料分析

1. 市场调研资料的整理

（1）资料整理的概念　所谓市场调研资料的整理，就是指运用科学的方法，对调查所获得的各种原始资料进行审核、分类处理和加工综合，使之系统化和条理化，从而以集中、简明的方式反映调查对象总体情况的工作过程。

（2）资料整理的方法　根据事物内在的特点和市场研究任务的要求，按某种标志将所研究现象的总体划分为若干组合部分，通过这种形式，把不同性质的现象分开，相同性质的现象归纳在一起，从而反映出被研究现象的本质特征。资料整理的核心是资料的分组和汇总。

2. 市场调研资料的分析

（1）资料分析的含义　指通过对市场调查所获得的资料分解成较为简单的组成部分，辨析出这些部分的本质属性和彼此之间的关系，从而更清晰、更本质地认识和把握所研究的事物和现象。

（2）资料分析的基本内容和程序　对调查特点、目的进行剖析；对所应用的调查方式及分析方法的特性和针对性进行分析；对调查对象特点及对调查所持的态度等进行分析；对调查资料的可靠性和代表性进行分析；运用适当的分析方法，分析调查资料所反映的问题；综合得出最终的分析结论，并对这一结论的前提、深层根源及适用范围等提出见解；针对综合分析的结论提出建议和对策。

（3）市场调查分析中常用的定性方法　有四种：归纳法、演绎法、比较法、结构法。

方法	含义
归纳法	以调查的分组资料为中心，归纳概括出一些理论观点
演绎法	是指把调查资料的整体分解为各个部分、方面、因素，形成分类资料，通过研究这些分类资料，把握事物的特征和本质
比较法	把两个或两类资料相比较，从而确定它们之间的相同点和不同点的一种逻辑分析方法。一般需要选择一定的参照系，如国家、地区的水平
结构法	分析某一现象的结构及其各组成部分功能，进而认识这一现象本质的一种方法

（4）市场调查分析中常用的定量方法　描述性统计分析法、解析性统计分析法。

3. 市场调查报告的格式

是以科学的方法对市场的供求关系、购销状况以及消费情况等进行深入细致的调查研究后所写成的书面报告。其作用在于帮助企业了解掌握市场的现状和趋势，增强企业在市场经济大潮中的应变能力和竞争能力，从而有效地促进经营管理水平的提高。

市场调查报告可以从不同角度进行分类。按其所涉及内容含量的多少，可以分为综合性和专题性市场调查报告；按调查对象的不同，有关于市场供求情况、产品情况、消费者情况、销售情况以及市场竞争情况的市场调查报告；按表述手法的不同，可分为陈述型和分析型市场调查报告。

市场调查报告的内容结构一般由以下几部分组成：

（1）标题　一般有两种构成形式，一种是公文式标题，即由调查对象和内容、文种名称组成，例如《关于2002年药品流通领域感冒类中成药销售情况的调查报告》；另一种是文章式标题，即用概括的语言形式直接交代调查的内容或主题，例如《某某药店消费者潜在购买力动向》。

标题和报告日期、委托方、调查方，一般应打印在报告扉页上。

（2）目录　如果调查报告的内容、页数较多，为了方便读者阅读，应当使用目录或索引形式列出报告的主要章节和附录，并注明标题、有关章节号码及页码。一般来说，目录的篇幅不宜超过一页。

（3）概述　主要阐述课题的基本情况，是按照市场调查课题的顺序将问题展开，并阐述对调查的原始资料进行选择、评价、作出结论、提出建议的原则等。主要包括三方面内容：

第一，简要说明调查目的。即简要地说明调查的由来和委托调查的原因。

第二，简要介绍调查对象和调查内容，包括调查时间、地点、对象、范围、调查要点及所要解答的问题。

第三，简要介绍调查研究的方法。介绍调查研究的方法，有助于使人确信调查结果的可靠性，因此对所用方法要进行简短叙述，并说明选用方法的原因。

（4）正文　正文是市场调查分析报告的主体部分。这部分必须准确阐明全部有关论据，包括问题的提出到引出的结论，论证的全部过程，分析研究问题的方法，还应当有可供市场活动的决策者进行独立思考的全部调查结果和必要的市场信息，以及对这些情况和内容的分析评论。

（5）结论与建议　结论和建议与正文部分的论述要紧密对应，不可以提出无证据的结论；也不要没有结论性意见的论证。它的写法可以是提出解决问题的方法、对策或下一步改进工作的建议；也可以是总结全文的主要观点，进一步深化主题；或者是提出问题，引发人们的进一步思考，或展望前景，发出鼓舞和号召。

（6）附录　附录是指调查报告正文包含不了或没有提及，但与正文有关必须附加说明的部分。它是对正文报告的补充或更详尽说明，包括数据汇总表及原始资料背景材料和必要的工作技术报告。

4. 市场调查报告应具有的特点

（1）写实性　调查报告是在大量现实和历史资料的基础上，用叙述性的语言实事求是地反映某一客观事物。

(2) 针对性　调查报告一般有比较明确的意向，相关的调查取证都是针对和围绕某一综合性或专题性问题展开的。

(3) 逻辑性　调查报告不是材料的机械堆砌，而是对核实无误的数据和事实进行严密的逻辑论证，得出科学的结论。

三、商务谈判原则及程序

（一）商务谈判的概念

商务谈判是指不同的经济实体为了自身的经济利益和满足对方的需要，通过沟通、协商、妥协、合作、策略等各种方式，把可能的商机确定下来的活动过程。

（二）商务谈判的原则

商务谈判的原则是指商务谈判中谈判各方应遵循的指导思想和基本原则。商务谈判的原则是商务谈判内在的、必然的行为规范，是商务谈判的实践总结和制胜规律。因此，认识和把握商务谈判的原则，有助于维护谈判各方的权益，提高谈判的成功率和指导谈判策略的运用。谈判的基本原则如下：知己知彼原则；互惠互利原则；平等协商原则；人事有别原则；求同存异原则；依法办事原则；信用原则。

（三）商务谈判的程序

商务谈判程序是谈判客观阶段的总体。当彼此具有利害关系或矛盾争议的双方，为了协调一致，或者争取和解，在特约的时间、地点进行一场正规的谈判时，谈判就有了特定的规则和程序了。商务谈判的基本流程有以下几个方面：

1. 准备阶段

谈判各方为谈判进行的一系列筹划、酝酿工作的过程。谈判能够取得成功，更重要的是谈判的各项准备工作，如：

(1) 谈判背景资料调查　包括与谈判内容相关信息的采集。

(2) 谈判班子组建　谈判班子成员的配备应遵循规模适度、层次分明、结构合理的原则。

(3) 制订谈判方案　好的方案是谈判顺利进行的基础。

(4) 模拟谈判　如有必要可将有可能发生的情况进行一下演练。

2. 开局阶段

是指谈判双方见面后，在进入具体实质性交易内容讨论之前，相互介绍、寒暄以及就谈判内容以外的话题进行交谈的那段时间和经过。

在谈判开局阶段适宜谈论一些中性的话题，如轻松的非专业话题、双方感兴趣的业余话题、共同关心的时事、回忆往昔合作成功的欢乐感受；并谈论一下本次谈判的目的、日程、人员组成等。在此阶段应把握寒暄时机，言谈举止得体、自然，礼节周到，尊重对方，采取适当的方法启示对方先谈看法，注意观察体会对方的发言。

商务谈判开局的一般策略包括以下几种方式：

（1）提问式开局　指以提问、试探性语言进行陈述，表达出对谈判的疑问，目的在于了解对方的真实意图，为下一步的报价探清虚实。适用于彼此没有商务往来的情况，通过提问了解对方的想法，引起对方对问题的重视。

（2）协商式开局　是指以恳请、协商、肯定的语言进行陈述，使对方对己方产生好感，创造双方对谈判的理解充满“一致性”的感觉，从而使谈判双方在友好、愉快的气氛中展开谈判工作。此方式适用于谈判双方实力比较接近、过去没有商务往来的情况。要注意多用外交礼节性语言、中性话题，使双方在平等、合作的气氛中开局。

（3）坦诚式开局　是指谈判者本着坦诚的心态，开诚布公地向对方表露己方的真实意图，以取得对方的理解和尊重，赢得双方的通力合作来实现开局目标的策略方法。此方式适用于双方过去有过商务往来，而且关系很好，互相了解较深，可以将这种友好关系作为谈判基础的情况。

（4）幽默式开局　在商务谈判中，幽默可以取得意想不到的效果，对化解谈判的尴尬、减轻谈判压力、调节谈判气氛有着十分重要的作用。

3. 正式谈判阶段

包括摸底、报价、讨价、还价、僵持、让步、促成几个步骤。

（1）摸底　是实质性谈判的开始阶段。是指在正式开始谈判以后，没有报价之前，谈判双方通过交谈，相互了解各自的立场观点和意图的阶段。在这个阶段中，要表明我方意图，了解对方意图。

表明我方意图应包括的内容有：我方认为本次谈判应解决的主要问题；陈述我方通过谈判应取得的利益以及坚持的原则；表明我方的首要利益；陈述我方的商业信誉，以及对双方合作可能出现的良好前景或可能发生的障碍做出推测。

了解对方意图应包括的内容有：对方对此次谈判议题的看法；对方要达到的目标；对方真正关心的经济利益所在。

（2）报价　是指谈判过程中一方或双方提出自己的价格和其他交易条件。如商品的数量、质量、包装、价格、装运、保险、支付、商检、索赔、仲裁等交易条件。报价时就遵循合理性、综合性、准确性的原则。

（3）讨价　是指要求对方改善报价的行为。讨价的技巧有：以理服人、见机行事、投石问路、避免马上给出意见、缓兵之计、提供选择等。

（4）还价　指谈判一方根据对方的报价，提出自己的价格条件。还价的方式有两种：一是按可比价还价，以相近的或者竞争者商品的价格作为参考进行还价；二是按成本还价，计算出对方的成本，再加上一定比率的利润作为依据进行还价。

（5）僵持　是指商业谈判在了解对方意图的基础上，通过报价与讨价还价陷入对峙的阶段。化解僵局的策略：尊重客观，关注利益；针锋相对，据理力争；多种方法，优中选优；找到症结，借题发挥；将心比心，适度让步。

（6）让步　让步本身就是一种谈判策略，它体现了谈判人员通过主动满足对方需要的方式来换取自己需要满足的精神实质。

让步的一般原则：不做无谓的让步，让步要有前提条件；不做轻易的让步，让步时机要把握；不做幅度很大的让步，让步幅度需要控制；不做频繁的让步，让步次数不宜多。

（7）促成　最后对谈判内容进行回顾并起草备忘录。在此阶段要明确是否所有的项目都已谈妥，是否还有遗漏的问题尚未解决；明确所有的交易条件的谈判是否都达到了我方的期望值或谈判目标；明确我方最后可做出的让步限度；决定我方将采取何种谈判技巧来结束谈判，进行签约。每次谈判后都要有一份备忘录，内容要经过双方的确认，所记载的内容便是起草书面协议或合同的主要依据。谈判合同或协议起草时条理必须清晰，协议必须围绕谈判各方的目的，有条有理地把各条款内容组织起来；协议内容必须具体、明确，措词准确；协议的违约责任必须具体明确。

4. 签约阶段

谈判双方在交易达成后，必须通过签订合同或协议书、备忘录等形式的法律契约来体现，签订书面合同或协议是商务谈判的重要组成部分。

第三节　公关与服务

一、促销组合设计

（一）市场营销策略知识与技巧

1. 相关概念

（1）促销　促销就是营销者向消费者传递有关本企业及产品的各种信息，说服或吸引客户购买其产品，以达到扩大销售量的目的。促销实质上是一种沟通活动，即营销者（信息提供者或发送者）发出作为刺激消费的各种信息，把信息传递到一个或更多的目标对象（即信息接受者，如听众、观众、读者、消费者或用户等），以影响其态度和行为。

（2）促销组合　就是企业根据产品的特点和营销目标，在综合分析各种影响因素的基础上，对各种促销方式（广告、人员推销、公关宣传、营业推广）的选择、编配和运用，组合成一个策略系统，使企业的全部促销活动互相配合、协调一致，最大限度地发挥整体效果，从而顺利实现企业目标。按方式分为两大类：人员促销方式和非人员促销方式（广告、公关宣传、营业推广）。

（3）促销组合设计　促销组合设计则是恰当地运用广告、人员推销、公关宣传、营业推广等四种方式的组合，在合适的时机结合企业的营销策略，达到企业销售产品和服务的最终目标。

2. 促销组合设计应注意的问题

广告、人员推销、公关宣传、营业推广四种促销方式各具特点，又都包括丰富的具体手段和工具。企业在制订促销方案时，不一定只用一种手段和工具，可以有多种选择和多种搭配方式。多种的选择也可能带来一些问题，如不同的促销手段或工具向顾客传递的信息可能会缺乏一致性，使不同的促销活动作用相互抵消；各种促销活动可能互相重复或者缺乏连续性，从而浪费企业的资源。

企业在选择促销方式和促销组合设计时，还应综合考虑促销目标、产品性质、市场状况等多种因素。

3. 促销组合设计准备

首先要明确促销目标，企业的各种促销都是围绕促使顾客或用户采取购买行动这一基本目标展开的；其次要制订促销预算，即企业用于全部促销活动的资金投入总水平。

4. 促销组合的基本策略

企业的促销组合多种多样，各不相同，但其基本的促销策略可归纳为两种：即推动策略和拉引策略。

（1）推动策略　就是企业运用人员推销和营业推广等促销方式，将自己的产品推向市场。生产者将产品积极推到批发商手上，批发商又积极地将产品推给零售商，零售商再把产品推荐给消费者。因此推动促销策略是一种普遍采用的促销策略。它有以下几种常用的方法：产品推销人员携带样品或产品目录走访客户进行推销；建立和健全产品销售网点，扩大销售；通过服务推动销售；举办药品推广会。

（2）拉引策略　指企业针对最终消费者，花费大量的资金从事广告、营业推广、公关宣传等促销活动，引导消费者对其产品产生兴趣，从而吸引他们购买的一种促销组合策略。它的特点就是以广告宣传为主，其他促销方式为辅。几种常见的方式如下：通过广告宣传促进销售；组织产品展销会、订货会促进销售；通过代销、试销促进销售；通过创名牌、树信誉、增加消费者的信任来促进销售。

5. 促销组合策略考虑因素

企业在进行促销活动的时候，具体采用推动策略还是拉引策略或两种的组合，不同的企业往往有不同的偏好。无论选什么形式的促销策略，都必须考虑以下因素：

（1）企业的类型：一些小型企业常使用推动策略，直销企业常使用拉引策略，一些规模较大的公司常将两种策略组合起来使用。

（2）产品因素：促销组合设计时必须考虑产品的特性、产品的组合、产品的生命周期，依据它们的不同，设计不同的促销组合。

（3）竞争状况与行业特点。

（4）顾客购买过程：根据顾客购买过程的不同认知阶段进行设计，当顾客尚处于知晓阶段时，以拉为主，推为辅，随着认知的加深，拉渐弱，推渐强，到了购买阶段，以推为主，拉为辅。

（5）促销预算。

（二）促销宣传策划

促销宣传属于非人为促销方式。

1. 广告

广告促销是一种宣传方式，它通过一定媒介，把有关商品和服务的信息传递给人们，以引起注意，激发购买欲望，扩大销售。

广告是促销组合最重要的组成部分。广告不仅是受到企业普遍重视和广泛应用的一种促销形式，也是人们接触最多、对社会生活影响最大的促销方式。

广告手段种类繁多，常见的有：电视广告、广播广告、报纸广告、杂志广告、产品包装、产品说明书、户外广告、海报、传单、销售现场陈列、视听资料、邮寄广告、产品目录等等。

主要广告媒体特点：

媒介	优点	缺点
报纸	灵活、及时、弹性大；本地市场覆盖率大；易被接受和被信任	保存性差；复制质量低；传阅者少
电视	综合视觉、听觉和动作，富有感染力，能引起高度注意；触及面广，送达率高	成本高；干扰多；瞬间即逝；对象选择性少
广播	大众化宣传；地理和人口选择性较强；成本低	不如电视引人注意；展露瞬间即逝
杂志	可信并有一定的权威性；复制率高，保存期长；传阅者多	前置时间长；时效性差
传单	对象有选择性；灵活性强；无同一媒介的广告竞争；人情味较重	相对来说成本较高；易造成低档产品的印象
户外媒体	比较灵活；展露时间长，重复性高；费用低；竞争少	对象没有选择；缺乏创意
互联网	多媒体；互动；虚拟界面模拟现实感觉；灵活，可逐层展开	范围比较狭窄；价格并不便宜

2. 营业推广

也称销售促进。它是企业用来刺激早期需求或强烈的市场反应而采取的各种短期性促销方式的总称。主要用来促使消费者和中间商较快地和更多地购买某一特定产品。

营业推广的主要特点：能够更快地诱发顾客的购买行动；为顾客提供额外利益；所需费用较小。但它只具有短期效果，在建立品牌形象及品牌忠诚度方面无明显效果。

营业推广的手段多种多样，大的方面可以分为针对消费者的营业推广、针对中间商的营业推广和针对销售人员的营业推广。

（1）针对消费者的营业推广　其目的是鼓励老顾客继续使用，促进新顾客使用，动员顾客购买新产品或更新设备，引导顾客改变购买习惯，或培养顾客对本企业的偏爱行为等。其方式可以采用：

①赠送：向消费者赠送样品或试用样品，样品可以挨户赠送，在商店或闹市区散发，在其他商品中附送，也可以公开广告赠送，赠送样品是介绍一种新商品最有效的方法，费用也最高。

②优惠券：给持有人一个证明，证明他在购买某种商品时可以免付一定金额的钱。优惠券可以通过广告或直邮的方式发送。

③廉价包装：是在商品包装或招贴上注明，比通常包装减价若干，它可以是组合包装和搭配包装。

④抽奖：顾客购买一定的产品之后可获得抽奖券，凭券进行抽奖获得奖品或奖金，抽奖可以有各种形式。

⑤现场示范：企业派促销员将自己的产品在销售现场当场进行使用示范表演，把一些技术性较强的产品的使用方法介绍给消费者。

⑥参与促销：通过消费者参与的各种促销活动，如技能竞赛、知识比赛等活动，能获

取企业的奖励。

⑦组织展销：企业将一些能显示企业优势和特征的产品集中陈列，利用各类展销会、博览会、业务洽谈会，边展边销。

（2）针对中间商的营业推广　目的是鼓励批发商大量购买，吸引零售商扩大经营，动员有关中间商积极购存或推销某些产品。其方式可以采用：

①批发奖励：企业为争取批发商或零售商多购进自己的产品，在某一时期内可给予购买一定数量本企业产品的批发商以一定的回扣。

②推广津贴：企业为促使中间商购进企业产品并帮助企业推销产品，支付给中间商以一定的推广津贴。

③销售竞赛：根据各个中间商销售本企业产品的实绩，分别给优胜者以不同的奖励，如现金奖、实物奖、免费旅游、度假奖等。

④交易会或博览会、业务会议。

⑤工商联营：企业分担一定的市场营销费用，如广告费用、摊位费用，建立稳定的购销关系。

⑥扶持零售商：生产商对零售商专柜的装潢予以资助，提供POP广告，以强化零售网络，促使销售额增加；可派遣厂方信息员或代培销售人员。生产商这样做目的是提高中间商推销本企业产品的积极性和能力。

（3）针对销售人员的营业推广　鼓励他们热情推销产品或处理某些老产品，或促使他们积极开拓新市场。其方式可以采用：

①销售竞赛：如有奖销售，比例分成。

②免费提供人员培训、技术指导。

3. 大型促销活动的方案编写

一份完善的促销活动方案大致分为以下几个方面的内容：

（1）活动目的　确定促销活动的目的是为整个促销活动确定一个总体构想，为以后的工作计划、方案创意、实施和控制、评估促销效果提供一套标准和依据。一般来说，促销有以下几个目的：新产品上市、扩大市场份额、提升销量、清理库存、打击竞争对手等。

（2）活动主题　主要是解决两个问题：确定活动主题、包装活动主题。

活动主题的确定要考虑到活动的目标、竞争条件和环境及促销的费用预算和分配，还要选择促销工具，是选择单一促销工具，还是组合，选择哪一种或哪几种。

活动主题确定后尽可能将浓厚的商业目的进行一下艺术化处理，也就是减少一些功利性色彩，使活动更接近于消费者，更能打动消费者。如将一个单纯的降价促销活动转换成维护消费者权益的爱心行动。这一部分是促销活动方案的核心部分，应该力求创新，使活动具有震撼力和排他性。

（3）活动对象　根据市场调研情况确定活动对象：是针对目标市场的每一个人还是某一特定群体，哪些人是促销的主要目标，哪些人是促销的次要目标。这些选择的正确与否会直接影响到促销的最终效果。

（4）活动方式　本部分主要阐述活动开展的具体方式。是否需要合作伙伴，是否需要广告配合，促销刺激程度有多大。

在合作伙伴的选择上，如有政府或媒体做后盾有助于借势和造势，如有厂商联合，可整合资源，降低费用风险。促销活动必须有刺激力，刺激程度越高，促售的反应就越大；但刺激也存在边际效应，必须结合客观市场环境确定适当的刺激程度和相应的费用投入。为了提高促销活动的效果，全方位的广告配合也是很有必要的，要确定广告创意及表现手法，选择造势媒介。

（5）活动时间和地点　促销活动的时间和地点选择得当会事半功倍，选择不当则会费力不讨好。在时间上尽量让消费者有空闲参与，在地点上也要让消费者方便，而且要事前与城管、工商等部门沟通好。不仅发动促销战役的时机和地点很重要，持续多长时间效果会最好也要深入分析。持续时间过短会导致在这一时期内无法实现重复购买，很多应获得的利益不能实现；持续时间过长，又会引起费用过高，而且市场形不成热度，并降低顾客心目中的身价。

（6）前期准备　此部分包括：日程设定、人员安排、物资准备、方案试验。

促销活动进行前，要对准备工作进度进行时间要求，将所有的事项按紧急程度、耗时长短、环节相扣进行安排，保证工作的完成，避免误时。

在人员安排方面要全面细致，职责清晰，各尽其责，人人有事做，如政府事务、媒体沟通、现场管理、礼品发放、顾客指引、投诉处理、意外处置等要责任到人，避免临阵出麻烦，顾此失彼。

在物资准备方面，要事无巨细，大到车辆，小到笔纸，都要罗列出来，然后按单清点，存放在指定位置，防止出现现场忙乱现象。

方案试验是为了避免促销方案有漏洞而对促销活动造成损失，很多促销活动没有试验这样一道程序。通常的做法是在一个比较小的市场上进行短期操作试验一次，或者是由公司内部一些专家（营销经理、一线市场人员等）对这次促销活动的各个方面的问题进行质疑答辩。

（7）中期操作　中期操作主要是活动执行和现场控制。在方案中要对参与活动现场人员的纪律做出细致规定，对活动的各个环节有序安排，在实施过程中，对人员行为和活动进程时时掌控，对促销范围、强度、额度和重点灵活掌握，及时进行调节，保持对促销方案的控制。

（8）后期延续　活动之后是否需要媒体宣传，在哪些媒体进行宣传，采取何种方式宣传。

（9）费用预算　对促销活动的费用投入和产出作出预算。预算要考虑促销活动要产生的效果，要考虑企业承受力，要将活动方案的各种费用需求考虑清楚，做出预估。

（10）应急预案　每次活动都可能有一些意外出现，如天气、商品供应、设备损坏、人员伤害等等，都要有一个意外出现后的处理流程和责任人。

（11）效果预估　预测这次活动会达到什么样的效果，以利于活动结束后与实际情况进行比较，从刺激程度、促销时机、促销媒介等各方面总结成功点和失败点。

（三）公共宣传策划与方案编制

1. 公共宣传

是企业促销组合中的一项重要措施。是企业利用各种传播手段，沟通内、外部关系，塑造自己良好形象，为企业的生存和发展创造良好环境的经营管理艺术。其常见的具体手段包括新闻发布会、公益服务活动、经过策划的公关事件或专题活动、演讲、研讨等等。

2. 公共宣传基本特征

公共宣传不同于其他促销手段，其基本特征是：①不是一种产品或一个时期的销售额，而是有关企业形象的长远发展战略；②作用面相当广泛，其作用对象包括顾客、厂商、经销商、新闻媒介、政府机构、内部员工以及各方面的社会公众；③采用的传播手段很多，既可以通过新闻宣传等传播媒介间接传播，也可以通过人际交往形式直接传播。

3. 公共宣传的职能

主要有搜索信息、传播沟通、协调关系、处理纠纷、参与决策、改善环境、增进社会效益、树立企业形象等。公共宣传的全部活动和职能，最终都是为了塑造企业的良好形象。

4. 营销活动中公共宣传常采用的手段

（1）新闻宣传　企业可以通过新闻报道、人物专访、报告文学、记事等形式，利用各种新闻媒介对企业进行宣传。

（2）公共关系广告　公共关系广告与商业广告的区别在于，它是以宣传企业的整体形象为内容，而不仅仅是宣传介绍企业的产品和服务。追求的是长远的、战略性的宣传效应。

（3）企业自我宣传　企业利用所有自己能控制的传播媒介进行宣传的形式。例如：介绍企业概况的印刷品，企业内部刊物，举办展览会，展示企业的发展历程、经营成果。

（4）人际交往　指的是不借助传播媒介，在人与人之间直接进行交流和沟通。可采取的方式有定期走访、经常性的情况通报、演讲、咨询、调查、游说、各种联谊会。

5. 公关策划和行动方案的编写

和商业策划书一样，制订公关策划书的目的就是获得更好的公关传播效果。所有的公关策划书都不应该只是口头上说说了事，必须落实到书面上，以方便计划制订者随时查看项目进展，管理层能够有效对公关结果进行评估。

公共关系策划书没有固定的格式，策划者一般根据实际的需要和自己的文笔风格来撰写。但无论策划书的形式、内容有怎样的差别，理应包含的要素都不可或缺。一份完整的公共关系策划书应当具备5W、2H、1E，即：

Why（为什么）——策划的缘由；

Who（谁）——策划者、策划方案针对的公众；

What（什么）——策划的目的、内容；

Where（何处）——方案实施地点；

When（何时）——方案实施时机；

How（如何）——方案实施形式；

How much（多少）——活动经费预算；

Effect（效果）——活动实施效果预测。

二、客户服务

（一）销售心理学常识

1. 销售心理学概念

销售心理学是普通心理学的一个分支，是研究商品销售过程中一般心理现象和心理规律的科学，即具体研究销售者的心理状态与素质，消费者的心理与行为，销售手段和媒介（商品、价格、商标、包装、购物环境等）心理效应的综合性应用管理科学。

2. 消费者购买行为类型

根据消费者进入程度（进入程度是指消费者购买时的谨慎程度以及在购买过程中愿花费多少时间和精力去收集信息，选择判断，有多少人参与购买过程）和商品差异的组合，主要有4种消费者购买类型。

（1）复杂型购买　发生在消费者初次购买那些卷入程度高、品牌差异大的商品的场合。多数消费者对这类商品知之甚少，但因其价格昂贵，属于耐用消费品，故购买前的选择决策非常谨慎，要花费时间大量收集信息，多方位挑选比较。这种购买决策最为复杂。

（2）和谐型购买　发生在消费者购买卷入程度高，但品牌差异较小的商品时。这种购买因不同品牌的商品只要价格在同一档次内，质量功能差别不大，故不需要收集很多的信息或进行评价，决策重的点在买不买，买什么档次的，而不在乎买什么品牌的，且更关心能否得到价格优惠，购买时间和地点是否方便等问题。

（3）多变型购买　发生在品牌差别大，卷入程度低的商品上。消费者经常变换所购商品的品牌，主要是出于尝试一下新东西的随意性，避免单调乏味。消费者在这类商品购买前，一般并不主动收集有关信息，只是通过广告等宣传媒体被动接受信息，对商品的品评也是发生在购买之后，而且即便对所购买商品的感觉不错，下次购买时仍可能更换品牌。

（4）习惯型购买　发生在消费者购买卷入程度低、品牌差异小的商品时，是一种多次购买后形成的习惯性反应行为。消费者经常购买某种固定的品牌，并非出于忠诚，而是出于习惯，当货架上没有这种商品时，消费者会毫不犹豫地购买另一种看上去十分相似的产品。

3. 影响消费者购买行为的因素

影响消费者购买行为的主要因素有消费者自身因素、社会因素、企业和产品因素等。分析影响消费者购买行为的因素，对于企业正确把握消费者行为，有针对性地开展市场营销活动，具有极其重要的意义。

（1）消费者自身因素　消费者购买行为首先受其自身因素的影响，这些因素主要包括：

①消费者的经济状况。

②消费者的职业和地位。不同职业的消费者，对于商品的需求与爱好往往不尽一致。身在高位的消费者，将会购买能够显示其身份与地位的较高级的商品。

③消费者的年龄与性别。消费者对产品的需求会随着年龄的增长而变化，在生命周期的不同阶段，相应需要各种不同的商品。

④消费者的性格与自我观念。不同性格的消费者具有不同的购买行为。

（2）社会因素　人是生活在社会之中的，因而消费者的购买行为将受到诸多社会因素的影响。

（3）风险意识　消费者感知到的风险程度以及他们对风险的耐受力是影响消费购买行为的重要因素。需要强调的是影响消费者购买决策的是意识到的风险而非风险本身。一般说来，消费者往往采用以下方法降低风险：信息收集、品牌忠诚、寻求保障诸如退款的承诺、政府或私人的试验结果等。

4. 销售者心理

正如一切销售活动都离不开消费者一样，销售活动也离不开销售者。销售者由人来担当，也会发生各种各样的心理活动。可以这样说，销售活动的效果如何，与销售人员的心理品质和心理状态有着十分密切的关系。

企业的销售人员是企业各项销售活动的具体执行者，他们处于销售工作的第一线，是代表企业与消费者进行直接接触的人员。这些人员的心理状态和素养，直接关系到他们的工作态度和服务质量，从而也关系到企业的声誉和企业在消费者心目中的形象。心理素质好的销售人员，能够热情接待消费者，主动帮助消费者挑选商品、解答疑问，因此能够赢得消费者的好感，从而促成交易的成功；而心理素质差的销售人员，由于不能妥善处理与消费者的关系，则会引起消费者的反感，从而会影响企业的声誉。由此可见，销售人员的心理素质，对于企业销售活动的优劣乃至成败，具有不可忽视的影响。

5. 销售者的销售心理技巧

当我们从主动（而非客户主动询问或购买）向一位客户推销某样商品，到客户做出购买决定，其间客户通常会经历四个心理阶段：排斥期、接受期、反复期与认同期。正常情况下，只有经历了这四个阶段才可能达成交易。而根据客户的不同心里时期，我们针对前三个阶段的对应策略与态度也应不同。

（1）排斥期　客户有主动购买和被动接收之间的心理差别，客户主动询问或打算购买某种商品时，很少产生排斥心理，交易也更容易达成。相反时，则易产生刚与客户沟通就遭回绝的现象。在排斥期，正确的做法是，首先从客户的角度出发，围绕其实质利益展开话题，不要太直接或迫不及待的样子，以为在客户说“NO”之前推销的越多，客户越可能接受，而事实正好相反，那只会使客户加重排斥心理。

（2）接受期　到了这个环节，客户基本是有需求并且感兴趣的，此时该做的就是尽量地介绍产品的优势，着重介绍客户最想要的产品优势，其他优势顺带一提，使客户觉得这个产品更适合他。此时的客户有了购买意愿后便开始讨价还价，面对客户的讨价还价，销售人员不应一开始就抛出大量优惠，步步后退，这易使客户对产品失去信心。客户的购买心理是既希望商品非常有价值，又希望能便宜地购买到商品。因此，销售人员首先要对自己的产品充满信心，并且不轻易让步，要先让客户感觉这个商品真是物有所值，而后你再做出一点让步，比如增加销售赠品、增加销售奖励等，尽量不去降低商品价格，保持商品本身的价值感，这样同时也保持了你让步的分量与价值，为后面的让步打下良性基础。

（3）反复期　客户要决定购买某种商品前都会产生心理的反复，越是大额理性商品越是如此。因此，与客户洽谈的时候经常会卡在某个点上，无法继续进展，你不让步，客户也不让步，通常僵持下去的结果是客户开始产生放弃购买的念头，很多成交的机会就在这个环节失去了。

由于交易的主动权在客户手里，因此，当客户出现购买思想反复时，不要强攻，这样只会使僵持的局面更紧张，继而失去成交的机会。此时应该以退为进，曲线前行。通常情况下，因为客户在洽谈中处于强势地位，除了其真的无法做出让步或妥协外，很多时候是碍于面子被僵持住，或是钻入牛角尖，这时我们正确的做法是退一步，比如先挑容易达成共识的问题与其来探讨，甚至是先把业务放下，谈些客户可能感兴趣的话题，当然，转折要自然。当和客户谈的比较投机以后，再回过头来谈受阻的问题，此时除非真的没有回旋空间，否则客户多会考虑一点情面因素而做一些让步。

因为这个环节涉及实质利益问题，此时的客户心理处于交易的危险期，我们主要该做的是不要把这根绷紧的弦拉断，曲线迂回，平稳过渡，具有战略性的让步也在此时抛出，在客户购买心理的天平要失衡的时候把让步的利益砸上去，当然，做出让步的决定依然要看起来很困难。

6. 销售者的心理准备

在目前的销售市场环境下，购买者对销售者的各方面要求越来越高，销售人员应做好自我心态的调整，应注意以下几个方面：

（1）找好位置，服务至上。作为一个药品销售人员，首先要明白社会对这个角色的期望是什么。是服务，是为客户、为大众提供优质的服务，使购药者放心、满意。

（2）学习礼仪，注意包装。服务心态的调整，体现在最基本的行为上，即服务礼仪。礼仪是润滑剂，它可以减少冲突，形成彼此尊重，为后续的业务开展创造条件。

（3）自我修养，不断提高。

（二）客户服务计划制订

客户服务是企业形象的第一线，也是植入客户心中最深的印象，因此，有效地经营与管理，不但可以协助第一线员工提供完善的服务，更有助于企业达成策略性目标。

在产品同质化和竞争日趋激烈的市场环境中，企业和客户之间的关系是经常变动的，而客户一旦成为企业的客户，企业就要尽力保持和有计划地维持这种客户关系。制订客户服务计划是为了有效地保证服务的质量。客户服务计划大致包括以下几个内容。

1. 制订客户服务目标

做任何事情都需要有一个目标，我们对客户服务也应有一个长期和短期的目标规划。我们在确定客服目标时，应明确我们的企业需要什么样的客户服务，做到什么程度，达到什么效果。

长期目标：即3~5年之后，我们的客户服务应该达到什么程度，或者是我们的客户服务应该发展到什么程度、多大规模、声誉如何等，和同行业相比是否还有差距，我们是否能够成为他们所比拟的标杆。

短期目标：通过对公司客户服务长期目标的分解，确定本年度的客服目标。

2. 收集客户信息

如客户的基本情况以及重大事件，历年的销售情况，对本公司产品的需求情况，该客户市场销售份额以及本公司产品销售份额。确认客户关键人物的姓名、职务、负责的范围以及生日等信息。

3. 对客户进行分类

针对服务客户的大小、需求的不同进行分类，以便提供更具针对性、更好的服务。

4. 制订客户服务年度预算

根据不同客户的客服年度目标，进行公司费用支持预算，以期达到用有效的资金发挥最大的作用。

5. 制订服务内容

针对长短期目标，对不同类型的客户提供不同的服务。常见的有：

（1）定期回访　仔细对每一个客户进行回访，并做回访记录，将需要整改的内容进行落实跟踪，并进行满意度打分。

（2）客户关怀　包括客户重大活动的参与、关键人物生日问候等，可通过寄送贺卡、小礼品、短信或派人等方式表达。应区分客户不同规模、贡献、层次、地区，采取不同的策略。

（3）产品服务　有针对性地向客户宣传本公司产品及其特性，提供产品技术服务，提供客户销售本产品所需相关知识信息的服务，如举行产品知识讲座、相关学科的医生和专家讲座、本产品市场应用现状等。

（4）优惠推荐　根据对客户分析的结果，针对不同的客户层次，制订不同档次的优惠政策，主动推荐给客户，与客户签订销售协议。

（5）销售促进　与客户共同设计符合客户情况的短期有奖销售促进计划，达到知晓度和销量双提高的目的。

（6）组织有意义的活动　如研讨会、交流会、学术研讨、行业考察、培训安排、旅游等。

（7）个性化服务　设立服务热线、技术支持、客户特殊需求研讨、客户特殊需求评估等。

（8）联合推广　与社会组织、机构、合作公司、内部渠道成员的联合活动。

（9）公关活动　行业或产业高层公关、高层论坛、高层聚首安排等。

6. 客户反馈处理

建立客户意见反馈处理通道，及时回应客户意见，防止客户流失。

7. 总结

年度结束后对目标的达成情况及客户的满意度情况进行总结，找出不足，总结经验，为继续做好客户服务积累经验。

（三）中药科研发展的新动态、新信息

中医药是中华民族宝贵的文化遗产，有着深厚的文化底蕴和社会基础，同时又具有丰富的实践经验、确切的临床疗效和完整的理论体系，为中华民族的健康与繁衍作出了不可磨灭的贡献。现代社会人们对医药的使用提出越来越高的要求。含量确切、结构清楚、药理明确等都是现代医药质量控制的主要特征。中医药在我国的医疗用药中具有特殊的地位，但其独特的理论体系和复杂的物质基础对质量控制技术提出了巨大的挑战。

中药的质量研究一直是中药研究与应用的难点与重点问题。中药材的种类繁多，成分复杂，产地分散，类同品、代用品不断，加之生长环境、采收期、加工炮制条件不同及制

剂生产工艺的因素，造成其内在质量即所含化学成分及临床疗效的差异。中药质量研究的目的是保证中药的有效性和安全性，因而需要搞清中药的药效物质、有毒物质及其作用机制，并对其进行质量控制，即监测上述物质及其变化规律。

中药现代化是指在中医药理论指导下，运用现代科学技术研制和开发出能用现代科学技术阐明其药效物质和作用机理、为国际市场接受、有国际竞争力并能实现大规模工业生产的中药。中药的质量控制是中药现代化的关键之一。

中药鉴定学是鉴定和研究中药品种和质量，制订中药质量标准，开发和扩大新药源的应用学科。在继承中医药学遗产和中药传统经验鉴别的基础上，运用现代自然科学的理论和技术，研究中药的真、伪、优、劣，保证人民的用药安全、有效。随着现代自然科学技术的发展，许多新的学科理论和先进的实验技术不断渗透到中药鉴定领域，使中药鉴定的手段和方法向着标准化、科学化、信息化方向发展。现对中药鉴定过程中出现的新技术、新方法作一简单介绍。

1. 色谱法

是利用中药化学成分在流动相与固定相中的分配系数差异而使各组分分离，并根据分离所得色谱图进行分析鉴定的一种方法。包括薄层色谱法（TLC）、薄层扫描法（TLCS）、高效液相色谱法（HPLC）、气相色谱法（GC）、气质联用法（GC－MS）等。

色谱法是以其高超的分离能力，具有分离效率高、应用范围广、样品用量少、灵敏度高、易于自动化的特点，在各版《药典》的中药和成方制剂中的应用比例迅速上升，成为中药鉴别最主要的方法之一。

2. 光谱法

其鉴别中药的原理是选择某一波段波长，以此通过中药的粉末或提取液，测定中药对这一波段波长的吸收并记录其吸收光谱。光谱法包括紫外光谱法（UV）、导数光谱法（DS）、红外光谱法（IR）、荧光光谱法（FP）、核磁共振波谱法（NMR）、质谱法（MS）。

红外光谱是有机分子的吸收光谱，是利用有机物在低能量照射下分子发生振动的原理来提供结构信息，可提供分子中有关官能团的内在信息，可进行定量及无损分析。是一种简便快速、无损、有效、价廉、易于推广的方法。

紫外吸收光谱主要用于化合物结构的鉴定和含量测定。根据中药中所含组分的不饱和程度，可利用紫外光谱进行鉴别。

原子荧光光谱法具有灵敏度高、选择性好、干扰小、适合于多元素分析等特点，可测定中草药方剂原生药、残渣、悬浮态及可溶态中的三价及五价砷。

核磁共振波谱是一种物理方法，它检测的是组成有机化合物分子的原子核的性质及其与周围化学环境的相互作用。主要应用领域是测定分子的结构。

质谱分析是通过对样品离子的质量和强度的测定，来进行化学成分和结构分析的一种分析方法。主要用于中草药及植物的化学成分的化学结构鉴定和测定。色谱联用技术的出现加快了中药研发的步伐，该技术具有所需样品量少、速度快等特点，且可得到更多信息，目前，正处于快速发展阶段。

3. 色谱－光谱联用分析法

是将色谱和光谱分析仪器联用，通过对实验数据的综合分析，用以评价中药质量的一种方法。本法集中了色谱技术高分离效能和光谱技术高鉴别能力的特点，广泛用于中药化学成分或组分的分离与含量测定。常用的方法有色谱－质谱、光谱－质谱和质谱－质谱等。

4. 中药指纹图谱

中药指纹图谱是指某些中药材或中药制剂经适当处理后，采用一定的分析手段，得到的能够标示其化学特征的色谱图或光谱图。中药指纹图谱是一种综合的、可量化的鉴定手段，它是建立在中药化学成分系统研究的基础上，主要用于评价中药材以及中药制剂半成品质量的真实性、优良性和稳定性。"整体性"和"模糊性"为其显著特点。中药指纹图谱的研究和建立，对于提高中药质量，促进中药现代化具有重要意义。

中药指纹图谱是建立中药质量标准体系的关键，相同的色谱条件下，不同品种中药的色谱图是不同的，即使是相同品种，不同产地，色谱图也会表现出显著的差异。作为一项新技术，中药指纹图谱在实际应用中还面临许多问题，只有进一步加强中药材种植加工和中成药生产贮存的规范化，中药化学成分和中药药理研究的系统化和标准化，以及技术上多学科的渗透，才能保证中药质量的稳定，进而保证中药指纹图谱的建立。

中药指纹图谱分为狭义的指纹图谱和广义的指纹图谱。狭义的中药指纹图谱是指中药化学（成分）指纹图谱，广义的中药指纹图谱则可按应用对象、测定手段进行不同的分类。

按应用对象来分类，可分为中药材（原料药材）指纹图谱、中药原料药（包括饮片、配伍颗粒）指纹图谱和中药制剂指纹图谱。如分得更细，还可包括用于工艺生产过程中间产物的指纹图谱。值得注意的是建立中药材化学指纹图谱必须考虑诸多因素的影响。中药品种混杂，历史上形成的同名异物、异名同物，以及同一物种受产地环境影响、不同有效部位所含成分的波动大等因素，给质量控制带来了很多困扰。因此对于某一种中药材的指纹图谱，需要有大量的数据积累，才能制订合理的相似性标准。

测定手段可分为中药化学（成分）指纹图谱和中药生物指纹图谱。中药生物指纹图谱主要是测定各种中药材的DNA图谱，由于每个物种基因的唯一性和遗传性，中药材DNA指纹图谱可用于对中药材的种属鉴定、植物分类研究和品质研究。它对中药材GAP基地建设、中药材种植规范（SOP）、选择优良种质资源和药材道地性研究极为有用。中药化学（成分）指纹图谱是指测定中药材所含各种化学成分（次生代谢产物）而建立的指纹图谱。虽然化学成分是次生代谢产物，受生物环境和生长年限的影响而产生个体间较为明显的差异，但植物的代谢具有遗传性，作为同一物种的个体在化学成分上也具有相似性，可以用化学成分的图谱来建立指纹图谱，中药化学（成分）指纹图谱主要有光谱法和色谱法。

指纹图谱应该具备指纹性特性：①专属性强。所制订的指纹图谱应该是该药材所独有的、能与其他药材相区别的，其反映的化学信息是具有高度的选择性的。②稳定性好。即中药材的指纹图谱应该是从某种中药材的多批次中归纳出的共性，图谱中的共有峰或特征峰应相对稳定。③重现性好。所制订的指纹图谱在规定条件下应能再现指纹特征（如共有峰数目、大小、位置等），其误差应在允许的范围内。只有这样，所制订的指纹图谱才具有实用价值。

5. DNA分子诊断技术

DNA分子诊断技术是通过直接分析遗传物质的多态性来诊断生物内在基因排布规律

及其外在性状表现规律的技术。DNA 分子的信息量大，而且不受外界因素和生物体发育阶段及器官组织差异的影响，即每一个体的任何细胞都有相同的遗传信息，使其在生物鉴定方面具有准确性高、重现性好等特点。采用 DNA 分子遗传标记技术来检测近缘植物药和动物药的鉴别将成为中药鉴定工作的热点之一。近两年来，DNA 分子标记技术在中药材质量的评价应用领域逐步扩大，方法也日趋完善。

6. X 射线衍射法

X 射线衍射法是研究晶体等的原子点阵相关信息的一种分析方法。X 射线衍射图与晶体具有一一对应的专属性，对于中药材或中成药粉末，其衍射图可作为混合物的特征图谱，达到对中药鉴别的目的。该方法适用于结晶度较强的矿物类药和部分动植物类药的鉴别。

7. 电子显微技术

是利用电子显微镜电子束在样品上逐点逐行扫描，分辨率较光学显微镜高几十万倍，可显示出观察特征的三维立体结构。样品制备简单，不需超薄切片，样品几乎可直接观察，对样品的形状没有任何限制，在观察厚的样品时更能得到真实的表面资料。广泛用于孢粉类、叶类、花类、果实、种子类药材的鉴定，也用于鳞叶、苞片表面观察以及草质茎内部组织超微结构的观察，使鉴定特征更为明显，解决了过去用光学显微镜难以解决的问题。

8. 计算机图谱分析技术

借助计算机图像学、计算机三维重建和图像分析系统等手段，可将中药组织形态学研究推向三维化、可视化、定量化。替代了人工繁琐的形态学测量，所得到的三维立体参数准确可靠。我国第一个中药材数字可视化技术及其图鉴系统——“数字可视化中药”研制成功，并获得中华中医药学会科技进步一等奖。

第四章　培训与指导

培训是企业管理中的一项重要工作，是提升经营效益的重要途径，为实现企业的长期战略目标，企业应制订长期、综合的培训计划，确保企业的人力资源可持续发展，从而实现达成企业业绩的有效人力保证。

一、培训的基本知识

1. 培训

培训是指企业通过教育、训练的方式来提高员工的工作能力、知识水平和开发潜能，最大限度地促使员工的个人素质与工作需求相一致，从而达到提高工作绩效的目的。

2. 培训的分类

培训可以分为职前培训和在职培训两类。

职前培训是针对新参加工作或社会工作经历不长的企业新进员工进行的培训。职前培训主要内容是基础教育和行为培训。基础教育主要是讲解企业的历史，介绍企业的规章制度，宣扬企业文化，让新进员工学习与本企业有关的新知识、新技能和新观念等，通过基础教育，目的在于提高新进员工的综合素质。行为培训主要是讲解企业的现状和企业的发展目标，让新进员工熟悉工作流程和工作环境，并学习工作手册等。行为培训的目的地在于增强新进员工对企业的归属感，帮助他们适应新的环境，在第一时间融入企业并接受企业文化的熏陶。

在职培训是对企业内所有员工进行的教育培训，一般分为阶层培训和职能培训两种。阶层培训又称企业的纵向培训，是按企业经营管理的各阶层（上、中、下）进行分类，针对培训对象的职务地位、职级类别而实施的培训。一般分为决策层培训、经营管理层培训和操作层培训。决策层强调战略性机能培训，经营管理层侧重于战术性机能培训，而作为操作层则强调更为具体的实施机能培训。职能培训又称企业的纵向培训，是针对企业的各类员工实施的实务教育培训，也就是按不同专业对各类员工实施的实务教育培训，包括全面质量管理教育培训、企业运营知识教育培训、专业知识和技能教育培训等。

3. 培训计划

所谓培训计划是按照一定的逻辑顺序排列的记录，它是从组织的战略出发，在全面、客观的培训需求分析基础上做出的对培训时间、培训地点、培训者、培训对象、培训方式和培训内容等的预先系统设定。

培训计划必须满足组织及员工两方面的需求，兼顾组织资源条件及员工素质基础，并充分考虑人才培养的超前性及培训结果的不确定性。

4. 影响培训计划制订的因素

（1）员工的参与　让员工参与设计和决定培训计划，除了加深员工对培训的了解外，还能增加他们对培训计划的兴趣和承诺。此外，员工的参与可使课程设计更切合员工的真实需要。

（2）管理者的参与　各部门主管对于部门内员工的能力及所需何种培训，通常较负责培训计划者或最高管理阶层更清楚，故他们的参与、支持及协助，对计划的成功有很大的帮助。

（3）时间　在制订培训计划时，必须准确预测培训所需时间及该段时间内人员调动是否有可能影响组织的运作。编排课程及培训方法必须严格依照预先拟订的时间表执行。

（4）成本　培训计划必须符合组织的资源限制。有些计划可能很理想，但如果需要庞大的培训经费，就不是每个组织都负担得起的。能否确保经费的来源和能否合理地分配和使用经费，不仅直接关系到培训的规模、水平及程度，而且也关系到培训者与学员能否有很好的心态来对待培训。

5. 培训计划的类型

以培训计划的时间跨度为分类标志，可将培训计划分为长期、中期和短期培训计划三种类型。这三种是一种从属的包含关系，中期培训计划是长期培训计划的进一步细化，短期培训计划则是中期培训计划的进一步细化。

（1）长期培训计划　长期培训计划一般指时间跨度为3～5年以上的培训计划。时间过长，使有些变数无法做出预测；时间过短，就失去了长期计划的意义。长期培训计划的重要性在于明确培训的方向性、目标与现实之间的差距和资源的配置，此三项是影响培训最终结果的关键性因素，应引起特别关注。长期培训计划需要明确的事项包括：组织的长远目标分析；个人的长远目标分析；外部环境的发展趋势分析；目标与现实的差距；人力资源开发策略；培训策略；培训资源配置；培训支援的需求；培训内容整合；培训行动步骤；培训效益预测；培训效果预测。

（2）中期培训计划　中期培训计划是指时间跨度为1～3年的培训计划。它起到了承上启下的作用，是长期培训计划的进一步细化，同时又为短期培训计划提供了参照物，因此它并不是可有可无的。中期培训计划需要明确的事项包括：培训中期需求；培训中期目标；培训策略；培训资源分配；培训支援的需求；培训内容整合；培训行动步骤；培训效益预测；培训效果预测。

（3）短期培训计划　短期培训计划是指时间跨度在1年以内的培训计划。在制订短期培训计划时需要着重考虑的两个要素是：可操作性和效果。因为没有它的点滴落实，组织的中、长期培训目标就会成为空中楼阁。短期培训计划需要明确的事项包括：培训的目的与目标；培训时间；培训地点；培训者；培训对象；培训方式；培训内容；培训组织工作的分工和标准；培训资源的具体使用；培训资源的落实；培训效果的评价。

除非特别指明，我们一般所指的培训计划大多是短期培训计划，并且从目前国内组织的培训时间来看，更多的是某次或某项目的培训计划。

6. 培训计划的内容

（1）培训目的　每个培训项目都要有明确目的（目标）：为什么培训？要达到什么样的培训效果？怎样培训才有的放矢？培训目的要简洁，具有可操作性，最好能够衡量，这样就可以有效检查人员培训的效果，便于以后的培训评估。

企业培训的目的是通过培训提升员工的整体素质，提高员工的工作能力，从而提升企业的业绩，降低企业的成本，增加企业的利润，增强企业竞争力，让企业活得更长、更好。

（2）培训对象　根据二八法则，20%的人是公司的重点培训对象。这些人通常包括中高层管理人员、关键技术人员、营销人员，以及业务骨干等。确定培训对象还因为需要根据人员，对培训内容进行分组或分类，把同样水平的人员放在一组进行培训，这样可以避免培训浪费。

（3）培训需求　企业的培训必须遵循两大要点：一是企业的需求，二是学员的需求。企业培训是战略的需要，如企业文化、企业使命、管理制度、经营理念、服务宗旨、团队精神等，这些是属于战略层面的培训。员工培训是战术的需要，如忠诚、敬业、好学、负责、感恩、守信等，这些是属于战术层面的培训。因此，企业培训需要分层次、分岗位、分阶段、分内容进行，企业一定要根据自身的需求选择最适合的培训。

（4）培训形式　培训形式大体可以分为内训和外训两大类。其中内训包括集中培训、在职辅导、交流讨论、个人学习等；外训包括外部短训、MBA 进修、专业会议交流等。高管一般是外部学习，管理人员或员工一般是内部学习培训。

（5）培训内容　培训内容涉及管理实践、行业发展、企业规章制度、工作流程、专项业务、企业文化等课程。企业培训到底培训什么，企业要根据培训需求落实培训内容，培训内容一定要根据员工工作的需要、行业的需要、企业的需要、专业的需要进行不同岗位划分。高管层做战略培训，经营管理层做管理培训，基层做操作培训。培训要让每个学员所学的知识在各自的岗位上充分发挥作用，杜绝错位培训。

（6）培训讲师　讲师在培训中起到了举足轻重的作用，讲师分为外部讲师和内部讲师。在设计年度培训计划时，可以确定讲师的大体甄选方向和标准，等到具体培训时，再最后确定。

（7）培训时间　年度培训计划的时间安排应具有前瞻性，要根据培训的轻重缓急安排。时机选择要得当，以尽量不与日常的工作相冲突为原则，同时要兼顾学员的时间。一般来说，可以安排在销售淡季、周末或者节假日的开始一段时间。并应规定一定的培训时数，以确保培训任务的完成和人员水平的真正提高。

（8）费用预算　培训费用不仅包括讲师费，同时要考虑教材、交通、接待、场地、设备等费用。预算方法很多，如根据销售收入或利润的百分比确定经费预算额，或根据公司人均经费预算额计算等。在预算分配时，不能人均平摊。培训费用应向高层领导、中层管理者以及技术骨干人员倾斜。培训费用可以是企业自担，也可以争取外援。

7. 培训计划制订的原则

（1）培训计划必须首先从公司经营出发，“好看”更要“有用”；

（2）更多的人参与，将获得更多的支持；

（3）培训计划的制订必须要进行培训需求调查；

（4）在计划制订过程中，应考虑设计不同的学习方式来适应员工的需要和个体差异；

（5）尽可能多地得到公司最高管理层和各部门主管承诺及足够的资源来支持各项具体培训计划，尤其是学员培训时间上的承诺；

（6）提高培训效率要采取一些积极性的措施；

（7）注重培训细节。

二、远期培训计划的编制

远期培训计划一般指中、长期培训计划。每个企业都制订有战略规划和战略目标，如企业2年内销售翻翻，做到区域第一；5年做到全国知名品牌企业，进入销售前十名等。企业要实现战略目标，必须对员工进行有针对性的培训。

远期培训计划的编制顺序及包括的内容如下：

（一）培训需求分析

首先要做培训需求分析，充分理解企业战略规划及战略目标，明确实现企业战略规划和目标对人员能力的需求，现职人员能力水平与战略规划人员能力需求匹配度分析，找出二者之间的差距，还要进行未来内外环境的变化对企业的需求与现有人员素质之间的差距分析。

其次做企业发展需求的分析，包括对企业发展目标、资源和环境的分析，对人力资源的重要内容或关键内容进行分析，通过企业内外环境的对比分析和经营过程的现状及问题的对比分析，确定企业整体的人才需求结构，以此来确定教育培训的目标及计划大纲。

第三做企业现职人员的需求分析，是对企业员工的工作过程和工作结果及工作态度进行考核评价，尤其是对那些关键工作和关键岗位的人员素质进行测评，以此来确定要教育培训的内容和对象。

（二）培训计划编制

一份高质量的书面培训计划有利于领导更直观地了解培训的需求、目标和具体实施内容，增加方案的说服力。一份成功的培训计划具有简洁、结构化、逻辑清晰等特点，而且，避免刻板的文字描述，增加图表等表现方式，可使计划更加生动。

主要结构如下：

1. 前言

也就是培训的目的。为什么要制订本培训计划，要达到的结果是什么。

2. 培训目标

阐述培训要达到的总体目标。根据企业的总体战略和人力资源的总体计划，并根据本企业的需求与可能，制订本企业员工培训的总体目标。即通过培训调查分析，将员工需求与组织需求转化成企业总体目标，然后把总体目标分解成若干个分目标，并根据各个分目标的要求，制订若干个相应的培训项目计划，以使员工培训的总体目标分段化和具体化。

3. 培训目标分类

与企业经营目标相关的培训应列入业务培训方案，企业的业务培训活动可分为素质训练、语言训练及专门业务训练；围绕提高企业管理水平的培训活动则应列入管理培训方案，企业的管理培训活动主要是管理层的人员培训，内容包括业务能力及管理能力训练等。与药品知识有关的列入专业培训。

4. 制订实施方案

实施方案即企业培训计划的具体安排，通过文字或图表的形式制成文件。实施方案的内容包括培训总体计划及各项目计划实施的过程、时间、阶段、步骤、方法、措施、具体要求和评估方法等。

三、综合培训计划

为满足企业正常运营及发展壮大的需要，需要对各层级人员如决策层、管理层、操作层各岗位人员进行全方位的知识及能力、素质方面的培训，以适应企业发展的需要。企业要根据企业发展战略需要、企业培训需求调查分析制订综合的培训计划。下面将企业综合培训涉及的层次和内容大致介绍如下。

（一）按层级培训涉及的培训内容

1. 高层管理人员

培训目的是开发参与者的企业家潜能。培训涉及：企业价值、前景与公司业绩之间的相互关系，高级战略管理技术，知识管理，公司业务调整，企业家行为与责任感等。

2. 中层管理人员培训

培训的目的是提高领导能力与团队建设能力。培训涉及：综合项目的完成、业务管理、账务管理、流程管理、组织建设团队的有效交流、业务创新管理、改革管理等。

3. 基层管理人员培训

培训目的是提高参与者的自我管理能力和协调能力。培训涉及：企业文化、自我管理能力、个人发展计划、项目管理、了解及满足客户需求的团队协调技能等。

4. 新员工培训

培训目的是熟悉掌握上岗前必须了解的信息与知识，胜任应聘的工作。培训涉及：企业文化培训、人事职能培训、财务职能培训、工勤职能培训等。

（二）按职能培训涉及的培训内容

1. 营销职能培训

培训的内容涉及：营销人员操作实务、营销技巧、满意的客户管理、有效的市场计划制订、产品经理操作实务、如何使产品成功上市、有效定价、市场调研、销售团队管理、商务谈判、大客户管理、分销渠道的管理和有效控制、市场营销管理、销售管理技巧、顾问式销售管理流程与技巧等等。

2. 采购职能培训

培训的内容涉及：供应商管理、采购洽商管理、采购合同管理、采购信息管理、库存管理知识、询价比价技巧等。

3. 业务职能培训

培训的内容涉及：商品知识、产品知识、业务流程、客户管理、信息管理、投诉处理等。

4. 质量职能培训

培训的内容涉及：质量管理体系建设、质量管理文件体系建设、法律法规、业务流程、GSP、资质档案管理、内审知识等。

5. 物流职能培训

培训的内容涉及：现代化物流管理知识、物流成本控制、仓储管理知识、信息系统管理知识、运输管理知识等。

6. 人事职能培训

培训的内容涉及：人力资源开发、绩效管理、薪酬管理、招聘管理、培训管理、福利管理、目标管理、劳动法等法规。

7. 财务职能培训

培训的内容涉及：财务管理与税务筹划、高级财务管理、应收应付账款管理、资产管理、战略性成本管理与控制、投资效益评估等。

8. 工勤职能培训

培训的内容涉及：专业操作技能。

企业在分层和分职能培训的同时，还应根据企业员工的基本情况，设置公共基础课程，如文明礼仪、企业职业生涯设计、有效的沟通技巧、职业精神打造、公文写作、计算机应用程序的使用、情趣陶冶等。

四、科技论文撰写知识

（一）科技论文的概念

论文是讨论或研究某种问题的文章。科技论文是报道自然科学研究和技术开发创新性工作成果的论说文章，是在科学研究、科学实验的基础上，对自然科学和专业技术领域里的某些现象或问题进行专题研究，运用概念、判断、推理、证明或反驳等逻辑思维手段，分析和表达自然科学理论和技术开发研究成果，揭示出这些现象和问题的本质及其规律性而撰写成的论文。科技论文区别于其他文体的特点，在于创新性科学技术研究工作成果的科学论述，是某些理论性、实验性或观测性新知识的科学记录，是某些已知原理应用于实际中取得新进展、新成果的科学总结。

（二）科技论文的分类

科技论文有许多不同的分类方法，可从不同的角度，根据不同标准进行分类。

1. 按写作的目的和发挥的作用分类

（1）学术性论文　某专业技术领域的人员提供给学术性期刊发表或向学术会议提交的学术论文，以报道学术成果为主。

（2）技术性论文　是应用国内外已有的理论来解决设计、技术、工艺、设备、材料等具体技术问题而书写的技术性研究论文。

（3）综述性论文　综合介绍、分析、评述该学科（专业）领域里国内外的科研新成果、发展趋势，并表明作者自己的观点，作出学科发展的预测，提出比较中肯的建设性意见和建议。

（4）学位论文　指申请学位而提交的论文，有学士、硕士、博士学位论文。

2. 按研究和写作方法的不同分类

（1）理论推导型；

（2）实验研究型；

（3）设计计算型；

（4）发现、发明型。

（三）科技论文的特点

1. 创新性（独创性）

创新是一个科技论文必备的条件。有无新的内容，是否对人类的科学进步有所贡献，这是衡量科技论文价值的根本标准，也是科技论文同其他论文的重要区别。科技论文不同于教科书和综述性的科学报告，后者的主要任务在于传授知识，能否提出新的内容并不起决定作用，而科技论文则必须有新的内容。

2. 理论性（学术性）

科技论文应有一定的学术价值，要将实践上升到理论。

3. 科学性

要正确地说明研究对象所具有的特殊矛盾，并且要尊重事实，尊重科学。论点正确，论据充分，论证严密，推理符合逻辑，数据准确，实验可重复，结论客观、可靠。

4. 准确性

是指对研究对象的运动规律和性质表述的接近程度，包括概念、定义、判断、分析和结论的准确，对自己研究成果的估计要确切、恰当，对他人研究成果客观、公正。

5. 规范性、可读性

科技论文的撰写是为了交流、传播、储存新的科技信息，供他人利用，所以写作上必须具有一定的规范性、良好的可读性。

（四）科技论文的组成和基本格式

在科学技术的发展和人们对科技信息的追求历程中，通过广泛而频繁的交流和演化，科技论文逐渐形成了一种独具一格的写作形式。

一般来说，科技论文的组成部分和各部分的排列顺序是：题目、作者及单位、摘要、关键词、引言、正文、结论、致谢、参考文献、附录。

1. 题目

应高度概括文章的内容和中心思想，用词要恰当，表达意思要准确简明，助于检索，尽量使用专业术语，不使用不规范和不常见的符号和泛指性概念。题目一般不超过20个字，一般不设副标题，如主题尚不能概括主要内容时，可设副标题。

2. 作者及单位

署于题目下方，署名是文责自负和拥有著作权的标志。

3. 摘要

摘要是论文的浓缩，是论文的简要介绍，作用是帮助读者了解论文的主要内容，应是一篇完整的短文，一般在300字左右。摘要一般不分段，不用图表、公式、非公知公用的符号。使用第三人称，不加注释和评论，不举例子，不用引文，不宜与别人研究相比较，第一句话尽量少用“本文”、“作者”。

4. 关键词

关键词是论文的检索标志，是表达文献主题概念的自然语言词汇，一般是从题名、摘要和正文中选出来的词和词组，一般应列出3～8个关键词。

5. 引言

引言是导引正文的语言，是论文的开头部分。引言应开门见山，言简意赅。引言是读者注意力的焦点，读者往往以此衡量作者水平，内容、取材、文字表达都要非常精心。引言应写明前人相关的研究成果、理论与实践依据，内容可包括研究的目的、意义、主要方法、范围和背景等。不要与摘要雷同或成为摘要的注释，不重复人所共知的或显而易见的专业常识。不要在引言中解释论述基本理论、介绍实验方法和推导公式等。不要夸大论文的意义，不能使用“达到国际先进水平、国内先进水平”、“未见报道”、“前人未研究过”、“填补某空白”等词语。一般为百余字或数百字。

6. 正文

是论文的核心部分，占论文的主要篇幅，即论文的论点、论据、论证三部分内容都在此部分。写作方面要求明晰、准确、完备、简洁，具体要求论点明确，论据充分，论证合理；事实准确，数据准确，计算准确，语言准确；内容丰富，文字简练，避免重复、繁琐，条理清楚，逻辑性强，表达形式与内容相适应；不泄密，对需保密的资料应作技术处理。在论文中图和表是不可缺少的两个组成部分，计量单位和符号要符合国家标准规则。

7. 结论

结论又称结束语、结语，是论文的归结部分。结论是经过对实验所得的数据、结果、现象、问题进行综合整理分析后，形成的观点和论点。因此措词应严谨，有严密的逻辑性，文字须具体，不能模棱两可、含混不清。结论不能用“可能”、“也许”、“大概”、“或许”、“估计”等词。结论与引言相呼应，同摘要一样，其作用是便于读者阅读和为二次文献作者提供依据。

结论部分可以提出作者的建议、设想及其他问题。

8. 致谢

对论文作者在进行实验和写作过程中给予了具体帮助的人表示感谢。如指导，审阅修改文稿，提供某些资料、材料、标本、图片，帮助完成某些内容、实验装置、协助给图、拍照、摄像等等。

9. 参考文献与附录

论文的最后应列出作者在进行实验或调查时主要参考的书籍、文章，或引用的某些结论、图表的书籍、文章，或对作者的论文具有重要参考意义的资料、文献、书籍等。要按所投杂志规定的格式准确书写，卷号、期数、页数、年份等一定要核对无误。